U0547101

福建省服務海西重大研究項目、國家社科基金重大項目子課題

清代民初閩方言韻書整理及研究叢書

馬重奇◎主編

《加訂美全八音》
·整理及研究·

李春曉◎編著
鍾德明◎原著

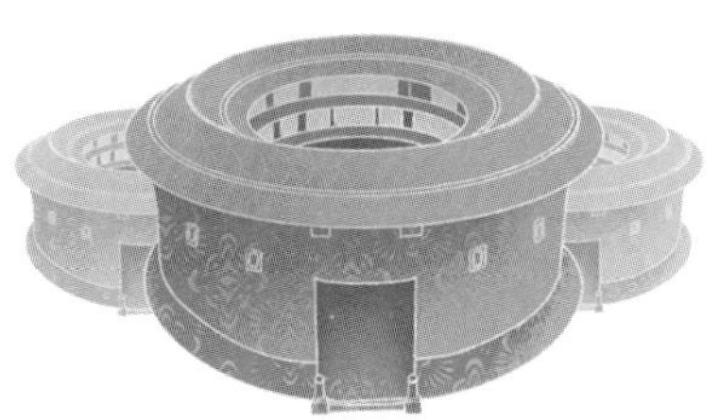

中国社会科学出版社

圖書在版編目（CIP）數據

《加訂美全八音》整理及研究／李春曉編著．—北京：中國社會科學出版社，2023.2

（清代民初閩方言韻書整理及研究叢書）

ISBN 978－7－5227－1261－1

Ⅰ.①加…　Ⅱ.①李…　Ⅲ.①閩語—方言研究　Ⅳ.①H177

中國國家版本館CIP數據核字(2023)第020908號

出 版 人　趙劍英
責任編輯　張　林
責任校對　周曉東
責任印製　戴　寬

出　　版　中国社会科学出版社
社　　址　北京鼓樓西大街甲158號
郵　　編　100720
網　　址　http://www.csspw.cn
發 行 部　010－84083685
門 市 部　010－84029450
經　　銷　新華書店及其他書店

印　　刷　北京明恒達印務有限公司
裝　　訂　廊坊市廣陽區廣增裝訂廠
版　　次　2023年2月第1版
印　　次　2023年2月第1次印刷

開　　本　710×1000　1/16
印　　張　33
插　　頁　2
字　　數　542千字
定　　價　188.00元

總　　序

馬重奇

一　中國古代韻書源流與發展概述

古人把傳統語言學叫做“小學”。漢代稱文字學爲“小學”，因兒童入小學先學文字，故名。隋唐以後，範圍擴大，成爲“文字學”“音韻學”和“訓詁學”的總稱。至清末，章炳麟認爲小學之名不確切，主張改稱“語言文字之學”。現在統稱爲“漢語研究”。傳統的語言學以研究古代文獻和書面語爲主。

漢語音韻學研究也有一個產生、發展、改革的過程。早在先秦兩漢時期就有關於字詞讀音的記載。主要有以下諸類：（1）譬況注音法：有急言、緩言、長言、短言、內言、外言等。它們都是大致描繪的發音方法，卻很難根據它準確地發出當時的音來，更無法根據它歸納出當時的音系。（2）直音法：隨著漢代經學的產生和發展，注釋家們在爲先秦典籍下注解時開始使用“直音”法。這是以一個比較常用的字給另一個同音字注音的方法。直音法的優點是簡單明瞭，一看就懂，也克服了譬況注音法讀音不確的弊病，但自身也有很大局限性。（3）讀若，讀如：東漢許慎在《說文解字》中廣泛應用的“讀若”，就是從直音法發展而來的。“讀若”也叫“讀如”，主要用於注音。用讀若時，一般用一個常見的字進行解釋，有時常常引用一段熟悉的詩文，以該字在這段詩文中的讀音來注音。（4）反切法：真正的字音分析產生於東漢末年，以反切注音法的出現爲標誌。反切就是利用雙聲、疊韻的方法，用兩個漢字來拼另一個字的讀音。這是古人在直音、讀若基礎上進一步創造出來的注音方法。反切是用兩個字拼合成另一個字的音，其反切上字與所切之字聲母相同，反切下字與所切之字韻母和聲調相同。即上字取聲，下字取韻和調。自從反切出現之後，古人注釋經籍字音，便以它爲主要手段。編撰韻書，也大量使用反切。

四聲的發現與歸納，對韻書的產生與發展也起著極為重要的作用。據《南齊書・陸厥傳》記載："永明末盛爲文章，吳興沈約、陳郡謝朓、琅邪王融，以氣類相推轂。汝南周顒，善識聲韻。約等文皆用宮商，以平、上、去、入爲四聲，以此制韻，不可增減，世呼爲永明體。"《梁書・庾肩吾傳》："齊永明中，文士王融、謝朓、沈約文章始用四聲，以爲新變，至是轉拘聲韻，彌尚麗靡，復逾於往時。"四聲的發現與歸納以及反切注音法的廣泛應用，成爲古代韻書得以產生的基礎條件。

古代韻書的出現，標誌著音韻學真正從注釋學中脫胎出來成爲一門獨立的學科。據考證，我國最早的韻書是三國時魏國李登所撰的《聲類》。在隋朝陸法言《切韻》以前，就有許多韻書出現。據《切韻・序》中說："呂靜《韻集》、夏侯詠《韻略》、陽休之《韻略》、周思言《音韻》、李季節《音譜》、杜台卿《韻略》等，各有乖互。"《隋書・經籍志》中也提到：《四聲韻林》二十八卷，張諒撰；《四聲韻略》十三卷，夏侯詠撰，等等。遺憾的是，這些韻書至今都蕩然無存，無法窺其真況。總之，韻書的製作到了南北朝的後期，已是空前鼎盛，進入"音韻鋒出"的時代。這些韻書的產生，爲《切韻》的出現奠定了很好的基礎和條件。隋代出現的對後世影響最大的陸法言《切韻》則是早期漢語音韻學的集大成之作。爾後，唐宋時人紛紛在它的基礎上加以增補刊削，有的補充若干材料，分立一些韻部，有的增加字數，加詳注解，編爲新的韻書。其中最著名的有唐王仁昫所撰的《刊謬補缺切韻》，孫愐所撰的《唐韻》，李舟所撰的《切韻》以及宋代官修的《廣韻》《集韻》等一系列韻書。這些韻書對韻的分析日趨精密，尤其是《廣韻》成爲魏晉南北朝隋唐時期韻書的集大成著作。以上所介紹的韻書都是反映中古時期的韻書，它們在中國音韻學史上的貢獻是巨大的，影響也是非常深遠的。

唐末和尚守溫是我國古代最初使用字母來代表聲母的人。他按照雙聲字聲母讀音相同的原則，從所有漢字字音中歸納出三十個不同的聲母，並用漢字給它們一一標目，這就是《敦煌綴瑣》下輯錄守溫"三十字母"。這"三十字母"經過宋人的整理增益，成爲後代通行的"三十六字母"。

唐宋三十六字母的產生導致了等韻學的產生和發展。等韻學是漢語音韻學的一個分科。它以漢語的聲韻調系統及其互相配合關係爲研究對像，而以編制等韻圖作爲表現其語音系統的手段，從而探求漢語的發音原理和發音方法。宋元時期的重要等韻圖大致可以分爲兩大類：第一類是反映《切韻》音系的韻圖，如南宋福建福州人張麟之刊行的宋佚名的《韻鏡》，福建莆田人鄭樵撰的《七音略》，都是根據《切韻》中的小韻列爲 43 圖，每個小韻的代表字在韻圖中各佔有一個位置；第二類是按當時的實際語音對《切韻》語音系統進行了調整，如託名宋司馬光的《切韻指掌圖》，佚名的《四聲等子》，元劉鑒的《經史正音切韻指南》，均不再按韻書中的小韻列圖，只列 20 個韻圖或 24 個韻圖。

明清時期的等韻學與宋元等韻學一脈相承，其理論基礎、基本原則和研究手段都是從宋元等韻學發展而來，二者聯繫密切。然而，明清時期的韻圖，已逐漸改變了宋元時期韻圖的型制。其表現爲兩個方面：一則由於受到理學思想以及外來語音學原理對等韻的影響；二則由於語音的不斷發展變化影響到韻圖編制的內容和格式。根據李新魁《漢語音韻學》考證，明清時期的韻圖可以分爲五種類型：一是以反映明清時代的讀書音系統為主的韻圖，它們略帶保守性，保存前代的語音特點較多。如：明袁子讓《字學元元》、葉秉敬《韻表》、無名氏《韻法直圖》、李嘉紹《韻法橫圖》、章黼《韻學集成》和清李光地、王蘭生《音韻闡微韻譜》，樊騰鳳《五方母音》等。二是以表現當時口語的標準音——中原地區共同語標準音爲主，它們比較接近現代共同語的語音。如：明桑紹良《青郊雜著》、呂坤《交泰韻》、喬中和《元韻譜》、方以智《切韻聲原》和無名氏《字母切韻要法》等。三是在表現共同語音的基礎上，加上“音有定數定位”的觀念，在實際的音類之外，添上一些讀音的虛位，表現了統包各類讀音的“語音骨架”。如：明末清初馬自援《等音》、清林本裕《聲位》、趙紹箕《拙庵韻語》、潘耒《類音》、勞乃宣《等韻一得》等。四是表現各地方音的韻圖，有的反映北方話的讀法。如：明徐孝《重司馬溫公等韻圖經》、明代來華傳教的法國人金尼閣（Nicolas Trigault）《西儒耳目資》、張祥晉《七音譜》等；有的顯示南方方言的語音，如：陸稼書《等韻便讀》、清吳烺《五聲反切正韻》、程定謨《射聲小譜》、晉安《戚林八音》、黃謙《彙音妙悟》、廖綸璣《拍掌知音》、無名氏《擊掌知音》、謝秀嵐《雅俗通十五音》、張世珍《潮聲十五音》等。五是表現宋元時期韻書的音系的，它們是屬於“述古”的韻圖。如：無名氏《等韻切音指南》、江永《四聲切韻表》、龐大堃《等韻輯略》、梁僧寶《切韻求蒙》等①。

古音學研究也是漢語音韻學研究中的一個重要內容。它主要是研究周秦兩漢語音系統的學問。嚴格地說是研究以《詩經》爲代表的上古語音系統的學問。我國早在漢代就有人談到古音。但古音學的真正建立是從宋代開始的。吳棫撰《韻補》，創“古韻通轉”之說；程迥著《古韻通式》，主張“三聲通用，雙聲互轉”；鄭庠撰《古音辨》，分古韻爲六部。明代陳第（福建連江人）撰《毛詩古音考·序》提出“時有古今，地有南北，字有更革，音有轉移”的理論，爲清代古音學的建立奠定了理論基礎。到了清代，古音學達到全盛時期。主要的古音學家和著作有：顧炎武《音學五書》、江永《古韻標準》、戴震《聲韻考》和《聲類表》、段玉裁《六書音韻表》、孔廣森《詩聲類》、王念孫《合韻譜》、嚴可均《說文聲類》、江有誥《音學十書》、朱駿聲《說文通訓定聲》等。

音韻學還有一個分支，那就是“北音學”。北音學主要研究以元曲和《中原音韻》爲代表的近代北方話語音系統。有關北音的韻書還有元人朱宗文的《蒙古字韻》、卓從之的《中州樂府音韻匯通》，明人朱權的《瓊林雅韻》、無名氏的《菉斐軒詞林要韻》、王文璧的《中州音韻》、范善臻的《中州全韻》，清人王鵕的《中州全韻輯要》、沈乘麐的《曲韻驪珠》、周昂的《增訂中州全韻》等。

二　福建近代音韻學研究概述

從永嘉之亂前至明清，中原人士陸續入閩定居，帶來了許多中原的文化。宋南渡之後，大批北方著名人士蜂擁而來，也有不少閩人北上訪學，也將中原文化帶回閩地。如理學開創者周敦頤、張載、程顥、程頤、邵雍等都在北方中原一帶，不少閩人投其門下，深受其影響。如崇安人遊酢、

---

① 李新魁：《漢語等韻學》，中華書局2004年版。

將樂人楊時曾受業于二程。他們返回閩地後大力傳播理學，後被南宋朱熹改造發揚爲“閩學”。

自宋迄清時期，福建在政治、思想、文化、經濟等均得到迅速發展。就古代“小學”（包括音韻、文字、訓詁）而言，就湧現出許許多多的專家和著作。宋朝時期，福建音韻學研究成果很多。如北宋邵武黃伯思的《古文韻》，永泰黃邦俊的《纂韻譜》，武夷山吳棫的《韻補》《毛詩補音》《楚辭釋音》，莆田鄭樵的《七音略》；南宋建陽蔡淵的《古易叶音》，泉州陳知柔的《詩聲譜》，莆田劉孟容的《修校韻略》，福州張鱗之刊行的《韻鏡》等。元明時期音韻學研究成果也不少，如元朝邵武黃公紹的《古今韻會》，邵武熊忠的《古今韻會舉要》《禮部韻略七音三十六母通考》；明朝連江陳第的《毛詩古音考》《屈宋古音義》《讀詩拙言》，晉江黃景昉的《疊韻譜》，林霍的《雙聲譜》，福清林茂槐的《音韻訂訛》等。清代音韻學研究成果十分豐碩。如安溪李光地的《欽定音韻闡微》《音韻闡微韻譜》《榕村韻書》《韻箋》《等韻便覽》《等韻辨疑》《字音圖說》，閩侯潘逢禧的《正音通俗表》，曹雲從的《字韻同音辨解》，光澤高澍然的《詩音十五卷》，閩侯陳壽祺的《越語古音證》，閩侯方邁的《古今通韻輯要》，晉江富中炎的《韻法指南》《等韻》，惠安孫經世的《韻學溯源》《詩韻訂》，王之珂的《占畢韻學》等。

以上韻書涉及上古音、中古音、近代音、等韻學，爲我國漢語音韻學史作出了巨大貢獻，影響也是很大的。

三　閩台方言韻書說略

明清時期的方言學家們根據福建不同方言區的語音系統，編撰出許許多多的便於廣大民眾學習的方言韻書。有閩東方言韻書、閩北方言韻書、閩南方言韻書、潮汕方言韻書、臺灣閩南方言韻書以及外國傳教士編撰的方言字典、詞典等。

閩東方言韻書有：明末福州戚繼光編的《戚參軍八音字義便覽》（明末）、福州林碧山的《珠玉同聲》（清初）、晉安彙集的《戚林八音》（1749）、古田鍾德明的《加訂美全八音》（1906），福安陸求藻《安腔八音》（十八世紀末）、鄭宜光《簡易識字七音字彙》（清末民初）等。

閩北方言韻書有：政和明正德年間陳相手抄本《六音字典》（1515）和清朝光緒年間陳家箎手抄本《六音字典》（1894）；建甌林端材的《建州八音字義便覽》（1795）等。

閩南方言韻書有：連陽廖綸璣的《拍掌知音》（康熙年間）、泉州黃謙的《彙音妙悟》（1800，泉州音）、漳州謝秀嵐的《彙集雅俗通十五音》（1818）、無名氏的《增補彙音》（1820）、長泰無名氏的《渡江書十五音》（不詳）、葉開恩的《八音定訣》（1894）、無名氏《擊掌知音》（不詳，兼漳泉二腔）。

潮汕方言韻書有：張世珍的《潮聲十五音》（1907）、江夏懋亭氏的《擊木知音》（全名《彙集雅俗十五音全本》，1915）、蔣儒林《潮語十五音》（1921）、潮安蕭雲屏編的《潮語十五音》（1923）、潘載和《潮汕檢音字表》（1933）、澄海姚弗如改編的《潮聲十七音》（1934）、劉繹如改編的《潮聲十八音》（1936）、鳴平編著肅穆改編《潮汕十五音》（1938）、李新魁的《新編潮汕方言十八音》（1975）等。

大陸閩方言韻書對臺灣產生重大影響。臺灣語言學家們模仿大陸閩方言韻書的內容和形式，結合臺灣閩南方言概況編撰新的十五音。反映臺灣閩南方言的韻書主要有：臺灣現存最早的方言韻書爲臺灣總督府民政局學務部編撰的《臺灣十五音字母詳解》（1895，臺灣）和《訂正臺灣十五音字母詳解》（1901，臺灣）等。

以上論著均爲反映閩方言的韻書和辭書。其數目之多可以說居全國首位。其種類多的原因，與閩方言特別複雜有著直接的關係。

四　閩方言主要韻書的整理及其研究

福建師範大學漢語言文字學專業是2000年國務院學位委員會審批的二級學科博士學位授權點，也是2008年福建省第三批省級重點學科。2009年，該學科學科帶頭人馬重奇教授主持了福建省服務海西重大研究項目“海峽西岸瀕危語言學文獻及資料的挖掘、整理與研究”。經過多年的收集、整理和研究，擬分爲兩個專題組織出版：一是由馬重奇教授主編的“清代民初閩方言韻書整理及研究”叢書；二是由林志強教授主編的

"閩籍學者的文字學著作研究" 叢書。2010年馬重奇教授又主持了國家社科基金重大招标項目"海峽兩岸閩南方言動態比較研究", 也把閩方言韻書整理与研究作爲子課題之一。

"清代民初閩方言韻書整理及研究" 叢書的目錄如下: 1.《〈增補彙音妙悟〉〈拍掌知音〉整理及研究》; 2.《〈彙集雅俗通十五音〉整理及研究》; 3.《〈增補彙音〉整理及研究》; 4.《〈渡江書十五音〉整理及研究》; 5.《〈八音定訣〉整理及研究》; 6.《〈潮聲十五音〉整理及研究》; 7.《〈潮語十五音〉整理及研究》; 8.《〈潮聲十七音〉整理及研究》; 9.《〈擊木知音〉整理及研究》; 10.《〈安腔八音〉整理及研究》; 11.《〈加訂美全八音〉整理及研究》; 12.《〈建州八音字義便覽〉整理及研究》。

關於每部韻書的整理, 我們的原則是:

1. 每本新編閩方言韻書, 均根據相關的古版本以及學術界相關的研究成果進行校勘和校正。

2. 每本方言韻書均以原韻書爲底本進行整理, 凡韻書編排較亂者, 根據韻字的音韻學地位重新編排。

3. 韻書有字有音而無釋義者, 根據有關工具書補充字義。

4. 凡是錯字、錯句或錯段者, 整理者直接改之。

5. 通過整理, 以最好的閩方言韻書呈現於廣大讀者的面前, 以滿足讀者和研究者學習的需要。

至於每部韻書的研究, 我們的原則是:

1. 介紹每部韻書的作者、成書時間、時代背景、各種版本。

2. 介紹每部韻書在海内外學術界的研究動態。

3. 研究每部韻書的聲韻調系統, 既做共時的比較也做歷時的比較, 考證出音系、音值。

4. 考證出每部韻書的音系性質以及在中國方音史上的地位和影響。

"清代民初閩方言韻書整理及研究" 叢書的順利出版, 首先要感謝福建省人民政府對"福建省服務海西重大研究項目'海峽西岸瀕危語言學文獻及資料的挖掘、整理與研究'" 經費上的支持! 我們還要特別感謝中國社會科學出版社張林編審的鼎力支持! 感謝她爲本套叢書的編輯、校對、出版所付出的辛勤勞動!

在本書撰寫過程中，著者們吸收了學術界許多研究成果，書後參考書目中已一一列出，這裡不再一一說明，在此一併表示感謝！然而，由於著者水準所限，書中的錯誤在所難免，望學術界的朋友們多加批評指正。

2021 年 5 月於福州倉山書香門第

目　　錄

《加訂美全八音》音系研究*

記載閩東方言的地方文獻相當豐富，如：《戚參將林碧山八音合訂》（以下簡稱《戚林八音》）、《福州方言辭典》、《加訂美全八音》（以下簡稱《美全八音》）、《官音千字文直解》（彙集官音旁注福州十邑土音）、《福州話音韻本》、《安腔八音》和《簡易識字七音字彙》。其中《安腔八音》和《簡易識字七音字彙》反映閩東北片方音；《美全八音》及其底本《戚林八音》是反映閩東南片福州方音。

一 《加訂美全八音》的作者和版本問題

清古田人鍾德明在《戚林八音》的基礎上編著《美全八音》。該書“閩邑陳鍾嶽生甫氏”序作於清光緒丙午三十二年（1906），故成書應該在 1906 年前後。關於作者的生平，《古田縣誌》等文獻不可考。本以爲無從知曉，後來偶然的機會結識了福州市長樂第一中學的退休教師張國英先生，據他講，他的祖母鄭張增恩（長樂城關人）曾是文山書院（教會學校，創辦於 1853 年）的學生，福州格致中學（福建最早的教會學校，創辦於 1847 年）的“小學”教師鍾德明發動格致中學、文山書院等學校的師生共同編寫《美全八音》，鄭張增恩和福州十個縣邑範圍內的諸多同學都參與了。《美全八音》主要以福州音爲正音標準，也混雜周邊各縣方

* 項目資助：全國高校古籍整理項目“《加訂美全八音》校證”（編號：0915）。詳參拙作《〈加訂美全八音〉音系研究》（福建師範大學，碩士學位論文，2002 年）；論文：（1）《福州方言韻書〈加訂美全八音〉》（《辭書研究》2003 年第 4 期），（2）《福州方言韻書“十五音”聲母系統與上古音聲母系統比較研究》（《語言研究》2003 年增刊）。

音的部分特點。

教會學校的師生共同編寫《美全八音》，估計因爲美國傳教士 R. S. Maclay、C. C. Baldwin 編寫的《福州方言辭典》（一譯《福州話拼音字典》，1870 年。下簡稱《方言辭典》）是用英文寫的，不適用於當地百姓，於是鍾德明便發起編寫《美全八音》，吸收洋人的東西爲已用，以收字多的《康熙字典》作爲參照，對應《戚林八音》重新編寫。

《戚林八音》是由兩本福州話韻書合訂而成：一本是僞託明抗倭名將戚繼光所著的《戚參將八音字義便覽》（以下簡稱《字義便覽》）；另一本是僞託康熙年間的福州侯官林碧山作的《太史林碧山珠玉同聲》（以下簡稱《珠玉同聲》）。其作者問題眾說紛紜。羅常培和黃典誠兩位先生以爲是明古音學家福州郊縣連江人氏陳第。李如龍（2001）在《戚林八音校注》的“前言”中認爲編《字義便覽》的人有可能受陳第啟發，但說此書是陳第所編根據不足，從編輯水準來看，也與陳第的音韻修養不相稱，所以認爲作者應該是科舉未第的失意文人。李竹青[①]從多方面的史料證明《字義便覽》“真正的編者，應該就是匯輯人蔡士泮”，而《珠玉同聲》的作者也是一個未能入仕的布衣。與李如龍的觀點是一樣的。林寒生[②]則考證《珠玉同聲》爲福州人林文英所編。

鄒光椿[③]通過對《陳第年譜》的分析論證，也否定了《字義便覽》系陳第所作；並指出，現存的書“應該說是由許多人（包括掛名和不掛名的）共同完成的”。他還說，群眾性的創作使得《戚林八音》尤其是《珠玉同聲》內容蕪雜，已死的韻字很多，發音很不準確。這種說法有一定道理。《美全八音》的作者是教會學校的師生們，當時條件簡陋，工程量大，難免參差。掛名者就是匯輯人。

目前所見的版本有福建省圖書館藏福州福靈堂刊本（一冊本）和福建師範大學圖書館藏家刻本（線裝二冊本）[④]。據陳鍾嶽序，《美全八音》

① 李竹青：《〈戚林八音〉的作者、成書年代及其淵源》，《中國語文研究》1995 年第 11 期。

② 林寒生：《福州方言字典〈戚林八音〉述評》，《辭書研究》1985 年第 34 輯。

③ 鄒光椿：《〈戚林八音〉作者初探》，《福建師範大學學報》（哲社版）1986 年第 2 期。

④ 2000 年笔者論文所用的是家刻本，可惜它有些地方破損殘缺，2012 年，安徽大學王曦先生慷慨地提供珍藏的版本供我參考，謹致謝忱。

“就《康熙字典》所有之字盡數抄入，多至四萬餘字”，可見鍾氏意在補全收字，並使用羅馬字母拼音，“拼寫時還把平聲、上聲、陽入和去聲、陰入的不同韻母變體都區分得很清楚。”① 福州方言的韻母在不同的調類有鬆緊兩套讀音，平聲、上聲、陽入的讀音爲“本韻”，去聲和陰入的讀音爲“變韻”。這個現象是韻母在特殊調值的作用下逐漸發展形成的，《戚林八音》時期的音系還沒有這個現象②。

《美全八音》的羅馬注音與《方言辭典》有著驚人的相似。教會學校的師生受到西方文化的影響並加以吸收利用，這是有其客觀條件的，編者借鑒了《方言辭典》的拼音方案。《方言辭典》的“導言”體現出兩個傳教士有相當高的語言學修養。他們用當時西方語言學界流行的威廉·瓊斯（Willian Jones）的音標系統來描寫語音，具體還用英語法語讀音例闡明元音輔音的發音特點。“導言”中也提到教師參與編寫工作。《美全八音》和《方言辭典》的拼音方案基本相同，聲調爲上平、上上、上去、上入、下平、下上（實際上沒有這個聲調）、下去、下入八類，用不同的符號注在主要元音上。這也許能說明《美全八音》是中文版的《方言辭典》和後起的《戚林八音》。

《美全八音》是古田人氏所作之書，反映的究竟是什麽樣的音系就必須進行全面的考察。本書除了對《美全八音》自身的音系進行歸納外，還將它和上古音系、中古音系進行比較，從中探討語音發展的一些規律，希望能對漢語語音史的工作做出添磚加瓦的貢獻。同時我們也想通過比較研究來探討作者鍾德明再著《美全八音》有何用意，鍾本和戚本相比，到底有什麽特別之處，其價值何在?

二　《加訂美全八音》的編排體例

《美全八音》三十六字母是春花香秋山開嘉賓歡歌須金（仝賓）杯孤燈光輝燒銀釭之東郊過西橋雞聲催初天奇梅（仝杯）歪遮（仝奇）溝。金與賓同，梅與杯同，遮與奇同，所以實際上只有三十三字母。

---

① 李如龍：《閩方言的韻書》，《地方文獻史料研究叢刊》1991 年第 2 輯。

② 陳澤平：《十九世紀的福州音系》，《中國語文》2002 年第 5 期。

每字母分出十五字頭即爲柳、邊、求、氣、低、波、他、曾、日、時、鶯、蒙、語、出、非。每字頭呼出七音，如“風”爲上平，“粉”爲上上，“訓”爲上去，“拂”爲上入，“雲”爲下平，“鳳”爲下去，“佛”爲下入。也就是平上去入各分出上下，缺下上，故韻書名爲八音，實僅有七音。

取字之法是要調七音之第一音即上平字自然順口音流出七音之别，假如欲取佛字，先調風字最順春字母，從柳（龍）唱至喜（風）字順口音，調出七音風粉訓拂雲鳳佛，不論何字以此類推。大字下小字即說文之義。一字一說或數字同說，蓋字有正體和俗體之分，比如一個“愆”字一個“蚊”字便有數種寫法，“蚊”或作“蚉、螡、蟁、蝱”等。字有閩音正音，韻書集中俱載，作者的原則是“字不可以字爲誤，宜要何音取討則是”。

各音首放羅馬字，一字若無字有音者則用羅馬字。總共三千四百六十五個羅馬字全載在内，另外凡是人名地名起句頭，字則須用大寫以示區别。

韻書所列出的總目，共分出元、亨、利、貞四個大部分，元部分包括春花香秋山開六韻，亨部分包括嘉賓歡歌須杯六韻，利部分包括孤燈光輝燒銀釭七韻，貞部分包括之東郊過西橋雞聲催初天奇歪溝十四韻。

三 《加訂美全八音》的聲韻調擬測

《美全八音》吸收了用羅馬字注音的方法，所以我們可以參照現代方言運用國際音標對其進行擬音。總體而言，《美全八音》所反映的基本上是福州音，這其實也反映出韻書編者的初衷，據張國英先生的回憶，以前他祖母講到韻書編寫的時候，他們堅持以福州話爲正音，輔以福州十邑方音的宗旨。

（一）聲母系統

《美全八音》的聲母系統是“十五音”系統：柳、邊、求、氣、低、波、他、曾、日、時、鶯、蒙、語、出、非，它們的音若用國際音標記音的話，應依次如下：

脣音：p　ph　m　　　　牙音：ŋ　h　o

舌音：t　th　n　l　　　　喉音：k　kh

齒音：ts　tsh　s

（二）韻母系統

《美全八音》的韻母系統分爲陰聲韻和陽聲韻兩種類型，音值擬測如下：

1. 陰聲韻（兼配 -h 尾入聲韻）：

之 i \ ei	孤 u \ ou	嘉 a	開 ai
秋 iu \ eu	輝 ui \ uoi	歌 ɔ	郊 au
須 y \ øy	溝 eu \ Au	西 ɛ	花 ua
催 oi \ ɔi		奇 ia	過 uo
初 œ \ ɔ		橋 io	燒 ieu
		雞 ie	歪 uai
			杯 uoi

2. 陽聲韻（兼配 -k 尾入聲韻）：

賓 iŋ \ eiŋ	銀 yŋ \ øyŋ	山 aŋ	香 yoŋ
燈 eiŋ \ aiŋ	東 øyŋ \ ɔyŋ	聲 iaŋ	歡 uaŋ
春 uŋ \ ouŋ	釭 ouŋ \ ɔuŋ	天 ieŋ	光 uoŋ

現代福州話有一種很特殊的“變韻”現象，即不少韻母會隨著聲調的不同而產生變異。從擬音可以看出，一百年前的編者注意到這一點，並且在實踐調查活動中能夠加以體現。本書對於有變韻現象的韻部用“/”標注，“/”之前的韻母是緊韻母（出現在陰平、陽平、上聲、陽入四聲調）；“/”之後的韻母是松韻母（出現在陰去、陽去、陰入三聲調）。變韻中韻腹的變化是由高元音到低元音 ，由單元音到複元音。

（三）聲調系統

《美全八音》的聲調實際是七個，上平即陰平，標爲 1；下平即陽平，標爲 2；上上即上聲，標爲 3；上去即陰去，標爲 4；下去即陽去（濁上和濁去合併），標爲 5；上入即陰入，標爲 6；下入即陽入，標爲 7。這裡要說明的是，在舉例的時候，爲了便於檢查核對，所引方言字的聲調是依據韻書的排列順序，即上平、上上、上去、上入、下平、下去、下入，分別是1、2、3、4、5、6、7。

具體的調值在現代福州方言的諸家調查材料（按：《漢語方言概要》《福建省誌（方言誌）》《福州方言研究》《福州方言誌》）當中所擬數值有所不同。且一併羅列出來以供參考：

調 名	陰平	陽平	上聲	陰去	陽去	陰入	陽入
概 要	44	52	31	213	242	23	4
省 誌	44	53	31	213	242	$\underline{1}\,\underline{3}$	$\underline{5}$
研 究	55	53	33	213	242	24	5
方言誌	44	53	31	213	242	$\underline{2}\,\underline{3}$	$\underline{5}$

四　《加訂美全八音》的研究情況

（一）《戚林八音》的研究

研究《戚林八音》的論作相對較多。1950年新加坡《南洋學報》6卷2期發表了蘇州人許鈺的《〈戚林八音〉的研究》，這是一篇較早對韻書進行介紹的專題性論文。林寒生（1985）對戚書進行評述。鄒光椿（1986）着重對韻書作者問題進行考證。之後李竹青（1995）除了討論韻書作者之外，還對成書年代和歷史淵源加以論證。王升魁（1993）進行考本字的研究；王升魁（1995）則是針對趙日和《閩音斟疑》（《中國語文》1980年第3期）一文，進一步分析韻書的語音系統。研究福州方言的論著在進行歷史考察的時候，對《戚林八音》這部韻書均有所提及，並加以對照，如陳澤平（1998）有專門的一章講解“《戚林八音》時代以來的語音演變”，下分《戚林八音》的聲韻調、變韻現象的比較研究、戚林八音韻母系統擬測諸節。

李如龍、王升魁（2001）則是對《戚林八音》進行校注工作，可以說這是《戚林八音》研究的集大成之作，對於流傳甚廣又多有訛誤的方言韻書校正是很有必要也極具價值的。該書“前言”對韻書加以全面的介紹：一是它的版本、成書年代和作者，二是韻書音系及其與現代福州音的主要差異，三是韻書產生的淵源及其影響，四是評價韻書的價值及其不足。關於文白異讀和特殊用字的兩個附錄也是頗具參考價值的研究成果，對於我們瞭解福州話音系特點以及方言用字考證相當有幫助。

（二）對後起之作《美全八音》的關注

陶燠民在《閩音研究》中的“序説”部分，説研究閩語（按：僅限於閩縣城内之語）之書不多覯，有之大率爲故訓之屬，如閩方言考，福建通誌，方言誌等，亦寥寥可數。“言音韻者，余所見僅戚參將八音一書。”[①] 所以從這些話來看，可以大膽揣測，陶氏是不知世間還流傳著《美全八音》這麼一本韻書，應該不是不屑一顧。或許他認爲《美全八音》實質上就是後起的《戚林八音》，未能超出戚本的水準。

方言韻書保留了很多古漢語的面貌，對於研究方言的歷史演變和漢語語音史以及詞彙史都是極可貴的參考資料。羅常培[②]曾指出：“這種書本來爲一般人就音識字用的，它們辨别聲韻固然不見得精確，而大體總是以當地鄉音爲准，這實在是我們調查方言最好的間接材料。”《美全八音》收字甚眾，與《戚林八音》相比，成書相隔幾百年，而《美全八音》距今也有近百年的歷史，所以在進行方言調查的時候，我們除了參照《戚林八音》，也不應排除《美全八音》，可作爲一個參照。

專門研究《美全八音》的論著尚未發現。李如龍、梁玉璋、陳天泉（1979）在考察福州話語音演變的時候，他們主要是拿《戚林八音》和今音進行比較，而《戚林八音》版本繁多，其文乃依據 1912 年初版的《民國適用改良戚林八音合訂》，注音部分則參照了《美全八音》以及教會羅馬字《福州方言辭典》和陶燠民《閩音研究》。參照《美全八音》是他們一大創造，他們是從“聲韻母的變化”“音變規律的變化”和“字音的變讀”三個方面來探討福州話語音的歷時變化。限於篇幅，其論文也只能介紹比較突出的一些語音特點，無法面面俱到。而《戚林八音校注》校勘也以《美全八音》作爲參照，但是校者所關注的主要是《美全八音》收字較多這一特點，憑此可對《戚林八音》虚圈有音無字處補注漏收的韻字。所以很有必要對鍾著《美全八音》再次進行更加深入的研究，以

---

① 陶燠民：《閩音研究》，科學出版社 1956 年版，第 3 頁。

② 羅常培：《羅常培語言學論文選集》，中華書局 1963 年版，第 152 頁。

期有新的發現和突破。

五 歷史比較音韻[1]

語言的活化石存在于親屬方言之間，閩方言保存著許多古漢語的殘餘，我們通過歷史比較的方法參照地方方言即可探討上古漢語的本來面貌。音韻學家們考證出來的一些語音定理在閩語中可以找到很好的例證，可以說明人們瞭解語音的發展規律，這其實也是進行歷史比較的一個重要緣由。

“漢語經歷數千年長時期的發展，語音上有了巨大的變化。而且各地變化的情況並不完全相同。長時期這樣巨大的不同的變化，造成了目前各地方言語音紛繁複雜的局面。漢語方言語音變化的原因，變化的方式，變化的過程，以及變化的結果，都很值得探求。”[2] 因此本書除了對相關一些韻書加以比較之外，還把《美全八音》的音系拿來與中古以及現代福州方言進行比較，梳理出語音發展的一些規律。

（一）《美全八音》與部分福州方言文獻比較

1. 《美全八音》與《字義便覽》和《珠玉同聲》的比較

戚本分韻爲三十六字母：春花香秋山開嘉賓歡歌須金杯孤燈光輝燒銀釭之東郊過西橋雞聲催初天奇（梅）歪（遮）溝。原注：內金同賓，梅同杯，遮同奇，實只三十三字母。

每韻之下再分出聲母十五聲：柳邊求氣低波他爭日時鶯蒙語出喜。即字母定出十五聲。韻書例言：是篇之理先宜熟讀春花香三十六字母，次則凡一字母均以柳邊求氣低三句定出一類十五聲，然後每聲文順口調爲清濁，平、上、去、入各四聲，則字隨唇喉齒牙而得矣。如春字母下，先以柳字母與之相拼，列出朧、倫、律等字；再以邊字母與之相拼，列出枋、畚等字，直到十五喜字聲母爲止。

每聲之下按八音（平上去入各分上下）分列同音並夾註字義，字頭

---

① 歷史比較音韻是運用了上海師範大學語言研究所潘悟雲先生研製開發的漢語方言處理系統（Tools for Dialectology，簡稱爲 TFD 系統），謹致謝忱。

② 王福堂：《漢語方言語音的演變和層次》，語文出版社 1999 年版，第 1 頁。

有實環作標誌，音有字無的音節則標虛環，逢第六音（下上）則標重環並注明音義同第二音，即濁上濁去不分，名爲八音（代表字：公、滾、貢、谷、群、滾、郡、掘），實爲七調。

林本的八音排列和戚本完全相同。十五聲另編口訣：柳邊求美女，波面鳥亦之，雅音風出語，聲授悉皆知。其中面同美，雅語同鳥，音同亦，知同聲。林本爲了避抄襲之嫌，用不同的字代表戚本的聲母，其中存有明顯的錯誤，如：用“悉”代表去母，用“聲”代表低母，用“皆”代表他母，用“鳥”代表語母。對“於”字母，林本則多數換成見母字：恭公光庚幹交朱薑堅嬌圭高江正綱官勾姑佳街周箕瓜迦乖京龜哉車盃催梳嬝，另加驚、伓兩韻。所加的兩個新韻也許反映當時的實際口語，算是林本的一大貢獻。有的學者說“驚”是一個撮口呼即圓唇元音，而“伓”明顯是ŋ。[①] 也有學者明確地說，“驚”是戚書的雞韻，林書的圭韻；至於“伓”的存在，它只是連讀音變時的一種音位變體，單說時已轉化成以零聲母開頭的鼻音，應歸入戚書的賓韻，林書的京韻。音位變體不是一個獨立的韻。只是由於古人缺乏音位的概念而誤立爲韻。如此看來，另立兩韻是林書標新立異的做法，實際上並不造成韻母系統的本質差別。如此說來，戚林二書是一本書，兩書原本分行，乾隆合刊爲一，幾百年不分行，正是它們本質相同的明證。[②] 但就總體而言，林本不及戚本。

同戚本和林本相比較，鍾本《美全八音》具有什麼樣的特點是很值得研究的。就音系而言，它們所代表的都是福州音系，或者準確地說，是以福州話爲正音，有的也反映著郊縣的語音特點。具體又有一些差異，特點是在收字上面，《美全八音》比戚本和林本收更多的字。比如就對個別韻的收字進行抽樣統計，我們就可以發現這麼一個問題。比如歌韻母低聲母上入聲調的韻字在戚本和林本中收字一樣，是“卓桌趠鬌”等4字，而在《美全八音》則收“卓帛鼎鼏亭桌棹逴鬌趠倬阜戳飽飽逴焯騿”等18個字。戚本、林本和鍾本三者之間差別主要在選用聲韻代表字不同，排列順序不同，收字多少不同，而在反映音系性質的問題上則沒有其他實質性的差別。

---

① 李如龍、王升魁：《戚林八音校注》，福建人民出版社2001年版，第16頁。

② 王升魁：《〈戚林八音〉的語音系統——同趙日和先生商榷》，《福建師範大學學報》（哲社版）1995年第3期。

2.《美全八音》和《福州方言辭典》的比較

同《福州方言辭典》相比較，我們不難發現《美全八音》的羅馬注音與《福州方言辭典》是驚人的相似，所以也許可以說，《美全八音》是借鑒《福州方言辭典》的拼音方案，雖然在《美全八音》的序言未能加以出處說明，但是作爲教會學校的師生，受到西方文化的影響並加以吸收利用是有這種空間的。試對比《福州方言辭典》的前言和《美全八音》的拼音方案。

（1）聲母系統

《方言辭典》：柳、邊、求、氣、低、波、他、曾、日、時、鶯、蒙、語、出、喜；

聲：Ll、Bb、Gg、Kk、Dd、Pq、Tt、Cc、Nn、Ss、（空）、Mm、NGng、CHch、Hh；

《美全八音》柳、邊、求、氣、低、波、他、曾、日、時、鶯、蒙、語、出、非；（哩、卑、期、欹、知、思、隄、之、呢、絲、（空）、咪、啀、癡、非；）

字頭：Ll、Bb、Gg、Kk、Dd、Pp、Tt、Cc、Nn、Ss、（空）、Mm、NGng、CHch、Hh。

（2）韻母系統

《方言辭典》	《美全八音》	《方言辭典》	《美全八音》
春 ung	春 ung/ong	銀 üng	銀 üng/ëüng
花 ua	花 ua	釭 ong	釭 ong/aung
香 iong	香 iong	之 i	之 i/e
秋 iu	秋 iu/eu	東 ëng	東 ëng/aëng
山 ang	山 ang	郊 au	郊 au
開 ai	開 ai	過 uo	過 uo
嘉 a	嘉 a	西 ä	西 ä
賓 ing	賓 ing/eng	橋 io	橋 io
歡 uang	歡 uang	雞 ie	雞 ie
歌 ö	歌 ö	聲 iang	聲 iang

續表

《方言辭典》	《美全八音》	《方言辭典》	《美全八音》
須 ü	須 ü/eü	催 oi	催 oi/öi
杯 uĭ	杯 uoi	初 ë	初 ë/aë
孤 u	孤 u/o	天 ieng	天 ieng
燈 eng	燈 eng	奇 ia	奇 ia
光 uong	光 uong	歪 uai	歪 uai
輝 ui	輝 ui/oi	溝 eu	溝 eu/aiu
燒 ieu	燒 ieu		

通過對比，我們可以知道兩書的韻母系統是非常相似的。《美全八音》標注兩套音，對方音的鬆緊現象加以適當的區别，如春、秋、賓、須、輝、銀、釭、東、催、初、溝等韻在不同的聲調位置上標注的音鬆緊不一樣。

值得特别注意的是《福州方言辭典》的前言，這部分内容能體現出兩個傳教士的語言學修養是相當高的。他們是用當時西方語言學界流行的威廉·琼斯（Willian Jones）的音標系統來描寫語音。這套音標還用於當時一系列描寫印度語言、太平洋島嶼土著語言和北美印第安語言的語言學和人類學著作。對於聲調，作爲西方人自然非常棘手。鍾德明《美全八音》對聲調的處理主要是用傳統音韻學的做法，也吸收了《方言辭典》的成分，即用上平、上上、上去、上入、下平、下上（實際上沒有下上聲調）、下去、下入等加以説明之後，在主要韻母上用不同的符號注明，這七個聲調分别爲（如以主要元音爲 e 的韻爲例）：ĕ、ē、é、éh、ȇ、ê、ĕh。但是《方言辭典》的編者則特意用更爲形象的標識方法，他們引用了另外兩個傳教士 Charles Hartwell 和 M. C. W. White 對福州話聲調加以考察的專題研究報告。Hartwell 從音高、音質變化、音強變化、是否曲折和音長五個角度加以考察，在前言中所繪畫的形似五線譜的標調，其細緻程度可以説超過了現在通用的五度標調法。除了描寫單字音聲調，也能粗略地描述連讀變調以及城鄉口音的主要差異。

所以從比較結果來看，鍾著和《方言辭典》具有驚人的相似處。雖然陳序未能明確指出編者參考了《方言辭典》，但是因爲編者身份是教會學校的教師，難免會受《方言辭典》的影響。《方言辭典》的前言提到教師參與編寫工作，也許能説明這一點，鍾著是中文版的《方言辭典》和後起的《戚林八音》，編者的特殊身份使他們可以實現繼承和創新的有機結合。

（二）《美全八音》“十五音”聲母系統與上古聲母系統的比較

閩語目前仍保留著上古音的遺跡，特別在聲母方面更為明顯，因此，韻書音系和上古音系的比較重點放在聲母系統的考察上。前人上古聲母研究的結論是可以在方言韻書這些文獻中找到活生生的例證。

1. 古無輕唇音

錢大昕在《四部叢刊》本《潛研堂文集》卷十五《答問十二》称凡今人所謂輕唇者，漢、魏以前皆讀重唇，知輕唇之非古矣。輕唇之名，大約出於齊梁以後，而陸法言《切韻》因之，相承至今。《切韻》非但無輕唇之名，且其反切亦無輕唇重唇之分。敦煌發現之守溫字母，亦僅三十，尚無非敷奉微四母，是知輕唇音四母之完備，爲時甚晚。輕唇音是從重唇音分化出來的，這是語音演變的一個規律。《美全八音》中的聲母系統能很好地證明這一點。中古時期的非組字在韻書中大部分讀作非母［h］，部分字讀作邊母［p］和波母［ph］。非、敷、奉三母字讀作重唇音的情況更多是出現在洪音之前，這是符合合口元音的發音特點，同時古音學家擬測古唇音往往注上合口［w］，也是有一定可行依據。我們在上古音系裡既然不分開合，所有唇音聲母字的合口現象，當是完全由於唇聲母的影響跟後面元音相配合而發生的。我們可以想像唇音聲母在某種元音之前或某種情形之下發生圓唇的傾向變成 pw－＊，phw－＊等。[①] 李先生看問題是相當敏鋭的。[②] 曾分析［p］和［ph］兩個聲母後面的［u］，这是一个过渡音，放在圓唇的韻母［o］之前，［u］是沒有音位價值的合口成分，但在歷史音變中卻起著非常大的作用，當它出現在三等字中的時候，就發生了輕唇化：

pw→pf→f ／ jVX

---

① 李方桂：《上古音研究》，商務印書館 1971 年版，第 76 頁。

② 潘悟雲：《漢語歷史音韻學》，上海世紀出版集團、上海教育出版社 2000 年版，第 71 頁。

顯然方言音讀的實際保留情況可以讓我們去解釋漫漫長河的某些歷史音變問題。

2. 古無舌上說、古人多舌音說

錢大昕在《皇清經解》卷四百四十一《十駕齋養新錄》的《舌音類隔之說不可信》中講到古無舌頭、舌上之分。知、徹、澄三母，以今音讀之，與照、穿無別也。求之古音，則與端、透、定無異。如古音“中”如“得”，“陟”如“得”，“直”如“特”，“竹”如“篤”等。錢氏还稱古人多舌音，後代多變爲齒音，不獨“知”“徹”“澄”三母爲然也。古“舟”有“雕”音，“雕”“帶”聲近，故訓“舟”爲“帶”，且以形聲字證“周”古讀亦如“雕”。“周”乃爲照母三等字，錢氏之說是指上古的照母三等字多歸舌音。錢氏的古無舌上說和古無輕唇音說“同爲音韻學中不刊之論”①。這也是黄侃在《黄侃論學雜著·音略》中所提出的章系歸於端系的學說。對此學說，唐文②認爲黄侃對於章系歸端之論證，語焉不詳，他把章系諸紐分别併入端系諸紐，其界限如此劃然分明，尚苦於無法佐證。然而章系諸紐之上古音讀當爲舌頭音，與端系無異則確鑿無疑。唐文從諧聲、又讀、異文通假、馬王堆漢墓出土的帛書材料以及活的現代方音等方面加以論證。這是古音說的一篇重要文章。以方言證古音，已爲考證古音慣用之方法。對於章系讀爲舌頭音的方言例字，作者因爲掌握的材料有限，只能存而不論。所以本書所發現的一些例子也許可以起一些補充作用。知徹澄章昌書禪等聲母在《美全八音》中主要列在低母［t］和他母［th］位置上。

3. 喻三歸匣、喻四歸定說

這是指中古喻母三等字上古歸匣母；中古喻母四等字上古歸定母。曾運乾③講到，“喻、於二母非影母濁聲，於母（案：喻三）古隸牙聲匣母，喻母（案：喻四）古隸舌聲定母，部仵秩然，不相陵犯。”早在清人陳澧的時候，他系聯《廣韻》反切上字分三十六字母中喻母爲於、以（又爲

---

① 汪壽明選注：《歷代漢語音韻學文選》，上海古籍出版社 1986 年版，第 121 頁。

② 唐文：《論章系歸端》，《語言文字研究專輯（上）》（中華文史論叢增刊），上海古籍出版社 1982 年版，第 361、383 頁。

③ 曾運乾：《喻母古讀考》，《東北大學季刊》1928 年第 12 期。

余母）二類，在韻圖上分列於三、四等的位置上，故名喻三、喻四。

（1）部分喻三字在《美全八音》列在非母［h］位置上，這説明喻三歸匣的古音理論可以找到方言例證。在細音前喻三字讀作非母［h］的居少，而在洪音前則占較大的比重。説明合口元音對聲母起到一定的影響作用。

（2）部分喻四字在《美全八音》中列在舌頭音的位置上，同樣是可以爲喻四歸定之説尋找方言例證。

此種音讀主要集中在開口元音之前。另外，這些例字在韻書中往往是兩讀的，它們的聲母除了讀作舌頭音之外，也可以讀作零聲母，如墿、楪、扡、迤、拽、褕、揚、妤、烑、郢等字便屬於這種情況。舌頭音的讀法應該是更古老的一種形式，是上古音的遺留，是白讀音；讀作零聲母的則是文讀音。這反映出語音變化的歷史層次。

4. 照系二等歸精系説

中古照組二等字在上古屬於精組。這是黄侃所創，他在《聲韻略説·論聲韻條例古今同異（下）》（可見《黄侃論學雜著》）云："齒音之中，包有齒頭、正齒二類之音。古惟有齒頭耳。"黄氏考定照組二等字其聲母上古歸精組，由"精"而變者，曰"莊"，由"清"而變者，曰"初"，由"從"而變者，曰"床"，由"心"而變者，曰"邪"，曰"疏"。王力在《漢語語音史·先秦的聲母》認爲黄侃的合併是頗有道理的。我們不難看出，莊組字和精組字在韻書中大部分是讀作曾母 ts 和出母 tsh，它們的音是合併的趨勢。

莊母字在《美全八音》中大部分是讀作曾母［ts］；也有一部分讀作出母［tsh］。極少數讀作舌頭音，如"鮓窄溨穛"列在低母［t］位置上；"蚱鮓厏"則列在他母［th］位置上，這七個字都是作洪音。細音前的莊母字全部讀作曾母［ts］和出母［tsh］。初母字大部分讀作出母［tsh］，少部分讀作時母［s］；少部分讀作曾母［ts］。如"岔揣鏟"等極少數字列在舌頭音他母［th］位置上。

洪音前的崇母字在《美全八音》中大多讀作曾母［ts］，讀作出母［tsh］的字所占比例較少。細音前的崇母字本身就較少，或讀作出母［tsh］，或讀作曾母［ts］，另外諸如"鋤鉏茌茬漴"等字則讀作舌頭音。

生母字在《美全八音》中大部分讀作時母［s］，少部分讀作曾母［ts］和出母［tsh］。其中諸如"篩刷縮揹謏嗖"等字則讀作舌頭音他母［th］。

莊組字在韻書中的音讀，與精組字甚爲相像，主要分佈在曾母［ts］、出母［tsh］和時母［s］等位置上。特別應該注意的是，精組字存在讀舌頭音的情況，而莊組字也同樣有這種情況，這些字的音讀能說明什麼問題，就值得我們進一步深思，莊組和精組字合併爲一組，是很有可能的，因爲在方音中它們的分佈是很相像的，另外，精組字存在讀舌頭音的情況，莊組字也有類似現象，這只能說明一點，精組字和莊組字與端組字關係非常密切。而韻書中的列字歸位又似乎能爲此提供例證。

依據王力《漢語史稿》的分法，上古聲母分爲六類三十二母，具體情況如下：

唇 音：	幫	滂	並	明			
舌頭音：	端	透	定	泥	來		
舌上音：	章	昌	船	書	禪	日	
喉 音：	見	溪	群	疑	曉	匣	影
齒頭音：	精	清	從	心	邪		
正齒音：	莊	初	崇	山			

《美全八音》中的聲母是十五音系統，即：

雙唇音：	邊	波	蒙	
舌 音：	低	他	柳	日
喉 音：	求	去		
牙 音：	非	語	鶯	
齒 音：	曾	出	時	

王力的分法比較詳細，與《美全八音》的十五音在數量上相差懸殊，但是若據黃侃的十九紐我們能發現其間的相似之處，也可以印證黃氏之說的難能可貴，黃侃在《音略》三中說："古聲數之定，乃今日事。前者錢竹汀知古無輕唇，古無舌上；吾師章氏知古音娘日二紐歸泥。侃得陳氏之書（案：指陳澧的《切韻考》），始先明今字母照穿數紐之有誤；既已分析，因而進求古聲，本之音理，稽之古籍之通假，無絲毫不合，遂定爲十九。吾師初不謂然，後乃見信。其所著《菿漢微

言》，論古聲類，亦改從侃說矣。”錢玄同《文字學音篇》也分古聲爲十九紐，與黃說基本相同。只是錢氏以群紐爲見紐之變聲，與黃氏略異。黃氏的分法是這樣的：

脣音：	幫	滂	並	明	
舌頭音：	端	透	定	泥	來
	（章）	（昌審）	（船禪）	（娘日）	
齒音：	精	清	從	心	
	（莊）	（初）	（崇）	（山邪）	
牙音：	見	溪	疑		
		（群）			
喉音：	影	曉	匣		

《美全八音》反映出來的聲母系統其實也表現了閩方言的一些共同特點，如古全濁聲母清音化，古濁塞音和濁塞擦音大都變成了不送氣清音，古幫母字和古並母字讀成［p］聲母。此韻書中只有重脣音一組沒有輕脣音，還有古舌上和舌頭兩組合並成一組，部分匣母字在口語中念［k］聲母，古見組字在今細音前仍讀爲喉音［k］、［kh］、［h］，古精母組字和照組字大都相混。所以古無輕脣音和古無舌上音等學説，在此是可以找到印證的。正如陶燠民在《閩音研究》的“閩音與古音之比較”一節中作過精闢的總結，他說，“會其發明，則古之紐音，但有舌頭、重脣、牙、齒、淺齶而已，惟是則與閩紐若同軌轍。”①

（三）《美全八音》音系與中古音系的比較研究

高本漢（1954）在《中上古漢語音韻綱要》中認爲，閩方言音系不是來自《切韻》，所以漢語方言的歷史比較以《切韻》爲依據不適用於閩方言，王福堂②指出，這和漢語音韻研究和漢語方言研究的一般看法完全不同。一般看法是，且不論《切韻》音系的性質如何，它和一

① 陶燠民：《閩音研究》，科學出版社 1956 年版，第 23 頁。

② 王福堂：《漢語方言語音的演變和層次》，語文出版社 1999 年版，第 78 頁。

般漢語方言都存在直接的對應關係，能在總體上説明它們的聲韻分類，應該是沒有疑問的。學術界對於《切韻》音系的性質有多種説法，但基本上認爲它是在隋唐時代的共同語的基礎上吸收了南北方音和古音。無論國内什麼地方的方音都不能超越它的範圍，同時也沒有一個地方的方音能夠跟它恰恰相合。

1. 《美全八音》十五音聲母系統與中古聲母系統的比較

系統的中古音聲母系統分成幫組（即幫滂並明）、非組（非敷奉微）、端組（端透定泥）、泥組（泥來娘）、精組（精清從心邪）、知組（知徹澄娘）、莊組（莊初崇生）、章組（章昌船書禪）、見組（見溪群疑）、影組（影曉匣雲以）、日組（日）。《美全八音》十五聲與中古聲母之間的對應關係如以下簡表（限於篇幅，各舉10個例字）。

《美全八音》		中古聲母	例字
唇音	邊 p	並	徘 培 菩 庖 平 溢 暴 蓓 唪 白
		幫	擺 跛 保 頒 迸 祊 必 八 北 剝
		滂	叭 肧 埔 呠 硼 謤 屁 睥 繽 伻
		非	誹 富 沸 鯡 萉 枋 糞 岅 不 腹
		奉	肥 縫 鰟 茷 吠 飯 飰 夆 膊 縛
		敷	啡 髴 豐 汳
	波 ph	滂	脬 帕 岥 叵 配 沛 砲 魄 粕 品
		並	裴 蓬 彭 軿 髈 疲 胼 殍 暴 被
		幫	波 琣 迫 爆 皕 痞 遍 編 徧 圃
		敷	柹 炗 麬 覆 紡 蜂 菲 裶 悱 斐
		非	否 缶 殕 痞 吩 呼 緋 扉 匪 蜚
		奉	浮 蜉 芣 烰 縫 梵 罦 痱 屝 萉
	蒙 m	明	謬 馬 拇 冒 牡 米 磨 麻 曼 秒
		微	尾 味 譕 鋛 釯 嵍 微 霺 溦 忟
		影	鐭 溫 癮 嫖 杳 茐 驃 俔 鵁 窈
		以	鷕 苡 惟 唯 維 遺 壝 潍 瀢 壄
		曉	麾 駍 漂 惛 掝 威
		雲	帷 棫 減 琙 域

續表

《美全八音》		中古聲母	例字
舌音	低 t	定	台 陶 翢 圖 屠 提 調 峌 昳 軼
		端	戴 碓 打 多 刀 倒 朵 鵰 雕 窒
		澄	傳 腸 踟 幢 憕 綢 稠 腸 綻 秩
		知	著 致 罩 迍 築 卓 桌 帳 貞 眣
		透	隋 嗏 吨 燉 怢 踏 瑱 摘 歒 錞
		章	蛪 捶 枺 寘 諄 撜 桎 斫 婤 征
		徹	袈 踔 豫 瞠 趠 戳 惆 赬 榐 抶
		以	鮐 扡 迤 杝 墿 僌 醳 阽 楪 瘍
		崇	渫 荏 茬 槎 僝
		莊	鮓 窄 湷 穛
		書	室 亶 蟵 揖
		昌	脛 瀿 神
舌音	他 th	透	胎 汰 佗 唾 拖 桶 托 拓 眺 鐵
		定	迢 笞 提 磒 甜 讀 磚 窕 挺 艇
		徹	抽 蟶 昳 坼 拆 恥 逞 趁 昳 徹
		澄	槌 錘 椎 錘 椽 蟲 垞 程 徲 皗
		端	磓 馱 踹 奞 嚏 媞 鍉 妉 耽 酖
		知	奼 奓 笜 泏 陟 磔 杔 譸 蛛 砧
		以	拸 尜 拽 撱 褕 揚 好 烑 郢 延
		來	灋 戾 醴 蠡 勑 離 寵
		生	篩 刷 縮 摍 謏 嗖
		莊	蚱 鮓 厏
		初	岔 揣 鏟
		崇	鋤 鉏
	柳 l	來	來 箂 萊 辣 拉 摺 喇 覽 攬 欖
		泥	嫩 溹 呈
	日 n	泥	奈 滐 那 瑙 閙 譨 扭 女 尿 撚
		日	餌 二 閏 軟 鈉 邊 汝 日 肉 茹
		娘	肥 禯 檸 擰 獰 脫 紉 昵 鞀 妮

續表

《美全八音》		中古聲母	例　字
喉音	非 h	曉	花 哈 醢 好 灰 虎 呼 鼾 血 旭
		匣（仄）	劃 害 下 晧 繪 效 溷 患 洽 惑
		匣（平）	驊 孩 諧 洄 瑚 虹 韓 姮 痕 妶
		奉（仄）	釜 輔 父 附 翡 憤 飯 服 匐 罰
		敷	麩 孚 垺 孵 鄜 訃 烽 汎 仿 拂
		奉（平）	蜉 梟 夫 扶 棼 岎 蚡 樊 防 馮
		影	嗄 嫗 懿 煙 滃 臒 搕 幽 紆 扜
		雲	曄 雄 熊 緯 雲 湏 熉 園 薗 遠
		非	非 飛 扉 沘 緋 騑 匪 匚 癈 芾
	語 ŋ	疑	瓦 呆 崖 礙 牙 敖 臥 咬 眼 月
		曉	餀 岈 瘑 呺 孷 歙 闟 鈋 枵 迄
		見	猇 惒 价 圿 骱 訖 鴰 踽 烴 廣
		匣	猇 爻 姣 肴 淆 峮 洨 誵 睆 艦
		群	翹 莜 嶠 枷 卬
		影	鋋 甌 郁 厄 毆
		溪	汧 燆 齫
		雲	鴞 園
	鶯 o	影	鴨 押 壓 遏 益 翁 挨 英 鸚 因
		以	墿 楪 拖 迤 拽 褕 揚 好 烑 郢
		日	任 認 仞 仍 韌 飪 岃 扔 艿 荏
		雲	羽 雨 宇 又 右 芋 衛 運 沃 院
		微	文 晚 聞 望 王 物 妄 武 萬 亡
		匣	黃 簧 紅 匣 篁 盒 狎 學 狹 湖
		疑	月 顎 嶽 噩 啀 逆 玉 業 晤 曰
齒音	曾 ts	精	栽 載 佐 足 租 灶 走 鑽 跡 作
		章	咒 紙 騅 準 祝 燭 周 煮 之 正
		從（仄）	才 曹 槽 臍 全 存 藏 磁 樵 前
		莊	渣 咱 爪 斬 妝 仄 睜 淄 債 責
		從（平）	在 自 字 漸 萃 昨 踐 捷 疾 輯
		知	噣 吒 駐 摘 啜 蚝 睭 沾 站 椿
		清	造 湊 蹭 蔟 醋 竣 蹡 緝 踆 棟

續表

《美全八音》		中古聲母	例　　字
齒音	曾 ts	崇（平）	寨 棧 狀 乍 櫥 積 助 鉏 眥 撰
		澄	傾 稠 躊 裯 豸 住 賺 濯 濁 棹
		崇（平）	豺 巢 儕 崇 愁 巉 崢 鐕 嶄 勦
		心	塞 粹 隼 峻 梭 僧 窣 睢 杫 枯
		昌	嚽 讀 埱 諔 歠 洲
		書	水 紳 叔 篕 書 少 苫 揞 踞 舒
		徹	踁 椿 詫 楮 褚 祉 憏 䟴 覘
		初	廁 淨 錚 琤 噌 掙 嫧 差
		禪	脤 瘇 嶒 茱 洙 鰣 櫂
		生	殀 栓 唼 甝 嫀
		見	鳩 減 柧 究
		邪	燼 藎 汜
	出 tsh	清	猜 彩 娶 措 崔 搓 寸 撮 峭 千
		昌	臭 婞 串 赤 啜 觸 吹 炊 倖 川
		初	杈 楚 抄 初 冊 創 鏟 初 齪 策
		精	瘥 嘴 蹙 噈 蕝 攥 揪 戕 菁 雀
		心	臊 雖 碎 埣 椮 筅 韍 笑 咲 癬
		徹	蠆 樀 輴 樸 瞠 炪 超 䄍 忡 琛
		從（平）	纔 摧 蠶 矬 睉 茨 嬙 戕 瞧 檣
		書	手 翅 矢 豕 舒 深 弛 鼠 矢 奢
		章	夊 惴 折 歸 昭 職 灼 繳 焯 種
		莊	掙 眨 側 捉 斮 俶 騶 菹 澌 穦
		從（仄）	髊 崒 崪 姘 賊 鷲 鑿 誚 匠 葺
		崇（平）	豺 槎 柴 喍 齜 峭 崢 床 愁 雛
		生	桑 滲 眚 剷 鏟 栅 數 崚
		知	箠 襧 醱 塚 妰 樒 鍺
		澄	幢 持 沖 翀 躅 軸 紖
		禪	豉 市 鉓 腨 杓 汋
		見	媿 佊 覞 穀
		邪	囚 汙 艚

續表

《美全八音》		中古聲母	例　字
齒音	時 s	心	掃 宿 莎 些 嫂 四 婿 性 算 息
		生	沙 使 砂 帥 梳 杉 山 生 色 刷
		書	收 燒 施 商 升 設 扇 束 叔 失
		禪（仄）	受 墅 是 十 拾 甚 邵 上 熟 植
		禪（平）	誰 純 醇 陙 殊 陎 常 成 蟬 臣
		邪	隨 馴 巡 旋 漩 蜁 袖 序 燧 誦
		船	船 射 唇 漘 塍 神 乘 繩 食 述
		澄	嬦 紬 躕 阺 泜 跱 庤 値 峙 朮
		從	孖 坐 阱 茦 臍 槽 鏪 晴 嶕 睄
		章	庶 棁 棰 折 嬉 橲 拓 囑 詔 炤
		以	蛇 箷 鄉 癢 蠅 枻 詍 簷 嫆 涚
		清	傞 恓 諰 叄 慘 悛 諫 沁 茜 璁
		精	唆 璅 躁 厜 崽 梫 篸 朘 踙 甑
		知	娷 追 悊 剟 陟 稙 欘 孎
		徹	鍖 綝 湁 跐 渣

從以上簡表我們可以瞭解中古聲母系統在福州方言韻書演變的軌跡如下：

（1）中古音的全濁聲母在韻書中放在同部位的清音聲母，大部分讀不送氣清音，少部分讀送氣清音。

（2）中古音的輕唇音非敷奉三母的字在韻書中的音大部分讀非母［h］，部分讀成重唇音［p］和［ph］。讀［p］的音代表白讀系統。

（3）中古音的舌音分舌頭和舌上兩種，而在韻書中舌上音知、徹、澄三母則作舌頭音。唇音和舌音的音讀情況說明《美全八音》聲母系統保留著古無輕唇音和古無舌上音的上古音特點。

（4）中古齒音分爲精組、莊組、章組三類，而在韻書中已經合併爲舌尖塞擦音、擦音聲母（曾母［ts］、出母［tsh］、時母［s］）。

（5）中古的明母字在韻書中大部分讀作蒙母［m］，但韻書的蒙母字有的來源於中古的微、影、以、雲等母。中古的疑母字在韻書中大部分讀作語母［ŋ］，但韻書的語母字還有一小部分來源於中古的曉、見、匣以及雲等母；中古的日母字在韻書中很大一部分讀作零聲母；韻書中的零聲母除了來於中古的日母字，主要是來源於影、以、雲、微等母。

（6）中古的匣母字大部分讀作非母［h］，其中有一部分是放在求母［k］位置上；還有，中古的以母字大部分讀作零聲母（鶯母［o］），其中也有小部分讀爲時母［s］。心、邪、書、生等母小部分字讀塞擦音［ts、ts（h）］，顯然，這種音讀與匣母讀［k］和以母讀［s］是代表較爲古老的白讀音層次。

（7）部分齒音字讀作舌音，即莊組和章組的部分字便有讀作舌音的情況。這也是保存古音遺跡的鮮明特點，有力地印證章系歸端系之說的正確性，同時爲古音理論提供更多的方言例證。

（8）韻書所列的齒音來源比較複雜，章組和莊組居主導地位，同時還有部分是知組和見組字。見組字在韻書中一般讀作喉音。說明舌、齒兩音以及牙、喉兩音之間存在互變關係，語音系統的內部要素有著密切的聯繫。

2. 中古十六攝與《美全八音》韻母系統的比較

中古音韻母系統以攝爲組，共分十六組，分別是：通攝、江攝、止攝、遇攝、蟹攝、臻攝、山攝、效攝、假攝、果攝、宕攝、梗攝、曾攝、流攝、深攝、咸攝。十六攝在《美全八音》的具體分佈情況如下：

（1）通攝

通合一東冬（入）韻主要分佈在春韻及其相應的入聲韻位置上，也有部分在銀韻（入）和東韻（入）；此外，有極少數一部分字列在燈、聲、天三韻。通合三東鍾（入）韻則主要分佈在銀韻，還有一些在春韻。少數列字異常，如痛字放在天韻，表示疼義，這是訓讀現象。

（2）江攝

江開口二江（入）韻主要分佈在釭、東韻兩韻及其相應的入聲韻位置上。少部分列在山、銀兩韻的位置上，不過江韻字列在山韻入聲的情況較少，列在銀韻入聲的位置倒是不少。也有極少數列在香韻。還有零星的幾個字列在與陰聲韻相配的入聲韻位置上。如支字列在嘉韻的上入處。

（3）止攝

止開三支脂之微韻主要分佈在之、須、雞三韻，一小部分在杯、輝韻。而止合口三支脂之微韻主要分佈在之、杯、輝三韻，還有一小部分在雞韻。從分析情況來看，在精、莊兩組的影響下，止攝的開口字部分讀合口韻，止攝的合口字部分讀作［i］、［ei］、［ie］等韻。還有部分止攝字讀作開韻，這種情況反映了白讀的古音層次。有一部分列字比較特別，如樻、叞、痿等列在入聲韻的位置上。

（4）遇攝

遇合一模韻大部分是讀作孤、過兩韻，少數讀成須韻。一部分列字異常：零星幾個僻字列在雞韻、奇韻和帶［-k］尾的入聲韻，懷疑是列字錯誤。遇合三虞、魚兩韻多數是讀作須韻，其中虞韻還有不少字列在孤韻上，而且是以非組字居多，還有小部分列在過韻上。

（5）蟹攝

中古的蟹攝在《美全八音》中分佈韻部較爲廣泛，開口一二等主要集中在開韻，也有一部分在杯、輝韻，二等分佈在雞、西韻。而其中讀嘉韻的則代表古老的白讀音層次。開口三四等相當一部分出現在之韻，三等還列在雞韻上；而四等韻還有一大部分列在西韻，列在雞韻的字也不少。合口字主要分佈在幾個合口元音的韻部上，即杯、輝、歪、催、花等韻。

（6）臻攝

臻攝分佈相對集中，基本分佈在春、釭、銀、賓等韻，而且臻攝的入聲韻字在《美全八音》中已經變爲［-k］韻尾，有部分韻字列在陰聲韻位置上，中古音在福州話的入聲韻韻尾演變在一定程度上說明［-t］尾入聲韻變爲［-k］韻尾之後，有變爲陰聲韻的趨勢。

（7）山攝

山攝開口韻字主要分佈在、山、歡、燈、天韻（包括相應的入聲韻）。合口韻字主要分佈在歡、光韻，部分列在春、釭韻上。其中三等韻以及四等的先韻中見、曉、影三組聲母的字往往讀撮口呼韻母（香韻），也就是說中古山攝在福州方言韻書若列在見、曉、影三組聲母上，就讀成撮口呼。此種方言音讀應該說是聲母對韻母分化產生的影響。

（8）效攝

效開一豪韻，列在歌韻、郊韻上。效開二肴韻，列在郊韻和嘉韻上，這樣的音讀應該是肴韻在方言中表現出來的白讀音。還有部分列在燒韻上，而且讀燒韻的以見組字居多。效開三宵韻，列在燒韻上。礁、麨兩字讀嘉韻，比較特殊。效開四蕭韻，列在燒韻上，還有一部分列在秋韻上。

（9）假攝

假開二麻韻主要分佈在嘉韻上，其他的有小部分列在花、奇兩韻。開口三等麻韻則主要在奇韻上，少數在雞韻上。合口二等麻韻集中在花韻位置上，歪、嘉兩韻列開口三等麻韻字的情況較少，只是極個別的現象。

（10）果攝

果攝大多數列在歌韻上。合口韻字還有部分列在過韻上。也有一小部分字列在嘉、歪、花、橋、杯、輝、開、催等韻，歌韻分佈的韻較廣。其中歌韻讀作［a］的字可以說保留著古音的遺跡。古音學家對上古的歌部擬音往往含有［a］音，這裡的方言音讀可作爲佐證。歌韻的主元音朝著後高的方向變化，在《廣韻》時代大概已經變作［-ɔ］。① 而對於歌韻字讀音含有［i］的現象，鄭張尚芳②就利用了福州話、福安話、溫州話等方言和民族語的材料來證明歌部是＊-i，而不是＊-r。

（11）宕攝

宕開一唐韻，列在釭韻的位置上，部分在春韻上。梆、螃、芒、钂等極少數字列在山韻上。俍、哴、戕、盎、坱、姎、軮、佒、盎列在香韻上，影組字居多。宕開一鐸韻，列在釭韻（入）上。（幫組）薄、箔、泊、粕、瞙，（端組）托、拓、籜、乇，（泥組）絡、落，（見組）閣、擱列在歌韻（入）上。賂列在嘉韻（入）上。博、瞙、幕列在過韻上。宕開三陽韻，列在香韻和釭韻上。宕開三藥韻，列在香韻（入）。嚼、著、勺、箬、篛、腳、藥、鑰、瀹等字列在橋韻上，這些字往往還收在［-k］尾的入聲韻位置上。來自古［-k］尾的藥韻，［-k］尾和［-h］尾兩見，與陽聲韻和陰聲韻兩配。宕合一鐸韻，列在春、釭（入）上。（見組）郭、槨、廓、埻、崞、擴、漷、鞹（曉）霩列在過韻（入）。宕合三陽韻，列在春、釭韻。非組的縛列在過韻（入）。宕合三藥韻，列在釭（下入）上。躩、钁、蒦則列在香韻上。宕攝的合口韻只分佈在見、曉、影三組，方音皆讀圓唇元音。由此可見，聲母對韻母有很強的制約作用。

① 潘悟雲：《漢語歷史音韻學》，上海世紀出版集團、上海教育出版社 2000 年版，第 72 頁。

② 鄭張尚芳：《上古音構擬小議》，《語言學論叢》1984 年第 14 輯。

（12）梗攝

梗攝字在韻書中主要分佈在賓、燈、光等韻，還有一小部分是分佈在山、聲韻，讀［a］音的是代表著古老的白讀音。列在嘉韻（入），如：百、伯、栢、白、拍、脈、麥、宅、蚝、窄、咋。這些韻字也出現在燈韻的入聲韻位置上，而重列在與陰聲韻相配的入聲韻位置上，此種現象多少可以説明中古收［-k］尾的入聲韻在韻書編定時已經部分變爲喉塞韻尾的入聲韻，兼與陰聲韻相配。當時編者已經能注意到這種歷史音變，這爲我們探討福州話入聲韻韻尾的演變軌跡提供了綫索。

（13）曾攝

曾攝一三等字在韻書中分佈的韻部比較簡單，主要是在燈韻和賓韻上，極少一部分字列在東韻和光韻的位置上。

（14）流攝

流開一侯韻，列在溝韻、郊韻和孤韻上。蔀、畒、某、戊、擩等列在過韻上。流開三尤和（極小部分）幽韻，列在秋韻。部分列在溝韻。其中尤韻列在郊韻上，是白讀音。如：矛、蝨、溜、劉、鎦、流、摎、臭、九、烋。

（15）深攝

深開三侵韻，列在賓韻上。列在賓韻、燈韻（賓韻居多）上。（知、莊兩組）錟、碪、洣、譖、滲、寥、梫、磣等字列在山韻上。深開三緝韻，列在賓、燈韻（入）上（賓入居多）。

（16）咸攝

咸開一談覃韻，列在山韻、賓韻和天韻上。咸開一合盍韻，列在山（入）位置上，其他少數列在賓韻的入聲韻上。咸開二咸銜韻，列在山韻和天韻上。咸開二洽狎韻，列在山韻（入）位置上。其他少數列在賓韻的入聲韻上。如：圔狹夾扱。咸開三鹽韻，列在天韻。咸開三葉韻，列在天（入）。獵、礜、跲、嚗等少數字列在山韻的入聲韻位置上。咸開四添韻，列在天韻。店、墊、念、趁等字列在燈韻上。咸開四帖韻，列在天韻（入）。咸攝合口三等凡（乏）韻，列在歡韻上。

咸攝開口韻字比較多地集中在天、山兩韻和相應的入聲韻位置上，一二等字大部分在山韻上，而三四等字主要在天韻上。合口韻字僅列在歡韻上。

韻母比較説明：

（1）《美全八音》韻母完整地保持了中古音系韻母陰陽入三分的局面。通、江、臻、山、宕、梗、曾、深、咸九攝的陽聲韻均有相配的入聲韻，在韻書中依然是陽入相承的格局。而止、遇、蟹、效、假、果、流七攝陰聲韻在韻書中也是陰聲韻，但韻書的部分陰聲韻的入聲調位置上還列有［－k］和［－t］尾的入聲韻字。中古陽聲韻字在韻書中合三爲一，即［－m］、［－n］、［－ŋ］三個韻尾變爲［－ŋ］尾。

（2）《美全八音》部分韻母在方言音讀中的白讀音往往代表著較爲古老的語音層次，如：中古蟹攝字，效攝（肴韻）在韻書中讀嘉韻［a］；梗攝清庚韻列在聲韻［iaŋ］；流攝尤韻列在郊韻［au］。

（3）中古入聲韻字列在與陽聲韻相配的位置上，在《美全八音》中部分列在與陰聲韻相承的入聲韻，甚至有極少數列在陰聲韻位置上。有一些字是陽（入）、陰（入）和陰聲韻三個位置上同時重出，這反映了漢語入聲韻尾的一個演變過程：［－p、－t］尾變成［－k］尾，之後入聲韻就朝著喉塞韻尾發展，最後變爲陰聲韻。韻書在一百年前透露出這種變化的資訊。［－p］尾入聲韻在《美全八音》主要列在與陽聲韻相配的入聲韻位置上，即收［－k］尾；［－t］尾入聲韻在韻書中大部分演變爲［－k］尾入聲韻，同時臻山兩攝的少數字還列在陰聲韻位置上；［－k］尾入聲韻收［－k］尾和收［－h］尾兩見，也有一些字列在陰聲韻位置上。

（4）中古同韻的字在韻書中分化成兩個或更多的韻母，其間聲母對韻母有很大的制約作用。如：中古山攝三等韻以及四等的先韻中見、曉、影三組聲母的字往往讀撮口呼韻母香韻［yoŋ/yok］。

3. 中古聲調與《美全八音》聲調系統的比較

（1）中古平聲在韻書的分佈情況

中古平聲主要分佈在陰平和陽平，全清、次清聲母前大多讀陰平。全濁、次濁聲母前大多讀陽平。清聲讀陽平、濁聲讀陰平的情況只是少數。

（2）中古上聲在韻書的分佈情況

中古上聲主要分佈在上聲和陽去。其中全清、次清聲母字前大多讀作上聲。全濁、次濁聲母字前大多還是讀上聲，全濁聲母前讀陽去調的居多。中古上聲還有一些字列在陰平、陽平、陰去、陰入和陽入，平聲和去聲比較多，入聲比較少。

（3）中古去聲在韻書的分佈情況

中古去聲依聲母的清濁分列在陰去和陽去。全清、次清聲母字前大多讀作陰去。全濁、次濁聲母字前大多讀作陽去。相比之下，清聲母字前讀作陽去調和濁聲母字前讀作陰去調的情況比較少。中古去聲還有一部分字列在陰平、陽平、上聲和入聲。

（4）中古入聲在韻書的分佈情況

中古入聲依聲母的清濁分列在陰入和陽入。全清、次清聲母字前大多讀作陰入。全濁、次濁聲母字前大多讀作陽入。也有一部分清聲母字前讀作陽入調和濁聲母字前讀作陰入調的情況。

中古聲調分平、上、去、入四聲，《美全八音》按古聲母的清濁分成陰陽兩類，古濁上與濁去合流，所以韻書的上聲不分陰陽。中古聲調在韻書中的分佈有規律可循，也有例外。如中古平聲的部分字列在入聲；中古上聲的部分字列在平聲；中古去聲的部分字列在平聲；中古入聲的部分字列在平聲和去聲。其中部分入聲字因爲韻尾的脱落而變爲陰聲韻，所以在韻書中不是列在入聲調的位置上，而是列在陰平、陽平、上聲、陰去和陽去等。這比較容易理解，而其他特殊音變也許是由於韻書作者審音有誤。

（五）《美全八音》與現代福州（古田）方言比較

1. 聲母系統

這裡主要來談一談“n 、l ”的分合問題。《美全八音》體現著傳統中的“十五音系統”，就像《戚林八音》和《福州話拼音字典》一樣，“日”和“柳”兩母分開，但是現代的福州人不能很好地分讀兩個聲母，這應該説是近百年來的語音變化。陳澤平曾在 1982 年針對這種音位合併的現象進行過一項專題調查，表明福州方言區別［n］和［l］的時期已經成爲歷史，現在的福州人如果不説是全部，至少是絕大多數不分這兩個聲母。這種現象不光在福州市區，還在各郊縣普遍存在。《福州方言誌》的“聲韻調系統”中也提到，“n、l ”兩個音類常混淆難分。但在古田話中“n、l ”聲母有別，保持著《戚林八音》和《美全八音》柳日兩母，邊音和鼻音的不同。

另外，對於《美全八音》聲母的發音部位，我們很難根據所記的羅馬音來斷定，但現代的福州方言（據《福州方言誌》的描述）口語中字音連讀出現雙唇濁擦音“β”和舌葉濁擦音“ʒ”兩個聲母。ts、tsh、s在細音韻母前，發音部位前移成舌面中音（c、c‘、ɕ、ɲ）。這兩點在《美全八音》就沒有加以描述。

2. 韻母系統

《美全八音》的韻母系統和福州方言以及古田方言還是有一些差異，具體的情況是這樣的。

（1）陽聲韻

《美全八音》的陽聲韻兼配有－k尾的入聲韻，福州方言－k已經變成－（h）尾，古田方言保持著－k尾。

美全擬音	福州	古田	美全擬音	福州	古田
uŋ \ ouŋ	uŋ \ ouŋ	uŋ	uoŋ	uoŋ \ uɔŋ	uoŋ
yoŋ	yoŋ \ yɔŋ	yøŋ	yŋ \ øyŋ	yŋ \ øyŋ	yŋ
aŋ	aŋ	ɑŋ	ouŋ \ ɔuŋ	ouŋ \ ɔuŋ	ouŋ
iŋ \ eiŋ	iŋ \ ɛiŋ	iŋ	øyŋ \ ɔyŋ	øyŋ \ ɔyŋ	øyŋ
uaŋ	uaŋ \ uɑŋ	uaŋ	iaŋ \ iɑŋ	iaŋ	iaŋ
eiŋ \ aiŋ	ɛiŋ \ ɑiŋ	eiŋ	ieŋ	ieŋ	ieŋ

（2）陰聲韻

《美全八音》的陰聲韻兼配－h尾入聲韻，這些韻字在福州方言部分變成陰聲韻，像畫、溜、孬一些字；而大部分還是保持喉塞韻尾［h］（或記作［ʔ］），像白、客、脈、宅、玉、獄、箬、簕、局、嚼、著、尺、壁、跡、益等，今喉塞韻尾［ʔ］也就是《美全八音》所標記的［h］尾入聲韻。考察韻書的時候，我們不難發現，韻書當中有部分字既列在陰聲韻的位置上，又列在與陰聲韻相配的入聲韻位置上，如乇、借、㽕、拿。還有部分字既列在［k］尾入聲韻位置上，又列在［h］尾入聲韻，如：薄箔學緑燭㓟縠嚼箬石勺藥尺僻啃摘跡食益役赤。而且部分字則在［k］尾入聲韻、［h］尾入聲韻和陰聲韻三個位置上同時出現。如：宅謚暴玉。這其實也反映了入聲韻韻尾的一個發展趨勢：經歷由［k］尾變爲喉塞韻尾［h］的階段，且［k］韻尾和喉塞韻尾［h］在過渡階段是並存的，隨著一段時間的醞釀，［k］韻尾脱落，變爲喉塞韻尾，之後喉塞韻尾的入聲韻字就朝著陰聲韻發展，最終變爲陰聲韻。

美全拟音	福州	古田	美全拟音	福州	古田
ua	ua	ua	au	au/ɑu	au uo
iu/eu	iu/eu	iu	uo	uo/u	uo
ai	ai/ɑi	ai	ɛ	ɛ/a	ɛ
a	a	a	io	yo/yɔ	yø
ɔ	ɔ/o	ɔ	ie	ie/ iɛ	ie
y/øy	y/øy	y	oi \ɔi	øy/ɔy	oi
uoi	ui/uoi	uɔi	œ\ɔ	œ/ɔ	œ
u/ou	u/ou	u	ia	ia/ iɑ	ia
ui/uoi	ui/uoi	ui	uai	uai/ uɑi	uai
ieu	ieu	iau	eu/ɛu	ɛu/ɛu	ɛu
i/ei	i/ɛi	i			

現代福州方言的韻母因聲調的不同而分爲松和緊兩套。陰平、陽平、上聲、陽入調讀緊韻母；陰去、陽去和陰入調讀爲松韻母。就前面所列，標注“/”的韻母皆屬於這種情況，通過比較，我們發現《美全八音》也能很好地加以標識，基本上與現代福州方言是相類似的，只是有的發音部位不甚相同，如有 a 和 ɑ 的不同，有 e 和 ɛ 的不同，有 ɔ 和 o 的不同。

還有，“古田話韻母保持了《戚林八音》秋與燒、輝與杯韻類的區別，福州話已秋、燒韻不分，輝、杯韻無別；入聲韻尾，古田話也和《戚林八音》一樣有兩套，福州話除了少數人外，絕大多數人口音中都只有一套 -ʔ（或作［h］）收尾的入聲韻。（按：羅源話中兩套入聲韻合併了，也只有一套喉塞音韻尾）”① 除了古田保持著如此對立之外，連江、閩侯、永泰等地只有少數老年人能完整地分辨兩類入聲字。棠口、黛溪、平潭、潭東、廷坪等地，秋與燒是對立的；輝與杯可以區分。對此類現象，陳澤平的解釋是很有道理的，他認爲，秋韻和輝韻原本都是複元音韻

① 梁玉璋：《古田縣誌（方言篇）》，中華書局 1997 年版，第 872 頁。

母，在發展過程中逐漸衍生流音；燒韻和杯韻原本都是韻腹爲中高音的三合元音韻母，由於介音和韻尾的雙重牽制作用，在發展中韻腹逐漸弱化爲央元音［ə］，再逐漸弱化爲流音，分別與秋、輝兩韻合併。①

3. 聲調系統

《美全八音》的聲調分成七個聲調，與現代福州方言差別不大。現代福州方言與古田方言的聲調在具體的調值上有差異。福州方言的調值可見"《美全八音》的基本情況"部分，古田方言的七個聲調的調值（據《古田縣誌》第三十二篇"方言"的記載）分别爲陰平（55）、陽平（33）、上聲（42）、陰去（21）、陽去（324）、陰入（2）、陽入（5）。口語連讀中產生三個新調：544、24、53。

参考文獻

（一）著作部分（以出版年代先後爲序）

鍾德明：《加訂美全八音》，福建師範大學圖書館家刻本線裝本二冊。

陶燠民：《閩音研究》，科學出版社1930年版，1956年再版（原載於前歷史語言研究所集刊第一本第四分冊，第445至470頁）。

羅常培：《廈門音系》，科學出版社1956年版。

《羅常培語言學論文選集》，中華書局1963年版。

李方桂：《上古音研究》，商務印書館1971年版，1998年再版（原載于《清華學報》新九卷一、二期合刊）。

中國人民政治協商會議福建省福州市委員會文史資料工作組編：《福州地方誌》，1979年。

林亨仁：《福州話音韻本》，（北京）中國圖書館學會1977年版。

王力：《漢語史稿》（上），科學出版社1980年版。

史存直：《漢語語音史綱要》，商務印書館1981年版。

李新魁：《古音概說》，廣東人民出版社1982年版。

袁家驊等：《漢語方言概要》（第二版），語文出版社1983年版，2001年再版。

① 陳澤平：《福州方言研究》，福建人民出版社1998年版，第87頁。

王力：《漢語語音史》，中國社會科學出版社 1985 年版，1997 年再版。

郭錫良：《漢字古音手冊》，北京大學出版社 1986 年版。

周振鶴、遊汝傑：《方言與中國文化》，上海人民出版社 1986 年版。

汪壽明選注：《歷代漢語音韻學文選》，上海古籍出版社 1986 年版。

（清）里人何求纂：《閩都別記》，福建人民出版社 1987 年版。

徐通鏘：《歷史語言學》，商務印書館 1991 年版，2001 年再版。

徐中舒主編：《漢語大字典》（縮印本），湖北辭書出版社、四川辭書出版社 1992 年版。

遊汝傑 ：《漢語方言學導論》，上海教育出版社 1992 年版。

梁玉璋、馮愛珍：《福州話音檔》，上海教育出版社 1994 年版。

馬文熙、張歸璧等編著：《古漢語知識詳解辭典》，中華書局 1996 年版。

李如龍：《福建方言》，福建人民出版社 1997 年版。

梁玉璋：《古田縣誌（方言篇）》，中華書局 1997 年版。

陳澤平：《福州方言研究》，福建人民出版社 1998 年版。

福建省地方誌編纂委員會編：《福建省誌・方言誌》，方誌出版社 1998 年版。

王福堂：《漢語方言語音的演變和層次》，語文出版社 1999 年版。

潘悟雲：《漢語歷史音韻學》，上海世紀出版集團、上海教育出版社 2000 年版。

李如龍、王升魁：《戚林八音校注》，福建人民出版社 2001 年版。

李如龍、梁玉璋：《福州方言誌》，福州市地方誌編纂委員會整理，海風出版社 2001 年版。

（二）論文部分（以出版年代先後爲序）

李如龍、梁玉璋、陳天泉：《福州話語音演變概說》，《中國語文》1979 年第 4 期。

唐文：《論章系歸端》，《語言文字研究專輯（上）》（中華文史論叢增刊），上海古籍出版社 1982 年版。

梁玉璋：《福安方言概述》，《福建師範大學學報》1983 年第 3 期。

張琨：《論比較閩方言》，《語言研究》1985 年第 1 期。

梁玉璋：《福州話文白異讀字》，《福建師範大學學報》（哲社版）1985 年第 1 期。

林寒生：《福州方言字典〈戚林八音〉述評》，《辭書研究》1985 年第 34 輯。

鄒光椿：《〈戚林八音〉作者初探》，《福建師範大學學報》（哲社版）1986 年第 2 期。

李如龍：《閩方言的韻書》，《方言與音韻論集》，香港中文大學中國文化研究所吳多泰中國語文研究中心，1991 年，1996 年再版（原載於《地方文獻史料研究叢刊》第二輯，福建地圖出版社 1991 年版）。

王升魁：《〈戚林八音〉異常用字考》，《福建師範大學學報》1993 年第 2 期。

王升魁：《〈戚林八音〉的語音系統——同趙日和先生商榷》，《福建師範大學學報》（哲社版）1995 年第 3 期。

李竹青：《〈戚林八音〉的作者、成書年代及其淵源》，《中國語文研究》1995 年第 11 期。

馬重奇、楊志賢：《福建方言研究概述》，《福建論壇》1997 年第 4 期。

陳澤平：《十九世紀的福州音系》，《中國語文》2002 年第 5 期。

《加訂美全八音》

李春曉　編著

鍾德明　原著

序　　言

上古結繩而治，頡令制字代繩以利用於世，其功可謂溥矣。降至後世，真草篆隸雖有各種之殊，而音則一也。如許氏之《説文》重義而略音聲，故人有譏其不識字母者。

國朝《康熙字典》薈萃群書，搜羅宏富，無一義之不詳，無一音之不備，文人學士案置一帙以備參稽美矣善矣。但農工商賈之流末學淺識之輩解其義者良難也。其音者顯易，故欲求雅俗可以同賞，淺深可以共喻者，莫善於參戎戚公之《八音》，審音而即可識其字，有開卷瞭然之樂。逐字而備載其義，無艱深難解之病。通人博士固不無藉此以爲參考之書。而粗知文義，此用以切音察字，未無少補焉。鍾君德明於晷刻之餘暇，就《康熙字典》所有之字盡數抄入，多至四萬餘字，其功亦云勤矣。或謂前人所作之書，後人歎而補之，似屬多事。是又不然。晦庵則補《大學》，束皙則補《亡詩》。褚少孫則補《史記》，裴松之則補《三國志》，楊雄則著《太元》以補《易》，王通則續《誥》而補《書》。豈《八音》獨不可補哉？是書匯成將付剞劂。問序於予。予曰：“善。是宜公諸同好。”不揣譾陋，爰志數語以弁簡端云。

光緒丙午三十二年中秋中浣閩邑陳鍾嶽生甫氏謹序

凡　　例

一三十六字母

春花香秋山開嘉賓歡歌須金（仝賓）杯孤燈光輝燒銀釭之東郊過西橋雞聲催初天奇梅（仝杯）歪遮（仝奇）溝

一每字母分出十五字頭

柳籠 邊枋 求公 氣空 低東 波蜂 他通 曾宗 日驡 時嵩 鶯溫 蒙儚 語ngúng 出春 喜風

一每字頭呼出七音　風上平 粉上上 訓上去 拂上入 雲下平 鳳下去 佛下入

一取字之法是要調七音之第一音，即上平字，自然順口音流出七音之別，假如欲取佛字，先調風字最順，春字母從柳（籠）唱至喜（風）字，順口音調出七音："風粉訓拂雲鳳佛"，是也。不論何字，以此類推。

一大字下小字即《說文》之義，如秝字（米可爲酒），四字則一說，如孔字（通、甚、穴、姓）四字四義，宜觀何用，以別其義。

一一字一說或數字同說，蓋字有正體如愆字（古文）僁（俗字）愆（同字）傛衍遚（省畫）辛皆一說。

一字音有閩音正音，集中俱載，如石字（正集）韻音習，閩音石；如母正音謀上音，閩音姆。凡觀集中，字不可以字爲悮，宜要何音取討則是。

一凡各音首放羅馬字，一字若無字有音者則用羅馬字。

一全部合總共是三千四百六十五字之羅馬字全載在內，無缺焉。

一書羅馬字春 chŭng 寫出春 chŭng，字母列第三頁。

一字頭有大小寫如哩大 L 小 l 書中大 L 小 l。凡人名地名起句頭，字則須用大寫以別之。餘請觀第三頁。

一十字母 鴉挨呢依阿烏於哀意塢

一十四字頭：柳如 l 邊如 b 求 g 氣 k 低 d 波 p 他 t 曾 c 日 n 時 s 蒙 m 語 ng 出 ch 非 h。

一每韻呼出七音由鶯韻呼出之記號鶯鴉 ǎ　ā　á áh ȧ â ǎh。

一頭字哩 l 字爲標合字母亞 ā 字爲射，切成喇 lā 字。如卑 b 字爲標合，亞 ā 爲射，切成把 bā 字，用十四字頭加平音則平，加仄音則仄，變成各音。

總目

元　春花香秋山開

亨　嘉賓歡歌須杯

利　孤燈光輝燒銀釭

貞　之東郊過西橋雞聲催初天奇歪溝

字頭

L	B	G	K	D	P	T	C	N	S	M	Ng	Ch	H
l	b	g	k	d	p	t	c	n	s	m	ng	ch	h
哩	卑	期	欹	知	悲	隄	之	呢	絲	咪	哖	痴	非

單字字母

A	A̤	E̤	I	O̤	U	Ṳ	Ai	E	O
a	a̤	e̤	i	o̤	u	ṳ	ai	e	o
鴉	挨	呢	依	阿	烏	於	哀	意	塢

1 春字母

柳上平 lǔng ● 巃山峻 𤮯瓦也

上上 lūng ● 隴高山 壠 壟邱丨 龍斷丨 鸗小鳥 儱未成器 憹很也 龎恩遽貌 攏掠也

● 稐禾束 𩦧馬胶

上去 lóng ○

上入 lók ● 碌庸丨 用丨里先生 匑止也

下平 lùng ● 倫丨常 綸經丨 輪轉丨 淪水波没 崙崑丨山 瓏禱旱玉 朧肥明欲 腀皮丨 掄擇也

● 惀思也 踚行也 圇圇丨物完 鯩魚也 錀金丨 鑨器也 䮞獸名 嚨喉丨 蜦蛇屬 碖硐丨石落

● 𥡥禾病 籠鳥丨 櫳獸檻 礱磨也 聾 曨 龓耳病 爖火也 龒房疏 蘢水草 鸗鳥丨

● 竉穴也 蠪蛭獸 襱 谾大谷 𩞯餅也 𩟗餅也 𤞤獸也 殰禾病 𤸎指病 艙舟也 䡅

● 𦓤耕也 埨坎也 𢸤擊也

下去 lông ● 弄戲丨 㑝丨愚 哢鳥吟聲 㢅屏也 𡋯穴縛 挵戇愚 𨛫邑名 梇木名

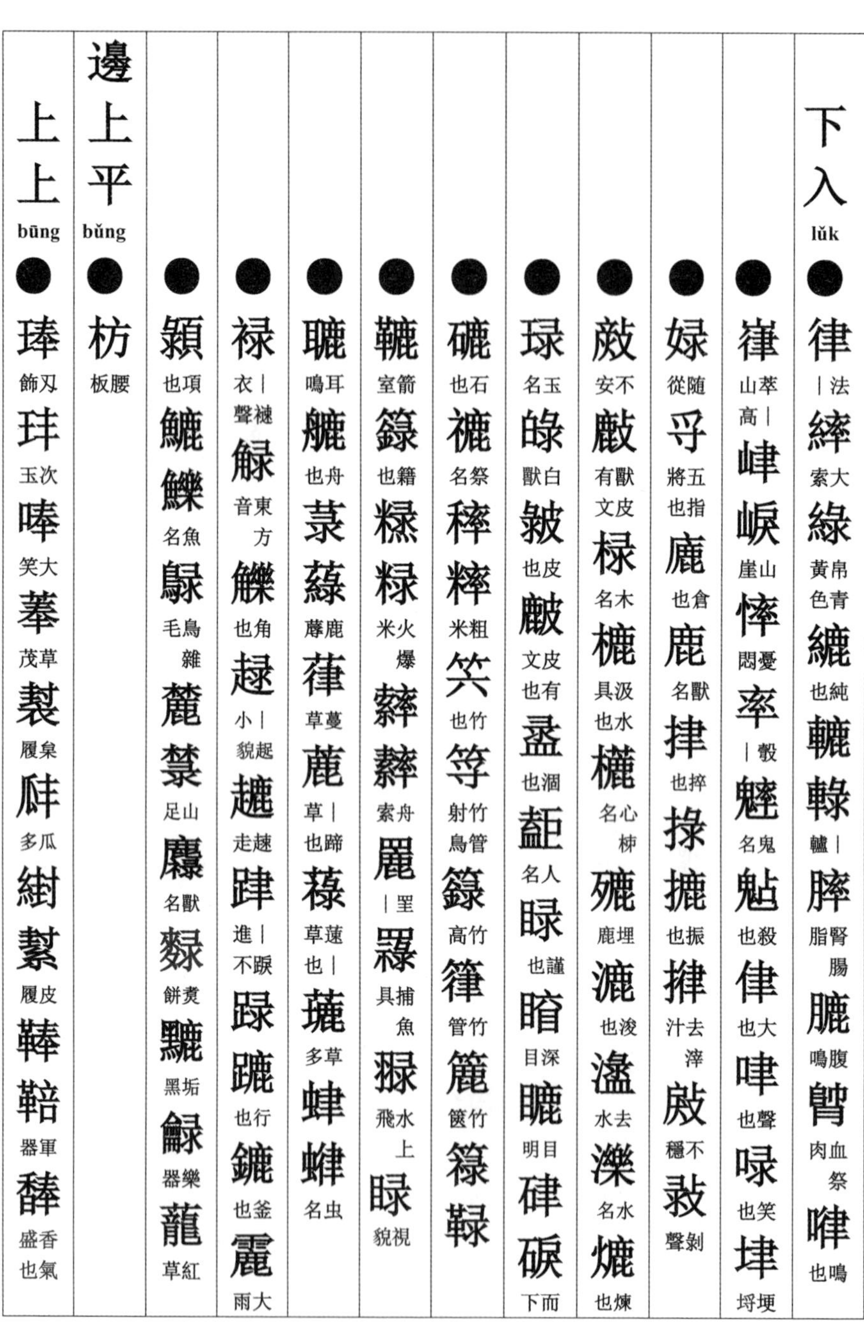

下入 lǔk

● 律 法｜ 緈 大索 綠 帛青黃色 纚 純也 轆 䡜 ｜轤 膟 腎腸脂 膔 腹鳴 𧖷 血祭肉 㖁 鳴也

● 嵂 萃｜山高 峍 𡸁 山崖 𢟖 憂悶 率 轂｜ 𩲃 鬼名 䰲 殺也 侓 大也 𠰉 聲也 𠼗 笑也 𡎙 埂埒

● 娽 隨從 寽 五指將也 廘 倉也 鹿 獸名 𢬃 捽也 捸 摝 振也 𢶍 去滓汁 𣪘 不穩 𣪊 剝聲

● 敊 不安 𪋃 獸皮有文 椂 木名 樚 汲水具也 欐 心柹名 𣨼 埋鹿 漉 浚也 𤃸 去水 濼 水名 熝 煉也

● 琭 玉名 𤾊 白獸 𤿎 皮也 𪋉 皮有文也 盝 涸也 𥃝 人名 睩 謹也 𥇦 深目 𥌗 目明 硉 碌 而下

● 䃙 石也 𥜻 祭名 𥠧 䉛 粗米 笑 竹也 箻 竹管射鳥 簶 竹高 箻 竹管 簏 竹篋 𥳇 𩋐

● 轆 箭室 籙 籍也 𥻚 粶 火爆米 䌠 繂 舟索 麗 罜｜ 罶 捕魚具 猑 水上飛 睩 視貌

● 𦗠 耳鳴 䑎 舟也 菉 𦼚 鹿蘼 葎 蔓草 蔍 ｜蹄草也 䕡 蓮｜草也 𧂄 草多 𧊔 𧌏 虫名

● 𩓡 項也 𩺰 鱳 魚名 鵦 鳥雜毛 麓 𣘹 山足 𪋊 獸名 𪌉 麥餅 黷 垢黑 龣 樂器 蘢 紅草

● 𧜰 ｜褳衣聲 觮 東方音 觻 角也 趢 ｜趗小貌 𧾶 趢走 𨀁 ｜蹶進不 踛 蹗 行也 鏕 釜也 𩅀 大雨

邊上平 bǔng

● 枋 腰板

上上 būng

● 琫 刃飾 玤 次玉 唪 大笑 菶 草茂 𧜵 臬履 𤬪 瓜多 𦃰 縏 皮履 鞛 䩬 軍器 䭵 香氣盛也

上去 bóng ●糞䕼𦾚𡋯棄物坌丨增畚丨箕𡓜𡔡掃除糞掃也

上入 bók ●不𣎵𠀚弗也腹丨肚嫸女樞愭小怒紑白衣樸棗也汴水也𥃷目骨醭白酒

●惟鳪姓也𪕹鼠也㯷大板獛丨鉛

下平 bủng ●房㕯臥所縫裁衣魌星名魴澤虞

下去 bông ●鈍不敏

下入 bǔk ●僕𥈮𦽳奴也瀑瀑丨布濮水名樸小木㲫丨帥惧貌匐匍丨伏地僰𠎝

●𪌭西方人叐行也撲襆襥帕巾暴曝日晒乾𥐿短也穙積也纀纀帕也

●𦋐朋入網菔丨蘿葍果名𧺾踣也踣僵也𨇨跖也轐車伏鏷鏷生鐵𨻒𨻒國名

●韈䪁牛頭繩卜丨卦鳪雉也鸔鳿水鳥踘伏仆蠓小丨䴬鹿相隨屐攴行也

●揪擊也𣮚不理芣草生雷雲貌

求上平 gǔng ●公㕦丨平蚣蜈丨功𢼄剶勳也工巨珍剳丨藝巧飾攻伐善君啇

●𡚖冂帝也迗遷也鍕軍持鳹鳥名桾木名㖂䆳迫急困吅眾口幁衣巾忙心急

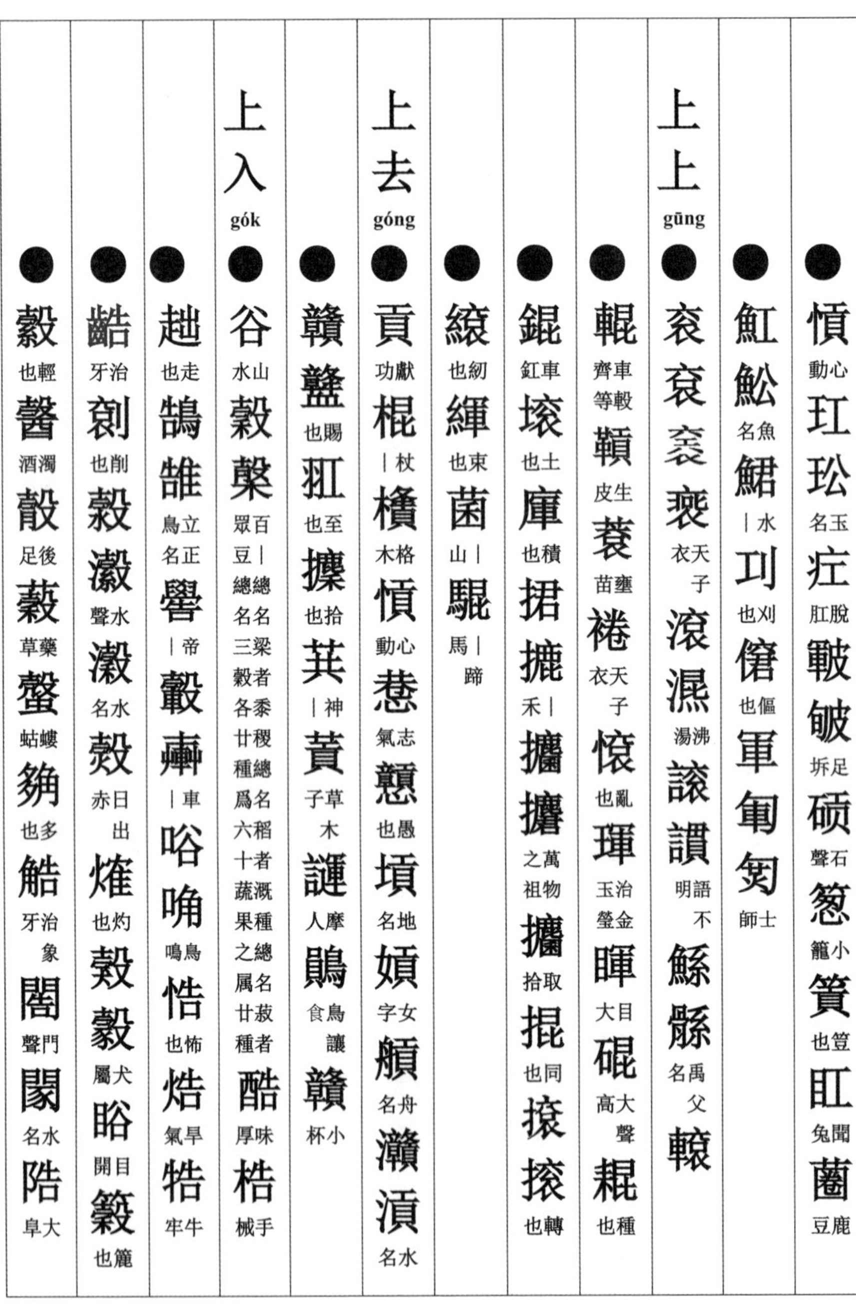

● 愩 心動 玒 玜 玉名 疘 脫肛 鞁 皷 足拆 硔 石聲 ⿱竹怱 小籠 篢 笠也 ⿰目工 聞兔 ⿱艹圂 鹿豆

● 魟 ⿰魚公 魚名 鮶 水｜ 㓚 刈也 僒 傴也 軍 ⿹勹車 匑 士師

上上 gūng ● 衮 袞 袞 裦 天子衣 滾 混 沸湯 謴 讀 語不明 鯀 鮌 禹父名 輥

● 輥 車轂齊等 ⿰車頁 生皮 蓘 壅苗 裷 天子衣 惃 亂也 琿 治金玉瑩 睴 目大 ⿰石昆 大聲高 ⿰耒昆 種也

● 錕 車釭 ⿰土衮 土也 庫 積也 捃 摝 ｜禾 攈 攟 萬物之祖 攈 取拾 掍 同也 㨰 擐 轉也

● ⿰糸衮 紉也 緷 束也 菌 ｜山 騉 ｜蹄馬

上去 góng ● 貢 獻功 棍 杖｜ 樻 格木 愩 心動 ⿱巷心 志氣 戇 愚也 ⿰土貢 地名 ⿰女貢 女字 ⿰舟貢 舟名 灨 ⿰氵貢 水名

● 贛 ⿱贛皿 賜也 ⿰犭工 至也 擛 拾也 茾 神｜ ⿱艹貢 草木子 ⿰言運 摩人 ⿰貢鳥 鳥讓食 贛 小杯

上入 gók ● 谷 山水 穀 ⿱殸米 百｜總名梁者黍稷總名稻者溉種總名菽者眾豆總名三穀各廿種爲六十蔬果之屬廿種 酷 味厚 梏 手械

● ⿰走告 走也 鵠 ⿰告隹 立正鳥名 嚳 帝｜ 轂 車｜ ⿰口谷 ⿰口角 鳥鳴 悎 怖也 焅 旱氣 牿 牛牢

● ⿰齒告 治牙 ⿰窖刂 削也 穀 瀔 水聲 瀔 水名 ⿱殸赤 日出赤 ⿰火隺 灼也 ⿱殸犬 豰 犬屬 ⿰目谷 目開 ⿱竹殼 籠也

● 轂 輕也 ⿱殸酉 濁酒 ⿱殸骨 後足 ⿱艹穀 藥草 ⿱殸虫 螻蛄 ⿰多角 多也 ⿰舟告 治象牙 ⿵門告 門聲 ⿵門殼 水名 ⿰阝告 大阜

● 螜 螻蛄 [illegible] 多也 [illegible] 治象牙 [illegible] 門聲 [illegible] 水名 [illegible] 大阜 [illegible] 鼻高 [illegible] [illegible] 餅也 [illegible] [illegible]

● [illegible] 鼬鼠 鷇 鳥名 屈 持也 [illegible] 食物 [illegible] 歐也 [illegible] 咽也 捁 打也 [illegible] 歹也 [illegible] 歐貌

下平 gu̇ng

● 群 羣 [illegible] 宭 眾也 拳 屈指 裙 褌 [illegible] 裠 帬 [illegible] 下裳 [illegible] 音痹 [illegible] 地名 [illegible]

● [illegible] 手病 喗 [illegible] 大口 [illegible] 言也 夽 大也 [illegible] [illegible] 朋侵 麇 群也

下去 gông

● [illegible] 郡 縣也 珺 玉美 [illegible] 雨也 [illegible] 圭無尾 悃 倦也 [illegible] 水名 [illegible] 芝屬

下入 gǔk

● 掘 鋤土 倔 [illegible] 破也 淈 [illegible] 盡治亂 [illegible] [illegible] 死不朽 [illegible] 趉 走也 [illegible] 鳥短毛

● 喔 雞聲 肮 姓也 渥 霑也 [illegible] 玉名 [illegible] 短也 [illegible] [illegible] 短衣 赶 短也 [illegible] 面短 鶌 ｜鳩 [illegible] 多力

● [illegible] 短尾犬 崛 山短 [illegible] [illegible] 毛輕 [illegible] ｜髃

氣上平 kǔng

● 空 [illegible] 大盡虛 崆 ｜峒山名 箜 [illegible] [illegible] 樂器 倥 ｜侗無知 涳 ｜濛小雨 [illegible] [illegible] 擊也 鵼 怪鳥

● 悾 誠也 [illegible] 鼓聲 埪 龕也 [illegible] 巾也 椌 空木聲 硿 青礞石 [illegible] 稻稈 [illegible] 虫蛻皮 [illegible] ｜心草

● [illegible] 衣袂

上上 kūng

● 孔 [illegible] 通甚穴姓 閫 [illegible] 捆 門限 壼 宮中道 捆 縛也 悃 倦也 稛 [illegible] [illegible] [illegible] [illegible]

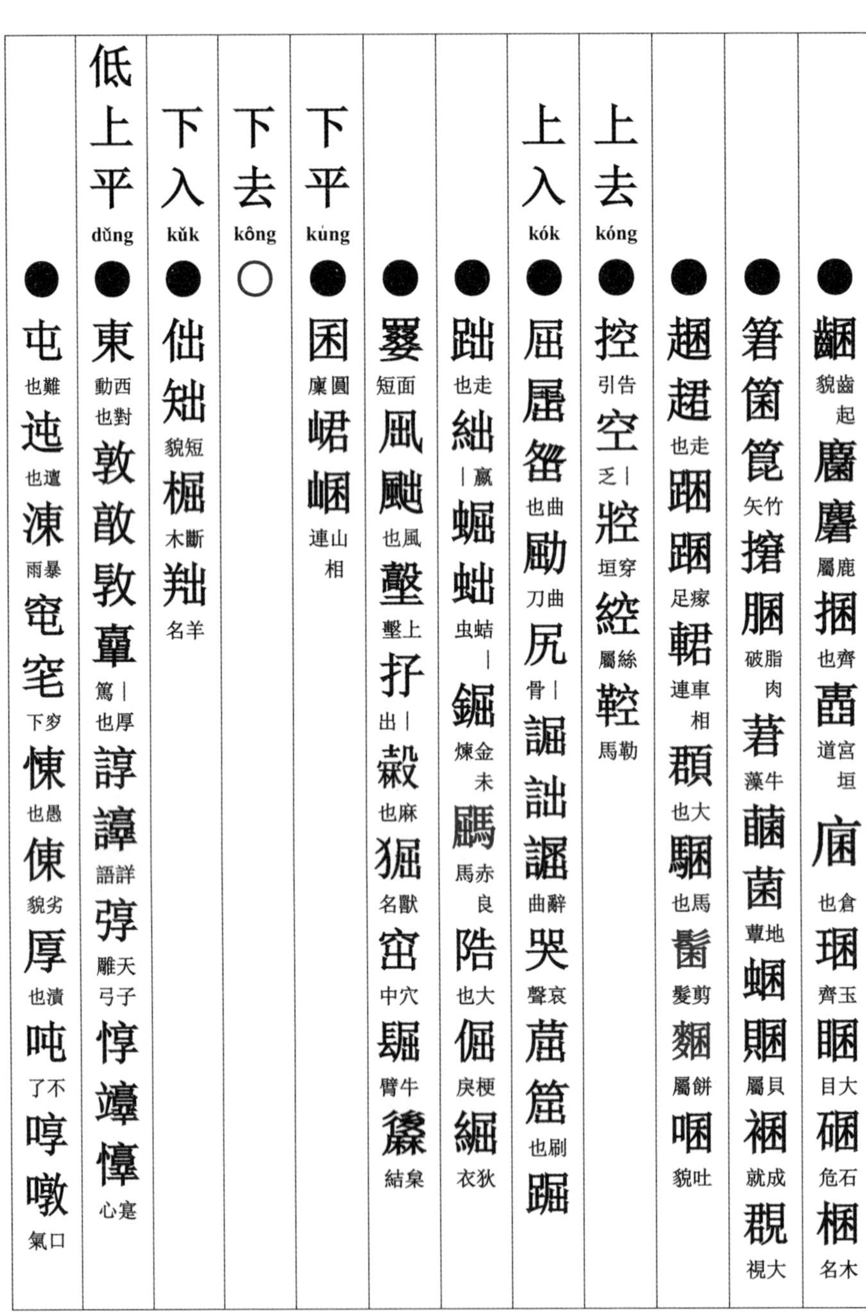

		● 齫 齒起貌 麕 麏 鹿屬 捆 齊也 壼 宮垣道 [illegible] 倉也 [illegible] 玉齊 睏 大目 硱 石危 梱 木名
		● 箸 箘 箟 竹矢 [illegible] 䐃 脂肉破 莙 牛藻 [illegible] 菌 地蕈 蜠 [illegible] 貝屬 裍 成就 覠 大視
		● [illegible] [illegible] 走也 [illegible] [illegible] 瘃足 輑 車相連 頵 大也 [illegible] 馬也 [illegible] 剪髮 [illegible] 餅屬 [illegible] 吐貌
上去	kóng	● 控 告引 空 |乏 [illegible] 穿垣 [illegible] 絲屬 鞚 勒馬
上入	kók	● 屈 [illegible] [illegible] 曲也 [illegible] 曲刀 尻 |骨 誳 詘 [illegible] 辭曲 哭 哀聲 [illegible] [illegible] 刷也 [illegible]
		● [illegible] 走也 絀 贏| [illegible] [illegible] 蛣| [illegible] 金未煉 [illegible] 赤良馬 [illegible] 大也 倔 梗戾 [illegible] 狄衣
		● [illegible] 面短 [illegible] [illegible] 風也 鏧 上鏧 抒 |出 縠 麻也 [illegible] 獸名 窟 穴中 [illegible] 牛臂 [illegible] 梟結
下平	kùng	● 囷 圓廩 峮 [illegible] 山相連
下去	kông	○
下入	kǔk	● 㑁 [illegible] 短貌 [illegible] 斷木 [illegible] 羊名
低上平	dǔng	● 東 西對動也 敦 敢 敦 [illegible] |厚篤也 諄 [illegible] 詳語 弴 天子雕弓 惇 [illegible] [illegible] 寔心
		● 屯 難也 迍 邅也 涷 暴雨 窀 [illegible] 穸下 [illegible] 愚也 倲 劣貌 [illegible] 潰也 吨 不了 啍 噋 口氣

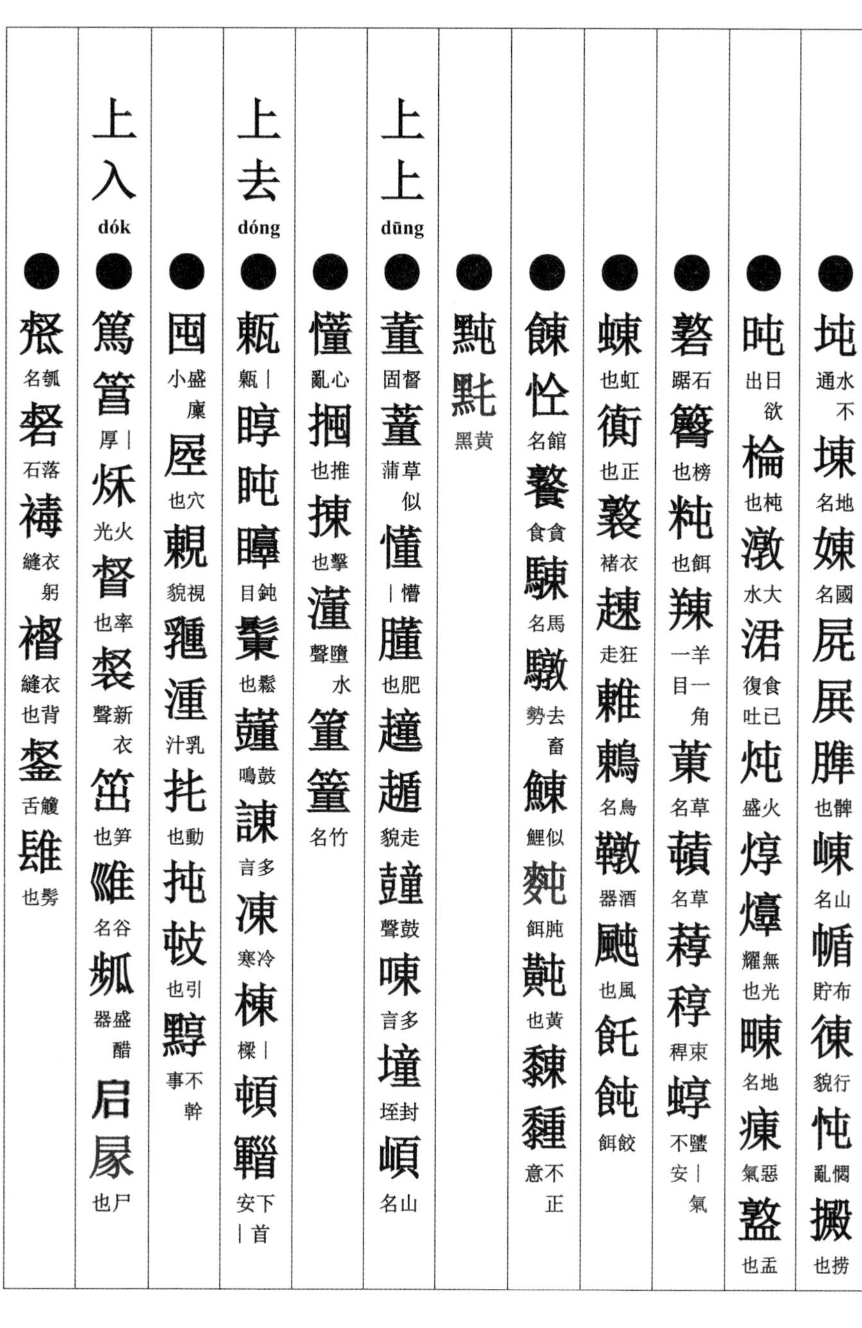

● 坉 水不通 埬 地名 婖 國名 屍 屏 腓 髀也 崠 山名 幯 布貯 徚 行貌 忳 憫亂 撴 撈也

● 吨 日欲出 棆 杶也 潡 大水 涒 食已復吐 炖 火盛 焞 燑 無光耀也 暕 地名 瘷 惡氣 盠 盂也

● 礐 石踞 籊 榜也 粌 餌也 ⿰羊東 羊一角一目 蕫 草名 ⿱艹頓 草名 ⿱艹稕 稕 束稈 蜳 蠪｜氣不安

● 蝀 虹也 衕 正也 褺 衣褶 ⿺走東 狂走 ⿰東隹 鶇 鳥名 ⿰車敦 酒器 ⿺風屯 風也 飥 飩 餃餌

● ⿰食東 恮 館名 ⿱敦食 貪食 ⿰馬東 馬名 驐 去畜勢 鰊 似鯉 ⿰麥屯 肫餌 ⿰黃屯 黃也 ⿰黍東 ⿰黍重 不正意

● ⿰黑屯 ⿰黑乇 黃黑

上上 dūng ● 董 督固 蕫 草似蒲 懂 懵｜ ⿰月董 肥也 ⿺走董 ⿺走盾 走貌 ⿰壴董 鼓聲 ⿰口東 多言 ⿰土董 封垤 ⿰山頓 山名

● 懂 心亂 摑 推也 ⿰扌東 擊也 ⿰氵董 墮水聲 ⿱竹重 ⿱竹董 竹名

上去 dóng ● ⿰東瓦 ｜⿰東瓦 ⿰目享 盹 ⿰目臺 鈍目 ⿱髟東 鬆也 ⿱艹鼕 鼓鳴 ⿰言東 多言 凍 冷寒 棟 ｜樑 頓 ⿰黑習 下首安｜

● 囤 盛廩小 屋 穴也 ⿰東見 視貌 ⿰豕重 湩 乳汁 扥 動也 扽 ⿰豆支 引也 ⿰黑享 不幹事

上入 dók ● 篤 管 ｜厚 炢 火光 督 率也 裻 新衣聲 笜 笋也 ⿰谷隹 谷名 ⿰豕瓜 盛醋器 启 ⿸尸豕 尸也

● ⿰毒瓦 瓠名 ⿱毒石 落石 ⿰衤毒 衣躬縫 ⿰衤督 衣背縫也 ⿱毒舌 舌饞 ⿰毒隹 髮也

下平 du̇ng

● 同 哃 仝 共也 桐 梧肥 童 兒｜ 僮 僕也 瞳 目童子 彤 赤色 鼕 鼞 鼓聲 罿 鳥網

● 穜 禾先種後熟 曈 眮 日出 朣 月出 峒 ⿰山童 山名 絧 布粽 橦 木名 ⿰舟同 舟也 詷 共也

● 筒 竹也 筩 筒竹 潼 水名 浵 水深 ⿰忄冬 怪｜邉遽 ⿰忄蟲 憂也 ⿰羊童 觧 無角羊 戙 繫船蔑 氃 毛散

● 挏 引也 酮 馬酪 衕 下也 幢 客也 ⿰魚童 ⿰魚重 鮦 魚名 餇 食也 ⿰童羽 飛也 艟 戰舟 ⿰童鳥 水鳥

● ⿱父同 父也 ⿰馬童 ⿰冬馬 馬名 勭 成人 ⿸户同 舍響 爞 燑 烔 熱也 㸗 犝 無角牛 獞 犬名 ⿰同瓦

● ⿰同瓦 ｜瓦 ⿰童瓦 ｜瓬 眮 目轉 硐 硧 磨石 秱 禾盛 ⿱穴同 通也 ⿱穴童 風聲 ⿰羊同 茼 香可茹 ⿰同阝 鄉名

● ⿰童阝 地名 銅 赤金 ⿰革童 ⿰革同 車具 ⿰同鳥 鳥名 ⿰骨童 ｜⿰骨空尻骨

下去 dÔng

● 動 偅 ⿺辶重 ｜作 慟 憅 ⿰忄勭 哀甚 洞 空⿰忄娄 沌 汑 混｜ 鈍 不利 飩 飽也 恫 怨也

● 烔 火也 霘 雪水浪急 迵 過也 ⿰口動 高聲 ⿱壴同 鼓聲 ⿰口重 動口 姛 項端 ⿰石而 田器 ⿰木垂 木垂 腞 篆也

● 訰 ｜亂 赨 赤也 頹 禿也

下入 dǔk

● 獨 ⿰亻蜀 孤羊 犢 㹘 牛子 韣 弓韜 牘 版也 匵 櫝 櫃也 瀆 隫 ⿰石賣 溝｜

● 瀆 觸煩 毒 ⿱⺮毒 ⿱龶虫 ⿰⿱艹毒刂 蠱｜ ⿰食蜀 粥也 纛 纛 旗也 殰 ⿰月賣 胎敗 ⿰馬賣 ⿰馬蜀 野馬

● ⿰馬壽 馬走　髑 髏頂　嬻 慢也　⿺毛賣 旗也　⿰扌賣 抽也　櫝 匱也　嶹 行不正　⿰亻毒 動也　幬 羽葆　瓄 玉名

● ⿰豈殳 滑也　⿱罒賣 魚罔　⿰羊蜀 羊六尺　⿱艹⿰犭蜀 丨活　⿰虫壽 丨蜍　讟 誇也　⿰卵賣 卵內敗　⿺走賣 行也　⿺辶𧰨 走也

● 躊 行不正　⿺辶賣 易也　鑟 印匱　韇 弓矢　⿰蜀頁 頭骨　⿰麥蜀 煮餅　黷 垢也　鸀 鳥名

波 上平 pǔng ● 蜂　⿱夆䖵　蠭　蜂 螫人飛蟲　⿰奉欠 吹氣　⿰黑夆 黑也　⿱逢鼓 鼓聲

上上 pūng ● 捧　拼 持也　⿰扌才 打也　紡 織也　琫　琣 刀飾　唪 大笑　⿰歹奉 死也　⿺風逢 風起　⿰氵奉 丨水　⿰金奉 煙起

● ⿰木羽 走也　⿰虫逢 虫亂飛貌　⿰扌頁 耳本　⿰夆鳥 鳥亂飛　玤 次玉

上去 póng ● 噴　⿰口怱　吩　⿰口普 吐也　⿰香奉 香氣　埲　埄 起塵　⿰巾逢 弓筋起

上入 pók ● 蹼 手足丈中　⿺走复 小兒丨行　覆 倒傾

下平 pu̇ng ● 蓬　芃　⿱⺮⿰車夆 亂草盛　篷　⿱⺮凡　⿱⺮奉 竹筍爲蔽雨　鬔　髼 亂髮　⿰衤逢　縫 補衣　⿰言逢　⿰言夆

● ⿰缶瓦 破聲　⿰車夆　⿰車逢　⿰車逢 車聲　⿰忄逢 愛悅　熢 火盛　⿰王逢 塵風起　⿱逢工 虛脹　梵 木得風貌　樥 梁上桶

● ⿸疒奉 肛腫　⿰犭逢　⿰豸逢 獸也　鏠 丨首　⿱雨逢 雨聲　⿰缶瓦 屋響　⿺風凡　⿺風凡 風貌　⿰麥奉 煎麥　⿱逢鼓 鼓聲

下去 pông ● ⿰木逢 草木盛

下入 pŭk ● 咄 昆 日未明

他 上平 tŭng ● 通 ⿰彳甬 達也 鼕 鼓聲 蓪 草藥名 熥 光也 侗 無知 姛 ⿰女甬 ⿰女通 女字 ⿰巾通 ⿰巾同 外國服

● 痌 病也 ⿱竹通 竹名 ⿰豸同 狪 如豕 ⿰木通 木也 ⿰氵通 水聲 ⿰車東 鼓音 ⿰足同 走也 ⿰同頁 直項 ⿰目重 舍旁隙地

上上 tūng ● 統 綂 共也 ⿰彳同 直行 敨 引也 ⿰氵斗 玉女破衣

上去 tóng ● 痛 疼也 恫 怨也 ⿱穴甬 穴也 蘣 好也

上入 tók ● 黜 陟｜ 禿 ⿱毛几 盡無髮 怵 惕也 ⿰忄出 憂也 ⿰黑重 不明 ⿰馬出 獸名 ⿸疒禿 首瘍

● 笜 筍生 ⿺走朮 走貌 ⿰足朮 獸跡 柮 斷也 ⿰扌禿 扻指 欪 咄｜ 泏 水出 ⿰犭朮 ｜踢

下平 tủng ● 鼕 鼓聲

下去 tông ○

下入 tŭk ● 讀 誦書 黷 黑垢 鐓 戟不鋭 鵚 ⿰禿隹 鳥也 ⿰豕禿 獸名 ⿰言禿 狡猾 讟 謗也 ⿰扌禿 扻指 纛 旗也

● 湥 滑也 牘 書版 韣 弓衣 碡 ⿰石賣 ⿰石蜀 平田具 禿 盡也

曾 上平 cŭng ● 宗 主也 蹤 踨 同 ｜跡 逡 ｜巡 緵 魚網 ⿰阝㚇 國名 鬉 髮亂 ⿱髟宗 毛亂 ⿰石㚇 石也 ⿰扌㚇 數也

●稯束禾 磫砺石 瘲風病 甇瓶也 鼵鼠名 輚轗車輪 踪 毿毛亂 𣪷 鬷釜也

●豵小豕 椶 棕木也 騣 騌 鬉馬鬣 嵏 嵕山名 𤥭 鵔 翪鳥飛 艐舡著沙

●𠟢鍤屬 堫種也 翪鳥飛斂足 嫂女字 後退也 𢕟行救 摐 摗撞也 朘至也 猔犬生子

●猣犬生三子 睃視也 䅋錐也 𥱉竹篷 緫青色 䅋 稯不耕而種 䐥病也 葼木枝小 蝬蛤也

●蟌青蜓 𧜜禪衣 鋑馬冠 鏓 鍯平木具 䧿 鶞春扈 鮻 鯮魚多

上上
cūng
●總 総 揔 縂統也 准｜允 準 準｜繩 隼鷙鳥 惣 偬倥｜ 埻壘土 𢈢屋中舍

●𢊆二屋合 準正也 熜 熜蒸也 䆫聚禾 綧布廣 蓯草也 䕺同藂 憁 𢡊

●愡不得貌 捴 揔 摠 搃 𤚢皆眾 樅 樬小頭擔

上去
cóng
●俊美士 鋑 鐫刻餘 竣 踆止也完工 峻 陖 嶲山高 駿良馬 汌 圳田水道 濬

●濬 睿深也 儁人俊 猔 豵牝豕 㒞慧也 晙明早 堅田也 睃視也 䝜 賮益也

●餕 餕食餘 朘細也 陖 𨻳 埈險高 駿 鵕鳥也 儁 儶異也 劁削也 㕙狡兔

●吮欶也 墜盲也 夋行也 夔獵之韋袴柔皮 寯聚也 弢弓也 𩉐皮也 𪖌鼻不通 潯水名 焌火也

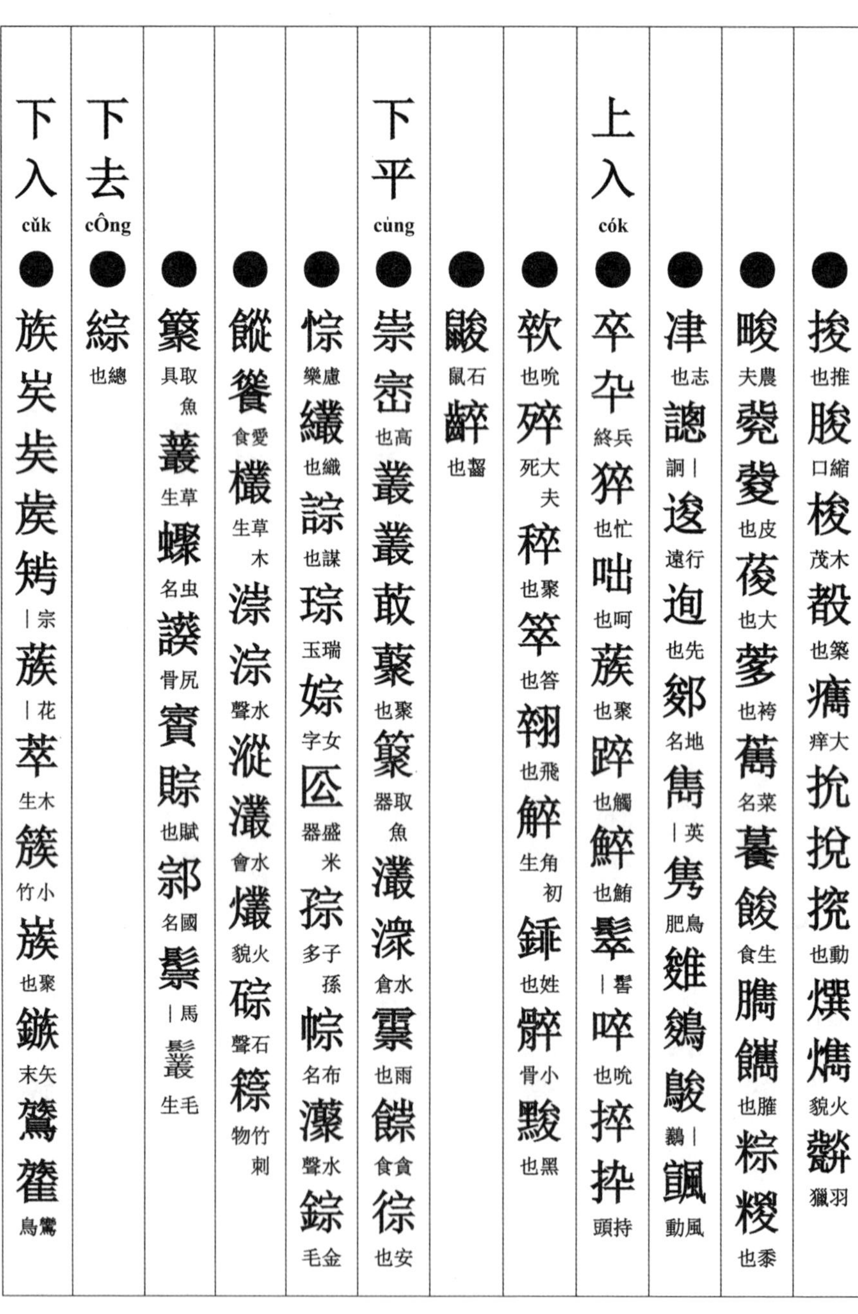

● 挼推也 脧縮口 梭木茂 殽築也 ⿸疒雋大痒 抗 挩 ⿰扌兖動也 ⿰火巽 ⿰火雋火貌 ⿰齒并羽獵

● 晙農夫 ⿱癶見 ⿱癶皮皮也 葰大也 葼袴也 ⿱艹雋菜名 蘘 餕生食 臇 ⿰食雋臇也 粽 糉黍也

● 津志也 謥｜詷 逡行遠 迿先也 鄋地名 雋英｜ 隽鳥肥 䧳 鵔 駿｜鸃 ⿰亶風風動

上入 cók ● 卒 卆兵終 猝忙也 咄呵也 蔟聚也 踤觸也 ⿰魚卒鮪也 ⿱髟卒髻｜ 啐吮也 捽 ⿰扌卆持頭

● 欶吮也 ⿰歹卒大夫死 稡聚也 箤答也 ⿰卒羽飛也 觪角初生 錊姓也 ⿰骨卒小骨 黢黑也

● ⿰鼠夋石鼠 ⿰齒卒齧也

下平 cùng ● 崇 崈高也 叢 叢 菆 藂聚也 ⿱竹聚取魚器 灇 潨水倉 ⿱雨聚雨也 ⿰食宗貪食 徖安也

● 悰慮樂 ⿰糸叢織也 誴謀也 琮瑞玉 婃女字 ⿷匚宗盛米器 孮子孫多 ⿰巾宗布名 ⿰氵藂水聲 錝金毛

● ⿰食從 ⿱叢食愛食 ⿰木叢草木生 漴 淙水聲 漎 灇水會 ⿰火叢火貌 ⿰石宗石聲 ⿰耒宗竹刺物

● ⿱竹叢取魚具 ⿱艹叢草生 ⿰虫叢虫名 ⿰言叢尻骨 賨 ⿰貝宗賦也 ⿰宗阝國名 鬃馬｜ ⿱髟叢毛生

下去 cÔng ● 綜總也

下入 cǔk ● 族 ⿱山矢 ⿱土矢 ⿸虍矢 ⿰金矢宗｜ 蔟花｜ 萃木生 簇小竹 ⿱山族聚也 鏃矢末 鷟 ⿱族隹鷟鳥

● ⿰丬斗 傷也　崒 危高　簇 檜也　捍 收早禾　⿱簇手 斂也　⿰氵族 水貌　⿰石族 不平　瘯 皮病　⿰虫卒 虫也　蝉　蟀 虫多

● ⿱⺮⿱卒虫 蝦虫頭上距　卒 給事　⿰足族 曲足　鏃　鎐 姓也　⿱簇魚 魚名

日上平 nŭng ● 齈 鼻液

上上 nūng ● ⿰多農 盛多　癑 痛也　⿰耒農 耕種　冗 事多

上去 nóng ● ⿱貢心　戇 愚人

上入 nók ● ⿰石忍 鬱也

下平 nùng ● 農　蕽 耕田人　穠 木稠華　濃 淡反　膿 腫血　醲 厚酒　噥 多言不中　⿰黑農 黑|　⿰農鳥 鴻也　禯 祭厚

● 儂 我也　饢 強食　⿱雨農　⿱雨農 露多　蕽 蘆花　憹 愛悶　⿰林農　襛 衣厚　⿰木農 木名　⿰目農 不明　鬞 毛多

● 鬞 亂髮　⿰耳農 耳鳴

下去 nÔng ● ⿱𠔉金　閏 重月　⿰王閏 玉名　⿰金閏 艮也　韌 不斷　潤 |澤　朐 邑名　⿰山閏 地名　⿰木閏 木名

下入 nŭk ○

時上平 sŭng ● 嵩　崧 山高　鬆 鬖|　詢　謣 考言謀　洵 渦中水　珣 玉名　殉 |葬　狥 |從　徇 偏行

● 淞 東也 菘 菜名 蜙 蟌 虫名 呴 飲也 娀 娍 契之母 徇 [illegible] 行示 恂 憂也 憁 憁 慧人

● 檧 小籠 漗 水聲 [illegible] [illegible] [illegible] 日白 醎 酒也 鬆 細髮 [illegible] 鶌屬

上上 sūng

● 笋 筍 竹芽 恂 惧也 悚 愯 慄也 竦 縱 捒 動敬 搃 推也 揗 揗 拒也 毥 毛初生貌

● 荀 姓草 駷 走馬 [illegible] 襌衣 箏 竹胎 聳 聳 篵 篣 高| 摉 擭 挺也 嵕 山聳 駧 走馬

● 歆 信也氣逆 粤 驚也 姰 婟 狂也 峋 山深 嵷 崧 山峯 栒 楔 木名 恂 領端 恂 驚也

● 慫 弱也 擻 搖馬銜走 篵 桶也 筭 箕 簾也 萁 人名 簨 唆也 鍕 金萌生 闒 門臼 鶽 視鳩鳥

上去 sóng

● 舜 蕣 屣 屡 叒 舜 蕣 帝也 瞬 目自動|息 宋 國居也 送 遣| 鵊 鳥名 橓 木堇

● 眣 瞚 眴 瞤 [illegible] [illegible] 目動 荣 草也 趚 走也 謥 認 調也 頽 搖頭 鬉 鬆 亂髮

上入 sók

● 束 縛也 速 遨 謷 迅| 觫 觳 |觫 橚 小木 蔌 山殺 漱 涑 濯垢 遬 見尊者 恤

● 邮 愍愛 戍 地也辰名 俶 卓異 賉 賑也 蝀 [illegible] 小虫 誎 從促 [illegible] 鹿跡 鋉 金也 [illegible] 鬼名 藗 白菜

● [illegible] 邪說 徠 姓也 殧 簌 裂也 鏚 鋸聲 琡 球 玉佩 倲 頭動 傚 慎也 辣 多也 觫 不行

● 哦 吹也 嘯 暴也 棟 木名 棟 木枝上生 橚 楤 小木 鱀 動物 歑 鳴也 殐 歹也 洬 雨聲

● 㳅 水流　𤢖 蠢也　甄 不欲行　窣 从穴中卒出　㾌　瘷 病也　簌 篩也　𦷾 藥草　蔌 菜名　蝛 虫名

● 𧞅 衣聲　䛜 靜也　賊 財長　𧼯　趚 行也　迶 走也　䨏 小雨　霨 霰也　鞕 硬也　鬻　鬻 鼎也

● 鶒 鳥名　餗　餐　餐　𩞄 糝菜

下平 sủng

● 船　舩　舡 舟也　唇　脣　䫃 口也　旬　旬　旬　旬 十日　恂 信也　循 ｜環　徇 使也

● 巡 查也　純　䵍　紃　𨐝　乇 不已　淳　漳　淖 樸清　馴 善也　揗 安慰　㴔 流也

● 紃 圜采　駨 小鳥　郇 國名　迿 表辭　陙 階也　奄 大也　鯙 魚名　楯 衣也　縇　縇 縫繞

● 醇　醃　䤚　醇 美酒　鶉　鶉　雜 鳥也　錞　錞 樂器如鐘　愻 憂也　杶 木可爲柄　櫄

● 椿 木鉗柄　椿　櫄 木名　浱　漘 水厓　滫 病流汗　灥 三泉　犉 黃牛黑唇　犉 牛行遲　軘 令也

● 畬 均也　紃　絢 病也　䪳 孰也　肫 全也　脋 口㖞　菴 草名　蒓 水葵　蓴 ｜菜　蒪 牛唇草

● 惛 信也　蚼 虫也　袀 好衣　楯 衣也　𨒡 走也　錞 器也　陙 水阜　佝　㑯 示疾　偱 述也

下去 sÔng

● 順　慎　巡　俊 理｜　揗 推也

下入 sŭk

● 述　遂　滁 傳｜　術 法也　茱　朮 白｜藥　秫 米可爲酒　跳 走也　颭 小風　鉥 長針　鮇 魚名

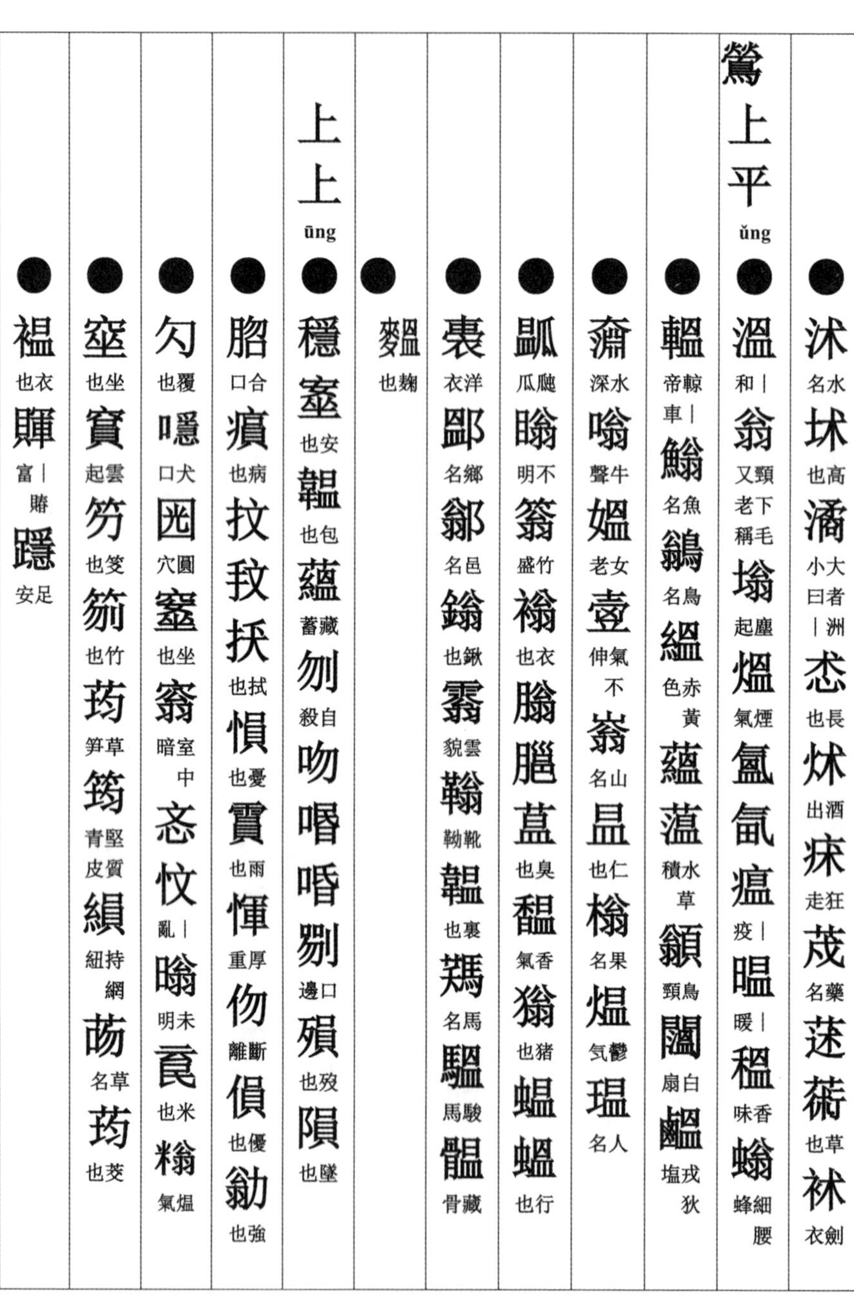

● 沭水名　垘高也　潹大者洲小曰｜　态長也　炢酒出　疾狂走　茂藥名　蒁　[illegible]草也　袜劍衣

鶯上平 ǔng

● 溫｜和　翁頸下毛又老稱　塕塵起　熓煙氣　氳　氲　瘟｜疫　嗢｜暖　馧香味　螉細腰蜂

● 轀輬｜帝車　鰯魚名　鶲鳥名　縕赤黃色　蘊　薀水草積　䪥鳥頸　闔白扇　䀁戎狄塩

● 滃水深　嗡牛聲　媼女老　壹氣不伸　嵡山名　昷仁也　榅果名　煴鬱氣　瑥人名

● 瓮瓜瓞　瞈不明　篛竹盛　褣衣也　膉　膃　蒀臭也　馧香氣　獂猪也　蝹　蝹行也

● 裛洋衣　鄔鄉名　鄒邑名　鎓鍬也　霐雲貌　鞥靴鞦　韞裹也　䮃馬名　驡駿馬　髻藏骨

● 麴麴也

上上 ūng

● 穩　㝁安也　韞包也　蘊藏蓄　刎自殺　吻　㖧　㖧　刎口邊　殞殁也　隕墜也

● 脗合口　瘨病也　抆　敃　扷拭也　愪憂也　霣雨也　惲厚重　伆斷離　傊優也　勛強也

● 勹覆也　噫犬口　囫圓穴　窒坐也　𥧮室中暗　忞　忟｜亂　暡未明　皀米也　糍熅氣

● 坐坐也　實雲起　笏筊也　箹竹也　芴草笋　鍣堅質青皮　縜持網紐　菂草名　芴葵也

● 褞衣也　賱｜賭富　蹸足安

上去 Óng

● 慍 慍怒意 搵納物水中 榲姓也 醞釀酒 蒕|菜 韞靴也 嗢咽也 殟胎死 滃雲氣起

● 甕瓶也 聮耳聲 胐足邊 饂欲飽 馧香也

上入 Ók

● 屋 臺唇| 欝 欝屈也 擳物也 熨 叞 尉|斗 ⿰屋阝地名 鬱草芳 ⿰女屋好也 爩

● 爩 鬱煙出 ⿰黑色黑也 偓姓也 剭誅也 楃木帳 ⿱屋兒短也 葹英蒻 鬱草香 鬱香草

● 餐飴和豆 黦 黦黑文 鬱 欝積也 ⿰黑屋墨刑 ⿰黑⿱四色色黑 噔 ⿰口饗 寃喉鳴 媪小肥兒

● ⿰山鬱山烟 幄帳也 渥水名 握持也 灪大水 ⿰禾屋禾芒 ⿱竹屋竹密 腛脂厚 胃膏也 ⿰鼻昷氣病

下平 ủng

● 文 彣|章 玟 琝玉彩 雯雲也 紋錦也 蚊 蚉 ⿱文䖵 螡 ⿱文蟲蚋也 蟁 ⿱民蟲飛蟲

● 芸 ⿱艹耘香草 紜紛| 耘 ⿰耒芸 ⿰耒員除草 云語也 聞 ⿱番耳 䎽 ⿱昏耳知听 炆煴也 沄水轉

● 忶心悶 运走也 ⿰鼠云鼠尾 魰魚名 匀少也 妏生也 妘 ⿰女聞 ⿰女員 ⿰貝文姓也 愪憂也

● ⿰王夋玉文 畇田也 芠草也 芸 ⿱艹員香草 ⿰貝云亂也 ⿰云阝 鄖國名 鐼鐵屬 ⿵門鬲邑名 馼赤馬

● 敯摩也 鴍 ⿱文鳥鶉子文 閺 閿 闅目視

下去 Ông

● 問 香詢也 韻 韵音和 紊|亂 汶 渂 ⿰氵敃水名 運 運移行 ⿸疒員病也 妏姓字

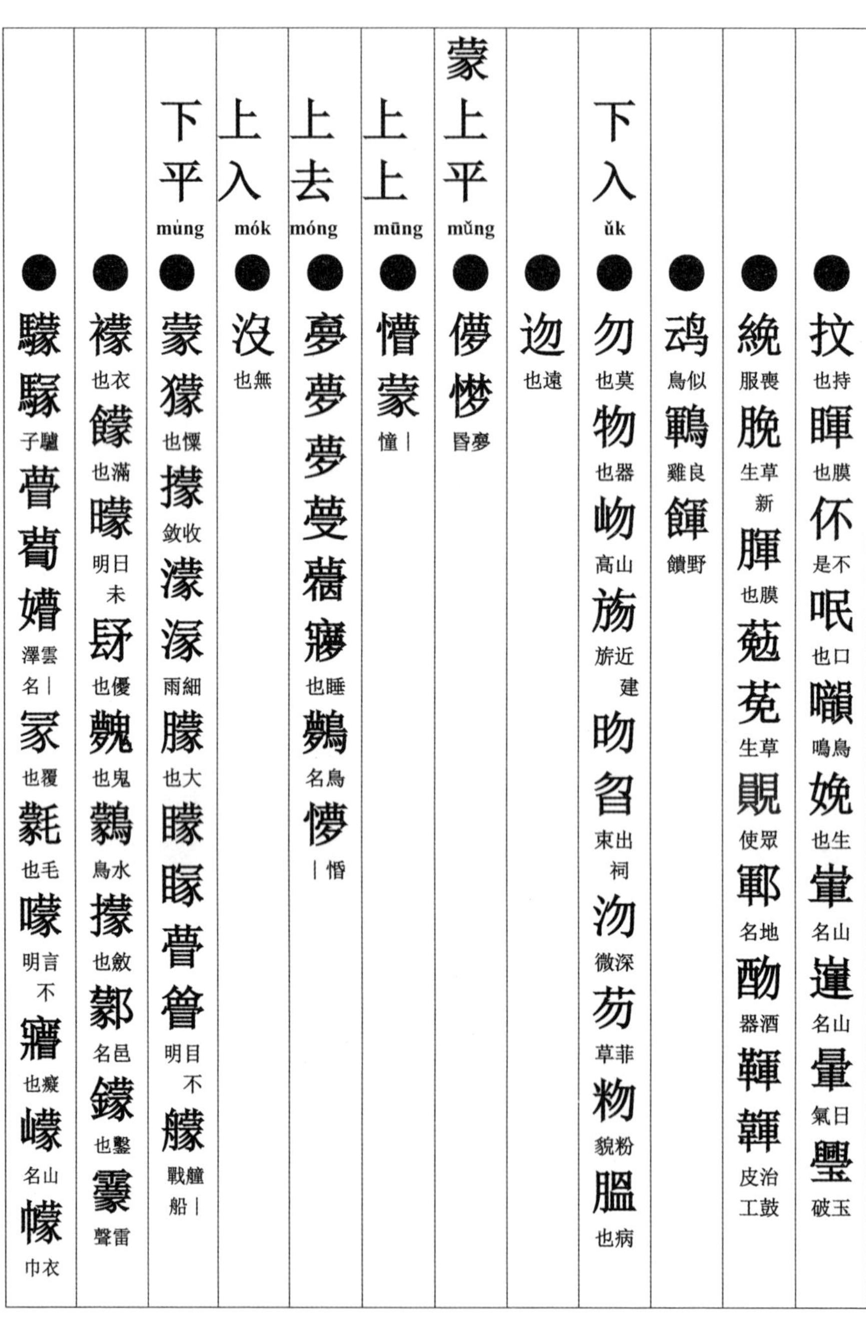

● 抆 持也 暉 膜也 伓 不是 呡 口也 嚬 鳥鳴 娩 生也 嵬 山名 違 山名 暈 日氣 璺 玉破

● 絻 喪服 脕 草新生 腪 膜也 葂 莬 草生 覞 眾使 鄆 地名 酚 酒器 韗 韗 治鼓皮工

● 鴍 似鳥 鶤 良雞 餫 野饋

下入 ŭk ● 勿 莫也 物 器也 岉 山高 旂 近建旂 昒 㫚 出祠束 沕 深微 芴 菲草 粅 粉貌 膃 病也

● 迦 遠也

蒙上平 mǔng ● 儚 懜 瞢昏

上上 mūng ● 懵 蒙 丨憧

上去 móng ● 夢 夢 夢 瞢 𥢅 㝱 睡也 鸏 鳥名 懜 惛丨

上入 mók ● 沒 無也

下平 mùng ● 蒙 獴 懞也 擝 收斂 濛 溕 細雨 朦 大也 矇 䁅 瞢 曾 目不明 艨 艟丨戰船

● 𧝓 衣也 饛 滿也 曚 日未明 夣 優也 魒 鬼也 鸏 水鳥 擝 斂也 鄸 邑名 鑝 鏨也 靀 雷聲

● 𩧭 䮾 驢子 瞢 䒐 嫸 雲丨澤名 冡 覆也 氋 毛也 嚎 言不明 癦 癡也 㠓 山名 幪 衣巾

● 蒙厚也 檬木名 罞冒頭 𤻲病走 曚上白 𥂶盛器 𦟍大也 夢草帚 礞石｜藥名 纛系亂

● 冡覆網 䁅 朦沉昏 蒦叢也 蠓小飛虫 幪 襠衣名 覓突前 讛不明 跦茀離

● 鄸邑名 醿生衣 醹 醽 醾濁酒 鑝刃也 鏌重鏆 濛阜名 雺天氣不平 顭頫｜昏頭

● 鬖 鬆馬鬣垂也 鯍 鱑魱｜ 鬤 鬉 鬖𥻗也

下去 mÔng

● 悶 們 閅不樂 懣煩也 㵍水盈 貟財長

下入 mŭk

● 木桐｜ 沐｜浴 沒 溭埋｜ 歿 習 㛢 歾 㻉 殁死也 睦 㒶 峇和也

● 䥈 穆 繆 敹 敹 敹 穆深遠 牧養也 魰 鰊魚名 炑火熾 絉繩也 罙

● 𦑸思也 目 囼 㒵 眀眼也 苜｜蓿 痯病也 霂小雨 萂草也 坶地也 蚞蚞蜓

● 㮈 鞪 鞪 轢車歷輚 㲴 坳入水 嫯美貌 鞪鬃巾 㣎細文 楁鳥名 玫玉名

● 㲠 㲠將死物 旮敬也 晦目病 窊穴居 蔢 菻草也 頯内頭水中 菌苜也 袎衣縫

● 䳟 㲉豆也 毷羽也 霿雨下

語上平 ngŭng ○

上上 ngūng ● 齳 齫 ⿰齒畢 無齒

上去 ngóng ○ 上入 ngók ○ 下平 ngủng ○

下去 ngÔng ○ 下入 ngǔk ○

出 上平 chǔng ● 春 ⿱艹曾 ⿱春曾 旾 ⿱萅貝 四季首 椿 木多禱 聰 聡 聰 ｜明 驄 騘 驄

● 驄 五色馬 鶞 鳥名 ⿰火蔥 熜 熅氣 蔥 葱 葷菜 鏦 矛也 ⿰酉悤 ⿰酉蔥 ⿰酉囪 濁酒 ⿱髟悤 假髮髻也

● ⿰月忩 赤色 瞛 雷光 鰆 魚名 橁 木名 ⿸广鳥 鴈也 杶 櫄 櫄 木名 瑃 玉名 璁 美石

● 篵 病竹 繱 赤白 ⿰月悤 病也 ⿰車川 輴也 橇 車約 ⿰車悤 囚車 逡 行也 恖 急也 捉 打也 漗 汲也

● 媋 女美 ⿸广悤 ⿸广囪 屋階 ⿰弓從 大荒

上上 chūng ● 蠢 ⿱春蟲 ⿹𢦏春 ⿱春日 愚也 惷 亂也 睶 睡也 ⿰月春 肥也 ⿺辶⿰馬春 馬不行 ⿰春攴 亂也 ⿹𢦏春 ⿹𢦏春 ｜動

● 踳 雜色 暙 白也 萅 草也 ⿰馬春 駿馬 賰 富也 ⿵門春 中門 偆 富厚 ⿰口春 吹也 ⿰衤春 不恭 ⿱竹春 竹名

● ⿱竹宗 竹刺物

上去 chóng ○

上入 chók
● 出 丨入 炪 火光 咄 笑也 𡴢 喚聲人

下平 chủng ○

下去 chông ○

下入 chǔk ○

非上平 hǔng
● 風 凨 凬 蘴 凮 䨐 雨對 楓 桻 木名 瘋 疾也 丰 ⿱艹丰 ⿰丰丰 姿色 峯

● ⿱山丰 峰 山尖 鏠 鋒 鋩利 吩 丨咐 分 厘也 芬 香也 紛 紜亂 氛 雺 霧氣 封 ⿰丰土 ⿱⿰丰丰土

● ⿰丰土 武鎖 葑 蔓菁 ⿱艹⿱丰車 ⿱⿱艹丰灬 臭菜 豐 豊 豐 丨盛 酆 鄷 邑名 昐 日光 棼 亂也 朌 大首

● 猦 獸名 蘴 蕪菁 ⿰丰牛 牛名 麷 麷 煑麥 灃 水名 帉 ⿱分巾 巾也 ⿰分毛 毛落 雰 霧也 靊 露師 雷

● 寷 大屋 ⿰亻風 地名 僼 先人 坌 塵也 ⿰丰又 聚土 妢 美也 妦 ⿰女夆 美輕 ⿱山分 草生 初 ⿱山丰 草盛

● 岎 山名 崶 山谷 ⿰山豐 山名 ⿰彳夆 ⿰彳逢 使也 ⿰忄分 封戎 捀 奉也 桻 木末 梤 棻 ⿰木豐 香木

● ⿰分毛 毛落 ⿰非毛 氈也 ⿰氵分 飛也 烽 逢 丨畫 主 犎 牛名 猦 猲也 眫 ⿰目夆 目也 砏 大聲

● 篈 竹名 ⿱竹風 竹名 羒 牂羊 ⿰阝風 地名 ⿰革丰 鞛 安飾 革 馚 馬疾 行 鳻 鳥飛 ⿱分鳥 鳿 鳥聚

上上 hūng
● 粉 米白 丨 憤 發丨 忿 怒甚 坋 土也 哄 騙也 鬨 鬬也 嗊 歌也 ⿰丰頁 額昏 ⿱分馬 走馬 鱝 ⿰魚忩 魚名

● ⿰歹賁 殯也 捴 動也 炃 火也 ⿱分丰 跳也 ⿰口宮 市人 嗽 ⿰風悤 氣也 幪 囊盛 ⿱⿰米分心 動也 懞 懵 丨濛

● 懶心神恍 眡目不明 扮 捴 拎握也 盼地名 抎有所失 捧丨承 擠手亂 技擊也

● 畚車弓 汞水銀 澒水風 渢 獖羊名 宾空貌 篢竹器 粓米餅 羵羊雌 聁耳中鳴

● 膹切肉 茥以草爲界 蕡 蕡菜心長 蒶草名 蚠甲虫 鞼軍人皮 颰風貌 飰粗食

● 饙 餴 餠 餴半蒸飯 餗餐飯 魵魚名 鱝魚形如荷葉 鴓 鵁鳥名 顚 䫀面急

● 黺粉也 鼢 鼢田鼠

上去 hóng

● 訓 訔 𡿺 鳥川 馴誨教 撲 擹掃除 瀵水名 熢焚也 幨裂也 俸丨祿 奮飛揚

● 諷丨誦 賵 䝮贈死人物 僨仆也 鵏妖鳥 噴怒也 墳掃除 坌 坌 宲無人聲 幏巾也

● 奮丨迅 粪掃也 糞盡也 䏘羊臑 䠯行也 葑泥丨 覂反覆 糞弃除 鐼金包 髼貿前 麰麥也

● 鷭怪鳥

上入 hók

● 福 畐祥祿備 笰輿也 翇樂舞 茇草名 帗 幅帛巾 冹寒冰 輻輪也 黻 紱 緮

● 紼黑青文 蝠蝙丨 覆傾反 馥香氣 弗不正 艴怒也 佛彷丨不眞 怫心作色 悲 髴首飾

● 韍蔽藤 袚 祓除也 刜斷也 芾茂冕服 茀蔽草 蝮蛇也 髻假髻 眹視也 鞴 鞭革帶

● ⿺走弗 [illegible] 也走 莘 生草 木 乀 戾左 复 也重 偪 名地 ⿰土复 也穴 ⿰女菐 字女 復 名山 市 衣古 ⿰巾弗 髮韜

● 拂 拭除 柫 也枷 ⿰山复 也止 焀 貌火 炦 盛火 沸 名水 狒 獸如 形人 ⿰弗犬 貌犬 由 也鬼 痱 病熱

● 祓 也服 稪 名穀 ⿱宀复 ⿱穴复 卵鳥 抱 笰 戶車 ⿱竹復 花竹 實生 紼 物分 ⿰糸茀 紼 [illegible] 絲亂 綍 素指

● ⿰糸畐 也布 腹 也厚 ⿰舟弗 ⿰舟畐 舟大 葍 菜惡 蔔 蔔 名草 蕧 草通 複 衣重 ⿰足弗 也跳

● 踾 聚蹴 丨 軷 輹 軸車 鍑 鍢 鍑 大釜 雭 也雨 ⿱雨弗 貌雲 ⿰革弗 革車 ⿰韋弗 繩引 官 ⿰言弗 也息

● ⿰風弗 也風 ⿰馬風 走丨 丨 ⿰食复 也食 鶝 勝戴 複 衣絮 ⿱𣪊衣 聲衣

下平
hùng

● 雲 也霓 紅 色赤 灴 盛火 鴻 ⿰氵鴻 ⿰工鳥 雁大 焚 燌 炃 燒丨 墳 墳 蕡 隫 墓丨

● 洪 水洚 ⿸广賁 也崩 逢 值遇 馮 也姓 寃 魂 魄丨 渾 濁丨 洚 也水 渢 聲水 ⿰單見 也視 瘒 也癡

● ⿸疒賁 也腫 驒 馬野 ⿰扌賁 也拭 ⿺風工 ⿺風其 聲風 羵 羊牿 ⿰氵虹 湧水 霟 急浪 訌 敗亂 轒 車戰 ⿰音工 聲大

● ⿰車軍 也還 唪 聲大 屸 名山 汾 名水 幩 汗扇 氛 丨氣 玒 名玉 ⿰石夆 也石 仜 腹大 ⿰亻軍 也姓

● 傀 異怪 岎 也姓 噴 也吐 囩 也回 坌 也塵 ⿰土軍 ⿱軍土 也土 堸 室蟲 夆 也牾 妅 娂

● 媈 字女 ⿰山賁 深山 谷 ⿰巾共 也幟 弅 高丘 忶 也惆 ⿰忄逢 愛悅 ⿰忄魂 悶心 ⿰扌丰 也打 ⿰羽工 飛虫 烘 也燎

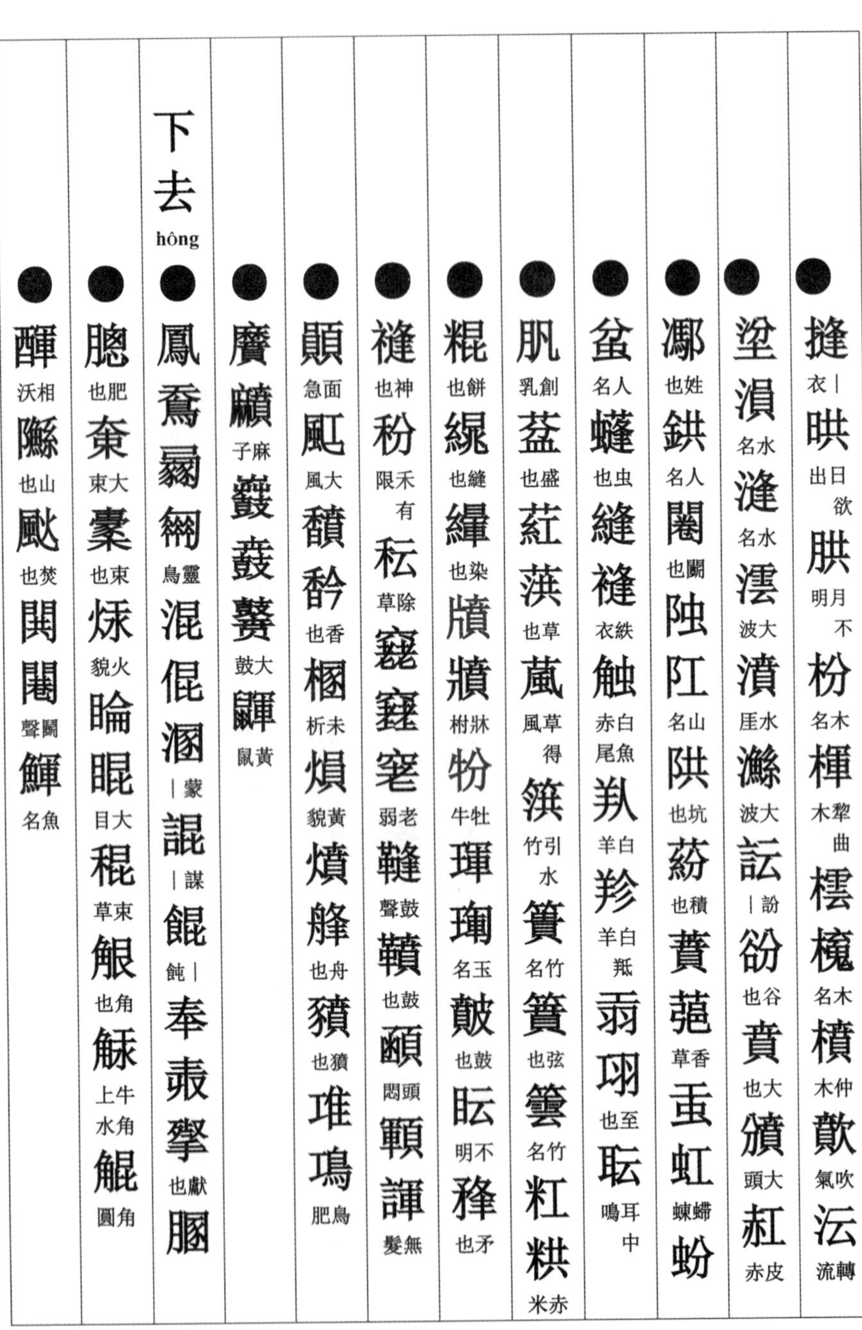

● 摓丨衣 哄日欲出 䏚月不明 枌木名 椲犂曲木 橒 櫆木名 橨仲木 歕吹氣 沄轉流

● 溰 溳水名 漨水名 澐大波 濆水厓 瀿大波 [言云] 訜丨 [谷分]谷也 賁大也 [賁頁]大頭 䞑皮赤

● 鄷姓也 鉷人名 鬨鬬也 [阝虫] [阝工]山名 [阝共]坑也 蒶積也 蕡 [艹缶]香草 [工虫] 虹螮蝀 蚡

● 盆人名 [虫逢]虫也 縫 䙜紩衣 觕白魚赤尾 [丰丸]白羊 羒白羝羊 [分羽] [王羽]至也 耺耳中鳴

● [月凡]創乳 葐盛也 葒 葓草也 葻草得風 篊引水竹 [竹貢]竹名 簣弦也 [竹雲]竹名 [米工] 粠赤米

● [米昆]餅也 緄縫也 緷染也 膹 [爿賁]牀柎 [牛分]牡牛 琿 瑻玉名 鼖鼓也 [日云]不明 [矛夆]矛也

● [礻逢]神也 秎禾有限 秐除草 [穴鼖] [鼓逢] 耄老弱 韸鼓聲 鞼鼓也 [面昆]頭悶 [頁軍] 諢無髮

● 顐面急 䫺大風 [頁賁] 馚香也 棞未析 熉黃貌 燌 [舟夆]舟也 獖獖也 琟 鳿鳥肥

● [鹿賁] 黂麻子 [鼓音] [鼓賁] 鼖大鼓 鼲黃鼠

下去 hông

● 鳳 [分鳥] [翁鳥] 鶲靈鳥 混 倱 溷蒙丨 [言昆]謀丨 餛丨飩 奉 [奉束] 捧獻也 [月囷]

● [月悤]肥也 [大朿]大東 橐束也 [火束]火貌 睔 [目昆]大目 稛束草 [角艮]角也 觫牛角上水 [角昆]角圓

● [酉軍]相沃 [阝縣]山也 [風火]焚也 閧 鬨鬬聲 鯶魚名

下入 hŭk

● 佛 僊 西方聖人 茀 岪 山脅道也 伏 俯也 茯 丨苓 袱 包丨 栿 木上 服 肰 舦

● 腷 般 下裳 鵩 不祥鳥 箙 矢丨盛弓 艘 舟也 菔 蕧 菜名 鮄 海魚 奔 犾 大也

● 𢼌 破也 䑧 用也 𧺪 走也 𤝎 狐也 澓 水流 鵩 鳥名 馱 馬名 遉 邪也 鞴 車軾 𠬝 治也

● 坲 塵起 㤄 崩也 堛 堰 窟也 复 㿻 仫 复 行故道 媍 女字 複 復 匐 往報白

● 㣞 行急 怫 心苦 𢻰 理也 颫 疾風 椱 木名 欻 吹起 洑 洄流 炥 火氣 炥 火也 烼 爈 熅也

● 煏 火煨 葍 畐 滿也 瘦 瘦 勞也 䀝 目動 睸 暫見 𥨍 地空 𧼐 見鬼 肰 牛肉

● 復 盜庚又花 趪 走也 踾 手足伏 琈 鞴 丨弩 鉘 飾也 澓 銀也 闅 小門 覆 覆水 鞍 韝

● 鞴 車丨 鞴 皮衣 髻 首飾 鰒 鰒 海魚 鵬 鳥名 鶝 丨鶝 萉 茂也 虙 子賤孔子弟子 咈 違也

2 花字母

柳 上平 lǔa ○ 上上 lūa ○ 上去 lúa ○ 上入 lúah ○

下平 lủa ○ 下去 lûa ○ 下入 lǔah ○

邊 上平 bǔa ○ 上上 būa ○ 上去 búa ○ 上入 búah ○

下平 bủa ○ 下去 bûa ○ 下入 bǔah

求 上平 gǔa ● 瓜匏丨 ⿰忄瓜誇誕 苽 蓏草也 ⿰瓜刂割也 ⿰目瓜眼也 抓引擎 媧女氏 蝸蠃也 ⿰⻊瓜 踻足理文

● 顝短頭 䬵消食

上上 gūa ● 寡 ⿱冖⿳𦣻分少也 剮割碎 天子也 ⿰亻咼行貌 冎剐肉置骨 ⿱竹咼收絲具 鮭 ⿰角咼羊角 踻行跨 ⿱穴卦博局

上去 gúa ● 卦 掛 掛 ⿰糹卦懸也 罣牽也 詿誤也 褂 ⿰巾夸袍也 ⿰言畀欺也

上入 gúah ○ 下平 gủa ○ 下去 gûa ○ 下入 gǔah ○

氣 上平 kǔa ● 誇大言奢 侉奢也 姱好也 恗心大 ⿰亻瓜不正 ⿰身夸丨骳 荂花榮 夸 ⿱大牛丨大 ⿰彳夸行也 ⿰石夸石也

● ⿰骨咼額上骨 髁不平 袴脛衣 ⿰⻊本 踤 脺 跨 胯兩腰 咵言戾 㐄跨步 夸奢大 骻髀骨

字母	第一音	第二音	第三音	第四音
	● 銙 䡖 帶也 跨 踞也			
	上上 kūa ○	上去 kúa ○	上入 kúah ○	
	下平 ku̇a ○	下去 kûa ○	下入 kǔah ○	
低	上平 dŭa ○	上上 dūa ○	上去 dúa ○	上入 dúah ○
	下平 du̇a ○	下去 dûa ○	下入 dǔah ○	
波	上平 pŭa ○	上上 pūa ○	上去 púa ○	上入 púah ○
	下平 pu̇a ●	下去 pûa ○	下入 pǔah ○	
他	上平 tŭa ●	上上 tūa ○	上去 túa ○	上入 túah ○
	下平 tu̇a ●	下去 tûa ○	下入 tǔah ○	
曾	上平 tsŭa ● 抓 搔也 摣 以手取物			
	上上 tsūa ●	上去 tsúa ○	上入 tsúah ○	
	下平 tsu̇a ●	下去 tsûa ○	下入 tsǔah ○	

日 上平 nǔa ○ 上上 nūa ○ 上去 núa ○ 上入 núah ○

下平 nùa ○ 下去 nûa ○ 下入 nǔah ○

時 上平 sǔa ○

上上 sūa ● 掃 攖除也 要玩｜ 洒 灑水洗 葰邑名 栗洒也 籭瑟也 躧徐行 酸 䫴面醜

● 碼言不當

上去 súa ○ 上入 súah ○ 下平 sùa ○

下去 sûa ○ 下入 sǔah ○

鴛 上平 ǔa ● 騧 䯄良馬 蛙 畫 䵷 鼃蝦蟆 娃美女 哇吐也 㴿 窪水名 劃刀割物 呱

● 㖇啼聲 窊 溛 汙 洿下地 鵶 鴉老鳥｜ 蝸虫名 顝短頭 窪溝池 𡘜大也 窳寬也

● 唲小兒言 𡧑屋也 徍邪行 㰳邪也 㽘地也 𦢊腹下肉 𦫙色敗 𨁝踏也 𩃷蹄涔

上上 ūa ● 踝兩脛旁 鯉似鮎 輠轉貌 倮赤胆 梁把物手 腂脆肥

上去 úa ○ 檛策也 𤬪施瓦於屋 簻箠也 腡腿也 撾策擊 㧓手爬

上入 úah ● 㱿 猪吅

下平 ủa ● 划 舡| 進水

下去 ûa ● 畫 画 㽞 |挂 話 𧭟 声口 講言 擭 |擊 鱯 名魚 譶 話 声口 言 𩂈 船海

下入 ǔah ● 畫 畵 畫 |字 𢿪 文屈 樗 也木 澅 也水 踁 也皮 繣 也結 罫 也絓

蒙 上平 mǔa 〇 上上 mūa 〇 上去 múa 〇 上入 núah 〇

下平 mủa 〇 下去 mûa 〇 下入 mǔah 〇

語 上平 ngǔa 〇 上上 ngūa 〇 上去 ngúa 〇 上入 ngúah 〇

下平 ngủa 〇

下去 ngûa ● 瓦 |磚 𣏮 鼕鼓 𠆪 㕦 也弱 𡶐 貌山 𦙶 足斷 邷 地衛

下去 ngǔah ● 尳 聲膝 骨

下入 ngǔah 〇

出 上平 chǔa 〇 上上 chūa 〇

上去	chúa	●	炁泉州語 溌泥也
上入	chúah	〇	
下平	chùa	〇	
下去	chûa	〇	
下入	chŭah	〇	
非上平	hŭa	●	花 華 蕐 雩 荂 蘤草木豔開 [門華]開門 樺草木葩 [酉華]醇酒 吴大聲 嬅女容 㦊心侈
		●	找進船 [氵花]水也 [禾華]禾盛 [夸瓜]寬不入 [舌華]舌短 騧周穆王馬名
上上	hūa	●	觟非羊角
上去	húa	●	化 [化口] 匕 傀變也 吪開口 [化口]教行 魤魚名 [化鳥]鳥變 杹芙蓉爲索 槬橫大 傀鬼變
上入	húah	〇	
下平	hùa	●	華 蕐 荂 崋 蕐 夸丨麗 崋山也 曄草木花 驊 騧丨駿 譁 嘩諠丨
		●	蛙水虫 划銖器 鷨 [華隹]鳥也 鏵鍪也 [扌華]進船 茉刃臿 釫兩刃臿 骲骨也
下去	hûa	〇	
下入	hŭah	●	[扌瓠] [扌瓠]大寬

3 香字母

柳上平 liǒng ○

上上 liōng ● 兩 㒳（十錢） 倆（伎丨） 魎（山神） 蜽（蝄丨） 𠡍（力拒） 掚（整飾） 楠（松脂） 脼（脊肉） 蒳（草名） 裲（衣也）

● 踴（足踞） 輛（車丨）

上去 lióng ○

上入 liók ○

下平 liòng ● 粱 浉 涼（州名） 梁（棟丨） 粱（大粒粟） 糧 粮（米也） 量（較丨） 良 俍 篔 昰 㝗

● 冒 从 星（賢也） 踉（跳丨） 涼（寒箔） 犆 犆（牛色） 賿（賦也） 蹘（跳走） 輬（天子喪車） 悢（悲也）

● 椋（即來） 蜋（蜣丨） 颸 颸（北風） 哴（啼極無聲） 蒗（薄也） 牨（犍也） 粱（米名） 綡（冠纚） 醇（雜味）

下去 liông ● 亮（光也） 諒（小信） 喨（嘹丨） 痕（目病） 緉（履也） 倞（素也） 剠（取也） 悢 愰 瘬 兢 㾾（悲也）

● 眼 睡 瞭 瞭（目病） 晾（暴也） 量 量 量（斗限）

下入 liǒk ● 畧 略（丨治） 掠（奪取） 鷺 鴼（鳥名） 硌（磨刀） 㣡（神名） 䂮（利也） 擎（取也） 擽（打也） 綮（紩衣）

● 蟟（渠蟟） 螺 蟟（渠丨） 䛚（歎美言也）

邊											
上平 biǒng ○ 上上 biōng ○ 上去 bióng ○ 上入 biók ○	下平 biòng ○ 下去 biông ○ 下入 biǒk ○	求 上平 giǒng ● 姜 羌 羌 猤 齋姓 羗 茭 西域 薑 薑 蘁 性辣 疆 壃 彊 界也	● 崧 繮 韁 馬轡 涓 涓 擇也 捐 棄也 娟 嬋丨 鐫 免也 橿 鋤柄 礓 小石	● 裐 褊也 鵑 鳥也 殭 蠶白 漒 涷凝 僵 仆也 悁 悁 悁 忿憂 𢝐 心急 慺 犟 白牛	● 畕 比田 畺 疅 界也 嫤 好也 屓 尻也 崏 幬帳 崧 洸 洸 水也 㢣 空谷 強 米虫	● 瓹 盆底孔 蜎 蠉虫 蜣 蛣丨 𧒒 蠶死 䚎 視也 覰 遠視 酮 孔下酒 䳌 鵑 鵑 杜丨	● 駽 鐵驄 麲 麥莖 眴 目清 睷 目也 絹 丨絙 猄 行也 茼 苜 明草 萋 蘁 山草 薢 菜也	上上 giōng ● 蹇 騫 高跛 繈 襁 繈 𧞫 負小兒衣 強 勉丨 謇 謇 𧩰 直言 搴 取也 褰	● 𧝏 破衣 罥 羈足 狷 不爲 獧 狂也 饉 硬食 蹇 走也 㒂 偃傲 𡾋 山屈曲 𨇾 跛也 儇 利也	● 蠉 虫行 懁 辨急 譞 多也 扐 難也 勥 勥 迫也 𡪂 𠿖 𠿖 吃也 囝 人呼兒 𡜎 亂貌	● 謇 鼓聲 䏍 穴也 弜 有力 𢏃 筋頭 搢 極也 涃 竇也 滶 淖耕 滰 浚乾漬木 瀽 水也 𥐟 石名

● 研 東小 篔 名竹 篷 名竹 縵 也縮 繯 也罔 腿 強筋 蓁 也蘄 蹇 名草 蘜 莖麥 諓 嚚 言爭

● 讋 言不屈 環 也急 鐦 錢貫 鑿 也鉛 隁 也偃 鱯 名魚

上去 gióng ● 建 立樹 綣 繩束腰 鍵 鉉粥 犍 牛犗 劇 也剔 彊 也弓 旟 也揵 楗 門限 榊 木青 滰 名水

● 穃 也矛 蘱 也草 驐 脊馬黃 鸑 也鸑 鸑 上仝 鰱 名魚

上入 giók ● 決 浂 行斷水又 訣 別秘 抉 也挑 駃 鴂 鴂 鴂 鳥博勞 譎 也詐 醵 飲合酒錢 皵 乾皮

● 鸛 獸怪 訐 陰攻私人 躩 盤足 腳 也足 孑 也單 趌 行馬疾 襹 也袖 芙 也芜 觀 也視 刔 也剔

● 削 劂 劂 也取 咱 也怒 撻 援相 漒 也水 蘢 病瓜 僪 也狂 卻 節欲 趹 也缺 屩 屩 也履

● 嶥 名山 㹟 憰 也詐 撅 目抉 映 食日 㚔 也獸 焆 光火 狭 也獸 玦 玦 佩玉

● 疾 孔瘡 瞀 深目 盂 也盤 砄 也石 禠 祥不 秄 把禾 寏 也空 紻 枚縷也一 肤 也孔 膞 瘡血

● 鴃 也殔 蚗 也虫 觖 也望 寘 也佹 鑁 觹 丨舌 趹 走疾 趹 行馬 釪 也戟 鈌 也刺 鐍 也金

下平 giòng ● 强 力勇 蔃 也菜 擅 也扶

下去 giông ● 健 力有 件 丨物 鍵 鑳 鐩 也鑰 踺 也行 揵 搌 也舉 鞬 韉 矢盛器弓 楗 闥 木門限

● [禾+强] 弶（施罟於道） 殑 殭（屍也） [羽羽毛]（什也） [山+强]（山也） [扌+强]（施罟于道） 摀（采也） 捲 攓 撁（拔取）

● 毽（戲具） [牛+虔] [牛+曷] [牛+斤] 犍（犗牛） 筋（本也） [竹+腱]（筋鳴） [米+建]（粥也） [米+竟] 糨（將水） 靬（乾革） 飦

● [食+建]（粥也） 腱 [月+虔]（筋本）

下入 giŏk ○

氣 上平 kiŏng ● 腔（內無） [馬+空]（馬行） 椌（柷樂） [空+瓦]（瓠也） [疒+空]（喉病） 矼（慤實） 羫（羊肚） [骨+空]（尻骨）

上上 kiōng ● [風+風]（亂風）

上去 kióng ● [目+光]（目痛） 咣（丨哏）

上入 kiók ● 躩（足也） 謦（謹誠） [雚+欠]（至高） [疒+卻] [疒+脚]（疾也） 腳 脚（脛也） [矍+見]（視也） [足+去]（行不進） [足+黹]（步也） [車+矍]（車輞）

● [翟+阝]（地名） [矍+阝]（鄉名） 却 卻 [谷+刃]（不受） 钁（田器）

下平 kiòng ○

下去 kiông ○

下入 kiŏk ● 劇（甚難） 噱 嘘 [口+處] 噱 [谷+合]（笑不止） [忄+御] [忄+卻]（勞也） [火+豦]（火熾） 醵（合錢飲酒） [月+豦]（大笑）

● [虫+却] [虫+卻]（天甲虫） 御 [卻+几]（倦也） [谷+几]（足相踦） 俗（倦也） [亻+卻]（屈也） 臄（口上肉）

低 上平 diŏng ● 張 ⿰言長 幀 弫 開丨 粻 糧也 倀 無見貌 幁 幁 繪也 餦 食也

上上 diōng ● 長 ⿱人囟 尊丨 漲 大水 ⿸厂元 玉名

上去 dióng ● 帳 帷也 賬 數也 漲 大水 脹 膨滿 脤 質也 吽 反也 ⿰土長 沙墳起 ⿰土張 沙墳 掤 不亂

● 痮 瘬 滿也

上入 diók ○

下平 dio̍ng ● 長 𠑷 镸 尢 𨱗 乒 兵 兂 乓 久也 萇 桃佯 腸 膓 肚也 踼 跪也 塲 場 圃也

● 瓺 瓶也 瘍 瘡痍 ⿰土長 田不耕 ⿱艹昜 草也 ⿱長鼓 鼓聲 ⿱艹腸 雞菜丨 ⿱艹殤 ⿱艹殤 馬尾 ⿰虫長

● ⿰虫長 蚰蜒 ⿱髟長 髻也

下去 diông ● 丈 十尺 仗 俯首頭下 扙 傷也 ⿸疒丈 病也

下入 diŏk ○

波 上平 piŏng ○ 上上 piōng ○ 上去 pióng ○ 上入 piók ○

下平 pio̍ng ○ 下去 piông ○ 下入 piŏk ○

他 上平 tiŏng 〇　上上 tiōng 〇

上去 tióng ● 暢 達快　⿰禾長　⿱艹暢 草盛　悵 不樂　韔 弓衣　鬯 酒和香草　瑒 圭尺二寸　⿰目昜 不生　⿰目長 失志　程 稍｜

● 韔 弓衣

上入 tiók 〇

下平 tiông ● 脠 肉醬　辿 鍾會名

下去 tiòng ● 杖 老｜

下入 tiŏk ● 辵 乍行乍止

曾 上平 ciŏng ● 章 文彩　璋 圭｜　彰 昭｜　嫜 姑｜　獐 獸名　樟 木也　漳 水也　⿰目章 目生　將　⿰爿又　⿰爿幵

● ⿰火幵 欲也　漿　⿱將食 水汁　⿱將米 ｜糊　斨 斧也　螿　⿰虫將 水虫　⿰彳章 行不止　暲 明也　麞 鹿也

● ⿺走章 走也　鱂 魚名　⿰章鳥 水鷄　⿰馬章 馬名　摪 扶也　慞 懼惶　傽 ｜偟　⿰犭將 犬也　奬 助也　瑲 玉聲　蔁 草也

● 墇 隔也　嶂 山高　蹡　⿺走將 行也　漿 ｜酢　鄣 邑名　遧 ｜週　⿰革章 ｜泥　鱆 ｜魚　⿰齒倉　⿰齒將 小齒

上上 ciōng ● 蔣 姓也　獎　⿱將廾 賞也　槳　⿰舟將 櫓也　掌　爪 ｜管　仉 姓也　⿱艹掌 草也　鞝 扇皮　⿰扌几 批也

● ⿱竹將(席也) ⿱竹掌(竹名) ⿱竹奬 ⿱竹槳(櫂也)

上去 cióng ● 醬 ⿱將皿(米丨) 將(主帥) 障(庶界) 瘴(目生翳) ⿸广章 墇(全也) ⿰將麥(麪敗)

上入 ciók ● 爵 ⿱艹爵 ⿱竹爵 ⿰爵風(官丨) 嚼 嗺(咀丨) 爝 熣(火炬) 酌(斟丨) ⿰木爵(削也) ⿰金爵(刺也) ⿰扌爵(揖也)

● 斫(刀丨) ⿰米敫(盡酒) ⿰火芍(草木盛) ⿰火蕉(燋也) ⿰日爵(合邑) 禚(地名) 灼(炙熱) 穛(禾皮) 繫(生絲) ⿰鼠勺 ⿰鼠爵(風鼠)

下平 ciòng ● 下去 ciông ●

下入 ciǒk ● 着(實也) ⿰扌慧(裂也) 撧 ⿱絕手(斷也) ⿰扌著 ⿰扌着 ⿰扌箸(置也) ⿱者女(拈也) 鐯 ⿰金着(櫡也)

日上平 niǒng ● 上上 niōng ● 上去 nióng ● ⿰黑襄(黑也)

上入 niók ○

下平 niòng ● 娘(爹丨) 釀(酒丨)

下去 niông ● 漾(不定) 讓(辭丨)

下入 niǒk ● ⿰米襄(各雜不淨) 攘(憚也) ⿰弱皮(按也) 瀼 灢(露多) ⿰氵曩 瀼(水流) 箬(竹丨)

時上平 siǒng ● 商 ⿱亠⿵冂爾 ⿱亠⿵冂爾 ⿱亠⿵冂㗊 ⿱亠⿵冂爾 啇 ⿱亠⿱三貝 ⿰商阝 ⿱亠⿵冂貝 ⿱亠⿵冂⿱八貝 ⿵几商(丨旅) 蔏(藥名) 襄 襄(贊上)

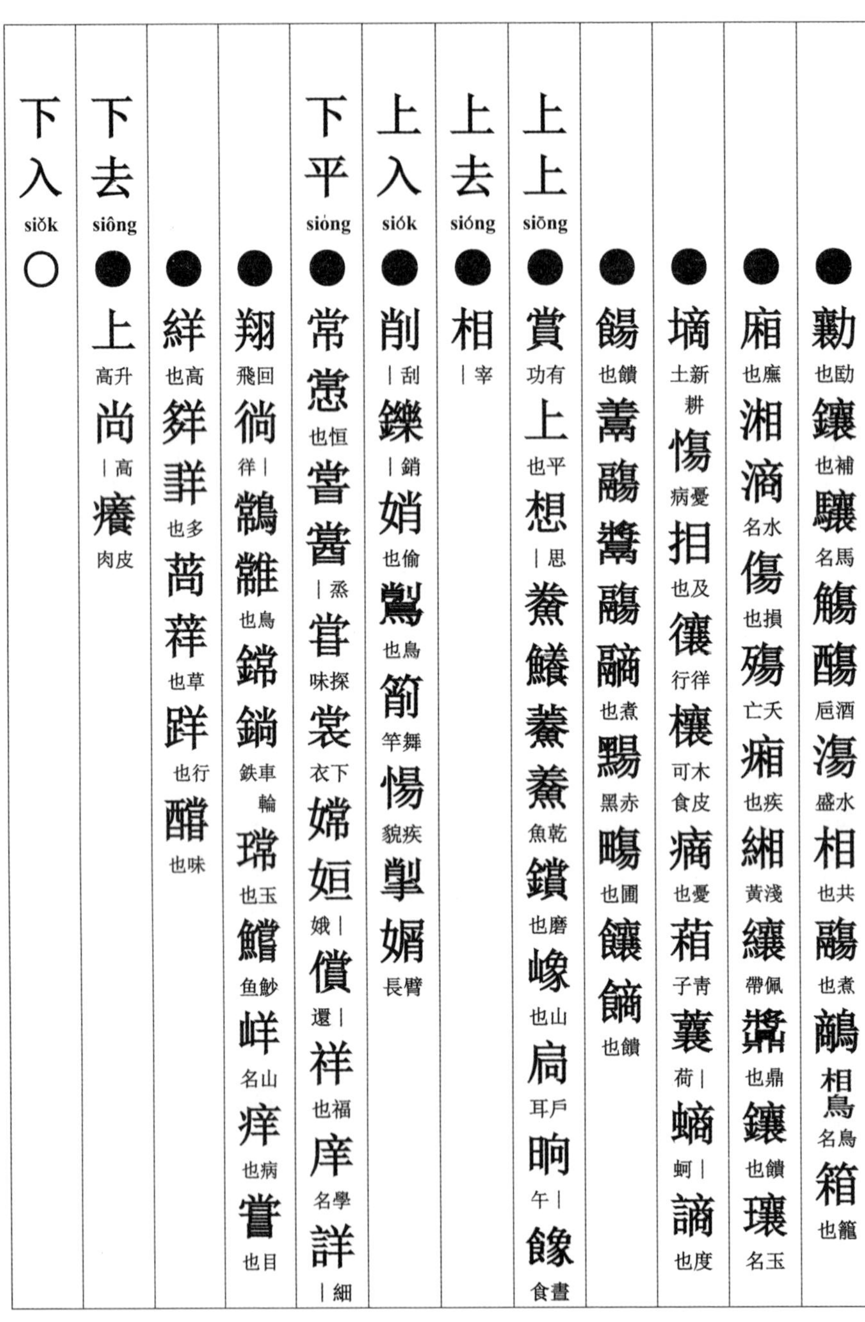

		● 勷 也勛 鑲 也補 驤 名馬 觴 ⿰酉昜 巵酒 湯 盛水 相 也共 鬺 也煮 鷊 ⿱相鳥 名鳥 箱 也籠
		● 廂 也廡 湘 滴 名水 傷 也損 殤 亡夭 瘍 也疾 緗 黃淺 纕 帶佩 鬺 也鼎 鑲 也饋 瓖 名玉
		● 墒 土新耕 慯 病憂 捐 也及 儴 行徉 欀 可木食皮 ⿸疒啇 也憂 葙 子青 蘘 荷｜ 螪 蚵｜ 謫 也度
		● 餳 也饋 ⿱羊鬲 鬺 ⿱敖鬲 鬺 ⿰鬲啇 也煮 ⿰黑昜 黑赤 暘 也圃 饟 ⿰食啇 也饋
上上	siōng	● 賞 功有 上 也平 想 ｜思 鮝 鱶 鯗 鯗 魚乾 ⿰金賞 也磨 ⿰山象 也山 扄 耳戶 晌 午｜ ⿰食象 食晝
上去	sióng	● 相 ｜宰
上入	siók	● 削 ｜刮 鑠 ｜銷 娋 也偷 ⿱尚鳥 也鳥 箾 竿舞 愓 貌疾 掌 ⿰女屑 長臂
下平	siòng	● 常 ⿱尚心 也恒 嘗 嘗 ｜烝 甞 味探 裳 衣下 嫦 姮 娥｜ 償 還｜ 祥 也福 庠 名學 詳 ｜細
		● 翔 飛回 徜 徉｜ 鶬 雛 也鳥 ⿰金常 鋿 鉄車輪 瑺 也玉 鱨 魚鯋 ⿰山羊 名山 痒 也病 ⿱尚目 也目
		● 絴 也高 ⿰多羊 ⿰非羊 也多 蔏 ⿱艹⿰多羊 也草 ⿰足羊 也行 ⿰酉常 也味
下去	siông	● 上 高升 尚 ｜高 癢 肉皮
下入	siǒk	○

鶯上平 iǒng

● 淵⿰山㴊淲灡囦剢潹涃（深水）央（托人）泱（水源）胦（臍也）殃袂

● 祅（咎也）嫣（美長）鴦𠮙（鴛｜）鷰鳶（鴟也）蔫（物敗）焉（何也）嘕（笑貌）鄢（姓也）煙（火氣）

● 旇（旌也）鄄燕（國名）鉠（鈴聲）⿺辶㴊（行也）⿱奄黽（黿屬）⿰⿱奄黽鳥（鳥也）⿰淵鼓鼘（鼓聲）⿰魚央（｜魚）傸（惡也）

● ⿰亻雁（不伏）冤寃（｜屈）⿰⿴囗肙刂（取也）剈⿰⿴囗肙刂（取也）咉（｜聲）⿰口肙（小虫）⿸疒肙（骨疼）⿰目工（羊目）映（不明）

● 蔦（草也）⿰衤㴊（衣袖）秧（禾苗）⿱穴抰（深也）肙（小虫）英（姓也）蜵（蜎｜巧虫）⿰木盎（椿木）盎（盆也）⿰氵⿵門肙

● ⿰氵⿵門肙（深也）炴（火光）⿰犭央（獸名）悁（曲裁）⿰飠員（饜也）弲（函弓）⿰弓㴊（弓上下曲中）棩（木曲）囦（物萌水中）

● 坱（塵埃）⿰王央（玉佩）姎（眉目）婉（美也）⿰山肙（山曲）⿰豸央（貉也）⿰⻊肙（躓也）軮（軋聲）郾（邑名）

● 鋺（鋤曲鐵）⿰阝晏（地名）⿱雨央（白雲）⿰央隹⿰央鳥（鳥也）⿱雨襄（露盛）⿰飠肙⿰飠恙（厭也）鵷（似鳳）

上上 iōng

● 養⿰羊攴⿰牂攴⿰⿱羊大攴（生｜）癢（瘍又水深）壤⿳吅衣吅（十垓又地）痒（瘙｜）敭（舉也）勷（力也）⿰亻養（技｜）

● 穰（豐也）蘘（草名）[illegible]佒（不伸）勨勨勳（勉也）孃（煩擾）⿰山央（山足）攁（動也）橪

● ⿰木垔（染又小棗）⿰月養（欲吐）⿰弓襄（弓曲）㲽（髮亂）瀁（水名）獽（獸名）瓤（瓜中）癢（在皮瘍）⿰石襄（雌黃惡者）⿱竹襄（竹器）

● ⿰月養（肥地）⿰虫色（流也）蛘（搔也）⿰虫養（虫也）蠰蠰（虫也）蝪（食桑虫）詇⿰言盎（早知）⿰襄阝（邑名）䩬（治皮）

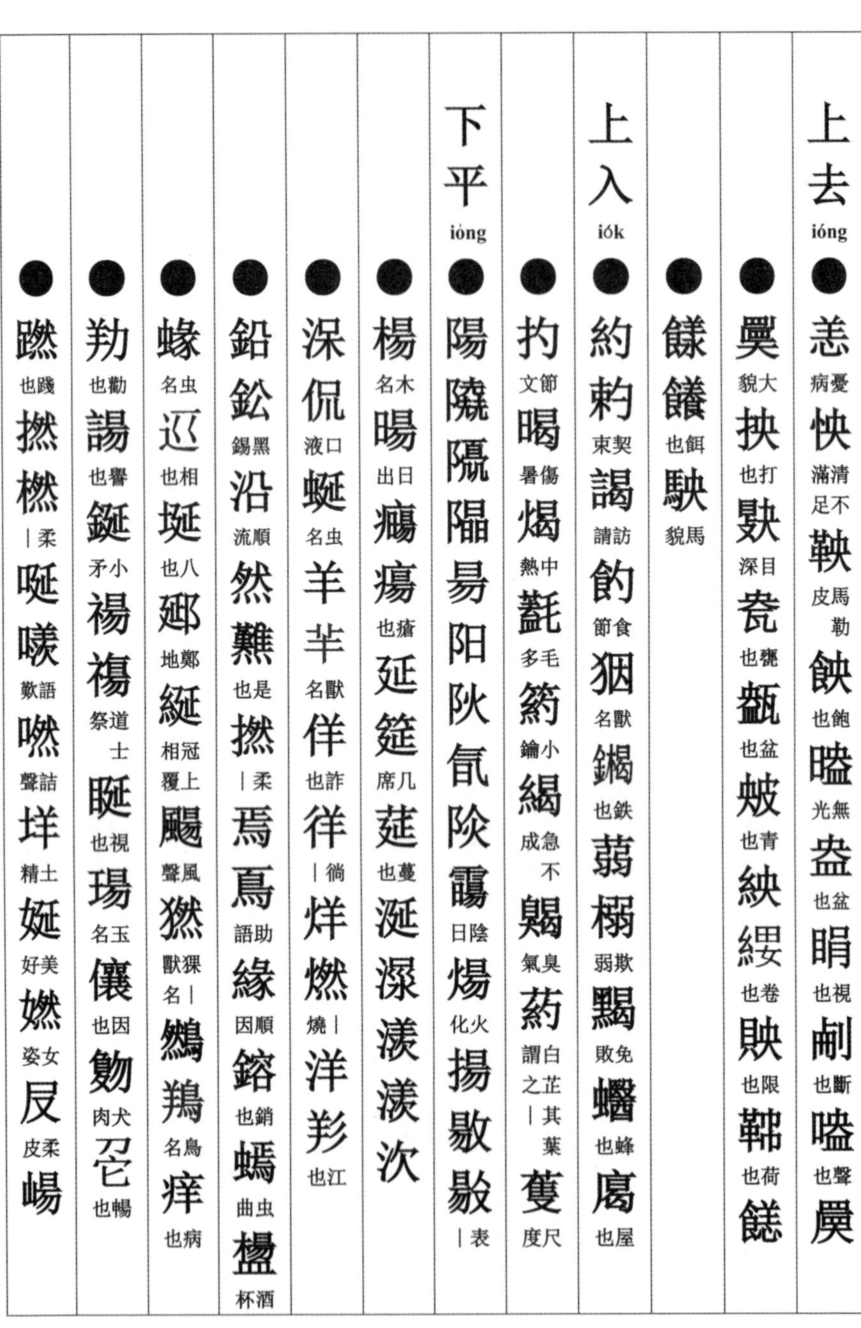

上去 ióng
● 恙（憂病） 怏（清不滿足） 鞅（馬勒皮） ⿰飠央（飽也） 瞌（無光） 盎（盆也） 眏（視也） ⿰央刂（斷也） ⿰口盎（聲也） ⿸厂眏

● ⿱𦥑大（大貌） 抰（打也） ⿰目夬（目深） ⿱央瓦（甕也） ⿰央瓦（盆也） 蚗（青也） 紻 ⿰糹要（卷也） 眏（限也） 鞅（荷也） ⿰飠恙

● ⿰飠羕 ⿰飠養（餌也） 駚（馬貌）

上入 iók
● 約 ⿰禾勺（契束） 謁（訪請） ⿰飠勺（食節） ⿰犭因（獸名） ⿰金曷（鉄也） 蒻 榒（欺弱） ⿰黑曷（免敗） 蠮（蜂也） ⿸尸鳥（屋也）

● 扚（節文） 暍（傷暑） 焬（中熱） 毼（毛多） 箹（小鑰） ⿰糸曷（急不成） ⿱曷臭（臭氣） 葯（白芷其葉謂之丨） 蒦（尺度）

下平 ióng
● 陽 ⿰阝羕 ⿰阝養 ⿰阝昜 昜 阳 阦 氜 阦 䨦（陰日） 煬（火化） 揚 敭 敭（表丨）

● 楊（木名） 暘（日出） 瘍 瘍（瘡也） 延 筵（几席） 莚（蔓也） 涎 ⿰氵羕 漾 瀁 次

● 深 侃（口液） 蜒（虫名） 羊 芊（獸名） 佯（詐也） 徉（徜丨） 烊 燃（丨燒） 洋 ⿰羊彡（江也）

● 鉛 鈆（黑錫） 沿（順流） 然 難（是也） 撚（柔丨） 焉 焉（助語） 緣（順因） 鎔（銷也） ⿰虫焉（虫曲） 盪（酒杯）

● 蝝（虫名） 巡（相也） 埏（八也） 郔（鄭地） 綖（冠上相覆） 颺（風聲） 獂（猓丨獸名） ⿰焉鳥 鴹（鳥名） 痒（病也）

● 勨（勸也） 諹（譽也） 鋋（小矛） 禓 ⿰衤昜（道士祭） ⿰目延（視也） 瑒（玉名） 儴（因也） ⿰昜力（犬肉） ⿱召乚（暢也）

● 蹨（踐也） 撚 橪（柔丨） 唌 ⿰口羕（語歎） 嘫（詰聲） 垟（土精） 娫（美好） ⿰女然（女姿） ⿸尸乂（柔皮） 崵

● 蕩 洛陽山 ⿰弓羊 弓曲 捐 掮 除去 櫞 果名 涊 泱|垢 漹 水名 ⿰犭羊 黃犬 ⿰月走 短也 ⿱艹羊 果藥

● ⿱艹焚 野豆 蘺 草也 ⿰衤延 巾也 ⿰鼠昜 鼠也 ⿰足延 行也 蹨 續執聚 ⿰阝焉 ⿰阝臭 隁 陵也 ⿰酉然 少色 ⿰車忍 車|

● ⿰革昜 馬上頭靼 ⿰忄焉 憶也 愓 遊也 ⿰毛乇 錦也 ⿰昜戈 戈也 篶 黑竹 ⿱竹羊 ⿱竹然 竹名 ⿱竹陽 符簷 昜 光也

● 昐 日行 ⿰日羊 明也 暘 日出 樣 槌也 ⿰火羕 火盛 ⿰王羊 邑名 眻 ⿰目昜 美目 繎 紅色 ⿰羊彡 美善 肰

● ⿰月勿 ⿰月秋 ⿰月昜 犬肉 ⿱艹⿰禾昜 草也 蛘 虫也 蜒 祝|守宮 輰 轞車 ⿺辶羊 進退 鍚 鐊 盧也 ⿱昜鳥 鳶也

● 鶍 白鷺 ⿱樣鳥 鳥也 颺 小風 ⿰馬昜 馬名 鯅 魚醬 ⿰魚彔 ⿰魚昜 魚也 ⿱昜鳥 鷗也 ⿰食羊 餌也 ⿰黑昜 赤黑

下去
iông

● 樣 式| 養 ⿱艹養 ⿰羊戈 供| 讓 遜| ⿰衤襄 視也 漾 蕩| 攘 ⿰襄攴 攮 除取 緣 鑲也 躟 踊也

● 懹 憚也 ⿰言羕 刺變 ⿰忄羕 限也 爙 火星 鬤 髮亂 ⿰亻然 意臆 ⿰亻羕 立動 ⿰女羕 女字 ⿺辶昜 相視而行 ⿰弓彖 弓緣

● 恙 憂也 掾 緣也 樣 式法 橡 柔也 ⿰犭恙 ⿰犭羕 獸名食人黃帝殺之無恙 禳 祭也 穰 禾丰 ⿰米襄 雜也

● 羕 羕 長水 ⿱艹釀 ⿱艹穰 草名 ⿺辶羕 走也 鑲 鑄器法

下入
iŏk

● 若 ⿱艹若 ⿱叒口 ⿰若若 ⿱若卉 香草似也 悅 說 喜| 弱 ⿰弱羽 柔| 蒻 蒲子 藥 芍|

● 鑰 鎖| ⿵門龠 門| ⿰衤龠 礿 祭名 瀹 疏通之意 ⿰龠頁 下呼上| 躍 ⿺走龠 踴跳 楉 |榴石榴 箬

● 篛 笠也 ⿰火龠 ⿰火籥 光亮 ⿰龠亢 仰也 籥 管丨 ⿰⻊龠 ⿰⻊籥 ⿰⻊籥 登履 躈 足下文 ⿰巾龠 幕也 ⿰手乚 掿 手也

● 櫟 宮名 敫 光景 ⿰弱攴 按也 ⿰木樂 木也 濼 水也 ⿰⿱炎面欠 火氣 爍 ⿰火藥 光也 ⿰⿱炎同亢 仰也 獡 獡 驚也

● ⿸疒翟 滛病 ⿰目兌 目玩 ⿰目龠 ⿰目籥 矅 視也 ⿰目樂 美目 葯 練也 ⿰糸樂 色系 ⿰糸龠 丝也 ⿰月弱 膜也 ⿰舟弱 船名

● 蒻 蘥 雀麥 ⿱艹閱 似芹 蒻 風吹水 ⿸虍兌 虎睡 ⿰角弱 弓也 趯 踊丨 ⿰⻊兌 步楚 ⿰⻊若 遹 違也 鄀 踐也

● 鑠 銷也 鬻 肉和菜中湯 ⿰兌鳥 水鳥 鶸 昆鳥 ⿸疒兌 治病 鸙 鳥也 閱 觀也

蒙上平 miŏng ○ 上上 miōng ○ 上去 mióng ○ 上入 miók ○

下平 miȯng ○ 下去 miông ○ 下入 miŏk ○

語上平 ngiŏng ● 瓛 玉甑

上上 ngiōng ● 仰 丨望 ⿰扌夔 人名 茚 昌蒲 軮 轎丨 鞅 履也

上去 ngióng ● 仰 行湍不 訒 止也

上入 ngiók ○

下平 ngiȯng ● 言 ⿱自畀 ⿱夕廾 語也 管 大簫 ⿰鬳瓦 甑 ⿰山獻 山峯 ⿰山甗 山形 琂 玉也 言 言 脣急 ⿰齒彡 笑也

● 婄 女字 菩 草也

下去 ngiông ○

下入 ngiŏk ● 虐 虐 虐 瘧 舂 窖 䖈 虐 暴也 謔 戲言 瘧 脾寒疾 𥗥 大唇

出 上平 chiŏng ● 昌 圕 圕 盛美 猖 丨狂 娼 倡 妓女 閶 丨閣天門 菖 丨蒲 鯧 魚名 鎗 刀丨 蹡 行也

● 鏘 瑲 玉聲 謒 語輕 闛 門聲 鶬 鳳凰 惝 斨 釜也 槍 距也 淐 水名 牄 鳥獸食聲 琩 充耳

● 趬 走也 𨄛 動也 𩣑 馬名 殤 𣧹 殤 傷也 𥝢 糠也 䗉 小蠃 裮 衣不帶 蹡 走也

● 錩 器也 𪁉 鳥求食 𪉟 鹵漬

上上 chiōng ● 獊 搶 奪取 敞 高廣 昶 長明 廠 露舍 氅 毛衣 摤 取也 惝 𢢾 憆 失意 鷩 鳥也

● 僘 寬丨 𨂢 踞也 饊 呼食 墇 基也 𡾧 山相丨 𡬟 山高 磢 石洗物 漺 净丨 𥳭 竹名

● 䏊 突傷 蹌 動也 鋹 利也

上去 chióng ● 唱 𪛈 誯 丨和 匠 匠 工丨 倡 率也 𧻓 行也 鶬 女鳥丨 淌 大波 篬 竹也

上入 chiók ● 雀 雀 鳥也 鵲 䧿 喜丨 繳 繪也 斮 戩 𢧵 斬也 爍 灼 焯 爝 火光 熦 火丨

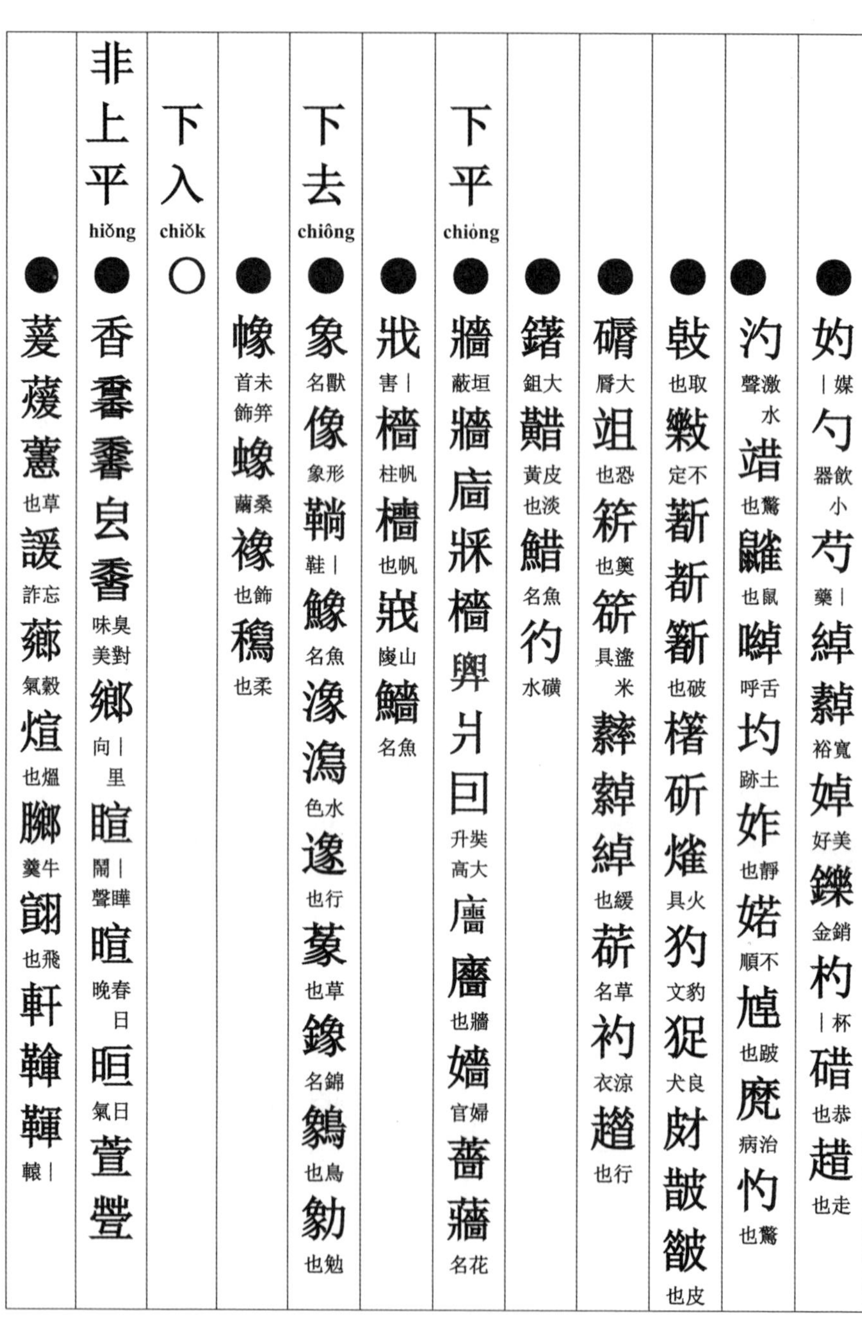

	● 妁 媒｜ 勺 飲器小 芍 ｜藥 綽 繛 寬裕 婥 美好 鑠 銷金 杓 杯｜ 碏 恭也 趞 走也
	● 汋 激水聲 踖 驚也 [illegible] 鼠也 啅 舌呼 均 土跡 妰 靜也 婼 不順 [illegible] 跛也 [illegible] 治病 [illegible] 驚也
	● [illegible] 取也 [illegible] 不定 斮 斮 斲 破也 櫡 斫 燋 火具 犳 豹文 [illegible] 良犬 財 散 [illegible] 皮也
	● [illegible] 大脣 [illegible] 恐也 [illegible] 籅也 [illegible] 盞米具 [illegible] 繛 綽 緩也 莋 草名 [illegible] 涼衣 趞 行也
	● 鐯 大鉏 [illegible] 皮淡黃也 鯌 魚名 彴 礦水
下平 chiòng	● 牆 垣蔽 牆 廧 [illegible] 檣 [illegible] 爿 [illegible] 奘大升高 廧 廧 牆也 嬙 婦官 薔 蘠 花名
	● 戕 ｜害 檣 帆柱 檣 帆也 [illegible] 山峻 [illegible] 魚名
下去 chiông	● 象 獸名 像 形象 [illegible] ｜鞋 鱌 魚名 潒 [illegible] 水色 [illegible] 行也 [illegible] 草也 [illegible] 錦名 [illegible] 鳥也 勨 勉也
	● [illegible] 末笄首飾 蟓 桑蠶 襐 飾也 [illegible] 柔也
下入 chiǒk	○
非上平 hiǒng	● 香 [illegible] [illegible] 皀 [illegible] 臭對味美 鄉 ｜里向 暄 ｜曄鬧聲 暄 春日晚 晅 日氣 萱 [illegible]
	● 萲 蕿 藼 草也 諼 忘詐 薌 穀氣 煊 熅也 膷 牛羹 翧 飛也 軒 [illegible] [illegible] ｜轅

● 瑄玉名 蓒草也 訇聲也 ⿰亘鳥鳥也 狟貉也 昍明也 ⿸鹿香麝｜ ⿸疒香氣病 諠志也

● 仚輕舉貌 ⿰角刂角也 媗女字 愃心寬貌 愋忘也 ⿰目爰大目 ⿰耳憲智也 掀以手高

● 烜乾也 煖火氣 煗溫也 ⿱亘土隙也 稥芳氣 ⿱穴軒空中 蝖蟦｜ 蠉虫行 ⿴行向暗行 ⿰角雚角也

● ⿺走宣走也 ⿺走睘疾行 ⿰言翾擊也 鶱飛也

上上 hiōng

● 響 響 ⿰音景 ⿱向音 响應聲 享 亯 ⿱亠⿱口早 饗祭獻 烜光明 蠁 ⿰虫向知音虫 ⿱鄉口應聲

● 攇手約物 扃明也 向不久 絅綿也 ⿱耂香毛也

上去 hióng

● ⿱穴向 向方｜ 餉 ⿰食尚 ⿰食敫 粡 ⿰米尚 銄粮食 絢彩色 憲 憲法也 獻 献奉｜

● 眴目動 曏 宣｜明 向面｜ 讞評獄 驪馬屬 ⿺走憲走意 甗無底甑 ⿰女向女字 嵃山峻

● ⿰彳憲｜惕憂 楥 楦履法 瀗水名 ⿰片向北出牖也 犉黑脣 珦 ⿰王鄉玉名 瓛桓圭 ⿸疒向憂也

● 響不久 ⿰金賞粮也 闀直視 ⿵門鄉門響 ⿰革憲同韗

上入 hiók

● 歊安｜ 蠍毒虫 ⿰犭歇 猲短喙 ⿰舟歇艎｜大船 迲走也

下平 hiòng

● ⿰亻条很也

下去 hiông ○

下入 hiŏk ○

4 秋字母

柳上平 liǔ ● 鏐 鉚 磨金

上上 liū ● 柳 橮 栁 丣 木名 鮂 鰡 帶|魚 罶 𦊓 䍡 魚網 綹 |縷 鉚 美金 茆 蒲|

● 㚭 好也 𢪊 捫也 僇 好也 𤆵 火| 瀏 水清 餾 餌也 𨋮 車名 珋 石有光 刘 割也 嬼 妖也

● 熮 火貌 蟉 蚴| 𨋮 轁 𨋮 柩車 鏐 黃金美 飀 風也

上去 léu ○

上入 léuh ● 籀 大篆 鎦 |金 霤 溜 簷水 塯 飯器 䉧 袖 祝也 窌 穴也 鎦 甑也 鏐 鉚 美金

● 謅 祝| 雡 鳥大雛

下平 liù ● 留 畱 畄 挽止久 騮 䮷 驑 馬名 榴 木也石| 瘤 膪 肉腫 遛 遛 不進

● 硫 琉 |磺又國 磂 磺也 瑠 燈也 流 澑 㶯 瀏 橊 沠 汓 溜 水行下

● 旒 冕也 鐂 甑也 鷚 鳥也 鎏 美金 窌 穴也 摎 𢺍 怨也 飀 大風 橊 扶| 鶹 斷|怪鳥

● 麍 鹿屬 㐬 漻 手凍 嬼 女字 嵧 山貌 廇 中亭 懰 㽌 怨也 慘 恨也 榴 果名

● 榴木也 橊扶丨緣木 ⿰火卯火丨 瑠 璢琉丨珠 ⿱畱心書生重玩 懰怨也 ⿱劉心定意 瀏水清

● ⿰犭留 ⿰鼠卯犬也 珋石有光 ⿱溜土玉璽 ⿰目翏燒田 癅 ⿰夕畱腫肉 ⿰目卮視也 ⿱畱心重玩 ⿰禾留禾盛 ⿰禾畱禾名

● 窌 ⿱穴丣石丨地名 ⿱穴流窨也 罶捕鳥具 ⿱竹留 ⿱竹流 ⿱竹劉 ⿱竹畱 ⿱竹溜 ⿱竹劉竹名 ⿰米畱 ⿰米流粰丨

● ⿰糸㐬旒也 ⿰糸留 ⿰糸畱綺也 ⿱羽畱小飛 ⿱艹畱香草 蓅菜也 藰草名 ⿰虫㐬蜉丨虫 裗衣也 ⿰角翏角不正

● ⿰豆留豆也 ⿰酉留酒也 鎦 鐂殺也 ⿰留風風行 飂 ⿰翏風高風 ⿰劉風風行 ⿰馬卯馬白腹 駵赤馬

● 鰡 ⿰魚卯魚也 ⿱溜鳥水鳥 ⿸麻流麻也 ⿰鼠卯 ⿰鼠丣 䶉竹鼠 鷚鳥卯

下去 lêu ● 餾蒸餅 ⿰鬲留甑也 ⿰彳畱行相待

下入 liǔh 〇

邊上平 biǔ ● 彪虎子 滮 ⿰氵虒水流 髟長髮 驫馬走 ⿰口虒虎彣 ⿸广彡丨丁僧伽 飍走驚 ⿰香犬香也

上上 biū 〇　上去 béu 〇　上入 béuh 〇

下平 biủ 〇　下去 bêu 〇　下入 biǔh 〇

求上平 giǔ ● ⿸疒丩 ⿸疒交腹痛 ⿰扌丩 摎束也 ⿳艹丩廾 ⿳艹目廾藥名

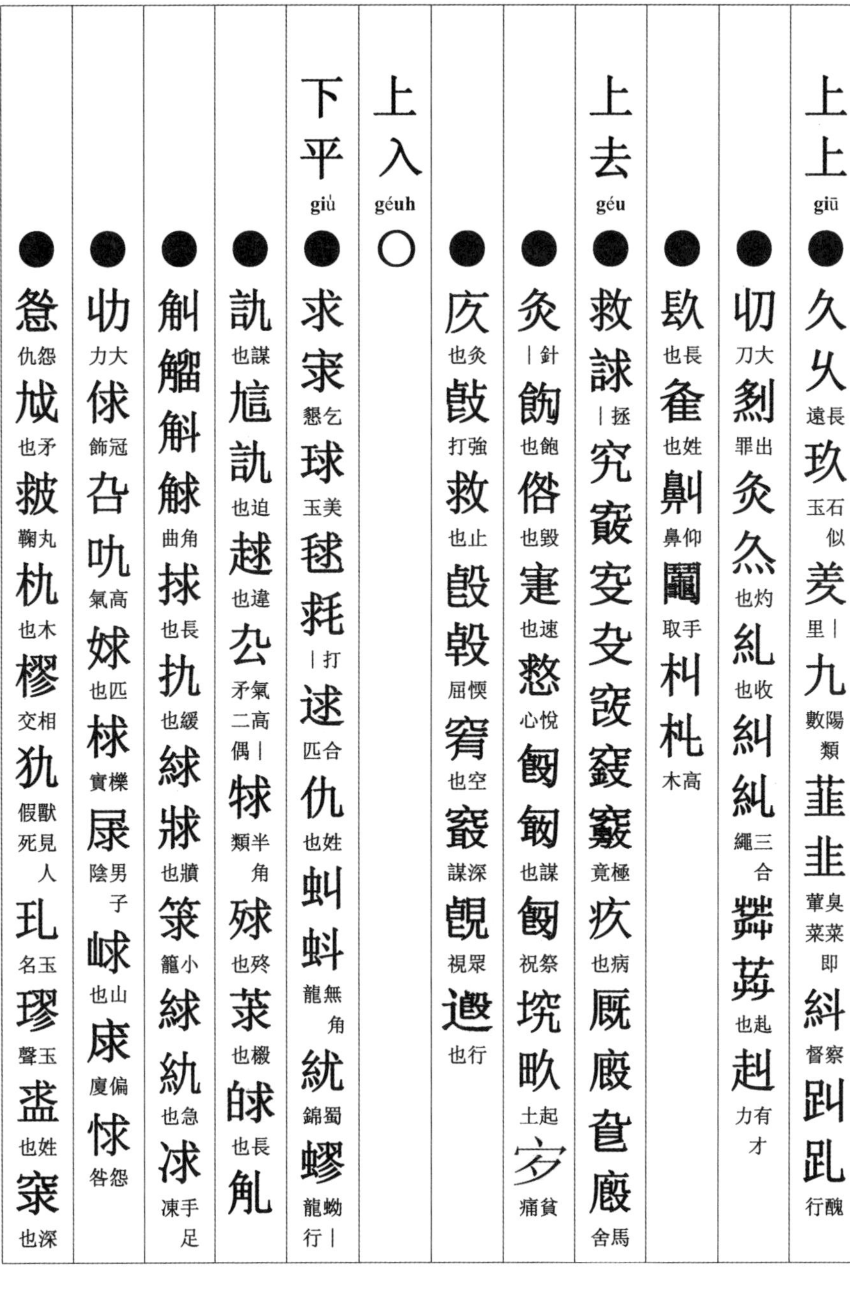

上上 giū ● 久 乆 長遠 玖 石似玉 羑 丨里 九 陽類數 韮 韭 臭菜即葷菜 糾 察督 ⿰𧾷丩 ⿰𧾷乚 醜行

● 㓚 大刀 剹 出罪 灸 ⿱久灬 灼也 糺 收也 糾 紏 三合繩 ⿱艹糾 ⿱艹糾 趄也 赳 有才力

● 㪁 長也 奆 姓也 鼽 仰鼻 鬮 手取 朻 朹 高木

上去 géu ● 救 詸 拯丨 究 ⿱穴救 ⿱穴殳 ⿱穴殳 ⿱穴救 ⿱穴救 ⿱穴救 極竟 疚 病也 廐 廏 ⿱厂倉 廄 馬舍

● 灸 針丨 飤 飽也 俈 毀也 ⿺辶丯 速也 慦 悅心 餽 ⿰金叔 謀也 餽 祭祝 ⿰土究 欧 起土 ⿱宀丂 貧痛

● 㡱 灸也 ⿰豆支 強打 救 止也 ⿰豆殳 ⿰車殳 懊屈 ⿱穴有 空也 ⿱穴殳 深謀 ⿰豆見 眾視 ⿺辶殳 行也

上入 géuh ○

下平 giù ● 求 ⿱宀求 乞懇 球 美玉 毬 耗 打丨 逑 合匹 仇 姓也 虯 蚪 無角龍 絿 蜀錦 蟉 蚴蟉丨行

● 訅 謀也 ⿸疒言 訅 迫也 ⿺走求 違也 厹 氣高矛二丨偶 ⿰牛求 半類角 ⿰歹求 殍也 莍 椒也 ⿰貝求 長也 觓

● 觓 ⿰角留 觓 ⿰角求 角曲 捄 長也 扏 緩也 絿 ⿰爿求 瀆也 ⿱竹求 小籠 絿 紈 急也 ⿰冫求 手凍足

● 劬 大力 俅 冠飾 ⿱厶口 叴 高氣 ⿰女求 匹也 梂 櫟實 ⿸尸求 男子陰 ⿰山求 山也 ⿸广求 偏廈 ⿰忄求 怨咎

● 惄 怨仇 ⿰尢戈 矛也 ⿰革求 丸鞠 朹 木也 樛 相交 犰 獸見人假死 ⿰王九 玉名 璆 玉聲 ⿱丞皿 姓也 ⿱穴求 深也

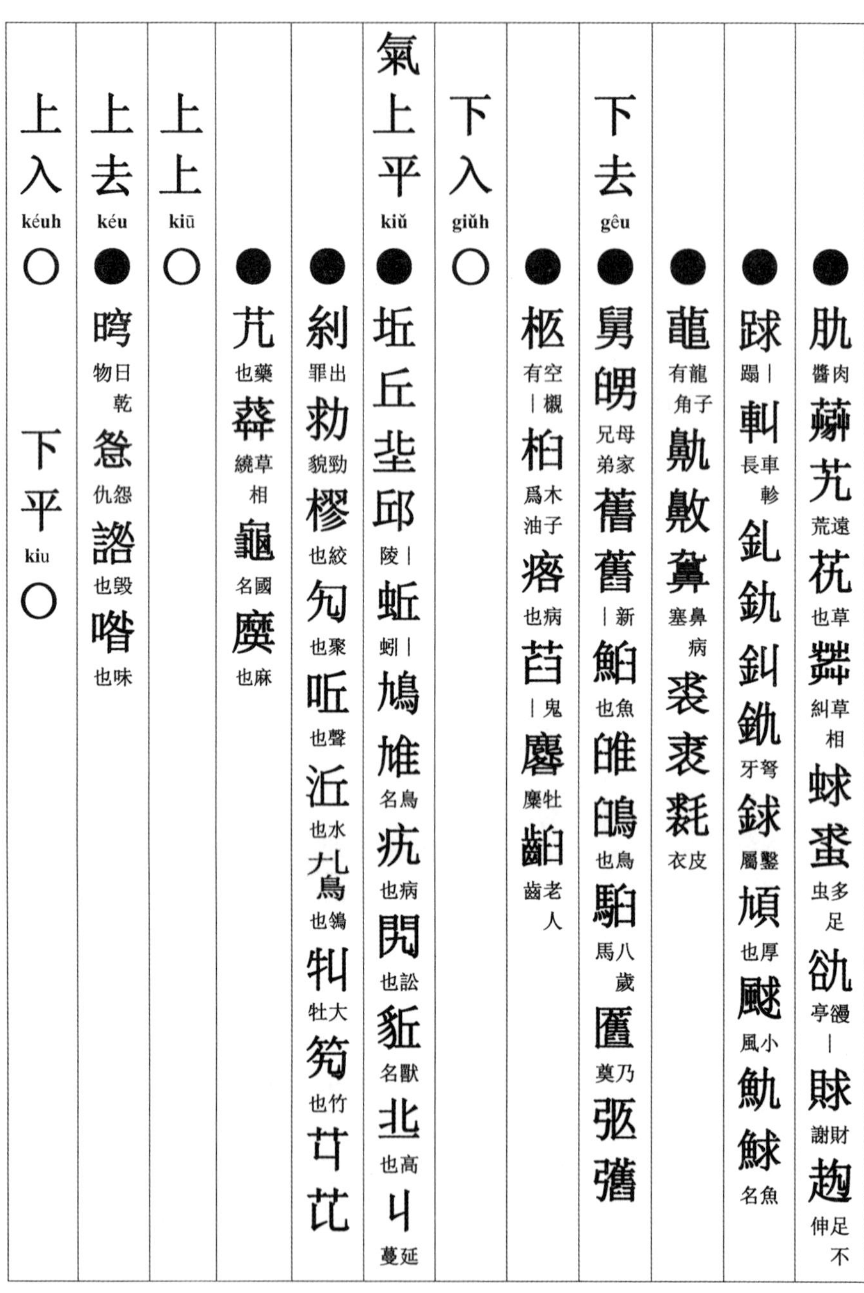

		● 肒 肉醬 蕛 艽 遠荒 𦯀 草也 𦸗 草相糾 蛷 𧊅 多足虫 𧮫 𩇕｜亭 賕 財謝 趜 足不伸
		● 𨁟 ｜踢 䡂 車軫長 釓 釚 𨥂 鈨 弩牙 銶 鑿屬 頄 厚也 颫 小風 𩵦 鯄 魚名
		● 𪚦 龍子有角 鼽 𪖐 𪖙 鼻塞病 裘 裘 毬 皮衣
下去	gêu	● 舅 𣈎 母家兄弟 舊 舊 新｜ 鮊 魚也 睢 鴭 鳥也 𩢢 八歲馬 匶 乃奠 彄 𢐦
		● 柩 空棺有｜ 柏 木子爲油 𤸸 病也 䒵 鬼｜ 麔 牡麇 齨 老人齒
下入	giŭh	○
氣 上平	kiŭ	● 坵 丘 𡊡 邱 ｜陵 蚯 ｜蚓 鳩 雂 鳥名 𤵸 病也 𨳇 訟也 𧳄 獸名 𠀉 高也 丩 延蔓
		● 糾 出罪 𠡒 勁貌 樛 絞也 勼 聚也 𠯗 聲也 㳤 水也 鳩 鴝也 𤘫 大牡 𥫱 竹也 芁 艽
		● 艽 藥也 𦽿 草相繞 龜 國名 黀 麻也
上上	kiū	○
上去	kéu	● 曒 日乾物 𢜰 怨仇 𧩷 毀也 㗱 味也
上入	kéuh	○
下平	kiu	○

下去 kêu ● 臼 春｜ 詯 毀也 鯦 鮊 魚名 倃 毀也 臯 糗 春｜ 䓘 草也 咎 罪也 駒 鴭 馬歲八

● 䳓 似鳩

下入 kiǔh ○

低 上平 diǔ ● 丟 丢 棄去

上上 diū ● 肘 䏔 手也 疛 腸痛 疛 小腹痛 䖞 虫似人形

上去 déu ● 晝 畫 日也 咮 鳥喙 噣 鳥喙 澅 水名

上入 déuh ○

下平 diù ● 綢 紬 緞也 稠 ｜密 禂 被也 櫥 ｜匱 躕 踟｜ [illegible] 概也

下去 dêu ● 宙 鈾 緧 宇｜ 胄 睾 軸 甲裔 紂 桀｜ 葤 草也 酎 醇酒 詶 祝｜ 縐 集蒙 粙 稻實

● 鼬 鼠也 精 稻實 伷 怞 朗也 盩 盩 地名 篘 竹易根死 稏 稅也 籀 讀書 鞦 馬繩 駎 馬馳競

下入 diǔh ○

波 上平 piǔ ○ 上上 piū ○ 上去 péu ○ 上入 péuh ○

下平 piû ● 砯 聲破 䆷 聲寐 𦋡 罦 也網

下去 pêu ○ 下入 piŭh ○

他上平 tiŭ ● 抽 也扶 瘳 愈病 醔 篘 酒漉 也取 妯 也動 篸 合竹 婤 也好 惆 意失 𨠰 名酒

● 飃 飀 吹風 㨨 也挽 疛 也羞 督 正目不 䀺 也眣 紬 綢 也抽 覴 視悶

上上 tiū ● 丑 支地 吜 也聲 粈 飯雜 鈕 也姓 杻 也械

上去 téu ● 抽 也換 窌 也姓

上入 téuh ○

下平 tiù ● 儔 也侶 籌 也畫 躊 躇 躇| 幬 㡡 㡡 帳單 疇 𤲦 |田 燽 燽 也朗 𣇄 沒父

● 懤 懯 也愁 睭 也明 裯 被單 𠷎 嚋 也誰 嬦 字女 籌 𥳑 也箸 𣫖 𣫗 也棄

● 椆 不木凋寒 𦡆 也脯 菗 業茶 譸 詶 也詞 薵 𦽶 也草 譸 詶 也詞 碉 也谷

● 鬌 長髮 鰽 大魚

下去 têu ● 柱 |屋 筀 𥳇 器樂

下入 tiǔh ○

曾 上平 ciǔ ● 周 周 周 丨密 周 遍通 ⿱艹周 草也 州 ⿰歹刂 ⿰巛刂 丨郡 洲 水渚聚 舟 船滔梁爲始 騆 神馬

● 琱 ⿰王舟 美玉 稠 密多 碉 燕雀聲 ⿰石舟 石也 ⿰糸舟 綿也 ⿰舟羽 急也 賙 贍收 ⿰金州 金刀 侜 敝也

● ⿰米周 米飯 ⿰周殳 禦也 ⿰日周 丨光日光 ⿰日舟 光也 ⿰魚舟 魚也 ⿰車舟 ⿰車壽 轅木横 輖 重也 ⿺走舟 遲行

● ⿰矢舟 ⿰舟矢 射鳥具 鵃 鳥名 ⿰馬舟 舟中文馬 ⿰彳周 行貌 譸 丨張誼 ⿵几⿰丿丶 ⿵几卜 周 周 ⿹勹舟

● ⿰言舟 多言 ⿰犭周 猛獸 遒 逎 迫固行 ⿰酋阝 故國 ⿰阝周 大阜 ⿱雨周 雲雨 ⿱髟酋 接髮

● ⿱吅州 呼雞 嘲 謔也 揪 手也 揫 束也 ⿰氵舟 淍 匝水 ⿰火舟 火行 睭 目也 ⿰目壽 目動 ⿸虍周 虎習 裯 被也

上上 ciū ● ⿰彳州 行也 酒 杜康作又就也造也事丨有昔丨無清丨祭 ⿱艹酒 酒液

上去 céu ● 咒 呪 詋 詛祝 蛀 丨虫 噣 啄也 ⿰日舟 光也 睭 明也 ⿺風周 風也

上入 céuh ○

下平 ciù ● 揂 聚也

下去 cêu ● 殧 殄也 就 就 就 成丨 ⿱山就 嶺名 鷲 鳩 大鵰 翟 多子 僦 賃也 ⿰言就 諂也

● 敂醜老 擨攬也

下入 ciŭḥ ○

日上平 niŭ ○

上上 niū ● 扭按| 鈕 班|扣 杻 杽 鈕械也 紐 靵結也 閫門關 黏黏也 忸習也

● 殂欲死 沺瀑也 沺水也 炄欲乾 狃犬性 秵刺也 䊽輭也 秵禾弱 粈 鈕 餸雜飯

● 蚰|蜒 莥 菗 蕦豆也 衵衣奭 訌槧也 軸車| 邘地名 鼽 齀鼻出血

上去 néu ○ 上入 néuh ○ 下平 niu ○

下去 nêu ○ 下入 niŭh ○

時上平 siŭ ● 收 扌丩|拾 攸縣名 脩 修治明 羞 𦍩愧也 鎀鑼也 颼風也 䀤視貌 艏進也

● 轄喪車 慅敵也 蒐春|夏苗 捘 謏眾意 樎木長 滫久泔 牶牛名 犙牛三歲 犪牛無尾

● 稰 穋禾名 糔汁也 緧兩足 膢 臉進也 獓習也 醙 醻 醙白酒 颾瑟風

● 餐 饈饋也 饈膳也

上上 siū ● 首 瓚頭也 守 𡬶 𡭊 文操丨 艏 艄舟也 謏小也 鎀鋌也 䪭初生子

上去 séu ● 𢱢 秀茂英 繡 綉修文刺 鏽 鏥鉄上生鍟 省出也 獸 獣禽丨 狩巡丨 宿星丨

● 琇美石 㑳徊行相待 哊鳥聲 璓玉名 鏽生鍟

上入 séuh ○

下平 siù ● 讐 讎 仇 周有恨怨 酬 醻 酧答謝 囚拘人罪 泅浮人水上 犨白牛 𣧵殘也

● 㤹慮也 雔二鳥 𣏏木也 醜棄惡 恖匹也 𥟍羽別 售賣貨 𦨣角也 鮂魚名 酋終也

● 讐双鳥 苬芝草 蒏草水生 蛷狸虫 𠀉止也 儔 僔眾也 棽地名 圳田水溝 耰耕田器

● 𢥞惡酒 梵亭名 蓺地名 殼 𣪍懸物 湭水源 絒紈也 詶答也 鄯蜀郡 煪酒色

● 陏邑名 崷山高貌 憎慮也

下去 sêu ● 壽 𡏮多歲 受 𡬕承丨 授與人 綬印丨 袖 褏手出入襟 岫山岩 檮棺也 䘰衣也

● 蝬虫也 嬦女字 幬單衣 㥮義闕 溲水貌 𤙵牛眼 璹 瑠 瑀 璃玉名 嚋詞也

● 禥祈年久 𥝇付也 紬大絲 褏 褏袂也 䙛衣衿 謏口授 調德也 鄒 颼大風

下入 siǔh ○

鶯上平 iǔ ● 憂 𢝊 𩙈 𨘢 愁思 耰 覆種 㥑 優 |遊 櫌 |苜 呦 鹿鳴 麀 𪋞 𪊨 牝鹿

● 懮 舒緩 鄾 𢋰 地名 𦺇 |菜 𢆶 細也 𣢇 嘅也 嚘 嘆聲 凪 風也 吮 叴 小聲 恴 𢙢

● 𡨦 愁也 耰 田器 㰳 𦃃 欲 𣢇 愁也 𣢇 慨也 𣧢 |欲 殂死 瀀 澤多 𤇹 乾也 瓇 玉名

● 纋 笄巾 蚰 |蜓

上上 iū ● 有 𠂇 無反 牖 窗| 友 𠬝 𦱉 𦐔 𢍃 朋| 卣 𠧞 卣 卣 中樽 酉

● 丣 老地支 誘 羑 唀 莠 引騙 黝 黑色 蜏 虫也 𦳝 𦳝 害苗草 鮋 魚名 蚴 虫也

● 𨢊 醹 酒名 𡝤 𡞥 醜女 𪏭 較也 飀 風|聲 懮 思也 𦏺 水也 𪏭 軟也 庮

● 庮 久屋杇木 䋤 復也 𢧐 長盾 聈 幽靜 黝 黑壞 栖 槱 積火 𣣈 𣣈 𨘋 言意 𣶃 水名

● 古沽洨 水名 𣚘 祭天 𧟊 福也 秀 穀不成 秀 別也 𦏺 木名 𣊵 靜也 茇 庮 莠 草也

● 𧅬 草也 𧞅 袂也 𧳜 鼠屬 郵 亭名 醑 酒名

上去 éu ● 幼 𢃔 勽 少也 泑 |澤 詏 言逆

上入 éuh ○

下平 iù ● 由 繇緣用 油|脂 猶化止 輶 輏輕車 猷謀也 尤 冗 冘 怣異也 訧罪也

● 郵驛名行書 柔|弱 遊 汓 㘗 游優名|水 ⿰魚斿魚名 攸 汥所也 滺水流 悠

● 悠憂也 斿旌| 遊 迂 遊 逰 逄 汓道友行 蝣 蚹 蝤蜉| 鮋 鯈魚名

● 冘不定 扰動也 猱 夓猴屬 逌迫也 輮車輞 揉 楺 ⿱艹楺順也 㽥瘡也 犹豕也

● 邎 邎 邎行也 鞣熟皮 鋈鉄也 㾄朽木 飀 颵風也 攸姓也 偤侍也 偬追也 鄾忍也

● 卣 卤氣行 酉攄也 吘犬吠 啾小兒 喉 鴞鳥媒 㜮女字 婒女媚 屑女陰名 崑山平

● ⿰衤攸 騶山也 廠弄也 怞憂也 懰 懮劣也 揂掩也 擻| 旒旌旗 枕木名 梄 櫾木也

● 櫾 櫾 櫾柚也 沋 浗水名 ⿰氵⿱由火治皐 泑水流貌 渘水名 煣以火屈曲木 犹不動 瑈玉名

● 甹可也 畟良田 疣肉結 禸獸足蹂地 秞禾盛 稤禾穗 筟竹也 粈雜米 緌雜色 䍃瓦器

● 瓶小兔 羺柔革 翗鳥飛 肬贅| 脜結病 脜 䐓面色和柔 腬美肉 艏舟行 莤 莤

● 蕕 𦽱 萺水草 蕼芜也 蕠草名 蘨 蕕臭草 蚘蚰| 螸蜘蛛 蝚虫也 䌷岫也

	●⿰卣見⿰鹵見深視 ⿰角酋猶良犬 蹂踐也 ⿺辶尤經過 逎行也 逌逌寬也 邎貴玉 邮丨亭 ⿰柔阝鄉名
	●酋繹酒 釉物光 鍒丨鉄 ⿰夂隹鳥也 鞣韌也 ⿱髟柔黃髮 ⿰飠刃雜飯 駀馬名 騥青驪繁鬣 鰇魚名
	●⿰山鳥鼯鼠 鶔鳥名 ⿰黑尤贅也
下去 êu	●又西也 褎袖也 右各左丨 佑佑 ⿵門右助也 柚桔丨 宥寬也 侑囿圝苑丨
	●⿱穴有空也 ⿺走有走也 ⿰酉有報也 侑倡也 鼬野鼠 ⿸疒又顫也 ⿱有皿⿱有皿小歃 ⿱艹囿⿱艹圝草名 ⿱艹圝園也
	●⿰足臭跛行 頄頭顫 ⿰扌頁⿰石頁病也 ⿺鬼尤鬼名 哊吐也 姷耦也 忧怞心動 ⿰木自木名
	●⿰犭⿱⿰糸糸皿⿰犭⿱⿰系系皿 ⿰犭宛 犺如猿 犹獸名
下入 iŭh	○
蒙上平 miu	○
上上 miū	○
上去 méu	○
上入 méuh	○
下平 miù	●繆綢丨 ⿺風翏登也
下去 mêu	●謬嘐謬繆差悞
下入 miŭh	○

語

上平 ngiǔ ○

上上 ngiū ○

上去 ngéu ○

下平 ngiù ● 牛 |羊 汻 水也 觲 魚名 魋 鬼也 芉 |膝藥

下去 ngêu ● ⿱亶飛 飛聲

下入 ngiǔh ○

出

上平 chiǔ ● 秋 烁 穐 龝 ⿱秋龜 ⿰秋龜 七八九月 蝵 虫名 揪 束聚 偢 保| 啾 |唧 鞦 車上 鰍

● 鰍 魚名 揫 斂聚 鞧 車| 鶖 ⿱秋隹 鶗 鳥也 萩 蕭|蒿 ⿰車秋 車輻 鍫 雞鄒 湫

● ⿱秋水 水氣 ⿰亻愁 罟也 ⿰秋刂 絕也 ⿱秋女 女字 愁 憂也 ⿰忄酋 慮也 煍 變色 ⿰酉秋 耳中聲 ⿰火酋 ⿱酋灬 火貌 緧

● ⿰糸秋 馬紂 ⿰月秋 脛也 ⿰禾幽 禾生 ⿱穴焦 |宅竄聲 篍 竹簫 ⿰糸叟 牛後 ⿰耳秋 ⿰耳酋 耳鳴 ⿱壴虫 [illegible] [illegible] 次|

● ⿰酋見 視也 遒 ⿰𧾷酋 行也 ⿱秋酉 酒官 鱃 如鯉 ⿰禾鳥 秃鶖 ⿰酉黽 ⿱秋黽 蟾諸 楸 梓木

上上 chiū ● 手 ⿱爫丞 ⿱⺈缶 |足 醜 媿 ⿱吅山 可惡 箒 掃| 帚 糞也 ⿰扌州 持執 ⿱艹醜 瑞草 ⿰日帚 晭 日光

● ⿰虫取 虫也 鯞 小魚

上去 chéu ● 臭 臰 香反敗 ⿰木臭 ⿰米臰 樹木 糗 乾粮 ⿰酉臭 ⿰酉臭 面醜 ⿰𧾷臭 ⿺走臭 ⿺走丑 跛行 ⿰食臭 食物爛 ⿰忄就 感也

● ⿰扌臭 手舉 ⿰歹丂 臰也 殠 臭也 溴 水氣 ⿱艹造 草根 螑 ⿰足丘 行也 簉 倅也 ⿰臭阝 邑名 闃 靜也

● ⿰臭鳥 ⿰臭隹 伯勞鳥 ⿰言鬼 棄也 鼳 鼠名 鼽 ⿰鼻丘 仰鼻

上入 chéuh ○

下平 chiǘ ● 囚 ⿰糸囚 中罪人 汓 浮行水上 ⿰月酋 曲也 ⿺辶囚 留也 鰽 丨魚

下去 chêu ○ 下入 chiǔh ○

非上平 hiǔ ● 休 息美 幽 𢆶 瀀 靜僻 庥 茠 庇蔭止 咻 哭聲 ⿰忄休 憂也 貅 ⿰豸木 ⿰豸朮 獸名貔丨 ⿸疒休 痾病

● 烋 福慶 ⿰風幽 風聲 ⿰休馬 馬名 鵂 ⿱休鳥 丨鶹怪鳥 ⿰金休 長針 ⿰火幼 欲乾 烌 灰也 ⿺尢休 廢也 怮 憂也 ⿰口幽 鹿鳴

● 漊 深也 溲 汗面 ⿰犭休 貅也 ⿰月休 脙 腹脊 ⿰虫幽 蛻也 ⿺風休 瑟風 ⿰香幽 香也 髹 髤 ⿱髟桼 飾也

● 髦 龍車飾 ⿱休鳥 怪鳥

上上 hiū ● ⿰歹句 ⿰歹勾 枯也 疞 病也 岰 山曲 ⿰麥臭 乾飯 朽 ⿰歹丂 腐丨

上去 héu ● 怀 思也 ⿰氵休 水去 ⿰犭畜 畜也 珛 朽玉 齅 ⿰鼻臰 嗅 ⿰口畜 鼻聞

上入 héuh ○ 下平 hiù ○ 下去 hêu ○ 下入 hiǔh ○

5 山字母

柳上平 lǎng ● 鑭 鍾聲字典無

上上 lāng ● 覽 覧 觀也 攬 抱| 欖 橄|果 懶 嫩 悚 㦨 |惰 菡 菡| 葖 草也 擥 撮持

● 掭 殺也 顩 面脊 霮 |露 霸 雲繁 森 愁也 壏 堅土 惢 悲愁 擥 取也 濫 汁也 灠 湧泉

● 爦 火亂 爁 黃焦 甏 大盆 𩣡 沉水物 寐 聚也 罱 夾魚 醯 醋味

上去 láng ○

上入 lák ● 猛 犬食 襤 垢衣

下平 lǎng ● 蘭 香草 讕 誣言 欄 |阻 斕 班| 闌 遮牢 籃 廚 竹器 藍 染青草也 襤 縷| 嵐

● 岚 山也 婪 儖 貪也 瀾 潘| 𥨊 |窽 艦 身長 䰐 鬑面長 鑯 |鏒馬中鉄 讕 詆也 艦 角也

● 鸕 |鶘鳥 鬣 髮長 嚂 呼也 劇 |細切 矙 視貌 儖 形惡 㑣 鶩鈍 啉 酒巡 尟 少| 襤 無緣衣也

● 幱 㦨 襴 |裙 㸹 地名 欄 桂類 瀾 大波 瑊 玉名 礛 治玉 籣 盛弓矢 臘 熟也

● 䑨 譂|語不正 𧼯 |趍走 𨇤 急行 躝 踰也 霖 久雨 韊 韊 盛矢 顲 俯首

下去 lâng ● 濫 灠 氾| ⿰貝監 貪財 爛 粲火 瓓 玉粲 ⿰歹闌 敗也 ⿰女監 貪也 嚂 |食 㦨 貪也 ⿰監彡 文也 爤 |熟

● ⿰石闌 ⿰石蘭 玉石 ⿰米蘭 ⿰米闌 ⿰米蘭 ⿰米柬 相著 纜 ⿰糸覧 舟索 鑭 金光 ⿱艹濫 水清 爁 火焱 ⿰酉監 行酒

● ⿰扌⿱番皿 米再春

下入 lăk ● 臘 腊 十二月 鑞 ⿰金葛 錫名 爉 醃也 蠟 ⿱巤虫 蜜渣 獵 田| 粒 ⿰立良 米顆 辣 辢

● 辢 味辛 ⿰齒巤 ⿱立齒 ⿰齒刺 ⿱巤齒 齧聲 拉 摺 招也 ⿰馬巤 馬行不進 ⿱雨立 雨聲 獵 飛初起貌 ⿰石巤 石墜

● 喇 音尾 ⿸广刺 獄室 儠 長壯 ⿰巤刂 削也 ⿸厂立 石聲 ⿰口巤 ⿰口巤 齧聲 ⿰土巤 土也 ⿱山巤 ⿰巤毛 毛也 ⿱剌巾 刷也

● 揦 攋 手披 擸 擸 理持 ⿱剌手 研也 ⿰扌⿱立日 折也 ⿰日巤 日入 柆 木折 ⿰木刺 ⿰木巤 木汁爲燭

● 粟 木疏 ⿰巤欠 不足 ⿰氵習 灘名 ⿰氵巤 水聲 ⿰火刺 火也 ⿰火賴 毒也 ⿰牛習 牛抵 犣 牛名 甄 ⿰巤瓦 瓦聲 ⿰巤皮

● ⿰巤皮 ⿰目巤 目暗 ⿰目刺 目不正 ⿰石刺 石也 ⿰石習 破物聲 ⿰立夾 行不正 ⿰米刺 粗飯 ⿰糸巤 ⿰糸葛 繪也 ⿰糸賴 衣破

● ⿰犭立 翋 ⿰犭巤 ⿰犭習 飛也 ⿱人立 草也 莿 |蒿 ⿱艹巤 草也 ⿰言刺 ⿰言巤 多言 ⿰衤立 ⿰衤垂 ⿰衤垂 ⿰衤巤 衣敝

● ⿱巤衣 衣相著 ⿰谷巤 谷也 ⿱壴豆 ⿰鼓巤 鼓聲 躐 ⿰足葛 踐也 邋 擸也 ⿰革巤 馬粗 ⿺風巤 風聲 ⿰馬葛 踐也

● 鬣 髮也 ⿱巤魚 鯻 鱲 魚名 ⿰巤鳥 飛起

邊上平 bǎng ● 班 班 癹 也列 斑 辬 色雜 斒 文仝貌｜ 瘢 也痕 頒 肦 也賜 邦 峀 粑

● 挹 ｜｜家國 龚 事賤 挷 精土 扳 授引 攽 也分 攽 純色不 梆 名木 般 也辟 瓝 瓜瑞 磤 文石

● 羪 羊似 𡙇 事賤 虨 彪 虨 文虎 鰟 名魚 鵖 鳩大

上上 bāng ● 板 版 木片 阪 也坡 岅 坡大 舨 舟艫 鈑 金鉼 蝂 虫小 昄 大善 瓪 也敗

上去 báng ● 柄 ｜把 扮 也牲 㾧 也痛 搬 也引

上入 bák ● 唰 聲响 烢 聲火 轟 破車聲折 剝 剛 也裂 鈁 也金

下平 bảng ● 棚 也架 平 ｜公 輣 兵耳 逬 水渡

下去 bâng ● 病 也疾

下入 bǎk ● 犮 也除 拔 也持 魃 神旱 馛 氣香 炦 氣火 酦 上酒沖氣 跋 上行草 茇 名草 犮 也走 墢 墢

● 坺 也治 妭 婦美 废 舍草 䂍 也短 䝟 瘋病 菝 也秸 詙 名人 越 趏 䟦 行同 軷 祭將山

求上平 gǎng ● 干 戈｜ 竿 桿 ｜竹 玕 琿 也眼 肝 肺｜ 杆 桿 ｜欄 奸 犯｜ 奸 姧 悬 滛｜

● 柑 名果 乾 也燥 更 五一｜夜 粳 米冬 菅 屬矛 甘 苷 𠙹 凵 味甜美 泔 什米 疳 積｜

● 間閒閒閒（中｜）艱囏艱囏囏（｜難）汧旰（日行）蕑（蘭也）忓（豫極）

● ⿵几甘（分也）⿱雨甘（｜霜）⿰山甘（山名）⿱山咸（山名）⿰忄甘（心伏）⿰扌咸（援也）玫（求也）玵（美玉）⿰甘幵（⿰目庶）⿸麻甘（和也）⿰目監（視也）

● 矸（石也）竿（竹名）粓（米汁）⿰月古⿰月舌（肥也）芉（草也）艦（土角）媣（媞也）葌蘭（草也）⿱艹⿰女辛（菜也）

● ⿰𠦝卆⿰𠦝⿱𥫗糸（草也）詌（口開）豻（似貍）迀（進也）⿰𠦝阝（地名）稚（匡也）⿰飠甘（餌也）

上上 gāng

● 簡（｜略）柬（帖刖）敢⿰耳又⿰耳殳⿰耳攵⿱耳又（果｜｜爲）橄（｜欖）哽（吞也）⿷匚敢（｜粃）鯁（骨刺）

● 感戚（｜應）趕（追走）杆稈（禾稿）⿷匚贛（桶也）⿱⺮感（存也）笴（箭也）減（輕也）㒈（逞也）喊（鳥聲）

● ⿰忄敢（怒也）⿰扌軒（伸物手）⿰木箭（柄也）橺（大木）⿰犭咸（犬名）⿸厂幵皯（面黑）暕（日明）澉（醃｜無味）⿰氵簡灨（水名）

● 盰（目多白）⿰石敢（人名）⿰石感（石蓋）⿱⺮感（竹器）⿱⺮贛（竹有毛）⿰糸斤（繩持）⿱艹贛（草也）鐧（兵器）鱤鰔⿰魚貢（魚名）

● ⿰鹵感（無味）鹻（鹵也）⿰鹵敢（味苦）⿸厂鹽鹹（不醬）

上去 gáng

● 諫⿰言吏（直言）鑑鑒監監⿱監言⿱監言⿱監言（國孝）贛（｜州）幹（能｜）⿰𠦝余（枝柄）

● 間（｜隔）澗㵎（溝｜溪）⿰車間（車｜）磵（水｜）⿰魚間（魚名）瞷（視也）繝（錦文）襇襉（裙幅相襵）⿰酉間（鹹也）

● 軋（日始出光）⿰監刂（利刀）⿰山間（山夾水）⿰巾干（布袋）幰（車幔）懀（心惡）衦⿰糸干（衣也）袓（古衣）旰（日晚）

● 旰 䩡乾也 㱡 㱡 癇病也 罌大缶 𧿹脛骨 埉水旁土 鐗車袖鉄 皯面黑氣

● 榦柘也 驔沉物 睯視也 簳小竹 紺元色 緘封也 覵 覸 覸視也 骭脚脛 骱骼也

● 髺剔也 䳚鳥聲 鶡鳥也 鹼鹹也 黚黑也

上入 gák

● 甲 弇 弇始長 胛肩甲 鉀鎧｜ 夾兼近 郟 陜地險 蛤 𧊧蚌屬 鴿 雂白｜

● 割 㓣 创 衎 剑刀切 葛蔓草為布 厈大也 䰯鬼竊 騔 駒 騔馬行

● 剨去惡肉 匃 匄乞取 呷 䛅吸也 埉水旁土 岬 𥑮山旁 帢巾也 豣豎干貌

● 𢙢賽也 擖 搩刮也 梜木理亂 濭水名 耆止也 獦 猲獸名 玾玉名 瓂似石玉

● 𧧳勁也 𤹤羊疾 䀑目睫 𥢶禾長 䈉 篕竹名 䕆草也 𧘝衿也 袷 裌夾衣 褐

● 褐毛布 鞈 𩊄防汗 鞨紗履 韐 𩎟韐也 䟯行聲 跲躓也 刮削也 轕 轄車馬 𨒃人名

● 鄗鄉名 鉿聲也 鍻斷也 餄 𩚩 䬈餅也 鵊鳥也 鴶杜鵑 鮯如鯉 騞馬駁 合十勺

下平 gàng

● 嚮口含 銜馬鐵｜ 𣂢入也 䶢齒聲

下去 gâng

● 汗人液 阡峽中

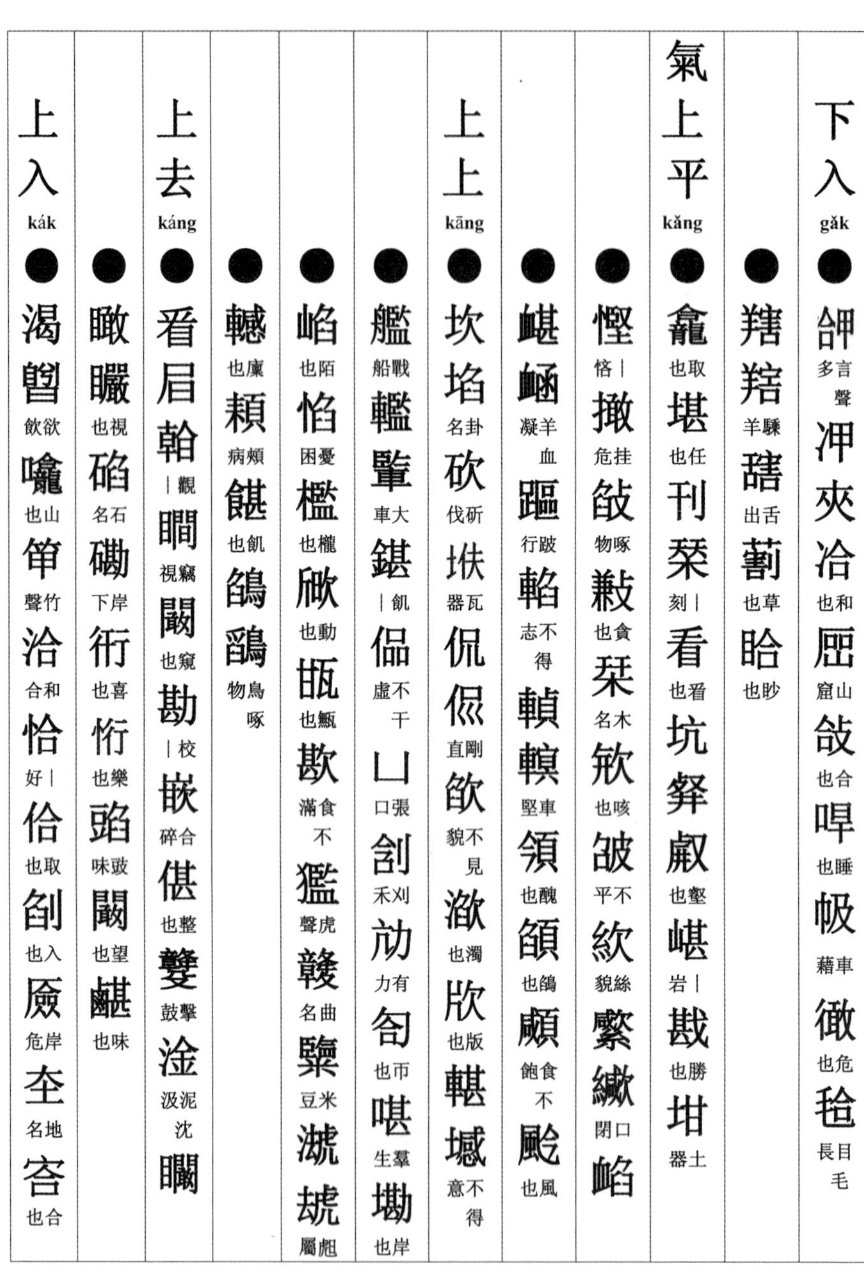

下入 gǎk ● 𧦝言聲多 冾 夾 洽和也 㞩山窟 敆合也 哻睡也 [illegible]車藉 徵危也 [illegible]目長毛

● 𦍩 𦎗驟羊 𦧇舌出 𧄍草也 䀫眇也

氣上平 kǎng ● 龕取也 堪任也 刊 栞丨刻 看看也 坑 穽 [illegible]壑也 嵁丨岩 戡勝也 坩土器

● 慳丨恪 撖挂危 敆啄物 𣫔貪也 栞木名 欬咳也 𣢟不平 𦀚絲貌 繫 𦅷口閉 峆

● 嵁 𡹮羊血凝 𨂔跛行 輡不得志 𨌪 𨍫車堅 領醜也 頷鴿也 顑食不飽 𩗴風也

上上 kāng ● 坎 埳卦名 砍斫伐 㧱瓦器 侃 偘剛直 欿不見貌 㵁濁也 㰹版也 𨌘 𡒄不得意

● 艦戰船 轞 輂大車 鍖飢丨 偘不干虛 凵張口 刮刈禾 劯有力 匌帀也 𠹗羣生 墈岸也

● 𡸡陌也 惂憂困 檻櫳也 㰹動也 𤭛甀也 歁食不滿 𤣠虎聲 𩜽曲名 䊐米豆 滤 琥虓屬

● 轗廉也 頼頻病 䭃飢也 鴿 鵮鳥啄物

上去 káng ● 看 扂 韐觀丨 瞯窺視 闞窺也 勘校丨 嵌合碎 偡整也 鼛擊鼓 淦泥沈汲 矙

● 瞰 曮視也 𥓂石名 磡岸下 衎喜也 㤄樂也 𨂃跛味 闞望也 𪉰味也

上入 kák ● 渴 𣋍欲飲 𠾊山也 笚竹聲 洽和合 恰丨好 佮取也 𠛅入也 㕎岸危 圶地名 峇合也

● 秸 矛也 嵑 嵯 山也 嶱 山石高 峆 峽 帢 帹 帽也 欱 合也 柙 囲 虎兕 梒 劍柙

● 殎 殆丨 潝 遲也 痞 力疲 瘍 受暑 瞰 目陷 瞌 欲睡 礍 石也 敆 不垂 拑 增也 趨 趌丨 骬 骨高

● 䵷 蛙屬 擖 刮也 袷 帢也 轄 車也

下平 kảng ○

下去 kâng ○

下入 kǎk ● 庈 帀也 搕 取拾 敆 敲也 瞌 倦也 瘟 跛病 窖 合也 蓋 葢 草也 謚 笑也

低上平 dǎng ● 單 孤大 丨 簞 竹器 鄲 邯丨 丹 彤 赤色 珊 丨瑚 眈 躭 丨泊 耼 聃 老子 擔 簷

● 儋 負荷 眈 髧 藥也 湛 樂久 沈 淫也 黵 好也 醰 濁酒 苒 草也 膻 丨胡大腹 䫲 多也

● 勯 力竭 匰 盛主器也 嗿 聲也 妉 樂也 舢 山也 嶂 孤山 幝 車弊 扂 戶牡 𡳐 屋上 殫 盡也

● 潬 澶 沙渚 瘡 癡也 砃 白石 筑 竹也 紞 冠也 緂 衣彩色 繵 緩也 甜 甛 甜 舔 舌吐

● 苒 苒 芜 草也 蘧 棘草 衴 被絲 襌 衣不重 覘 內視 觚 角也 輴 車也 賱 贍 錦也

● 贍 饍 給也 酖 樂酒 閆 止扉 頠 丨顴 髡 冠幘近前 黕 黵 垢也

上上 dāng ● 胆 膽 肝丨 疸 黃丨 亶 信也 黵 黑也 狚 偏也 癉 病也 勯 力竭 僤 篤也 薝 丨蔔花名

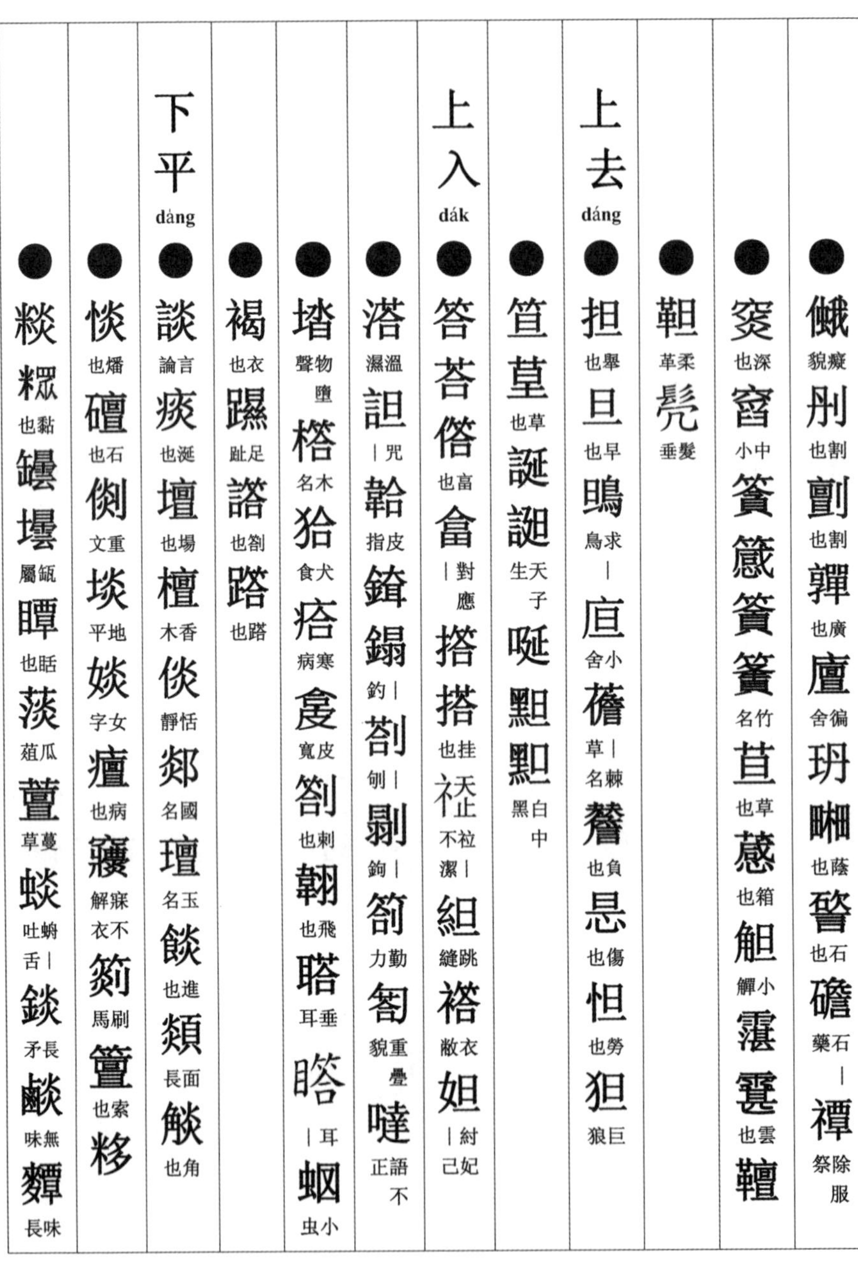

●餓癡貌 刖割也 剷割也 彈廣也 廬偏舍 玥 [illegible]蔭也 礬石也 礵石藥｜ 禫除服祭

●窔深也 窞中小 簹 箴 簹 籃竹名 苴草也 葴箱也 [illegible]小艒 霮 䨢雲也 韇

●靼柔革 髧髮垂

上去 dáng

●担舉也 旦早也 鴠求｜鳥 亶小舍 [illegible]｜棘草名 擔負也 [illegible]傷也 怛勞也 狚巨狼

●笪 荁草也 誕 誗天子生 唌 [illegible] [illegible]白中黑

上入 dák

●答 荅 [illegible]富也 畣對應｜ 搭 撘掛也 [illegible]袪｜不潔 組跳縫 褡衣敝 妲紂妃｜己

●溚溫濕 詚咒｜ 韐皮指 鎝 鍚｜釣 剳｜刨 剔｜鉤 劄勤力 [illegible]重疊貌 噠語不正

●墶物墮聲 榙木名 狢犬食 瘩寒病 [illegible]皮寬 劄刺也 [illegible]飛也 聕垂耳 [illegible]耳｜ [illegible]小虫

●褟衣也 [illegible]足趾 [illegible]劄也 踏踏也

下平 dàng

●談言論 痰涎也 壇場也 檀香木 倓恬靜 郯國名 璮玉名 餤進也 頕面長 [illegible]角也

●惔燂也 磹石也 [illegible]重文 埮地平 婒女字 癉病也 襢寐不解衣 剡刷馬 簟索也 [illegible]

●[illegible] [illegible]黏也 鐔 壜甌屬 瞫睡也 菼瓜葅 蕈蔓草 [illegible]蚋｜吐舌 錟長矛 [illegible]無味 [illegible]味長

下去 dâng

● 淡 澹 澹 濃反 鄭 姓又國名 但 |凡 ⿰鹵炎 無味 憚 畏也 暺 明也 彈 ⿱毘心 |丸 ⿰亻延 大也

● 优 止也 啖 ⿰弓今 弓 嘸狂 啖 食也 甔 瓶也 ⿰日亶 嘸也 柦 木器 窞 坎傍入也 ⿱⺮淡 竹也

● 繵 腰帶 蛋 卵也 蜑 南方夷 ⿰酉炎 薄也 顫 |髗頭 ⿱炎食 食無味 ⿰馬延 但馬 ⿰黑炎 雲黑 ⿰口淡 少味

● 壇 廣也 襢 衣不束 弓 ⿰弓丸 ⿰丸弓 持也 憺 安也 撣 持也 ⿰目旦 明也

下入 dǎk

● 達 通進 逹 遝 雜也 沓 重疊 ⿱⺮翕 窓也 ⿰犭眔 ⿰眔羽 飛也 ⿰石沓 ⿰石𦐇 歠也 ⿱髟沓 髮也 ⿰木遝 擣也

● 嗒 噂| ⿰石沓 以腳搗舂 踏 蹋 ⿰足荅 蹹 躢 踐也 鞜 草履 ⿰亻沓 不任事 ⿰土沓 累土 ⿰口遝 歠也

● ⿰土沓 累土 ⿰女沓 服也 ⿰山沓 山重多 ⿰巾沓 帳上 ⿰扌沓 指也 ⿰沓欠 盡也 ⿰木沓 柱上木 ⿰眔欠 聲也 踏 足扯重

● 涾 波連 涬 水出貌 澾 澾 澾 澾 滑也 ⿰黍沓 積厚 ⿰氵眔 ⿰舟習 水名 ⿰火闒 墮也 ⿰扌鴿 抵也

● ⿰犭沓 犬食 ⿰沓皮 皮寬 眔 目相及 ⿰目荅 大垂 ⿰石達 石| ⿱⺮沓 竹名 ⿰糸皷 子絹 ⿰缶乏 下平缶 ⿱罒沓 罟|覆

● ⿰沓羽 飛也 ⿱艹沓 ⿱艹眔 |菜 薘 草名 ⿱艹遝 菈| ⿰虫沓 |蛘 蟽 虫也 誻 ⿰言遝 忘語 ⿰言眔 人名 譶 疾言

● 讋 失氣 躂 行跨 逯 行立 闒 樓上戶 ⿰沓鳥 鳥名 ⿰眔鳥 鳥飛 ⿱荅鼓 ⿱沓鼓 ⿱遝鼓 鼓聲 ⿰眔隹 ⿰眔鳥 鳥名

● ⿰馬沓 馬行 ⿰韋沓 指衣

波 上平 pǎng ● 靁 雷聲 攀 援引 葩 色也

上上 pāng ○

上去 páng ● 冇 空也

上入 pák ○

下平 pȧng ● 彭 鼓聲又姓 [阝旁] 膨 ｜脹 蟚 [髟彭] ｜蜞 螃 ｜蟹 評 平論 閍 閉戶聲 憉 強也 [車彭] [車旁]

● 輣 車聲 抝 大也 嘭 聲也 庄 平也 [歹彭] [歹朋] 死人胖 澎 水聲 [犭彭] 犬也 騯 馬行 [彭石] 石也

● [糸彭] 結也 [香彭] 大香 [彭石] 石聲 掽 撞也 甏 瓶也

下去 pâng ○

下入 pǎk ○

他 上平 tǎng ● 貪 欲物 探 取討遠 灘 [氵歎] 急水險處 癱 風病 攤 [扌歎] [難手] ｜開 撐 ｜舡 [氵貪] 水也 醓 肉醬

● 亣 長也 嘽 喘息 彈 言不正 趀 行進退 譠 欺也 貚 貙屬 駀 馬睡 酖 劣也 驒 馬青白文

● 煩 欿 飲 欲得 [氵冊] [氵聃] 水名 盜 盬 醓 盬 皿也 [耳冊] 耳曼 [月冊] [月朋] 肉敗 肬 肉汁

● 坍 水行山明 [土冉] 嬗 婢也 儃 走也 譠 欺也 [目亶] 直也 撢 探也 眈 晚色 黮 不明

上上 tāng

● 坦 平｜ 袒 襢 脱衣露体 ⿺毛旦 毯 氈 毛織 忐 心虛 趄 行也 趑 行進退也 頭 面平

● 坦 壇 平也 炦 擊也 ⿰火毛 璮 玉名 ⿱穴覃 曲內 簟 箱也 緂 青黃色 ⿱罒緂 魚網 膻 肉｜

● 躢 足踏 醓 ⿰酉沓 血醓

上去 táng

● 炭 火｜ ⿰馬炭 馬行貌 ⿱炭皿 不能行 ⿰扌炭 擊｜宛转 湠 大水 嘆 ⿰口堇 歎 ｜息又吟 撐 ｜斜屋

● ⿰馬罙 馬行 ⿰女炭 無儀 ⿰忄罙 僋 憛 思意 抩 ⿰扌冃 持也 撢 探也 ⿰炭攵 無文彩貌 ⿱日炭 赤色 ⿰木歎 木也

● ⿰冀欠 息也 湠 大水 ⿰氵甾 ｜闖泙貌 靗 深意

上入 ták

● 塔 臺 嗒 七層宅 毾 ｜毾毛席 闒 門也 ⿰金闒 墮聲 ⿰馬𦐇 馬行不進 ⿰飠𦐇 ｜⿰飠勺食 怛 惻也

● 漯 濟｜ 撻 ⿰扌邀 ⿰幸攵 韃 鞭｜ ⿰言𦐇 ⿰言闒 ｜语多言 ⿰彳達 ⿰亻達 逃也 溻 水洩 榻 傝

● ⿰木翕 床也 ⿰虫達 蠅｜虫名 ⿰土闒 塌 倒｜ 榙 果名 搭 摸也 溻 溫濕 ⿰火闒 煎也 ⿰犭沓 狧 犬食

● 噧 多言 荅 畣 當未小 ⿰忄耷 心恐 搨 冒也 㺚 獺也 ⿰扌薹 擊也 ⿰幸攵 打也 呾 相呼聲 嗒 忘懷

● ⿰口𦐇 口動 ⿰土耷 地之區處 塌 低下 ⿰忄𦐇 意下 炟 火起 毾 ⿱荅毛 ⿺毛翕 ⿰衤翕 細布 澾 澾 滑也 躂

● ⿰足幸 踤 足跌 ⿰麥達 ⿰幸皮 皮起 ⿰石賴 石名 ⿱竹𦐇 窻明 ⿰糸𦐇 索也 羍 幸 ⿱亼羊 小羊 𦐇 飛盛 ⿰羽𦐇 羽也

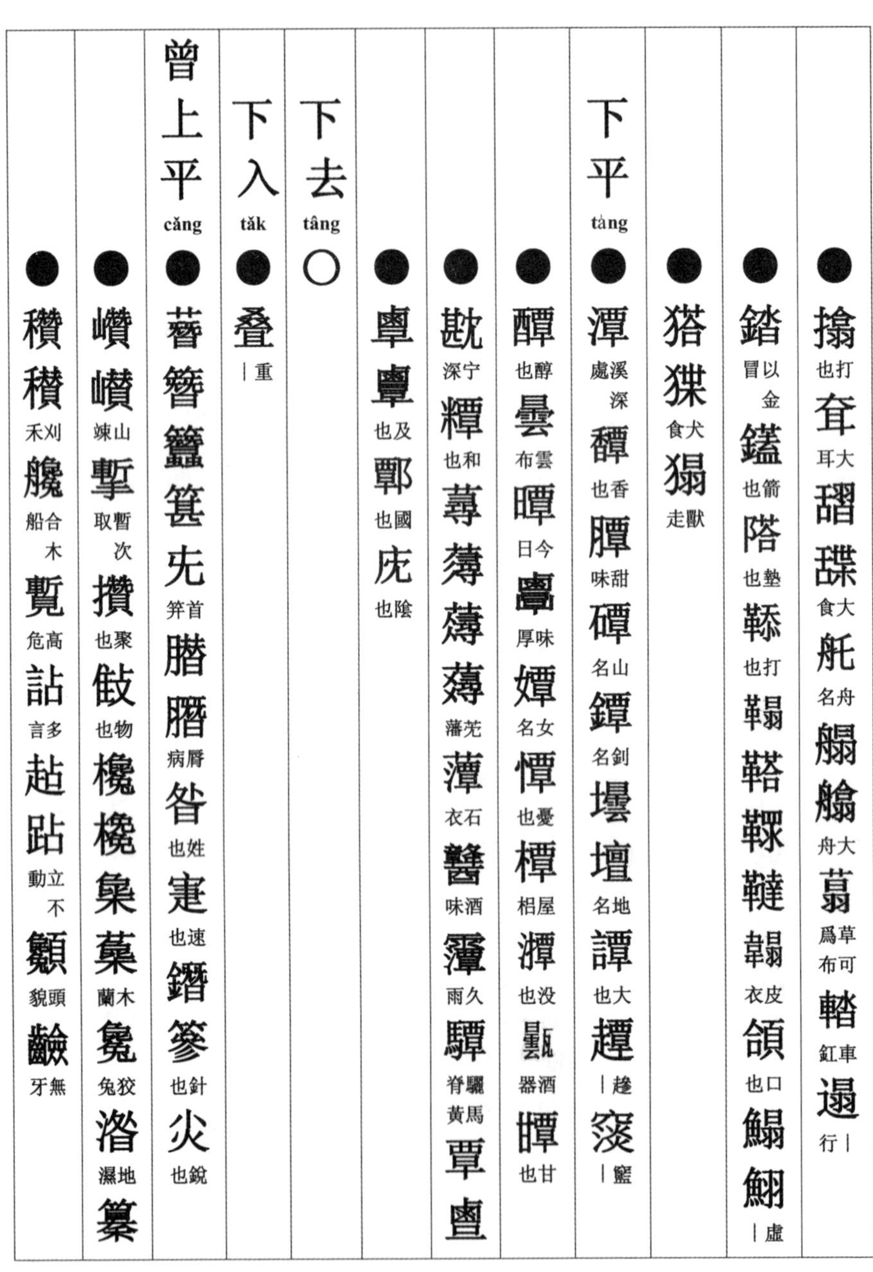

● 㩉 打也 耷 大耳 䎓 蹀 大食 舴 舟名 艓 艌 大舟 葍 草可爲布 轄 車釭 遢 丨行

● 鐺 以金冒 鑑 箭也 階 墊也 韐 打也 鞨 鞜 鞢 韃 鞨 皮衣 頷 口也 鰨 鰯 虛丨

● 猹 猍 犬食 猲 獸走

下平 tȧng ● 潭 溪深處 磹 香也 膻 甜味 磹 山名 鐔 劍名 壜 壇 地名 譚 大也 趯 趁丨 窞 鑑丨

● 醰 醇也 曇 雲布 曋 今日 覃 味厚 嬋 女名 憛 憂也 橝 屋相 潭 沒也 甔 酒器 䵘 甘也

● 㽑 宁深 糟 和也 蕁 蕁 蕁 蕁 芜藩 藫 石衣 醰 酒味 霮 久雨 驔 驪黃脊馬 覃 䆶

● 覃 覃 及也 鄿 國也 庝 陰也

下去 tâng ○

下入 tăk ● 疊 重丨

曾上平 căng ● 簮 簮 簪 篸 先 首笄 膳 膳 脣病 昝 姓也 寁 速也 鐕 篸 針也 尖 鋭也

● 巑 巑 山竦 塹 暫取次 攢 聚也 攱 物也 欃 欃 梟 橐 木蘭 毚 狡兔 濽 地濕 纂

● 穳 穳 刈禾 艬 合木船 巉 高危 詀 多言 跕 跕 不立動 顲 頭貌 鹼 無牙

上上 cāng

● 井水丨 斬斫斷 瓚祭器 趲行促 盞 琖 醆酒盃 箄 拶丨子 魙鬼名 儹聚也

● 鐏戈柄尾鋭 劗 劗割也 [illegible]繒未纏 [illegible]菹也 [illegible] [illegible]弓強 拃 拶逼也 揝 撍手動

● 蔪芟木 趲 趲走也

上去 cáng

● 贊 贊祝見丨 讚 讚丨揚 賺賣也 站立足 酇 酇鄉名 囋 囋 囐聲多 勦抄也

● 嬻白好 [illegible]失途 濽 濽水中人 瀸雨聲 瓚 瓚圭玉 䂎白色 禶祝神 [illegible]草也

● 蘸以物投水 蘙草木多 襸衣好 譖謠也 饌羹和飯 饡 [illegible] [illegible]澆飯

上入 cák

● 帀 匝 迊周也 [illegible]鳥毛雜色 鉔香毬 扎 朼枝也 蚻似蟬而小 [illegible]勤力 紮捆丨 札書丨

● 劄紙丨 煠煎也 浹丨洽 偺丨侄忽觸人 乢曲也 岻曲也 扢 挾挈也 揠拔也 歎鳴也

● [illegible] [illegible] [illegible]夭也 囋 囋塹也 噆 噆噎聲不利 沞沸貌 沭水流貌 叱鳥聲 咂 咂入口

● 咱自己爲 㖊聲細 唼佞也 唶食聲 軋刑名 [illegible]石也 穵空大 窫空大靜 紮束弓 茁出也

● 虬蟲也 蜨虫多 [illegible]走也 鍘丨草 鍘 鏨斷草 閘門聲 魟魚名 飲魚口

下平 càng

● 殘賊缺 戔多也 巉丨巉 蠶 蚕 [illegible] 蝅 [illegible] 蝅 蠺川絲成繭 毚狡兔 巉 巉

● 巉（巑也） 讒 讒（譖｜） 潺 潹（潺水聲） 慚（｜愧） 嵒（巖也） ⿰魚毚（魚名） ⿰鼻毚（鼻高） 鑱 銙（刺也）

● ⿰革毚（鞍也） ⿰毚欠（笑也） ⿰身毚（身長） ⿱斬面（面長） 饞 饞（不廉） 虥（貓也） 獑 ⿰豸斬（獸名似猿） ⿰角毚（角貌） 盞（窑｜盞）

● 劖（斷也） 劗（切也） 努（剗割） 嚵 嚵（啄也） 壍（地名） ⿰土毚（兆也） 瀺（水落） ⿱斬女（女也） ⿰女朁（婁也） 孱（進劣）

● ⿰毚少（少也） 嶃 嶄（山高） 儳（不齊） ⿰忄戔（忮也） 慙（媿也） ⿰占又 ⿰歺又（殘穿） 漸（水也） 瀺 瀺（水聲） ⿰犭毚（大聲）

● ⿰目毚（視也） ⿱斬目 磛（險也） ⿰羊朁 ⿰羊替（似羊） ⿱艹殘（草也） ⿱斬韭（菜也） ⿰衤戔（襦也） ⿱殘貝（貪財） ⿰足毚（行也） 躦（踏也）

● ⿰阝毚（地名） ⿰尋頁（俯首） ⿰魚朁 ⿰魚替（魚也） ⿰黑毚（刊書誤） ⿰鼠韱（腰黑鼠） ⿰齒毚（齒高）

下去 câng

● 暫 蹔（不久） 站（驛｜） 鏨 ⿰金孱（銀鏨） 儹（聚也） ⿺走斬（走也） ⿰山戔 棧（尤高） ⿸广戔（屋笮） 棧 ⿰木前

● 槧（閣也） ⿰爿戔 ⿰羊戔（羊屋） ⿰王孱（玉也） ⿰月戔（食餘） ⿰戔虎（貓也） ⿰虫戔（鑱｜） 輚 ⿰車孱（臥車） 鑽（｜穿） ⿱斬貝 鏩（無味）

● ⿰馬孱（馬無鞍） ⿰魚戔 ⿰魚孱（魚也） ⿰魚斬（鵰也） ⿰齒戔（齒不正） ⿰齒占（鹹也）

下入 căk

● 雜 ⿱雜木 雜（五色亂） ⿰扌雜（攔｜） ⿰糸男（斷物） 鍘（藥刀） ⿱艹雜 ⿱⺮雜（戶簾） ⿰氵截（滿也） ⿱丕隹（惡也） 雥（群鳥）

● 閘（助也） ⿰爿畢 牐（閉城門） 卡（守隘地） ⿰口卉（聲也） ⿰口⿱罒女 囃（助舞聲） ⿰尿欠（尿也） ⿰氵雜（沸貌） 磼（高山）

● ⿰石雜（石多） ⿱乑木（丕也） ⿰月雜（肉什） ⿰扌朁（草名） 雜（集也） ⿰言雜（聲也） ⿺走雜 ⿺走雜（走也） ⿰足朁 ⿰足替（止也） ⿰音市（斷聲）

● 鼕 聲鼓

日上平 nǎng ○

上上 nāng ● 懘 醿 醿 𨡏 赧 㥹面 揇 也溺 𢥞 㬉 也赤 㭃 也木 䈒 竹弱 㕦 𤿭 皮柔

● 䊖 茹糁 腩 腜 肉煮 醾 酳酒 鈉 具打 銀

上去 náng ○

上入 nák ● 凹 平下 䶎 也齧 𡇒 網魚

下平 nȧng ● 難 難 難 難 難 睢 𨿅 難 又艱 鳥｜ 鑱 也刀 男 㑲 对女 南 峚 埊 对北

● 喃 㽻 ｜呢 楠 木香 諵 語詁 奻 也訟 枏 木｜ 湳 也冰 婻 聲語 喃 名國 湳 名地 畘 畝十

● 莮 也草 萳 長草 䣸 也煑 蝻 名虫 闉 人門

下去 nâng ● 難 鸈 鳥灾 又 婻 也美 揇 食魚 𡅅 嘫 㔮 ｜安 殦 也易 腩 貌肥

下入 nǎk ● 納 內 濕入 ｜絲 ｜ 衲 也補 捺 按手 貀 狃 善似 捕狸 魶 齒齲 動｜ 妠 婻 也娶 搻 也打

● 𥝩 行柔 魶 名魚 鈉 鉄打 軜 也轡 笝 笝 箳 索竹 䈫 索舟 竹 𦲙 草香 瓰 㲡 㲡 也甂

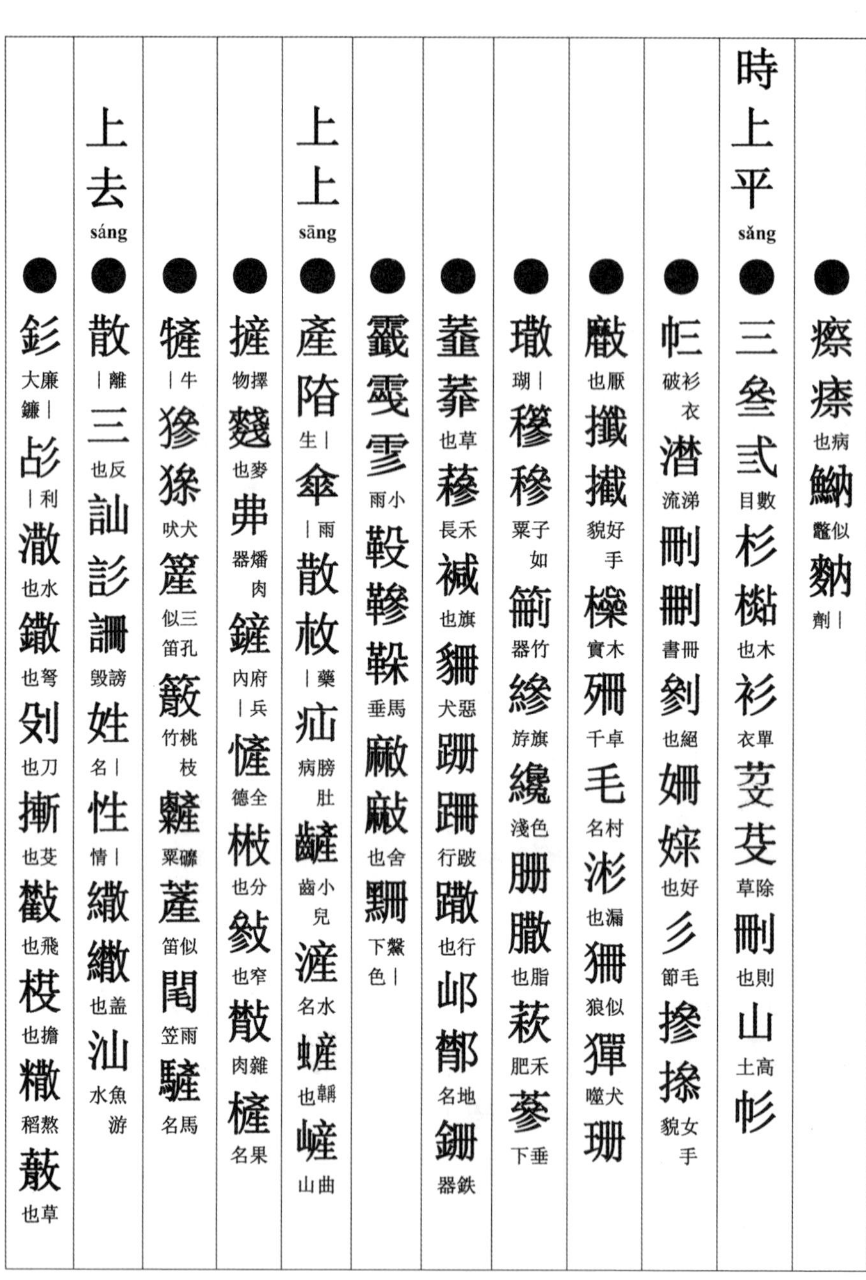

● 瘵 瘵（病也）蚋（似鼈）蜹（丨剸）

時上平 sǎng ● 三 叁 弎（數目）杉 檆（木也）衫（單衣）芟 芟（除草）刪（則也）山（高土）彡

● 㡷（衫衣破）潸（涕流）刪 删（冊書）剼（絕也）姍 娕（好也）彡（毛節）摻 摻（女手貌）

● 𪎺（厭也）攕 攕（好手貌）欒（木實）殅（卓千）毛（村名）𣲖（漏也）狦（似狼）㺜（犬噬）珊

● 𤨿（丨瑚）穇 穇（子如粟）笧（竹器）縿（旗斿）纔（色淺）𦝤 𦠆（脂也）𦺍（禾肥）蔘（垂下）

● 𦽖 𦬖（草也）穇（禾長）𥚇（旗也）𧳈（惡犬）跚 跚（跛行）𨄔（行也）屾 𨚚（地名）𨧨（鉄器）

● 霰 𩃳 𩁹（小雨）毿 𩌥 𩍊（馬垂）廠 𢊍（舍也）𪐊（鬃丨下色）

上上 sāng ● 產 隡（丨生）傘（雨丨）散 枚（藥丨）疝（膀肚病）齴（小兒齒）滻（水名）𧐰（鞴也）嵼（曲山）

● 摌（擇物）𪌉（麥也）弗（燔肉器）鏟（府兵内丨）㦃（全德）𣏒（分也）𢽼（窄也）𢿙（雜肉）𣟼（果名）

● 𤛡（牛丨）㺑 猻（犬吠）簅（三孔似笛）𥳑（桃枝竹）䊲（礦粟）𦼰（似笛）𨶒（雨笠）𩣵（馬名）

上去 sáng ● 散（離丨）三（反也）訕 𧦐 𧪱（謗毀）姓（丨名）性（丨情）繖 繖（盖也）汕（魚游水）

● 釤（廉丨大鐮）𢒠（利丨）潵（水也）鏾（弩也）剡（刀也）摲（芟也）𪓐（飛也）梭（擔也）糤（熬稻）𦷓（草也）

● 趔跳也 闒落也 㪔散也 餀飯也 [illegible]䊛丨

上入 sák

● 殺 杀 剎 㕸 綱 布 𣀦 㪎 𢿱 䊛 𣀻 䊛誅也 煞神也 薩菩丨

● 颯 颭風聲 雭少頃 颰 颾風聲 鎩 鎩長矛 㹱 㹱獸名 䊛丨䡵 摋側打手

● 卅 卌三十 𠯗敗也 唼水鳥食魚 𪠞族名 墡吉墮 㶗巾二幅 𢓭眾行 䊛 糹下丨上

● 撒 𢶍 𢷻散放 𣞫丨 榝榜也 蔱 榝山桃 𣰶眼睫長 潵水也 㳫湯淪菜 獥豕母

● 箑扇也 𥻨 𦅻 𥽯散也 𦅻丨衣破 翣棺羽飾 讌散言 趚行疾貌也 𨆌行疾 𩌐履也

● 蹡行不正 𨗨 逮疾行 颾風疾 𪇇鳥飛迅疾 黪 黲黑也

下平 sȧng

● 晴日出 獋犬食餘

下去 sâng

● 𢥠蓋也

下入 săk

● 㚸容也 位行貌 毿毛長 榁枯丨 甈器破 蹅行也 鈒 鍩鏤也 霅雨下 䵵 僠起也

鶯 上上 ǎng

● 安丨穩平丨 鞍 𩋡馬上褥 鴳 鴳 鶕 鵪 鵮丨鵪 庵 菴院也 葊寺也 腤丨攢不潔

● 鐂 鐂鐘聲微 馣香也 盦丨盛盞 侒晏也 姲女字 峖山名 𡯞 甂辛苦 㛪幞頭

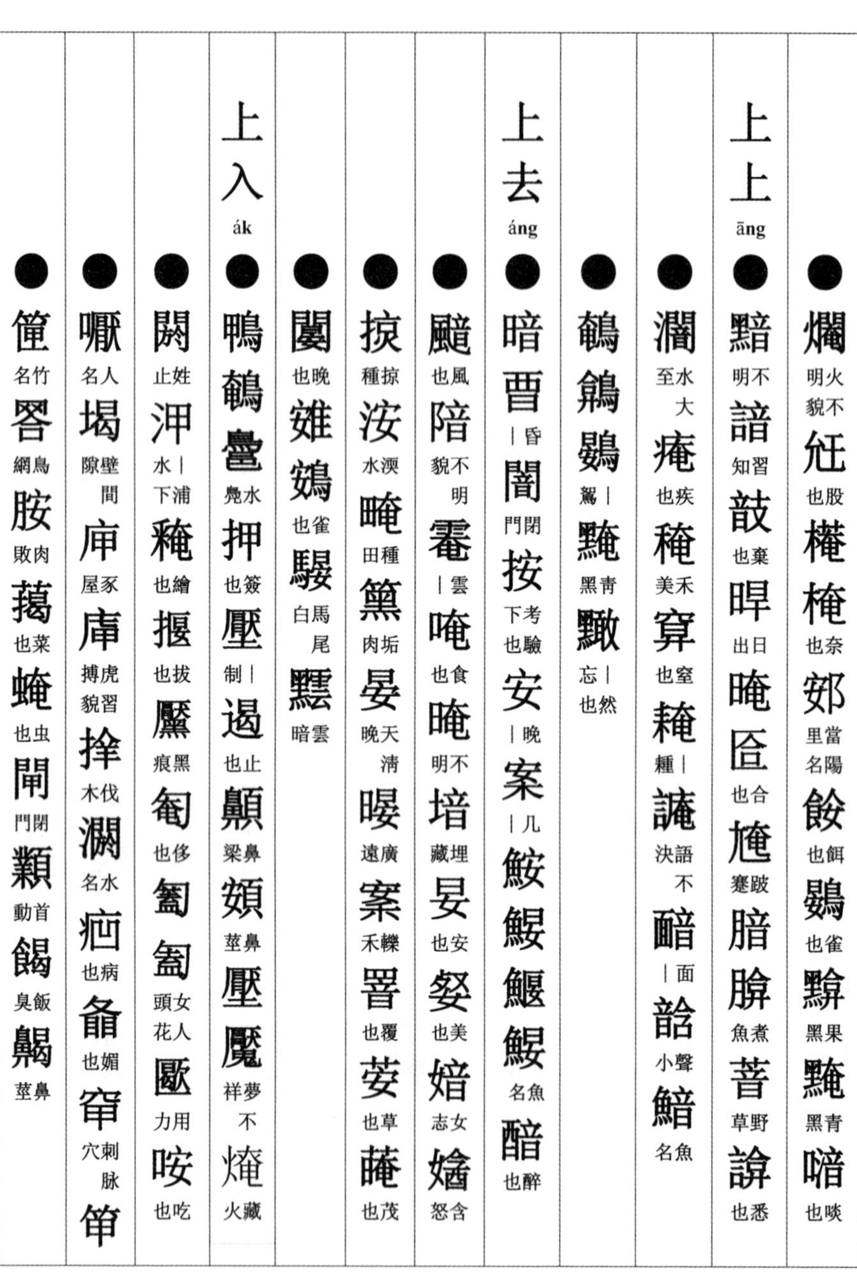

● 爤 火不明貌　尪 股也　權　⿰木奄 奈也　⿰奄阝 當陽里名　餣 餌也　鵪 雀也　黭 果黑　黤 青黑　嗿 啖也

上上 āng

● 黯 不明　諳 習知　敨 棄也　晘 日出　晻　⿷匚音 合也　⿺尢奄 跛蹇　腤　⿰月弇 煮魚　⿱艹音 野草　⿰言弇 悉也

● ⿰氵闇 水大至　痷 疾也　䅖 禾美　⿱穴弇 窒也　⿰麥奄 ｜穜　⿰言庵 語不決　⿰酉音 面｜　韽 聲小　⿰魚音 魚名

● 鶕　鵪　鷃 ｜鴽　黤 青黑　⿰黑敢 ｜然忘也

上去 áng

● 暗　⿱西日 昏｜　闇 閉門　按 考驗下也　安 晚｜　案 几｜　鮟　⿰魚晏　鰋　⿰魚晏 魚名　⿰酉音 醉也

● ⿰風音 風也　⿰阝音 不明貌　⿱雨奄 雲｜　唵 食也　晻 不明　堷 埋藏　晏 安也　婜 美也　⿰女音 女志　嬒 含怒

● 掠 掠種　洝 溟水　⿰田奄 種田　⿱奄黑 垢肉　晏 天清晚　⿰日晏 廣遠　⿱安禾 櫟禾　罯 覆也　荌 草也　菴 茂也

● ⿵門黯 晚也　⿰音隹　鴳 雀也　⿰馬晏 馬白尾　⿰黑雲 雲暗

上入 ák

● 鴨　鵪　⿱甲鳥 水鳧　押 簽也　壓 ｜制　遏 止也　⿰鼻頁 鼻梁　頞 鼻莖　壓　魘 夢不祥　⿰火奄 藏火

● 閼 姓止　⿰氵甲 ｜浦水下　䅖 繪也　揠 拔也　黶 黑痕　⿹勹奄 侈也　⿹勹盍　⿹勹盍 女人花頭　⿷匚欶 用力　咹 吃也

● 嚈 人名　堨 壁間隙　庘 豕屋　⿸虍甲 虎習搏貌　揜 伐木　⿰氵閼 水名　⿸疒西 病也　⿱大甾 媚也　⿱穴甲 刺穴脈　笚

● ⿱竹奄 竹名　罯 鳥網　胺 肉敗　藒 菜也　⿰虫奄 虫也　閘 閉門　顉 首動　餲 飯臭　齃 鼻莖

下平 ȧng ● 桁椽也

下去 âng ● 旱乾也 餡餅中肉 鶾 鴠|鴠 屽 ⿰山旱山名 睅大目 ⿰犭臽犬聲 ⿰言旱多言 ⿰干豕豕奔

● 餡中存雜味 鯇 鰀魚名

下入 ăk ● 盒扁| 柙 椲藏虎兒又木檻 黤黑子 ⿰革弇|韂 匣櫃也 狎 狹近親玩 ⿰魚甲魚名 ⿺走合走也

● 姶 媕美好 ⿰忄甲喜也 炠火乾 ⿰火奄烹菜 ⿰王奄首飾 盦覆盎 ⿱竹匣竹名 ⿰言甲多言 ⿺走奄走急

● ⿱髟甲細毛 舺舟也 ⿰阝虎 ⿸虍甲虎習搏也 ⿱覀犬蓋也 翈羽也 ⿰虫奄虫名 ⿰足奄跛也 ⿰革甲|韘 ⿰韋奄車具

蒙 上平 mǎng ● 胮|肛 ⿰衤曼番衣

上上 māng ● ⿱乃女 ⿱网女惱蓋 媏鄉名 矕目美 睌目見 瞖大目 餢呼兒哺

上去 máng ○

上入 mák ● 秣養也

下平 mȧng ● 蠻 蠻|夷 龐高也 ⿰䜌鳥北翼鳥 ⿰忄尨愚| 尨 狵犬多毛也 ⿱亡目牟子無 垊野人 鋩鋒|利刃

● 芒谷|尖 鞔|鼓 ⿱穴皿封固 瞞昧心不明 漫雷雨多 曼引也 逄國姓 瞑黑夜 鏋銷也 ⿰忄蠻恐也

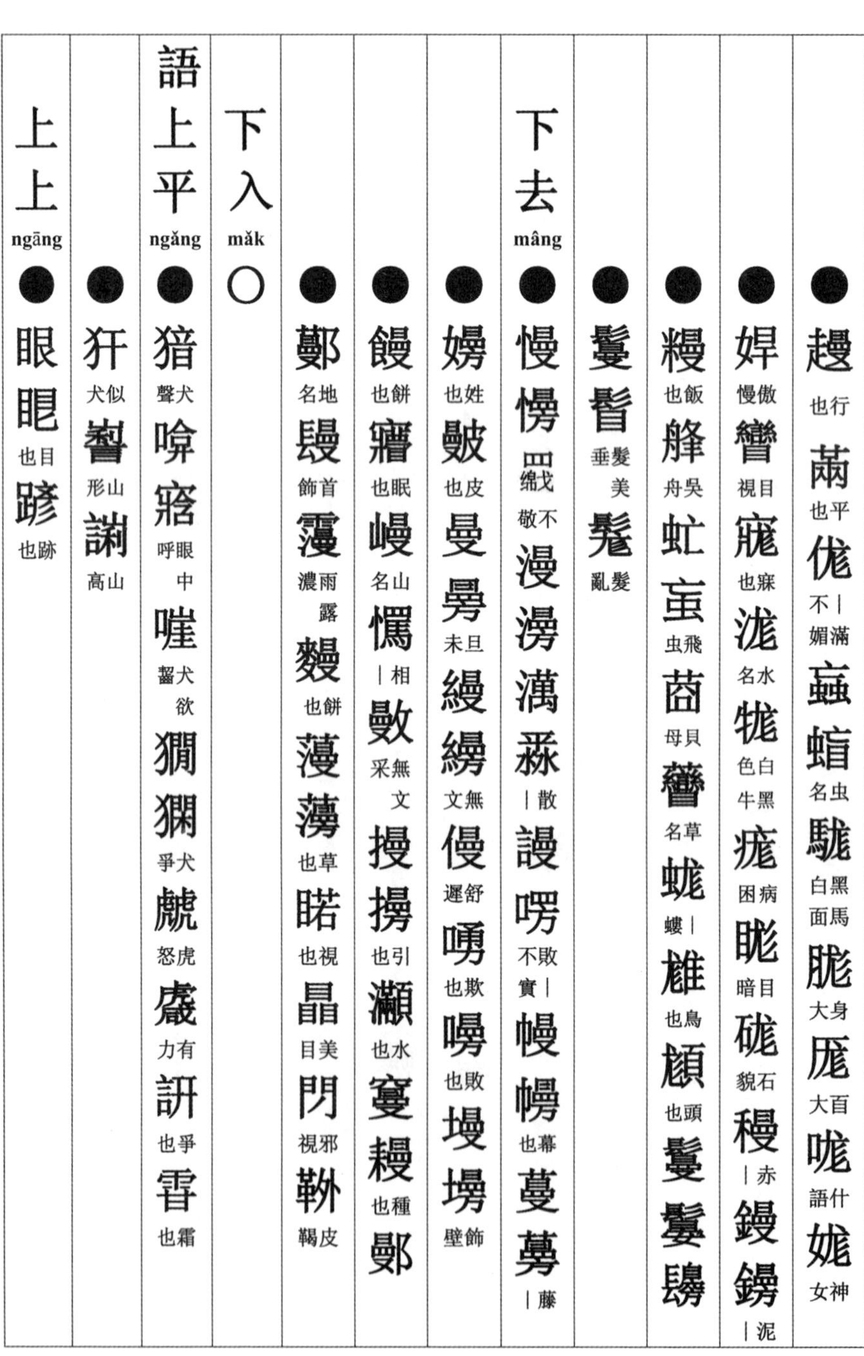

● 趧 行也 蔏 平也 侎 丨滿不媚 蝱 蝖 虫名 駹 黑馬白面 ⿰月尨 身大 厖 百大 哤 什語 娏 神女

● ⿰女旱 傲慢 矕 目視 ⿱穴尨 寐也 浝 水名 牻 白黑色牛 痝 病困 ⿰目尨 目暗 ⿰石尨 石貌 ⿰禾曼 赤丨 鏝 ⿰金⿱曰旁 泥丨

● ⿰米曼 飯也 艂 吳舟 虻 ⿱亡虫 飛虫 莔 貝母 ⿱艹矕 草名 蛖 丨螻 ⿰尨隹 鳥也 ⿰尨頁 頭也 鬘 ⿱髟⿱曰旁 ⿰鼻旁

● 鬘 ⿱髟冒 髮美垂 ⿱髟尨 髮亂

下去 mâng

● 慢 ⿰忄⿱曰旁 ⿱罒⿰糹戈 不敬 漫 ⿰氵⿱曰旁 澫 ⿱林水 散丨 謾 ⿰口⿱曰旁 敗丨不實 幔 ⿰巾⿱曰旁 幕也 蔓 ⿱艹⿱曰旁 藤丨

● 嫚 姓也 ⿰曼皮 皮也 曼 ⿱曰旁 旦未 縵 ⿰糹⿱曰旁 無文 僈 舒遲 ⿰口曼 欺也 ⿰口⿱曰旁 敗也 墁 ⿰土⿱曰旁 飾壁

● 饅 餅也 ⿰爿⿱穴曼 眠也 ⿰山曼 山名 ⿰忄⿱曰馬 相丨 ⿰曼攵 無文采 ⿰扌曼 ⿰扌⿱曰旁 引也 ⿰氵⿰曼頁 水也 ⿱穴曼 ⿰耒曼 種也 ⿰曼阝

● 鄤 地名 ⿰镸曼 首飾 ⿱雨曼 雨露濃 ⿰麥曼 餅也 ⿱艹漫 ⿱艹⿰氵⿱曰旁 草也 ⿰目若 視也 ⿱曰⿰目目 美目 閅 邪視 ⿰革外 皮鞨

下入 mǎk

〇

語

上平 ngǎng

● 狺 犬聲 ⿰口⿱亠⿱口廾 ⿱穴⿰犭言 眼中呼 啀 犬欲齧 ⿰犭間 ⿰犭閑 犬爭 虤 虎怒 ⿸虍⿸厂咸 有力 訮 爭也 ⿱雨百 霜也

● 犴 似犬 [illegible] 山形 ⿰言⿰山刂 山高

上上 ngāng

● 眼 ⿰目⿱日匕 目也 ⿰足彥 跡也

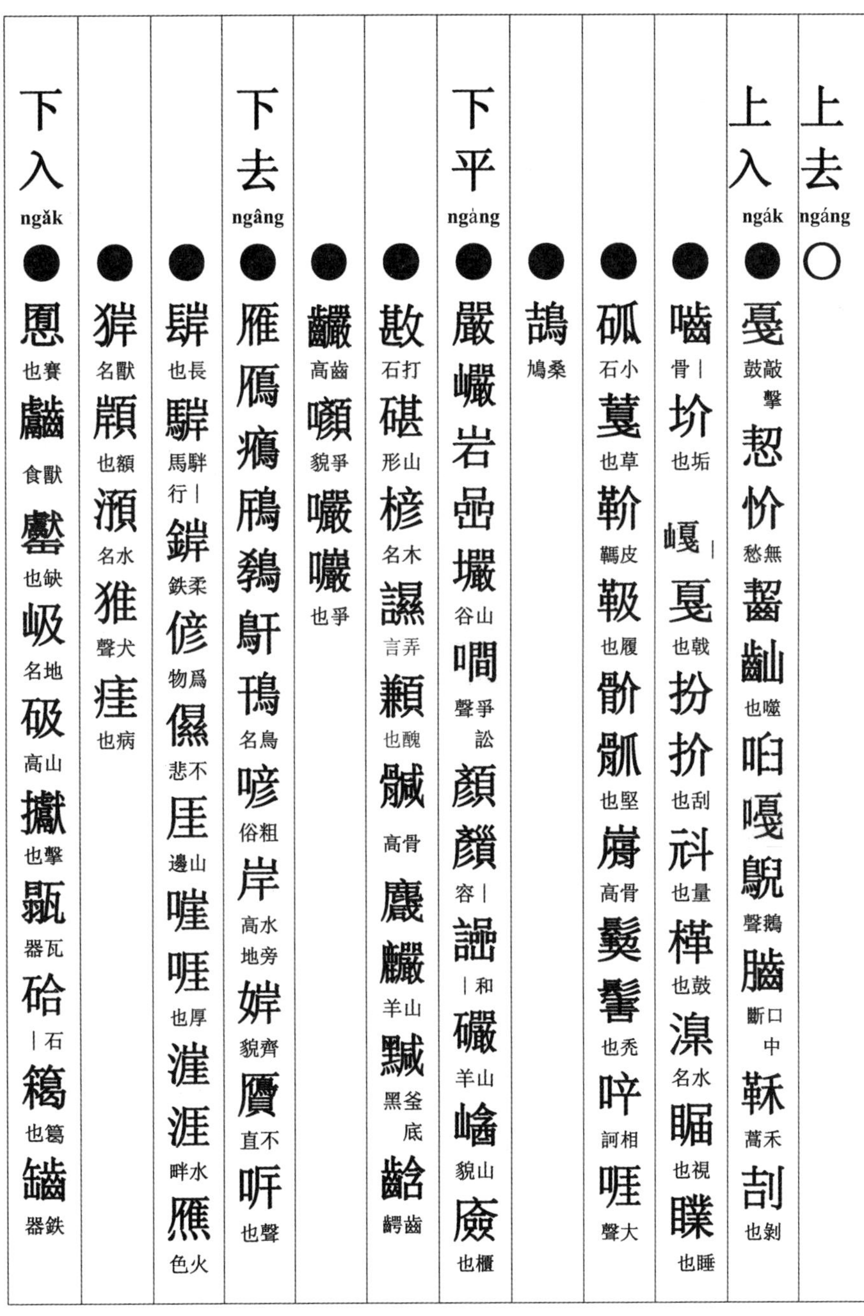

上去 ngáng ○

上入 ngák ● 戞 敲擊鼓　恝　价 無愁　齧　𪘁 噬也　咱　嘎　鵙 鵝聲　𪘲 口中斷　䅥 禾蒿　𠜂 剝也

● 嚙 丨骨　圿 垢也　𡽪 丨　戞 戟也　扮　扴 刮也　𣁊 量也　樺 鼓也　𣷷 水名　䀹 視也　䁄 睡也

● 砙 小石　䔶 草也　靲 皮鞨　鞂 履也　骱　𩨗 堅也　㟯 骨高　鬠　髺 禿也　吤 相訶　啀 大聲

● 鳹 桑鳩

下平 ngàng ● 嚴 巖 岩 喦 壧 㘙 訟爭聲 顏 顩 丨容 詽 和丨 礹 山羊 巗 山貌 㾀 櫃也

● 㪜 打石 碪 山形 椮 木名 譀 弄言 顢 醜也 䯨 骨高 𡾗 巘 山羊 黬 釜底黑 齡 齒齶

● 齴 齒高 㘖 爭貌 嚴 嚴 爭也

下去 ngâng ● 雁 鴈 㵝 鳫 鵝 馯 鳱 鳥名 喭 粗俗 岸 水高旁地 娨 齊貌 𠪚 不直 㖂 聲也

● 𠸍 長也 騂 騂馬丨行 鉾 柔鐵 傄 爲物 㑆 不悲 厓 山邊 啀 唌 厚也 漄 涯 水畔 𤆹 火色

● 犴 獸名 顏 額也 㴎 水名 猚 犬聲 㾃 病也

下入 ngăk ● 㥯 賽也 齾 獸食 齾 缺也 岋 地名 砐 山高 擜 擊也 甈 瓦器 硆 石丨 䲞 䴉也 鐑 鐵器

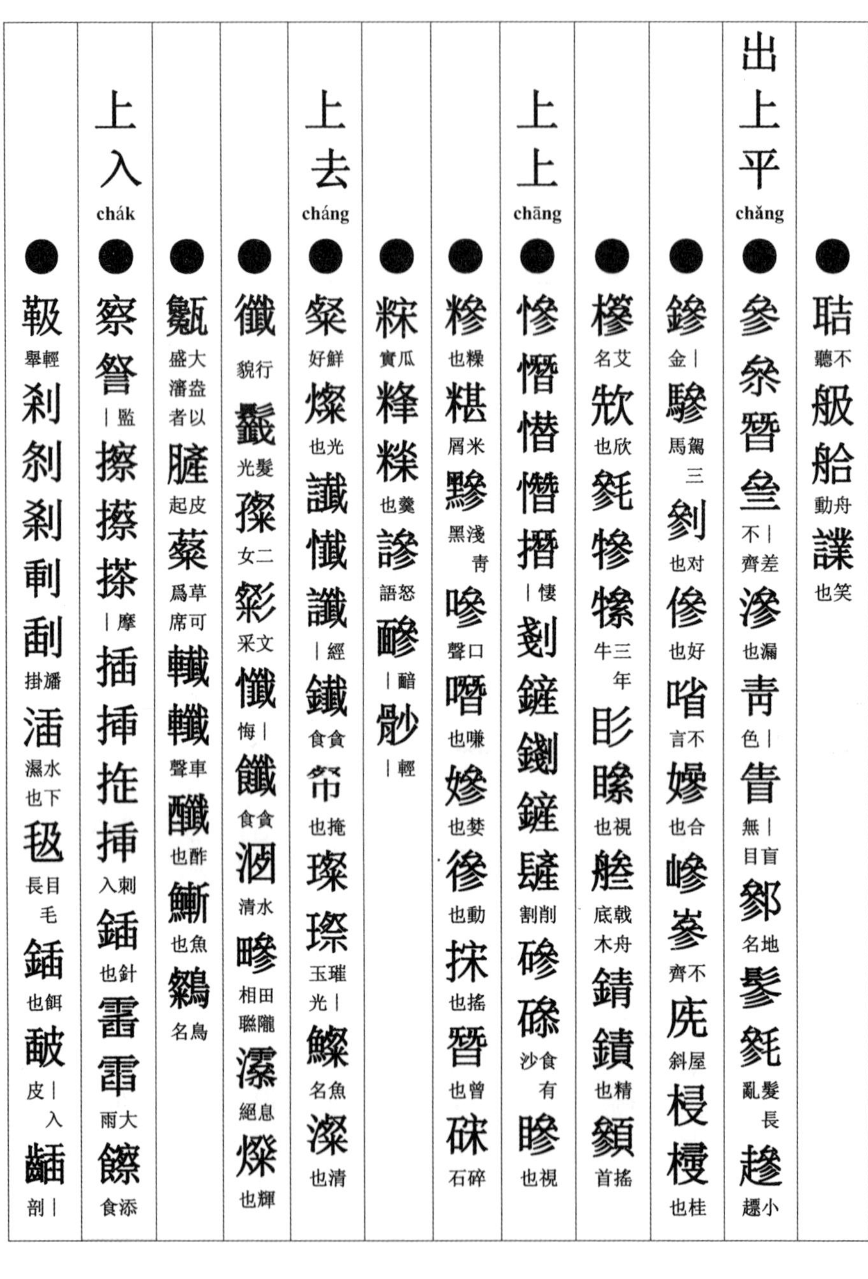

● 聐 不聽 舩 舥 舟動 諜 笑也

出上平 chăng ● 參 叅 晉 叄 丨差不齊 滲 漏也 靑 丨色 眚 丨盲無目 ⿰參阝 地名 鬖 毿 髮長亂 ⿺走參 小趨

● 鏒 丨金 驂 駕三馬 剼 对也 傪 好也 喒 不言 ⿰女參 合也 ⿰山參 嵾 不齊 ⿸广先 屋斜 梫 ⿰木寑 桂也

● 槮 艾名 ⿰參欠 欣也 毿 犙 ⿰牜叅 三年牛 ⿰參彡 ⿰目參 視也 ⿰舟參 載舟底木 錆 鐨 精也 ⿰參頁 搖首

上上 chāng ● 慘 憯 憯 憯 撍 悽丨 剼 鏟 鏟 鏟 鏟 削割 磣 磣 食有沙 ⿰目參 視也

● 糝 糅也 糂 米屑 黲 淺青黑 ⿰口參 口聲 噆 嗛也 ⿰女參 婁也 ⿰彳參 動也 捸 搖也 朁 曾也 硃 碎石

● ⿰米朱 瓜實 ⿰米夆 ⿰米朱 羹也 謲 怒語 醦 醋丨 ⿰尚彡 輕丨

上去 cháng ● 粲 鮮好 燦 光也 讖 懺 讖 經丨 鑯 貪食 帑 掩也 璨 璨 璀丨玉光 鰺 魚名 澯 清也

● ⿰彳韱 行貌 ⿱髟韱 髮光 ⿰子粲 二女 ⿰參彡 文采 懺 丨悔 ⿰食韱 貪食 ⿰氵因 水清 ⿰目參 田隴相聯 ⿰氵粲 息絕 燦 輝也

● ⿰韱瓦 大盎以盛濇者 ⿰月産 皮起 ⿱艹察 草可為席 ⿰車韱 ⿰車韱 車聲 ⿰酉韱 酢也 ⿰魚斬 魚也 ⿰參鳥 鳥名

上入 chák ● 察 詧 監丨 擦 攃 搽 摩丨 插 揷 捷 揷 刺入 鍤 針也 霅 霅 大雨 ⿰食察 添食

● 靸 輕舉 剎 剎 剎 剌 剳 播掛 ⿰氵臿 水下濕也 ⿰毛臿 目毛長 鍤 餌也 皶 丨入皮 齰 剖丨

● 齣 齒動 黖 黑也 騙 驊 騷 馬行 齾 齒利 廥 藏也 憏 審也 循 行也 嗇 細言 埴 重累土也

● 婳 媎 疾言失次 剷 切聲 劕 斷也 喢 多言 偛 偛 小人 凾 去皮 惵 讁人 扱 收引取 搽 搏也

● 扱 利也 昬 㫧 日照 槅 木析聲 樑 木名 橑 橑 果名 歃 歃 歃 ｜血 湹 水貌 湉 滴水

● 潋 湍流 澀 溢也 炗 火乾 煝 火殘 爈 燒起 犮 犬食 猻 水獸 鏈 田器 瘌 病也 睸 目睫動

● 瞭 視也 硒 礤 石也 礤 粗石 穑 種也 緬 縫也 翴 飛也 腷 膳肉 舌 睸 饁 去皮 麰 楊麥

● 蔡 毒艸 褔 衣重 賻 博戲 踊 足動 迺 行貌 鰷 羅｜鬼 麛 似鹿 霅 小雨 船 鯚 鼻息

● 齰 齛 齒重

下平 chàng ○ 下去 châng ○

下入 chăk ● 吒 豕食 眨 目動

非上平 hăng ● 酣 半醇 蚶 海味 邯 地名 鼾 息聲 欿 愚也 歁 或也 欱 含笑 澉 聲轉 焩 火行 甝 白虎

● 疵 癡甚 腡 萌肋 蝛 蛤也 蕐 菜虫 谽 谷形 貽 貪財 鮒 蛤也 峆 大谷 愘 疎縱 憨 儑

● 瘢 愚也 嫯 貪也 翖 飛也

上上 hāng

●罕罡罜少也悍強惡閈里門捍止也桿丨衛澣瀚綠垢喊吅也菡丨萏

●僩威嚴焊火乾㺝猛也暵乾也冡家也闞怒聲嚂呵聲堅土堅㕃乳汁㬏日出

●弓木草華厰健也撊忿也𡔖𡔖土地堅撼撼搖也𣞷木裂文㺂小犬吠睅

●盰白也豃𧯊深谷闞虎聲鶾鶾鳥名瀨水懸貌䆷䊠饘也翂飛也艦舟名

●譀誕也𨁥偏立鋎刀也㵄水乾

上去 háng

●漢濊㵄水名𠐓姓也熯火盛𤢺飛也厈厂山石匡暵耕麥田𦓤冬耕

●蔊蔊菜辛䦳門也

上入 hák

●瞎䁍隻目喝怒也磍破聲嗄聲啞曷噉併丨㑴無憚勂勳用力敆盡也

●欱鼻息閃視邪

下平 hȧng

●韓丨國緘封固咸皆也函凾圅容也含啣口丨嫺丨熟衘銜㘅官丨馬勒

●閑防也鷳鷴也閒丨暇椷匱也械杯也晗視也騡馬多憪心靜䄻祿也鋡受也顄順也

●䤴𨩥甲也鰔魚名𪆵鳥名諴和諴𪔵鼓也翰丨林院涵水漸涵涵寒也匧

● ⿷匚吟 ⿷匚含 缸底 吗 ⿰口函 怒也 喊 聲也 ⿰口減 怨也 ⿰口歛 聲也 ⿰土聿 埂埒 姶 女字 寒 ⿱寒夊 ⿱寒舛 凍也冬時

● ⿸疒感 偃也 尷 行不正 崡 山名 ⿰巾函 丨巾 ⿸广東 木垂花實 ⿰彳函 水入船 慳 老人智 晗 欲明 ⿸广東 木丨

● 梒 丨桃果 ⿰木含 似餅有耳 ⿰木閑 木也 ⿰函欠 氣也 欿 欲得 ⿰氵閑 無埌 炶 火也 ⿰火函 灼爛 扞 以手丨 硆

● ⿰今瓦 ⿰含瓦 似瓶有耳 ⿰兼瓦 瓦屋 鞁 膜也 笒 ⿱竹函 ⿱竹涵 竹名 瞯 ⿰目闞 白目 碞 險也 ⿰石甚 山形

● ⿰米咸 塗也 ⿰米兼 不粘 ⿱罒函 罨也 ⿰咸羽 疾飛 嫺 ⿰月含 肥牛 ⿰月函 顄 ⿰月涵 口下 ⿰月含 排囊柄也 ⿱艹衛 草也

● 藖 草莖 ⿱艹闞 菡 萏 ⿱艹咸 未吐意 ⿱艹頷 開花 ⿱艹韓 白草 蕑 蘭也 ⿱艹寒 寒也 莟 苗含心欲秀也

● 肣 舌也 股 肥也 ⿰虎咸 虎聲 虷 井中虫 蛝 馬⿰虫戔 蜬 貝在水 蜭 ⿰虫谷 虫名 ⿱寒虫 寒虫 ⿰衤函 ⿰衤涵 袖也

● 譀 諗 詞也 ⿱言咸 愛也 谽 ⿰谷今 空谷 ⿰足行 行也 ⿰車咸 車聲 邗 丨水溝 ⿰酉含 酒色 醶 味醶 鋡 受也

● 闞 習也 ⿱雨函 ⿱雨涵 久雨 ⿰酉含 面紅 ⿰酉今 小頭 韓 ⿰韋韓 井垣 頷 面黃 顉 低頭貌 顄 ⿰函頁 頤也

● ⿰食闞 食未熟 ⿰馬咸 丨驢色 ⿰馬禹 丨馬步習 騆 ⿰馬闞 馬一目白丨二目白魚 ⿰魚衛 魚名 ⿰鹵臽 鹹 味也 ⿰鼠含

● ⿰鼠含 鼠也

下去

hâng

● 翰 ⿰倝飛 ⿰方飛 ⿹勹旱 高光 瀚 海夕 憾 怒恨 陷 ⿰阝函 高坑 酐 黑面 ⿺風甘 風定 ⿱髟臽 短髮 雗

● 雜 鶷 蒚（鳥肥） 骬（脛骨） 齨（怒齒） 鰪（魚名） 輶（酒清） 𩞄（不飽） 撼（丨搖） 呍（嘾也） 哈（丨呀）

● 埕（小堤） 嬆 嬆（惡性） 嵅（山名） 𢏃 弙（拒也） 悍（勇也） 扞（抵也） 涆（水也） 戥（止也） 𣭹（毛長）

● 洽 潝 濕（水和泥） 汧（乾也） 淊（泥水） 澸（水窐） 貉 䐄 𤞿（犬聲） 珨（珠玉） 𤿵（射皮）

● 𥆧（目陷） 䏷（臏丨藥名） 䐄（食肉不厭） 膁 𦢊（餅中肉） 臽（小阱） 草（藥名） 蛤（虫也） 螒（天雞） 𧎢（瓜虫）

● 貋（犬名） 䞦（赤也） 趇 𧽊（走也） 銲 釬（臂鎧） 𨦴（運鐶） 閈（門也） 𤇾（火氣） 顑（首動） 馠（香也）

● 駻 馯（馬六尺） 鶾（馬長毛） 𩦳（走也） 䲨（魚名） 鼾（臥息）

下入 hăk

● 合（會也） 𩃎 洽（浹丨） 闔（門扇） 盍 曷 盇（何不） 䘉 𧜎（丨擋） 詥（諧也） 䛞（靜也） 鶡（鳥名）

● 褐 𧝟（毛布） 嗑（多言） 轄 𩏑（車輪） 祫（冬祭） 熆（灼火） 耠 𦓤（耕也） 𣨛（死也） 𨒌（丨還） 鶡（健也）

● 髑（丨骻） 鰪 𩸄（魚名） 𪗗 啗（食也） 鴿（鳥名） 𢿣（敲也） 毼 𣯲 毷（毛布） 𩭵（水草） 毼（毛長）

● 匌 𠄬（強也） 勒（勤也） 㕉（廦也） 𠩐（左右有岸） 廅（塚也） 𢈔（閉門聲） 𢩦（离也） 哈 欱 𣤆（飲也）

● 哲 欶（息也） 㗭（聲也） 閤（小門旁） 啗（食也） 匌（會也） 峆 峇（山也） 崍（蜀楚之交） 㡧（吹火）

● 廅（山旁穴） 层 𡳐 𡰯（閉戶） 搴 䡴（車軸端鍵） 搕 擖 𣖎（木轉） 榼（酒器） 欱（含笑）

●溘忽也 澏水貌 烚火貌 熆吹火 琀匳器 瓂石似玉 䀹溝相接也 疲病劣 暍白也

●盒盤也 硤地名 磕大怒 祫祭諸祖 秴 粭種也 ⿱穴盍匝也 篕篨也 ⿱竹害拾也 ⿰米曷白米

●⿰糸害束物 ⿰月盍欲睡 蛺丨蝶 蠍 蠐 ⿰虫盍虫也 轄車丨 ⿱艹⿴囗合草也 ⿱艹害蘊也 ⿱髟毛 ⿱艹⿰禾曷似蕨

●⿰虫害輵丨搖目吐舌 ⿰谷合山相合 鎋車丨 ⿺疋?囚突出 郃邑名 ⿰盍阝 郄地名 醘酒器

●輵 轕鞨丨 齃鼻平 ⿰食害飽也 ⿰香害香味 ⿰骨曷骨痛 ⿱髟曷禿也 ⿰害鳥丨鶡伯勞 ⿰齒吉齒堅

●⿰齒夾 ⿱齒齒重齒 齃齧也 ⿰骨氐骨堅 ⿰葛鳥鳥名

6 開字母

柳上平 lǎi ○

上上 lāi ● 䉂竹器盛魚 猍猴名 奈稍木 㡰衣破 纇縛系 賫積聚

上去 lái ● 䂾少磨 籟風聲 瀨水急處

上入 láih ○

下平 lài ● 來 来 𧺝至也 箂竹器 萊香草又除草 捸招也 猍 𧳋丨貍 𤲈田丨外場 䅘麥也

● 𦓶耕也 𧺳至多 鶆鳩鳥 庲舍也 徠古來又山 𪐴黑也 鯠魚名 唻階丨 勑勞也 崍山名

● 棶木名 淶水起 漦順流 𤢖物怪 琜瓄玉 𤷒久疾 睞目童不正 𦂍毛也 逨至勞 頼蒙也

● 𨫼 𨥧連絲約 騋馬高七尺以上名丨 麳 䴳小麥

下去 lâi ● 賴 頳倚恃 藾萍也 癩 瘷惡疾 婡好也 賚 𧵳賜也 誺 譟誤也 鶆鳥名 𤏐毒也

● 𩻴魚也 覶內視 瀨水流沙 獺狂也 糲 糲脫粟 鷅鳥也 瀬寒也 嚹 𡅏聲也

● 郲地名 壈益也 懶嫌惡 癘惡疾 𥛘祩丨詛 籟大曰笙中曰籟小曰箹 𨆫邪行

下入 lǎih ○

邊 上平 bǎi ○

上上 bāi ● 擺搖| 跛足行不正 棑椎斤 猈犬短首 輫車箱 碩曲頤

上去 bái ● 拜 拝 𨁽 𨇰 𢍰 撓 摬 𨃹足曲手下地 湃溯|水聲 扒拔| 𢷎 𦫳草也

● 崥山形 庍 庰別也 𦼮種也

上入 báih ● 捭 押 押擲也

下平 bài ● 誹|謗 俳 徘 㑭侗也

下去 bâi ● 敗 𢿘 犕輪損 憊困極 稗 稗禾鬼 粺 粺 䊫精米 𪏗黍也 䅭 糒乾飯

● 撇小堤 排|擠 揹吹火 椑籍也 鞴 槖 橐 韛 毴多毛 皡白皮 𦨺舟後木

● 退 劘壞也 鞴 鞴 韛吹火具

下入 bǎih ○

求 上平 gǎi ● 皆 偕俱也 階 堦 咳 晐|梯 荄草根 喈鳴也 該應當 峐山無草木 腊 骼

● 䯊 痍也 垓 十秭 侅 奇丨 隑 墍 梯也 毅 荄 毅 多也 姟 十兆曰經十經曰丨 姟 媘 女字

● [扌豈] 觸也 晐 日光 湝 水流 [皆瓦] 牡瓦 痎 瘖 二日一病 晐 目大 [石皆] 黑石 祴 樂名 稭 鞂 禾稾爲席

● 賅 贍奇 絯 束也 胲 逷 足脂毛 薢 丨茩藥名 藒 禾稾 蛟 蝔 虫名 祴 裓 裓 衣丨

● 賌 奇也 郂 鄉名 陔 次也 颽 [風皆] 北風 餀 餡也 骸 鶛 雄鷄

上上 gāi

● 改 更丨 忋 恃仰 解 釋判 澥 海別名 獬 矛屬 頦 頰也 [解力] 懈 疲也 段 治也 毀 卯也

● 絠 解也 芥 草名 邂 丨逅不期而會

上去 gái

● 戒 㺬 㦰 告丨 誡 [言界] 丨命 㑘 价 善也 介 際助善耿 [王界] 玠 大圭 炌 明火 蚧

● [虫界] 蛤丨 芥 草丨 疥 [疒界] 瘡毒 盖 蓋 葢 掩丨覆丨 顡 顡 丨骨 屆 届 至也

● 概 杚 平斗斛 丐 乞丨 魪 目魚 悈 悈 急也 丯 仙人名 [人界] 狹也 㡉 到也 吤 聲也

● [口戒] 喝也 界 㖶 堺 [阝界] 畍 限境丨 夰 獨也 尬 行不進 岕 山名 [巾戒] 㡊 幘也 庎 食器

● 忦 憂也 恝 無愁 斺 結也 [木界] 皮閣 此 行貌 毜 細毛 [氵戒] 水名 [牛介] 牛四歲 犗 乘馬牛 [犭戒] 狢也

● 瓂 人名 砎 [石界] 硬也 祄 佑也 墍 極也 紒 緺也 衸 布衣 [衤蓋] [衤蓋] [衤介] 止衣 鄬

● ⿰蓋阝 鄉名 馻 馬尾 ⿱髟介 髻結 ⿰魚蓋 魚名 ⿰鳥介 雀也 ⿺鬼立 行不正

上入 gáih ○ 下平 gȧi ○ 下去 gâi ○ 下入 găih ○

氣上平 kăi ● 開 闓 閞 啟張 揩 拭也 ⿱大介 大也 ⿰彳皆 行惡 愒 息也 敱 摩也 ⿰口豈 美也 榿 木名 烗 熾也

● ⿰犭開 獸名 ⿰米皆 米名 ⿰糸皆 大係 ⿰金亥 器名 輆 |軩不平 ⿰金亥 器也 顗 靜也

上上 kāi ● 凱 樂歌師勝 塏 愷 梯也 鎧 鉄甲 覬 欲幸 楷 ⿰木幾 式木 闓 閉也 鍇 好鉄 剴 鎌刀 勓 勉也

● 敳 ⿰豈殳 所治 暟 明也 ⿰犭皆 ⿺辶可 短也 肎 骨肉 颽 ⿰風豈 南風

上去 kái ● 愾 康| 慨 概 平斗 暨 臮 ⿱罒系 ⿱罒累 ⿰舟旣 一|又及 摡 擽 漑 滌也 嘅 嘆也

● 慨 愾 慷|又悲 蔇 至也 ⿰亻旣 假主 ⿰口歇 聲也 ⿰矛皆 矛具 扢 取也 ⿰忄歇 貪也 礚 石相擊 ⿰豈殳 墍

● 旡 塈 ⿰土旣 仰涂取 欬 逆氣 汽 氣也 ⿰氵臮 水也 炌 ⿰火戒 明火 炏 ⿰火威 火盛 ⿰火蓋 火也

● ⿸疒蓋 喉疾 腎 ⿱殹月 腰痛 ⿰豈又 堅意 ⿰車蓋 車聲

上入 káih ○ 下平 kȧi ○ 下去 kâi ○ 下入 kăih ○

低上平 dăi ○

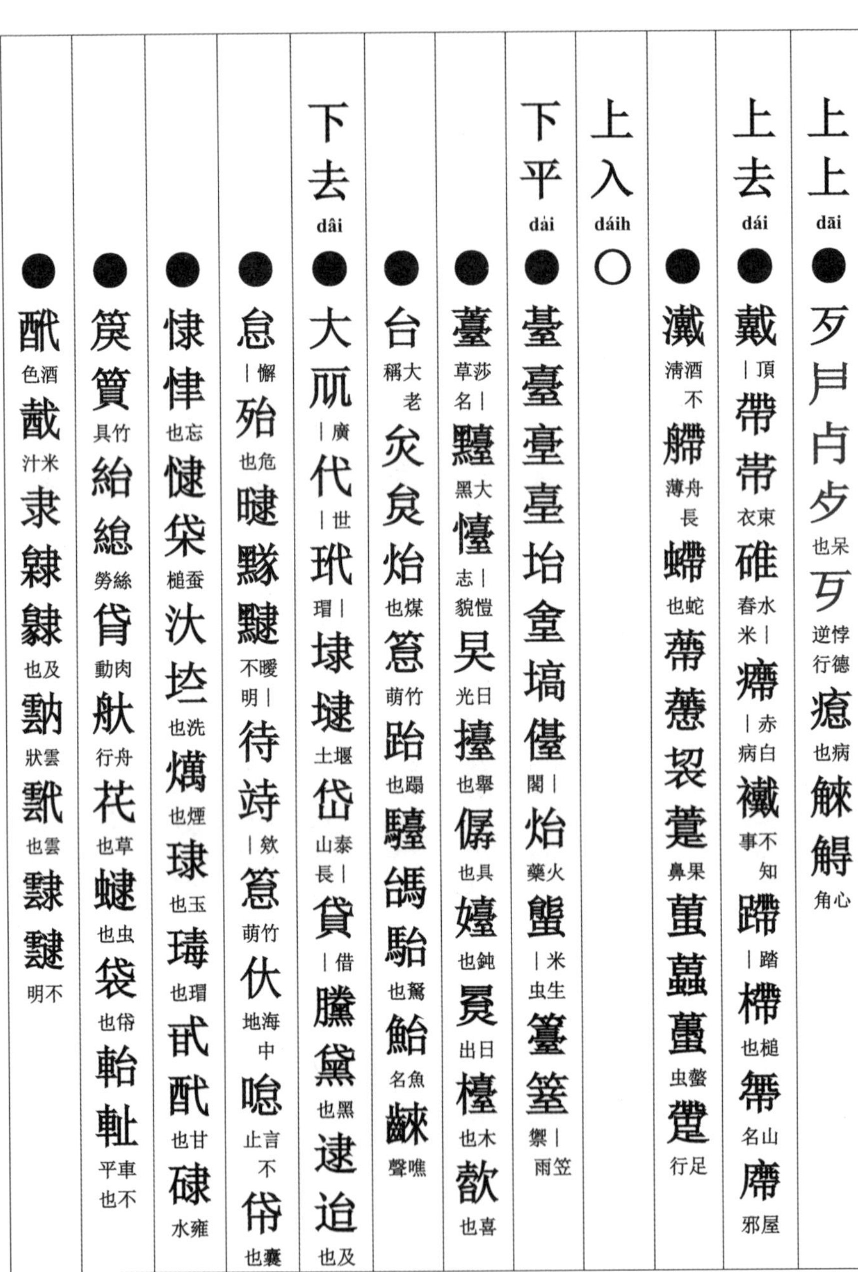

上上 dāi ● 歹歺卢步（呆也）歹（悖德逆行）瘜（病也）觫⿰角弟（心角）

上去 dái ● 戴（頂丨）帶带（束衣）碓（水丨舂米）⿸疒帶（赤白丨病）襶（不知事）蹛（踏丨）⿰木帶（槌也）嵽（山名）廗（屋邪）

● ⿰氵戴（酒不清）艜（舟長薄）螮（蛇也）蔕⿱蔕心⿱召衣⿺走帶（果鼻）⿱艹重⿱艹⿱帶虫⿱艹⿱帶重（螯虫）⿺走帶（足行）

上入 dáih ○

下平 dài ● 臺臺臺臺坮⿱金土墔儓（丨閣）炲（火藥）⿱臺虫（米生丨虫）⿱臺竹⿱竹臺（丨笠雨欒）

● 薹（莎丨草名）黧（大黑）懛（丨憕志貌）旲（日光）擡（舉也）儓（具也）嬯（鈍也）⿱日大（日出）檯（木也）歖（喜也）

● 台（大老稱）⿱夊火⿱白又炱（煤也）箈（竹萌）跆（蹋也）駘鴏駘（駑也）鮐（魚名）⿰齒來（嗤聲）

下去 dâi ● 大⿵几大（廣丨）代（世丨）玳（丨瑁）埭逮（堰土）岱（泰山丨長）貸（借丨）黱黛（黑也）逮迨（及也）

● 怠（懈丨）殆（危也）曃⿰黑隶靆（曖丨不明）待詩（欸丨）箈（竹萌）伏（海中地）⿰口怠（言不止）⿰亻代（囊也）

● 棣隸（忘也）⿰忄逮⿱代衣（蚕槌）汏⿰土代（洗也）⿰火黛（煙也）球（玉也）瑇（瑁也）甙⿰酉代（甘也）⿰石隶（雍水）

● 箂簀（竹具）紿總（絲勞）⿰月代（肉動）舦（舟行）⿱艹代（草也）⿰虫逮（虫也）袋（帒也）⿰車台軑（車不平也）

● ⿰酉代（酒色）⿰酉戴（米汁）隶隸隸（及也）⿰黑力（雲狀）⿰黑代（雲也）⿰黑隶靆（不明）

下入 dǎih ○

波 上平 pǎi ○

上上 pāi ● 脞 月未盛

上去 pái ● 痡 備也

上入 páih ○ 下平 pȧi ○ 下去 pâi ○ 下入 pǎih ○

他 上平 tǎi ● 台 三公之稱悅 抬 擡 撘 打也 梯 木階體平 胎 孡 懷孕 苔 蘇青 邰 國名 駘 劣馬 鵜 溥也 鮐 魚也 蛤 珠胎 跆 唱也 𠜾 削也 彨 星名 𣻬 庲 國名 𤗈 牌也 䬾 去麤取細 𧭊 謕也 𩬅 偽髮 鴿 鳥名 嚎 言不止

上上 tāi ● 漦 人口中水 𤗊 剫木

上去 tái ● 泰 夳 𡒄 安丨修 態 体丨 太 大也 汰 滑過 㥭 奢也 儓 文丨 夳 大也 嚽 嚽 人名 忲 忕 侈也 戾 户也 溙 大水貌 䁚 不明 舦 舦 舟行 𧉂 虫名 鈦 在足曰丨在項曰鉗

上入 táih ○ 下平 tȧi ○

下去 tâi ● 拸 搋析也 ⿸广齊小茅舍也

下入 tăih ○

曾 上平 cǎi ● 哉 哉疑詞 烖｜禍 災 災 巛 ⿰扌火 菑｜害 齊 亝戎也 栽种植 ⿱竹𢦏 ⿰氵戠 ⿰氵戔

● ⿰氵截水名 ⿰目戠 截視也 儕等也 𢦏 𢦏傷也 捚擊也 ⿱艹哉草也

上上 cāi ● 宰 ⿱宀華 ⿱宀卒 伞主｜ 載年也 紙 締 帋｜字 滓渣｜ ⿰歹辛滅也 ⿰糹辛事也 莘羹菜

● 朿止也 坻箸也 ⿰杀殳殺也 紙絲滓 ⿰耳辛半聾 騂雜色 ⿰氵只水名 ⿳宀木灬烹也 胏食所遺 ⿱𠆢肉 ⿰月辛食也

上去 cái ● 再 再 洅重復 載 ⿰𢦏凡十正曰又大車｜ 儎裝｜ 債借貸于人 瘵勞病 ⿰壴戈跂也 ⿹𢦏黑染也

● ⿰才凡持也 妍長貌 扗存｜ ⿱竹在作酒具 ⿰食凡設食 ⿰魚再魚名

上入 cáih ○

下平 cài ● 才｜能 材木｜ 財 ⿰貝寸 ⿰貝戠 ⿰貝乍 ⿱亼白宝物 豺｜狼 纔頃刻間 鼒小鼎 裁 ⿰衤戠制衣

● ⿰麥才餅籲 ⿰才阝 ⿹𢦏豆鄉名

下去 câi ● 寨木柵 塞 ⿱𡨄吾 ⿱𡨄大 ⿱𡨄壼山｜ ⿰豸多矛也 傂不齊 ⿰土呰 呰 磼石也又疊 廌獸名 ⿰𧾷在足也

● 在 扗 存| 豸 獬|

下入 căih ○

日上平 nǎi ● 㾍 病也 髵 髮亂

上上 nāi ● 乃 廼 乛 鹵 𠙽 弖 語詞 嬭 女名 疓 病也 蒳 草名 鼐 大鼎

上去 nái ● 𣯍 毛多 𦇧 絮乱

上入 náih ○

下平 na i ○

下去 nâi ● 耐 忍| 奈 |何 柰 榛 菓名 毤 毛多 渿 沛也 䏧 不明 耐 耏 罪不至 𢒞 䏧 剞腸

● 萘 草名 蛆 病也 蠥 小虫 褦 襶 不知事 鯠 魚名

下入 năih ○

時上平 săi ● 獅 狮 獸名 腮 顋 面頰 釃 酒傾下 嘶 馬鳴 鯊 |魚 沙 |石 鬖 髮|多須 毸 毢

● 毸 毢 張羽 唦 口| 嗺 送歌 愢 不合意 揌 動也 攃 散失 漇 漉水 簁 玉柱 簏 竹器 蓰 垂也

● 鰓 角中骨 鰓 魚頰中骨 鶵 鳥名

上上 sāi ● 屎 屎 屍 糞也 使 差| [日吏] 明也

上去 sái ● 塞 邊界 殺 滅也 [衤殺] 衣破 使 |司 曬 曬 日曝 [氵殺] 水名 [山殺] 衣破 [塞日] 動也 賽 北報

● 鎩 矛也 [雨夬] 雨疾

上入 sáih ○

下平 sài ● 臍 腹|

下去 sâi ○

下入 sǎih ○

鶯 上平 ǎi ● 哀 偯 [忄哀] 憫痛聲 埃 塵| [火矣] 熟炫 唉 應聲 欸 呵渫聲 毐 人無行 [疒哀] 憂也 [月屏] 肥也

上上 āi ● 靄 [雨曷] 雲霧集狀 藹 眾多 餲 味變 倚 依也 [口蓋] 喝 嘶聲 逶 倚立 噯 氣也 堨 青土 壒 塵合

● 挨 [扌侯] 擊背 昹 星名 [日蓋] [日藹] 日色 [歹曷] [歹蓋] [歹盍] 死也 藹 蓋也 馤 香也 [鼠曷] 小鼠

上去 ái ● 愛 [愛殳] [既心] 㤅 情| 嬡 稱人女令| 璦 美玉 薆 薆 蔽也 隘 險陋 曖 不明 靉 |靆

● [山益] 困也 [門蓋] 闊也 [亻厄] 困也 僾 㖅 [口愍] 彷彿 噉 聲也 [忄蓋] 謹也 濭 雲氣 曖 隱也 [貝安] 貯也

● [香蓋] 香也

上入 áih ○　下平 ai ○　下去 âi ○　下入 ǎih ○

蒙 上平 mǎi ● 貍獸名

上上 māi ○　上去 mái ○　上入 máih ○

下平 mȧi ● 埋 薶藏也 霾 霾雨上蒙霧 䨪慧也 霢風雨止 榸枯木 娌少也 鸝麻雀

下去 mâi ● 邁 邁老往過 譪 譪 譪誇也 勱勉力 䜑臭也 黵|黵黑貌

下入 mǎih ○

語 上平 ngǎi ● 嵦山名 殪殺羊出胎 殪腜胎 皚 霼霜雪白 呆失志貌 癡癡也 磑刀利 艠舟名 譺謹也

● 醴醉也 䫆頰|頭長 鬒長貌 齝髓牙

上上 ngāi ● 騃 痴癡也 覬笑視 娾喜悅 恬恃也

上去 ngái ● 艾 苂草名又治 忢懲也 刈割也 豥猳|牡豕 餀 鑑食泉 聵不聽 蟻食草虫 譺駿訾

● 閡木欄門 鯣魚名 鴳巧婦

上入 ngáih ○

下平 ngåi ● 呆好反 崖 崕山石高 漄水邊 厓山邊水丨 睚丨眥 㤲恨也 睚 瞖目匡 齸齒不齊

下去 ngâi ● 礙 礙 硋關丨 儗癡丨 懝惕丨 厗石名 懝 懝惶也 捱拒也 檥木名 閡止也

下入 ngǎih ○

出 上平 chǎi ● 猜丨疑 釵使也 砓小石 靫箭室 頿順旁 觟角名 艾鬼草 甐磨也 膗脯也 衩裙丨

● 趀疑也 跴急行

上上 chāi ● 采丨取雜色 彩 䌽文丨 採卿大夫地 採丨取 踩丨踏 寀察也 倸好姦 彩結甘 郛地名

● 瘵病也 婇女字 棌木名 髼覆巾

上去 chái ● 蔡 蔡草介法國 漈水名 瘥病也 菜疏可食草 蠆毒虫 鶎 雛鳩也 騬馬名 嫊女字

● 縩綷丨鮮衣 縩綃屬 詉疑也 郄周邑

上入 cháih ○

下平 chåi ● 纔少頃 豺丨狼

下去 châi ○

下入 chǎih ○

非上平 hǎi ● 咍 笑聲 ⿰台欠 笑不壞顏色 ⿸疒台 病也 ⿰台欠 飲也 ⿰虫欠 笑聲 ⿰台殳 剛卯 ⿰阝殳 笑聲

上上 hāi ● 海 ⿳彐冖氺 ｜倉 盇 榼 ｜酒 烸 燥也 醘 醢 ⿱艹醢 肉醬 ⿱亼皿 盛酒 ⿰酉⿱亼皿 酒器

上去 hái ● ⿰口解 怒言 嗐 歎聲 ⿰口戒 喝也

上入 háih ○

下平 hȧi ● ⿰孑介 孩 咳 ｜兒 垓 地名 胲 項下 頦 頤領 荄 木枯根 ⿸尸亥 骸 脛骨 邂 ｜逅 諧 龤 和｜

● 痎 痓也 咳 小兒笑 ⿰豸皆 獸名 ⿺走豈 走也 ⿰亥攴 欬也 嘊 笑也 㥩 心不下 敳 至也 瑎 黑玉 膎 脯也

● ⿰車皆 登車 ⿰革皆 鞵 履也 ⿰馬皆 馬和 ⿰骨内 骨｜ ⿺走里 ⿺走留 留意 ⿰魚豈 鯇｜

下去 hâi ● 亥 ⿰犭开 地支 ⿰足亥 行急 械 戒止器｜ 懈 懶惰 觧 姓也 獬 ｜豸 ⿰山蓋 挽死者歌 ⿰女害 姤心不了

● 蓋 薤 ⿰口蓋 ⿰韭蓋 韮菜 ⿰氵蓋 海氣 齘 切齒怨恨 ⿰骨害 骨也 ⿺走亥 走也 翗 急行 㤥 患｜

● ⿰丁亥 快也 懈 豪強 劾 勉也 嗐 大開口 夆 相遮 妎 ⿰女害 妒也 忋 恃仰 ⿰忄害 快也 誃 該 神名

● 害 ⿱宀吉 周 灾也 ⿰忄蓋 恃度 ⿱蓋心 果敢 㤥 動也 搣 持也 ⿰氵戒 水名 ⿰言介 言善 ⿰貝匪 人名 釛 金也

● ⿵門介 門屬 ⿱癶金 束也 駭 ⿰馬戒 驚起貌 ⿰齒害 睡中切齒

下入
hăih
〇

7 嘉字母

柳 上平 lǎ ○

上上 lā ● 喇 言急 颵 風兒 鯻 魚名 剌 ||不休 㦤 惡也 𤦭 琜 瓎 玉屬 䊪 粱也

上去 lá ○ 上入 láh ○

下平 lá ● 俚 |視

下去 lâ ○ 下入 lǎh ○

邊 上平 bǎ ● 巴 國名 芭 |蕉 笆 籬| 葩 皅 天花 𤆂 乾肉 疤 |痕 𤘽 牛角相背 盼 分度 𪖙 鼻病

● 豝 飛貌 蚆 貝也 𧒧 虫也 𧳜 醜狀 𨋠 兵車 𩬽 髮亂 夿 大也 𢻑 斂也 鈀 兵車 犯 豕也

● 𩈘 面黃 吧 大口 妑 雙髻 䶕 齒不正

上上 bā ● 𢪒 把 |持 弝 弓附 杷 搶也 笆 竹名

上去 bá ● 霸 胷 𢍲 𧇠 䨻 覊 伯 强| 壩 埧 漳水 欛 把也 灞 水名 欛 刀柄

● 叭 喇|樂器 紦 轡革 壩 䃱 堰也 弝 弓弛 犮 似狼 𦙞 刀|

上入	báh	●百十兩｜ 伯父之兄 蘗黃｜蘗名 栢松｜ ⿰扌檗以手｜分
下平	bȧ	●琶 琶琵｜ 杷平田具 耙鐵｜ 爬搔也 扒板也 ⿰木琶棠也 筢草｜ ⿰氵琶水名 䆉稻名
		●⿰虫琶虫也 ⿰角多角曲 跁小兒｜ 鮁海魚
下去	bâ	●罷 罷 擺開｜休也 ⿰金罷 ⿰金羆 䎱犂｜ ⿰火罷焟｜ 穲稻名 鮁海魚 ⿰亻罷停也 ⿰罷力疲也 ⿰歹卑別也
		●擘 跁不前 ⿺辶卑短人立 ⿱竹罷竹名
下入	bǎh	●白青｜
求上平	gǎ	●嘉 佳美也 加增益 葭芦｜ 家 ⿱宀男 ⿱穴家 ⿱宀家 家宅也 膠魚｜水｜ 耞打谷具 貑羆也
		●貑 猳壯豕 跏屈足 枷拂也 毠 ⿱叚毛毛衣 伽神名 僇盛也 ⿸厂乐鳳弦 ⿰山加山多 ⿰犭加
		●⿰犭哥獲也 痂瘍也 ⿱加米米也 ⿰月叚腸病 毠 ⿰既毛毛衣 珈首飾 ⿰禾加禾也 笳簫也 ⿱竹叚草未秀 ⿱加冏疹也
		●⿰牛叚牛有力 ⿱加石 ⿰石加石也 ⿰金圭器好 茄 伽五｜ ⿱艹嘉草也 ⿱加虫米虫 ⿰言加評也 ⿺辶枷不得行
		●⿰金佳銳器 鴐雁也 麚牡鹿夏至解角
上上	gā	●假借也 嘏福也 賈姓也 斚 斝 ⿱吅舛 ⿰女叚好也 徦至也 ⿰賈鳥鳥名 叚借也

上去 gá ● 價｜錢 檟 榎秋木 假告假 駕 駋｜馭 架 榢衣｜ 嫁女歸夫 ⿰目賈視也 斝

● ⿰舟家具舟 跒跑｜小兒 ⿰酉可苦酒 稼種也 鉸釘也 幏布也 ⿸广家｜屋 ⿸厂馬庵也 椵杙也 ⿰忄家心不安

● 梢肉几 牿牛馬牢也 ⿰言契巧言

上入 gáh ● 格｜式 骼骨枯 隔間｜

下平 gȧ ○

下去 gâ ● 咋 咬齧也

下入 gǎh ○

氣 上平 kă ● 跤 骹足也 坷歎聲 髂腰骨

上上 kā ○

上去 ká ● 敲擊也 齰齒出 齣齧也 恪伏態

上入 káh ● 客賓｜ 揢手把

下平 kȧ ○ 下去 kâ ○ 下入 kǎh ○

低 上平 dǎ ● 礁白|山名

上上 dā ● 拍拍也 鮓 鮱 䱹糟| 𨅬跢教小兒行步 叮地名 奓大也 打拍也

上去 dá ● 窄 榨 醡壓酒器 㡧屋也 槎斫也

上入 dáh ○

下平 dȧ ● 茶|湯 蹅|兒行難貌 垞地名 𣗥木名 宊不正 㡯張屋 秅數名十稷 窾深也 禽含舌貌

● 蛇水母 陼丘也

下去 dâ ● 跢小兒行步

下入 dǎh ○

波 上平 pǎ ● 脬腎囊即膀胱

上上 pā ● 䢎短貌 舥浮梁

上去 pá ● 帕 袹手| 帊包頭 怕 㶚 怕恐也

上入 páh ● 拍 撲打也 攴相打也 岶密貌

下平 pa̍ ○　下去 pâ ○　下入 păh ○

他 上平 tă ● 他 佗（別人） 咃（出陀羅尼） [illegible]（呪語） [illegible]（厚脣） 疕（癡貌） [illegible]（齧也）

上上 tā ●

上去 tá ● 蚱 鮓（海丨） 侘（小女） 詑（欺也） [illegible]（束炭） 厏（不相合） 奼 姹（小女） 岔（三分路） [illegible]（丨蒿黃芩）

上入 táh ○　下平 ta̍ ○　下去 tâ ○

下入 tăh ● 宅 厇 坨 垞（家又名室） 侘（失誇忠也） 蹉 詫（誑也） 奓（開也） [illegible]（山名）

曾 上平 că ● 查（考丨） 渣（滓丨） 楂（果名） 皻（豆腐丨） [illegible]（米滓） 咱（我也） [illegible] 齇（丨牙齒不正也） 奓（張也）

● [illegible] [illegible] [illegible] 摣（取也） 抯（挹也） [illegible]（厚脣） [illegible]（女名） [illegible]（以指按） 柤 樝 [illegible]（木名）

● 皻 [illegible] 䶥（鼻上皰） 溠（水名） [illegible]（瘑甲） 䅊（紅稻） [illegible]（不密） [illegible]（瘡痕） 蒩（葵也） [illegible]（浮草）

● 蔖 [illegible]（蕢也） [illegible]（不信） [illegible]（相黏） [illegible] [illegible] [illegible]（角聲） 謯（娽也） [illegible]（行失） 齹（大齒）

上上 cā ● 早 蚤 [illegible]（清晨） [illegible]（日出） [illegible]（姓也）

上去 cá ● 詐 [illegible]（偽也） [illegible]（慙語） 奼（美女） [illegible] 迮（迫也） [illegible] 蜡（年終腊祭） 乍 [illegible]（暫初） 砟（丨碑石也）

● 痄 ⿸疒作 疨病 傪 也張 吒 也噴 咤 嗄 也恕 娄 至拜地不 宱 也寬 榨 具打油 ⿰木蚤 名木

● 溠 ⿰氵灑 也水 ⿱穴乇 中穴 ⿰車乍 裂車 醡 ⿰酉鳥 ⿰酉盧 ⿰酉責 ⿰酉䍃 ⿰酉賣 具丨酒 ⿱髟乍 毛多

上入 cáh ● 窄 迫狹 績 丨紡 仄 ⿸厂矢 丨平 昃 影日 ⿱雨乍 貌雨 咋 ⿰口⿱艹乍 聲大 岝 岞 名山 泎 之水聲滴

● 笮 笮 笮 ⿱竹迮 也迫 蚱 也蟬

下平 cá ● 齇 ⿰齒柴 齊齒也不 ⿰石尔 垂石

下去 câ ○ 下入 căh ○

日 上平 nă ● 吒 怒叱 腣 也肥 ⿰月奢 痕瘡 挓 也抄 ⿰火乇 聲火 ⿱艹拏 也草 ⿵鬥者 也爵 牣 牛似 ⿰牛井 白似尾牛 ⿱笯衣 籠鳥

上上 nā ● 拿 拏 丨持 那 也誰 ⿰忄拏 ⿰忄拏 抲 也搦 ⿱艹奴 挐 拏 ⿰氵拏 也濕 ⿸厂殳 除收 ⿸厂⿰爪殳 也爬

● ⿱奴糸 拏糸 訍 解語不 ⿰言而 也拏 ⿱髟奴 乱髮

上去 ná ● ⿰亻匹 寬皮 ⿸疒拏 也病

上入 náh ● 凹 丨土

下平 ná ○ 下去 nâ ○

下入 nǎh ● 犽 赤|日|

時 上平 sǎ ● 沙 沚 砂 細石土沙 沙 裟 袈| 紫 紗 羅也 𤛓 牛名 帎 細絲 皶 酒|

● 魦 鯊 沙魚 痧 感寒病 麨 碎麥 䩖 鞾|履根 髿 髮垂貌 桬 |棠木名 𡋯

● 挱 引也 毠 毢 毛衣 㳐 開語 粆 糖也 浶 地名 硰 石地 茵 菌 草也 蛌 虫也

● 䮜 溤 騺 馬行

上上 sā ● 傻 輕慧

上去 sá ● 刹 刺入 廈 庌 旁屋 歃 嗄 啑 聲破 閜 開也 陜 碎石聲 晹 日乾物

上平 sáh ○ 涑 霎 小雨之聲

下平 sȧ ● 蕯 踏草聲

下去 sâ ○ 下入 sǎh ○

鶯 上平 ǎ ● 丫 |鬟 阿 美貌 鳭 鴉 鵶 烏|苏| 呀 張口貌 谺 室中空貌 剄 刎也 婭 女作姿

● 啞 赤子 椏 杈也 𥔲 石名 脛 肥也

上上 ā ● 瘂 啞 厭（口不能言）欸（驢鳴）拗（折也）㝞（懸丨）㤿（心鬱）亞（少也）掗（取也）盃（酒器）

矮（短也）稏（稻名）襾（覆也）𨁈（岐道）迓（次也）鰪（丨鮍）

上上 á ● 亞（次也）婭（兩婿）俹（箭也）晋（姓也）

上入 áh ○

下平 ȧ ● 劫（逼也）

下去 â ● 下 丅 二（上反）婗（啼聲）疨（痢也）

下入 ăh ○

蒙 上平 mă ● 嬤（兒呼聲）摣（五指取物）

上上 mā ● 媽（父之母也）馬 𩡧 馭 馱 𩡧 影（牛对）蕒（苦丨菜名）瑪 碼（丨瑙）鰢（魚名）

● 螞（丨蟥）鄢（邑名）鷌（鳥名）

上去 má ● 罵 謗 罵（多言）隲（巧益）庌（庵也）䁶（視貌）傌 嗎（罵也）榪（床上橫木）溤（水也）獁（獸名）

● 㾺（目病）禡 禡（祭名）窯（穴名）

上入 máh ○

下平 mȧ ● 麻 䃺 山名 麻 枲屬 痳 丨瘋 蟇 蟆 嘛 蝦丨 猫 貓 捕鼠 㦻 難語 犘 牛名 䳸 雞也

● 䫻 䫫 難語 䵆 稗也 䵚 黽也 𪎭 緩視 皵 同開目貌

下去 mâ ● 殗 無也

下入 măh ● 脉 脈 血丨 霡 小雨 麥 作麫

語

上平 ngă ● 岈 谷中太空 庌 舍也

上上 ngā ● 雅 秀美 䅖 禾谷不秀 錏 鎧也 厊 不相合 𥁮 杯也 𦔃 𦔄 姓也 訝 言戾

上去 ngá ○

上入 ngáh ○

下平 ngȧ ● 牙 齒丨 芽 丨萌 衙 府丨 齖 㧎 齒不正 疨 痄丨病甚 笌 竹笋 㤉 伏也 貎 拁 慈也

● 㰳 息也 犽 獸名 䄰 初苗 䍐 罟兔 谺 谾 谼 谷中空 𩨜 𩩍 骼丨

下去 ngâ ● 迓 御 訝 𨒼 迎也 砑 硝丨 釾 鏌劍 琊 骨似玉

下入 ngǎh ● 杌搖貌

出 上平 chǎ ● 差 𡍼｜錯 嗏助語 叉兩手相交 杈木枝 瘥病瘉 偨不齊 ⿰差刂牧也 芆草名 訍 ⿰言爽異言

● 釵笄也 銟魚器 鎈金光 ⿰叉頁領｜ ⿸广差屋欲壞也 ⿰忄叉不修 扠 擠取又器名 槎 櫪斫木 汊水岐

● ⿰火芻 芻熬也 ⿱竹差竹貌 ⿰舟叉 艖魚名

上上 chā ● 炒煎｜ ⿰忄芻心迫 ⿱竹叉竹名

上去 chá ● 鈔錢｜ 吒它｜ 侘姓也 詫誇也 咤發怒 訬角上浪 紁衣襠 ⿰𧾷叉岐道 嗚鳥聲

上入 cháh ● 冊 笧 笧 冊書｜ 策｜論又謀 ⿰冊頁涿也

下去 chȧ ● 柴 ⿰土柴薪也 ⿰女屖姓也 祡 ⿰衤肴 ⿰另刂燎祭天神 瘵瘦也 喍犬鬥 豺平林 ⿱艹柴｜葫 輦連車

● 齜齒相齘 ⿰齒柴不正齒

下去 châ ● 鮓 鮺 ⿰魚差藏魚 鮀水母

下入 chǎh ○

非 上平 hǎ ● 谺谷中大空 ⿰忄象恨也 惇無志

上上 hā ● 磚石裂

上去 há ● 𤡺猶也 𤢖狂也

上入 háh ○

下平 hà ● 霞雲氣 瑕玉玷 蝦蟇魚｜ 遐遠也 猳豕也 赮赤色 騢馬赤白雜毛 𩌏 縀 𩌏履跟

假 㑦怨也語難 蕸芙蕖葉 嘏咽也 𧯤豕也 頣言無度 𣢃歔｜咽病 煆乾也 瑕玉小赤

瘕女病 閜門閉 㦷 欱 歔息也 盉盂也 碬厲石 罅 鏬裂善 蚜虫名 鍜頸鎧

下去 hâ ● 下卑也 厏旁屋 苄地黃 暇閑｜ 夏 𡗾 昰四五六月 廈屋高大 嗄聲破 𡷗山名

● 暇視也 謔誑也 鶡鳥也

下入 hăh ○

8 賓字母

柳上平 lǐng ● 拎（懸手持物） 零（｜井）

上上 líng ● 領（綱｜｜受） 廩（倉｜） 稟 廩（供給） 檁（屋上橫木） 懍（敬惧） 凜（｜冽） 粼 粼（憂也） 㐭 僯（恥也）

● 冼（寒也） 壈 壈（不得志） 婪（好也） 㨆（殺也） 沬（藏梨汁） 凜（淒清） 燷（黃色） 畬（侵也） 癛（寒病）

● 蘦（高也） 賝（貪食） 轔（車不進） 醂（桃菹） 顲（面作色） 菻（蒿也）

上去 léng ● 覼（親視）

上入 lék ● 栗 㮚 㮚（木名） 靂（霹｜雷聲） 篥（竹名） 慄（悚｜） 澟 溧（水名） 傈（廟主） 臨（向前） 刺 剺（削也）

● 嘌（言不了） 墂（塞也） 嶚 膘（山名） 懍 摽（手理物） 穖（｜積禾） 縹（黃色） 𦽊（草也）

● 蹸（踐也） 𠢆（彩也） 轢（車名） 鄰（地名） 颲（風雨） 飃（風也） 鷅（梟也） 麐（牝麐）

下平 ling ● 林（樹｜） 霖（甘｜） 淋 灕（离水沃） 琳 玲（美玉） 痳（小便难） 薐（菠｜菜名） 菱（超越） 菱

● 遴 菱（｜角） 陵 陵（曾｜） 陵 夌 陕 餕（岡犯） 淩（｜辱） 綾（｜羅） 𣢟（欺｜） 臨

● 臨（監視） 𡾊（山名） 瀶（山瀶） 𧯝（山谷） 麟 麐（麒｜） 嶙 嶙（｜峋） 潾（水清） 磷 粼（水中石）

● 憐 怜|憫 鱗 鱗 魿 魚| 𧍧 茧火 轔 車聲 遴 遴 遴 選行 隣 厸 鄰

● 鄰 里連 靈 䨩 靈 䨮 𩆜 䯍 零 䙥 䰱 𩴴 神| 䍅 羚 𦒉 麢

● 麢 大羊 零 囹 蘦 霗 霝 |落 零 |碎 囹 圄獄 䕘 苓 茯| 䴇 雡 鴒 鶺|小鳥

● 昤 𣈱 𣌴 日光 鈴 似鐘 齡 遐| 伶 |俐 彾 独行 蛉 螟|桑上小虫 聆 |聽 翎 羽毛 鹷 鹽也

● 麢 |鹿 𠡍 欺| 鼢 斑鼠 龗 龜名 倰 登疲 塍 水出 剣 削也 霒 剖物 勎 侵尚 呤 語也 呬 象音

● 𠱥 眾聲 嚀 耳聲 劙 刢 剖也 坽 峻岸 疄 蔬田 堎 去也 姈 女巧 婈 嫾 孁 女字 庈 通也

● 㝝 室深 岭 岺 𡾊 山深 崊 山石多 撛 抹也 嶙 山名 𢉬 𥖝 𥨍 穴也 倰 姓也 㥄 憐也

● 𢤱 心黠貌 拎 𢹿 㩕 捻物 掕 止也 䮚 䬞 馬痛 𩩖 䯍 骨貌 髮 𩮴 髮踈 魿 鬼也

● 鯪 穿山甲 鯪 魚名 𩂯 空也 羚 羊子 𩐨 音也 𣕦 |類俯首 𩕰 少髮 𩕾 瘦淺 𩗗 寒風 鈴 餌也 𩝖 食飽

● 駖 馬聲 鏻 健也 鑩 瓶也 閝 門上 閔 火兒 闝 門上窻 𨽍 鱒也 孁 女字 𩄇 天|人頂骨 靁 玉名

● 踜 行也 輘 軸也 軡 轜 轜 車闌 郴 邑名 𨝉 酃 地名 醽 酃 醽 美酒 藺 蘚苔 袊

● 𧞤 䙥 衣|而嫁服 裬 馬腹下帶 䙥 𧞤 光衣 詅 衙也 𧾖 犬逐走 跉 𨇈 跰 盯行 蘦 蘦 草名

●虢 虎似 蛟 屬蛤 蠕 也虫 蠦 也螢 擩 也窻 㪐 也打 斴 斴 石水在 啉 知|所 槑 名國

●瞵 名人 朎 光月 柃 也木 䔖 膦 楞 棱 稜 決不 欞 櫺 櫺 也相 崚 也止 殑 貌病

●磬 聲多 毨 結毛 泠 名水 淩 歷馳 驎 也鯩 牸 名牛 澪 霠 名水 濡 灑 曲水 靊 熱小

●爆 爐 光火 腠 臚 弟牀 獜 獜 也健 獯 獹 犬良 玲 聲玉 璘 璘 貌文 瓴 瓜小

●霛 也瓴 疼 也瘦 睖 視直 祾 也福 昤 瞜 矒 矑 色白 瞵 瞵 了視不 瞜 矒 光目

●碐 砱 碐 |石 碄 深| 秢 熟禾始 稜 穲 莖草 穪 蔓草 竛 不竮|行進 笭 也籠

●篓 箖 也竹 篓 籚 器竹 棱 名稻 粼 米碎 粦 粷 粷 糲 餌米 紷 系細 繗 系理

●綾 也絮 舲 鑐 霝 有瓦耳器 罜 網小 翎 也飛 舲 艗 艛 艫 舟小

下去 lêng

●令 法| 另 吝 唥 咪 吿 唥 呇 呤 慳| 藺 燐 蕣 名草 闔 闟

●躙 踐相 剹 也割 啉 嚂 聲鳥 孱 也陰 峵 也山 閔 也胍 疄 疄 也田 痿 疾風 犇

●簬 簵 也竹 粦 燐 火鬼 悋 悋 悋 慳鄙 橉 名木 瀾 名水 炩 閔 貌火 燚

●燐 鬼粦火| 甐 動器 賂 也貪 蹸 躙 蹸 也行 轥 聲車 驎 驎 色馬 駱 馬牝 麟 麟麒

下入 lĭk

● 立 太 住丨 笠 篤 帽對 岦 崩連 栗 果名 瀝 㵏 滴丨 櫪 馬房 靂 霹丨 櫟 木名

● 鱲 白丨魚名 力 氣丨 曆 历 嚦 年數 歷 轣 涉也 苙 圂也 礫 厤 磟 磿 礓丨小石

● 靂 霹丨 鱺 魚名 讈 諏 諒丨言不明 癧 瘰也 㒧 人名 厤 劘 劆 刈也 刏 開也

● 嫠 趙魏間呼曰丨 厤 分也 吔 舟送 嚦 聲也 㕸 無人 厤 劣也 尥 行脛相交 屜 履下 岦 山貌

● 麻 攊 捎也 沥 水凝 𢓕 趯 速行 愸 謹也 𢤹 心營 攊 擊也 㱹 乱也 礰 欲死貌 㱹 刈也

● 厤 爏 火貌 厤 爪物 䍽 明也 朸 木理 䍥 星也 橀 櫪 棘 木名 壢 積也 瀝 瀝 牀也

● 犳 犬爭 犭令 良犬 獿 獼 犖 獿 獸名 壢 擊 𤨕 玉名 瓅 瓑 明珠 甗 瓦器

● 曞 曬 光明 瞷 視也 砬 磿 礰 石聲 秝 穊 稀 𥤻 空也 穸 穿也 逯 從也

● 簗 作丨火 爍 食也 皪 光明 聽 耳審聞 繹 繩爲界 䍽 煱貌 羝 羸 羶 山羊 臀 脂也

● 艦 舟也 苙 圂也 蔴 菻 山蒜 蘼 葶也 蘼 草也 蟀 蚚也 蠣 野螢 屣 裒 裒 衷

● 䙴 急纏 曆 谷名 躂 鼓聲 㹁 犬名 獿 犖也 趚 趯行 趣 行也 趬 趮 躒 動也 躍 足踐

● 轢 轣 轖 轞 車軌 遯 近也 鄐 邑名 酈 地名 醽 醣 下酒 醯 酪也 鈕 食器 鎘 鑼

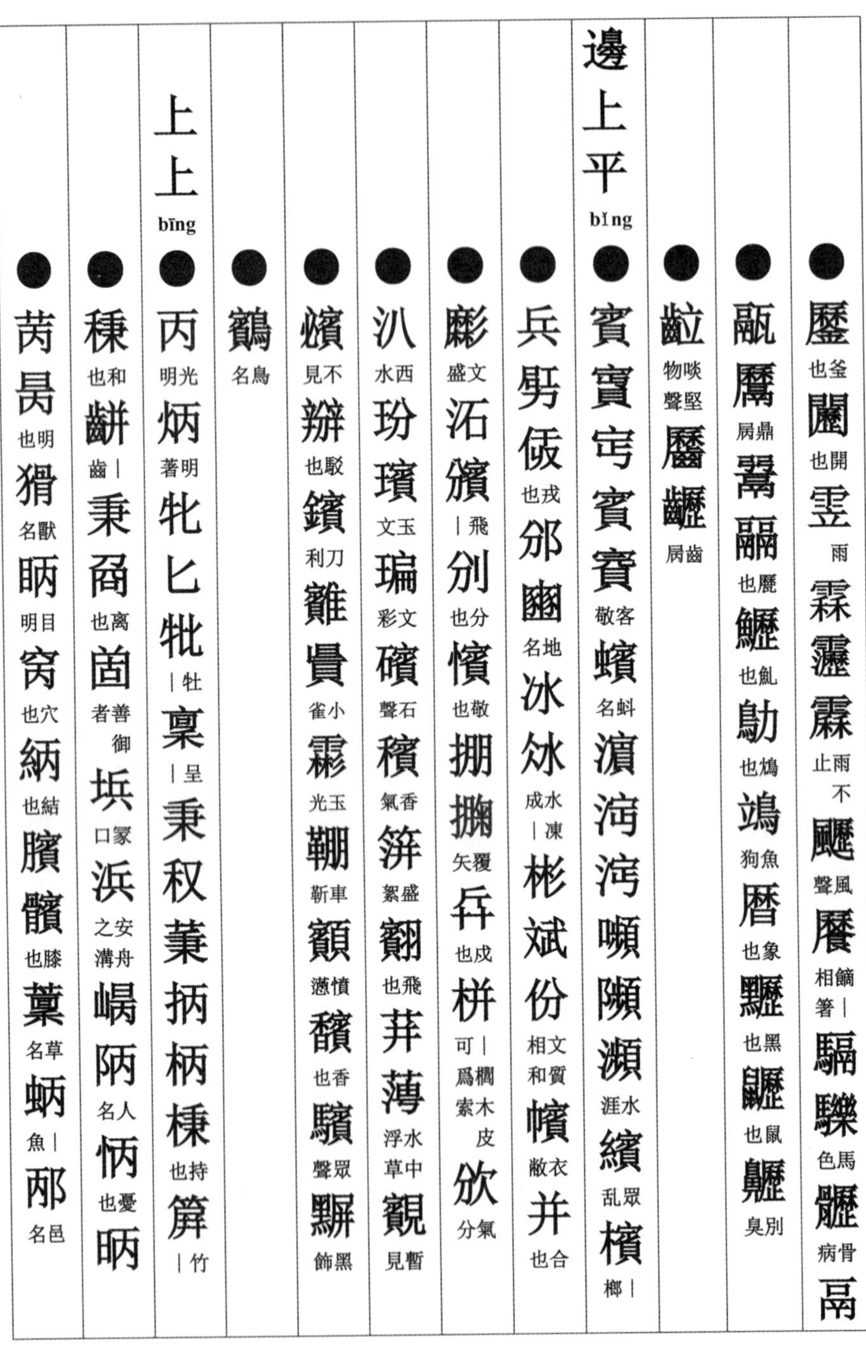

●壢釜也 闢開也 雵雨 霖 靂 霳雨不止 飅風聲 曆鏑｜相箸 䮥 𩧯馬色 髍骨病 鬲

●甋 曆鼎屬 翮 鬲歷也 𩻂魛也 𠠲鳩也 鴗魚狗 曆象也 𪓠黑也 𪕉鼠也 𪖓臭別

●𪗱啖堅物聲 齧 䶑齒屬

邊上平 bǐng

●賓 寶 宾 賔 賓客敬 蠙蚪名 濱 濵 滨 嚬 隫 瀕水涯 繽眾乱 檳｜榔

●兵 甹 㑂戎也 邠 豳地名 冰 氷水凍成｜ 彬 斌 份文質相和 𢅏衣敝 并合也

●虨文盛 沰 艕飛｜ 㓈分也 𢢾敬也 掤 𢹻覆矢 乒戍也 栟｜櫚木皮可為索 㰋氣分

●汃西水 玢 璸玉文 𤧶文彩 礗石聲 穦香氣 箳盛絮 䎙飛也 荓 蘋水中浮草 覶暫見

●蠙不見 辮駁也 鑌刀利 䨈 矉小雀 霦玉光 輣車斬 顮憤懣 馪香也 驞眾聲 𪐴黑飾

●𩾰鳥名

上上 bīng

●丙光明 炳明著 牝 匕 牝牡｜ 稟呈｜ 秉 秇 𫇛 抦 柄 棅持也 箳竹｜

●棅和也 𪘂｜齒 秉 𠕀离也 卣善御者 垪冢口 浜安舟之溝 𡶶 陃人名 怲憂也 眪

●苪 昺明也 𤟹獸名 眪目明 窉穴也 絣結也 臏 髕膝也 䕠草名 蛃｜魚 邴邑名

● 鈵固也 餅 餠麪資 ⿰魚丙蚌也

上去 béng

● 迸 迸 ⿺走并 ⿺辶屏逐也 併合| ⿰礻丙把| 鬢髮|頰旁 儐接宾 擯棄也 嬪 娦 嫔 嫔

● 姘 嬪 嬪婦服 摒除也 殯在棺殮| 臏肘足刑 屏棄逐 ⿺鬼并山峻 鉼水器 輧竹器

● 跰不正 柄柯也 琕玉名 ⿺走并走也 ⿱⺮鉼曲也 蛢甲虫 ⿰虫並 ⿰虫竝水虫 ⿱雨并雷聲 ⿰面并面黃 ⿰革并皮帶

● ⿱髟并毛粗 鮩 ⿰魚並白魚 ⿱⺮軿車篷 ⿱⺮并 箳竹也 跰 ⿰足幷走也

上入 bék

● 筆 笔述又花名 必期| 畢完| 篳篷| 璧圭|圜 壁牆| 吷地裂 煏火乾 ⿱稫灬 逼|迫

● ⿰亻畢 蹕 ⿰彳畢止也 滭風寒 芊出氣聲 ⿰木畢木也 燹火也 𠦒棄糞器 咇 嗶多言 ⿰口篳鳴也

● ⿴囗必閉也 ⿰必欠吹也 堛由也 偪迫也 ⿰山畢山道 ⿰木畢栖也 ⿰扌畢利也 ⿰畢攵 ⿰米畐火焙肉 ⿰畢戈盡也

● 饆|饠餅 ⿰馬畐駝也 ⿰魚畢 鮅魚名 ⿸鹿畢鹿也 ⿰麥畢餅屬 吷 ⿰鼠畐地裂 韠 鞸蔽前 ⿰白頁髮白

● 頩面色 ⿺風必 ⿺風畐小風 ⿺風畢風乱 ⿰食畐飽也 觱吹角 ⿰言畢敬也 ⿰豆畢豆也 ⿺走畢 蹕止行 ⿰足筆走也

● 辟 侵 侵 ⿰𩙿辛君也 ⿰金畢簡也 鐴犁耳 縪裳也 ⿰糸畢止也冠縫 罼小網 稫禾也 苾香也

● 蓽 篳籬落 ⿰虫必 ⿰虫畢虫名 袐刺也 ⿱髟友帬褶 ⿰王畢 珌佩刀下飾玉 ⿰王筆精白玉管 ⿰畢皮 縪

● 鞸 韠 戟也 熚 火聲 僃 穪 火乾 猈 獸名 𩪘 牲也 禪 灶上祭 稫 禾下葉 箳 分也 奟 大也

● 婢 母也 柲 攢丨 湢 滗 潷 溢也 𣲼 滭 灂 泉沸 𤃬 行不止 彃 射也 愊 很也

下平 bing

● 平 公丨 伻 僕從 枰 平棋局 萍 苹 荓 蓱 水浮 瓶 缾 鉼 㼑 甎 甁 酒器

● 輧 軿 軿 輕車 蘋 蘻 蘩也 邠 地名 𧭈 言多 蛢 蝍也 頻 頻 急比 嚬 笑也 顰 眉蹙

● 乎 呯 聲也 檳 木也 淜 無舟渡也 瀕 水涯 憑 憑 依託 馮 淜 行疾 屏 丨風 駢 駢

● 駢 臻也 帡 幪也 胼 胝也 穷 貧 窮無財 苹 藾蘋 胓 牛羊指 踫 丨鬘踏地聲 凭 憑 倚也

● 洴 洴 泙 谷也 𧬊 言多 鼱 鼱 鼠也 轒 車也 輧 輧 輜車 膨 腫滿 蘋 草木盛 鮃 魚名

● 鵧 鳥臼 鼫 鼠子 獱 獺屬 玭 珠也 玶 坪 玉名 矉 目張 縯 擣衣 箳 丨篁車幡 蘋 草盛

● 憑 坪 平也 姘 妾也 摒 依几 毜 犬毛 泙 水名 洴 絮也 漇 水聲 烐 火貌

下去 bêng

● 並 竝 比連 病 㨻 痹 疾也 倂 俱也 倂 除斥 硑 石聲 腁 腹脹 評 平也 鬢 毛相 㾯 僻房

● 㡒 僻處 偋 傍側

下入 bǐk

● 弼 弻 獙 弼 畢 愊 勢 轉佐 甓 瓦甋 辟 闢 闢 開丨 奭 盛也 襏 襏丨雨具

●佖威儀邲地名闢敞也隩山陊駜馬肥鴄|髲怭慢也擗拊心椑親身棺欂壁柱

●毴毛|⿰禾弗|稠重生

求上平 gǐng

●京京十兆師惊憂也勍強也⿰黑刂黥黑也鯨海魚檠⿰木敬榜灯扃驚駭也兢

●儆⿰言竟不安貌經⿰纟巠巠|緯今古反金⿱今王金玉國涇水名均平|袀戎服

●⿰衤長袍也襟交衽赺赺獨行麠麖大鹿黅黃色黚黃黑如金⿰龜今龜也⿺走禽走也⿰足禁坐也

●⿰巠阝鄉名⿰巠隹⿰巠鳥鶄鳥名⿰魚敢魚王⿰魚畺大魚⿰豕鹵|衍大吟吐也妗女壯婛女字坙

●坙水脰⿸广京倉也⿱敬弓正弓⿰忄金利也⿰忄禁⿱禁心心也⿰今皮墾田⿰日敬乾也⿰木竟柄也⿰歹巠死也⿰歹竟欲死

●狑獸名痙病急⿰禾景寡也⿰衤金衿交衣紟⿰糹金衣系綡冠系荊⿱艹剄牡|⿱艹金⿱艹登草

●⿱艹勁⿱艹剄染草⿱艹經藤也蚐馬蟻虫罗定也鈞⿱巠金⿱巠金三十斤擎擏⿱敬廾手舉

●伶大也倞彊也涇寒也剠取也勍強也

上上 gīng

●景光|憬寤也璟璄璥玉名暻明也痙病痛境|界錦|綉緊|急巹

●⿱艹登合|交杯警譤|戒槿木似|李樹漌清也⿱敬虫|蟆憼謹敬也冏窗也頴足几

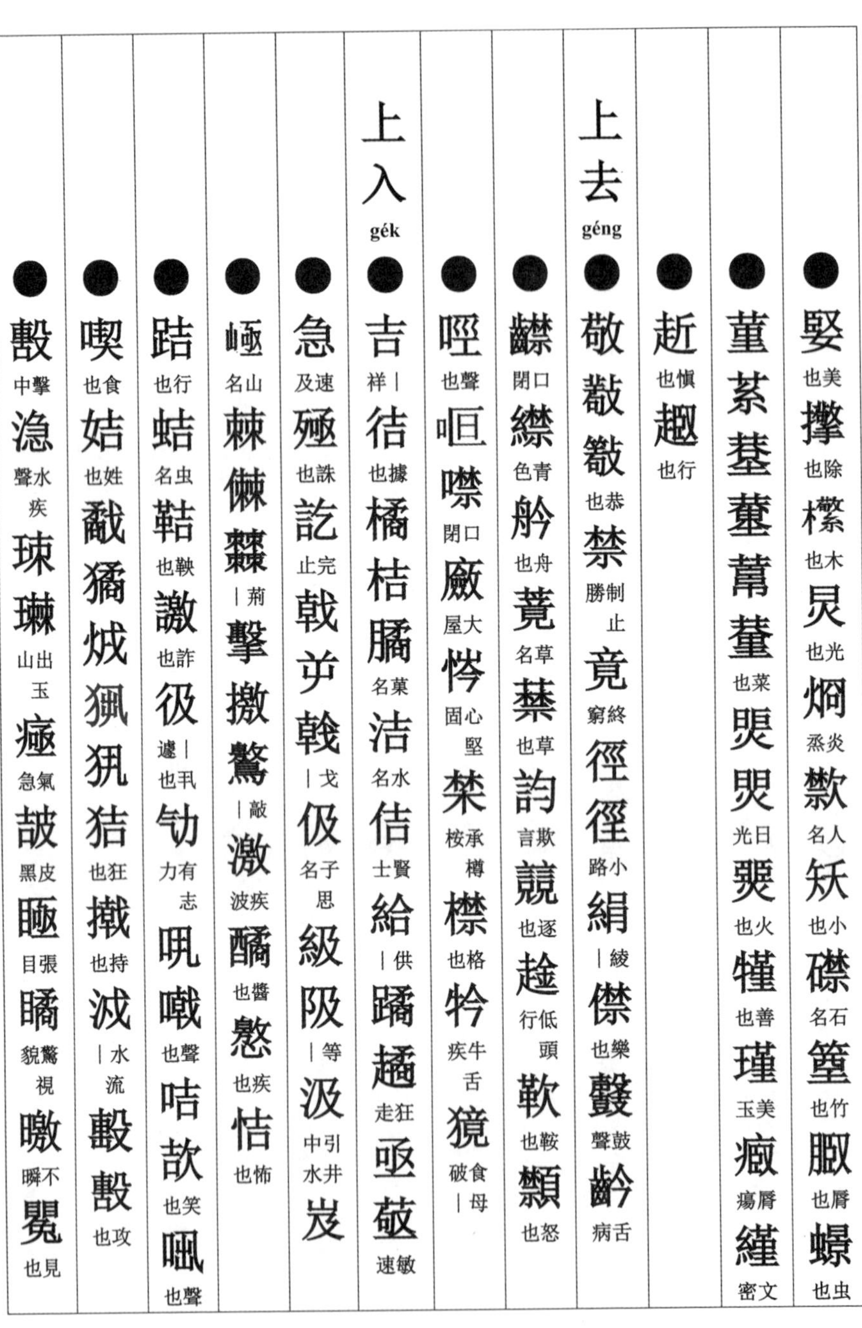

● 堅（美也） 撐（除也） ⿰木禁（木也） 炅（光也） 炯（炎烝） ⿰禁欠（人名） 矨（小也） ⿰石禁（石名） ⿱竹巠（竹也） ⿰月叚（脣也） ⿰虫景（虫也）

● 堇 ⿱艹糸 墐 蓳 ⿱艹堇 ⿱艹堇（菜也） ⿱日見 ⿱日見（日光） ⿱覞火（火也） ⿰牛堇（善也） 瑾（美玉） ⿸疒敫（脣瘍） ⿰糸堇（文密）

● ⿺走斤（慎也） ⿺走亟（行也）

上去 géng

● 敬 擏 儆（恭也） 禁（制止勝） 竟（終窮） 徑 徑（小路） 絹（綾｜） ⿰亻禁（樂也） 鼛（鼓聲） ⿰齒今（舌病）

● ⿰齒禁（口閉） ⿰糸禁（青色） ⿰舟今（舟也） ⿱艹竟（草名） ⿱艹禁（草也） 訡（欺言） 競（逐也） 趛（低頭行） ⿰革欠（鞍也） ⿰禁頁（怒也）

● ⿰口巠（聲也） ⿰口巨 噤（口閉） 廞（大屋） 惍（心堅固） ⿱林木（承樽桉） ⿰木禁（格也） ⿰牛今（牛舌疾） 獍（食母破｜）

上入 gék

● 吉（｜祥） ⿰彳吉（據也） 橘 桔 ⿰月矞（菓名） 洁（水名） 佶（賢士） 給（供｜） ⿰足矞 ⿺走矞（狂走） 亟 ⿱艹亟（敏速）

● 急（速及） 殛（誅也） 訖（完止） 戟 屰 ⿰倝戈（戈｜） 伋（子思名） 級 ⿰阝及（等｜） 汲（引井中水） 岌

● ⿰山亟（山名） 棘 ⿰亻棘 ⿱棘衣（荊｜） 擊 撽 ⿱敫鳥（敲｜） 激（疾波） ⿰酉矞（醬也） ⿱敫心（疾也） ⿰忄吉（怖也）

● ⿰足吉（行也） 蛣（虫名） 鞊（鞅也） ⿰言敫（詐也） 彶（｜孔遽也） 劼（有志力） 吸 ⿰口戟（聲也） 咭 欯（笑也） ⿰口亟（聲也）

● 喫（食也） 姞（姓也） ⿰酉戈 獝 ⿰火戈 ⿰犭風 ⿰犭卂 狤（狂也） ⿰扌戢（持也） ⿰氵戊（水流｜） 毄 毄（攻也）

● 毄（擊中） ⿰氵急（水疾聲） 球 ⿰王棘（出玉山） ⿸疒亟（氣急） ⿰吉皮（皮黑） ⿰目亟（張目） ⿰目矞（驚視貌） ⿰口敫（不瞬） ⿱䀠見（見也）

● 秸禾稾 肐姓也 苃鳥頭草 蒚自急敕 菰蘈也 蕀蔓草 蓄丨子菜 蕺大丨 蘒草也

● 襋 𧝞衣領 趩走意 鞶 郜地名 銡 鋻鋤也 䩯勒也 颳風貌 髻總髮 鬾髭丨

● 鰴 鮚蚌也 鳦戴勝鳥 鴶鳥名 鷩鳥名

下平 ging

● 瓊美玉 煢獨立 𡥅獨也 夐獨行 荆 荊楚國號 䡖車規 䲔魚名 涇寒也 冋 坰地名

● 怐 惸 憌 𠒇憂也 𢹂投于丨于 冋明也 梵木名 𠒇 儝回疾 璚赤玉名 璚赤玉

● 瞏 睘目驚視 硎石聲 藑蕣又丨茅香草 趜獨行

下去 gêng

● 勁健也 頸項丨 脛 踁 踁足骨 陘 陘邑名 競爭丨 倞強也 肣丨肝 妗舅妻 𩰫隔也

● 徑急也 𠢕用力 娙女身長 𡶒山中絕 桱木似杉又絲具 烴焦貌 𤝞狩也 𥲞竹筋 逕路近遠

下入 gǐk

● 極太丨 及至也 𡯯 𡯽倦也 𣱼危也 𢩦戶牡 㥛疾也 笈負丨從師 蒚 䓧敏疾

● 菰冬瓜 𧪠訥言 䩯急也 䳭鳩鳥

氣上平 kǐng

● 欽 欽敬也 輕 輕 逕不重 傾 𨻰側也 衾 衾 衾被也 矜 齡 𢡸誇也

● 卿相也 衿領也 襟裾也 嶔欠也 𢨋朽骨餘 𡗗骨朽 廎小堂 檾枲布可爲皮 欦嘘也 庈寒也

● 磡山險 蓢尚也 躉一足仁| 頃 嶺百畝 頷首動

上上 kīng ● 傾|刻 岑山水而高 酓酒器 顉 頓田百畝旁一| 謦咳聲 嘆唇瘖 坽坎也 廎屋側 搒持物

● 吟明也 汫小水貌也 𣪠出酒 𤎖火出 𣪗皮厚 趛 𧽒首疾 顩 𩑳醜也 淫寒也

上去 kéng ● 慶 慈 㥺 恐喜事 罄 𥧌中空 磬 硜 声 殸石樂鐘 掕按也 甗石器

● 絅布名 鑋金聲 高小堂

上入 kék ● 隙 陷 隙 郤 綌孔| 隔陞也 綌 𦄞粗絺 泣 汏沸| 洫溝也 喫 噭食也

● 吃口不便言 叵曲受 𡃤笑也 啦|送舟聲 𡨚 𡨚孔也 䁍 𥊽曝也 欽吹聲 殈卵裂

● 湆 湇濕也 𤆘火光 瘎頭痛 旻目小動 𥋺目中枯也 矜矛也 礐石聲 峪葛也 𢓡集眾

● 惐心惑 捦急持 翖羽聲 䏍肉美 𦢊乾也 虩恐也 蠹 蠹 蠹傷痛 赩赭色 䞝盜走

● 卻仰也 闃靜也 鰔魚也

下平 king ● 琴 闟 鑋 珡 鬵 𨭆樂器 禽 禽鳥二足 檎菓名 芩黃| 拑|口 鉗火|

● 傾側也 澿禽寒 𢈤石地 岒 庈人名 忴心急 㾣寒也 耹音也 扲急也 㩒 𢻫 鈙持也

● 擒 禽也 㱟 治也 濎 水名 葶 蘦 草名 蛉 虫行 軨 地名 邻 亭名 軡 鞮也 鴒 鳥名 黔 黃色

● 黵 黑色

下去 kêng

● 痙 寒也 羚 牛舌病 菣 草蒿 蝙 膀肛

下入 kĭk

● 頡 蒼｜作字人 詰 治盤 芨 白｜ 笈 書箱 鵙 鳥名 檄 尺書符｜ 屐 木｜ 觼 耑角 趌 怒走

● 趧 走也 迟 曲行 鞊 鞅也 䮗 馬色 鼫 似鼠白 硈 石固 箕 竹器 篙 篙小高 㡘 帶也 𦍶 羊名

● 蔽 菂 的也 蛣 ｜蜣 覡 事神明在男曰｜在女曰巫 卣 僜 不仁 扨 劼 愼也 擙 拔也

● 极 驢上負 椴 燒麥 湉 露光 犵 猪蠻 獥 狼子 獺 獸名 矨 短也

低上平 dǐng

● 禎 祥休 貞 鼑 問正 鼎 端正 楨 幹也 玎 玉聲 燈 灯 ｜火 媜 女字 揁 引也 朾 橦也

● 桸 木名汁可爲酒 湞 水名 竀 闊大 緽 經 赤色 叮 ｜嚀 丁 家人 珍 珎 鍂 寶也 釘 鐵｜

● 仃 什｜ 疔 瘡也 笘 厝權以貯柩 徵 數 數 敳 證也 懲 戒也 砧 搗衣石 瀓 澄

● 浧 清也 奵 女名 夵 刣 刀｜ 行 獨行 𧯧 剋也 㼃 瓶也 疢 熱病 藢 芋也 𣈬 張也 赬 赤色

● 趶 行遲 鄭 地名 御 國名 鉁 證也 𨸝 隕 丘也 靪 鞮 補｜ 䬠 風聲 駗 駖 馬重 彳 小涉

上上 dīng ● 頂 ⿰丁首 顁頭顛 酊酩也 町田畔 鼎 鼑釜屬 薡丨董 濎 澒丨濙小水貌 ⿰木鼎棓也

● 澒水銀 咏鳥聲 奵好也 嵿山名 ⿰鼎斤鎗也 最日初出 ⿰目廷目出 耵耳垢 葶毒草 訂議也

● ⿵冂而登也

上去 déng ● 訂期約 釘以釘丨物 綻衣列開 鎮 椗舡上具 ⿰目定見也 矴 碇 ⿰石奠錘舟石 飣貯食

● 䵺雲色 ⿰黑登米黑壞 碠石亭 ⿱竹亭竹器 飣 ⿰月丁貯食 顁額也 ⿰米丁米餌

上入 dék ● 的 ⿰白單確明 馰馬白額 玓珠色 鏑 ⿰金啻刀鋒 適 ⿺辶啻專主 嫡正妻 甋 滴射丨

● 墒階也 ⿰女適從夫 ⿰弓勺射也 ⿰火皂火貌 ⿰忄勺憂也 擿投也 ⿰啇斗量也 旳明也 樀 ⿰木啻 ⿰木適户丨

● 窒塞也 桎丨梏 ⿰口窒齧也 ⿰黏啇黏飯 ⿰黑勺黑子 ⿰亻啇無憚 穴入也 ⿱宀色飯堅柔不調 ⿰勺刂斷也 囚動也

● ⿰犭乇驢父馬母 磔開也 馲驢父牛母 ⿱罒勺繫也 矵 ⿰石適 ⿰石啇水丨 肑脅也 ⿰禾啇博也 ⿰月啇挑取骨肉

● 菂蓮也 虳鼠也 ⿰虫啇虫也 蹢 ⿰足啻住足 ⿺辶弔至也 鏑龍銷 靮馬韁 魡魚名 ⿰啇鳥雉屬

● ⿰黍啇 ⿰黍啻黐也

下平 ding ● 陳 迪 ⿰阝申 ⿰車敕 ⿰阝敕布排 塵 ⿰土廛 尘 [illegible] ⿱麤土 ⿱星土 [illegible]丨埃 籐丨籠 藤

● 蔆 芰蔓　澄 |清　亭 安定又平直也　停 |止　廷 朝|　霆 雷音　庭 宮中家人　蜓　蝏　蛉 蜻|	● 埕 酒|　娗 容也　婷 美好　嵉 山名　憕 心平　楟 山梨　榳　棖　楝 逐也　䏓 脯也　栚	● 栚 染者用　渟 水止　狿 似猿　㹶 猿猱　瓬 甑也　𥦗 穴也　筳 小竹　聤 耳屬　莛 莖也　蔯	● 虉 茵|　𧑈 |蝏　蠳 蠶眠　甹　甹　甹 定息　諪 調|　䞍 瑣珄虫　跡　跈 |逐	● 𨓆 草逕　邒 鄉名　閮 門中　艇　鯙 魚名　鼮 鼠有文	下去 dêng ● 定　㝎 安|　陣　陲 戰|　朕　舼　胼　艵　皀 帝自称　䨩 雲|　錠 銀|　忊 恨也	● 掟 天|　儌 理也　𨻱 |列　盯 怒目　栚　栟　榺 樊也　檏 槌也　滕 水流　眹 目童　絼 牛鼻索	● 誔 詭詐　錠 虹燭　鯳 錦魚	下入 dĭk ● 直　㮏　柬 正見　敵　𠢕　㪙 抵仇　擲 棄|　躑 躅|　翟 姓也　籊 竹竿　濯 洗|　笛 簫管	● 迪 言順　狄 夷|　侄　姪　嬥　碲 兄弟之子　荻　蔐　藡 蘆草　逖　逷 遠也　滌 洗|　覿	● 覿　覭 私見　蟄 |虫　秩　豑 次序　仢 約也　咷 楚歌　咥　嚁 大笑　嚁 聲速　墆 益也　墆 下入	● 墼 堞也　戴 大也　䶊 鹹也　鸐 山雉　𡰪 小步　崱 山名　巐 恥也　幘　犆 猶一　㣙 行|　徢 行也

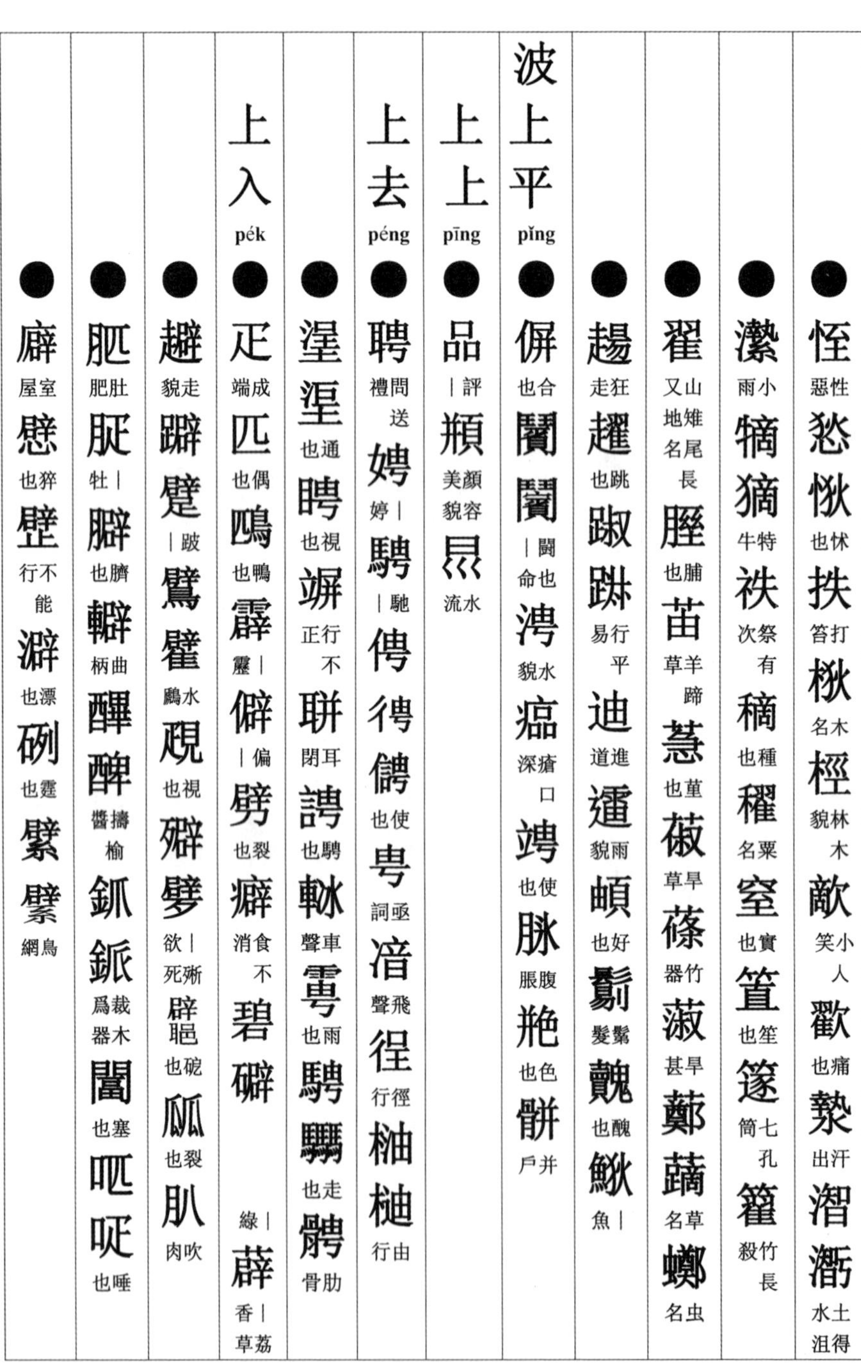

● 悭 性惡 惄 㦬 怵也 抶 打笞 楸 木名 桱 林木貌 歒 小人笑 歡 痛也 漐 汗出 漝 澼 土得水沮

● 瀿 小雨 ⿰牛啇 ⿰犭啇 特牛 祑 祭有次 ⿰禾啇 種也 ⿰禾翟 粟名 窒 實也 笛 笙也 篴 七孔筒 籊 竹長殺

● 翟 山雉尾長又地名 ⿰月歷 脯也 苖 羊蹄草 ⿱艹惄 堇也 藡 旱草 蓧 竹器 ⿱艹滌 旱甚 ⿱艹鄭 蔐 草名 ⿰虫鄭 虫名

● ⿺走易 狂走 趯 跳也 踧 ⿰足狄 行平易 迪 進道 ⿺辶雷 雨貌 頔 好也 鬄 鬄髮 䰜 醜也 ⿰魚狄 ｜魚

波上平 pǐng ● 偋 合也 闣 闣 闘也｜命 ⿰氵甹 水貌 ⿸疒品 瘡口深 ⿰甹鳥 使也 脉 腹脹 艵 色也 骿 并戶

上上 pīng ● 品 評｜ 頩 顏容美貌 ⿱日𠂢 水流

上去 péng ● 聘 問送禮 娉 ｜婷 騁 馳｜ 俜 ⿰彳甹 ⿰亻䳾 使也 甹 亟詞 涪 飛聲 徎 徑行 柚 柚 由行

● 浧 浧 通也 ⿰目甹 視也 ⿺辶屏 行不正 聠 耳閉 誁 騁也 ⿰車永 車聲 ⿱雨甹 雨也 騁 ⿰馬麗 走也 ⿰骨甹 肋骨

上入 pék ● 疋 成端 匹 偶也 鴄 鴨也 霹 ｜靂 僻 偏｜ 劈 裂也 癖 食不消 碧 礔 ｜緑 薜 ｜荔香草

● 避 走貌 躃 躄 跛｜ 鷿 鸊 水鷉 ⿰辟見 視也 ⿰歹辟 ⿱辟歹 ｜澌欲死 ⿱辟黽 砣也 ⿸厂瓜 裂也 ⿰月八 吹肉

● ⿰月匹 肚肥 ⿰月疋 ｜牡 ⿰月辟 臍也 ⿰車辟 曲柄 ⿰酉畢 ⿰酉卑 擣榆醬 鈲 釽 裁木為器 ⿵門畐 塞也 ⿰口匹 ⿰口疋 唾也

● 廦 室屋 ⿱辟心 猝也 躄 不能行 澼 漂也 ⿰石列 霆也 繴 繴 鳥網

下平 ping
● 夊 自爲

下去 pêng
● 朩 臬莖皮 硫 石也

下入 pǐk
○

他
上平 tǐng
● 汀 平也 汀 冰貌 町 平丨 琛 瑍 美玉 砧 搗衣石 鴆 雉 鵤 鴆 毒鳥 忱 忨

● 忞 誠也 聽 耳闻 酊 議也 圢 塴 庁 平也 媞 妉 耽 樂也 桯 床前几 梣 木枝 沊 水聲

● 馻 馬名 湛 没也 瀎 瀑也淫也 犹 水牛 瓞 青皮瓜名 睍 私視 紖 引也 綎 綧 緹 系綬

● 甼 小罔 耓 耒下木 彨 舟行 豸 豕貌 赬 赤色 趻 踸 趵 蹕而行 軒 車停 鋌 金丨

● 鞓 鞭 皮帶 頲 頊 直也 骬 腢骨 骽 去骨 鼣 鼠名

上上 tīng
● 挺 超拔 梃 杖也 艇 小舟 逞 通也獨丨 脡 脯肉 筳 屋樑 郢 邛 邑名 珽 笏也 娗 小也

● 悜 意不足 趑 乘勢 疢 疾也 偵 探得見利 侱 役也 侹 長也 俚 候也 淵 冰貌 壬 善也 乢 安步

● 娗 女出病 庱 亭名 僜 不著 忊 不得志 麣 鹿走

上去 téng
● 聽 聍 闻聆 慄 惼 愚貌 跛 盡也 旱 空也 梈 棗也 涅 泥滓 涏 涇寒 濏 侱 通流 烶 火貌

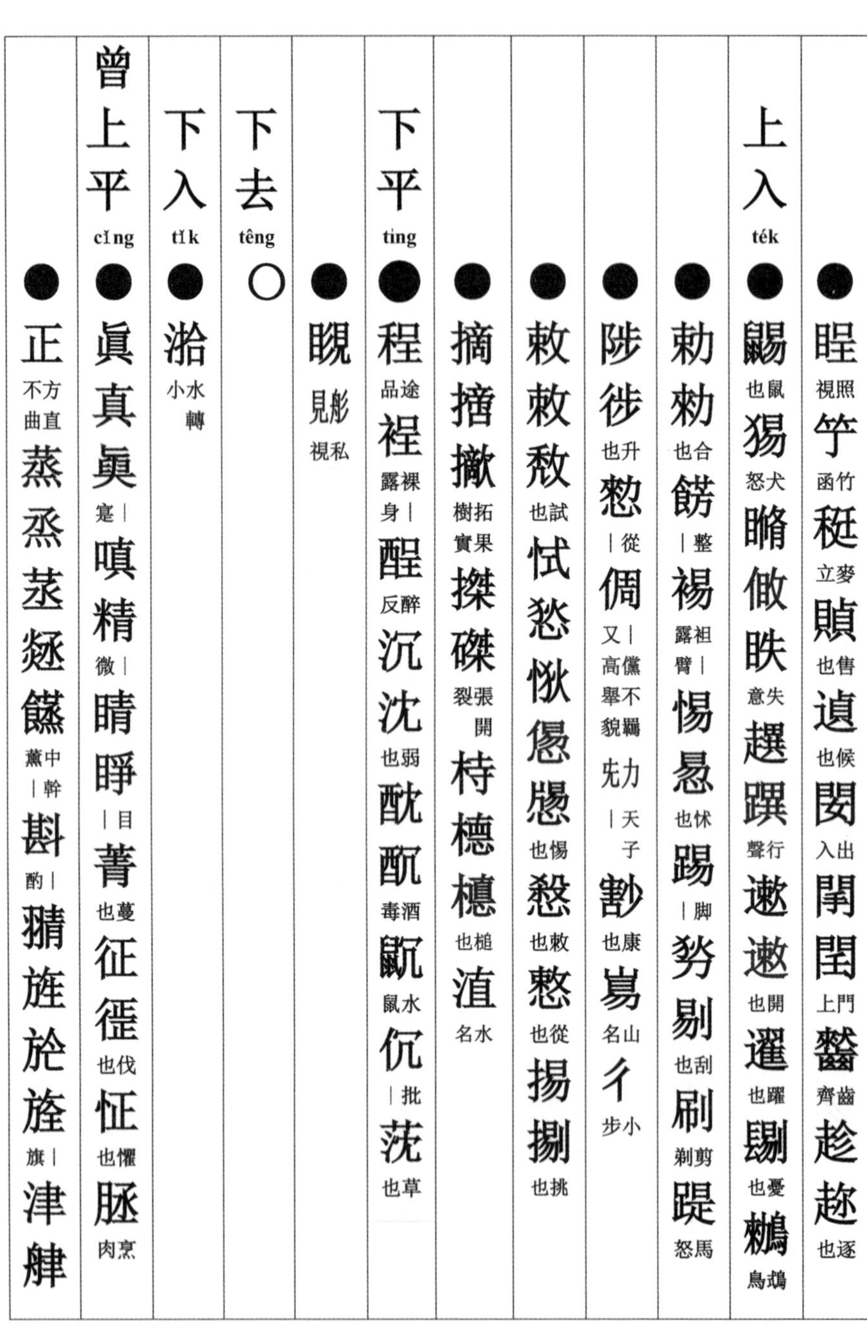

● 睅照視 竿竹函 秠麥立 賟售也 逭候也 閦出入 閛閨門上 齹齒齊 趁趂逐也

上入 ték ● 鷊鼠也 猲犬怒 䀯儌眣失意 趯躍行聲 邀邀開也 ⿺辶翟躍也 踢憂也 鶂鵁鳥

● 勅㔑合也 餝整| 禓祖|露臂 惕惖怵也 踢脚| ⿱务刀剔刮也 刷剪剃 踶馬怒

● 陟徙升也 ⿱徙心從| 倜|儻不羈力天子又高舉貌先| ⿰步刂康也 ⿱山易山名 彳小步

● 敕敕赦試也 恜惄⿰忄敕愓愓惕也 憝敕也 憝從也 揚⿰扌敕挑也

● 摘擿⿰扌敕拓果樹實 擽礫張開裂 ⿰木寺⿰木悳⿰木悳槌也 淔水名

下平 tìng ● 程途品 裎裸|露身 酲醉反 沉沈弱也 酖⿰酉冗酒毒 ⿰鼠冘水鼠 㐵批| 莐草也

● 睍彤私見視

下去 têng ○

下入 tǐk ● 沿水轉小

曾上平 cǐng ● 眞真⿱真大|寔 嗔精|微 睛睜目| 菁蔓也 征徰伐也 怔懼也 ⿰月丞烹肉

● 正方直不曲 蒸烝⿱艹丞⿰火丞篜中幹蕭| 斟|酌 猜旌於旌旗| 津⿰舟聿

●雛雂肆逮星名液又關津箴戒也砧搗衣石晶日光升合也癥腹結征懼也

●⿰牜先銳意脣⿰口辰啨鶩也垮土也囸取士編號之字圱⿰土斗古國名埐⿰土㝵地名⿰氵⿱肀土潤澤

●姃女容端莊媜女字怔正也帪馬兜延行也徰行不止搸琴聲⿰⿱⿱士口灬攴擊也椹枯同⿰魚真纑也

●殷擊也浾棗汁洿濰水名葴⿰氵葴山名⿰申斗｜酌炡爍也⿰火丞熱氣⿰火酉⿰月正⿰月酉

●醬醬賁魚煎肉⿰犭敕運也珒⿰王隶瑧玉名瑊次玉璡石似玉瘵骨病眐視也眿

●⿰目辰瞋眩也祲精氣禛受福⿺辶甚坐立⿱竹泰⿱竹泰竹炬箐笭也⿱竹真箭也⿰糸正馬飾縝縷也

●⿰耳正行也聙善聽⿱聿豕飾也腈猝肉葴⿰氵葴⿱艹⿰氵咸大葉草蒖葵敢藎菹也⿱艹⿰亞瓦蝦蟆⿱艹精仙草

●蜻⿰虫盡蛚也⿱聿皿⿺辶⿱聿皿氣液⿰衤正小兒衣⿰言𣴎語煩⿰金葴針鍼作衣鉦鏡也⿰口欽地也

●踓⿰足鳥誰⿰言鳥鵅｜⿰足青正也⿰青頁不正頭⿰飠正餅也鯖煮魚[illegible]醋煮魚[illegible]鷺鳥

●鶄食魚鳥黬黑也鼱小鼠⿰精鳥鳥名⿰鳥戠木鳥

上上 cīng

●枕梘臥具振起也脤濟也縝⿰糸辰結也軫⿰車尔⿰車令動星名疹⿸疒尔⿸疒鄉脣病

●⿰扌承⿰扌开拯救也⿰扌𠬶擊也抮引戾整整｜齊整顧也丼八家一井㐱稠髮⿵几彡新生羽

● 鍬 鑿也 姬 慎也 井 水丨 穽 舍井 屒 伏也 迯 走也 弨 弳 弓强 [illegible] 新生羽 丞 拼 上舉

● 拒 給約 昵 晨 昣 眐 井田 眕 眡 止也 砛 䃁 不平 積 聚物 究 深丨 紾 轉也

● 聄 眡 告也 胗 胒 脣瘍 跞 眎 明也 蜄 動也 裖 袗 玄服 覙 覞 譋 診

● 訡 視也 眕 賑 貽 富也 跞 足也 蹍 笑也 郱 地名 震 霴 動也 𢒉 慙也 顧 頭動 額 低頭

● 鬒 白髮長 鬒 鬒 黰 黰 髮美 鶁 鷺也 黔 黔 黑也 煩 頭後骨 毴 毛髮平

● 噓 憤也 櫨 盂也

上去

céng

● 正 衖 乏 豆 疋 足 端正 症 病丨 晉 晋 簮 進也國名 紳 帶也 槽 木名

● 瑨 美石 滞 寖 浸 濡 濅 浸 濅 水名 浸 寖 滞 水入 侲 童子 剅 剋也

● 嶒 山名 彊 彈也 證 鏊 鐢 寖 驗告 政 事丨 進 趫 躪 前行 鄦 黄色 鰼 鬏

● 鰽 高鼻 証 諫也 諓 不正 謓 笑也 搢 搢 挰 插也 箴 人名 緅 緵 朱丨 踬 動也

● 郖 邑名 醑 美也 鎮 镇 鋴 重也 雛 雛 鷄 鷄也 掇 深掘 縉 赤色 摯 羊名 蕿 薓

● 蘉 葯草 蟳 蝤 虫名 敂 動也 敲 擊也 杓 梳系不乱 梫 檯 桂木 浸 漳水 鏾 刺也

上入 cék

● 織紩絨緎結紡|緝斷續輯編|積馡稩蓄|勣績功|蹟

● 跡遺|迹速迒步|質贕無文執𢫬𡠌持也縶連縛馬足稷稄

● 稩稷稩穀神社|鯽鰿魚名喞唧啾|脊膂䴥背|瘠㾊瘦也

● 嵴山崗鶺鴿小鳥𥨍鼠聲蹠跖盜|秷刈禾聲桎足械䐙䐕絆馬足即

● 昂就也偮眾也㑶小也僺聚也儨正也瀆濆寒也㓷利也劕最也㚖久也

● 㕇水曲㗣响聲𠻨鳴聲嘖讀聑野人言𡁨虫鳴囈眾聲擳捽也圚羈也㙷疾也

● 塉薄土嫧女字㜆㜸至也嬇女字㞦尺理也㥛慵也戠戬藏兵𢷾攕抸

● 擮摘也朾橘也楖標楶屋櫋木樍木別名樴杙也樻木也橨柎也氿瀐水出

● 叱脣也泎濺也瀐粘也瀸和也爒爒也𤟤犬生三子𡚸欯喉也㛪擺也墆人名

● 瓡邑名耭良耜䁯目淚也出磩石貌磧柱下石稘稠|膌黏也䐀膏澤膌瘦也

● 臟肉敗䐈葯名蠢室也艥舟柾蒫草名蓻草生多蒣藏蘵|黃草蚍蜻蝍

● 蛭水|蝍|蛆螯藏也蠘蟹殼㬅囊也蕡草也褚裙褶覩䚋人視謮拾人語

							下平 cing		下去 cêng		下入 cǐk
● 趚 趞走急 趭也走 踖｜踧 踶迫｜急蹷 蹐涉小 蹟 蹟 蹤也跆 輯｜編 迫也近	● 郅也至 釟器鉄 鑕也釜 霵 霵 霵雨下 輯輯車 騭馬牡 驖行馬 驞名馬 鬣垢髮	● 鯖魚小 鶄也鴿 齣聲齧 職王宮	● 秦 𥣫 𥣫禾國名名 螓而似小蟬 情 啨 崝｜性 晴 睲也明 䝼賜受 穽 耕	● 耕｜陷 嫀字女 瞸淫亂 轃 輤車大	● 靜 靖 彭 靚理淨 淨 瀞 瀞 瀞｜潔 盡 尽 盡 盡竭｜ 燼餘火	● 藎 藎草忠又 倩也妗 婙 婧貞女 嬧字女 揕也刺 濜急水流 烬餘焰 𦘫木火餘	● 竫名人 瑧玉石似 竫安停 蓁多木生 彭飾清 頳首｜ 犊名牛	● 集 雥也眾 亼合三 卙也盛 𠦜集詞 啾嘆｜ 噍也噍 潗 㙫出泉 嫉 㾊也妒	● 湒雨下 誎 㝁 寁 家 寂 宗聲無人 𨈢貌弱 厝名邑 㤥聲無人 愱害毒	● 𧩏也苦 趌遽走 鄐 鄐地蜀 𨭰重物相 鍓 鏶也鏶 驜多馬 䳶名鳥 耤畝十 𦔅名地	● 䐑也肥 瘯也疾 䔟也菩 蕺名菜 螏 蝨也藜 覾 覸赤目 踖也踐 輯編和 疾 㾊

字母	聲調	拼音		字
			●	㾪 㿲 㿪 廿 瘊 病急怨 癀 瘦也 䁭 目動 䈌 取魚具 籌 箐 竹名 籍 書｜ 緁 合也
			●	擠 齊亥布 擠 擊也 眰 大也 㰆 屋枅 㴔 無人聲 濼 泉出又濼 瀞 無垢 蕺 六音 灎 水名 緝 續也
日	上平	nǐng	●	寘 大明天 繵 紝 織也
	上上	nīng	●	檸 木名 矃 視也 聹 耳中垢 𨉞 垢也 聤 耳垢 𩕄 頭傾
	上去	néng	○	
	上入	nék	●	尼 抳 痤 怩 慚愧 肶 肥也 眤 小目 挃 拴 揤 穉 擣也 矬 短也 秷 刈禾
			●	窒 塞也 縍 結也 膣 不聰
			●	銍 穫禾短刀 鋞 刈也 齸 齷 齒堅
	下平	ning	●	寧 寍 寧 安｜ 嚀 叮｜ 濘 泥｜ 嬣 女劣 甯 願也 寘 寘 昊天之謂 儜 行也 聹 聹 告也
			●	㲰 犬毛 獰 病也 簹 ｜[illegible] 聹 耳垢 薴 草也 蠑 似蛙 鸋 䴂｜ 鸋 鶵 鳥名
	下去	nêng	●	認 ｜記 佞 諉 誑也 媵 從女嫁 甯 所欲 儜 諛也 檸 木名 眳 眩也 蟘 虫名
	下入	nǐk	●	日 𡇞 囸 囸 囨 太陽 汩 溺 屭 休 夾 沉没 匿 亡也 暱 小近親近 惄 䰯

時上平 sǐng

●惄惄憂也馹傳|馬站醖愁也搦恃也䵒黏|乙實也昵暱私也嫟嫕淫|

●愵𢡃憂也㥌愧也𢡃慝|惡暱日近榒木名𣟁木名疕瘡也𥻗粉熱舶舟飾

●苜草也匜𧓉食病虫衵近身衣釰鈍也𪘲齒病

●星曐曐星|宿惺𥨊𥩈了慧猩人面豕身醒睡|鍟鉃|䍞羶也

●𡰪身|体申𦥸𠬪𢆡獻致呻軟|吟伸反屈紳大帶縉|娠𡟜怀孕

●升登也昇日虫陞跰阩高|薪柴也聲聲殸|音心|思勝夌

●殅草木萎死煋火熱烊雅赤侀出水爲|𠌾妊身𠈅行步𤛓|進㕣吣犬吐垶土也

●㷫㷫賸|任辛辛甘生莘𦵧細|觪弓角騂騂赤白𤘺赤牛𣦸欲死

●沁水名揔𢫃插也捘𢄎聚也斘登也杺木名柛木自枯曰|㮳草木盛梓床前木

●𡍯赤土妽𡛷女字姺國名𡝫|氏生禹屾二山莘神名侁侁泉也㤈惻也扟自上取物

●𤈦赤也乎新取木𢘌憂也珅玉名瑆玉光𤭛瓶有耳甡多也𤵽痛也痒病戰𦥸引目

●睲目晴𥖁石名胂申也䄠禾名𥡶麻也𥠀稀|少𥞊穀名𥨍悟也寤|悟篂箵也

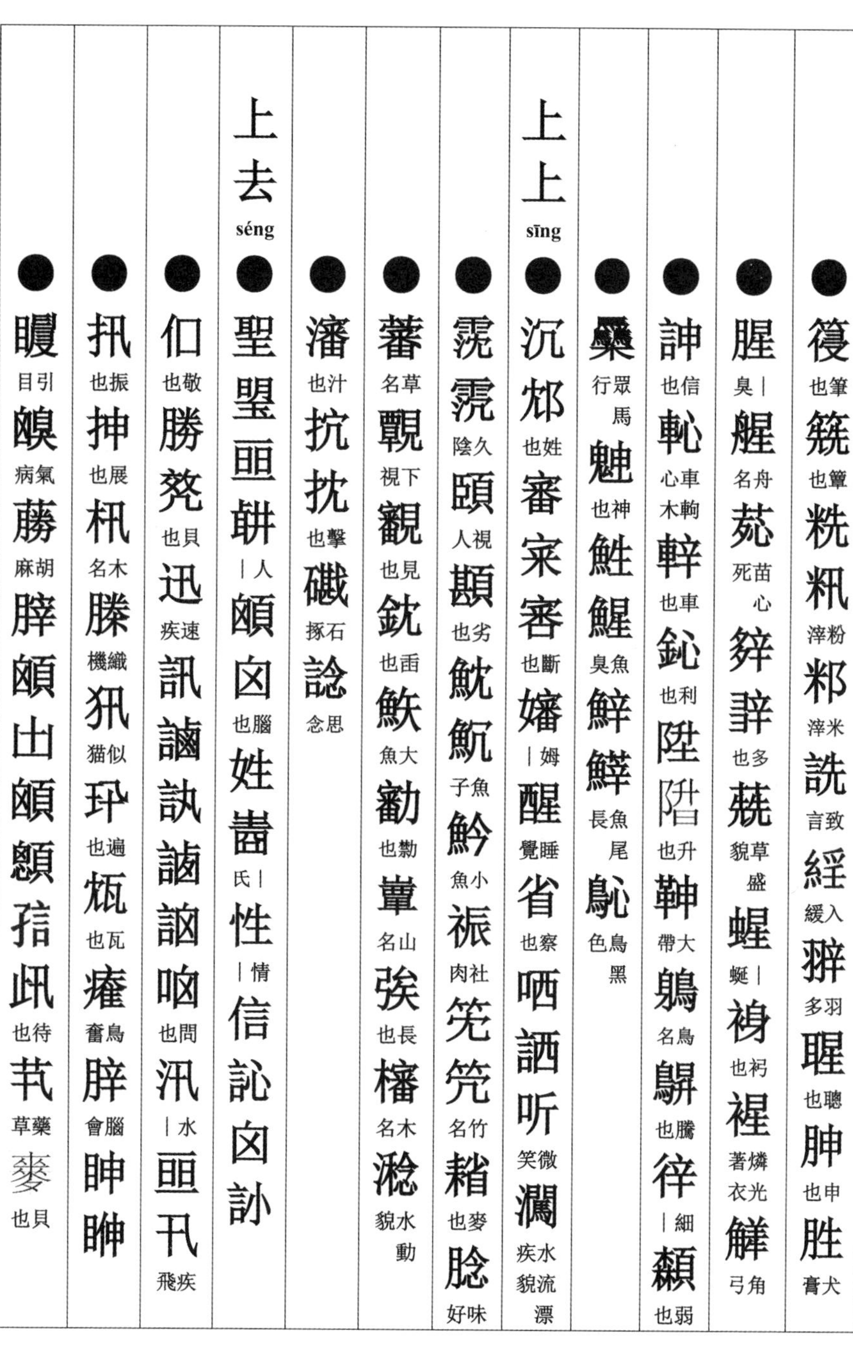

● 篗 筆也 筅 篂也 粇 籸 粉滓 粌 米滓 詵 致言 經 入緩 翍 羽多 睲 聽也 胂 申也 胜 犬膏

● 腥 |臭 𦪇 舟名 菀 苗心死 猝 辭 多也 蕘 草盛貌 蛵 |蜓 襑 衬也 裎 燐光著衣 觲 角弓

● 訷 信也 𨊥 車軥心木 𨎐 車也 𨥥 利也 陞 阩 升也 鞞 大帶 鵢 鳥名 鵿 騰也 倖 細| 頳 弱也

● 鱻 眾馬行 魋 神也 鮏 鯹 魚臭 鮮 鱘 魚尾長 鯹 鳥黑色

上上 sīng

● 沉 邥 姓也 審 宷 寀 斷也 嬸 姆| 醒 睡覺 省 察也 哂 洒 听 微笑 瀾 水流漂疾貌

● 霃 霃 久陰 頣 視人 顛 劣也 魫 鮐 魚子 魿 小魚 祳 社肉 笎 笎 竹名 稍 麥也 脸 味好

● 蕃 草名 覷 覬 下視 見也 鈂 臿也 䰼 大魚 勬 勦也 巑 山名 㟗 長也 檰 木名 潨 水動貌

● 瀋 汁也 抌 扰 擊也 磯 石琢 諗 思念

上去 séng

● 聖 聖 亜 餅 人| 顖 囟 腦也 姓 𦣻 |氏 性 情| 信 訫 囟 訬

● 扟 振也 抻 展也 杋 木名 縢 織機 猏 似猫 玐 遍也 瓬 瓦也 疽 鳥奮 脺 腦會 眒 睭

● 仰 敬也 勝 兟 貝也 迅 速疾 訊 訫 訙 詾 詾 囪 問也 汛 水| 亜 卂 疾飛

● 瞚 引目 顖 氣病 蓇 胡麻 脺 顖 出 顖 顋 揺 跐 待也 芃 藥草 麥 貝也

●輒車迹餇飣鳥飯着妝也貀獸名閲守門阢陵也

上入 sék

●昔筲篕夙丨惜痛憐愛踖蹴丨腊焟𣉙乾肉䩤䩤履也式樣丨軾車前

●失遺丨室房丨識戠知丨釋解佛家丨悉𢘆㤸恖恩盡也適至往如舄

●𣐌履也蟋螅蟀丨虫名錫丨銅餳飴也暘陽光陽晰仝鎊鍁鈁鈰鎊

●餗首丨䭒氣丨䭓䬪蝕日月有虧明亢陽光則日丨陰亢陽光則月丨嫡姓人嫁名隰䧅隰䴞

●淅下濕曰丨晳白丨析𣃁栟木破淅雨聲冬汰米㖤鳥鳴悊蜥蜇丨蜴虫名𣾘水貌

●濕湿乾反漇破丨曰丨息休丨安也姑丨愛也媳子婦熄火滅奭驚視貌螫青虫所破也

●𥨍窨夜也逷行也䉍古昔字窸察聲不安鹹鉽鼎丨鍁矜糊隱地名𩂣𩃎雨也

●鞚刀削颸風聲𪀔鳷水鳥𧺆走也䯛膀骨澀澀幽也鵗鳥食潟鹵地䯢髮也

●䶈細布偲然也儸不及㨊脛頭舀愧貌嘻聲也嘀囑也郎地名裰衸袥婸媎

●嫿女名寔寔止是偲搖也戴知也㐻縱也拭清也摺手習聲又敗㖤晰

●晰急速又明晳明也棟榅木名栻楊也木名楷散也殎殎娶極也潩水也烒火貌

●煬乾也熷火乾猎猲似熊瘜悪肉䀬目所記罨罪止睪視也磶碣柱下石

●窸穴出篒竹器淅汰米粞殺米釋漬米緆布細聦耳動腮|肉葸菲也蜥蠑|

●蕮蒠車前草蚮虫名蘵苦參蝀蜤|蝘蜥蜥蝲|蜴䄙襫裝也

●裼去上衣請多言䝲貨也

下平

sing

●神禫天|臣君|承𢍏乗拯|接乘輿跨馬尋噚尋潯縛討也

●蟳海|丞相佐助晟䁏飯匱成戚敗反誠信敬城成也又民居曰|珹玉名郕魯鄉

●晨㫳巽曟早|辰辰辰辰辰辰晨時|宸帝居澠

●澠淄二水名繩繩鱦索也蠅青|僶埋也塍塍田畦𡎙地名娍㜸女名

●宬臧書室㞼翊也峸山名憕心平憴戒也撏取也拯撜摘物氶没也溗溗水不流

●潯水开濤旁深灊出金𨗨長也啟喜動貌枔木葉椉點也樳木名燄燚燖

●燂溫也黮湯沃毛𤛙牛也璕美石瓆石似玉瓻器也塍田畦宬屋所受宸天子居屋

●筬筐也䈨|竹絾織|脅癡腫膞姓也茞荿莀草多蕁水名蜃蜃大蛤

●蝇乘飛貌 䙉衣博 諶信姓 廾 軬後登車 鄩 陹地名 鐔劒鼻 䡲 輮一車

●鄎國名 隯小阜 雕 鵰|風 頏頸也 颰 颯姓也 餳飴也 騬 騬 騬犗馬

●鱓魚名 鱘魚長一丈二 鱦小魚 䳇鳥名 麎牝鹿

下去 sêng

●盛器也 甚 㞷尤最 葚桑寔 乘 䡲 椉 乗 兖 㯮|車 剩 剰餘也 塖

●塍 塍縣名 穽 阱 桀坑| 睿 愼 睿 憙 睿謹| 腎 眼肝| 黮

●椹鐵| 鼀蜃也 俸向前 鈂掘地 䑲覆船具 墭盛物器 娍善也 嵊山在剡邑 愖

●訦信也 揕曰杖 歁笑也 諶信也 煁烓也 瘎腸痛 聃疾貌 脤 胆肉也 䏲|肥

●誎促言 邸地名 郕國名 鋠圓鉄 鍖不進 霯雨聲 頻頫|俯首 鯵魚名

下入 sĭk

●實 䕡 宲虛反 湜水清 夕下午 汐潮| 植栽也 値|當 習 謵學之不已 殖貨財生|

●什|人 席 䃤 厬 厬几席 蓆臥大 碩大也 食 㒃 𠎬口吞 拾掇| 埴培土

●石 䂖沙| 鼫鼠似兔 嚿妭| 𢜬專也 慴懼也 槢木堅 𣚣重文 湜 湜清水見底

●漝影也 𡕒行也 埴 𡐖土赤又人名 𡐖赤土 湞水名 𪇭|鴰 齰齩也 陟 僜登也

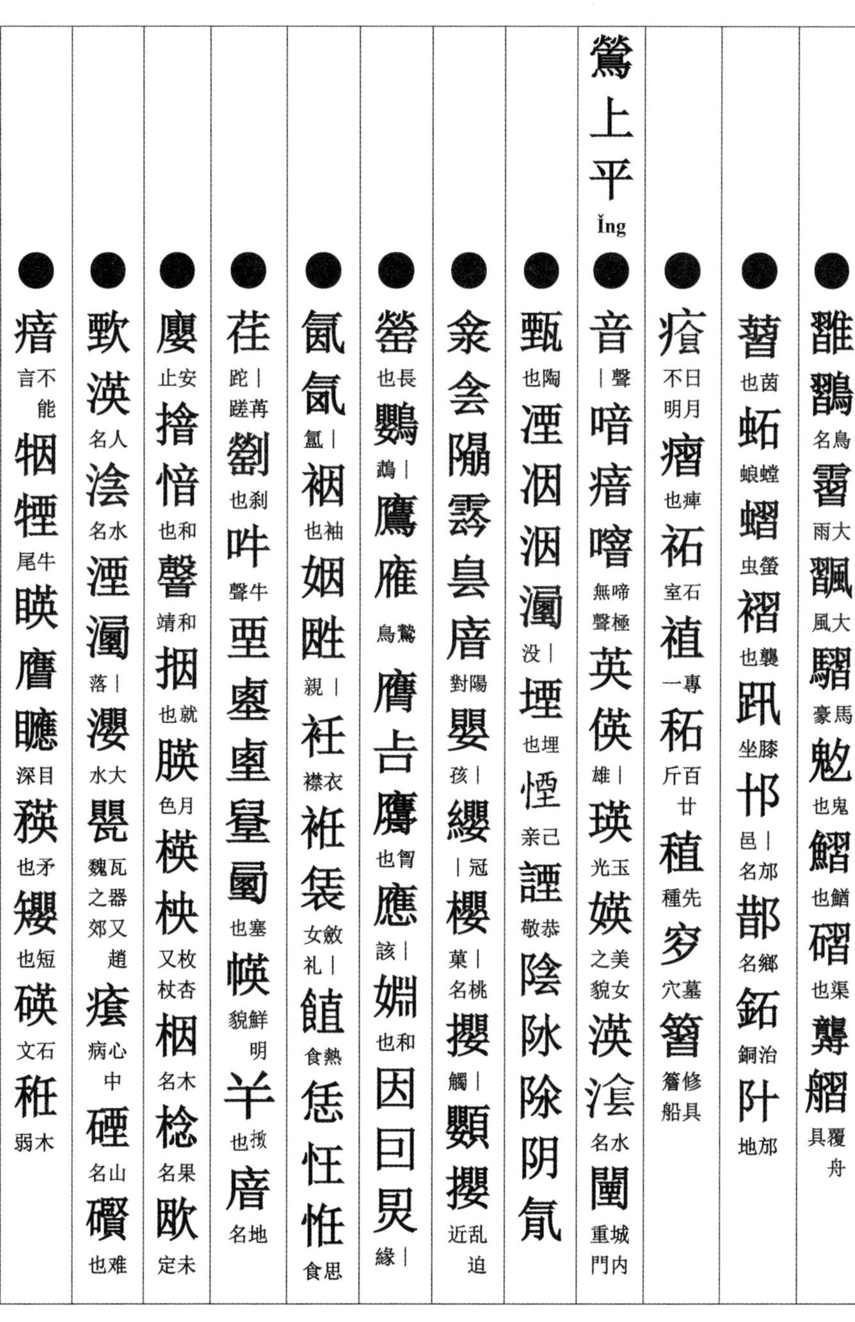

●雔鸐鳥名霤大雨飀大風騮馬豪魛鬼也鰡鰌也磂渠也龔艒覆舟具

●蒥茵也蝂螳蜋蟉螢虫褶襲也跏膝坐扐|加邑名鄁鄉名鉐治銅阞加地

●瘡日月不明瘤痺也祏石室禃專一䄷百廿斤稙先種穸墓穴篸修具篖船

鶯上平 Ǐng

●音聲|喑瘖噾啼極無聲英偀|雄瑛玉光媖美女之貌渶湰水名闉城內重門

●甄陶也湮洇洇湮|没堙埋也慪己亲諲恭敬陰阥除阴氤

●侌会隂霒𤽣㾁陽對嬰|孩纓冠|櫻|桃菓名攖|觸𩕄攖乱迫近

●罃長也鸚|鵡鷹雁鷩鳥膺占膺胷也應|該媏和也因囙昗|縁

●氥氤|氳裀袖也姻䀏|親衽衣襟袵𧚅斂|女礼飪熱食恁任恁思食

●荏|苒跎蹉劉剎也吘牛聲垔𡏁𡑃𡉏圚塞也㤕鮮明貌羊揪也㾁地名

●廮安止揞愔和也韾和靖𢪃就也䁐月色楧柍枚杏又杖栶木名棯果名欭未定

●歅渶人名湰水名湮湮|落瀴大水甖瓦器又趙魏之郊𤺺心中病䃌山名礯难也

●瘖不能言𤙖犫牛尾瞸䧹矃目深䂆矛也𥐥短也碤石文秹木弱

●稔熟也年也積久也 寗地室 筃車蓐 筳蓐也 筴 菫筍也 糗精米 絪｜溫元氣 經搖也 蜠虫名

●翑 黫 黫黑羊 蘡草茸 腰理中 茵 鞇陳也 蝧蜂也 禋 裀衣身 谼谷也 豍豆也

●迎走也 鄄地名 醞醉聲 陻 隁塞也 霙雨雪下 霪雨也 露沉雲貌 箬聲不平 韺樂名

●颹 颶高風 駰驄馬 鰊魚名 鸎 鸚 鶧鳥名 麖牝鹿 黫 黖黑也 鼘鼓聲

●韄牛具 紖 引 扚 紖駕牛用 引 弘 扚道也 蚓蚯｜ 穎悟｜又豐 嶔山岑

●廣長廊 郢節氣名又邑 廴長行 弞笑不坏 戟長鎗 挺搦也 摬擊也 顯頸瘤 笄 筍草名

上上 īng

●稔豐年 永 羕長也 潁 影形｜ 飲 歙 飲 歙 衾 飲 衾 涤歙｜ 䤁

●銦錫｜ 饃 饋 饒餌也 瀅水門 犇深池 熨大熱 矧 矤 攺況也 胤脊肉

●莖木名 蚉虫名 覾視貌 訠人名 酳 酳少少歙 敶擣也 輔 䡬小鼓 栐木為笏

●栶鄉名 毦毛布 消小水 瀧 潁水名 穎禾末 剆刺也 吲笑也

上去 éng

●印 瀸信也 听尖貌 應 膺 亹 壹 懿 壹 屢｜該 膺 噟以言相守 暱日暉

●𨇨 蹬卧也 癊 瘖 腟心病 茚草也 䜣啼不止 詳怒也 朋牢也 䝰飾也

● 輣車名 雺気也 靐雷聲 鞆木履 髻髪乱 鯽魚身如印 映 暎照丨 廕庇丨

● 蔭 䕃應廠

上入 ék

● 壹 乙 鬐數始 鳦燕鳥 撎 樴 楫讓也 抑 揶治按 挹抒也 搤持也 益 䓲加增

● 鎰三十兩 溢 浥 洫水滿 嗌 嗪咽喉 邑 卬果名 䭲臭丨 㜋女字 玘高也 庘低下

● 一 弌丨 俋勇壯貌 𠮙 咠 囁聶語 唈短氣 噎食塞 浥潤也 圔丨窊聲下貌 嬄婦人貌

● 𤸎 悒不安 憶念也 揖 𢷎拱手于上下 榏 艗舟也 殗 𣩫病也 𣾰口中液 㳑水流

● 鼶鼠屚 䁆目閉 𥖁上下地名 𥳐捕魚具 𨨏挹器 𦁔臭衣 膉肥也 艗舟首 𦬕草傷 鶃丨鳥

● 葺茨也 萒 𦺅草密 謚笑也 鄬地名 闓闚也 𨹠陜也 䬢食不下 饐 𩚳臭也 𩵺 𩷎魚名

下平 ing

● 人仁也 同 𡈼眾丨 仁 𡰥 忎慈愛 盈滿也 楹柱也 𣠮 寅 𡩟恭敬 夤 𤎣火也

● 任姓也 滛 淫奸丨 𣹟 霪 湛 涏 䨶久雨 營軍壘 榮華也 熒感二星名 瑩潔似玉

● 縈 蘗 𦼵繞旋 塋墳丨 嶸崢丨 嬴 贏勝也 瀛大海洲名 庄卡也 滎小水 籯箱也

● 𦗧聲也 鵀戴勝鳥 𦞢肥也 𧄕丨菊 寅敬也 螢 𧄫腐草所化 𧅗丨菜葉似荇生水傍 𧦵 𧥞信也

● 妊 姙孕｜ 孆娥｜美好 痓病也 傹 祐回疾 宂 冗散也 傺特也 嗔大笑 嚛啼｜

● 嫈好也 王善也 壬北方 夐姓也 嬫女字 嬴帝少皞之姓 嵤山深 ⿱𤇾巾覆也 忈仁愛 ⿰忄瑩

● ⿰忄瑩恨也 ⿰忄營衛也 ⿰扌盈物名 ⿰扌嬴儋也 杁房間木 桯通水名 ⿰木榮木名 殥猶遠 淫 㸒浸｜放

● 演長流 濙 瀅 瀯小水 瀛海也 瀠水回旋之貌 溋人名 㹣黃狐 郢姓也 鄸地名

● 銋 鈓鍖｜不進 ⿱任金冶金 鎣飾也 啨｜吟小語 謍聲也 魜魚名 実 疊 ⿱宀東 ⿱𦥑貝敬也

● 滎小水 炗明也 ⿰火咸鉗也 璌場也 ⿱艹壬草名 ⿱𤇾瓜小瓜 ⿸疒𤇾欠歐聲 ⿸疒營病作 ⿰石嬴石也 秂禾欲結

● 穾 窋深也 ⿱⺮壬竹名 纫單繩 紝 絍 縈織布 ⿰糸盈 ⿰糸呈綬也 ⿱𤇾虫蜓也 螾 蠃蚓也

● ⿰月寅脊肉 ⿰月嬴屎也 ⿱艹盈菊也 黃王瓜 ⿱艹煢 ⿱艹𤇾木 蘗草旋 ⿱艹嬴菊花 蟫白魚 蠑蛇医 ⿱日衣香衣

下去 êng

● 褮鬼衣 贏有餘 ⿰尢辱不肖 迋過也 ⿰酉甚籥也

● 詠 咏歌｜ 泳｜游 恁恭敬 任肩｜ 賃租｜ 胤後嗣 刃｜鋒 孕 㛕 ⿸尸孕 娠

● ⿰月孕怀胎 牣 ⿰牛忍充滿 認忍也 仞七尺曰｜ 仍依旧 ⿰鼠刃鼠也 迈往及 ⿱𤇾酉 ⿰酉乃酒失 阞地名

● ⿰阝衆衆也 靭堅柔 韌柔固 飪 餁 ⿰食榮 ⿱任火 ⿱任食大熱 ⿰食念飽也 刅傷也 卤 ⿴匚盧驚聲

● 膢 嫎 也送 [illegible] 子怀 屻 形山高 [illegible] [illegible] 胤 嗣繼 帞 巾枕 羊 也揪 庄 也下

● 忍 [illegible] 耐能 扨 也因 [illegible] 也濊 杒 名木 [illegible] |桎 栠 栣 弱木 併 行送 軔 車止 [illegible] 噐玉

● 礽 也福 禜 名祭 [illegible] 名禾 肕 肉堅 [illegible] [illegible] 肕 汁肉 [illegible] 視大 [illegible] 行舟 艿 生相

● 艾 艻 名冬草 [illegible] 剪茉 [illegible] 豆大 袂 也開 訒 訒 也厚

● 訒 也頓 訒 也因 贉 贈相 [illegible] 送副 [illegible] 知不

下入

ǐk

● 亦 [illegible] [illegible] 炙 也又 奕 弈 棋圍 役 [illegible] 也差 譯 譯 之傳人言 繹 繹 絲抽|糸

● 懌 恍悅| 驛 譯 |郵 弋 [illegible] 射取 翌 日明 翼 [illegible] [illegible] 鷁 [illegible] |羽 液

● 洂 |津 腋 |脅 易 也移 蜴 蜥 |蜥 射 矢發 斁 也厭 逸 [illegible] [illegible] 失過 佚 |安

● 佚 蕩放 入 反出 佾 [illegible] 列舞 域 [illegible] 限界 [illegible] [illegible] 之火貌甚 閾 [illegible] 限門 軼 |超

● 秩 序次 掖 人以投手地持 [illegible] 也光 杙 名果 棭 名木 [illegible] [illegible] 也埋 泆 也涯 [illegible] 也肥 [illegible]

● 滐 [illegible] [illegible] 名水 [illegible] 流水 [illegible] 也窟 [illegible] [illegible] 光火 [illegible] 名人 [illegible] 也火 [illegible] 也災 役 也棄

● 㑊 善食而瘦謂之| [illegible] 婸 也動 [illegible] 噐田 [illegible] 也鼎 [illegible] 也開 [illegible] 草羊食 [illegible] 川| [illegible] 行回

● 睪 睪 樂好視 埸 田畔 墿 軌道 妷 婦宮 [illegible] 安｜ 嶧 邑名 [illegible] 山高 帟 帳也 [illegible] 按也

● 𦘔 肄 習也 [illegible] 廙 行屋 庚 屋通 廿 二十并也 羿 引給 [illegible] 盆骨 暘 日無光 [illegible] [illegible] 豕也

● 代 行也 忕 心動 伇 用心 [illegible] 大也 [illegible] 疾貌 [illegible] ｜ [illegible] 侮也 甙 瓦也 疫 [illegible] 民皆疾 瘍

● [illegible] 病相染 [illegible] 淫｜ 睪 目也 睗 目病 鳶 隿 鳥名 [illegible] 小矛 [illegible] 祭之明日 [illegible] 禾也 [illegible] 禾終畝

● [illegible] [illegible] 黍稷 [illegible] 羔裘縫 [illegible] 耕也 窔 穴也 [illegible] 竹索 [illegible] 置｜ [illegible] 田具 [illegible] 重也 [illegible] 絡絲 [illegible] 缶器

● 罭 九｜魚網 緎 縫也 翊 [illegible] [illegible] 飛貌 [illegible] [illegible] [illegible] 耕也 [illegible] 芟也 肄 [illegible] [illegible] 習勞

● 芅 鬼桃 [illegible] 叢也 [illegible] 藕翹 [illegible] 虫名 蛡 蜂也 蜮 [illegible] [illegible] 短狐 [illegible] 衫也 [illegible] 長衣 [illegible] 縫也

● [illegible] 上谷名 貤 貤 重次 [illegible] 走也 [illegible] 酒色 釴 鼎耳 鈠 鎩 器也 [illegible] 闕門 [illegible] [illegible] 小鳩

● [illegible] 大雨 [illegible] 縫也 [illegible] 履也 [illegible] 裘也 [illegible] 祭也 [illegible] [illegible] 馬走 [illegible] 馬名 [illegible] [illegible] 小骨 [illegible] 魚四足

● [illegible] 戴勝 [illegible] 破碎 黓 黑也

蒙上平 mǐng

● [illegible] 飾也 潣 [illegible] 水流浼｜貌 [illegible] 山牛 [illegible] 病也 [illegible] 皮理 鄳 邑名 [illegible] 網密 [illegible] 草名 [illegible] 虫也

● 䛱 舉也 鄳 邑名 [illegible] 鷗也

上上 mīng ● 皿(器也) 酩 佲(酊醉) 茗(茶也) 敏 敏 勄(｜捷) 黽 䵆 黾 鼉 鼃 䊟 敃(勉也)

● 慜 憫(｜恤) 愍 㞶 𥊨(痛也) 泯(｜没) 泯(水汲) 抿(刷理髮具) 暋 湣(溢也) 暋 頣(强｜)

● 痻(病也) 睧(謚也) 殙(矜也) 鰵 鰵(海魚) 閔(弔門傷也) 嫇(山高) 捪(撫也) 盿(地穴) 簢(竹中) 𥳁(竹空)

● 跟 蹄(甲也) 軺(車伏) 駡(汗馬)

上去 méng ● 面(臉也)

上入 mék ○

下平 míng ● 明 明 䀏 朙(光｜) 旻(秋天) 鳴 鳫(叫也) 名 詺(姓｜) 銘 鑉(刻志) 民 𠑽

● 萌(百姓) 閩 閩(福建) 冥 𣩢 䆨(｜幽) 瞑(閉目) 蓂(莢瑞草) 螟(食蕙虫) 𠐲(大醉) 洺(水名)

● 溟(寒也) 刡(削也) 姄(女字) 姳(好也) 嫇(幼婦) 𥁰 𥁰 𥁰 嵋 岐 岷(山在蜀名) 弫

● 𢏔(弧也) 忞 忟(自勉) 怋(亂也) 慏(憂也) 抿 捪 捪(撫也) 㨠(涂主) 鼆(冥也) 䶇(齒也)

● 錉 鍲 鈱(鐵也) 鴖 鴖(鳥名) 聲(聲和) 頣(强也) 顆(眉目中) 鳴(似鳳) 鶥 鶥(似翠赤足)

● 蔄 萌 莨 蒈(多也) 茗(茶芽) 西(同也) 覭(小兒) 貶 眗 䀈(本也) 鄍 鄍(邑名) 軞(車伏)

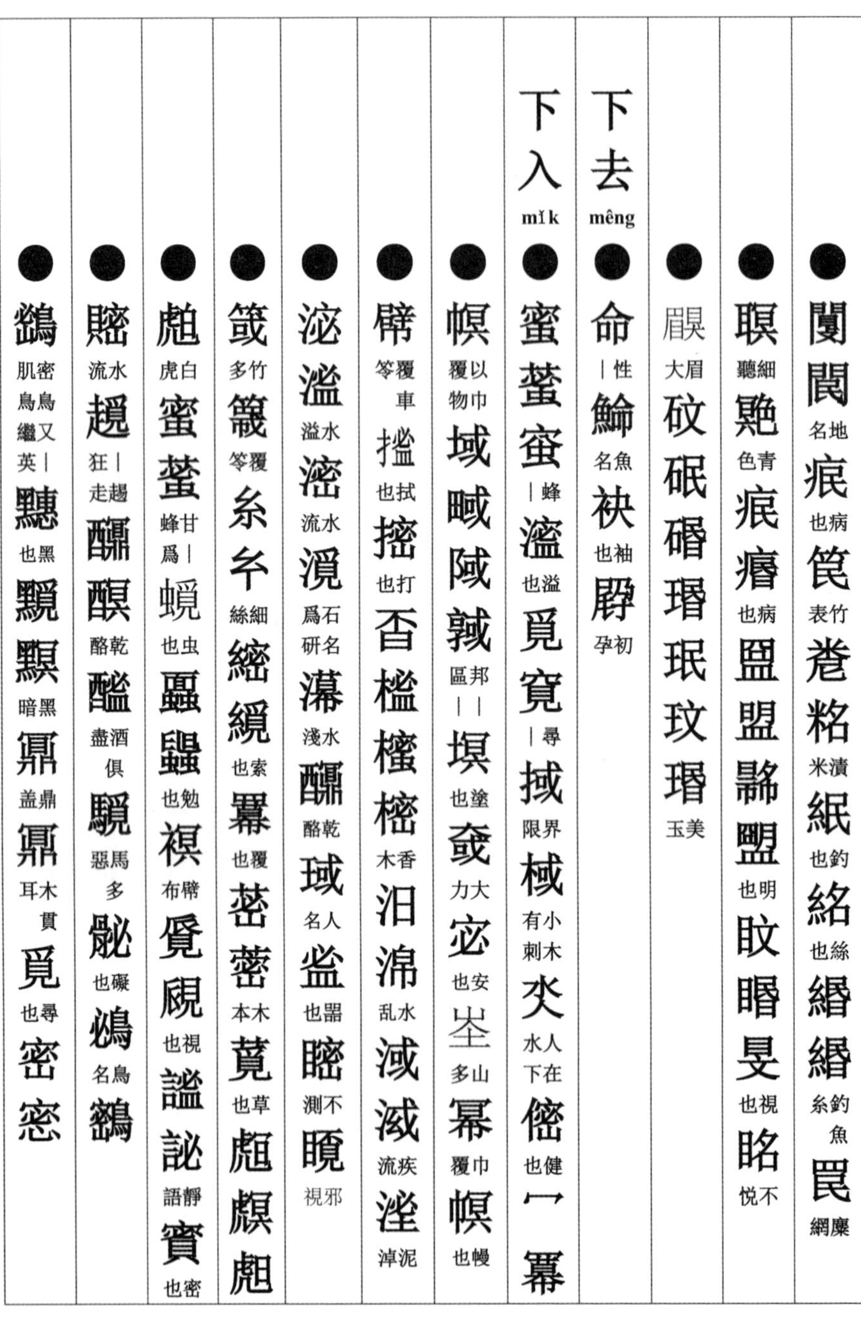

● 閴閴地名 痕病也 笢竹表 卷粭漬米 紙釣也 絡絲也 緡緡釣魚系 罠麋網

● 瞑細聽 䒌青色 痕瘨病也 盟盟鼆盟明也 旼暝旻視也 眳不悅

● 䁾眉大 砇碈碈瑉珉玟瑉美玉

下去 mêng

● 命性| 鯩魚名 袂袖也 孟初孕

下入 mĭk

● 蜜䖑蜜蜂| 滵溢也 覓覔尋| 掝界限 棫小木有刺 㳴人在水下 僶健也 冖冪

● 幎以巾覆物 域嘓陚戫邦|區| 塓塗也 㚫大力 宓安也 峚山多 幂巾覆 幎幔也

● 辟覆車笭 搤拭也 擟打也 杳榲樒榓香木 汩淿水乱 淢淢疾流 滵泥淖

● 泌溢水溢 滵水流 𣾾石名爲研 㵋水淺 醾乾酪 域人名 盗器也 䁾不測 覓邪視

● 簚竹多 篾覆笭 糸纟細絲 縩綫索也 幂覆也 蓂蓂木本 蓂草也 鼏𪉘鼏

● 鮸白虎 蜜蜜甘|蜂爲 蛚虫也 蠠蠠勉也 幎幦布 覓覛視也 謐諡靜語 寶密也

● 䁾水流 趚|趨狂走 醾醣乾酪 醯酒盡俱 驒馬惡多 鬽礙也 鴮鳥名 鵾

● 鴏密鳥又|肌鳥纖英 黲黑也 黷黷黑暗 鼏鼎蓋 鼏木貫耳 覓尋也 密密

語上平 ngǐng

● 歕 唾聲 驓 馬走

上上 ngīng

● 烴 熅也 脛 直視 趚 低頭疾行 悻 婞 悻 很也 娫 小貌 醒 醒也 麠 鹿也

上去 ngéng

● 譤 言不定

上入 ngék

● 吸 呼吸 齧 咬也 吃 吃 食也 訖 訖 完｜ 伋 子思名 鶂 鶃鳴聲 岌 圾 不安貌 汔

● 汔 幾也 仡 非也 僾 人眾貌 㩉 㪤 擊也 歙 斂氣 𣨼 𣧑 危也 汔 水涸 潝 潝 疾水聲

● 㷤 聢 驚貌 𦨈 𦨈 舟行 䀴 視也 䀹 ｜嚮 扱 拜手至地 礏 山高 穧 禾秀 耴 聑 聲多

● 肸 振也 胎 脅也 蕳 人名 虓 虩 虎也 蛝 虫行 駮 馬行 誸 ｜語 檪 赤也 趌 趌 直行

● 鉈 鉈 鐵孔 閡 鬩也 鬮 戟也 飳 饑 飳 飽也 魷 魚游 鰒 魚名 鳰 小鳥 鴯 ｜鳥 綬

● 鷊 鳥名 齀 鼻息聲 䏦 斷也 扆 石地 嘋 眲 衆聲 圪 圪 高墻 疙 癡也 屹 屹 山獨立

● 礏 嵒 嵓 地名 訖 忔 喜也 炁 癡也 迄 至也

下平 nging

● 吟 訡 齡 唫 㖗 詠也 岑 山小而高 垠 郎｜ 乑 眾立 㢋 山險 火 助也 火 山深入

● 崟 崟 碒 山高險曰｜ 嶔 山相二向 嶜 山名 欞 橩 檭 青皮木 罧 罔也 橉 荒也 汵 水名

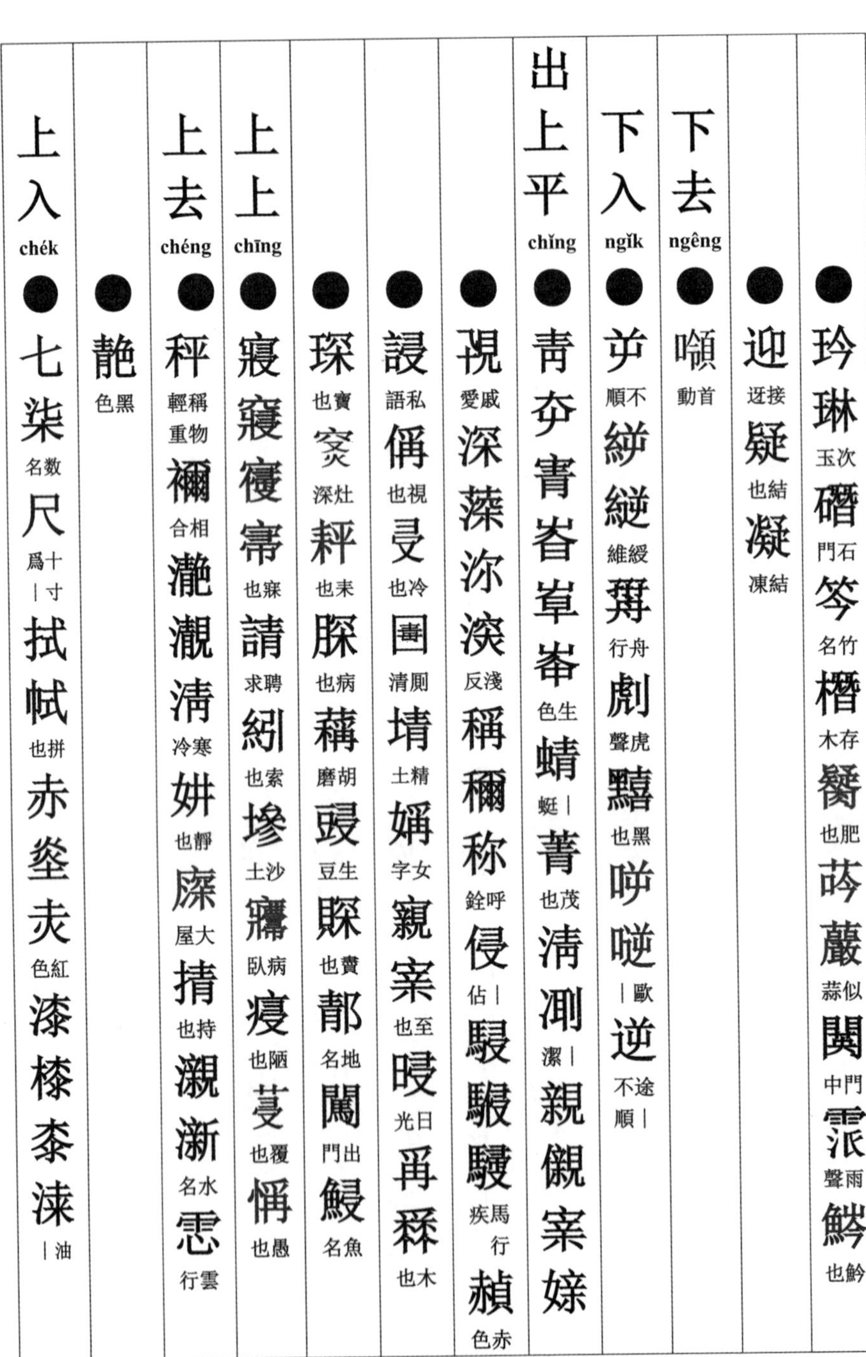

● 玲 琳 次玉 磳 石門 笭 竹名 橧 存木 [illegible] 肥也 [illegible] [illegible] 似蒜 閝 中門 [illegible] 雨聲 鯪 魿也

● 迎 接迓 疑 結也 凝 結凍

下去 ngêng ● 噸 首動

下入 ngĭk ● 屰 不順 縌 縌 綬維 [illegible] 舟行 [illegible] 虎聲 [illegible] 黑也 [illegible] 嗟 歐丨 逆 途丨不順

出上平 chĭng ● 青 夵 青 眚 崝 峇 生色 蜻 丨蜓 菁 茂也 清 洌 丨潔 親 儭 寴 婇

● 覞 戚愛 深 蔘 沵 滲 淺反 稱 穪 称 呼銓 侵 丨佔 駸 騣 驂 馬行疾 赬 赤色

● 諪 私語 偁 視也 㝯 冷也 圊 廁清 埥 精土 婧 女字 親 宷 至也 晸 日光 爯 稱 木也

● 琛 寶也 穼 灶深 秤 耒也 脎 病也 蕅 胡磨 䜿 生豆 賝 賚也 郬 地名 闖 出門 鰻 魚名

上上 chīng ● 寢 寢 寑 寈 寐也 請 聘求 紖 索也 墋 沙土 寢 病臥 寖 陋也 蕁 覆也 偁 愚也

上去 chéng ● 秤 稱物輕重 穪 相合 瀧 瀙 清 寒冷 姘 靜也 㾵 大屋 掅 持也 瀙 澌 水名 霃 雲行

● [illegible] 黑色

上入 chék ● 七 柒 數名 尺 十寸爲丨 拭 帨 拼也 赤 垐 赩 紅色 漆 桼 柒 淶 油丨

● 膝脛足 膝 膝 𠩄 斥也逐 戚 鏚 頼憂親又｜ 傶也姓 夂十急猝

● 卣也姓 慼 慽也憂 臭名獸 厈也逐 叱也訶 ⿰口桼也叱 堿也限 ⿱穴親也至 ⿰木鄉权木 ⿰目戚也見

● ⿺走止也行 ⿰桼彡和木油汁物｜ 咫 ⿸尺止爲八｜寸 ⿰婁殳也穿 漆 ⿰氵坐名水 夵也色 ⿱田丰噐田 磧也石

● 磩玉次 迠也行 郝地鄉 ⿰魚桼 魠名魚 ⿸厂鳥雀小 鶒鳥水 ⿰埶鳥 奧也狩 ⿰黑責敗色

● ⿱鼓石 ⿱鼓益 鼜鼓守夜 緝續緝 ⿰彳咠 趿也行

下平 chiṅg ● ⿰月貞也起 ⿰衤逮也綠 諿也和 葺補修 塍界田 堘畊田

下去 chêng ● ⿰言林言善 碃也石

下入 chĭk ● 戢名山 ⿸广千也遠 ⿰忄咠止心貌不 ⿰爿戠立殳 ⿰角咠 ⿰角戠多角

非上平 hĭng ● ⿱殸只也聲 ⿰口聲聲長 ⿱殸女也愛 ⿰衣同衣禪 絅引急 ⿸广欠 廞也庭 ⿰木删也机 ⿱𤇾目也惑 蛵蛤蜻 興

● ⿱𦥑廾本起 ⿱艹興名菜 ⿰興阝名地 兄弟｜ 馨香｜ 歆享神 坰也郊 扃 扄之外關閉 ⿰鼠冋也斑 馫也香

● 駫 駉肥馬 ⿰忄冋也意

上上 hīng ● 侐 伷 澿也冷 幜也帛 ⿰馬夐求馬得食怒不 詗明告悟言又 夐謍迒求遠又

上去 héng ● [illegible]（老弱） 臖（腫起） [illegible]（蘗草） [illegible]（言丨不定） 餇 [illegible]（飽也） 興（比丨情悅） 嬹（悅也） 泂（遠也） 逈

● 迥 逈（迹遠又別異） 香（見也） 廞（猛意） [illegible] [illegible]（斜床） 炯（明也） [illegible]（伯丨） [illegible]（目轉） [illegible]（老弱） 迥（光遠）

上入 hék ● [illegible]（召公名） [illegible]（傷也） [illegible]（涕也） [illegible]（氣也） 翕 翖 [illegible]（合聚） 熻（熅密） 歙（縮鼻） 潝（水流疾）

● 殈（鳥卵破） [illegible] [illegible]（割也） 吸 噏（內息） 嬆（女性靜） [illegible]（心熱） [illegible]（乾物） 誺（私也） [illegible]（喘嗒之貌）

● 狊（犬目聲） [illegible]（睡目） 瞈（視也） 矜 [illegible] [illegible]（長矛） 肤（腹大） [illegible]（疾言） 肸（佛丨） 螫（行毒虫）

下平 hing ● 鈃 鉶 [illegible]（祭器） 陘（限也） 形（丨影） 邢 邢（國名） 型 [illegible]（模也） 硎（磨刀石） 刑（丨法） 眩（丨頭）

● [illegible]（女長） [illegible] [illegible] 瓶 [illegible] [illegible] [illegible]（酒器） [illegible]（虫也） [illegible]（行也） [illegible]（鄉名） 鋞（溫器）

下去 hêng ● [illegible]（含笑） [illegible]（焰餘） [illegible]（頑劣）

下入 hǐk ● [illegible]（怒貌） 眏（驚也） [illegible]（失色） [illegible]（邪視）

9 歡字母

柳上平 luǎng ○

上上 luōng ● 孌 孌 嬔 美貌 卵 卵 禽所生 朊 月光明 孿 孿 一乳二子 恕 怨 行不廉隅

● 灤 洗馬 羸 赤體 臠 切肉塊

上去 luóng ○ 上入 luók ○

下平 luàng ● 巒 山| 攣 勬 拘| 圞 團也 羉 巉網 灤 水名 欒 栾 人姓 欒 聚也 欒 欠也 彎 扳|

● 帶 帶也 躝 |踞足病 欒 綠 流漏 聯 係也 蘰 孿 葵蘗 蠻 虫也 㜻 樊也 敽 乱煩 鑾 日旦

● 癵 瘛 癵 孿 病也 鸞 神鳥 鑾 金殿|

下去 luâng ● 亂 乱 夆 敽 亂 孪 爰 変散 變 孿 孿 孿 治乱之 薍 薍 狄也 亂

● 韏 油也 嚻 言煩 嫋 煩也

下入 luǎk ● 捋 易取

邊上平 buǎng ● 般 舷 一樣 搬 |移 黇 播 輩也

上上 buǎng

● 坂 阪 岅 山脅 昄 天明 鉼 粄 粓 䊪 米餅

上去 buáng

● 絆 靽 馬繫 迸 去也 吸 失容 姅 婦人污 料 分半 半 不全

上入 buák

● 服 腷 肉也 襏 ｜袂雨衣 鉢 砵 ｜盂 艐 ｜舟名 鱍 鮁 鱍 魚棹尾 单 棄糞名

● 柭 棓也 癶 陸也 筋 手足指筋鳴 芇 小也 蹳 蹳 足拔物 迊 急走 醱 醱 酘也

● 驋 馬走 髮 多毛 撥 治門推也

下平 buàng

● 柈 木名 槃 承｜桓 獙 ｜狐大 盤 石｜ 磻 ｜破大石 蕟 草也 鬆 龍箸 胖 大也 鞶 大帶 鵞 鷭鳥

● 媻 奢又小妻 瘢 ｜痕 嗌 嚁 𡅅 以言难人 幋 大巾 䈲 擎 不正也除也 湓 水名 瀊 洄也

● 盼 片也 癦 足疾 督 轉目 磐 礷 大石 篏 竹名 縏 小囊 盤 虫也 鞶 衣表 跘 交足坐 蹩 屈足

● 鬆 卧结 黴 下色 盤 鑿 盒也

下去 buâng

● 秚 物相和 扶 行也 嬖 無儀貌 叛 反也 畔 田界

下入 buǎk

● 颰 足大 雄 鴕 鳥也 㲄 雲也 颭 疾風 駊 番馬 憿 心起 柭 矢束 殏 腐氣 犮 走犬 秡 禾傷

● 萲 除草 笈 比卓 肞 肉也 胈 小毛 菝 草根 跡 急行 酦 酒氣 骸 肩也 魃 旱鬼 鴔 鳥也

● 鼫鼷鼠肥 鈹鈴丨 跋丨涉

求上平 guǎng

● 官 冎丨宦 宋 棺 匛 柩 㔯柩也 冠 冠 冠元首服 觀看也 鰥

● 鱞 罳無妻曰丨 関 關 闗開丨 瘝 兜 癏病也 倌主駕 喧 嚾鳴也 帵冕名

● 痯玩也 攔付也 欄木杙 綄貫杼織 綰杼貫 瞷視也 綮邑名 窅地名 籗竹杼

● 䓤 蒄草名 觼角也 錁犁鈃 閂丨門

上上 guāng

● 管 閞 筦 筦簫也 菅草丨 管掌丨 琯玉名 錧丨舍 笴箭丨 綰惡繫 逭 爟

● 𨘚逃也 痯病也 輨旋轉 捾援也 換易也 焥火烟出 睅指目 睻目深 輨沓也 朊

● 𦛗 脘胃府 䏓肥也 蜎虫也 䘾袑也 皃姓也 踠步也 館田器 韇 韉車具

● 攌木棚 斢取也

上去 guáng

● 貫 戳 賨 毌串也 慣習熟 灌沃水名 祼 淉 祼奠酒 礶丨器 觀寺丨 冠笄也

● 鸛水鳥 雚 丱總角 殰殫也 婠好也 摜習丨 悹 悺憂也 樌木多 權木生 盥淨也

● 涫沸鬲 爟 爟舉火曰丨 瓘玉名 癯病也 瞏視也 瞶直視 矔多精 鑵器也 蟦螺也 遦行習

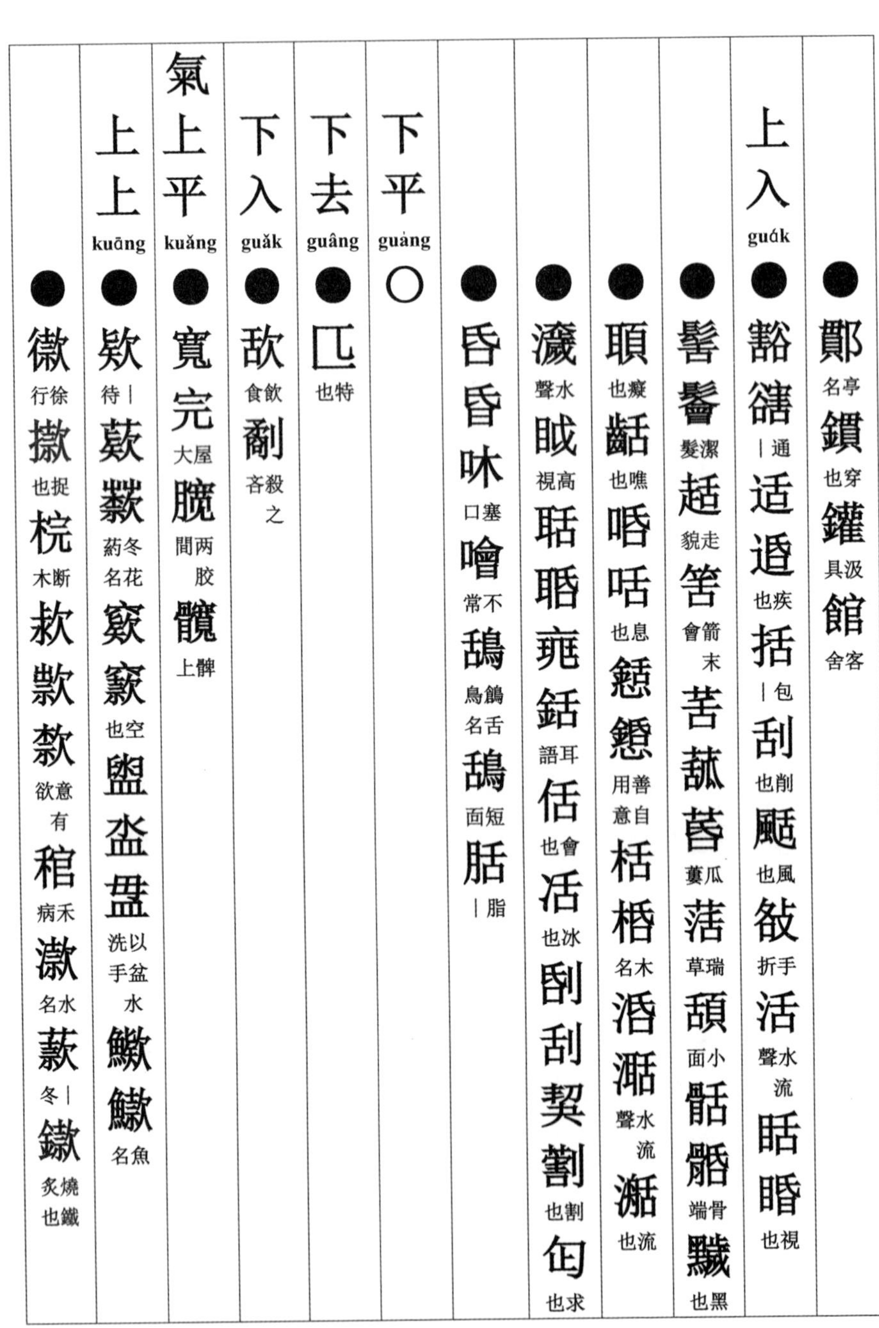

● 鄚 亭名 鑚 穿也 鑵 汲具 館 客舍

上入 guák ● 豁 [illegible] 通｜ 适 [illegible] 疾也 括 包｜ 刮 削也 颳 風也 敌 手折 活 水流聲 [illegible] 睧 視也

● 髺 鬠 潔髮 趏 走貌 筈 箭末會 苦 [illegible] [illegible] 瓜蔞 萿 瑞草 頢 小面 [illegible] [illegible] 骨端 [illegible] 黑也

● 頢 癡也 [illegible] 噍也 [illegible] 咶 息也 憩 [illegible] 善自用意 栝 桰 木名 [illegible] [illegible] 水流聲 [illegible] 流也

● 濊 水聲 眓 高視 聒 [illegible] [illegible] 䛡 耳語 佸 會也 活 冰也 [illegible] 刮 契 劀 割也 匄 求也

● 昏 [illegible] 咊 塞口 噲 不常 鴰 鶬舌鳥名 鴰 短面 [illegible] 脂｜

下平 guȧng ○

下去 guâng ● [illegible] 特也

下入 guǎk ● 敌 飲食 刮 殺之吝

氣 上平 kuǎng ● 寬 完 屋大 臗 兩股間 髖 髀上

上上 kuāng ● 欵 ｜待 [illegible] [illegible] 冬花藥名 窾 窽 空也 盥 盌 [illegible] 以盆水洗手 [illegible] [illegible] 魚名

● [illegible] 徐行 [illegible] 捉也 梡 斷木 [illegible] [illegible] 款 意欲有 [illegible] 禾病 [illegible] 水名 [illegible] ｜冬 [illegible] 燒鐵炙也

上去 kuáng ○

上入 kuák ● 𢖍 徐行 闊 窄仄 䫞 瓜也 蛞 蝸牛 蛞 蠪也 闊 遠也

下平 kuàng ● 圜 圜也 環 環 玉｜ 鐶 鐶 手｜ 還 邊也 圈 屈木爲所 𡒊 ｜堵 繯 堵也 闤 市垣

● 寰 天子封畿內縣 糫 餅也

低上平 duǎng ● 端 耑 踹 ｜正 煓 火盛貌 鍴 鑽也 貒 獸名似豕而肥 豨 豕也 䡝 馬名 觽 獸名 偳 小也

● 剬 剸齊 媏 女字 㟨 山名 湍 疾瀨 篅 竹名 耑 物之首 蔸 褍 褍 衣正幅

上上 duāng ● 短 拒 長反 斷 截也 攡 攡 轉也 讜 地名 賗 小有財 躐 躐 躖 踐處

上去 duáng ○

上入 duák ○

下平 duàng

下去 duâng ● 断 斷 斬 斷 斷 齗 刨 斷 韶 劬 斷 不接 㱭 險也

下入 duǎk ● 痥 馬脛瘍 𤿧 皮破 㲡 莌 莌 活｜ 鮵 小｜ 奪 奪 奪 奪 搶｜ 𢓴 行也

波上平 puǎng ● 潘 姓也 磻 溪名 攀 丱 扳 攀 援也 拚 拌 棄也 𢋼 峙屋 眅 反目 砵 大石 甑 大磚

● 鉳 鋬 器也

上上	puāng	●	坢平坦 蝂虫也 袝 祇 襻 襻 袢衣系
上去	puáng	●	判剖也 泮 頖孛官泮池 盻 盼丨黑白頑丨 泮冰釋 胖 肸半体肉 胖分也
		●	腋服也 腏腫也 剬斷也 奔土大 媬 嫛無儀適貌 洂水流 湴水涯 炍懼也 鑻腰帶
		●	駢馬行貌 詳巧言
上入	puák	●	潑充散 劉刺也 叭口開 鱍鱼棹 啵 嚩忘說 抪 挆擊也 撥 登 撥治也
		●	市草木盛 登丨草 帥淺白 盋食八石破器石聲 袡衣袂 袜 祓夸衣 蹳足蹋 酜 酻酒氣
		●	鏺 鏺刈也
下平	puȧng	〇	
下去	puâng	●	伴結丨 拌丨懊不順
下入	puăk	●	瀚 斡取水 趌走也 羿 羠牯羊 謷不深色也 鉡臿也
他上平	tuăng	●	躙 躙 躙踰足望也
上上	tuāng	〇	

上去 tuáng ● 彖 判也 𢥧 心惛 𢶀 𢴃 捶也 𠢿 決也 𨷂 谷中大空 湪 水名 瑖 石似玉 腶 褖 后衣又黑

● 踹 足｜ 鍛 打鐵 𨿽 鶨 鳥名 𩋵 𩋵 履後帖 鐓 煅 鐁 鍜 鍊金

上入 tuák ● 脫 去骨 侻 狡輕可 捝 解｜ 𤿎 ｜剝 敓 敚 取也 梲 大杖 棳 邑名 莌 蘈 草名 𩑔 ｜頢強可

下平 tuàng ● 團 ｜圓 慱 憂勞貌 漙 湪 湪 露多貌 摶 摶 鶻圜 剸 截断 鏄 鐵鐘 欄 大木 鷒 鷫｜鳥名

● 䨵 露多 糰 𥻗 䉵 粉餌 蟤 魚名 𩗴 風也 𩜦 米｜ 塼 圜也 湍 水急 槫 柩車 篿 竹具

● 篿 竹器 摶 ｜風

下去 tuâng ● 鍛 刃也

下入 tuǎk ○

曾 上平 cuǎng ● 鑽 鑽 鑿穿 椿 伴故 𣀗 姓也 欑 欑 竹杖 𨏔 車轅

上上 cuāng ● 纘 纉 繼也 纂 纂 修也 蹉 足大 槮 攉 摻 逼也 𢥋 怠心 槮 笮也 繓 結也 滲 灒

● 桝 水激石 灒 滿也 𣂑 𣂑 火種 𤡣 齧也 𤢈 鋌也 礸 粗石 籫 竹器 纘 積也 朕 脂也 蹔 行也

● 轒 轒 轢 三束

上去 cuóng ○

上入 cuók ● 撖 撮三指取 攢 攥手把 毲毛罽 瀐蒲也 繓 縬結丨

下平 cuàng ○

下去 cuâng ● 饌 餅 籑殽丨 撰竹丨 璞珍丨 籑具食

下入 cuǎk ○

日 上平 nuǎng ○

上上 nuāng ● 暖丨煴 煖火煴 渜湯也 餪 𩞃女嫁三日送食早房 晒 㬉煴也 稬黏稻

上去 nuáng ● 偄弱也 䴴鹿麛

上入 nuák ● 岏静也 㵾水貌 𤟹飛也

下平 nuàng ○ 下去 nuâng ○ 下入 nuǎk ○

時 上平 suǎng ● 饌具食 襈緣也

上上 suāng ● 撰具述則 鱒魚無骨

上去 suáng
● 示(明視)

上入 suák
● 獼(飛也)

下平 suȧng
○

下去 suâng
○

下入 suǎk
● 妐 媳(訟也)

鶯

上平 uǎng
● 彎(曲也) 灣 㘤 圝(水曲) 剜(削也) 蟃(蝸|虫曲息) 刓(削也) 潫(水深廣貌) 䨲(人名) 欒(曲木)

上上 uāng
● 晚 鲍 䁪(晏也) 挽(留引) 宛 惌(轉也) 碗(|碟) 莞 莧 蔸 唍(小笑) 睆(睍鳥|聲)

● 綰(|髻) 浣(洗也) 婠(美順) 睆 睍(明也) 蜿 蠻(|蟮即蚯蚓) 髖(膝|) 脘(胃|) 琬(圭琰玉名)

● 輓(引車) 剜 剟(削也) 踠(曲也) 醎(面柔) 俒(欢欒) 嚩 嘸(吐也) 埦 瓷 盌 椀(小盂)

● 娩(媚也) 婠(德好) 嬔(分|) 勉(引也) 峴(山名) 帵(|子裁餘) 恆(急悔) 惋(恨也) 挐 捥 擎(取也)

● 戩 戮(小春) 畹(眣也) 擧 挐(手|之) 睆 睍(明也) 梚(木名) 鑱(兔子) 殑(人死貌)

● 烜(煖也) 烷(大也) 壂(次玉) 埾(石似玉) 畹(草畝) 皹 皺 皺(皮脱) 睯(目無明) 睆(目開) 稅(禾名)

● 箢(竹具) 紈(繙|亂也) 綩(紘也) 緩(綽也) 腎(手擧) 腱(寸口前掌後) 腕(手|) 舩(舟也) 菀(紫|)

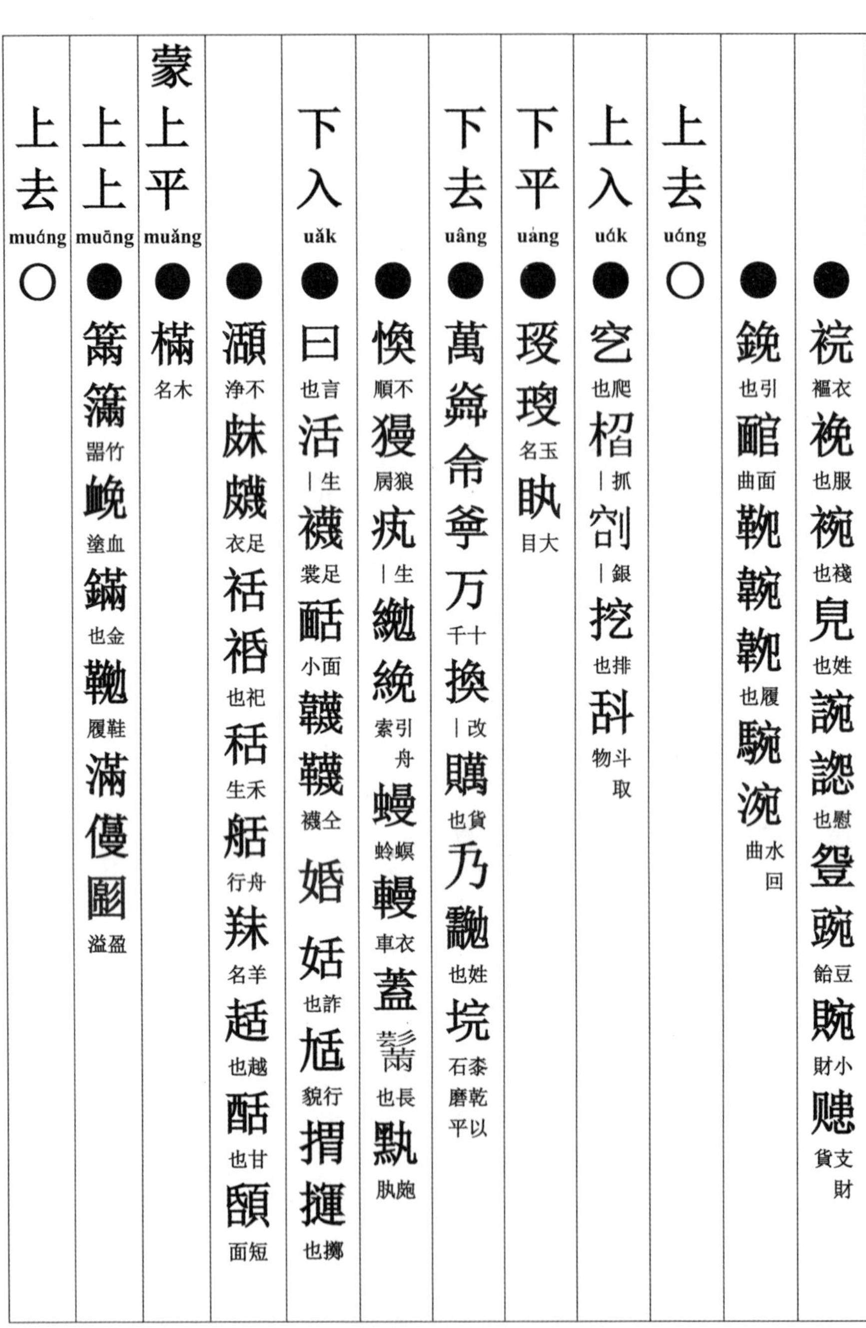

		●	䘼衣褔 𧙕服也 𧛞棧也 覍姓也 𧩍 謥慰也 豋 豌豆飴 䝹小財 贃支財貨
		●	鋺引也 𩈹面曲 鞔 䩊 鞔履也 騟 涴水回曲
上去	uáng	○	
上入	uák	●	穵爬也 搯抓丨 穵銀丨 挖排也 斡斗取物
下平	uàng	●	琝 瑍玉名 眏大目
下去	uâng	●	萬 𠅞 𠆩 𠆯 万十千 換改丨 贎貨也 乃 鼋姓也 垸桼乾以石磨平
下入	uǎk	●	曰言也 活生丨 襪足裳 䩉面小 韈 韤仝襪 婚 姡詐也 䯏行貌 搰 擓擲也
		●	愌不順 獌狼屙 痪生丨 鵷 綩引舟索 蟃蝘蛉 輐衣車 薀 鬗長也 䵷䶌肒
		●	澒不浄 眛 䟤足衣 活 𥙵祀也 栝禾生 舌舟行 羠羊名 䞨越也 𨡮甘也 頢短面
蒙上平	muǎng	●	樠木名
上上	muāng	●	篇 蔏竹嚚 峅血塗 鏋金也 鞔鞋履 滿 僈 㒼盈溢
上去	muáng	○	

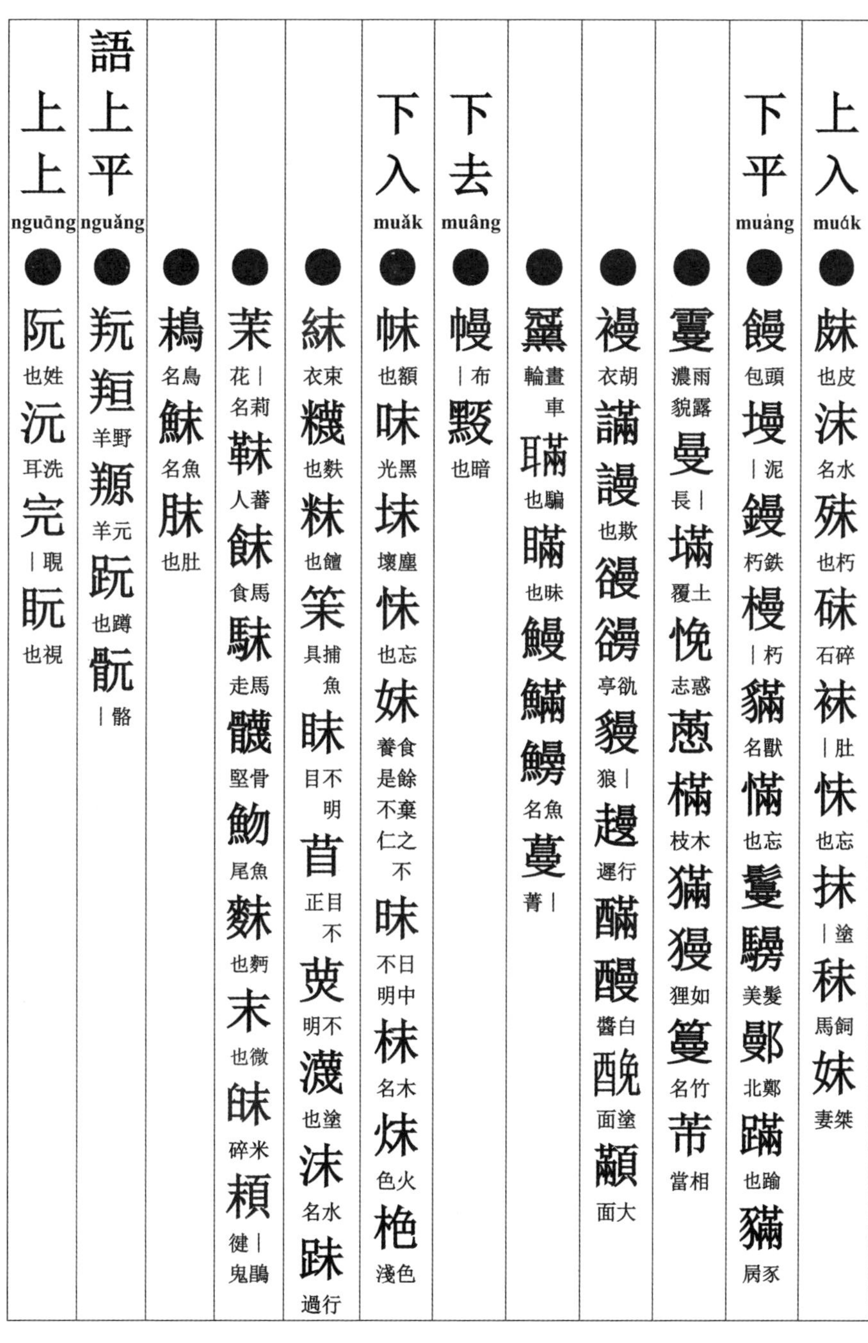

上入 muák ● ⿰皮末 皮也 沫 水名 ⿰歹末 朽也 砞 碎石 袜 肚｜ ⿰忄末 忘也 抹 塗｜ 秣 飼馬 妺 桀妻

下平 muàng ● 饅 頭包 墁 泥｜ 鏝 鉄朽 槾 朽｜ ⿰豸㒼 獸名 慲 忘也 鬘 ⿰馬曼 髮美 鄤 鄭北 蹣 踰也 ⿰豸㒼 豕属

● ⿱雨曼 雨露濃貌 曼 ｜長 ⿰土㒼 土覆 悗 惑志 ⿱艹悗 樠 木枝 ⿰犭㒼 獌 如狸 ⿱竹曼 竹名 芇 相當

● ⿰衤曼 胡衣 ⿰言㒼 謾 欺也 ⿰彳曼 ⿰彳㒼 欲亭 獌 ｜狼 ⿺走曼 行遲 ⿰酉㒼 ⿰酉曼 白醬 ⿰酉免 塗面 顢 大面

● ⿱䒼黑 畫車輪 ⿰耳㒼 騙也 瞞 昧也 鰻 ⿰魚㒼 ⿰魚㒼 魚名 蔓 ｜菁

下去 muâng ● 幔 布｜ ⿰黑殳 暗也

下入 muǎk ● 帓 額也 味 黑光 抹 塵壞 ⿰忄末 忘也 妹 食餘棄之不養是不仁 昧 日中不明 林 木名 炑 火色 栬 色淺

● ⿰糹末 束衣 ⿰米蔑 麩也 粖 饘也 ⿱竹末 捕魚具 眜 不明目 苜 目不正 ⿱艹吏 不明 瀎 塗也 沫 水名 跊 行過

● 茉 ｜莉花名 ⿰革末 蕃人 ⿰食末 馬食 ⿰馬末 馬走 ⿰骨蔑 骨堅 魩 魚尾 䴲 麴也 末 微也 皌 米碎 ⿰末頁 ｜鶥健鬼

● ⿰末鳥 鳥名 鮇 魚名 ⿰月末 肚也

語上平 nguǎng ● 羦 ⿰羊亘 野羊 羱 元羊 ⿰足元 蹲也 ⿰骨元 骼｜

上上 nguāng ● 阮 姓也 沅 洗耳 完 覗｜ ⿰目元 視也

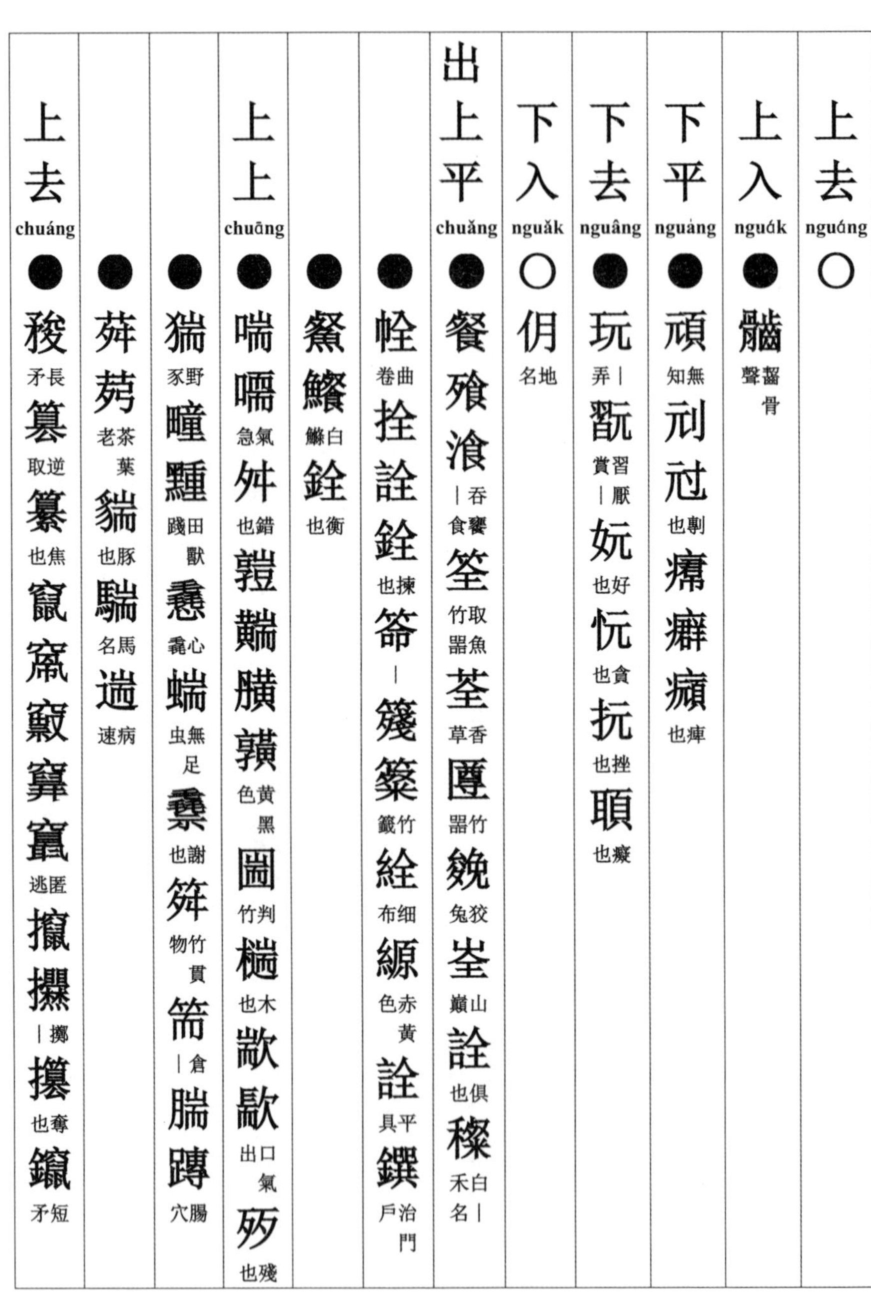

上去	nguáng	○	
上入	nguák	●	⿰骨齒 齧骨聲
下平	nguàng	●	頑 無知 刓 冠 剸也 ⿸疒需 癖 ⿸疒頑 痺也
下去	nguâng	●	玩 ｜弄 翫 習厭賞｜ 妧 好也 忨 貪也 抏 挫也 ⿰耳頁 癡也
下入	nguăk	○	仴 地名
出上平	chuăng	●	餐 ⿰歹食 滄 吞饕｜食 筌 取魚竹器 荃 香草 匴 竹器 ⿰夋兔 狡兔 峑 山巔 詮 俱也 穇 白｜禾名
		●	帣 曲卷 拴 詮 銓 揀也 ⿱竹命 ｜ 箋 篸 竹籤 絟 細布 縓 赤黃色 詮 平具 鐉 治門戶
		●	餐 ⿰魚餐 白鰷 銓 衡也
上上	chuāng	●	喘 嚅 氣急 舛 錯也 ⿰豈耑 ⿰黃耑 ⿰月黃 ⿰黃賁 黃黑色 圌 判竹 椯 木也 歂 歂 口氣出 歾 殘也
		●	猯 野豕 疃 ⿰黑垂 田獸踐 惷 心蠢 ⿰虫耑 無足虫 蠢 謝也 ⿱竹舛 竹貫物 篅 倉｜ 腨 ⿰足專 腸穴
		●	荈 ⿱艸耑 茶葉老 貒 豚也 ⿰馬耑 馬名 遄 病速
上去	chuáng	●	⿰矛夋 長矛 篡 逆取 纂 焦也 竄 竄 竅 窼 竄 匿逃 攛 擲｜ 攛 撰 奪也 鑹 短矛

●篹器也　剸断也　欑木錐　㸑　爨　䆐竈也　爆灼也　䈲小春　葦草虫　鄼聚也　纂白而黑

●爨爆炊｜

上入 chuák
●蓌菜也　蕒草也

下平 chuáng
○

下去 chuâng
○

下入 chuǎk
○

非上平 huǎng
●歡　懽悅也　驩齊王變臣　燔炙也　旛　幡旂｜　飜猋反飛　璠玉名　矲短也　番　僠外國

●蕃盛貌　藩籬｜　藩屏｜　蘩仝欢　蟠　蠜踞也　磻｜溪　膰祭肉　譒譁也　拚棄也　勫健也

●噃聲也　蹯　䪛呼也　墦垠家　奮始他　泛深也　彈　㵗養生　憣　憣變動　潘　瀪米汁

●灡　灡大波　犿　獾　貛野豚　甂大甂　癵病死　審止水　簪　籓大箕　粨白米　翻飛也

●繙舟飾　訤言急　貆貉類　貛牡狼　蹯　料獸足　轓車蔽　隦　鄱下邑　鐇刀廣　䪤　鷭

●鵃　鴘　鸛鳥名　翻羣也　騷生蕃養　鱕魚也　魋星名

上上 huāng
●反变歸　返　彶還復　飯　飦　餅食｜　仮不願　坢平坦　㳪弄沐　瀿水名　眅田也

●痖吐疾　蚈虫也　癩痛也　詉言合道　軬車耳反出　斬　畚　輪蔽雨　阪坡也　魬魚名

上去 huáng

● 喚 㗊 覓 呼｜ 奐 弇 明貌 煥 光明 渙 水盛水散 瘓 病也 梵 音也 汎 浮也 泛 ｜濫 販

● 眅 運買 瑍 玉名 釩 ⿰金乏 杯拂 ⿰目凡 ⿰目几 ⿰目奐 大目 ⿰月奐 肥也 ⿱艹乏 草也 訉 多言 ⿰骨完 膝骨 ⿰女奐 文采

● 攣 滿抒 ⿰目奐 古国 鑾 泉水 瑍 瓇 玉文 瓪 瓦也 粄 粉也 軬 車也 喛 嚾 囂 呼也 ⿰山乏 山名

● ⿸广乏 覂 乏也 ⿰忄反 性急 奐 明也 ⿱⺮奐 竹也 ⿱奐火 光明 魬 魚名 ⿱氾皿 眨 ⿱乏皿 ⿱氾皿 杯也 ⿰月奐 肥也

● 氾 ｜濫 ⿰忄奐 ｜不拌｜順 ⿵几鳳 鳳也 ⿰禾奐 禾也 ⿰足反 反也

上入 huák

● 法 灋 ⿱亼正 ⿰氵乏 ⿰氵廌 則｜效｜ 癹 發 ⿰言發 興｜ 髮 ⿰髟見 ⿰犮頁 須 ⿰火髮 髮 ⿺乏毛

● ⿰犮犮 髮 ⿰犮頁 頭毛 ⿰夭去 矢也 驋 馬走 泼 寒也 ⿱穴發 空大 ⿰王尹 玉名

下平 huàng

● 還 還 ⿰彳睘 復反 ⿱罒衣 畿內 嬛 嬛 婢女 繁 緐 繁 多也 繁 蘩 蘋｜ 凡 非不 煩

● ⿰扌頁 劳｜ 横 直対 樊 ⿰馬樊 龍也 礬 石也 桓 武貌 氾 鄭地 颿 ⿰馬凡 馬疾貌 渢 水聲 絙

● 絙 緩也 ⿱大亘 ⿱大亶 奢也 ⿰亻凡 輕也 ⿰亶刂 地名 咺 喧 痛烜 ⿰土軍 韋 上也 宾 地名 ⿸尸亘 袋也

● ⿰山凡 峘 小山高大山 帆 颿 舟上幔 戊 屋瓦下 鐅 泉名 ⿰忄弘 失志 懁 慢也 懁 急也 晅 暴也

● 暅 日氣 杋 木名 ⿰木乏 橎 木名 ⿰木林 藩也 ⿰丸頁 丸也 ⿰鼠番 鼠也 鷭 水鳥 鬟 總髮 ⿰凡鳥 鳥名 麂

● 麠鹿一乢 ⿰麥睘餅也 ⿰馬黃藤房 黌學也 ⿰木顢 ⿰黃頁大醜 ⿰風黃 ⿰風皇暴風 ⿰黃飛飛也 ⿱尸馬 ⿰扌馬馬一乢

● ⿱鄉金 ⿰鄉阝鄉名 鐄大鐘 鑅鐘聲 闇深闇 闤市垣 ⿰扌番 ⿰韭番小蒜 諻樂聲 ⿱番金気｜ 袢衣無色

● 襎裷也 ⿰衤黃小被 ⿰暫見暫見 諻大聲 ⿰足頁足文 輷羣車聲 邟地名 ⿰羊見山羊細 舤 ⿰舟風舟帆

● ⿰舟巴舷也 萱堇｜ 莞 ⿱艹播也草 蕃草茂 ⿱艹䕸青沙 ⿱艹樊草名 蟠鼠也 綄纏也 ⿰鯀馬飾 緐系乱

● 繙寬也 ⿰羊完野羊 ⿰羊建 ⿰羊睘似羊 ⿰羊番 ⿰羊黃黃羊腹 晥明也 ⿰肉丸瘤也 ⿰目樊美目 穯稻名 ⿱宀亘墻也

● 笲竹器 藩大箕 糟米汁 ⿰番韭百合蒜 紘冠卷 瀿水暴溢 燔 鐇炙也 狟犬行 獱 犿犬聲

下去 huâng

● 璠美玉 ⿰石貝瓦也 番 ⿰爪丑 ⿱丑黽獸足 ⿰木花 舥舷也 汍泣貌 澴水名 瀇小津 ⿰氵還水起

● 膰肝又祭肉 莧山羊小角

● 范姓又草也 範模｜ 幻 幻变｜ 患 ⿱思心 闞 ⿵門患憂疾 犯 ⿰犭乏 ⿰彳已 ⿰犭马干｜ 佢

● 宦 ⿱穴宦 ⿰亻患官家 緩 ⿰糸緩寬舒 豢芻｜ ⿱竹緩簾也 繯玉環 肒創生 苭草名 ⿱艹緩薦也 ⿰范皮法式

● 蜂 蠭蜂也 ⿰鬼見大視 浣澣衣垢 涀洗濯 溷乱｜穢｜ 漶不可知 瀚 澣濯衣中旬又上旬下旬

● 瓶瓦器大口 笵法也 ⿱土厶干｜ 㜀慧女而員 嵈山名 ⿰彳爰徐行 擐貫也 ⿱日曼明也 ⿰木患 梙無棉木名

● 軝 軓 前車 輐 圓也 轘 車裂人也 酧 酓 酒疾熟也

下入 huǎk

● 筏 編竹渡水 閥 \|閥功臣 垡 耕起土也 䟦 𧿹 𥩟 竚也 罰 罰 罪之小也 乏 空\| 罰 責\|

● 猾 狡\| 伐 征\| 㶳 火也 痆 瘦也 趨 走也 乏 無也 傠 征\| 𠯈 盾也 𠯔 豕食 坺 地名

● 姂 婦人又好 瞂 瞂 盾也 栰 桴\| 橃 海中大船 𣢼 𣢺 𣣉 多智 𤝙 犬鳴 昁 𦦨 舂米

● 蕟 蓦\| 䣹 酒成

10 歌字母

柳上平 lǒ ○

上上 lō ● 老|考七十 恅憚|心亂 笔竹器 栳柳| 潦行| 橑簷前木椽 鄝黃色 痨痛|疥瘡 䍡甎也 㐫

● 哰聲也 嘹靜也 嫽 㠣慚| 撩取物 攎搖也 攞裂也 所相擊 橑樹斜 鐒麻也 欙木名

● 狫犯也 礲山貌 砢 䃕小石 纙錢緡 荖|葉 藔 䕩乾枝 藞|薩不中 玀 獠南夷

● 轑蓋弓 顟廣大 䣀餉也

上去 ló ● 鐒|鉤 䜎谷空

上入 lóh ○

下平 ló ● 羅 罗紗| 囉歌| 𤄷泊|水名 籮竹器 鑼鼓對 啰|嘈聲多 哰嘮|多言 儸僬| 𠈌膠|粗大

● 蘿女| 𣩷 癳 癆傷病 𧭳言也 勬勦| 勞 縈 嫪 嘮功| 憥心力乏 𨢇酒器

● 醪醇|美酒 牢 臾 窂堅固 捞 撈緊閉 𤆓湯中灼 鐒銅器 鰳魚皮利可爲刀 蟧提|小蟬

● 犖卓|起絶 賿錢也 欏杪|木名 䔲 蹽 穋野豆 嵂|深谷 剅擊也 塝盛土草器 嫪女字

● 峠｜亭名又山 嶗山險 ⿰山羅山名 曪日無光 柳木名 ⿰毛豊 ⿰毛羅紅⿰毛豊 浶｜良驚擾貌 ⿰王勞玉名

● ⿰石牢 礐 磱石器 窂養固 簩｜竹有毒 ⿰月羅腹下肉 ⿱艹勞豆也 ⿰衤羅女人上服 ⿰金牢銅器 ⿰長勞長也

● ⿰革翟 ⿰革翏皮堅 饠 ⿰麥羅餅也 ⿰魚羅魚一身十首 鶴鶴｜文羽

下去 lô ● 邏巡｜ 鐒鐵器 撈手摸沉水物 勞 僗賞功 栳斗｜ ⿸疒老瘑也 ⿰高勞｜譟 澇淹也水名 嫪婟也

● 憦悔也 橯 耮田器 ⿰足羅蹬也

下入 lǒh ● 絡線｜盛物 ⿰系各 囉裂也 落｜下

邊 上平 bǒ ● 褒 襃 ⿳亠更𧘇 袌揚美 堡 堢山向小城 菠｜菱菜名 鄱｜陽湖名 皤 ⿱番白老人白也 ⿱宀⿰鬼叉景帝四子名

上上 bō ● 保 呆 ⿰亻⿱小呆 ⿰亻⿱口呆 ⿰亻⿱口禾 𥝌｜守 寶 寳 寚 ⿰亻寚 珤 ⿰王⿱宀缶 ⿱穴⿰王缶｜貝 鴇鳥名似雁

● 褓襁｜負衣 葆比也 ⿸广保 ⿱宀缶 宲｜藏 ⿱髟保髻也 爸 ⿱父邑父也 緥小兒衣 ⿰毛包矢羽

● ⿱保貝有也 ⿰馬凡 ⿰几馬驄馬 ⿰烏馬 ⿰馬卑雜毛 ⿰馬芷肥馬 ⿰北鳥 ⿰馬包 ⿰偶鳥 ⿱佳鳥鳥也

上去 bó ● 報｜答 ⿺風艮 ⿺風惡喜言人惡 ⿰氵咨 播 ⿱丞囧 ⿰番攴布種 譒傳｜ ⿱艹報荒又｜火 ⿱竹⿰叔欠揚米去糠

● 儤｜直 ⿺尢音仆也 ⿺尢皮蹇也 ⿰暴阝魯邑

上入 bóh

● 合 鞄 皮持

下平 bȯ

● 婆 |公 蔢 根草 袍 衣長 鏺 銅| 嚣鐸 詑 語乱 仯 行持 嘙 語呪 嚗 鳴| 漊 城|

● 𠣾 交脛 搽 攥 聚斂 櫇 名果 皤 白老 蘩 蒿白 𡚸 襮 襦長

下去 bô

● 抱 摟懷 暴 㬥 曓 嚗 曓 嚗 也惡 懪 也乍 虣 虣 虣 侵虐 强

● 豲 豕小 謈 惡| 也謈 毢 毷 毷 蛋鳥 伏 醭 酒宿 怉 |怀 雹 也姓 瀑 雨疾

● 濷 沸水 褒 前衣 𨇨 貌行

下入 bǒh

● 薄 反厚 箔 |金 舶 舡大 泊 于舟 岸附 萡 厚不 愽 也姓 䨟 雨大

求上平 gǒ

● 高 崇 反下 篙 槔 筶 |駛 棋船 蒿 也草 膏 |脂 膏 膏 盲| 糕 餻 鎬 也餅

● 鼛 大劝 鼓工 羔 羙 羊小 皋 上高 嶱 名山 歌 謌 骼 歌 歌 |唱 哥 也兄 韟

● 櫜 |甲 韔衣 皋 皐 高進 薅 𦶜 草拔 也去 戓 𢦙 也栽 㤁 体 也知 或 名地 𢬎 草除 也田

● 嚆 笑大 𡼞 貌山 槔 名木 櫭 |竹 𣧫 也死 𣬉 也揉 渮 名水 滒 汁多 𥞥 名禾 滜 也澤

● 牱 牁 名郡 𤬪 之結 合棟 𥠖 餅饘 縞 色鮮 舸 名舟 渮 草藨 萿 瓜似 蒿 草| 母 䓘 也葛

● ⿰高見見也 碻 ⿰石皋｜硑 鄗鄉名 ⿰高隹 鶮鳥名 ⿰高頁頭也 顥廣大 ⿰馬可 ⿰可鳥｜駁 ⿱鼓石鼓也

上上 gō ● 稿 ⿱高禾禾根 槁枯｜ 藁草｜ 舸大舡 皜白貌 縞青白色 薧里死八鄉 杲日出 哿可也

● 奔 夰放也 ⿱白大大白澤也 暠明白貌 檺木也 ⿰木咎木也 ⿰矛号矛也 櫜大也 ⿰石果石名 𥢑𥝌｜而止

● 菒枯草 薅去田草也

上去 gó ● 箇 個 个枚也 告｜訴 誥 㚖 ⿰告殳 ⿰告攵語告 郜 吿國名 ⿰告見久視 ⿰火⿱又口 ⿰𠬝又謹｜

● ⿰女毛虛厲 秏敗也 ⿰女告女名 ⿱山告山名 ⿰忄高煩也 ⿰木蒿苦木 祰 禞禱也

上入 góh ● 閣樓｜ 擱架起

下平 gò ● ⿸疒高疥瘡

下去 gô ○

下入 gǒh ○

氣上平 kǒ ● 柯斧柄 珂玉｜ 哿可也 苛｜刻 軻車軸 牁牂｜ 尻 㞧 ⿰月尻脊骨盡処 ⿰山高山峻 ⿱竹哿

● ⿱竹哥笲｜ ⿰骨可 胢膝骨 舸舟也 ⿰骨高骨也 ⿰高骨明也

上上 kō ● 可僅足之辭 考 考 攷精察 洘水乾 拷｜打 ⿱竹考竹為器 ⿰可攵 ⿰可支 ⿰可斤擊也 ⿰口奇慢也

● 岢｜嵐山在太原 岥行难 欿出氣 丂氣欲舒也 殦曝也 栲 杬木名色白 槁 稾枯木

● 炣火也 熇燥也 甋器也 笴箭幹 藁 藳乾魚 閜 閜門傾 顥大頭

上去 kó ● 靠 䯪倚｜ 坷｜坎 渮船着沙不能行 魺魚名 犒 膏犒賞軍士 燆 熇烘火 搞相違

● 翯飛｜ 蛤｜蝎菜虫 吒呼也 㱿歐也 灲 灱乾也 臛肉羹 𩜁｜劳 骬膝骨 鯌魚名

● 嗃樂也 嚛食辛 蒿 藳朽也

上入 kóh ○ 下平 kó ○ 下去 kô ○ 下入 kŏh ○

低上平 dǒ ● 多 彐 丑少反 刀 釖兵器割兵 扨憂也 朷菓名 魛魚名 舠小舡 觔角短貌

● 侈 栘姓也 朷木心 痑馬病 茤南夷名 忉憂心 跢帶小兒行 𩔰大面 𡖂 奝大多

上上 dō ● 禱 裯 禂 禍告事祈｜ 擣 搗 捯 搗舂也 島 㠀 嶋 嶹 隝 隯海中山

● 倒顛｜ 𤸫 𪽈病也 𨈜擊也 剢斫也 殜殞也 𣊫舂也 𨲠長也 𩔰醜也 𩥴 𩣱馬祭

● 韇廣也 幬 𢅡单帳 扡 拕引也

上去 dó ● 到 屖至也 菿大也又草木倒 𨧫大也 𠻳｜喇 受姓也

上入 dóh

● 卓 ⿳亠口巾 ⿳亠口帛 ⿳亠口早 亭 特立 桌 棹 ｜椅 逴 遠也 ⿱髟卓 長髮 趠 ⿰彳卓 逃也 阜 高也 戳 槍也

● ⿱⺈毛 龟 獸也 逴 遠也 焯 火急 ⿰馬卓 馬不前

下平 dó

● 陶 陶 丘也 淘 水流 ⿰金匋 銀｜銅｜ ⿰匋羽 舞器 檮 机｜ 檮 断木 燾 覆照 濤 大波浪也 鼗 鞉

● 鞀 小鼓有柄可搖 佗 負也 萄 葡｜果名 陀 彌｜佛｜ 陁 普｜山名 駝 馳 駞 大駱｜馬獸名 沱 滂｜水雨

● 酡 ⿰酉㐌 醉容 跎 ⿰足㐌 蹉｜ 迱 迤 透｜ 咷 號｜哭聲 逃 ⿺辶兆 迣 迯 避亡 ⿰魚㐌 鰟⿰魚奇允

● ⿸疒㐌 ⿸疒它 病也 裪 衣袖 鼧 鼠名 ⿰風壽 風也 詑 ⿰言㐌 欺｜ 綯 絞也 ⿰羊它 ⿰羊㐌 ⿰羊也 ⿰羊尃｜ ⿰壽頁 ｜顆

● ⿱匋齒 齒不正 ⿰壽鳥 河鳥 它 虫也 ⿰東它 馬上囊 ⿰山㐌 岮 阤 不平貌 ⿰山咼 山似碣 庹 姓也

● ⿰匋羽 羽也 ⿰彳匋 行也 ⿰麥它 餅也 拕 曳也 柂 車名 沱 沲 ⿰氵施 水別流 ⿰氵⿱宀比 ⿰氵⿱𠂉比 沙石隨水之貌

● ⿰火㐌 ⿰火它 餘也 舵 拖 牠 ⿰牛也 牛無角 ⿰牛壽 牛羊無子 ⿰犭它 ⿰犭㐌 獸名 ⿰匋羽 ⿰忄壽 飛也 爹 父也

● ⿰瓦它 ⿰匋瓦 飛甋 ⿸疒它 ⿸疒㐌 疾也 祹 福也 ⿰禾兆 禾生 ⿰米它 餌也 砣 ⿰石㐌 ⿰石咼 ⿰石壽 輪石 紽 絲數

● 舵 正舟木 ⿱艹舵 ｜ 袉 裙也 ⿰言匋 祝也 ⿰足高 足｜ ⿰車它 車疾 醄 ｜醉 錭 鈍也 陀 陊 陁也

● ⿱匋齒 齒長 ⿰革它 ⿰革㐌 ⿰革匋 鞍也 ⿰木鼓 ⿰韋它 ⿰龺它 安履 ⿰食匋 地名 饀 ⿰麥匋 ⿰食匋 ⿰麥匋 餌也

● 馲駣馬三歲 騊|駼良馬 驒野馬 魠鮀䰳鮀沙|魚名 駝駞鳥似雉

下去 dô ● 道噵導衟對衜逌道衜|德又|路 導衠|引 幬|罭 稻穀名

● 蹈跔踐踏 惰嫷憜懶| 盜㲊賊厞欻賊| 悼悳痛傷 翿羽葆幢

● 謦九十|曰 堉飛|之戲 隋隯山小 樀檮木名 惰龙懶 琛璹瓙玉名 瘇傷也

● 擿擇也治粟 糲黏也 纛翳也 褙襶無袂衣 跳踔 髟長也 隋裂肉 貂黍也

下入 dǒh ● 穛先熟早取 斫斮刺也

波上平 pǒ ● 波溊|涛 紴水浪有文锦 玻|璃 菠菜名|菱 吥|吒又平貌 坡|阪 岥坂也 岐不平

● 嶓山名 䍨毴輕也 灖水貌 䂍矢石 葩華也 䙌衣也 陂阪也 䨰雪貌

上上 pō ● 頗署不平 叵吅不可測 叵耐也 跛尬足疾 頗頭偏 駊馬行貌 岜峩山 巔山坡

● 洰水貌 距跛足 躪足不正 鉅鐸器

上去 pó ● 破破|碎 駊高大 鼊龜屬

上入 póh ● 粕酢糟| 樸模木名

下平 pó ○ 下去 pô ○ 下入 pǒh ○

他上平 tǒ ● 拖 拕 曳也 叨 蒙濫 弢 弓衣 舦 艄 河舡 韜 韜 劍衣又藏 鞱 函也 他 尹公大名

● 縚 絲線爲飾 慆 慢也 ⿰魚舀 魚名 韜 鞱 藏也 滔 大漫 瑫 玉名 幍 巾帽 絛 絲丨 ⿱艹丈 滑也

● 饕 ⿰飠刀 饕 ⿱噐食 ⿱号食 ⿰号食 ⿱罒食 貪嗜貪財 謟 退言 駋 ⿱舀馬 馬行貌 仐 取也 嫍 女字

● 謟 疑也 ⿴囗舀 ⿷匚舀 ⿱臼共 ⿱舀甾 古噐 匋 瓦噐 夲 進趨 夼 物上大下小 嶍 山名 掏 搯 指也

● 晵 偹 日色 槄 槐也 牥 牛行徐 篒 牛筐 篒 竹筐 蓧 蓧 草田器 ⿰虫匋 螋丨 詜 言不正

● 唾 涶 唾口液

上上 tō ● 討 治也尋丨 他 安行

上去 tó ● 套 套 圈丨 毻 毤 解羽毛 涶 河津 ⿱雨脩 雨下

上入 tóh ● 托 盛丨 拓 拆 丨物 特 袥 肩也 籜 竹節殼

下平 to ● 桃 兆 菓名 裪 衣袖 洮 洮 水名 掏 擇抒

下去 tô ○ 下入 tǒh ○

曾 上平 cǒ ● 遭遭丨遇 暕日出東方 輮一周天 槽木名 蓸草名 蹧踏也 醩鹹也

上上 cō ● 左丨右 早 皁 蚤 蚕 繅 蜡 蝨先也 棗 来菓名 耶邑名 豸左獸也

● ナ如左 傞驕也 𢓜行不正 𠂇手也 慅愁也 毑母也 澡洗丨 璅玉名 璪貫玉為冕飾

● 皁賤人 脞小也 袏衣包

上去 có ● 佐 㫜輔助 做 造 艁 艚作為 竈灶也 𡸣山名

上入 cóh ● 倅作丨牧屍之人 焠火入水 粹粉丨

下平 cò ● 曹 𣍘 𣍘国名輩 嘈 䜊 嘈囉丨 漕 潧以水通輪 艚小舟 螬 蠤齐丨虫名 鏪穿也

● 𡢃好也 𣊭日晚 蓸草也 𦋺丨網 槽馬丨 𣨼終也 𤍽 𤍽焦也 銼鍑也 𩞄食飽 麨物末精

● 嶆山深 愁牢丨 慒乱也 慒即上 𣊭日光 𤰞殘田 疰病也 𥏫短也 䄚祭祐 䈰竹也 䁖

● 䐟耳鳴 䐬腹鳴 褿 褿帬也

下去 cô ● 坐 亜 𡋯 𡐈安丨 座丨位 皂 皀隸又黑色 造創丨 趖拜詐 侳安丨 䊂骨丨

● 髽喪結 𡌤塗炭 𡝩拜不至地 挫 𡛼摧也 𢙺折坐 撍手攬 蓌丨拜 浡水也 棰麥李

● 梍 木名 梐 櫨李木 痤 小腫 脞 小也 硺 碎石 諈 佞也

下入 cŏh ● 鑿 丨鑽

日上平 nǒ ● 㥧 劣也 猱 猴屬 猗 山名 獳 獶 長尾犬 詘 喜也

上上 nō ● 峱 腦 獿 䐉 𠜴 頭髓 瑙 瑙 碯 馬丨 惱 煩丨 嫐 嬈丨 硇 葯名 猺 獿 雌狢

● 𤈦 𤈦 熱貌 瘤 瘤 病也 鬇 髮貌 餒 餒 熱食 鬇 長軸 褭 丨衰衣長好貌 譊 譊 侮語

● 貓 貓 雌貉 轘 轎也 鞃 優皮 騾 馬也 㑊 姓也 殆 㛴 恨痛 㣯 鼠 㥦 戚也 斿 旌旗

● 檂 枝弱 欜 燶 火熱

上去 nó ● 臑 羊矢

上入 nóh ● 乇

下平 nò ● 儺 行有度又逐疫鬼 攤 支弱 黟 黏也 挪 挪 移也 那 娜 邢 郍 櫰 何也語辭

● 哪 語助聲 壨 除疫 乇 丨生地上 飋 疫也 㲊 容受 䅞 䅞 多也 哪 𧃌 山名 𨛬 握丨

● 捼 木茂 梛 木名 䆁 臞 雜骨醬也 虌 獸名 踙 足趺

下去 nô ● 懦 愞 弱也 糯 糯 朮米 嗦 語助聲 ⿺尢耎 愞 弱也 稬 穤 黏稻爲酒

下入 nŏh 〇

時上平 sŏ ● ⿱髟蚤 |髮 ⿰口蚤 呼| 鮻 鰠 魚名 繅 繰 蚕|繹繭爲絲 鈔 鎪 |鑼銅器 莎 草名 臊 犬骨 颾

● ⿺風喿 風威 ⿰木蚤 梭 織| 唆 ⿰言夋 造言生事 睃 消 視也 眇 倫視 娑 婆|舞 桫 羅樹 ⿰亻蚤 騎也

● 騷 游擾 慅 憂愁 擾 爬刮 瘙 ⿸疒喿 瘡疥 溞 水名 艘 艐 舡之揔名 ⿰月蚤 豕膏臭也 傞 ||醉舞貌

● 些 楚人語辭 抄 挲 摩| 餿 危也 喿 鳥群鳴 嗖 惡言 魦 魚名 鱢 鮏臭 ⿰女坐 女字 搔

● ⿸厂蚤 ⿰扌虫 刮也 ⿱竹夋 織具 ⿱竹蚤 竹聲 ⿰衤夋 袴⿰衤同 蚤 銅器 硰 碎石 ⿰彳蚤 行也 ⿰目差 春也 ⿰日蚤 日色

● 橾 車中空 ⿰月蚤 獸名 ⿱艹繅 ⿱艹嫂 草也 溞 ⿱宀⿱一女 淅米 桫 木名 ⿰木⿱宀夋 ⿰木叟 舡總名

上上 sō ● 嫂 ⿰女更 嫆 兄妻 鎖 鏁 鑰也 瑣 |細 嗩 屑也 ⿰金帚 碎鉄 ⿰月𧴪 膏| ⿰石𧴪 |石小石 ⿰魚𧴪 |魚

● 掃 ⿰扌⿱彐侵 除糞 ⿰扌𧴪 ⿰扌𧴪 動| 削 斫也 埽 棄也 惢 心疑 消 水也 ⿰石𧴪 瑣 璅 玉聲 ⿰彳⿱宀夋 席也

● 蔆 雞腸草 ⿰虫巢 蛸 蛣也 𧴪 亭名 鞘 革| ⿰麥𧴪 ⿰麥巢 不精 ⿰麥周 粟粥

上去 só ● 燥 乾| 躁 急| 噪 譟 ⿰口蚤 鳥鳴 ⿰土屑 畚也 ⿰高喿 ⿰高參 高貌 ⿰金喿 燥也 氉 毛| ⿰口帚 群鳥聲

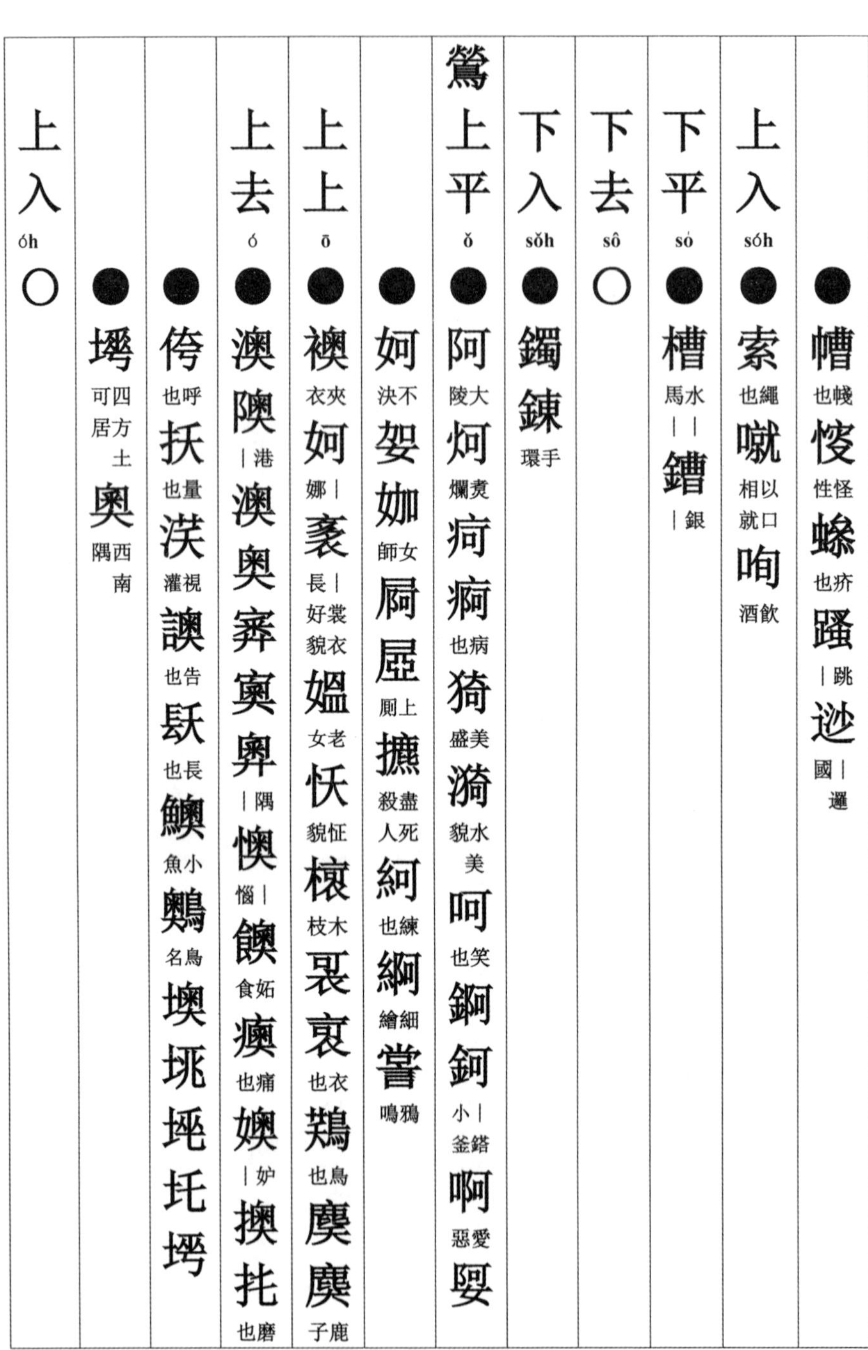

● 𢅤幭也 慅怪性 𧐧疥也 蹃跳| 逤|邏國

上入 sóh ● 索繩也 噈以口相就 咰飲酒

下平 só ● 槽水|馬| 鏪銀|

下去 sô ○

下入 sǒh ● 鐲 鍊手環

鶯 上平 ǒ ● 阿大陵 炣煑爛 痾 㾂病也 猗美盛 漪水美貌 呵笑也 錒 鈳|鍣小釜 啊愛惡 娿

● 妸不決 妿 㚳女師 屙 𡲬上厠 𢷺盡死殺人 絅練也 𦁜細繪 嘗鴉鳴

上上 ō ● 襖夾衣 妸|娜 袲|裳衣長好貌 媪老女 𢗰怔貌 櫰木枝 裹 哀衣也 鵝鳥也 麌 廮鹿子

上去 ó ● 澳 隩港| 澳 奧 奔 寞 奧隅| 懊|惱 饃妬食 瘶痛也 嫯妒| 擙 托磨也

● 侉呼也 扷量也 渼視灌 譹告也 跃長也 鰒小魚 鷔鳥名 墺 垗 埯 圫 堮

● 堮四方土可居 奧西南隅

上入 óh ○

下平 ȯ ● 河 江丨 呵 歌 應聲

下去 ô ● 啊 愛惡聲 ⿰忄夭 征衣

下入 ǒh ● 學 聖官

蒙 上平 mǒ ● 摩 ⿰扌麻 研追 ⿱麻壺 盡死殺人 ⿰金麾 ⿰金奧 溫器

上上 mō ● 牳 雌畜 拇 大指相持

上去 mó ○

上入 móh ○

下平 mȯ ● 毛 丨羽 麾 ⿰扌麾 ⿰忄麾 丨滅又研 ⿰耒麾 耕也 酕 極醉 髦 ⿱髟殺 ⿰镸毛 髮也 魔 丨鬼 磨 琢丨 ⿱麻食

● ⿰飠靡 食也 ⿱麻皿 杯也 枆 冬兆 旄 ⿰豸毛 幢旍屌 ⿸厂刺 削也 軞 公車 麽 怎丨 耗 冬熟 ⿰氵麻 水名

● 牦 牛名犏牛 ⿰牜苗 丨牛 ⿸疒齊 病也 ⿱犮石 丘名 ⿰月麻 ⿰月靡 漏病 覒 ⿺見毛 擇也 ⿰面麻 ⿰面麼 ⿰面靡 面青

● ⿺風毛 輕也 ⿰山摩 山名 饝 餅也 ⿰馬毛 ⿰馬乍 馬毛長 ⿸广齊 ⿰骨麻 病也 ⿰骨麼 漏病

下去 mô ● ⿰衤冒 帽 頭衣 ⿰忄冒 ⿰忄冒 貪也 毷 鮮也 耄 耗 ⿰忄耄 ⿱耂毳 ⿱耂蠆 ⿰高毛 ⿰白毛 老八九十 眊

● ⿰目耄 目不明 ⿰糸毛 刺也 萺 丨蓩 瑁 ⿰王冐 玥 圭方四寸 ⿰冒鳥 鶩丨鳥名 ⿱冒見 觸也 冒 ⿴囗冒 假又犯貪

● 媢妒也 磨 礳礱| 芼菜用 劘分也 冐 罔 冒目又假蔽 托擇也 揖 敯手扶

● 椙 椙梁也 冃重覆 冃頭衣 嬤母也 毴毛盛 毹毹| 眊鮮也 𣳚水名 瞐細視 艒艒舟

● 莓盆草 耄菜也 蓩葆也 蘑蘿也 䜑大小言 鏖|金 毷鳥毛輕

下入 mǒh

● 瞙皮| 尛 示小也

語上平 ngǒ

○

上上 ngō

● 我 𢦓 成 遻 䖸 奔自称 𢪇搓也 䫱顱|大頭 𩓥側弁 騀駊|馬搖首

上去 ngó

○

上入 ngóh

○

下平 ngô

● 娥嫦| 俄 屘頃| 哦吟| 莪 蕘美菜 峩 峨 嶬嵳| 鵞 䳗 鵝 䳘 鵝家雁

● 囂 䫸無欲自得 嵒山名 敖 敥姓也 廒 厫 廒米倉 蛾 螯 蟗蠶| 嗷 嗸衆口愁

● 熬煎| 遨 遨|遊樂 鼇 鰲鯨魚 翱|翔 驐 驁駿馬驕 颾風聲 鬏髮也 𩓞

● 顤 嗷高大貌 誐善嘉 暼光也 摮 擎擊也 咢大也 号 咪不安 囂聲也 嫯 嫐侮易

● 宰 氣蒸上 嶅 嶅 山高峰 𢧢 戟鋒 螯 虫名 擙 動也 涐 義不甚明 燆 烘火 熬 煎丨 獒 猛犬

● 獓 狪也 隞 地名 䮯 馬行 珴 珪璋 璈 樂器 皒 白色 睋 望也 硪 石岸 䄉 祭名 謸 謷 不省語

● 𧙃 衣盛 𦩠 舟首木 蔜 蔜 草丨 螯 蟹房 䡚 車丨 𧶬 煩也 𧾑 蟹大足 𨱍 長大

下去 ngô

● 鏊 鏖 餅丨酒丨 傲 不視 奡 寒促之子 餓 飢丨 滶 滶 水名 卧 休也 螯 螯 蟹八脚 熬 乾煎

● 𪘏 齒貌 鏊 餅丨 慠 𢡗 𢡗 倨也

下入 ngǒh ○

出 上平 chǒ

● 操 𣪞 攃 丨持 澡 洗滌 溞 洗米 繅 繹繭爲絲 鱢 鯹丨 臊 臭氣 瘥 殘 病也 蹉 丨跎

● 艖 小舟 磋 髊 䴩 𪋾 磨丨 搓 合手丨索 矬 短人 鹺 鹹丨 傞 無不止貌 嵯 𠩲 嵳 丨峩

● 瑳 𤩘 笑貌 醝 白酒 齹 齒不齊 搓 支也 殩 日西 𤠶 犬狂 𢧐 如粟 鬌 髮美

● 𪌂 靡麥 齹 齒差 睉 目小 䇥 炭籠 脞 大腹 𥞿 春麥 蒫 甘菜 蔖 草也 虘 䖭 不柔

● 褨 衣長 𨛛 沛郡 𩃷 雨聲

上上 chō

● 草 𦮹 艸 木对 藻 藻 水丨 𠹭 丨嘐寂静無人 慅 憂丨 𢡂 丨老心動 騲 牝馬 懆 惱丨

● 矂耳鳴 䡨車飾	上去 chó ● 糙 ⿰米喿粗米 造 遭|諂 慥馬蹇 懆 ⿰忄竈惱也 噪鵲聲 操琴曲 譟群呼 挫又折辱	● 襙衣| 剉斫| 鄵鄵地 厏不著 埽門庭 ⿰喿彡刑也 ⿰亻喿性疏 搡搏也 抯拭也 蚤 莝斬芻	● 草草也 瘙創也 剉山名 ⿰麥叟乾麪	上入 chóh ○ 下平 chò ○	下去 chô ○	下入 chǒh ● 斮巾鎗	非上平 hǒ ● 訶 ⿱止可 ⿰言苛大言而怒 呵責也 ⿱艹訶菜名 ⿱艹閜|蔞草名 呿開口 ⿰山藹山名 ⿰亻閜義缺 抲僞也	● ⿱髟高髮也	上上 hō ● 好 玡 玫 瓘 孜美| 恏慾也 抲擔也 暭|旰 碙山貌	上去 hó ● 好喜| 耗消| ⿰土毛|土之人醜 ⿱艹好草名 託信也 調怒貌 魹 ⿰女毛虛厲	上入 hóh ○

下平 hó

● 何（語詞）呵（大笑）荷菏蕳（蓮葉）豪嚎儫蠔（|俠）毫（|厘）譹（哭聲）號（叫|）

● 颮（風聲）勢（健也）㔦（休謁）呺咢（大貌）嘔（熊虎聲）啊（衆聲）⿰礻可（祭也）壕（城下池）⿰山豪（山名）

● ⿰扌豪（較多少曰|）⿰目翏（戾也）椃虢（木名）濠（水名）獋（犬呼）籇（舡竿）蚵（蜉也）蠔（蚌屬）訶（||衆聲）

● 諕（號也）⿰豸皋（咆也）⿰号阝（鄉名）⿰阝皋⿰阝豪（城下道）

下去 hô

● 號号⿰号虒（記|）荷（負|）袔（夾衣）賀（慶|）昊昦（夏天）暤（昊同大）皞皜皓

● 皞⿰月告（月光白）鎬（|京）浩澔澔（|蕩水盛）聕（耳聞）俈（懼也）顥（大也）灝（水遠）皓（光明白）

● 涆（清也）抲（負|）⿰角高（大蝦）⿰言皋（欺|）⿰言賀（應語）謞（譤|怒）傐（地名）⿰口毛（呼也）哠（多言）鏊⿱號土

● ⿱豈金（土金）⿰女皋（女名）⿱山号峼（山名）悎（懼也）⿰目皋（旰也）⿰木保（鐘|）⿱票木（木也）⿰可欠（|笑）歊歊（氣出）

● 淏（清也）滈⿰氵鬲⿰氵翯（久雨）⿰氵賀（水也）灝（大也）⿰犭号（犬聲）⿰犭蒿（豕名）⿰王號（似玉石）秏（稻也）

● 藃⿱艹耗（草也）⿱艹訶（菜也）薃（即莎）蒿（蔞|草名）⿰衤賀（⿰衤夜袖）謞（懕也）⿰言賀（譍語）⿰号阝鄗⿰阝高（邑名）

● ⿰口頁（傾頭視）⿰号頁（白頭人）鰝（大鰕）⿰鳥高（白也）

下入 hŏh

○

11須字母

柳 上平 lǔ ○

上上 lū ● 呂律｜ 筥筐｜ 侶朋伴 梠門楣 莒草可爲繩 焒 㛹婦人醜貌 旅 犮 魯 旅 衣

● 挔 捛五百人商客 膂 膐 䏰脊骨 漊小｜雨 屢｜次 寠貧｜ 褸襤｜ 僂｜不欲爲

● 瑀玉名 𩂯雨也 駺 驉馬名 篖竹名 絽紩衣 臚皮也 蕂蒿小 蘲木耳 蔞草名 膐肉也

● 朁姓也 郘亭名 釲 鋁金子 膢朕｜遏水版 獿 貗求子 瘑久病 稆 穭自生禾

● 寠無礼居 簏 筥飯器 篛竹名 慺 㥢悦也 侶慢也 攄舒也 梠 櫖木名 樓 楼惡木

● 氀 毭 氀 氌 毲毲罽 祣 䄡山川 嘍呼犬 婁 婁 囡 𡡾 𡡾 𡡾形交役

● 嶁 嶁山巔 嶁姓也 宮人名 蔞草也

上去 léu ● 鑪 鋁鐵器所以磨物

上入 léuh ○

下平 lù ● 閭里門 簡竹名 櫚憂｜ 轤轆｜ 蠦虫也 廬居也 盧舍也 櫨似葛 櫚木也 澗｜尾

● 爐 ｜火 蘆 蕳 也茹

下去 lêu ● 慮 ｜思 濾 渣衣 滓去 磠 名石 簏 簀舟 ｜中 罶 也罔 勴 勯 勴 勴 勴 也助 嬑 欲心 爲不

● 嵂 河山 內在 戱 也侵 讌 也詐 鐧 也錯

下入 lǔh 〇

邊 上平 bǔ 〇 上上 bū 〇 上去 béu 〇 上入 béuh 〇

下平 bù 〇 下去 bêu 〇 下入 bǔh 〇

求 上平 gǔ ● 車 輚 蟴 輅｜ 崥 名山 居 屋 宕 屋 家｜ ｜仕 賬 也貯 裾 後衣 琚 璵 玉珮

● 拘 抅 䋧 也束 尻 也處 娓 字女 害 也倨 宼 也舍 崛 袧 名山 佝 跔 不寒 伸手 足

● 朐 酌挹 椐 也樻 渠 泦 淈 也水 軥 磲 玉次 鮈 名魚 郿 名國 鶋 名鳥 綡 也束

● 腒 也久 蒟 莇 莇 名草 蒚 草苴 ｜ 蜱 也蜆 蝺 也虫 跔 踑 踑 曲足 寒 渠 也水

● 玃 也搏 眗 視左 右 瞁 邪目 稆 也黍 簴 具飲 牛

上上 gū ● 舉 舁 廾 焭 ｜薦 扛又 手 矩 榘 ｜規 柜 欅 名木 篕 籧｜ 踽 無獨 親行 穅 也孤

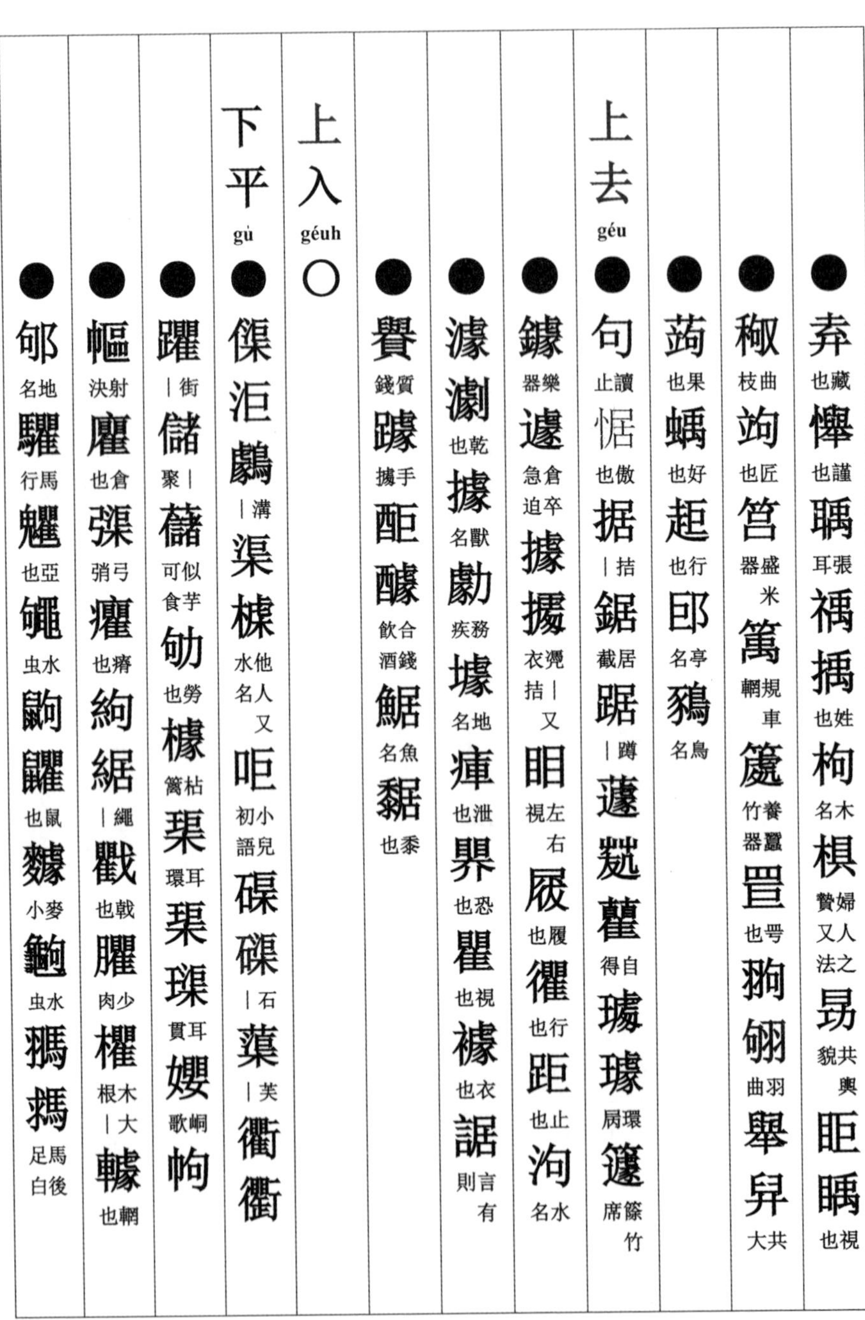

● 弆藏也 ⿰忄舉謹也 聥張耳 ⿰礻禹 ⿰扌禹姓也 枸木名 椇婦人之贄又法 ⿱𦥑力共輿貌 ⿰目巨 ⿰目禹視也

● 椈曲枝 竘匠也 筥盛米器 ⿱竹禹規車輞 籧養蠶竹器 ⿱罒巨罟也 豿 翑羽曲 舉 舁共大

● 蒟果也 蝺好也 ⿺走巨行也 ⿰巨卩亭名 鴝鳥名

上去 géu
● 句讀止 倨傲也 据拮| 鋸居截 踞蹲| 蘧 ⿺麥去 ⿱艹⿱麥豦自得 ⿰王⿱虍禹 璩環屬 籧篨竹席

● 鐻樂器 遽倉卒急迫 據 ⿰扌⿱虍禹涀|又衣拮 ⿰目巨左右視 屐履也 忂行也 距止也 泃水名

● 澽 ⿲氵豦刂乾也 據獸名 勮務疾 壉地名 ⿸疒車泄也 ⿱䀠廾恐也 瞿視也 ⿰衤豦衣也 詎言有則

● ⿱豦貝質錢 ⿰足豦手據 ⿰酉巨 醵合錢飲酒 ⿰魚居魚名 ⿰黍居黍也

上入 géuh
○

下平 gù
● ⿰亻渠 洰 ⿰豦鳥溝| 渠 ⿰木豦他人又水名 ⿰口巨小兒初語 磲 磲石| 蕖芙| 衢 衢

● 躣街| 儲|聚 藷似芋可食 劬勞也 ⿰木豦枯籬 ⿱⿰王巨木耳環 ⿱⿰王巨木 璖耳貫 ⿰女⿱䀠女峒歌 ⿰巾句

● ⿰巾區射決 ⿸广瞿倉也 ⿰弓渠弓弰 癯瘠也 絇 ⿰糸居繩| 戵戟也 臞少肉 欋木大根| ⿰車豦輞也

● 邭地名 ⿰馬瞿馬行 ⿰鬼瞿亞也 ⿰瞿黽水虫 鼩 ⿰鼠瞿鼠也 ⿰麥豦麥小 ⿺黽句水虫 獁 ⿰耒馬馬後足白

● 鴝 鶪 鴡｜鴝 𪁺 鸜鳥左足白 麮麥不成 匷車類 屨頭飾 豦階也 懅怯也

● 攫爪持 斪 斸斫也 魹毯也 朐脯軛 𣰆 氍 𣯷 毩 𣯶 氍毡也 𣰶細毛

● 淭拏也 渠溝也 灈水名 璖戎狄耳環 痀曲也 𥗋青石 寠 窶穴也 綶無文 繰綵名

● 䎤耕也 苣人名 蕖荷芙 蘧菜也 蠷 𧜥繫也 趯犬走 𧳜 貗猛也 趜走近 𧽢小步

● 軥 軥車厄 𨝳聚也 鑺兵器 鸜 𩀡章｜

下去 gêu

● 拒抗｜ 巨 王 五 厶大也 詎未知之辭 苣萵｜菜名 怇慢也 鉅大鋼 距 𦨭 艍鈎也

● 炬火把 埧堤塘 懼 惧 愳 𢥞恐｜ 具 俱備辦 姖山名 眶明也 曜姓也 𣜀茉甶

● 櫖 虡鐘鼓之柎 𣬚毡也 洰水中物 狟 駏駏騾獸似騾 秬黑黍 𪏰 管火｜ 籧 簴箕也

● 籧竹器 粔籹也 耟耒也 腒女陰 蘧白｜ 虆草也 虡虡也 虞虡也 鐻鑲也 蚷虫名 蠷

● 蟝 䗁獸多 鞬鞁也 鞠兵器 颶海大風 餶餅也 齟齗腫 岠大山 鱋魚名 鴡鳥名 𪌉餌也

下入 gŭh

○

氣上平 kŭ

● 區分別 傴｜僂 嶇 嶇 岖 嘘崎｜ 敺 驅 駆逐也 軀 軀身｜ 樞戶輪

● 駒馬子 㮜木名 袪衣袂 佉國名 姝美好 嫗母也 寂假寐 抾捋也 攎擊也 柧极也

● 祛逐也 𥬇蓳簍 胠開骨 居器也 袪 袪 阹 𣟼 鈇人名 鱋如鰕

上上 kū ● 去 厺 𠫝 𢭏却也 呿 㰦志倦張口 紶緒也 詓聲也 䒧草也 䨲蟾諸 齲齒病

上去 kéu ● 去來｜ 麮煮麥飲 蛙似魚 鄬地名 𡛙女字 𦮐草具 鴹鳥名

上入 kéuh ○ 下平 kù ○ 下去 kêu ○ 下入 kǔh ○

低上平 dǔ ● 猪 豬豕名 誅責討 櫫木立死 䐗 𧂏木名 瀦水所停 豬賭也 藸 藷蕐又乱草

上上 dū ● 佇立也

上去 déu ● 著 署明｜ 䇡似竹補缺 儲姓也

上入 déuh ● 䶥盛物于器

下平 dù ● 除開｜ 篨 蓍籧席 躇 𡺌 躕躕｜ 儲偫也 瘃痕也 糈糧也 藷菜名 躇躕｜不前

下去 dêu ● 箸 𥬇 筯進飯器 緒白布 瘃不達

下入 dǔh ○

波上平 pǔ ○ 上上 pū ○ 上去 péu ○ 上入 kéuh ○

下平 pu̇ ○ 下去 pêu ○ 下入 pǔh ○

他上平 tǔ ● 邾国名 侏短人 洙水名 株根木 蛛 鼄蜘｜ 黐黏也 銖錙｜ [illegible]粮也 [illegible]飛也 袾朱衣

● 趎行也

上上 tū ● 杼 [illegible] 柔机｜梭 杵臼｜ 貯 豬積｜ 佇 [illegible] 竚 伫立也 泞水停止 妤婕｜女官

● 坾塵積 壴陳樂 [illegible]山名 [illegible] [illegible]棺衣 [illegible] 詝智也 抒解也 [illegible]爊也 [illegible]鑪也 [illegible]盛米

● 苧草也 [illegible] [illegible]虫名 [illegible]敝衣 [illegible] 褚裝衣

上去 téu ○ 上入 téuh ○

下平 tu̇ ● 鋤掘土之器 鉏治田 屋 [illegible]直開

下去 têu ○ 下入 tǔh ○

曾上平 cǔ ● 書 [illegible]詩｜ 茱｜萸 洙泗水 且語辭 資貨藉 姿丰｜ 咨 諮問也 貲貨財 粢 [illegible]

● 齍 齋祭祀米 垐 堲增土 訿 訾 [illegible]毀謗 髭鬚也 疵病也 諸 [illegible] [illegible]辭衆

●緇紘𢆶黑色錙鉄｜菑緇蕃菑蕾囟甶由田耕淄澅甾
●沮水名孳孜勤力孖双生子齊衣下縫睢水鳥苴藤也疽癰也朱紅也伹抽也
●⿰石力強也坥蟥塲茨⿸尸齊此也⿱山齊高也甾不齊⿰此巾布也⿸广且人相依褚月行⿱虘心怚
●懠驕也鄑晉邑名⿰木此⿰木比榆也櫧木名⿰此欠⿰此欠柴歐也⿰齒欠無廉砠土山⿱此戈劣也
●㳄疵山名澬久雨涔｜瀦水名⿰犭朱獳也⿰石諸礶也祩呪也禌安也⿰禾夬秶穊也
●粢稷也⿰禾甾禾死穧積禾⿺辶取佝｜⿰歹次⿰歹朿骴胔敗肉⿰王桼勞也⿰齒甾手足皮黑⿰齒畫手足堅皮
●⿰矢此短小⿱竹沮竹名⿰米責米碎⿰米咨⿰米資粉餌⿰糸才紂⿰糸次異色紓緩也絑赤也⿱次糸理糸⿱次缶陶器
●⿰齒此有肉骨胆肉生内虫⿰月虫虫也舒伸也茨草也⿱艹舒草名藷⿱艹藷蒣甘蔗⿱艹資草生水中
●⿱艹資草多⿰虫資⿰虫虘蛆⿰虫資虫也⿱此虫似虫⿱非車車也輜輜車前衣衰喪服祖事好
●⿱此衣衣交袷菹草生澤⿱艹䀇｜醓⿰虫諸⿰魚者蟾｜齊⿰衤齊⿱齊衣緶裳⿰齊阝郥鄉名⿰角龍觜也
●鄑鄑郤邑名⿺辶次趦⿺走次不行進趑趲倉卒歋行也郲國名鄦谷也酥酌也
●⿱此金斧也錐鴲似鳧⿱雨次⿱雨資⿰酉資雨聲𩑨頷也⿱四匝頿頔口上須⿱此食嫌食餎

● 餈稻餅 餡饘也 駯馬口黑 鯔 鰡臭名 嶋水鳥 鴡王丨 鶅雉也 鯺 麔類鹿 鼭似雞

● 鎢白鷺 ⿰齒思⿰齒同也 ⿰齒置齒不齊

上上 cū

● 子 ⿱棘子 ⿱巽子 学 ⿱鄉子 ⿱⿰止止子男兒 仔肩任 主專也 煮 ⿱者鬲 ⿱者灬烹熟 楮 柠木名

● 褚姓也 渚岐水淵名 翥 ⿱羽者飛也 梓木名 ⿰者力爭役 耔雍菓木 吇丨丨聲 ⿰口主口不正

● 嫩美女 ⿱此子邑名 宔 ⿰示主宗丨 豬積也 秄禾本 拄支也 斮斫也 祡口識 毑母也 渚丨沚

● ⿰甾宁盛米 ⿰甾庶畚也 ⿰甾庶 ⿱竹⿰甾庶筐也 虸害禾虫 ⿰石予 砫石丨 竽笙也 蠹虫名 ⿺走者 ⿺走韱出前

● ⿰金予 鋅剛也 黈止也 ⿰阝予地名 陼小州 鸒舉貌 ⿰食庶豕食 鬻喜也 麈 麔似鹿

上去 céu

● 蛀 ⿱主虫 ⿱主䖵損物虫 足遇也 慫縱丨 馵馬足白 漬浸也 架綿丨 胾切肉 駐立馬 厠

● 遱列也 ⿰彳斯 厮役丨 傳副也 剚插刀 廁清丨 扻治髮 榑木名 椔 椔木立死 注

● 投引浸 事刃也 宔君也 ⿰山庶山名 ⿰歹欠 欿復生 澍羣生丨濡 狌黃犬黑頭 ⿰犭異 ⿰犭異

● 痓病也 痓惡也 ⿰立主止也 紸注也 罜魚罟 ⿰耳朱聲也 霔霖也 ⿰革主皮袴 飳 麶 ⿰麥俞餌也

上入 céuh

○

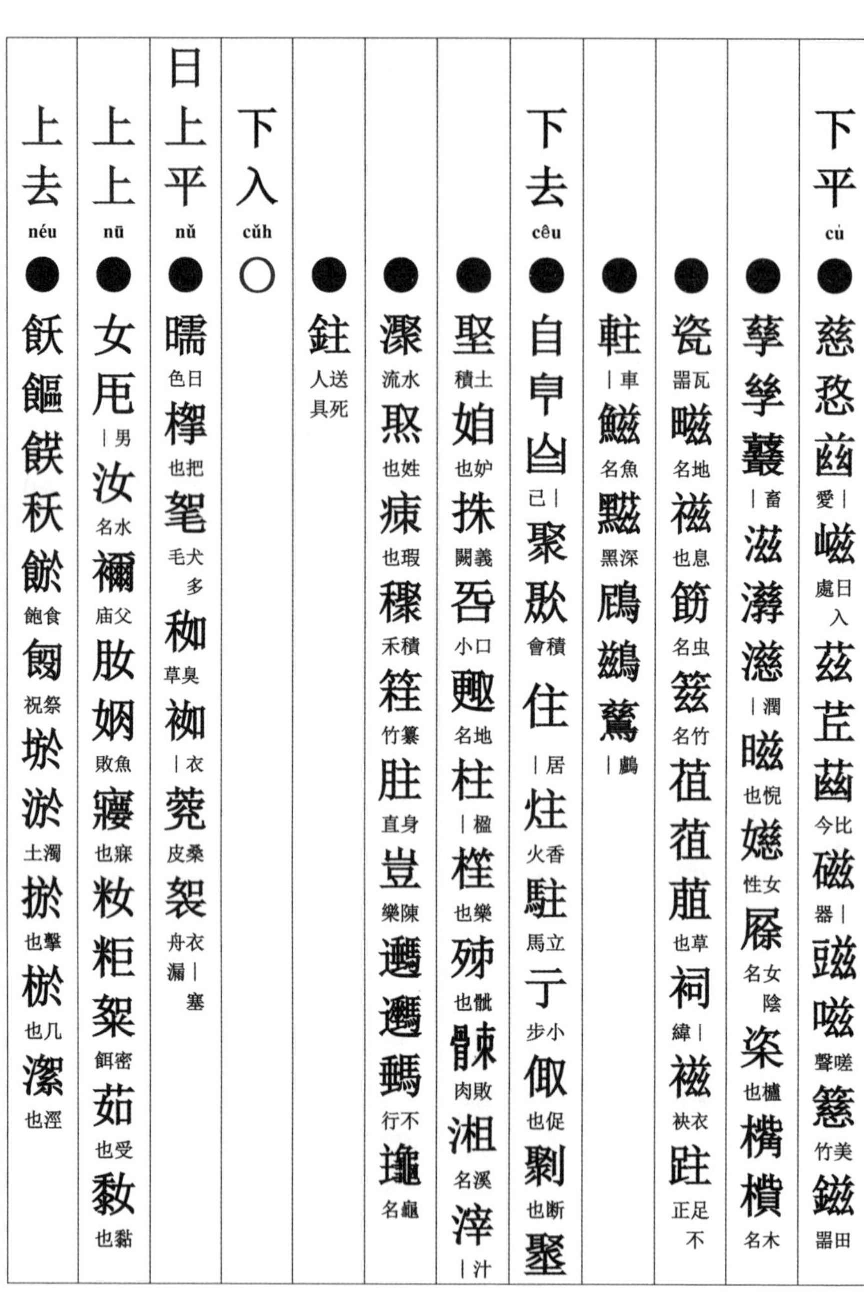

下平 cu̇ ● 慈 恣 茲 |愛 嵫 日入處 茲 茊 茲 比今 磁 |器 𧯈 嗞 嗟聲 䈘 美竹 鎡 田器

● 孳 孶 孳 畜| 滋 澬 濨 潤| 嗞 悅也 嬨 女性 孱 女陰名 栥 櫨也 構 樻 木名

● 瓷 瓦器 嗞 地名 禌 息也 節 虫名 䈇 竹名 蒩 蒩 蒩 草也 祠 |緯 䘣 衣袂 跓 足不正

● 軴 車| 鰦 魚名 黳 深黑 鴜 鷀 鶿 鸕|

下去 cêu ● 自 皁 𦣹 |己 聚 欶 積會 住 居| 炷 香火 駐 立馬 亍 小步 𠈭 促也 剶 斷也 埾

● 埾 土積 𡛟 妒也 𢪷 義闕 否 口小 趣 地名 柱 楹| 樦 樂也 殊 骴也 𩨵 敗肉 湘 溪名 滓 汁|

● 潨 水流 焣 姓也 瘷 瑕也 𥢶 積禾 篫 纂竹 𦙄 身直 壴 陳樂 邅 邅 䮣 不行 鼄 黽名

● 鉒 送死人具

下入 cŭh ○

日上平 nǔ ● 曘 日色 㯻 把也 㲻 犬多毛 𥝠 臭草 袽 衣| 蒘 桑皮 䘫 衣|塞舟漏

上上 nū ● 女 甩 男| 汝 水名 禰 父庙 肗 𡝤 魚敗 𡪜 寱也 籹 粔 𥹉 密餌 茹 受也 𪏤 黏也

上去 néu ● 飫 饇 䬪 𥝍 𩞀 食飽 餫 祭祝 𡐉 淤 濁土 扵 擊也 棜 几也 𤁳 涇也

上入 néuh ○ 下平 nù ○

下去 nêu ● 女以女嫁人曰|

下入 nǔh ○

時上平 sǔ ● 思恖毢㗊㝃量念師蹝㴲帇𢀖帇先生螄𧍯池螺輸敗|

● 緦總㘸麻也偲詳勉須頾面毛立待鬚鬢髯也斯㒋所此也嘶馬鳴

● 撕提也胥諝相助醑美酒糈㲂朴也諝才智之称需需用也私不公司

● 㗊|官笥衣箱竹器㴲洞滬水名㥠有智濡沾也嚅囁|螄蟴蛄|褫衣破

● 緆縜䌐兩足縭縟繻細密羅罳罘|屏菘茅秀蒒蔌草也蘄水草

● 蓨蘋蕪螄虫也蝑蜙|穛治禾䈁穴也縰繼入𨒪繻須𩏩待也𨓏立待

● 篩竹名箵疎节竹篩竹名簛魚笥㥠姓也㴓澌流水厮廝取薪厶姦哀

● 姛媤嘶女字𡟰女巫㜕頾姊也嬬弱也傎頭|㡜帷也㝛㝛也虒祁地名

● 廝使賤養㥠厚也㥠慉智也㜕温也㥠責也㒋怯也㨤揟取水楈㮰㮷木也

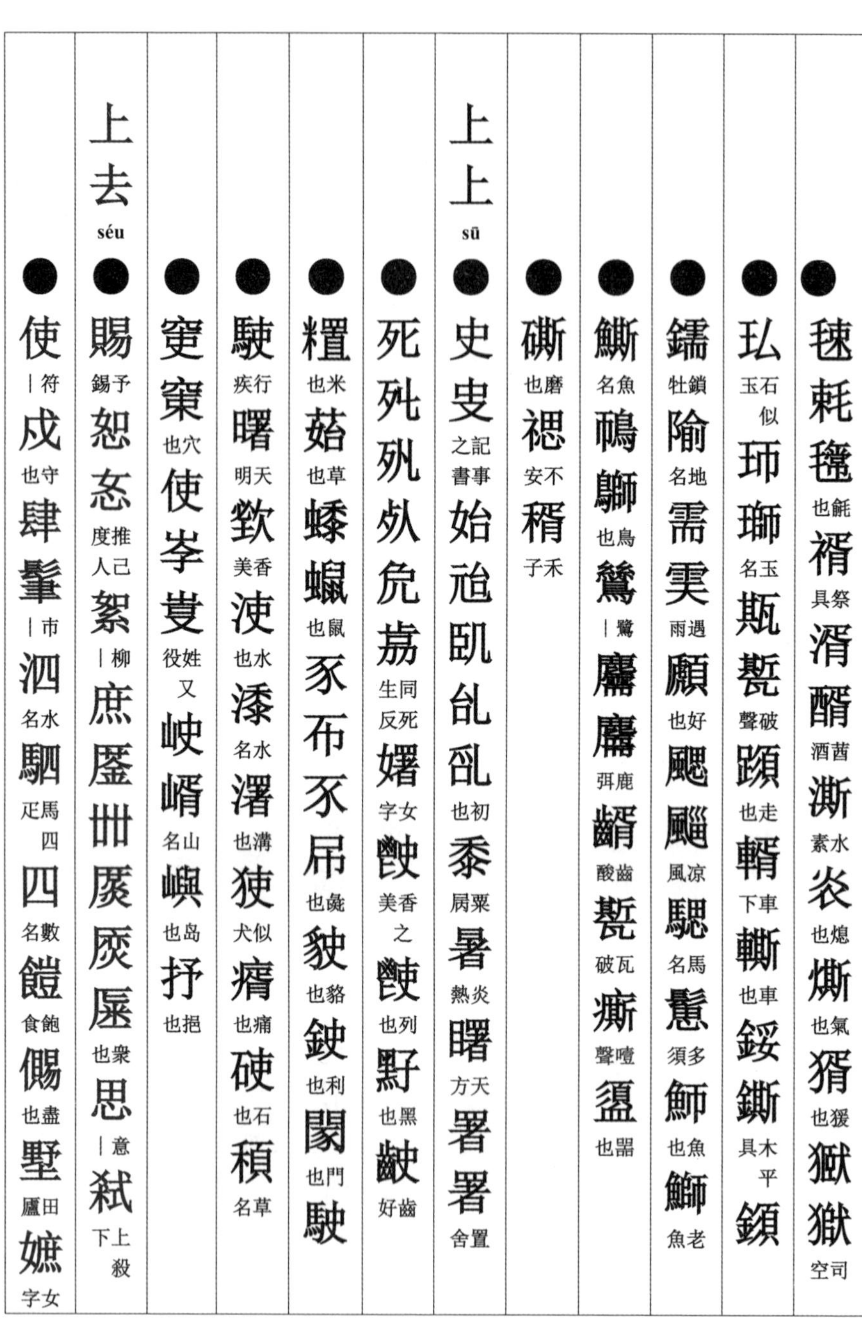

●毬秏毽毹也 稰祭具 湑醑茜酒 澌水素 炏熄也 凘氣也 猾猨也 獄獄司空

●弘石似玉 珔瑡玉名 瓶甀破聲 蹞走也 輤車下 輀車也 鋖鐁平木具 鐁

●鐳鎖牡 隃地名 需雯遇雨 顧好也 颸颸涼風 騦馬名 鬚多須 鰤魚也 鰤老魚

●鰤魚名 鴜鰤鳥也 鷥鷺丨 麛麛鹿弭 齝齒酸 甀瓦破 澌噎聲 盨器也

●磃磨也 禠不安 稰禾子

上上 sū ●史叟記事之書 始迨敱乱乱初也 黍粟屌 暑炎熱 曙天方 署署置舍

●死歹歺夙㱙同死反生 嫠女字 䬕香美之 䬕列也 黖黑也 齛齒好

●糬米也 茹草也 蟋蠅鼠也 豕币豕屌蟲也 豿貉也 鉠利也 闞門也 駛

●駛行疾 曙天明 欷香美 洓水也 漆水名 澤溝也 狭似犬 瘠痛也 硤石也 積草名

●寏窠穴也 使岑叓又姓役 峡嵴山名 嶼島也 抒挹也

上去 séu ●賜予錫 恕恖推己度人 絮柳丨 庶蜃卌㡿庻屡眾也 思意丨 弑上殺下

●使符丨 戍守也 肆髵市丨 泗水名 駟四馬疋 四數名 饐飽食 儩盡也 墅田廬 嫭女字

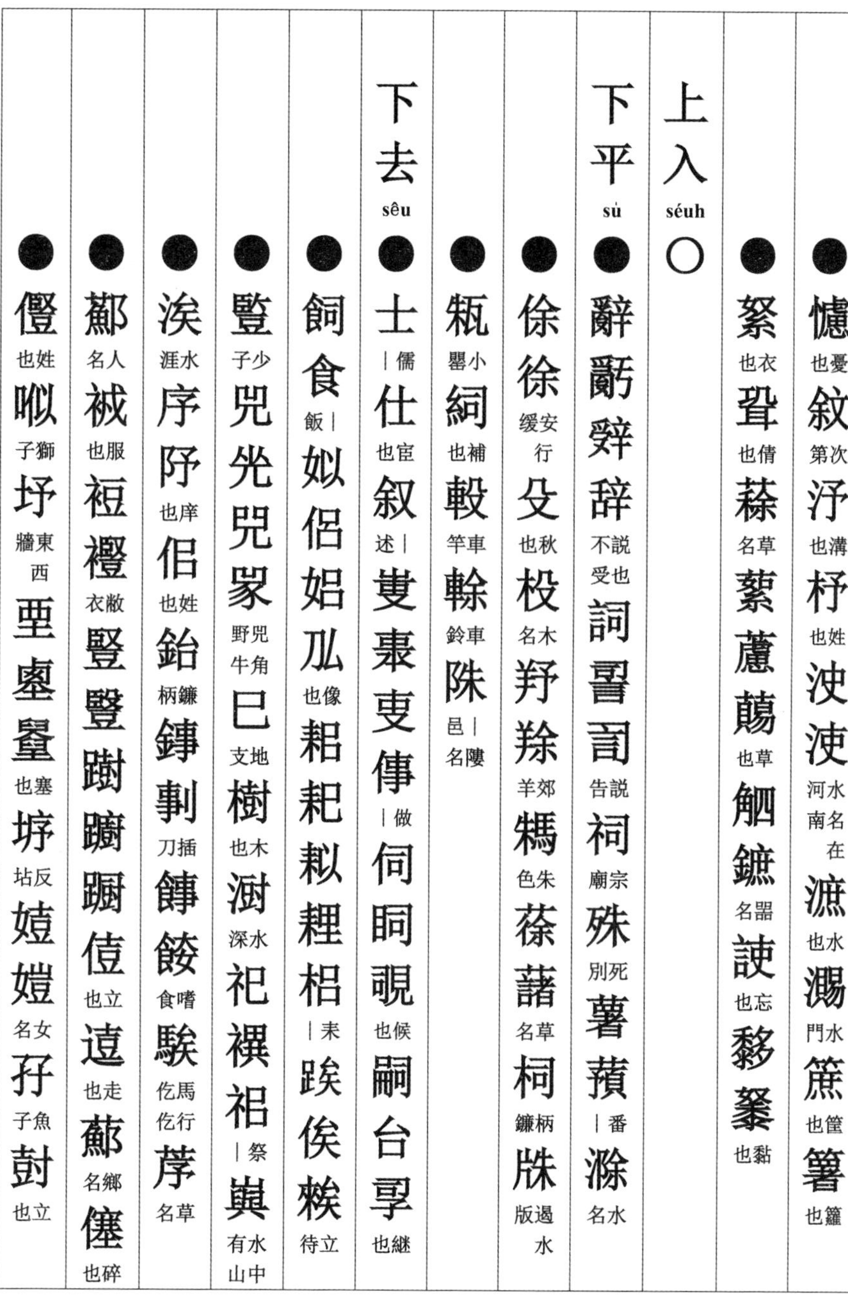

● 㦜 也憂 敘 第次 汿 也溝 杼 也姓 洩 洩 河水 南名 在 潕 也水 潟 門水 箎 也筐 箸 也籠

● 絮 也衣 聟 也倩 蒣 名草 藇 蘆 薥 也草 䑿 鏣 名器 謏 也忘 貁 䉧 也黏

上入 séuh ○

下平 sṳ̇ ● 辭 辤 辥 辞 不説 受也 詞 詈 詞 告説 祠 廟宗 殊 別死 薯 藷 丨番 漵 名水

● 傜 徐 緩安 行 殳 也秋 杸 名木 羜 羭 羊郊 犓 色朱 蒣 藷 名草 梮 鐮柄 牀 版過 水

● 瓻 罌小 絧 也補 軗 竿車 軨 鈴車 陎 邑丨 名陴

下去 sêu ● 士 丨儒 仕 也宦 叙 述丨 㚅 朿 叓 傳 丨做 伺 眮 覗 也候 嗣 台 孠 也繼

● 飼 食 飯丨 姒 侶 娰 瓜 也像 粈 耜 粆 粺 梠 丨耒 竢 俟 糇 待立

● 豎 子少 兕 光 兕 豙 野兕 牛角 巳 支地 樹 也木 澍 深水 祀 禩 祒 丨祭 䢼 有水 山中

● 涘 涯水 序 阠 也庠 佀 也姓 鈶 柄鐮 鏄 剸 刀插 餺 餕 食嗜 騃 仡馬 仡行 荸 名草

● 鄯 名人 裓 也服 裋 襣 衣敝 豎 豎 蹰 躕 蹦 侸 也立 逗 也走 鄜 名鄉 僿 也碎

● 僼 也姓 㗡 子獅 埒 牆東 西 亜 㙐 壘 也塞 埒 坫反 娭 媸 名女 孖 子魚 尌 也立

● 屖履也 𡱁侍也 誒 瘊侍也 戉遏也 氾水還本 戺 巵闕也 汷 洍 激 澳水也

● 犔牛也 瓵甂也 䂬石墮 誒 迉侍也 尌 尌 𩬆 毜毛也 竪立也 笱

● 笶方曰丨圓曰簞 繄繩履 緒業系崗 䋅結纓囊 芧木也

下入 sǔh ○

鶯上平 ǔ ● 於 㜷 𣭙 于語辭 盱 𥅤張目 迂 迃遠也 兒長箑 唹笑也 圩岸也 雩

● 雩雨也 骬 骻胸前缺盆骨 釪 銙汲気 𦶜菜名 菸痿也 虶蚜也 衧 袴 褎衣

● 迂牀也 邘 𨙫城也 䣿 醧宴也 㺬玉名 盂 𥁑飯器 𨖽 𨖽盤也 秆禾不秀 紆屈也

● 窊山穴 竽 竽樂器 紆 紆詘也 㘥 淤濁泥 奸人以禮交 嫨老嫗 尪股也 㤀順情

● 擩舒也 杅 桙丨白足

上上 ū ● 羽丨毛 雨 𠕀 宎 㒳 网 翕丨露 與 与 臾 舁陽具 禹 𥝌 禼夏王名

● 瑀石似玉 蝺独行 窳器壞 宇 厈 庌 寓 宇廟丨 乳 𦙶 𡇈小兒食所 瘐量名

● 愈勝也 詡大聲 傴曲躬 俁倚也 匬水漕 咻痛也 壐屋旁 宁屋也 帍大也 㥚 㥚懼也

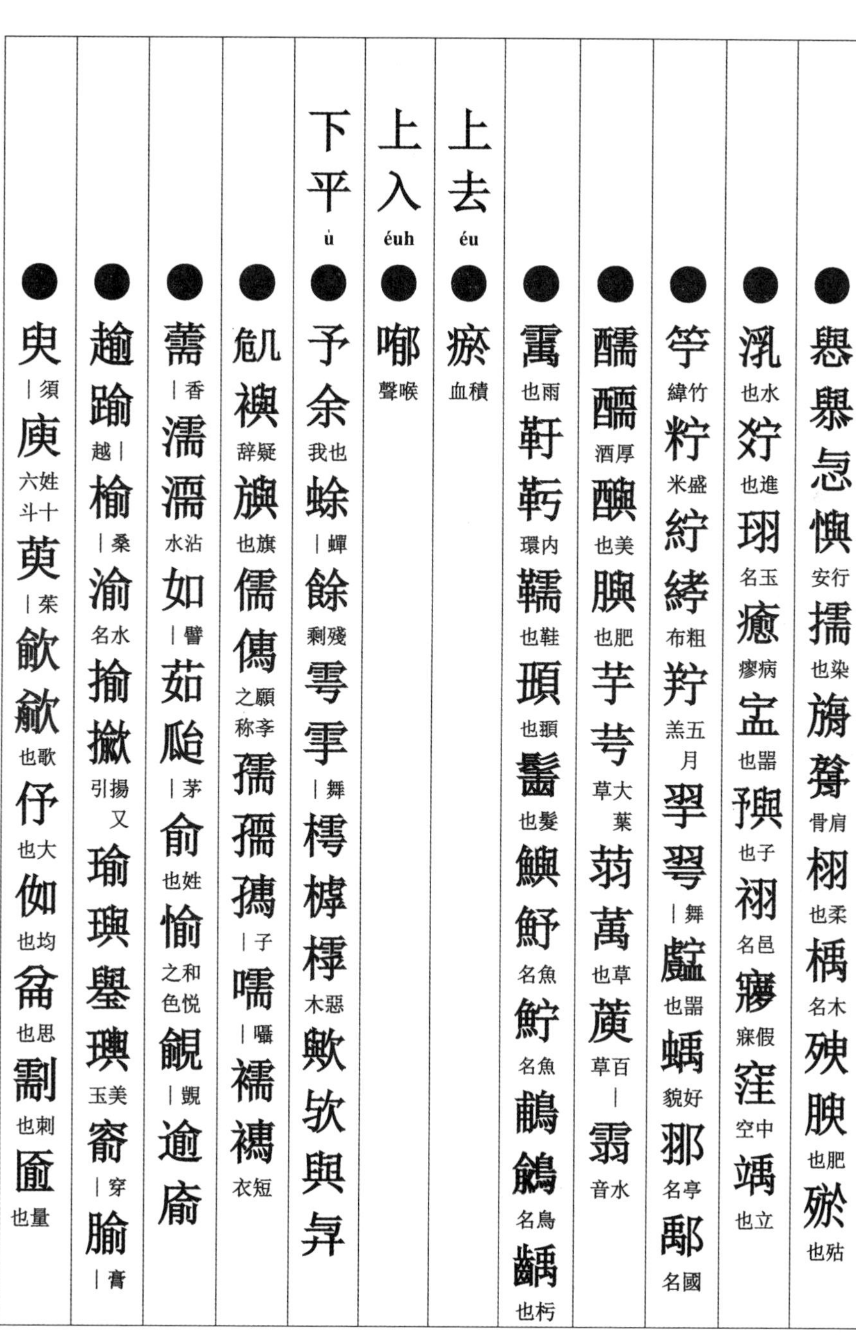

● ⿱與心 ⿱與木 ⿱与心 懙行安 擩染也 旟肩骨 栩柔也 楀木名 ⿰歹臾 腴肥也 ⿰歹於殆也

● 渪水也 妤進也 珝玉名 瘉病瘳 盂器也 ⿰予與子也 ⿰衤羽邑名 ⿰丬寥假寐 窐中空 竬立也

● 竽竹緯 ⿰米予盛米 紓 綒粗布 羜五月羔 ⿱羽予 ⿱羽亏舞｜ ⿸虍盂器也 蝺好貌 ⿰羽阝亭名 鄅國名

● 醹 醹厚酒 ⿰酉與美也 ⿰月與肥也 芋 芌大葉草 ⿱艹羽 萬草也 ⿱艹庾百草｜ 雩水音

● ⿱雨禹雨也 ⿰車予 ⿰車亏內環 ⿰革需鞋也 頊顓也 ⿱髟禹髮也 鱮 魣魚名 ⿰魚于魚名 ⿰禹鳥 鵌鳥名 齲朽也

上去 éu ● 瘀積血

上入 éuh ● 嘟喉聲

下平 ù ● 予 余也我 蜍蟬｜ 餘殘剩 雩 雽舞｜ ⿰木雩 榑 樗惡木 歟 欤 與 舁

● ⿰危几 ⿰衤與疑辭 旟旗也 儒 偊願孛之稱 孺 孺 ⿰子禹子｜ 嚅囁｜ 襦 ⿰衤禹短衣

● 薷香｜ 濡 濡沾水 如譬｜ 茹 颱茅｜ 俞姓也 愉和悅之色 覦覬｜ 逾 ⿸广俞

● ⿺走俞 踰｜越 榆桑｜ 渝水名 揄 ⿰扌歈揚又引 瑜 璵 ⿱與土 ⿰王輿美玉 窬穿｜ 腧膏｜

● 臾須｜ 庾姓十六斗 萸茱｜ 歈 歈歌也 伃大也 侞均也 ⿱今侖思也 ⿰需刂刺也 匬量也

● 喁噓丨引重勸力者歌 䜰罯名 堬冢也 妤女官 媮薄樂又 窳懶也 崳山名 帤巾也 廠相弄

● 弙弓也 揄行貌 恕度也 悏 怏憂也 怨恭敬 濡霑溼 悇樂也 懦 懧心弱 扵

● 於語助 舁舉也 𢪃 舁 轝共舉 㼌微弱 瓹瓶也 睮 畬 畭三巛二新一甾 𤵸病也

● 瘉病差 瘐病也 睮媚也 𥓓石也 硢石名 秢草也 艅舟也 窬 𥦗 窬小户 𦪔空中木爲舟

● 筎竹皮 箊竹名 𥬪黑竹 籅色竹 𥮸 籅簾也 羭羊美 藇葚丨 蕍丨芛 萸香草

● 蛪虫也 𧉈 蝓虫多足 斞六斗四斛 褕襜丨飾衣 𧯞色豆 䝡量也 貐猰也 貙丨虎 檽

● 燸火色 趣安行 輿 轝車底 𨙸國名 鄃 𨛫地名 酑飲也 釪鉢也 𨵥窺也 翟

● 鴽雛也 雓雞也 𩁨 鸒鳥也 鞧餘也 欤 欤 歟呼犬 澞溫也 澦 旟丨水 犪牛坙

● 架木名 楰梓木 楀梁上木 毹 毹 毹 毹 毹毛褥 澳汙也 洳水也 獡歎聲

● 歈投也 𣂼六斛四斗曰丨 斞量也 瑜次玉 𩔰耳穴 颵風也 騪疾也 騟紫色馬 鸒馬徐行

● 䰻鬼聲 鰨 鰅魚也 鱬魚身人面 鴽鴿也 𪊚山驢

下去 êu

● 預丨先 豫 顊悅樂 譽美稱 裕 褒寬丨 諛 諛諂媚 喻譬丨 諭曉丨明譬 豫

● 豫 罯 帕也 舉 高平 忬 先安 悆 喜也 悇 憂也 趣 邑名 櫲 櫴 樟也 欅 轝 舉 异食者

● 澦 灪 水名 玗 玙 似玉 豫 矛也 礜 毒石 穥 ｜黍美 䈅 黑竹 篽 竹名 籲 龥 呼｜

● 罯 衣也 羭 羊也 螸 螽也 鐭 鑍 鉏也 麌 似鹿

蒙 上平 mǔ ○ 上上 mū ○ 上去 méu ○ 上入 méuh ○

下平 mù ○ 下去 mêu ○ 下入 mǔh ○

語 上平 ngǔ ○

上上 ngū ● 語 二人說話 圄 囹｜ 圉 困也 禦 止也 俁 大也 踽 独行 㠐 山名 敔 敔 敔 禁也

● 䌳 絲也 鋙 鉏｜ 衙 侍也 衞 止也 鋙 鉏｜ 𨳼 小門 麌 麌 牡鹿

上去 ngéu ○ 上入 ngéuh ○

下平 ngù ● 魚 奂 𠩴 水虫 虞 騻 㺞 安助 個 俁 大容貌 哭 欲笑 喁 魚口 噳 笑也 瑀 夷也

● 娛 樂也 嵎 女字 寓 寄也 嵎 吳楚之間山 恤 心乱 惆 懽也 愚 昧無智 喁 鼉 人名 槵 木橡

● 湡 水名 漁 捕魚 澞 山夾水 煨 煮器 晤 瞧 魚目 膴 驗 馬目 㺞 安助 個 俁 大容貌

● 駑荏也 蝺青蚨 螐蠹丨 鍝鋸也 䦛門名 隅隈角也 雖鶗鳥也 顒大頭 髃肩前

● 鰅魚名 瀂魰䱷捕魚 䲜二魚 鸕鳥名

下去 ngêu

● 遇奚逢見 御御御邀使馬 馭駕丨監丨 娵進也 䣘鄉名 愚意也 㾏病也

● 愚意也 㾏病也 禺猴也 蓹蓹蓹蔽籞蓹禁苑 蘌藸也 鄅地名

● 鉚鋤樂器 飤餞也 魰養魚 寓庽寄居

下入 ngŭh

○

出上平 chŭ

● 趨趍疾走 趦起丨將行不行 騶獸名 鶵小鳥 芻芻蒭荳草也 媰豠聚婦 疽痘丨

● 舒紓緩也 𠺕叱也 呰小喝 𢪈挐也 㮲板不正 犓養牛 砒黃石

● 𥞖稷也 篘篗酒籠取酒 𥳒竹名 𥻨取粉 縐絺也 苴麻也 菹葅蒩澤生草又阻

● 𦺗草也 𧽒進也 𨀤丨趄 鄒郡名 雛鶵鶵鷄子 𪀦不淫鳥 鸀鳥名

上上 chū

● 此些茲也 泚水清 䖏𧆤處居止 取討也 鼠獸善盜 佌佡小也 処止也

● 杵舂也 剢斷也 㖩不廉 𡘋大聲 𢓜行貌 批捽也 𣪊迫也 玼玉色 疵病也 皉白也 紕帛文

● 蜡蠅膽 蛓 蛕 螅 蟌 蟌 螆 蠀毛虫 𧖴 𧖴蠍也 諏謀也 趑淺渡 趚行也

● 跐 𨀛蹈也 踙足不相 軟飾車 [illegible]潦塗器 颵風也 騳馬也 䳄鳥也 嶋鳥母 麃小鹿

上去 chéu ● 娶嫁｜ 趣 趍 趄 趀情向 覰 覷 覰 覻看也 次 莿 𠕂 皃第前不

● 刺諷｜ 莿草木針 剌斜｜ 𩂯 𩂯所也 佽名也 佽利及 刵土器 婳妒也 屎前足 扅伺視

● 庛 㢘 廭耕具 庛下屋 柆榻也 㱔惛甦 㱔 㱔復生 狙正犬 紪績也 絘漆具 翗飛也

● 誠謀也 諫諫也 𧬈語也 耝耕土起 𦗢 𦗢耳不相當 髲梳也 𪀖 鶿鳥也 蛪似蜘蛛

● 覘觀也

上入 chéuh ● 䠞驅迫 犢驅牛聲

下平 chú ● 岨石山戴土 宜

下去 chêu ○ 下入 chǔh ○

非上平 hǔ ● 虛 虛 䖅空｜ 噓吹｜ 墟大丘 歔 歔郗也 盱 晇 欨日始旦 吁 号嗟也 訏

● 訏大誇 紆曲也 尋 綒 吁殷冠｜飯器｜ 呴噓吹 噈謦也 姁美也 忬憂也 慮志怯

● 盱 盱 張目 扜 指麾 昳 日始旦 欨 吹也 獟 獸名 疛 疞 病也 蕍 草華 蒟 芋也 苻 蛇床

● 虖 虎吼 礚 石也 ⿰衤虚 魖 耗鬼 ⿱⺮云 飯器 ⿱⺮虚 竹｜ 冔 冠也 ⿱罒乎 殷癸 興 田具 ⿰衤瓜 袑衣 ⿰言雲

● 譃 謣 謣 忘聲 陓 楊｜ ⿰阝虚 地名 頊 顫頭動 頊 大面 驉 似驢 魼 鱋 鰈 目魚

上上 hū ● 許 鬳 鄦 期從与可 蘛 續断葯名 滸 岸也 ⿰山午 山名 詡 大言 ⿰阝句 地川

上去 héu ● 煦 熱恩 昫 日温 呴 言順語 姁 嫗 老婦 呿 臥聲 煦 眗 笑也 ⿰虫區 ｜子 酗 醉怒

上入 héuh ○ 下平 hủ ○ 下去 hêu ○ 下入 hŭh ○

12 杯字母

柳 上平 luŏi ○ 上上 luōi ○ 上去 luói ○ 上入 luóih ○

下平 luòi ○ 下去 luôi ○ 下入 luŏih ○

邊 上平 buŏi ● 杯 榲 盃 桮 匼 囨 丨洒 柸 也治 箁 開花未 坏 再山成 髶 髺 髼 走被髮

● 痦 也弱 棓 榔 也板 版 焙 瓝 也爪 碩 燒瓦未 痓 病結 秠 秳 二一米稃 粃 劑粉

● 肧 胚 一婦月孕 衃 成肉醬未 衃 凝血 啡 聲唾 魾 名魚

上上 buōi ● 飄 吹風貌物 錇 也缶

上去 buói ○

上入 buóih ● 背 丨脊 褙 緕 衣短 輩 輩 丨朋 鮪 名魚 颶 風大 鋇 也鋌 伂 匍 名人 辈 也姓 娟 名女

● 菝 也舛 昁 明日不 棏 名木 犕 犋 岂牛二 牀 犖 犟 成犬 踑 也行 莧 名菊 邶 名郡

● 掤 也挎 貝 蜆 丨宝 唄 音梵 埧 飾陂 浿 也水

下平 buòi ● 培 塔 峿 丨栽 賠 也補 陪 加貳 倍 斂克加聚 榲 也板

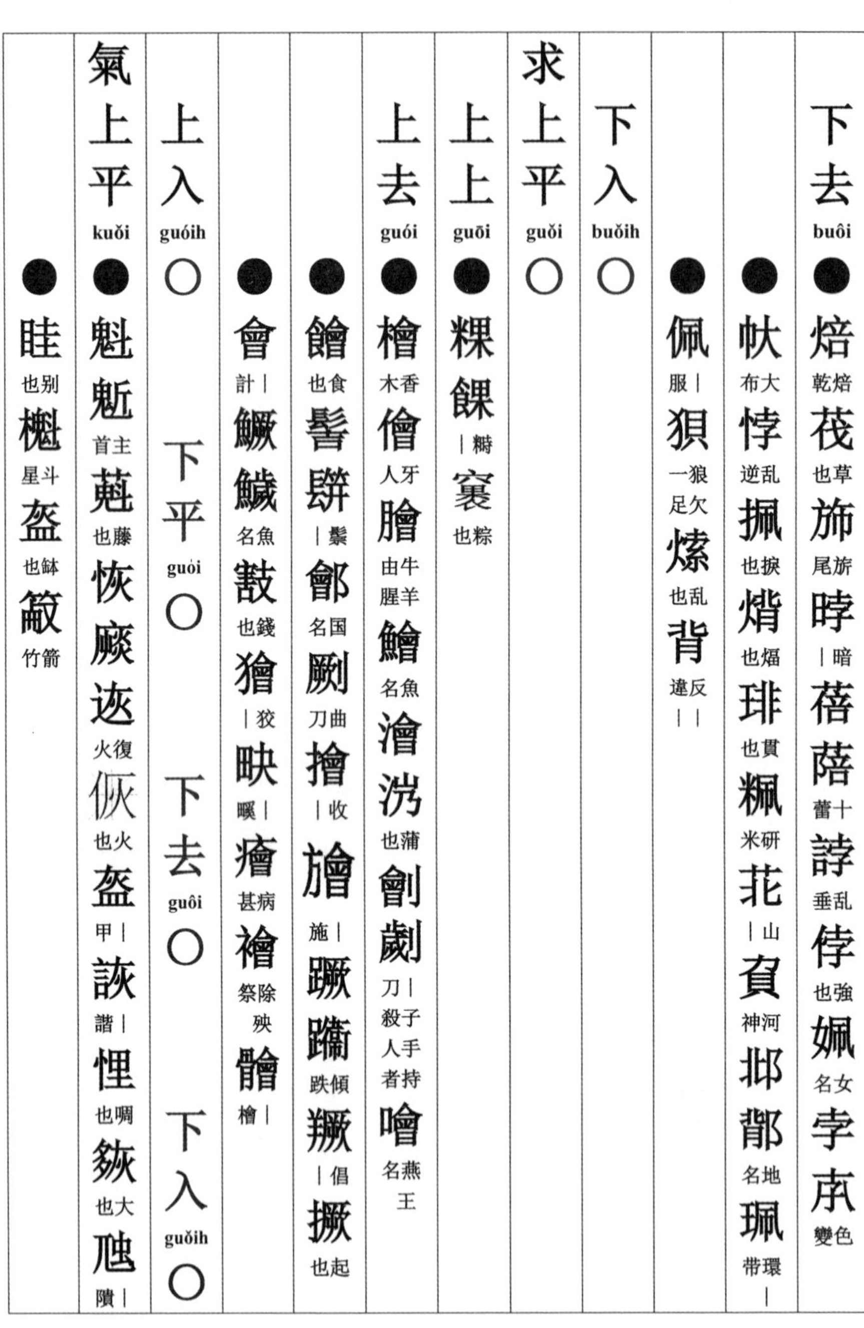

下去 buôi ● 焙 焙乾 茷 草也 旆 旍尾 哱 暗| 蓓 蔀 十蕾 誖 乱垂 倖 強也 姵 女名 孛 𠬝 色變

● 帗 大布 悖 乱逆 㧱 捩也 㷶 煏也 琲 貫也 粺 研米 茻 山| 貝 河神 邶 鄁 地名 珮 環|帯

● 佩 |服 狽 狼欠一足 㷮 乱也 背 反|違|

下入 buǒih ○

求上平 guǒi ○

上上 guōi ● 粿 餜 糒| ⿱穴裹 粽也

上去 guói ● 檜 香木 儈 牙人 膾 牛羊由腥 鱠 魚名 澮 ⿰氵⿱⺍万 蒲也 劊 劌 |子手持刀殺人者 噲 燕王名

● ⿰飠會 食也 鬠 ⿱髟并 鬠| 鄶 国名 ⿰厥刂 曲刀 ⿰扌會 收| 旝 |施 蹶 躛 傾跌 ⿰羊厥 倡| 撅 起也

● 會 |計 鱖 鱥 魚名 鼓 錢也 獪 狡| 眏 |暎 癐 病甚 禬 除殃祭 ⿰骨會 |檜

上入 guóih ○ 下平 guòi ○ 下去 guôi ○ 下入 guǒih ○

氣上平 kuǒi ● 魁 ⿺鬼匠 主首 ⿱艹魁 藤也 恢 ⿸广灰 ⿺辶灰 復火 ⿰亻灰 火也 盔 |甲 詼 |諧 悝 嘲也 ⿰豕灰 大也 虺 |隤

● 眭 別也 櫆 斗星 盔 鉢也 ⿱⺮敝 箭竹

上上	上去	下去	低 上平	下平	下去	波 上平	上上	上去		上入	下平
kuōi	kuói	kuôi	duǒi	duòi	duôi	puǒi	puōi	puói		puóih	puòi
●	○	○	○	●	○	●	●	●	●	○	●
跪 拜跪				簤 竹筆		坯	俖 不可	配 匹偶	旆 旗也		皮
				隤 下墜		阫 未燒瓦	𦈢	沛	昢 日未明		㞺 |革
				瘣 痛也		䤀	𦈏 缶也	霈 大雨	𣏟 麻紵		裴 衣長貌
						醅 醉飽		杮 柴|木片	𣐗 木皮爲布		
								怖	浿 丘名		
								㤓 恨也	䀟 目不明		
								䟛 急行	酕 美也		
								毰 多毛	𩡢 馬壯		
								𠂢 水分流			
								嶏 山崩聲			
								旆			
	上入	下入	上上		下入						
	kóuih	kuǒih	duōi		duǒih						
	○	○	○		○						
	下平		上去								
	kuòi		dóui								
	○		○								
			上入								
			duóih								
			○								

下去 puôi ● 被 寢丨	下入 puǒih ○	他 上平 tuǒi ● ⿰山果 ⿰山鬼 山高	上上 tuōi ○ 上去 tuói ○ 上入 tóuih ○	下平 tuòi ● 毰 ⿰阝毛 羽也 菲 草也	下去 tuôi ○ 下入 tuǒih ○	曾 上平 cuǒi ○	上上 cuōi ● ⿰崔又 卜問吉 巇 山名 ⿸疒⿰崔又 腫也	上去 cóui ● 贅 贅 ⿰貝敫 女婿行不當 嚽 多言	上入 cuóih ○ 下平 cuòi ○ 下去 cuôi ○ 下入 cuǒih ○	日 上平 nuǒi ○ 上上 nuōi ○ 上去 nuói ○ 上入 nóuih ○	下平 nuòi ● 撋 捼 兩手相摩

下去 nuôi ○

下入 nuǒih ○

時 上平 suǒi ○

上上 suōi ● 䭔 飯也 鬌 髮乱

上去 suói ● 稅 國課祭名 說 遊| 梲 樑柱 帨 巾也 歲 戕 㞸 年| 娧 喜也 蛻 虫脫皮 帥 主軍 㡙 赤色

● 涗 財溫水 痳 皮腫 祱 小祭 繐 | 縩 綣 繸 練布 宩 深也 賽 |報 譢 鈴聲 𩛠 小餟

上入 suóih ○

下平 suòi ○

下去 suôi ○

下入 suǒih ○

鶯 上平 uǒi ● 煨 灰也 偎 裏也 隈 隈 曲水 醀 飢也 餵 萎 養畜 椳 門樞 鍡 |鑘不平 𤸷 風病 葨 草也

● 颹 風低 鰃 魚名 媁 女字 貗 低也 𧽳 行疾 碨 不平石 崴 不平 猥 犬吠 愄 巾喜 揋 椅也

● 肎 吐也 殨 弱也 渨 沒也 溾 污濁 𤻂 痿也 窶 穴居 緭 五色絲 腲 肥也 褽 禄 袥也

● 䚱 角曲 諉 呼人 豨 獸名 𨜑 不平 𩞁 食而吐 魁 墝埆

上上 uōi ● 賄 䞈 交財 洧 水名 鮪 大魚 焨 爛也 𠈃 仳|醜貌 𦙈 大腫 湏 水貌 煨 燰 火也 猥 犬畏

● 痏 疻也 瘣 病也 碨 䃃 磈 磊石 䵋 黃也

	上去	uói	●	穢 ⿹𢦏米 薉草多田 薈草盛 殨死物 獩｜貊国名 濊深廣 鐬鈴聲 噦 ⿰歲欠鳥聲 翽飛聲
			●	饖飯傷熟 ⿸疒歲惡也 嚖小聲 ⿰巾彗盥布 ⿰巾惠布巾 廆映也 儈屋宁高明 ⿰亻歲室敝 ⿰忄彗謹也 懀悶也
			●	⿱彗貝 ⿱彗日乾火 槥棺也 ⿰禾會禾去皮 ⿰糸彗 繐細布 轊 ⿰車惠車軸 篲掃竹 蔧草也
			●	⿰歲見破碎 ⿰言歲聲也 獩夷人 ⿰金回金｜ 鏏三足釜 ⿰馬歲馬怒 ⿰黑會黑淺 ⿰鼎彗小鼎 ⿰鼻會喘鼻
	上入	uóih	○	
	下平	uȯi	○	
	下去	uôi	●	衛護也 衞竹名 ⿱衛豕豕也 躗過也 ⿱衛心 ⿱衛言夢言 ⿰扌彗裂也 ⿱衛木木名 ⿱衛牛牛堤 ⿰王彗劒鼻玉 ⿰足歲倦也
	下入	uǒih	○	
蒙	上平	muǒi	○	
	上上	muōi	●	尾 尾 ⿸尸乇 ⿸尸𣬛 ⿸尸毳末也 杪尾也 每 毎常也 莓 苺｜莓 浼汙也 挴貪也 ⿱竹尾帚｜
			●	⿰赤尾赤也 ⿱罒毎網｜ 亹不倦 娓美也 峎山名 挴貪也 梶木也 浘水流貌 ⿰火閔爛也 ⿰石尾磨也
			●	荱 虋草名 ⿰豆尾豆碎 ⿰食尾食餘 ⿰風尾風偃物 黣面黑氣
	上去	muói	●	妹 ⿰女殳姐｜ ⿰目勿 ⿱勿目久陁 昧不明 ⿰禾黑禾傷雨 ⿰虫冒瑁也 ⿰面未面貌 韎染草 ⿰昧頁昧前

上入 muóih ○

下平 muòi ● 梅 坆 呆 槑 果名 霉 四月小雨 媒 丨妁 枚 榦也 玫 丨瑰 䤈 醋也 ⿰歹某 ⿰氵某 壞也

● 鋂 子母環 禖 天子求祭 黴 物久雨黑 腜 胎始兆 呅 嗳也 ⿰土每 塺 塵也 煤 灰也 珻 玉名 ⿰米每

● 酶 酒母 ⿰骨灰 肉也 ⿰魚每 ⿰魚母 魚名 ⿰某鳥 取禽 沬 邑名

下去 muôi ● 魅 邪山魑 ⿰黑未 浅黑色 痗 病也 跊 賤也 昧 ⿰目巳 晦也

下入 muǒih ○

語上平 nguǒi ○

上上 nguōi ○

上去 nguói ○

上入 nguóih ○

下平 nguòi ○

下去 nguôi ● ⿰黑虎 虎也 外 夘 內丨

下入 nguǒih ○

出上平 chuǒi ● 炊 丨爨 吹 龡 ⿱⺮龡 鼓丨 漼 深也 皠 白也 璀 丨燦玉光 ⿰足崔 急也 ⿰阝崔 丨漏崩 ⿰片崔 牘丨屋破

● ⿰口風 吹也 夂 行遲貌 慛 傷也 熣 煤煙

上上 chuōi

上去 chuói ● 脆 脃 膬 易斷

上入 chuóih ○

下平 chuòi ● 箠 竹名 箷 鼓 不齊

非上平 huŏi ● 灰 火化丨 悝 人名又明 咴 聲也 拻 豗 相擊 洃 溲粉 灰 死火 苂 草也 𧊩 豕握地 詼 調也

● 𧰨 豕也 鴪 鳥名 黖 淺黑 𧲝 𪖐 豬食

上上 huōi ● 火 水丨 伙 夥 計生合理 轋 轉也

上去 huói ● 晦 月盡 誨 䜉 訓示 悔 𢙣 退也 痗 病也 脢 夾脊肉 䪰 不肥 𠧩 外封 𢥞 忌也 洄 青黑色

● 瀢 水名 詗 詯 𧩷 後丨 𩈑 𩈢 䪰 面肉多 頮 大首

上入 huóih ○

下平 huòi ● 回 囬 囘 轉也 藱 蘬 芋之惡 迴 廻 丨避 洄 水逆流 徊 徘丨 茴 丨香

● 䙌 視也 駉 馬名 痐 腸中長虫 鴫 鳥名 絗 縷也 亘 求回 佪 惛也 恛 惛亂 邜 地名 蛔

● 蛔 蛕 土虫 褩 衣無裏 焴 光色

下去 huôi

● 會 芔 佮 㑹 ⿰乙乙 ⿱山丂 |合 繪 囬 |画 潰 乱恕 滙 水回合處 喙 鳥口 ⿰食隶 飯也

● 闠 門市 繢 織五色 聵 聾也 ⿰言貴 中止 聲 聾 憒 心乱 殨 |爛 ⿰貴頁 無髮 ⿰酉貴 頮 洗面

● ⿱雨會 雨也 僓 順也 兊 說也 匯 嚚也 嚖 極也 ⿰日會 地名 ⿰土廻 地形 嬒 女黑色 ⿰山廻 山無草木

● 瞺 眉目聞貌 ⿰山會 山貌 巜 水流 廆 人名 廥 居也 旝 動鼓 ⿰歹彖 嚖 極也 ⿰歹鬼 不平 硘 石也

● 篌 筐也 ⿰糸廻 衣領 ⿰耒會 耕具 ⿰耳闠 無耳聞 膭 肥也 ⿰血貴 血面 襘 帶結 ⿰言頁 言長 譮 悟也 ⿱會日 日月合宿

● ⿺辶會 匝也 ⿺辶達 無違 ⿰豸頁 頭敞 ⿱艹⿰貴頁 人名 ⿰扌會 收也 ⿱山⿰貴頁 |頮 ⿰食彖 ⿰食隶 飯具 ⿺鬼惠 病也 ⿰禾會 穡也

下入 huǒih

○

13 孤字母

柳 上平 lǔ ○

上上 lū ● 魯不敏 櫓 樐 𣟴 艣 艪大盾進船具 鹵丨莽 滷 澛鹹水 擄掠丨 嚧呼犬 虜寇也

鬅髮也 鱸魚名 塷沙也 𢙇 憁心惑 蓾 䓣苴草 廣 㢚府也 豊豆名 匐匐也 砢磊石

嚕語也 塷鹹地 擄搖也 擼動也 磠砂也 簵盛飯 簬竹名 譛言不定 鏀釜也 鑥煎膠具

上去 ló ● 露雨丨 簬竹名

上入 lóh ○

下平 lù ● 盧姓丨 鱸魚名 鸕 𩀨鷺捕魚鳥 鑪方丨 髗 顱髑髏 鱳魚名 黸 𪐴黑弓 黸黑也

● 鼶鼠名 艫舟頭 獹田犬 臚傳丨唱名 蠦似蜞蟧螃 蘆葦草名蕃 𡾊山名 顱 顱額也 廬舍也

● 爐 炉火丨 皾 殧皮也 矑視也 籚筐也 纑布也 罏罌也 盧甀也 𤮂 𤮂 𦉾

● 甗酒罌 蹥傳也 瀘水名 䍡 𦈲黑色 瓐碧玉 瓠 𤬧瓠丨水名 勴助也 嚧呼猪 壚黑土

● 攎引持 皾斂也 矑日色 杼黃染可 櫨菓名拱斗

下去 lô ● 路 駱 道| 潞 州名 璐 美玉 鷺 鸕 |鵝 輅 車大 賂 䝸 賄| 滷 瀂 塩| [illegible]

● 癆 𤻷 瘖病 簬 簵 美竹作箭 䍡 取魚具 蕗 虂 草也 鏴 金|

下入 lŭh ○

邊上平 bŭ ○

上上 bū ○

上去 bó ● 富 多財

上入 bóh ○

下平 bù ● 匏 瓠 葯| 菩 |薩 瓠 菩 弘名

下去 bô ● 狍 |卵 仅 叉手

下入 bŭh ○

求上平 gŭ ● 姑 父之姊妹又自 沽 夃 買也 蛄 螻| 辜 辜 辜 罪| 觚 瓠 酤 柧 戲 觚 酒器

● 𥇀 山無草木 鴣 鷓| 枯 |槁 骷 |骸 孤 |單 菰 香| 罛 罛 罛 魚網 夃 刳 判也

● 弧 小弓 觚 菇 王瓜 箛 束也 箛 竹名 箍 篋也 結 |草 胍 |大 肫腹 膵 大脯 菰 彫胡

● 菰 觚 草多 𧆛 息也 箍 篾束物 挎 持也 桍 空也 橭 木名 𣨛 姑 枯也 泒 水名 呱

● 嘑 小兒啼 殆 小兒病 奈 大貌 嫴 婦人罪輕 觚 惈 怯也 跍 蹲也 譕 戾也 𦾬 姓也

上上 gū ● 古 固 𠜴 罟 昔也 股 𦙶 肱｜ 盬 器也 估 ｜價 詁 訓｜ 賈 貢 貼 商｜ 羖

● 羖 牡羊 鈷 溫器 皷 金｜ 鼓 舞郭 鼓 鼛 鼛 鼛 鼛 皷 擊也 瞽 盲｜ 蠱

● 蛊 脹｜ 丌 下基 兆 罟 蔽也 㲹 大也 盬 鹽地 蓝 草名 盬 沃饒 盬 盬 器也 㚃 人名

● 瀘 虫名 崮 山名

上去 gó ● 顧 鶻 頋 瞻望 僱 雇 鴈 傭固山如｜山水島 灸 火｜ 故 緣｜ 固 志 堅｜ 錮 禁｜

● 痼 痁 久疾 祻 祭也 稒 陽邑 罟 罟｜取魚具 菌 草也 鯝 魚胃 固 凝｜ 堌 地名

上入 góh ○

下平 gù ● 糊 米｜

下去 gô ● 舊 旧 不新

下入 gǔh ○

氣 上平 kǔ ● 坵 口丨 箍 桶丨

上上 kū ● 苦 𦧺 困丨 酷 菹也 筈 𥮻 竹名

上去 kó ● 庫 府丨 褲 袴 絝 脛衣

上入 kóh ○

下平 kù ○

下去 kô ● 臼 春米之器

下入 kŭh ○

低 上平 dǔ ● 都 粑 帝丨美盛 闍 城臺 𠤏 伏行 𥳑 竹名 𦘬 胍丨大腹 𦛄 大腸 𦺇 草也 𧸬 賭勝 醏 醬也

● 𩋡 牛牽舟

上上 dū ● 睹 覩 目見 賭 賽博 堵 牆丨 居 美石 豬 垣也 琽 玉名 𡖯 多也 帾 旛也 𢾅 伴也 暏 旦明

● 䟻 行也

上去 dó ● 妬 妒 忌丨 蠹 蠧 𧓷 魚咬書虫 秅 國名 哇 咮 呼雞之聲 秺 地名 筵 格也 篰 格簹

● 蠓 蝫 木中虫 黓 黑也 託 酒爵 奼 美女 殬 敗也 疕 乳病

上入 dóh ○

下平 dù ● 圖 圗 𡇸 𡈽 圖 謀也|書 啚 畐 墩也 徒 舩 師|空 瘏 馬病不能行 梚 梌 木名

● 塗 𥂝 泥漫之抹 酴 酒| 途 道路 蒤 |蘵 䛨 語不了 荼 苦菜 庩 屋不平 捈 攎

● 搽 卧引 睮 日陰 檫 木名 𣥜 止也 涂 水也 𣾼 山名 𤘱 瑹 玉美 𤥭 玉名 瘲 𤺥 病也

● 稌 稬 禾也 𥡥 禾穗 筡 𥵛 竹空 蒤 紅草 䖘 虎也 𧺀 伏也 𨂲 跿 |跔 郐 |城

● 𨜰 地名 𨴸 地名 𩋧 屧也 馞 香也 駼 駒|良馬 鵌 鳥名 鷋 |鳩 𧇖 虎也 唋 吐也 𡾰 邑名

● 嗏 草名生水中 𨔜 路難齝 屠 刳也 峹 嵞 山名

下去 dô ● 度 㡯 宅 厇 法制 渡 汑 去通濟也 鍍 以金飾物 杜 甘棠 荰 香草 肚 腹| 𩩲 顱也

● 塿 塞也 墿 道也 庴 合也 𢿫 閉也 𣨛 敗也 𤭁 瓶也 𤿰 桑皮 𥱌 筭首 蘣 香草

● 𨀐 不履 靯 鞇也 䳰 |鶘

下入 dǔh ○

波上平 pǔ ○

上上 pū ● 醭 生｜

上去 pó ○

上入 póh ● 悑 悑 惶也

下平 pṳ ● 浮 氾也

下去 pô ○

下入 pǔh ○

他上平 tǔ ○

上上 tū ● 土 ｜地 凸 凹對 朏 出也 圠 鄉名

上去 tó ● 兔 狡｜獸名 菟 ｜絲藥名 吐 嘔出 芏 草名 鵵 鵵 鳥｜ 駼 良馬 鵌 鵌 木｜

上入 tóh ● 劏 刺入 梌 杖指

下平 tṳ ● 土 泥｜

下去	tô	○	
下入	tŭh	●	⿰賣刀 刀傷
曾上平	cŭ	●	租 賦也 沮 止也 葙 草名 亖 多貌
上上	cū	●	祖 祖 ｜宗 爼 俎 ｜豆 咀 當｜ 組 綬也 鉏 田器 沮 止也 怚 往也 岨 山形 䟡 馬足疾
		●	靻 勒名 躦 跙 不進 䀠 田也 齟 ｜齬 菹 菜也 礚 礓也
上去	có	●	咀 詛 䘸 謯 咒也 嫸 姓也
上入	cóh	○	
下平	cù	●	趄 鶵 鳥卵初生 咀 ｜嚼 蒩 䔃 澤生草 蛆 蜈蚣 徂 𦙏 䏣 葅 蒩 蕰 蔖
		●	退 遽 往也 殂 古也 殅 殆 殂 往死 䣞 醬屬
下去	cô	●	助 幫｜ 耡 窨稅 鋤 莇 稅也 麆 麔 小鹿
下入	cŭh	○	
日上平	nŭ	○	

上上 nū ● 努 𢈈 砮 𢉀 勉力 詉 言不可解 笯 鳥笼

上去 nó ○

上入 nóh ○

下平 nù ● 奴 |僕 拏 帑 妻子 伖 伮 動方 𡚸 窒也 駑 劣| 鴑 鳥名

●

下去 nô ● 怒 悠 憤| 弩 似箭有柄 𥄉 目也 砮 𢉀 𢈈 石矢 蛪 水虫 詉 急言 謥 惡言

下入 nǔh ○

時上平 sǔ ● 蘇 蘓 擵 扶|小禾 蔬 |菜 酥 𦢊 𨠑 𨣥 酪酒名 踈 遠也 愉 裂也 𪊄 庵也

● 捒 涑 敬也 𣇯 晒也 橅 枋木 𣌭 𣩯 爛也 𤺌 病也 練 布也 趚 走也 𩹷 息也

● 穌 更生曰穌按康熙字典云耶穌西國言救世生 甦 復生

上上 sū ● 所 𢈞 𢈣 𠩄 處| 𣆶 明也 粇 米也 𧵳 賲 卜問 賟 𩪇 骨也

上去 só ● 數 数 計責目 訴 愬 訢 謕 謝 告| 遡 思迎 塑 粧| 素 縤 縩 𥿮 白也

●縤生帛 膆肥也 謏諳也 餗徹葦 傃向也 嗉星多 嗷犬聲 塐土象物 嫊小女 㴑生革

●愫眞情 𤩽玉名 𢱕取物 榡未飾器 泝|洞又|淤 溸 溯逆流 𤞞獸也 𤢵牲白 籔十六斗

上入 sóh ○ 下平 sú ○ 下去 sô ○ 下入 sǔh ○

鶯上平 ǔ

●巫 舞 㲿道士 誣 詃 謣誑也 堊塗牆 圬土工 惡驚歎辭 污 洿 汙

●洿 洿水也 於歎美辭 汚 㵲 洿|穢 迂潤也 烏 𦃃 於黑也 嗚歎辭 无

●无亡也 杇 槾塗也 槝榲也 歍若吐 熓火熄 瑦似玉 穻下| 𪁪虎也 螐蠋也 趶東夷

●蟱甲虫 趨走輕 鎢小釜 闧門也 隖 鶻 塢小障 鴮 雓鶉| 鰞|鯽 鄥草刀

●鳴手巾 㐅毳也 𢷤 玗張也 屋舍也 扝引也 鄔邑名

上上 ū

●武勇也 䟼三國人名 碔 珷 磃石似玉 娬好貌 鵡 䳇 鴟鸚| 舞 㲿歌|

●廡 庑 廡 䍢廊| 撫 侮 伍 㑄搏| 嫵|媚 膴魚腹 蕪荒| 撫 抚

●㒇養安 侮慢| 艂長舟 䓊草也 譕誘詞 甒 䟼 躌踐也 迃 辺安也 䑉跡也 嫵

●潕清也 憮撫也 繇豐也 甒 甒 甒五斗 䋈治蔽絮 𦃃系也 伩惰也 儛 儛

● 憮刀宝 䡊 輯推也 潕 瀩水名 墲墓域 嘸不精明 訽健也 弣弓中央 攺撫也 䟼跡也

上去 ó ● 𨋢 𨎙|頭 䫉首巾 瘑疾也 䂃碓也 䃁小障 謣耻毀 塢 嵨山谷之阿 滆水名

● 瘀|血 惡憎|

上入 óh ○

下平 ù ● 無 无 旡 旡 蕪 蘼 䍢虛| 毋莫也 墲塚地 璑三采玉 瞴視也 籅黑竹

● 芜草也 罞 䍙雉罔 誣不信 雺 鵐駕鳥 鴀雀也 鰞魚名 鴮鳥也

下去 ô ● 務 嵍 瞀事| 霧 霚 霿邪氣所結 鶩 騖馳也 鶩 雅 鶩水鳥 婺女星

● 嫛媿小兒啼聲 瞀目昏 婺|大 嵍山名 帑髮巾 敄彊也 蝥虫也 煢主火 罄淹餘

● 鞪六月羔 蹬長跪

下入 ǔh ○

蒙上平 mǔ ○

上上 mū ● 母 墲父| 栂 脢大脂 姆 娒女師 姥嬸也 某|人 牡花名 痗病也 碅藥名

● 馬 馬行 峔 ⿱山老 太平府山

上去 mó ○ 上入 móh ○ 下平 mù ○

下去 mô ○ 下入 mǔh ○

語 上平 ngǔ ○

上上 ngū ● 伍 營丨 午 日方中 忤 逆也 仵 倅收屍人 ⿰月午 明也 玝 人名 ⿰豸是 獸也 ⿰魚午 魚也 齬 齧也

上去 ngó ○ 上入 ngóh ○

下平 ngù ● 吳 呉 吴 ⿱艹夰 ⿱卄大 姓也 ⿰王吳 寶劍 蜈 ⿰虫吾 丨蚣 吾 ⿰彳吾 自称 牛 羊丨 珸 次玉

● 娪 美女 齬 齟丨 梧 丨桐 峿 山名又不安貌 洖 人名 浯 水名 ⿰犭吳 ⿰犭吾 如猿 ⿰吾瓦 甌也 ⿰礻吳

● 禑 福也 ⿱竹吾 ⿱竹梧 竹也 ⿰舟吳 舟名 ⿱艹吾 ⿱艹⿱吾日 蕉也 ⿰豸吾 獸名 郚 城名 鑃 鋙 鉏也 ⿵門吳 ⿵門吾 國名

● ⿰吾頁 大頭 ⿰馬吾 馬名 ⿰魚吳 ⿰魚吾 鮈丨 ⿰吾鳥 鼯 ⿰鼠吳 似蝙蝠

下去 ngô ● 五 伍 數目 迕 逆也 旿 明也 仵 收屍人 五 区 乂 逜 過也 ⿱吾鹿 疏大

下入 ngǔh ○

出上平 chǔ ● 初 𡓫 𡑭 凥 起｜ 粗 麤 麤 麁 嫩反 嘘 吒人 怚 心不精 犁 牛角 犆 牛也

● 胈 皶 皮裂 䊪 米不精 𪊨 草履 犓 皁 大也

上上 chū ● 楚 楚 楚 楚 國名萇｜ 簅 篳｜ 礎 柱石 憷 癚 痛也 齇 五采色 濋 水名 襊 衣好

● 隴 酸也 齭 齼 齒傷

上去 chó ● 醋 酢 酸酒 錯 捨置 措 撍 置布投 豉 勇也

上入 chóh ○ 下平 chù ○ 下去 chô ○ 下入 chǔh ○

非上平 hǔ ● 夫 丈｜ 砆 碱｜石似玉 膚 肤 扶 肌｜ 麩 麬 𪌉 麱 麥皮 孚 采 信寔 莩 葭也

● 罦 綱也 蜉 蚁也 桴 舟也 俘 因也 敷 旉 施也 痡 不能行 跗 趺 踊 足骨 垺

● 埰 郛 郭也 姇 美也 孵 化也 帗 衣｜ 敷 昌 日光 泭 渡也 衭 前衣 颫 𩗓 大風

● 鮇 鮒 魚名 鳺 𪁽 鳥也 鄜 鄜 ｜州 邞 ｜邑 郙 姓也 荂 榮也 芙 ｜荷葉未落明

● 莕 花盛 葍 ｜蒱花 蒠 茈草 蔌 花｜ 蘑 鴨舌草 砆 玞 美石 瓊 玉名 畉 耕田 袪 祭也

● 秩 再生禾 鋍 瓦燒 筟 竹皮青 粰 粉也 糳 粉餌 紩 袪 紨 纅 布也 豧 猼 細毛

● 懯急也 枎四布 枹 梠鼓杖 楠木櫕 榑 檄木名 [illegible]石丨 娐女字 柎板也 椨闌足

上上 hū ● 虎 [illegible] [illegible] [illegible]猛獸 琥丨珀 [illegible]蠅也 滸水涯 府丨庫 俯丨仰 [illegible]臟也 父尊稱之辭

● 釜 [illegible]鼎也 甫美之稱始也大也 黼丨黻 簠 医 [illegible] [illegible]簠也 脯乾肉 [illegible]牛肉肥 斧刀砍

● 俌 補輔也 哺 㕮咀嚼 尃布也 怤思也 拊抵也 [illegible]明也 [illegible]煮也 [illegible]舟中持水器

● 滏水名 [illegible]俛病 秿 [illegible] [illegible]刈禾 [illegible]竹名高百丈 腑五藏 [illegible]豆也 蚥丨蜛 [illegible]守瓜

● 蜅小蟹 [illegible]虫也 輔人頰骨 郙亭名 鄜 [illegible]地名 [illegible] [illegible]尻衣 頫低頭 [illegible]骬也 [illegible]鳥也

● 鵏丨鳩 [illegible]磑也

上去 hó ● 富 冨貧丨 副佐二 付交丨 [illegible]斗舟中持水器 傅教師 [illegible]風聲 賻財物助喪 赴 [illegible]奔也

● 賦 [illegible] 貣 [illegible]詞取 訃告喪 仆偃丨 [illegible]小卮 [illegible]兔子 怀 [illegible]怒也 [illegible]似羊 [illegible]始病

● [illegible]籠也 [illegible]多貨舟 [illegible]華葉布也 [illegible]葍也 [illegible]血汗 福衣一福 鍑釜大口 [illegible]開門 陚丘名

● [illegible] [illegible]假髻

上入 hóh ○

下平

hú

● 胡 頡何也 鬍 [illegible]多鬚 槲丨椒 蝴 ⿱胡虫丨蝶 葫丨芦 湖江丨 餬 ⿰食古 ⿰食固寄食

● 瑚丨璉 鶦 鶦 鶘水鴨 夫發語辭 扶持也 [illegible]結也 ⿱弓鬲建食 ⿰麥胡 黏 粐 ⿰黍乎

● ⿰黍胡黏也 ⿰口胡氣盛 ⿱胡山山名 號 ⿰弓壺弓也 ⿰日夫日也 涓水名 ⿱竹乎 箶竹名 ⿱竹乎竹中衣 ⿱宀系屜也

● ⿰耳夫希望 巷姓也 乕 虍虎文 衚街衕 ⿰衤胡 ⿴衣胡袺也 ⿰言夫人名 ⿰言乎召也 滬水名 鈇斫刀

● 芙丨蓉 蚨蜻丨虫名 扶 摟 ⿰犮支疏佐 狐 ⿰豸瓜丨狸 弧弓木 戲於丨嘆辭 符合信

● 壺 ⿰木壺 壷飲器 乎疑辭 呼 戲 戱丨喚 虖 虖虎吼 滹 淲 滹 ⿰氵虘沱江名

● 孵化也 苻草名 咐噓也 ⿰口固半頷垂 咕咽喉 ⿰口雩 嘑大聲 坿白英石 垀地名 妋女貌

● 嫭女字 嫭 嫮美好 嫭人多 幠覆大 ⿸广胡平也 趺迦也 ⿱乎心思也 恗怯也 ⿰忄冒心明

● 悖丨价夸誕 枰可染 捬手掌 撽張揚 ⿸虍山山也 歑 歑吹也 ⿰乎毛解毛 泘 涓水名 滸渡也

● ⿰氵鬳水聲 ⿰犭乎大聲 猢獸名 ⿰王包玉名 瓠瓜類 ⿰龠夫小畚器 ⿸疒胡物阻喉中 ⿱乎皿器也 ⿰禾付 稃谷皮

● ⿱竹乎被也 箛稑也 ⿱竹虖被也 糊模丨 ⿰胡羽人名 ⿰固羽飛也 ⿱艹乎草名 ⿱艹狐草多 ⿱艹壺草也 ⿸虍孛未見貌

● 謼號丨 ⿰足胡跪也 軤車轄 ⿱胡酉 醐 ⿰酉瓜 ⿰酉互酪精 鋘泥鏝 鍸丨口 ⿸虍隹鳥也 鶘 ⿱胡翟雉丨

● 鶘（鵜｜） 鶦（箭室） 饐（寄食） 酤 粘 魱 ⿰魚乎（海魚） ⿰魚乎（魚也） ⿸鹿乎（獸也） ⿸鼓乎（軍聲） ⿰鼠乎 ⿰胡鼠（鼠也）

下去 hô

● 父（生我者） 輔 軵（佐助） 附（衣｜） 鮒 ⿰魚府 ⿰魚附 鱄（魚名） 腐 ⿸府豆（豆｜敗｜） 駙 ⿰馬附（｜馬）

● 婦 媍 ⿰負攵（夫對） 扈 岜 ⿰山弓 蔰（跋｜尾也又姓） 負（荷恃） 互（交｜） 護（助救衛） 濩（刈散）

● ⿰音蒦（湯藥名） ⿰衤蒦（膝｜） 鑊（鼎｜） 岵（山無草木） 祜（福｜） 戶 吧 ⿸戶木（門｜） 怙 ⿰忄固（恃也） 韄（｜韠刀飾）

● ⿸疒矣（朽也） ⿰石付（白石） 袝（合也） ⿰禾尃（禾名） ⿱竹互 ⿱竹乎（竹名） 簄（海中取魚竹） ⿰糹府（饑也） ⿰糹互 ⿰糹乎（收繩） ⿰系系

● ⿰豕系（佩印） ⿱罒互（罟也） ⿱罒呆（網也） ⿰耒尃（田器） 胕（足也） 芐（地黃） ⿱艹互 ⿱艹寺（草也） ⿱艹附（藥草） 萯（山名）

● ⿰虫帚 蝜（鼠也） ⿰衤互（短衣） 袝（盛衣） ⿰言互（誌也） ⿰言乎 ⿰言付 ⿰言附（有依） 賻（助財） ⿰足互（双膝伏地） ⿸虍巴（鄠也）

● 蚹（蛇也） 鄜（國名） 雘（青也） 酺 ⿰甫頁（頰也） ⿰馬父（牡馬） ⿰馬阜（馬盛） 鬴（釜也） 鱯（魚名） 鳸 鸌（鳥名）

● ⿰乎鳥（｜鳩鳥） ⿰帚鳥（鳥巧婦） ⿰付鳥（｜鷂） ⿰麥頁（麥再生） ⿰黍互（黏也） 嫭 ⿰女亏（美好） ⿰女尃 ⿱艹互（草也） ⿱乎女 ⿱乎女（貪也）

● 婟 嬳（惜也） ⿱宀互（隙也） ⿰山戶（小山） ⿰山父（山名） 冱 汻（寒也） 匍（伏也） 圃（樹蔬） ⿰土虎（隙也） 鏄 ⿰土尃（異也）

● ⿰山扈（山廣） 帍（女人領巾） ⿰巾付（帛也） ⿸广臭（臭朽敗） ⿰忄付（心附） ⿸广乎 ⿸厂乎（抒也） 捬（手著物） ⿰扌扈（不順理） 搏（障也）

● 昈（明也） 枑 ⿰木亏（行馬） ⿰木号（拆也） 楛（木也） 槴（取魚具） 泫（水漫） ⿱乎火（爛也） 滬（水名） 熩（光也）

● 狟 獸尾長 ⿰王黽 玉也 ⿰黽瓦 瓦器

下入 hŭh ○

14 燈字母

柳 上平 lěng ● 楞 柧也感也 稜 稻名神威 篌 竹名 越 越也 颷 大風 骸 骨高

上上 lēng ● 冷 㴌 寒也 泠 水名

上去 láing ○

上入 láik ○

下平 lèng ● 蓮 荷花 嚹 言不正 憐 慫 𢡟 哀也 縺 ｜縷寒且

下去 lâing ○

下入 lěk ● 勒 逼也 肋 脅骨 屴 崱高山名 癧 瘰｜ 泐 泐 石解散 鬁 剛｜豕 仂 數之餘 忇 功大思也

邊 上平 běng ● 崩 頹壞 痭 婦人血病 繃 𧝓 綳 𧜏 䙀 束小兒衣 䨻 大雨 𡵓 𢋅 全毀 㔙 大力 絣

● 𠡠 十人 扐 猶成 氻 水聲 玏 𤩝 㔹 次玉 睖 轉視 竻 竹根 艻 香菜 阞 地理 鰳 ｜魚

● 絣 布名 弸 強弓又滿 祊 廟門內 坵 塚穴 𢇛 繩墨 搒 牽引 𠜾 斫也 奟 𠢐 大力 堋 射埒

● 嵭 義闕 拼 拼 抨 彈也 漰 水擊聲 榜 同榜 艕 舟名 䄹 急也 迸 幽也

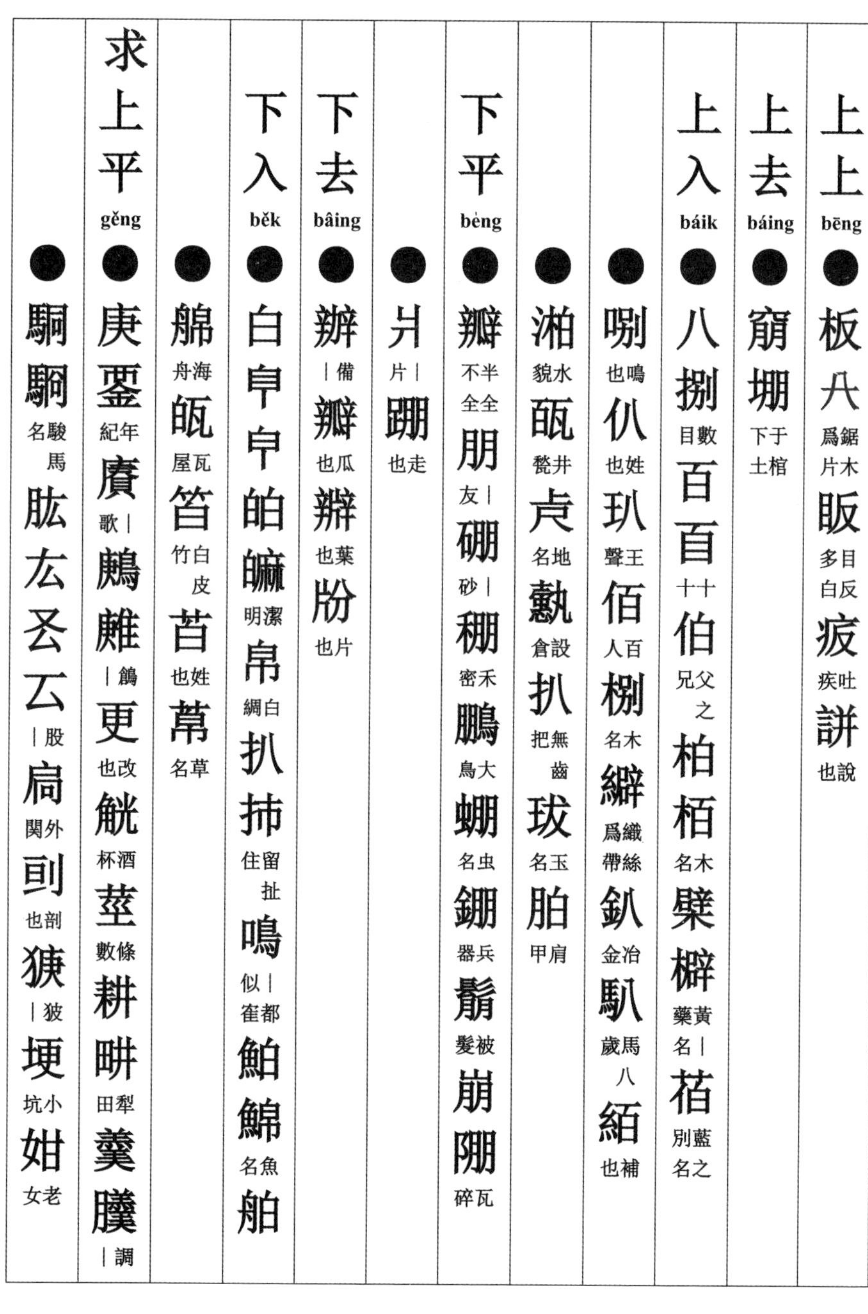

上上 bēng

● 板 𠔁 鋸木爲片 眅 目反多白 疲 吐疾 誁 說也

上去 báing

● 䨮 堋 于棺下土

上入 báik

● 八 捌 數目 百 百 十十 伯 父之兄 柏 栢 木名 檗 檘 黃丨藥名 䒱 藍之別名

● 叭 鳴也 仈 姓也 玐 王聲 佰 百人 㭭 木名 䌟 織絲爲帶 釟 冶金 馴 馬八歲 絔 補也

● 洦 水貌 瓸 井甃 㡀 地名 𦐯 設倉 扒 無齒把 玻 玉名 䏶 肩甲

下平 bėng

● 瓣 半全不全 朋 丨友 硼 丨砂 䙜 禾密 鵬 大鳥 蝴 虫名 鏰 兵器 鬅 被髮 崩 堋 瓦碎

● 爿 丨片 蹦 走也

下去 bâing

● 辦 備丨 瓣 瓜也 辮 葉也 盼 片也

下入 běk

● 白 帛 帛 帕 皫 潔明 帛 白綢 扒 抪 留扯住 鳴 丨都似雀 鮊 鮊 魚名 舶

● 艕 海舟 瓶 瓦屋 笸 白皮竹 苩 姓也 䔒 草名

求上平 gěng

● 庚 羮 年紀 賡 丨歌 鶊 鶊 鶬丨 更 改也 䍵 酒杯 莖 條數 耕 畊 犁田 羹 䉒 調丨

● 駉 駉 駿馬名 肱 厷 厸 厶 股丨 扃 外閗 刯 剖也 猈 玻丨 埂 小坑 姑 老女

● 聠神名 虉 揯引急 浭水名 㹴犬也 秔 稉有芒 粳不黏 鋞器頸長 菮草名 𨁈獸迹

● 逕兔徑 鶊責也 㪅跂也

上上 gēng ● 減 減損也 耿 熲光明 褧襌衣 迥寥遠 烱 冏光明 餇飽也 梗正直桔｜藥名 挭撓也

● 哽 㖶寒咽 亘故也 揀分別擇 䨣雲也 焿恨也 瞖｜瞷有餘視 亙通極 㛹健貌 㝂癡也

● 峺礙也 㥦恨也 㦊憂也 挭 擾覺也 㾘病也 絚井索 綆 絚 絚汲水 𦚭

● 骾食骨留喉 莄草也 𦸈芋莖 𧍞虫也 郠｜邑

上去 gáing ● 更 䨣又也 浭水也 暅日高 鯁魚骨

上入 gáik ● 隔 鬲阻｜ 膈 𦞂胸｜ 嗝圭鳴 格 佫 敋 挌 𦤎至也 觡角名 革

● 䩐獸改又皮 鍥刀｜鐮｜ 虢國名 馘 𩠐斷其左耳 聝擊石 𦑣 翮勁羽 諽謹飾 𧩦智慧

● 𦓾耕也 𣂼 𢽾捕也 硌財多 挌枝也 㗆雉鳴 塥沙上有｜ 愅心更 𣿅水裂去 𩸯魚名

● 鮥魚美 𤅗鵅也 鴼鳥名 䴡麥碎 㦧智也 𣜬草生 𧜟面衣 摢 摑 搋 擨掌耳

● 滆 滆湖名 𢫦改也 槅菓中核 䀨目開 䁞目不正 䃒破也 𥕻石地 𥨍除也 𥳣

● 篙竹障　緙鐵也　縞生絲　翮羽也　胳後頸骨　茖草名　覤　彪　虩　虢　虤虎聲

● 蛒蛭丨　衂犬血　裓衣前　褔裘裹　觡鹿角　觡　觡角也　謕　謕多言　轄車也　鉻鉤也

● 鎗鐵器　霅雨也　鞽履頭　韄勒也

下平 gėng ● 鹹　醎淡反

下去 gâing ● 縣邑名　旬　眴目搖　贇　賁分別

下入 gĕk ● 夾棍左右持　挾以腋持物

氣上平 kĕng ● 牽　掔　擇　摼扯也　鏗　鎖　鎯鋼聲　褰披衣　硜石聲　誙言確　牼牛膝　豣豕也

● 搴拔也　襪袴也　覞很視　趕走也　鞘車鞭　輤車聲　輴車釰　轚車堅　譽堅也　髺小髮

● 脛　瞪不明　硎谷右磨石　磬　礊堅也　縴惡絮　牖户版　羥羊名　卄草藥　莖

● 謌草木幹　蚈　蝂螢火虫　岍山名　慳恡也　掔　擇撞也　掔琴聲　掔　擇固厚

● 櫰木名　欣欸也　罄不可近　玁獸名

上上 kēng ● 旨　肯　肎　肯點首　畎畝也　犬守夜獸　汱墜也　甽田中溝　呟聲也　啨口也

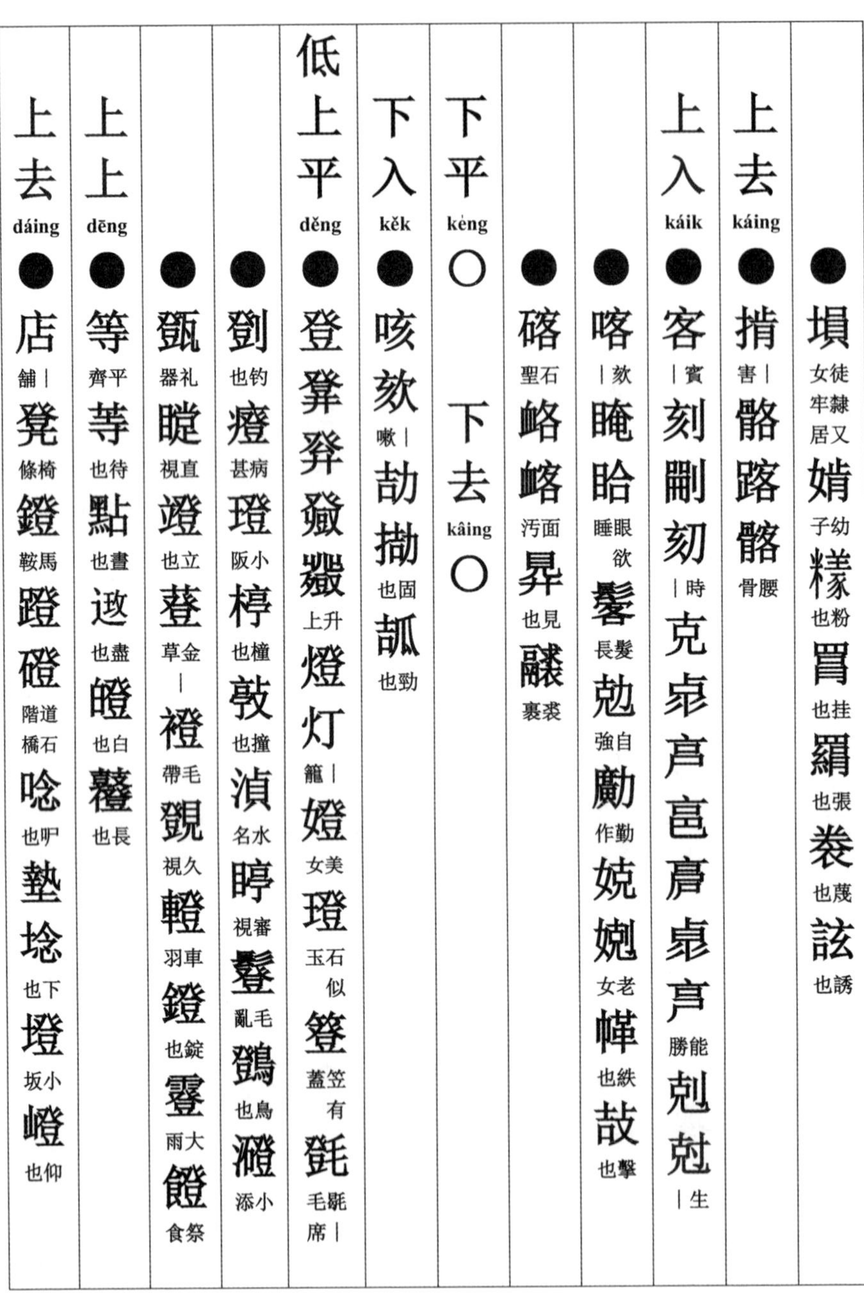

● 塤 女徒牢隸居又 婧 子幼 糘 也粉 罥 也挂 羂 也張 桊 也蔑 詃 也誘

上去 káing ● 掯 害丨 骼 路 髂 骨腰

上入 káik ● 客 丨賓 刻 刪 刻 丨時 克 ⿸户彡 ⿸户丁 ⿱户巴 ⿸户亭 ⿸户彡 ⿸户丁 勝能 剋 尅 丨生

● 喀 丨欬 晻 䀫 睡眼欲 ⿱髟客 長髮 勊 強自 勵 作勤 娔 ⿰女剋 女老 ⿰巾革 也鉄 㪙 也擊

● 碦 聖石 峈 ⿰山客 污面 昪 也見 ⿰客裘 裹裘

下平 kèng ○

下去 kâing ○

下入 kěk ● 咳 欬 嗽丨 劾 ⿰扌劾 也固 ⿰亥瓜 也勁

低上平 děng ● 登 ⿱癶异 ⿱癶弃 ⿱癶獻 ⿱癶戲 上升 燈 灯 籠丨 嬁 女美 璒 玉石似 簦 蓋笠有 ⿺毛登 毛毾席丨

● ⿰登刂 也钓 ⿸疒登 甚病 璒 阪小 楟 也橦 ⿰亭攴 也撞 湞 名水 ⿰目亭 視審 ⿱髟登 亂毛 ⿰登鳥 也鳥 澄 添小

● ⿰登瓦 器礼 瞪 視直 ⿰立登 也立 ⿱艹登 草金丨 ⿰衤登 帶毛 覴 視久 ⿰車登 羽車 鐙 也錠 霯 雨大 ⿰食登 食祭

上上 dēng ● 等 齊平 䒭 也待 點 也書 ⿺辶政 也盡 ⿰日登 也白 ⿱髟登 也長

上去 dáing ● 店 舖丨 凳 條椅 鐙 鞍馬 蹬 磴 階道橋石 唸 也叩 墊 埝 也下 墱 坂小 嶝 也仰

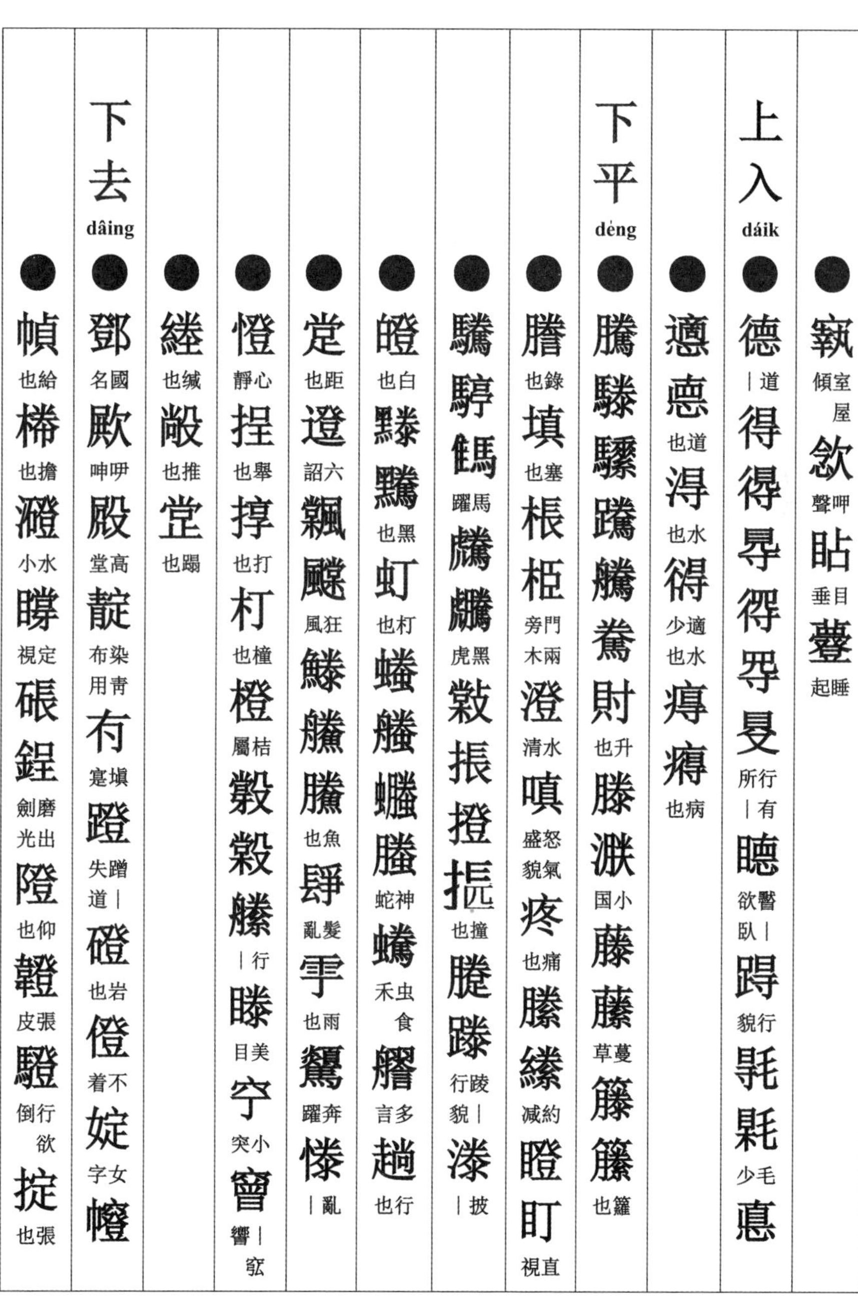

● 寱 室屋傾 欿 呷聲 玷 目垂 瞢 睡起

上入 dáik ● 德 道| 得 得 㝵 㝶 䙷 旻 行有所| 聽 瞖|欲臥 䟣 行貌 𣯷 𣯹 毛少 悳

● 𨗱 惪 道也 淂 水也 㝶 適水少也 𤸁 𤺺 病也

下平 dèng ● 騰 䮴 驣 𨆬 䲍 𪆘 賸 升也 滕 㵒 小国 藤 藤 蔓草 籐 籘 籠也

● 䲢 錄也 塡 塞也 棖 栕 門兩旁木 澄 水清 嗔 怒氣盛貌 疼 痛也 縢 䌯 約減 瞪 盯 直視

● 驣 騁 騅 馬躍 黱 黱 黑虎 𣪠 振 撜 搌 撞也 𦢅 蹸 跛|行貌 漛 披|

● 𤽝 白也 黱 黳 黑也 虰 朾也 蟠 螣 蠜 螣 神蛇 螣 虫食禾 䲍 多言 䞭 行也

● 𡍙 距也 邆 六詔 飆 䬝 狂風 鰧 䲍 鰧 魚也 髫 髮亂 雺 雨也 䲍 奔躍 㥬 亂|

● 憕 心靜 揁 舉也 撐 打也 朾 橦也 橙 桔屬 𣪠 𣪠 䲍 行| 瞪 美目 穸 小突 䆸 窋|響

● 縆 緘也 敨 推也 堂 蹋也

下去 dâing ● 鄧 國名 㱓 吚呻 殿 高堂 靛 青染布用 有 塡塞 蹬 蹭|失道 磴 岩也 僜 不着 婝 女字 㠮

● 幀 給也 㭠 擔也 瀓 水小 瞪 定視 碾 鋥 磨劍出光 隥 仰也 韇 張皮 蹬 行欲倒 掟 張也

● 撜 敳 擊也 ⿰歹登 困病 鼟 鼓聲

下入 děk ● 擇 揀｜ 澤 臭 水之鐘 特 牛父獨也 韄 韄｜刀飾 鸅 ⿰睪隹 鵜鶘 ⿰巾直 犆 猶也 棏 棏 木名

● 檡 棘｜ ⿰木貣 杙也 ⿰牛㝵 牛也 礋 獸名 ⿱艹睪 葛也 ⿱艹澤 車前 ⿱弋虫 ⿰虫貣 蚮 蛇毒 蟘 食禾虫 蠌 蟛蜎

● 醳 苦酒 ⿰鳥代 鴨也

波上平 pěng ● 烹 亯 ⿱⿱亠口早 ⿱亯寸 鬺 煮也 ⿰金烹 鍊金 揨 打也 荓 使也 ⿰足屏 跉｜孤獨貌 砰 硑 ⿰咅甹 擊也

● 砅 水｜石聲 駍 ｜｜眾聲 怦 急心 伻 使縱 冫 凍也 匉 大聲 堋 削牆聲 ⿰土⿵冂朋 塘也 塴 地名

● ⿰山崩 崩也 ⿰弓并 張絃 ⿱并心 腹痛 㥊 怒貌 抨 撣也 ⿰扌攴 打板 ⿰朋攴 擊也 ⿰崩攴 揆也 楟 木弩 淜 滂水聲

● 軯 車行 ⿰片平 折木聲 ⿰牛平 ⿰牛号 牛駁 砯 水擊崖聲 ⿰石彭 ｜砂 磞 擊石 ⿰禾朋 禾密 絣

● 絣 布也 繃 束也 ⿰⺷平 使也 胼 皮堅 ⿱艹⿸厂石 出水 ⿰⺷并 繩墨 閛 閍 門聲

上上 pēng ● ⿰崩刂 國名

上去 páing ● ⿰魚朋 大魚 甁 罌屬

上入 páik ● 迫 敀 偪 逼 急｜ ⿱白鬼 魄 魂｜ 珀 琥｜ 拍 打也 愊 悃｜寔心 稫 禾密 擘 擛 子指

●閟閉也 敂 揊擊聲 擳除疾 榀束也 洦密貌 湢浴室 煏燒麥 𤖣水版 𤗜硬也 皕二百

●皛打也 堛由也 碣石落 𥻦米半熟生 繴織帶 猵飛也 踾逼也 隔陝也 霸 冐

●霸月始生 鞄靜也 鰏魚名 稫禾治豆黍

下平 pėng ●弸強弓 棚棧也 輣兵車

下去 pâing ○

下入 pěk ○

他上平 těng ●蟶海味 檉河柳 偵候也 鼟鼓聲 竀穴中見 膯飽也 幁伸長 䞓 琤 赬赤也

●鼞益也 阷丘也 䁐正視

上上 tēng ●昡日光

上去 táing ●徎走也

上入 táik ●帖書｜ 貼幫｜ 慝惡也 忑志｜心虛 怗靜服 呫小語 僣儳｜ 坼 牀 墌 搨打也 擗又裂產難

●忒失常 㥁得也 掦 㝵打也 猠犬舐小 瘍寒病 矡目明 聽目卧 膩肋不正｜

●舔小舌 貣求物 跕履也 鞊韋飾 䴴餅屬 鼜 鼕 鼟無鼓聲

下平 téng ○ 下去 tâing ○	下入 těk ● 宅 厇 宒 居室 咤 叱唱聲 ⿰宅鳥 丨鶮鳥名 ⿰忄宅 正忠 ⿰毛乇 毛初生 ⿰歹宅 ⿰火宅 裂也 ⿰氵鄉 土得水	● ⿰曾羽 飛也 ⿰曾鳥 護田	曾上平 cěng ● 曾 姓也 鄫 ⿰爭阝 國名 增 憎 丨惡 僧 和尚 罾 魚網 繒 丨帛 錚 鐕 金聲 琤 碀 玉聲	● 崢 丨榮 爭 ⿳⺈彐木 競丨 榛 蓁 樳 樼 木名 蓁 桃葉盛 臻 ⿺走秦 轃 至也 溱 水名	● 針 鍼 所以縅衣 箴 規及 矰 ⿰曾戈 短兵 猙 一角五尾 ⿱艹曾 草也 譄 加也 ⿰車曾 車聲 ⿰金尋 小鑿	● 蹭 髮繩 ⿺風爭 ⿺風曾 風聲 驓 四骹白 鬇 ⿱髟曾 毛亂 鬙 短髮 ⿰魚爭 竹頭丨也 鱵 魚名 熷 ⿱曾貝	● ⿱曾灬 蜀人取生肉於竹中炙 ⿰耒爭 上木犂 ⿰月爭 足也 事 引也 噌 市人聲 埩 理治 殅 星見 淨 冷也	● ⿱大曾 大聲 ⿰女曾 女字 ⿰曾戈 矰 矢也 ⿰弓曾 弓弦聲 ⿰曾彡 張也 ⿰扌尚 引也 繒 山高 掙 木束 殝 盡也	● 潧 水名 ⿰牛曾 牛名 璔 玉貌 磳 石也 搸 ⿰扌蓁 聚也 箏 秦聲 ⿰糹爭 ⿰糹爭 急弦聲 ⿰羊爭 羊名 ⿰曾羽 舉也	● ⿱艹爭 草亂	上上 cēng ● 剪 裁丨 ⿰言剪 譾 陋言淺巧 翦 ⿰前羽 戩 丨齊羽生 揃 擶 ⿰扌翦 減也 ⿰扌剪 切也 ⿰歬刂 劗 斷也	

● 瑜玉名 曾水田 灯|急 簪可矢竹爲 篷 箭竹名 蕭車| 蟀 蟀守宫 艚角齊

● 譙語煩 讒淺人名

上去 cáing

● 諍諫| 譖讒| 甑 䰝 鬵炊飯器 矰繳| 蹭蹬苦失道 苦草| 鋥磨劍 梈|籬

● 姑小弱 弸弓開 竲開張 𪓰新覺 䙢汗濡

上入 cáik

● 則 鼎刂 剮 劕 劕法| 責 賚罰求 讀 讃怒也 汁湯液 節年也 櫛頭梳篦梳

● 謫貶也 適 謫責也 摘取也 昃日側西 仄平| 詑誇也 崱連山 幘巾| 嘖 賾深也

● 簀 牀簟又床板 迮 窄迫也 歎|笑語 皟白也 賽不見 瞔張目 稓 䅇 䅉 䅊

● 積矛也 磔張也 稷 稷稊|禾重生 竊屈也 簣牀版 𡇊硬也 嫧齊也 債容尋常人 憤責也

● 擳拭也 蹟正也 殰 殰病也 糲黏也 蹠開張 精白米 積灰中種 聻耳豎 鰿|子魚子

● 舴小舟 芧 莿|藥子 蟦小貝 䗥虫也 趞倉卒 𨇽謹也 霅雨也 䊋微也 顛不正

● 鏑蝕| 驕 駢騾 骴頰也 齚 齰齧也 𪘹齒相值 嘖 嘖大呼 㞦陋也 嘀卒聲

下平 ceng

● 層重叠 曾常也 䰝神不爽 橧似扣 怎犹何 竲室大 矰目小 獪豕也 贈肥也 嶒山貌

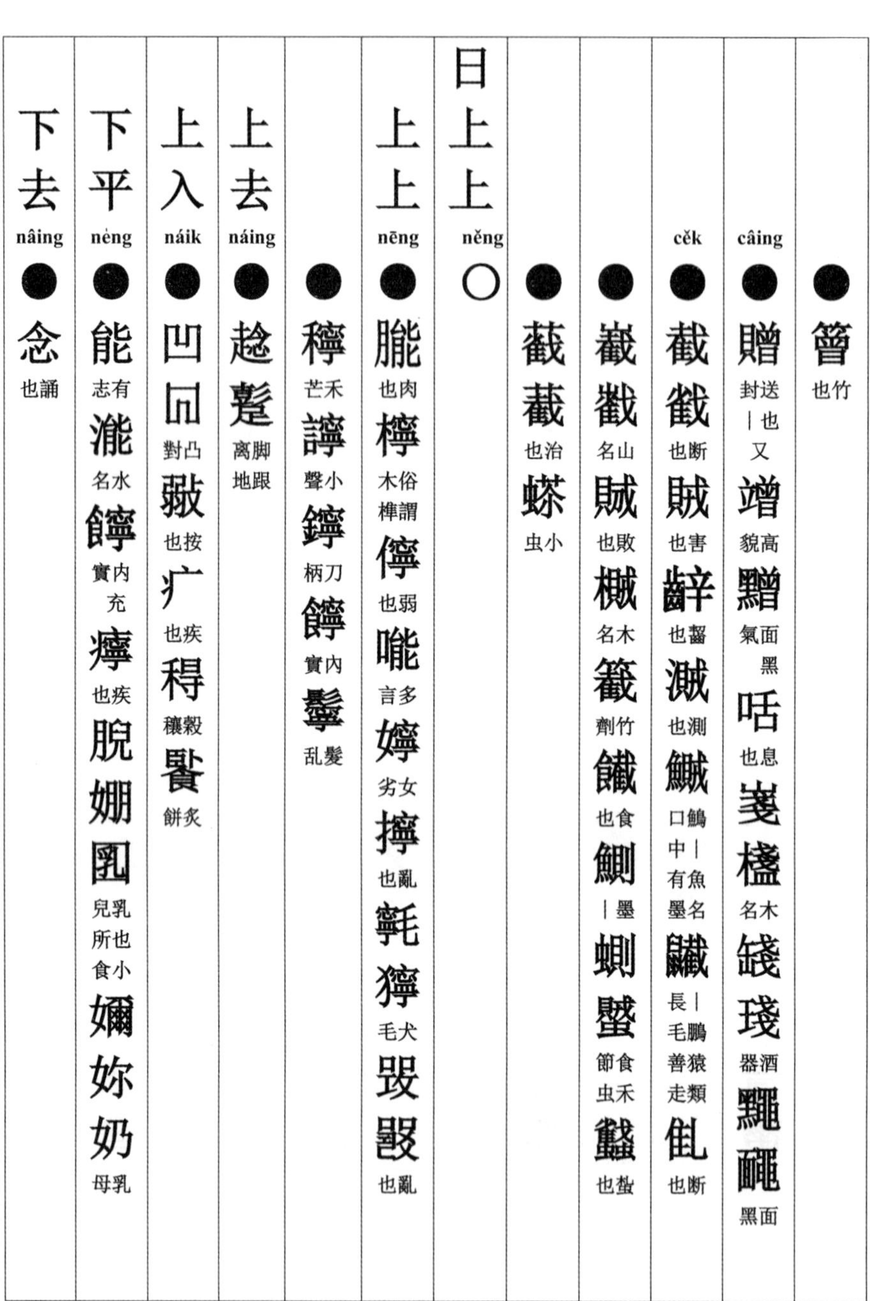

		● ⿱竹曾 竹也
	câing	● 贈 送也又封丨 蹭 高貌 ⿰黑曾 面黑氣 咶 息也 箋 ⿰木盞 木名 錢 琖 酒器 ⿰黑黽 ⿰酉黽 面黑
	cěk	● 截 戳 斷也 賊 害也 ⿰齒辛 齧也 ⿰氵戚 測也 ⿰魚戚 鰂丨魚名口中有墨 ⿰髟戚 丨鵬猿類長毛善走 伹 斷也
		● 巀 戳 山名 賊 敗也 槭 木名 ⿱竹截 竹剸 ⿰食戚 食也 鰂 墨丨 蠈 ⿱戚虫 食禾節虫 蠽 蟄也
		● ⿱艹截 ⿱艹截 治也 ⿰虫祭 小虫
日上上	něng	○
上上	nēng	● 䏻 肉也 檸 俗謂木棰 儜 弱也 𠴰 多言 嬣 女劣 擰 亂也 ⿰寧毛 獰 犬毛 毁 毀 亂也
		● ⿰禾寧 禾芒 ⿰言寧 小聲 ⿰金寧 刀柄 ⿰食寧 內實 鬡 髮乱
上去	náing	● ⿺走念 ⿱髟念 脚跟离地
上入	náik	● 凹 ⿴凵口 凸對 ⿰手皮 按也 疒 疾也 稈 穀穮 ⿱敃肉 炙餅
下平	nèng	● 能 有志 濃 水名 ⿰食寧 內充實 ⿸疒寧 疾也 脫 婌 ⿴囗乳 乳也小兒所食 嬭 妳 奶 乳母
下去	nâing	● 念 誦也

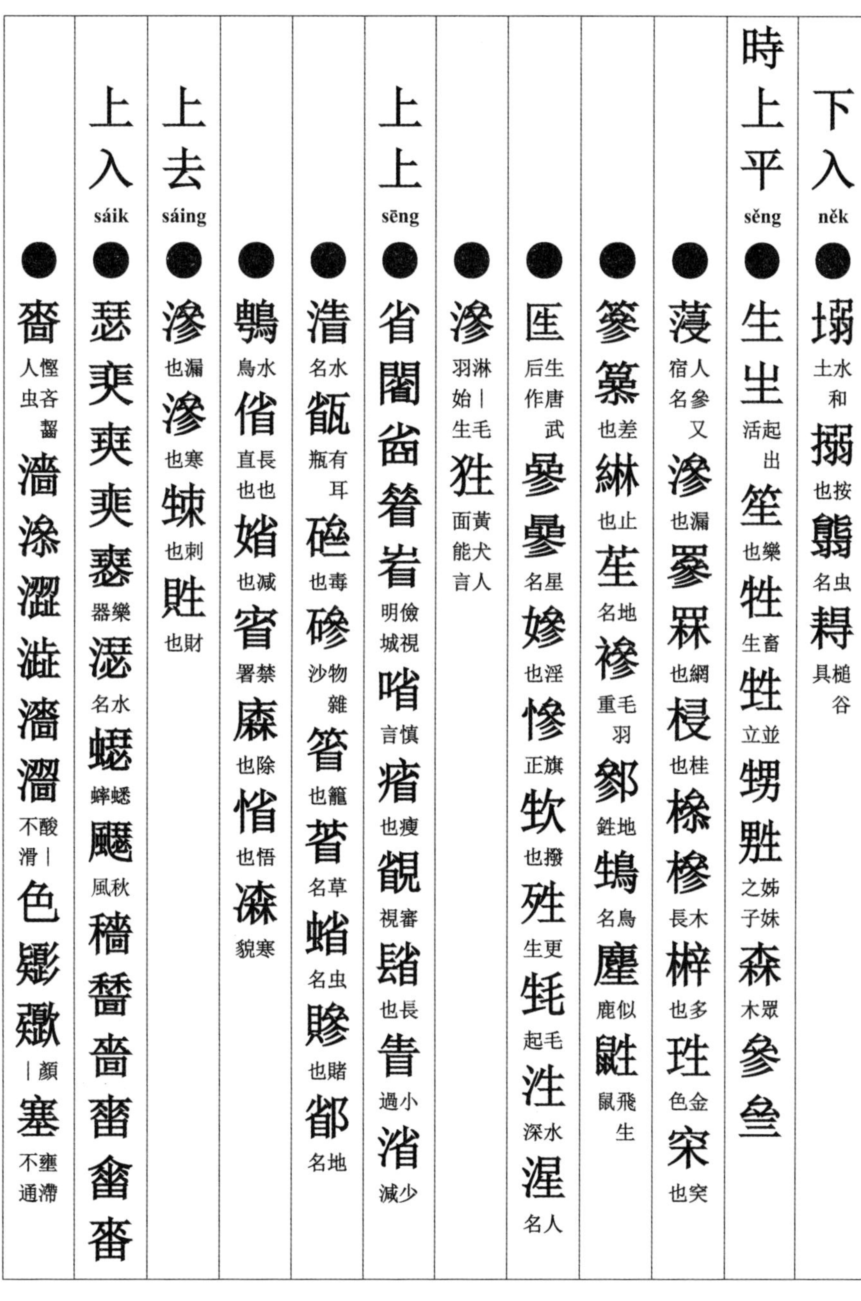

時

下入 něk
● 塌 水和土 搦 按也 鶲 虫名 耨 槌谷具

上平 sěng
● 生 𡴭 起出活 笙 樂也 牲 畜生 甡 並立 甥 甥 姊妹之子 森 眾木 參 叄

● 蔘 人參又宿名 滲 漏也 罧 罧 網也 梫 桂也 椮 槮 木長 栟 多也 珄 金色 宋 突也

● 篸 簗 差也 綝 止也 莘 地名 襂 毛羽重 鄒 地鉎 鵢 鳥名 麈 似鹿 鼪 飛生鼠

● 𠥶 生唐武后作 曑 曑 星名 㜗 淫也 慘 旗正 𣢾 撥也 殅 更生 𣭈 毛起 泩 水深 湦 人名

● 滲 淋｜毛羽始生 狌 黃犬能人言

上上 sēng
● 省 ⿵門省 𥄉 箵 ⿱山省 儉視明城 哨 慎言 ⿸疒省 瘦也 ⿰省見 審視 ⿰足省 長也 眚 小過 渻 少減

● 渻 水名 ⿰省瓦 有耳瓶 ⿰石㐱 毒也 硶 物雜沙 箵 籠也 ⿱艹省 草名 蛸 虫名 ⿰貝參 賭也 ⿰省阝 地名

● ⿰省鳥 水鳥 偗 長也直也 媘 減也 ⿱穴省 禁署 ⿸广省 除也 ⿰忄省 悟也 ⿰氵參 寒貌

上去 sáing
● 滲 漏也 滲 寒也 ⿰虫朿 刺也 貹 財也

上入 sáik
● 瑟 爽 爽 爽 ⿱琴瑟 樂器 ⿰氵瑟 水名 蟋 蟋蟀 飋 秋風 穡 穡 嗇 嗇 嗇 嗇

● 嗇 慳吝[illegible]人虫 濇 澀 澀 澁 濇 澀 酸｜不滑 色 ⿰色彡 ⿰色敫 顏｜ 塞 壅滯不通

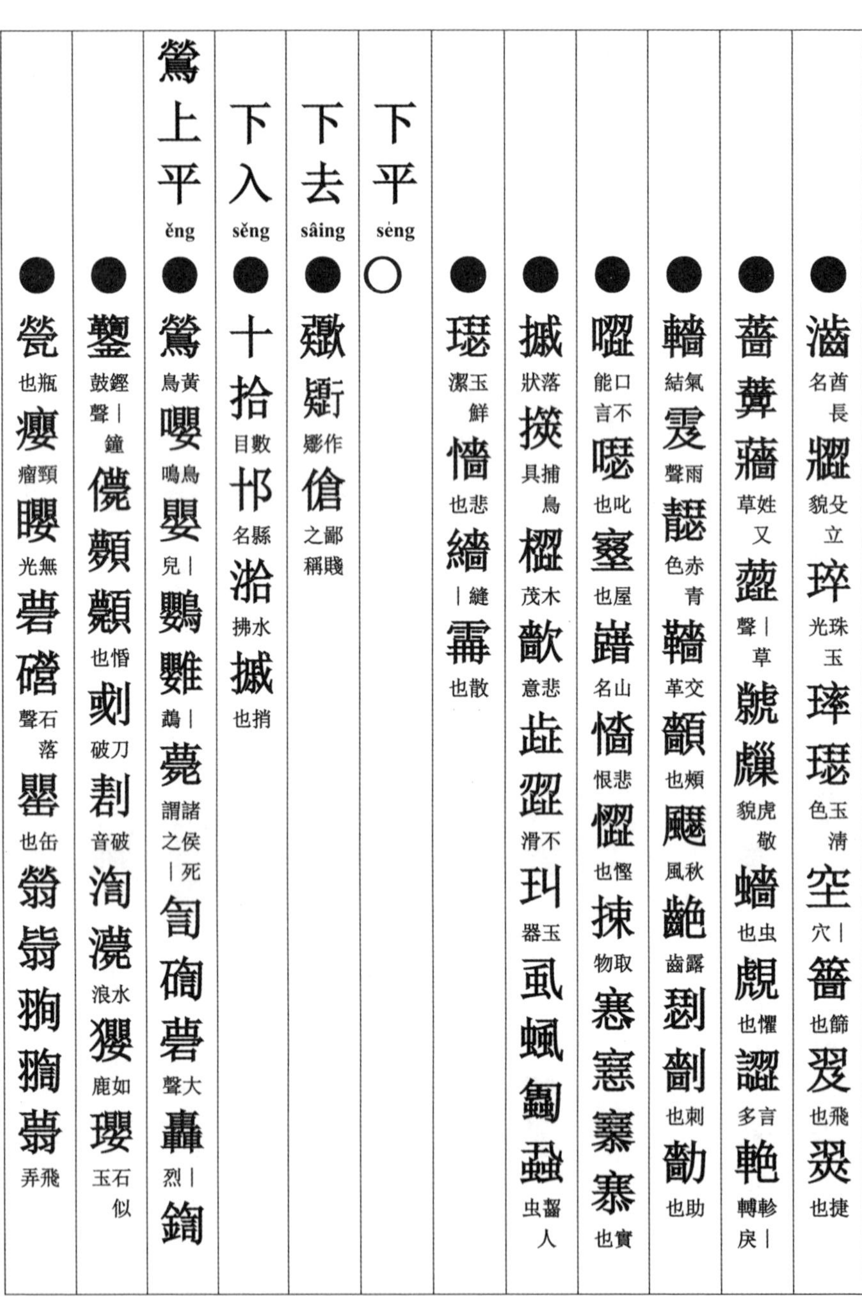

● 滀 酋長名 瀊 殳立貌 琗 珠玉光 瓃 瑻 玉清色 窒 |穴 篸 篩也 翣 飛也 𣬈 捷也

● 薔 蘠 蘠 姓又草 蘸 |草聲 虪 虪 虎敬貌 蟰 虫也 覗 懼也 譅 言多 艴 軫|轉戾

● 轖 氣結 霎 雨聲 鬝 赤青色 轖 交革 顲 頻也 颾 秋風 齚 露齒 翾 劊 刺也 勩 助也

● 嚁 口不能言 嚎 吒也 墍 屋也 嶓 山名 懎 悲恨 懠 慳也 捸 取物 寋 寋 寋 寋 實也

● 摵 落狀 㩫 捕鳥具 欇 木茂 歃 悲意 歰 澀 不滑 玐 玉器 虱 蝨 蝨 蝨 齧人虫

● 瑻 玉鮮潔 懎 悲也 繬 縫| 霵 散也

下平 sėng ○

下去 sâing ● [illegible] [illegible] 作鄒 傖 鄙賤之稱

下入 sěng ● 十 拾 數目 [illegible] 縣名 湁 水拂 摵 捎也

鶯上平 ěng ● 鶯 黃鳥 嚶 鳥鳴 嬰 |兒 鸚 [illegible] |鵡 薨 諸侯死謂之| 訇 [illegible] [illegible] 大聲 轟 |烈 鍧

● 鼜 鏗|鼓聲 鐘 儣 頮 顠 惛也 剠 刀破 剨 破音 渹 濴 水浪 玃 如鹿 璎 石似玉

● 甇 瓶也 癭 頸瘤 矆 無光 [illegible] 礐 石落聲 罌 缶也 翁 翁 獡 獡 翁 飛弄

● 貹羽聲 蘡草名 纓裙襉 譻聲也 鄸邑名 颾風聲 䬄 飀大風 譻怒也 鞧

● 鞥 鸚車聲 罌腫也 嚶獸名 嫈好也 嚐惑也 嚐犬聲 攖｜孩 嚶山氣暗 情心驚

● 掬 懇好嗔貌 掬 掬揮也 櫻菓名 數怒氣 洄｜瀠水面旋貌

上上 ēng ● 犡呼牛之聲 瀯水淨

上去 áing ● 爤火入炭甕

上入 áik ● 厄 阨 戹困阨不通 軛 軶轅端橫木 扼 搤 搤 抑 擪皆手按也 餩 餲

● 餧飢也 搤捉持 搹把也 梔木節 欭笑語 嗌 歒氣逆 皘不平 豝 豟 豟豕名

● 蚅 蠋 蚅虫名 䁢眼也 鼶鼠屬 覗 覗視也 惰好貌 嗔 譆聲也

下平 éng ● 閑 閒｜暇

下去 âing ● 限界阻｜｜ 㡾 㬎 闃 閾門｜

下入 ěk ● 狹窄｜

蒙上平 měng ○

上上 mēng ● 猛 ⿸厂孟 勐威勇 艋火舟 ⿰目孟瞽｜有餘視又喜也 ⿰彳孟人名 ⿰孟瓦甑帶 ⿰目黽視也 鯭蝟屬
上去 máing ○ 上入 máik ○
下平 mèng ● 盟 ⿱髟明 ⿰明瓦 ⿱囧皿｜誓 萌 ⿱艹⿱明心 蕄 鋂｜芽 甍雕屋揀也 泯 ⿺辶民民也 鄳縣名
● 樠木心 儚 ⿰亻瞢惽也 呡 ⿱亡民民也 甿 ⿱亡田田民 ⿸疒盲目無 矇不明 ⿱⺮盲 ⿱⺮⿱亡田竹名
● 艶神亂 ⿱艹恴 蕄上瓦
下去 mâing ● 孟長也 ⿰目孟視貌 蜢蝗屬 漫遲｜ ⿰氵孟河津 ⿱艹孟尾草
下入 měk ● 默不言 貊 貃 貉蠻｜ 咟吁｜ 密周｜ 脉 脈 ⿰血永 衇血也 麥 麦爲麪
● 覛卯視 驀越上馬 霡 霢小雨 佰什佰 墨書｜ ⿱莫夕 ⿱莫女靜｜ ⿰山莫密貌 帞幧頭 洦
● 洦 湎淺水 ⿰礻𠂢神也 漠波也 ⿰犭百 ⿰馬百犵馿父牛母 眽相視 ⿱⺮莫車枸 絔紛｜ 蛨虫也
● 袹｜腹 貘白豹 ⿺走百 ⿺走西走貌 銆｜刀 ⿰莫隹 ⿰莫鳥鳥名 騞解牛聲 ⿰馬婁騾屬
語 上平 ngěng ● 併急也 狺 狠犬吠聲
上上 ngēng ○ 上去 ngáing ○

上入 ngáik ● 峉 山高大貌 [illegible] 弓衣 虉 小草 [illegible] 閉也 鮥 [illegible] 魚名

下平 ngėng ○

下去 ngâing ● 硬 不軟 鞕 堅牢

下入 ngěk ○

出 上平 chěng ● 撐 撐 摚 [illegible] 撥也攤舡 崝 崢 ｜嶸 [illegible] 山奇怪形 樘 斜杠 瞠 直視 窺 正視 饓 飽也

上上 chēng ● 筅 箒｜ 筅 飯帚

上去 cháing ● 讖 兆也 懺 ｜悔 襯 近身衣 倩 好口輔也 韂 馬裙 掙 刺也 茜 草也 櫬 藽 [illegible] 棺也

● [illegible] 水石 [illegible] 詶言 [illegible] 錢也 亂 齓 [illegible] 毀齒 [illegible] 施也

上入 cháik ● 側 旁邊 測 度也 萴 劣也 策 筞 箣 莿 [illegible] 計簡 折 開也 册 冊 [illegible] 書｜

● [illegible] 告也 頙 正也 溭 波｜ [illegible] 笧 荷命 仄 赤錢｜名 [illegible] 傾也 堲 隔塞 [illegible] [illegible] 山峻貌

● 悚 憡 小病 惻 [illegible] 憡 痛也 憒 介也 捒 揀 擌 擽 扶也 揁 支也 捑 打也

● 敕 打馬 稄 禾稠 笶 筴 卜也 箣 [illegible] 斷聲 簎 擊也 粣 糠 相黏

下平 chėng ● 田（｜畝） 蚕 蠶 ⿱兟虫 ⿱兟䖵（｜蘮）

下去 chaîng ● 儖（惡也） 泒 氼（水流） 稧（禾束） 茦（刺也） 葳（小言） 踖（磨豆） 鏁（鐵槍）

下入 chěk ● 賊（盜｜又害也）

非上平 hěng ● 亨（｜通） 哼 啍（唱聲又愚怯也） 悙（自強） 脝 ⿰歹亨（膨｜腹脹） ⿰舟亨（塩｜）

上上 hēng ● 悻 婞（怒貌） 啈 啐（利害） 狠（好也） 涬（冷也） ⿰矢幸（小貌） 緈 綒（溟｜） 肻（穴也） 扷（揕也）

● 撔（擴也） 擤（手捻｜鼻） 膿 滉（水回旋貌） 悜（很也） 睟（目瞑） 軯 鞕（車弓）

上去 hėng ● 橫（逆也） 莧 荇 蘅（菜名） 嶸（崢｜） 簦（竹枯） 粯（米屑） 絎（刺縫） 麲（麥屑）

上入 háik ● 血（氣｜） 黑 ⿱罒炎 ⿰黑攴（烏也） ⿰忄黑（惛也） 赫（顯｜） 爀 焃 ⿰火者（火色） 郝（姓也） ⿵門赤（門聲） ⿰風赫（熱風）

● ⿰風赫（熱風） 岤（山穴） 寱（姓也） 幱（赤幘） 憪（慚也） 哧 嚇 䚻 ⿱艹赤（怒也） 坹（深也） ⿰土虎 壉 ⿰阝豦

● 鎛（異也） ⿰目赫（目赤） 砉（石裂） ⿰金穴（孔也） ⿱艹血（草也） ⿰穴見（見也） 晛（日光） 格（鞍｜） ⿰黑欠（靜也） 滑（利也）

● 猾（亂也） 煒（燒也） ⿰月韋（寒也） 䀛（瞠｜視惡貌） 赩（大赤） ⿱赫黑（赤色） 闃（無戶門） 鞊（急也） 颫（風也）

● ⿰魚黑（魚也） ⿰忄赤（心不自安） ⿰忄害（驚心） ⿰扌赤 ⿰扌赫（裂也） 桖（木名） ⿰目黑（垢也）

下平 háing

● 奐 奐 衜 衡 虒（平｜） 恆 恒 恒 亙 恆（常久） 姮（｜娥） 弘 泓（大也）

● 泓（水名） 宏（廣大） 閎（巷門） 䡏 輷 轟（車聲） 弦（深也） 絙 縆（大索） 翃 狁 翓（飛也）

● 洐（溝｜） 蘅（莊｜香草） 珩（玉名） 桁（屋横木） 紘（維也） 泓（急也） 恆 亙 恒 恆（常久）

● 佷（董卓自｜） 刯（剖也） 吰（鍾聲） 㖓（牛聲） 圅（空也） 堩（道也） 姮（女字） 宿（癡也） 峵 嶸（險山）

● 峪（崢｜山） 彋（弓聲） 㣷（行貌） 㣵（失志） 揯 搄（引急） 胆（月出） 楻（秘也） 㱛（大也） 洐（溝行水）

● 浤（海水騰湧貌） 澋（渫水） 烆（火炬） 暅（目起） 砿 硡（礚聲） 硘（相連） 宖（大屋） 竑（幽深）

● 竤 竑（量度） 笐（筐竹） 紘（卷也） 紭（係也） 䍔 罜（索也） 耾 聇（耳語） 胻（肚也） 䐵（熟肉）

● 苰（胡麻） 萓（山藥） 蚿（虫名） 衡 觵（角長） 谹 谾（谷中響） 鋐（金聲） 鋐（器也） 霐 雲（水名）

● 鞃 鞃 鞃（車軾） 颵 颹（大風） 胻（牛脊） 䱎 鮔（｜鱧） 鴴（荒鳥）

下去 hâing

● 幸 𡙁 𡴘 奔 𡴗（吉免凶） 倖（徼｜） 行（德｜） 杏（木名白菓） 䛭 諱（膜語） 荇（萎餘）

● 莕 垶（地名） 桓 亙 𦙶（竟也）

下入 hěk

● 獲（得也） 畫 畵 畫 劃 畫 畫（字｜） 𢢉 𢢉（｜頑不慧） 䁨（目病） 繣（緯繣乖戾） 韄（辭也）

●劃剖也 湱波相激聲 砉皮骨雜聲 歘 咀吐聲 嘓大笑 嚍叫也 嚄多言 嚆 講自足

●嫿靜好 嶁吳王舊城 𢄙帛也 彠矩也 𢺵裂也 擭手取 𣃓斫也 㺢飛也 濶流也 硅破也

●礐鞭聲 窢逆風 䐸脚曲中也 謋速也 閾門聲 𨷲開也 韄 韄佩刀絲 颰熱風

15 光字母

柳上平 luǒng ● 䜌 孌（亂治）

上上 luōng ● 臠（切肉成塊）

上去 luóng ○

上入 luók ● 劣 ⿰忄寽（優反） 捋（採取） 埒（等丨） 鋝 ⿰金率 鋝（二十兩） ⿰木寽（木名） ⿰寽斗（量也） ⿰寽刂（削也） ⿰𧾷寽（踰也）

● ⿰黑寽（黑也） 哷（雞鳴） 埒（庫垣） ⿰木劳（惡木） ⿰歹寽 ⿰歹將（痛也） ⿰食寽 酹（酒綴） ⿰寽毛（毛色斑） 浖（匡也） ⿱曰寽（撮也）

● ⿰牛寽（牛白） ⿰田寽（耕田） 耒（知禾麥多少） 脟（脅肉） 蛶（蚵也） ⿰寽頁（面醜） ⿰馬寽（斑白）

下平 luȯng ● ⿰忄龍（很也）

下去 luông ● 戀 恋（眷丨不捨） 弄 拤 挵（戲丨） 咔 ⿰言卡（言丨） 哢（鳥吟） ⿰土弄（穿穴） ⿰山弄 ⿰石弄 ⿱穴弄（穴也）

● ⿸广弄（丨屏） ⿰亻弄（愚也） ⿰木弄（木又地名） ⿰氵弄（水名） ⿲糸弄糸（熬餅）

下入 luǒk ○

邊上平 buǒng ● 奔 ⿱大非 ⿱夭廾 ⿱艹⿰山奔 ⿰𧾷奔 ⿰𧾷⿱夭廾（丨走） ⿰牛奔（公上又牛走） 賁（虎丨孟丨） ⿰馬奔 ⿰馬賁（丨駒） ⿰賁鳥 ⿰賁隹（鳥名）

● 沐 水急 錛 平木具 ⿰黑奔 ⿰黑賁 黑|

上上 buōng ● 本 畚 畚 畚 夲 根|末對

上去 buóng ● 逩 奔走

上入 buók ○

下平 buòng ● 盆 瓫 孟屬又姓 湓 驟雨 ⿰盆鳥 |鳩鳥名 ⿰口盆 吐也 ⿰山盆 山形 ⿰舟盆 舟蓬 体 劣也 呠 音栩噴也 ⿰扌畚

● ⿰扌畚 車弓 ⿸广本 姓也 畚 盛種 笨 竹裏

下去 buông ● 飯 飰 餅 米煮| 軬 轓 軿 車|蔽水雨也

下入 buǒk ● 勃 勃 ⿰孛攵 卒然變色 艴 艴 不悅 渤 ⿰氵㪍 海名 孛 星名 綍 綸起貌 浡 起興貌 ⿰孛鳥 |⿰卒鳥

● ⿺風孛 風也 ⿰馬孛 鮑 獸名似馬 ⿰土孛 ⿰土勃 塵起 哱 聲也 ⿰女孛 乳母 ⿰山孛 山也 悖 ⿱勃心 ⿱㪍心 亂逆 挬

● 捊 拔也 桲 菓名似梨 ⿰毛孛 毛短 ⿰火孛 ⿰火勃 煙起 ⿰火㪍 煙起白 ⿰犭孛 弗取 ⿰禾孛 禾秀 ⿰米孛 屑米 脖 |肤

● ⿰孛臭 臭氣 荸 |茈 郣 地名 鋍 鬻吹釜 葧 ⿱艹㪍 香氣 誖 亂也 ⿰言勃 言亂 ⿱雨㪍 雲也 鑄 鏂也 ⿰黍出

● 馞 大香 ⿰魚孛 魚名 ⿰麥孛 屑麥

求上平 guǒng

● 光 灮 [illegible] 炗 [illegible] [illegible]明也 胱膀丨水府 洸武貌 垙 晄陌也 桄丨榔木名

● 䶂鼠也 茪英丨藥火 侊 奃大也 僙武也 咣能言 姯女色妍 橐網滿 眖明也 [illegible]照也

● [illegible] [illegible]牀下橫木 珖玉名 觥 觵角杯 硄石聲 恍武也 趪伀也 輄 [illegible]車下橫木

● 㫛陌也 [illegible]人名 [illegible]丨勇

上上 guōng

● 廣 [illegible]寬大 捲收斂 黋光也 鑛 銒 鉳鉄也 [illegible]丨鳴鳳凰之屬 [illegible]山名 獷犬也 [illegible]饌也

● [illegible]小兒帽 [illegible]解也 奆甚大 [illegible]扇丨 [illegible]大也 曠目無眣也 [illegible]刓土 [illegible]竹名 礦丨石 [illegible]

● 穬谷芒 鄺姓也 [illegible]飾色 鉼璞五金 錈屈金 餋 [illegible]祭也 [illegible]大麥

上去 guóng

● 卷 弓 [illegible]丨耳 [illegible]裂也 卷書丨 券契丨 [illegible]牛鼻索 綣繾也 眷 睠親丨 睠吻也

● [illegible]顧也 [illegible]丨蝎蜘蛛別名 [illegible]草初生 [illegible]黃豆 [illegible]牽車 [illegible]典也 [illegible]鬲屬 [illegible]勤也 圈丨轉 埢冢上

● 絹綱也 帣囊也 [illegible]摶飯 [illegible]徐行 惓回顧 晛明也 桄充也 桊牛鼻丨 [illegible] [illegible]盂也

● [illegible]目圍 [illegible]常山祭 [illegible]福祠 [illegible]禾相近 [illegible] [illegible]粉也 絭繩也 [illegible]罔也 [illegible]萸也 菤 [illegible]丨耳

上入 guók

● 國 国 [illegible] 口 或 [illegible]邦丨 幗婦冠 蟈螻丨蝦蟆 [illegible] 蔮草名初生可食 膕 䐸

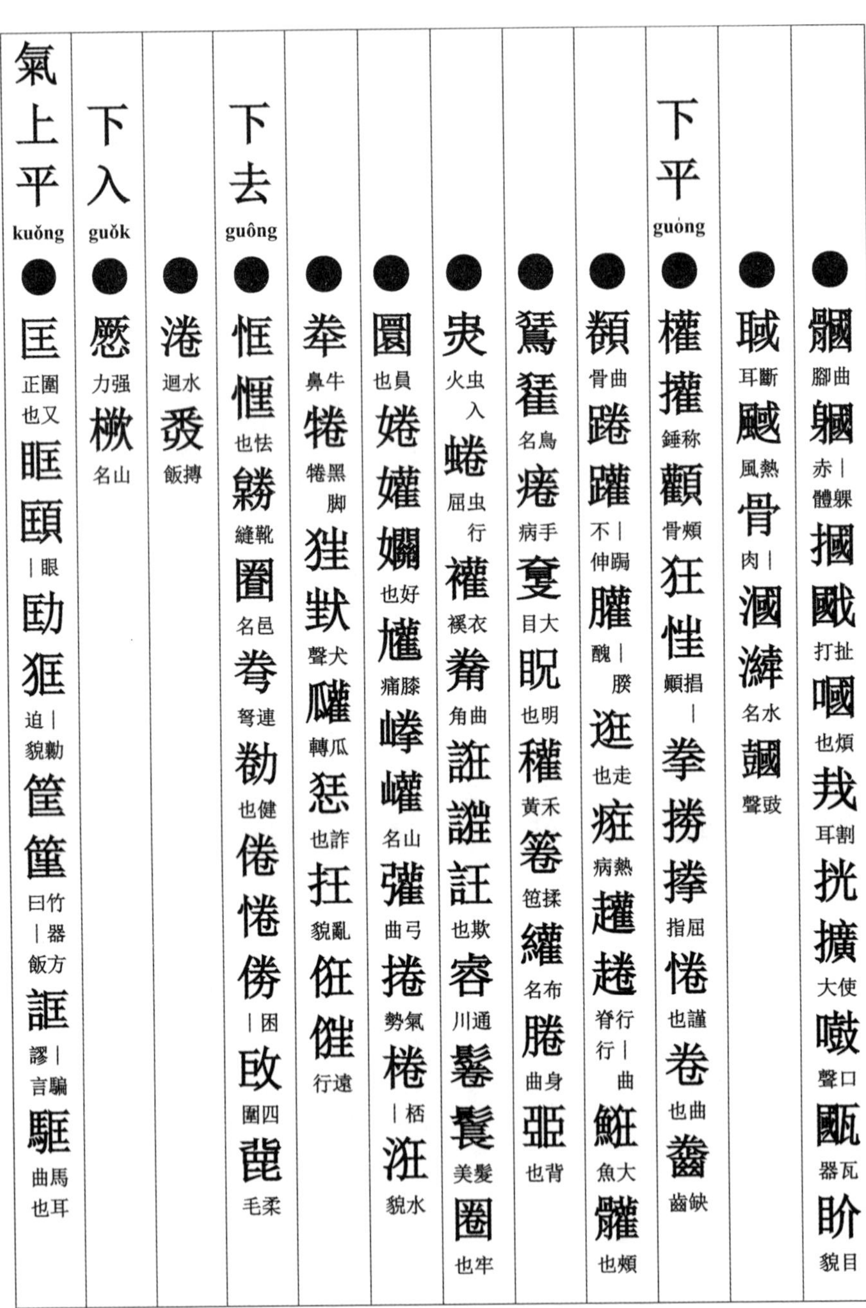

● 髗 曲腳 軀 ｜躶赤體 摑 國 扯打 嘓 煩也 我 割耳 扰 擴 使大 嘓 口聲 甌 瓦器 盼 目貌

● 聝 斷耳 颭 熱風 骨 ｜肉 漍 澼 水名 鼓 鼓聲

下平 guòng ● 權 攉 稱錘 顴 頰骨 狂 性 捐顛｜ 拳 搼 撵 屈指 惓 謹也 卷 曲也 齤 缺齒

● 頯 曲骨 踡 躍 ｜跼不伸 臛 ｜朕醜 逛 走也 瘂 熱病 趯 䟒 行｜曲脊行 鮭 大魚 髖 頰也

● 鸛 翟 鳥名 瘔 手病 瞏 大目 眖 明也 穫 禾黃 篬 揉笓 纗 布名 腃 身曲 亜 背也

● 㚇 虫入火 蜷 虫行屈 𧞣 衣褉 觠 曲角 誑 讙 誆 欺也 睿 通川 鬈 鬟 髮美 圈 牢也

● 圜 員也 婘 嬽 孄 好也 㿀 膝痛 峯 巏 山名 彏 曲弓 捲 氣勢 棬 栝｜ 洭 水貌

● 桊 牛鼻 犈 黑脚犈 狌 㹣 犬聲 瓘 瓜轉 𢘛 詐也 抂 亂貌 㑌 僙 遠行

下去 guông ● 恇 悷 怯也 韏 靴縫 圈 邑名 弮 連弩 勌 健也 倦 惓 㒽 困｜ 𢼊 四圈 𣯛 柔毛

● 港 水迴 豢 摶飯

下入 guǒk ● 懕 强力 橛 山名

氣上平 kuǒng ● 匡 圍又正也 眶 頤 眼｜ 劻 狂 ｜勷迫貌 筐 篚 竹器方曰｜飯 誆 ｜騙謬言 駏 馬耳曲也

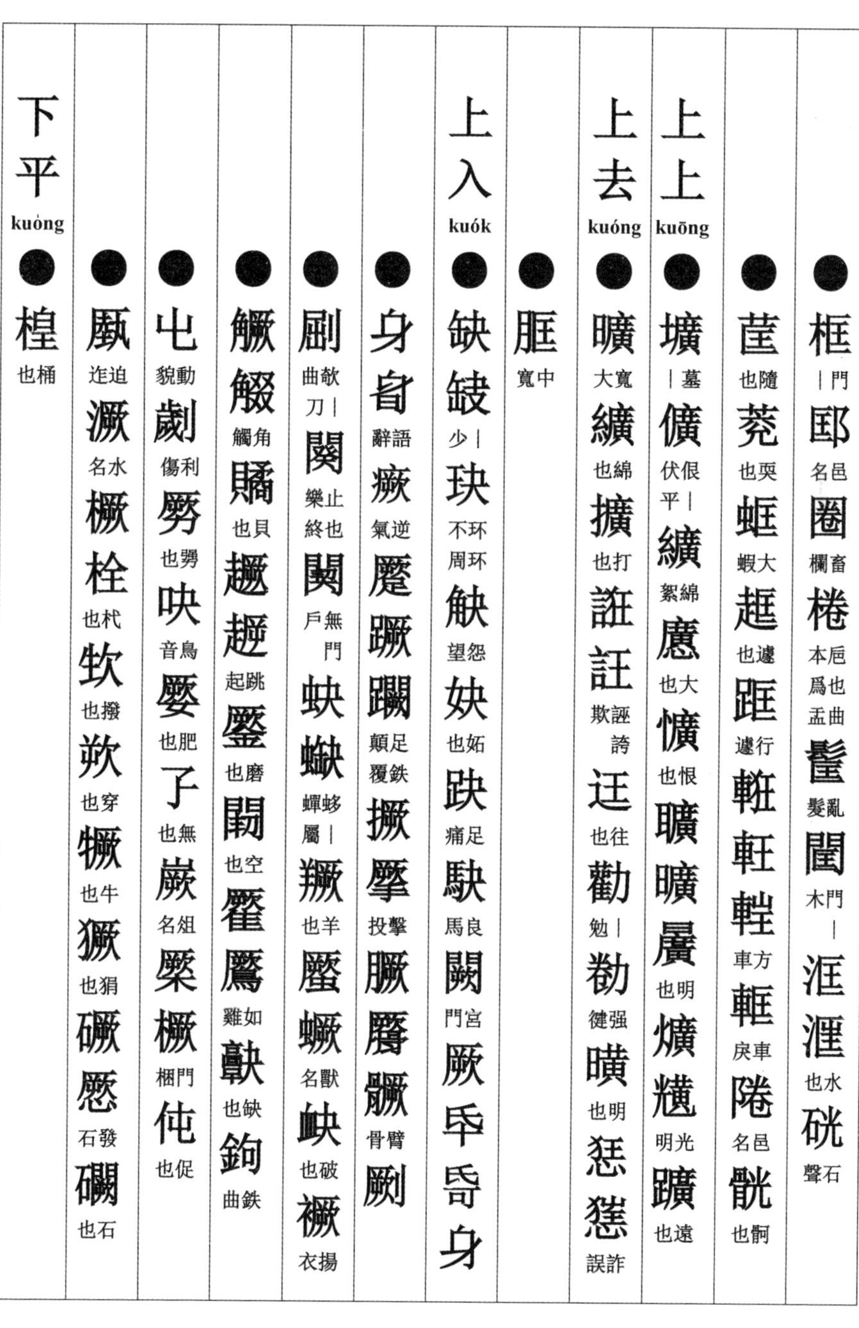

●框門｜　郾邑名　圈畜欄　棬卮也曲本爲盂　鬈亂髮　闔門｜木　洭　滙水也　硄石聲

●筐隨也　茪爽也　⿰虫匡大蝦　⿺走匡遽也　⿰足匡行遽　軭　軖　輄方車　軭車戾　⿰阝卷邑名　⿰骨光飼也

上上 kuōng

●壙墓｜　儣恨｜伏平　纊綿絮　⿱廣心大也　懭恨也　矌　曠　⿱廣日明也　爌　⿺光廣光明　⿰足廣遠也

上去 kuóng

●曠寬大　纊綿也　擴打也　誆　誑誣誇欺　迋往也　勸｜勉　勸強健　曂明也　⿱狂心　⿱⿰犭⿱艹王心詐誤

●⿰月匡中寬

上入 kuók

●缺　鈌｜少　玦环环不周　觖怨望　妜妬也　趹足痛　駃良馬　闕宮門　厥　⿱氏干　⿱氏可　身

●身　⿱身曰語辭　瘚逆氣　蹷　蹶　⿰足闕足跌顛覆　撅　⿸厥手擊投　⿰月厥　⿸厥月　⿰骨厥臂骨　⿰厥刂

●劂敧｜曲刀　闋止也樂終　⿵門厥無門戶　蚗　⿰虫蚗蛥｜蟬屬　⿰羊厥羊也　⿸厥虫　蟩獸名　岟破也　⿰衤厥揚衣

●⿰角厥　䚫角觸　⿰貝矞貝也　⿺走厥　⿺走亟跳起　⿸厥玉磨也　闕空也　⿸厥隹　⿸厥鳥如雞　⿰缶夬缺也　鉤鉄曲

●乜動貌　劇利傷　⿸厥男甥也　吷鳥音　⿸厥女肥也　孓無也　嶡俎名　⿸厥木　橛門梱　伅促也

●厥迫迮　⿰氵厥水名　橛　栓杙也　⿰牛欠撥也　欮穿也　⿰牛厥牛也　獗猖也　⿰石厥　⿸厥心發石　⿰石闕石也

下平 kuȯng

●楻桶也

字母	聲調	拼音		例字
	下去	kuông	○	
	下入	kuŏk	●	⿰舟厥 丨頭舟
低	上平	duŏng	○	
	上上	duōng	●	囀 鶯聲　轉 輾轉臥不安席　竱 等也　膞 切肉　⿴囗究 四入出　嫥 女名　㯻 乘丨　[illegible] 截也
	上去	duóng	○	
	上入	duók	●	輟　⿰氵歠 歇也止也　綴　⿱叕衣 衣也　裰 補丨　掇 拾丨　諁 多言不止　惙 意不安　剟 削也　畷 田間道
			●	⿱叕至 人名　敪 知輕重　⿸镸昆　⿰叕瓦 瓦碎　⿰礻叕 重祭　⿰禾叕 禾貌　⿺走叕 小跳　錣 針也　輟 車具　⿵風兑 小風　餟 餽也
			●	⿰馬叕 白額　⿰骨叕 續骨　鵽 鳩鳥　⿱宀叕口 口滿食　窡 穴也　⿱穴叕女 短丨　⿰羊叕 羊病　腏 骨中
	下平	duỏng	●	傳 述又揚丨　猭 兔走　瑑 圭璧　⿰羊彖 羊尾長
	下去	duông	●	傳 古書　篆 字也　⿰土彖 耕合　朊 月落有明　槤 木名　瑑 圭璧　縳 白色　⿰阝彖 院也
	下入	duŏk	○	
波	上平	puŏng	○	

上上 puōng ● 呠 噴也 栩 走也 体 不慧 桻 車弓 積 禾未皺 笨 竹裏 翸 飛也 驃 姓也 糜 麻蒸

上去 puóng ● 汾 潮反水退入海

上入 puók ○

下平 puȯng ○

下去 puông ○

下入 puǒk ● 堛 墣 圤 土塊 [illegible] 水泡 [illegible] 餑 麪粉 [illegible] 物聲 誖 按物聲

他

上平 tuǒng ● [illegible] 免罝

上上 tuōng ○

上去 tuóng ○

上入 tuók ○

下平 tuȯng ● 椽 屋角 蒃 獸走草中 [illegible] 貒也 [illegible] 犬走草中 [illegible] 行也

下去 tuông ○

下入 tuǒk ○

曾

上平 cuǒng ● 專 [illegible] 叀 [illegible] [illegible] [illegible] 擅也自| 磚 瓦對 鱄 魚名 耑 專獨司也 顓 謹貌 鄟 国名

● 鷒 鳥名 嫥 可愛 慱 憂心 瑼 玉名 [illegible] 行不正 瞤 目動 [illegible] 竹折 甎 甂也 鄟 地名

上上 cuōng ○

上去 cuóng ● 揰 摶 繩取正

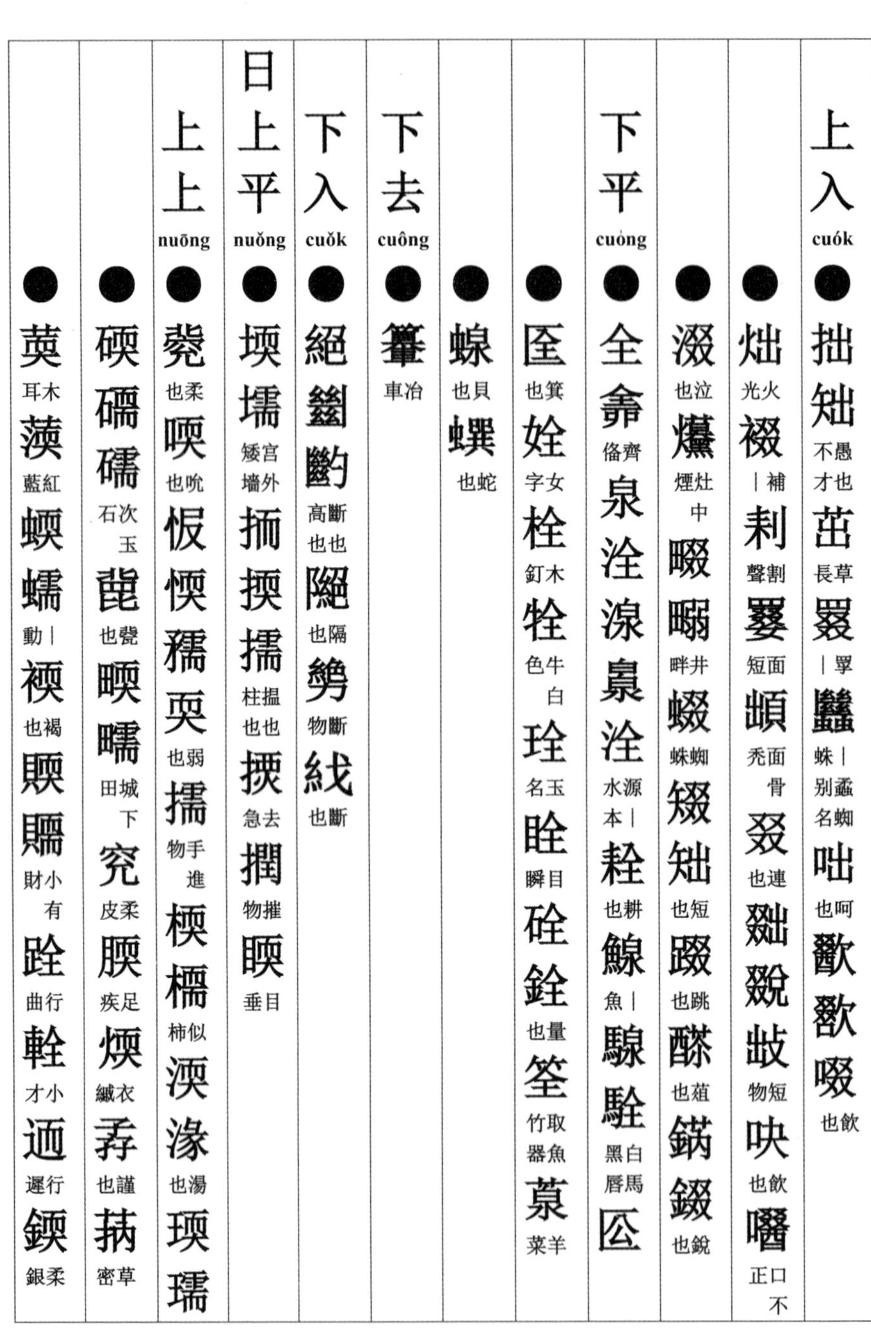

上入 cuók	● 拙 炪 不愚才也 茁 長草 罬 ｜罜 蠿 蛛｜別蝨名蜘 咄 也呵 歠 歠 啜 也飲
	● 炪 光火 裰 ｜補 剟 聲割 娺 短面 䪜 禿面骨 叕 也連 黜 黜 敠 物短 吷 也飲 嚽 正口不
	● 涰 也泣 爡 煙灶中 畷 畷 畔井 蝃 蛛蜘 綴 䂐 也短 蹳 也跳 醊 也菹 錣 錣 也銳
下平 cuòng	● 全 龕 俻齊 泉 洤 湶 臬 洤 水源本｜ 牷 也耕 鰁 魚｜ 騡 駩 黑白唇馬 匲
	● 匲 也箕 姾 字女 栓 釘木 牷 色牛白 瑔 名玉 眰 瞬目 硂 銓 也量 筌 竹取器魚 荃 菜羊
	● 蝝 也貝 蟤 也蛇
下去 cuông	● 篡 車冶
下入 cuǒk	● 絕 𢇍 𢿜 高斷也也 隡 也隔 𠠝 物斷 絬 也斷
日上平 nuǒng	● 堧 壖 矮宮墻外 揗 㨎 擩 柱搵也也 㨎 急去 撋 物摧 瞑 垂目
上上 nuōng	● 甍 也柔 嘆 也吮 偄 愞 穤 耎 也弱 擩 物手進 㮕 檽 柹似 渜 湪 也湯 瑌 瓀
	● 碝 礝 礝 石次玉 氄 也毳 畷 𤳴 田城下 究 皮柔 腝 疾足 煗 緎衣 弄 也謹 梗 密草
	● 萸 耳木 藕 藍紅 蝡 蠕 動｜ 褑 也褐 䞂 賱 財小有 跧 曲行 輇 才小 遖 遲行 錗 銀柔

● 鐗 銀也 ⿰耎隹 ⿰耎鳥 鳥名 ⿰革耎 柔革 ⿰耎頁 短也 軟 輭 媆 柔弱不硬 ⿱耎火 熟也 ⿰耎刂 ⿰需刂 ⿰耎刂

● 擃 刺也 ⿱竹耎 竹名

上去 nuóng ○

上入 nuók ● 焫 燒也 笍 竹名

下平 nuòng ○

下去 nuông ○

下入 nuǒk ○

時

上平 suǒng ● 亘 揚布 喧 大語 ⿴囗亘 ⿰亘頁 ⿰亘面 面圓 媗 女字 ⿱亘寸 修也 弲 弓曲 渲 小水 翾 翧 飛也

● 揎 手分衣 撏 捩也 ⿰扌⿱亘寸 引也 瑄 璧六尺 禤 姓也 箮 竹花 ⿰角亘 揮角 諼 高聲 鍹 銚也 ⿰亘隹

● ⿰亘鳥 小鳥 ⿰革亘 鼓工 ⿰亘馬 馬名 宣 ⿱宣亘 ⿱宀回亘 布揚

上上 suōng ● ⿱穴亘 穴也

上去 suóng ○

上入 suók ● 説 言解 雪 ⿱雨番 霜丨 涚 清也 哾 ⿰口兑 小飲 ⿰歹兌 盡也

下平 suòng ● 輲 柩車 旋 ⿰扌旋 回丨博也 璇 璿 琁 ⿰王睿 ⿰王㕡 丨玑 漩 水回 還 ⿰木還 猶歸 遄 ⿺辶亘

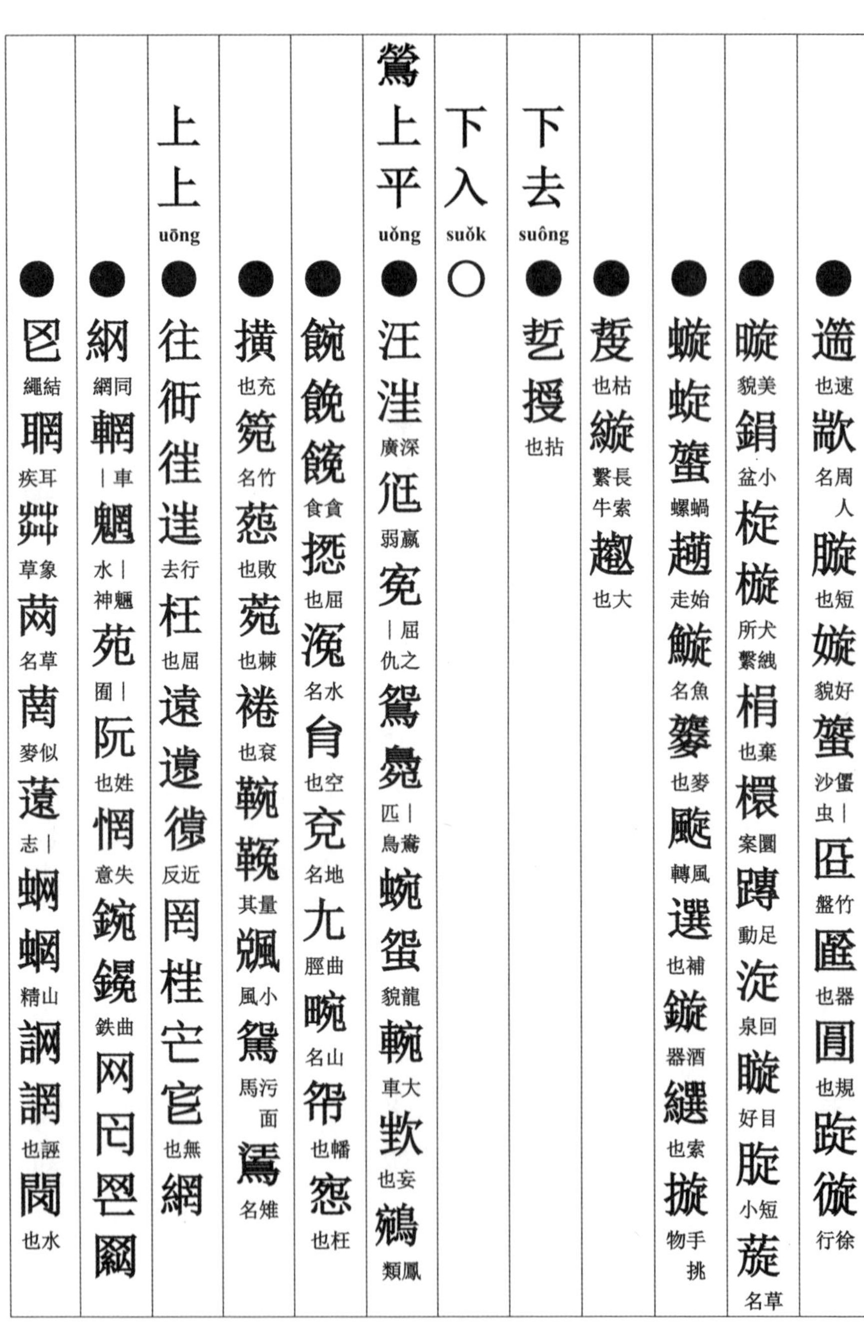

● 遳速也 歂周人名 ⿰月旋短也 嫙好貌 ⿱旋虫儇|沙虫 ⿷匚旦竹盤 ⿷匚旋器也 圎規也 ⿰足旋 ⿰彳旋徐行

● ⿰目旋美貌 鋗小盆 椗 ⿰木旋犬紲所繫 梋棄也 檈圜案 ⿰足專足動 淀回泉 ⿰目旋目好 腚短小 蔙草名

● ⿰虫旋 ⿰虫定 ⿱旋虫蝸螺 ⿺走旋始走 ⿰魚旋魚名 ⿱旋麥麥也 颴風轉 選補也 鏇酒器 繏索也 ⿰扌旋手挑物

● ⿱艹旋枯也 縼長索繫牛 ⿺走旋大也

下去 suông ● ⿱折乙 擭拈也

下入 suǒk ○

鶯上平 uǒng ● 汪 ⿰氵㞷深廣 尪羸弱 宛屈之|仇 鴛 ⿱夗鳥|鴦匹鳥 蜿 ⿱夗虫龍貌 ⿰車宛大車 歂妄也 鵷鳳類

● ⿰飠宛 ⿰飠免 ⿰飠宛貪食 ⿰扌怨屈也 ⿰氵兔水名 肙空也 ⿱穴允地名 尢曲脛 晼山名 ⿱夗巾幡也 惌枉也

● 撗充也 箢竹名 ⿱艹怨敗也 菀棘也 裷衰也 ⿰革宛 ⿰革兔量其 ⿰夗風小風 駌污面馬 鳶雉名

上上 uōng ● 往 ⿴行王 ⿰彳㞷 ⿺辶㞷行去 枉屈也 遠 遼 ⿰彳遠近反 罔 ⿰木㞷 ⿱宀亡 ⿱宀⿱亡口無也 網

● ⿰糸冈同網 輞車| 魍|魑水神 苑|囿 阮姓也 惘失意 鋺 ⿰金兔曲鉄 网 冈 罔 ⿰罔罔

● 罔結繩 ⿰耳罔耳疾 ⿰卌卌象草 ⿱艹网草名 菵似麥 薳|志 蛧 蝄山精 ⿰言网 誷誣也 ⿵門罔水也

● 𩒐面歪 𩙘風也 麢鹿也 䵀麻業 堭布網 夗卧轉 妴 𢼸婉也 宔不順 忹邪曲 惘｜無知意

● 𢻰曲也 暀 睢光美 㞷木也 棢車網 𣢾佞也 淮往也 㴏水也 瀇水深廣貌 䀮目泣

上去 uóng ● 怨 忌 命 倇 昂 悆 𠨲怨恨 訵慰也 𥦤屈也 裷衣衿袖

上入 uók ○

下平 uòng ● 王帝｜ 丸彈｜ 完｜畢 亡 亾失死 忘不記 圓團｜ 員 貟缺反方｜ 垣墻｜ 𠐿

● 𠋻似猴 袁姓也 轅轉輪 癀疸也 黃 𪏹采色 簧笙｜ 宋棟也 纨素也結也 萑｜葦

● 芄｜蘭草名 洹水名 蚟｜孫虫名 𪊨鹿二歲也 褤衣也 往急行 偟暇也 咺 烜痛也

● 喤 喤小兒聲 囯口聲 垸麥和灰 媴女名 𥥦 𡵓山名 往行貌 愋恨也 捖刮摩

● 榬 籆絡絲 溒水流貌 潢積水池 熿火貌 𤛆牛名 猨 𤞷 獂 𤡍如猿 徨

● 獚犬也 璜玉聲 砊 磺 礦｜石 硡｜硝 𥼶｜塵 莣似茅 蝗螽也 蝯禺也 豲貆也

● 趪作力 𦐂皇舞 䐵肥也 𦢊腫病 艎筏也 𩎩韝也 鄖國名 鉦刀端 鎱人名 鐄糜也

● 騜馬黃白 鰉 鱑魚名 䵃人名 鷬鳥名 𪎭大麥 𦡆病也 𪏽卵中黃 𪎾火狀 𧻚｜田居易

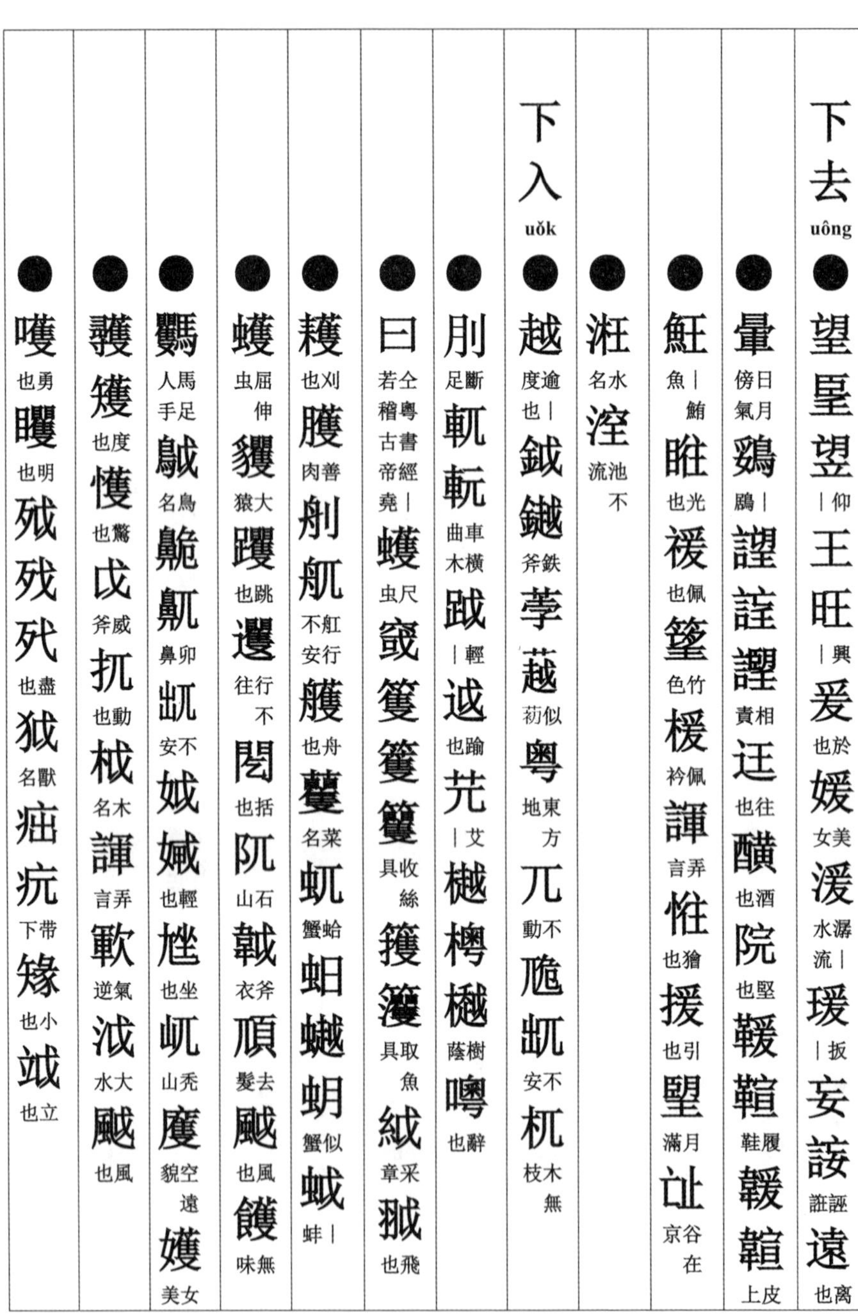

下去 uông

● 望 朢 朢 仰| 王 旺 興| 爰 於也 媛 美女 湲 潺|水流 瑗 扳| 妄 誣 誣誑 遠 离也

● 暈 日月傍氣 鶢 |鶋 ⿰言望 詮 ⿰言朢 相責 迋 往也 醵 酒也 院 堅也 韈 韗 履鞋 韈 韗 皮上

● ⿰魚㞷 |鮪魚 ⿰目㞷 光也 褑 佩也 ⿱⺮㞷 竹色 楥 佩衿 諢 弄言 忹 猶也 援 引也 望 月滿 ⿶凵止 谷在京

● ⿰氵㞷 水名 ⿰氵宔 池不流

下入 uǒk

● 越 逾|度也 鉞 ⿰金越 鉄斧 莩 ⿱艹越 似葯 粵 東方地 兀 不動 卼 ⿰出兀 不安 杌 木無枝

● 刖 斷足 軏 ⿰車元 車橫曲木 ⿰足戉 輕| ⿺辶戉 踰也 芫 艾| 樾 ⿰木粵 樾 樹蔭 ⿰口粵 辭也

● 曰 仝粵書經|若稽古帝堯 蠖 尺虫 ⿱穴戉 篗 篗 籰 收絲具 擭 ⿰氵篗 取魚具 ⿰糹戉 采章 ⿰犭戉 飛也

● 穫 刈也 臒 善肉 ⿰舟刂 ⿰舟兀 舡行不安 艧 舟也 [illegible] 菜名 ⿰虫兀 蛤蟹 ⿰虫目 ⿰虫越 蚏 似蟹 ⿰虫戉 |蚌

● 蠖 屈伸虫 貜 大猿 躩 跳也 ⿺辶矍 行不往 ⿵門戉 括也 阢 石山 ⿰車戉 斧衣 ⿰兀頁 去髮 ⿰風戉 風也 ⿰食蒦 無味

● ⿰馬蒦 馬足人手 ⿰鳥戉 鳥名 ⿰鼻危 鼿 卯鼻 ⿰出兀 不安 ⿰女戉 媙 輕也 ⿰山坐 坐也 屼 禿山 ⿸广蒦 空遠貌 嬳 女美

● 護 ⿰彳蒦 度也 ⿰忄蒦 驚也 戉 威斧 扤 動也 ⿰木戉 木名 諢 弄言 ⿰戉欠 氣逆 泧 大水 ⿰風戉 風也

● 嚄 勇也 矆 明也 ⿰歹戉 残 ⿰歹兀 盡也 狘 獸名 ⿸疒出 ⿸疒元 帶下 [illegible] 小也 ⿰立戉 立也

蒙 上平 muǒng ○

上上 muōng ● 暪 暗也

上去 muóng ○

上入 muók ○

下平 muȯng ● 門 閅 兩扇戶門 璊 琝 玉色 穈 赤苗嘉穀 亹 山絕水処 樠 樬也 𣯫 赤苗 灖 山絕水 糒 粥凝

● 顢 顢 頁聲 虋 莔 丨冬 趧 行遲 們 肥滿

下去 muông ○

下入 muǒk ○

語 上平 nguǒng ○

上上 nguōng ● 朊 月小光 貦 好也

上去 nguóng ○

上入 nguók ○

下平 nguȯng ● 元 始也 黿 魭 大鼈 沅 水名 原 厡 邍 愿 本也 阮 山名 𨓦 樂名 騵 馬白腹

● 䲮 鳥名 园 刓 角泯鑠 㝴 窟也 兀 兀 倚也 芫 毒魚草 蚖 虺也 蝝 晚蠶 謜 徐語

● 邍 邍 廣也 厵 厵 水泉丨本 源 水本 邧 邑名 嫄 姜丨 笎 竹文 嵃 顛丨 䬧 餌也

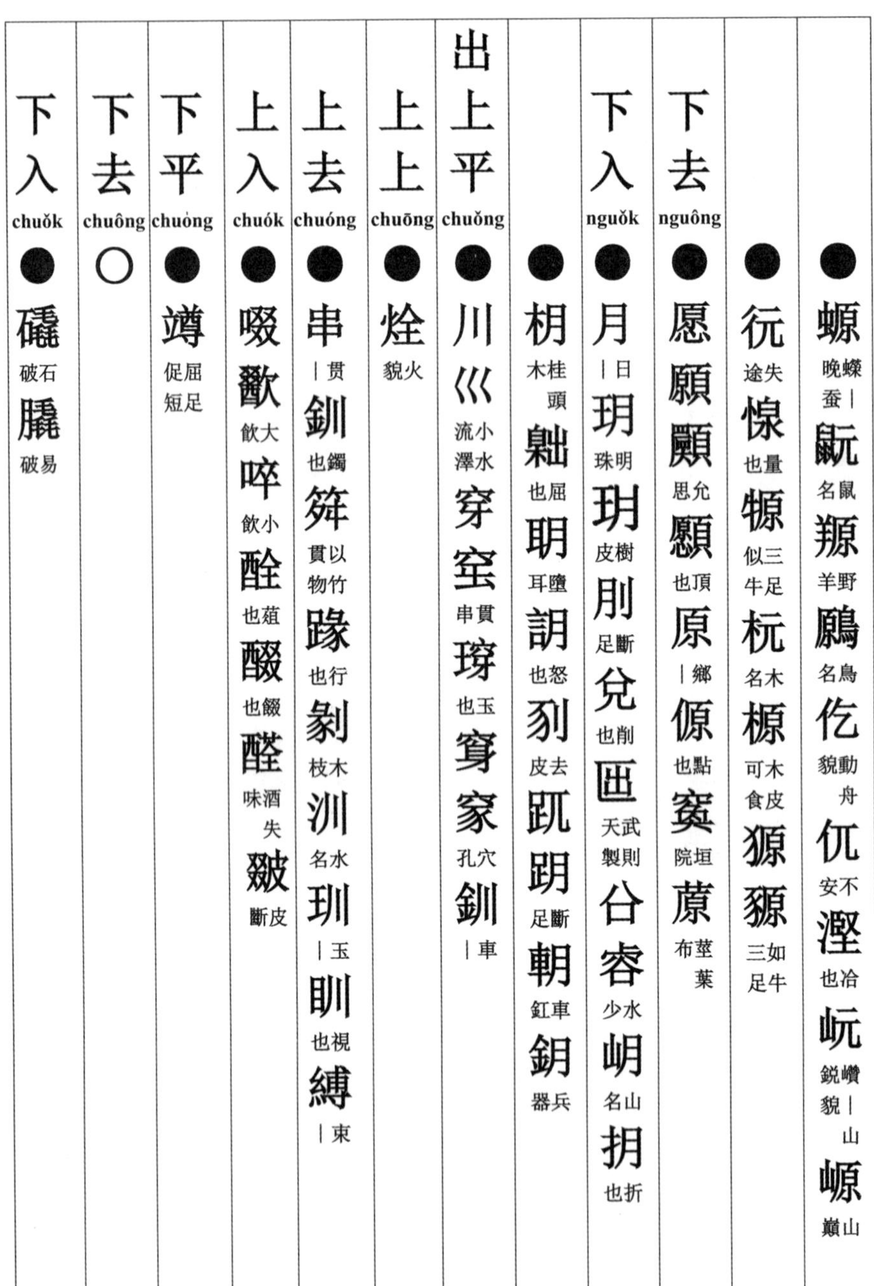

		●	螈 蠑丨晚蚕　[illegible] 鼠名　羱 野羊　鶢 鳥名　仡 動舟貌　[illegible] 不安　[illegible] 冶也　屼 巑丨山銳貌　[illegible] 山巔
		●	[illegible] 失途　[illegible] 量也　[illegible] 三足似牛　杬 木名　榞 木皮可食　獂　豲 如牛三足
下去	nguông	●	愿　願　顯 允思　[illegible] 頂也　原 鄉丨　傆 點也　[illegible] 垣院　蒝 莖葉布
下入	nguǒk	●	月 日丨　玥 明珠　玥 樹皮　刖 斷足　兌 削也　𠥱 武則天製　㕣　[illegible] 水少　岄 山名　抈 折也
		●	枂 桂頭木　[illegible] 屈也　眀 聵耳　[illegible] 怒也　[illegible] 去皮　[illegible]　跀 斷足　軏 車釭　鈅 兵器
出上平	chuǒng	●	川　巛 小水流澤　穿　[illegible] 貫串　[illegible] 玉也　[illegible]　[illegible] 穴孔　釧 車丨
上上	chuōng	●	烇 火貌
上去	chuóng	●	串 貫丨　釧 鐲也　[illegible] 以竹貫物　[illegible] 行也　剶 木枝　汌 水名　玔 玉丨　[illegible] 視也　縳 束丨
上入	chuók	●	啜　歠 大飲　啐 小飲　醛 菹也　醊 餟也　[illegible] 酒失味　[illegible] 皮斷
下平	chuȯng	●	蹲 屈足短促
下去	chuông	○	
下入	chuǒk	●	[illegible] 石破　膬 易破

非上平 huǒng

●方⿰米方（四角）坊（石門）芳（芬丨）祊（祭四方）枋（木名）昏昷百昬⿱氐日（丨暗）閽（守門）

●睧（目暗）婚敯㛰𡢃（丨姻）⿱日巟荒巟⿱荒灬⿰耒荒（丨蕪）⿰禾荒（凶年）慌（丨忙）惛

●殙殙（丨亂）惛（不明）⿱亡皿⿱止皿（血也）邡（謀也）⿺㫃帝⿺㫃巟（酒家望子）⿰目巟睧（目旱）⿰日昏（闇也）

●盲（心上鬲下）肪（肥也）衁（血上心）⿰旁阝（邑名）汸（併船）涽⿰氵昬（未定）⿰氵芳（水名）⿰氵荒（水廣）牥（良牛名）

●⿰月荒（日不明）棔（合歡）⿰昏欠⿰昬欠（不可知）⿱氐日睧（目暗）⿰目巟⿰目荒（不明）睯（悶也）⿰目昆（目疾）

●⿰犭荒（狼屬）⿰荒瓦（器也）祊⿱彭示（孝子祭于門內）閍（門內）⿰禾方（禾名）⿱竹方（竹器）⿰糸巟⿰糸荒（絲曼延也）總（結丨）

●⿰毛荒（毳也）蚄（蚜丨）⿰荒見（視也）⿰言巟謊（夢言）鈁（鐘也）⿰金荒（鐘聲）⿰方隹（鳥也）⿰馬巟⿰馬荒（馬奔）⿰骨方（脂丨）

●鴋⿰阝鳥（人面鳥聲）⿰荒鳥（雀也）⿰黑昏（黑也）⿰鼠方（地鼠）巟匚⿺乚口（受物）⿰口昏（目不見）

●妨（丨害）⿰女巟（女字）⿱穴巟（居也）⿱穴昏（国名）⿰巾巟⿰巾芒⿰巾荒（隔也）⿰忄方（忌也）⿱方巾⿱旁巾（巾也）

上上 huōng

●訪（謁見及也）紡（織丨）髣（丨鬃）倣⿺㫃巟仿⿰扌方（依樣）恍（丨惚）晃晄（日光）榥（讀書床）

●貺（賜也）昉（明也）放（至也）⿰亻丙⿰口方（如聞）妨（壯也）櫎（支器）⿰鬼光（人名）眆⿰目丙（微見）⿰目冈（見也）

●纊（束也）舫（舟師）⿱艹晃（草名）⿺辶方（急行）⿱穴巟（廣也）巟（水廣）幌（帷幔）彷（丨佛）滉（水深廣貌）

●怳茪狂貌愰心明

上去 huóng

●放匚肆也況兊剏也疔瘷也眖視也軦黃|蟲名㑮耄也岲山名脫水名楥

●楦履法也況寒水也筓筓覓魚具詤問也

上入 hiuók

●忽物蔥悠|卒然笏曶牙|霍姓也藿藿藜藿癨亂吐病惚恍|

●囫|圇矐失明礖石硬糬黍糗豩㬿豕也趜飛也蹫行也雺雷也霐雨也靃飛聲

●颮颸颼颾疾風𠢕䵃餅也睢明也囘曶出氣詞榴桐高貌淴合也

●漗出水聲浩水聲瀖衆波聲㾦多睡瞯視也䁝昒旦明總微|縠擊也攉反手

●𣊾豕也惟恐也𧎈寢熟扣裂也揔去塵摢攉進趨之疾劐裂也匫匫古器𠥚日出未明

●𠯠崛憂也囫物完𡰟佛名𡻮疾也巏山名彉彍弩滿

下平 huóng

●皇𩠐𩠑𩠒𩠓𩠔皇鷬|帝凰鷬鳳|遑暇也隍城|徨彷|忙也

●煌輝|惶恓也鍠鐘聲茪|荽蝗食苗虫園薗種菜房臥所妨|害防提|

●鰟魚名磺硫|藥名潢疸也篁竹名媓竹名女堯妻喤怒也堭堂|殿合墴基|㞷呈

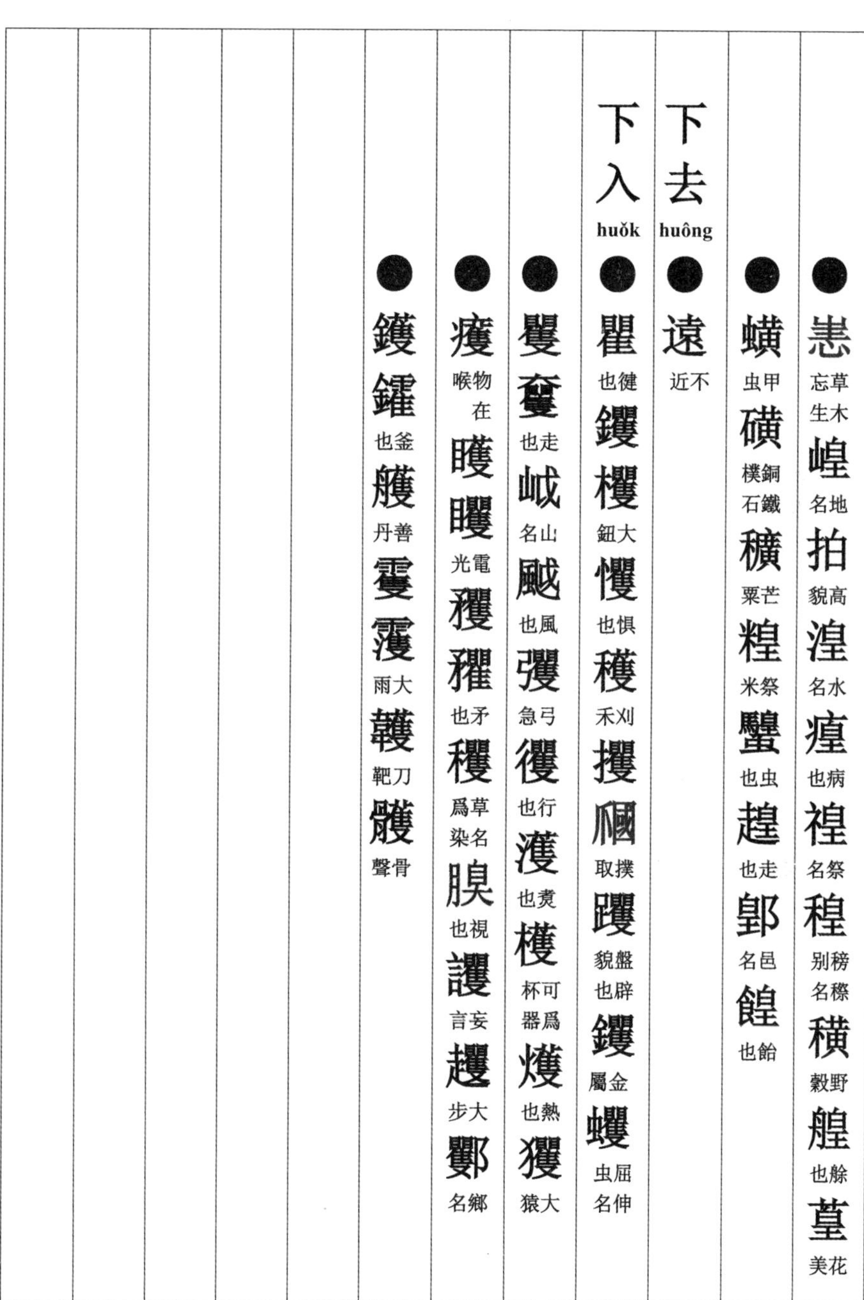

● ⿱㞷心 草木忘生 崲 地名 拍 高貌 湟 水名 ⿸疒皇 病也 ⿰礻皇 祭名 ⿰禾皇 稊穄別名 穔 野穀 艎 艅也 葟 花美

● 蟥 甲虫 磺 銅鐵樸石 穔 芒粟 ⿰米皇 祭米 ⿱皇虫 虫也 趪 走也 ⿰皇阝 邑名 餭 飴也

下去 huông

● 遠 不近

下入 huŏk

● 瞿 健也 钁 欔 大鉏 戄 懼也 穫 刈禾 攫 ⿴囗國 撲取 躩 盤辟貌也 钁 金屬 蠼 屈伸虫名

● 矍 ⿱大矍 走也 ⿰山戉 山名 ⿵風戉 風也 彏 弓急 ⿰彳矍 行也 ⿰氵矍 賁也 欔 可爲杯器 ⿰火矍 熱也 玃 大猿

● ⿸疒矍 物在喉 矆 ⿰目矍 電光 矡 ⿰矛瞿 矛也 ⿰禾矍 草名爲染 ⿰月臭 視也 ⿰言矍 妄言 ⿺走矍 大步 ⿰矍阝 鄉名

● 鑊 ⿰金霍 釜也 艧 善丹 ⿱雨蒦 ⿱雨濩 大雨 韄 刀靶 ⿰骨蒦 骨聲

16 輝字母

柳上平 lǚi ● ⿰目累 ⿰目纍 ⿰目絫 視也 虆 蔂 蘲 蔓也 儡 木偶 ⿰亻壘 磊 困也 儽 垂也 ⿰畾刂 刺也

上上 lūi ● 蕾 蕊 花｜未開 儡 傀｜ 壘 軍壁 藟 葛藤 瘰 癗 病也 累 ⿱厽木 絫 重疊 誄 ⿰言絫 哀死

● ⿰口耒 以言相遮 磊 ⿰石累 眾石 ⿱大畾 大也 ⿰山纍 ⿱山累 山貌 ⿰山累 山貌 ⿰山畾 ⿱山畾 高下 ⿱山纍 山名 ⿱山壘 山有玉

● ⿰扌壘 ⿰扌纍 喪家之樂 ⿰鬲攴 捱也 ⿰扌絫 木實 ⿰木壘 傀｜ ⿱畾木 藤也 ⿱艹纍 ⿱艹絫 垂｜ ⿰木纍 山乘 ⿱畾木 木名 漯 水名

● ⿰氵畾 ⿰氵壘 水波 ⿰犭累 鸓 蠝 ⿰犭畾 獸名 ⿰耒瓜 瓜瓠中 ⿰絫瓜 甂也 癗 皮起 ⿰石耒 礨 石孔 ⿰石累

● 磈 石多 ⿱竹累 盛土 ⿱竹畾 稻米磑 絫 增｜ 縲 索也 ⿰糸絫 ⿰糸纍 絡絲 ⿰月累 皮起 ⿰月畾 月｜腫 蠝 飛鼠

● ⿰言累 ⿰言畾 ⿰言纍 ⿰言絫 禱｜ 鸓 ⿰畾隹 ⿰畾鳥 ｜鼠

上去 lói ○

上入 lóih ○

下平 lùi ● 纍 係也 絏 紨也 羸 瘦也 ⿳亠口⿰月亞凡 赤体 ⿳亠口⿰月圭凡 螺｜ 瘰 ｜癧 厽 土板爲墻 嫘 姓也 ⿸广羸 膝中痛 ⿱山絫 山狀

● ⿱厽樂 ⿰山壘 ⿰扌絫 理也 ⿰木羸 木名 ⿰氵纍 水名 ⿰牛累 ⿰牛絫 求子牛 ⿸疒羸 病疲 ⿰禾累 羸 穀積 ⿰禾⿱日木 牀簀

下去 lôi ● 累 害也 彙 ⿱彑⿰冖肉 似豪豕類 淚 涙 泪 涕下目漬 類 ⿱曹日 種善 酹 沃酒 ⿰畾力 勉也 樏 隔盤

● 洡 相漬染也 瀨 祭酒地 瓃 甎也 羸 弱立 蘱 似蒲 頪 不聰 鼺 鼯鼠 纇 禷 祭天神 [illegible] 秲|禾名

● 藟 似艾 鈚 平板具 黖 黑也

下入 lŭih ○

邊 上平 bŭi ○ 上上 būi ○

上去 bói ● 痱 熱生小瘡

上入 bóih ○

下平 bùi ● 肥 瘦反

下去 bôi ● 吠 吷 盾也 犻 犬聲

下入 bŭih ○

求 上平 gŭi ● 龜 亀 龜 龜 龜 竈 甲虫之長 歸 皈 䢜 㱕 回還 巋 山小面高 嬀 水名

● [illegible] 掎戴也 鈘 器也 竃 龍| 蘬 揆 葵又仲虺同 踦 脛肉 逵 道也 頯 高露美

上上 gūi ● 鬼 䰎 庪 晷 |神 傀 瓌 |儡 軌 边 術 車轍 晷 日影 簋 𥁕 匭 杭 方器

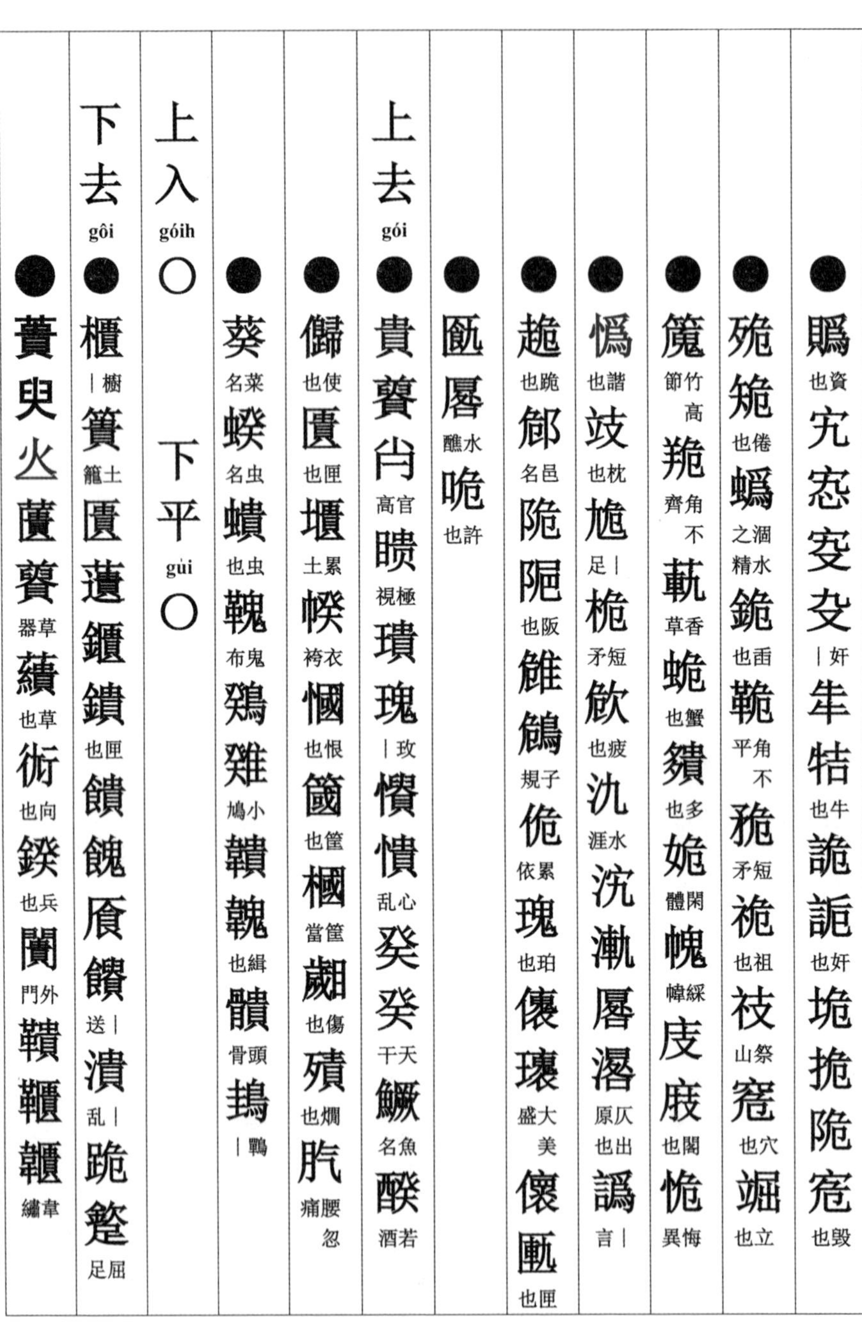

● 䝇資也 宄 宨 宎 夋 奸｜ 牟 牿 牛也 詭 詎 奸也 垝 㧪 陒 危 毀也

● 殨 䠑 倦也 蟡 水涸之精 鵵 臿也 䩈 角不平 䃬 短矛 祪 祖也 祪 祭山 窩 穴也 㟴 立也

● 簋 竹高節 䚐 角不齊 䡩 香草 蛫 蟹也 䳏 多也 娓 閑體 幭 綵幃 庋 庪 閣也 恑 悔異

● 㒱 諸也 攱 枕也 𧿒 ｜足 桅 短矛 㱦 疲也 氿 水涯 沆 㶇 厬 漻 出也仄原 譌 ｜言

● 趡 跪也 郈 邑名 陒 陒 阪也 䧑 鵗 子規 佹 累依 瑰 珀也 傀 瓌 大美盛 傀 匱 匣也

● 甈 厬 水醮 咆 許也

上去 gói

● 貴 簣 㞆 官高 瞶 極視 璝 瑰 玫｜ 㥍 憒 心乱 癸 癸 天干 鱖 魚名 醆 若酒

● 僓 使也 匱 匣也 壝 累土 㡖 衣袴 㥍 恨也 籄 筐也 樻 筐當 劌 傷也 殨 爛也 肒 腰痛忽

● 葵 菜名 蝬 虫名 蟦 虫也 䰎 鬼布 鵻 雖 小鳩 韇 䫌 緝也 䯣 頭骨 鴂 鸚｜

上入 góih ○

下平 gùi ○

下去 gôi

● 櫃 櫥｜ 簣 土籠 匱 蕢 鐀 鐀 匣也 饋 餽 㕟 饋 ｜送 潰 ｜乱 跪 䟸 屈足

● 蕢 臾 𠙻 蕢 蕢 草器 蕢 草也 衚 向也 鐀 兵也 闠 外門 鞼 韇 韇 韋繡

下入 gŭih ○

氣 上平 kŭi ● 虧 䖟 缺損 刲 刺開 開 閉對 喎 口不正 墤 毀也 [illegible] 草柔平

上上 kūi ● 蹞 舉足

上去 kói ● 愧 媿 不丨 攰 力乏 𡺄 筋節急貌 䁛 瞶 大視 聭 慙丨 𦝢 大也 螝 蠶蛹 襀 [illegible] 衣系

● 騩 黑色 𩪘 丨骸愚 [illegible] 假髮

上入 kóih ● [illegible] 圚 闠 外門 嬇 女字 峞 巍山 [illegible] 毀也 樻 椐也

下平 kui ○

下去 kôi ● 湀 泉出 [illegible] 婬視 逵 九達道 瞶 注目 夔 木石怪

下入 kŭih ● 撌 擥也

低 上平 dŭi ● 追 隨逐及 [illegible] 着力牽 謉 詐言 嗺 送歌 [illegible] 口滿 嗺 撮口 娺 好也 [illegible] 赤子陰 [illegible] 粉餌

● [illegible] 高也 陮 高此 䨨 雷也 頧 頭不正 鴭 雀也

上上 dūi ○

上去 dói ● 懟 譵 怨丨 憝 憞 儯 皆仇 䔪 草木 碓 米臼 濧 漬也 譈 惡也 隊 百人 䨺 雲也 諈

● 諉 姓也

上入 dóih ○

下平 dùi ● 捶 搥 敲擊 追 治玉 [illegible] 小貌 沝 二水 湷 水深聲 瀩 水帶沙往來之貌 縋 繩懸 鐜 銅半生

● 穨 禿也 隊 群也 魋 似熊

下去 dôi ● [illegible] 墜 墮 䃍 礈 [illegible] [illegible] 隕落 隊 丨伍 鐓 千金 嵟 山貌 廆 姿也 [illegible] 舍潰 [illegible] 茂也

● 檖 斷木 灉 漼也 [illegible] 甌也 甀 小口罌 [illegible] 耒也 膇 下腫 [illegible] 茂貌 [illegible] 車轄 鐆 竊也 [illegible] 魄丨愚也

● [illegible] 黑云行

波上平 pǔi ○ 上上 pūi ○

上去 pói ● [illegible] [illegible] 啡 唾痰 [illegible] 叱聲 屁 腸風

上入 póih ○ 下平 pùi ○ 下去 pôi ○ 下入 pǔih ○

他上平 tǔi ● 推 丨辭 [illegible] 牛也 [illegible] 煺 熥 除毛 [illegible] 項後骨

上上 tūi ● 𣐊 果寒 蘿 草木垂

上去 tói ○

上入 tóih ○

下平 tùi ● 頧 項也 磓 石｜ 槌 木｜ 鎚 鐘鈕 椎 擊也 燉 盛也 錘 秤｜ 腄 腨 擣米｜杵 棰 楚也

● 𡷗 山高 搥 打也 䭔 𩚄 䊚 𪌖 蒸餅

下去 tôi ● 硾 磓 縣石于下

下入 tǔih ○

曾

上平 cǔi ● 錐 鉄針刀末 頧 䯿 山額 隹 鵻 𩞁 騅 鳥名 檇 欈 木名 萑 蓷 草名 㕣 宜也

● 椶 木節 騅 黃｜ 麈 小鹿 齇 鼵 鼠屬

上上 cūi ● 水 蘂 火対 觜 星名 嘴 嗺 口也 𡿊 瓶嘴 厜 山顛 嶲 鳥喙 嚱 相欲伏 嫢 姿也 嶉 山曲

● 捶 㨃 杖拍 滜 汁也 箠 竹名 騒 騾 馬小 魋 星名

上去 cói ● 醉 酔 酻 飲酒太多 綷 悴 五色綵繪 椊 檶 柱頭朽木 蕝 竹絲

上入 cóih ● 庥 屋深 𡘍 大也

下平 cùi ○

下去 côi ● 顇 悴 忰 憔丨 萃 聚也 崪 山聚 ⿰冫卒 淬 流也 瘁 瘁 勞也 ⿰禾冀 稻也 粹 不雜 誶 誚也

● 賥 貨也 顇 病也

下入 cǔih ● 崪 待也

日 上平 nǔi ● 桵 木小白 ⿰木委 畫也

上上 nūi ● ⿱竹惢 筍初生

上去 nói ● ⿰弓委 ⿰弓垂 曲弓 ⿸疒遂 病也

上入 nóih ○ 下平 nùi ○ 下去 nôi ○

下入 nǔih ● 焫 摩也

時 上平 sǔi ● 荽 荾 葰 芫丨香料菜 綏 夊 車中把 ⿱隹飛 飛也 ⿱雨夊 小雨 ⿰革巂 鞘也

上上 sūi ● 才 娷 累也 ⿸广卒 顛也 ⿰忄遂 ⿰忄遂 ⿰忄豙 從心意 ⿱竹盇 盛谷 譢 告也 嶲 郡名 ⿰扌育 棄也

上去 sói ● 睡 ⿰目㒸 坐寐 綞 絲綫 祟 繸 鬼禍 粹 純丨 穗 ⿱艹遂 穀實 邃 深遠 彗 星妖 篲 竹帚

上入 sóih ○

下平 sùi ● 隨 遀 鰖 從也順也 瓗 明珠 隋 遀 国名 誰 何也 垂 𠕳 庱 厜 玓 才

● 埀 垂 從上而下 墮 毀也 嫷 隳 鳥名 睡 地名 潳 渭也 琦 丨瑋玉名 箠 竹名 篅 国也 䉌

● 蓨 秀也 蟕 龜屬 陲 陲 危也 猜 獢 牸豚 颾 風偃物貌

下去 sôi ● 瑞 祥丨 遂 述 逵 遺 遣 家 成卽也 燧 燧 㸂 鑽火 㸂 燧 烽火 嬘 女字

● 庩 集屋 旞 旞 旌上 旞 滑也 檖 椽 楊丨又似梨 澻 澻 小溝 繸 繸 繸 綬也

● 䍁 䍁 鐩 鉼也 璲 璲 玉名 襚 祭也 采 禾成秀 穗 禾穗 穟 穟 禾秀 篠 篴 竹徑

● 脽 尻骨 腄 胝也 蓫 蔆 茵也 藾 草器 蘧 莎也 襚 衣死人 譢 退言 譼 相毀 賥 賻也 蹢

● 隧 深也 轊 車飾 醉 病也 鐩 鐩 陽丨 闧 門偏 隧 墓道 雖 鵻 鳥也 韓 鞻 橐紐 䨏 黍器

● 髓 髓 髓 骨中脂

下入 sǔih ○

鶯上平 ǔi ● 威 丨儀 葳 草盛 城 決塘 媁 美盛 媙 美女 崴 嵔 山高曲 槭 虎子 磈 歹也 蝛 蚰丨

● 覣 奸視 隇 ｜陝險阻 鰄 魚名 ⿰鹵畏 塩也

上上 ūi

● 委 蓄也 諉 諈 推託 萎 草木枯死 逶 過 ｜迤 嵔 芔 草總名 暐 日光 煒 光明 喟 夢聲

● 偉 奇也 琦 瑋 玉名 葦 大葭 唯 應聲 鄬 地名 亹 自强不息 ⿺辶萑 蔿 草也又姓 ⿺几咼 吐也 錗 側意

● ⿵門委 門高 ⿵門爲 開也 ⿱雨爲 雷聲 ⿰委頁 女隨人 ⿺風委 風緩 餧 食牛 ⿰食育 ⿰食脩 ⿰食遺 餺也 萵 蓶 菜也

● ⿰扌萎 薑屬 蔿 草也 蘶 草木華 薳 人名 蜲 ｜蝍 蜼 似猴 賢 益也 踒 𨇤 足跌 踓 走也 𤳳

● 𤳳 人名 逶 立也 ⿰日爲 暐 華也 ⿱竹韋 籠也 腇 耎弱 ⿱竹韋 竹名 ⿱竹爲 竹皮 緌 系冠 繢 帛也 ⿰羊委 羊相羶

● ⿰羊韋 羝也 ⿰耒委 田具 煒 盛赤 ⿰牛虫 獸名 犪 牛也 ⿰犭委 小犬 猧 犬名 ⿰豸隹 木實 痿 痹疾 ⿸疒爲 口咼 ⿸疒嶲 瘡裂

● 倠 倭 順貌 儰 不安 卉 百草名 噅 相欲伏 壝 土埒 寪 屋貌 ⿰亻冎 小也 尯 倦跛 崣 山高貌

● 嵬 山險 㕒 美也 ⿰彳韋 行貌 ⿰忄垂 ⿰忄委 思也 ⿰忄委 恨也 抐 內也 ⿰歹委 病也 ⿰扌韋 逆追 ⿰扌危 ⿰扌尭

● ⿰扌尭 動也 ⿰扌遺 棄也 ⿰日爲 日光 桵 田器 涹 濁也 潙 水流 瀢 瀢 魚行 潰 水貌 ⿰火尾 火也 ⿰火委 煨貌

上去 ói

● 畏 ⿱田艮 ⿱田卑 忌也 尉 慰 慰 安｜ 蔚 蔚 草盛 尉 尉 官名 恚 怒恨 ⿸广畏 隱處

● ⿱尉手 以手布物 尉 熨 上按下 ⿱尉羽 犚 牛名 罻 罔馬 ⿰虫尉 ⿱尉虫 ⿱尉䖵 飛蟻 褽 衣蔫

● 霨 雲起 鰃 如蛇

上入 óih ○

下平 ùi ● 爲 為 舀 [illegible] 造作 潙 水名 韋 㢇 䊷 熱皮 闈 宮門 違 昔離 圍 口 環丨 幃 圍 帷帳

● 桅 船柱 喡 呼聲 撝 佐也 韍 轂 戾也 湋 回也水名 潿 不流濁也 㿙 病也 褘 褱 重衣

● 鍏 臿也 韎 韊 東也 𧽯 韙 是也 褱 裹也 韡 𩏂 韡 華盛 颹 𩙻 大風 鰞 赤目魚

下去 ôi ● 位 正也 喟 咽 嘳 太息 媦 女弟 韢 絲繩 緭 緒也 緯 織橫系 腪 胃 穀府 膞 皮也

● 𦪙 運舟 𦪇 運船 蔄 草名 螖 虫也 蝟 蛒丨 謂 謂 報言告 趞 遽行 蝟 似鼠 葦

● 葦 草木丨孛之貌 㥜 怫丨心不安貌 戀 忘也 彙 類也 𣨙 㕾 尯 倦也 煟 寬明 猬 猬

● 蝟 毛刺 颵 大風 鬢 屈髮 觸 魚也 鮹 魚似蛇

下入 ǔih ○

語 上平 ngǔi ○ 上上 ngūi ○ 上去 ngói ○ 上入 ngóih ○

下平 ngùi ● 巍 隗 峞 山高 嵬 嵔 崔丨 危 㞭 不安 鮠 魚也 洈 水名 峞 高峻 醅 醉貌

● 闟門危 頠頭閑習也 巍厓丨

下去 ngôi ● 魏国名又姓 蘶草木更生 僞詭詐無實 ⿰貝爲目好 ⿺走爲行也 ⿱爲言阿丨

下入 ngŭih ○

出上平 chŭi ● 雖 帷 ⿱唯虫假設之詞 趡動也 雅細頸 ⿱髟垂髮垂 炊丨爨 吹丨噓 倠醒也 ⿰亻奞偪也

● 奞毛羽自丨 ⿸广隹屋邪 浽 滖小雨 ⿰豸隹 ⿱艹⿰豸隹草木多 ⿰禾妥 ⿰禾委禾四把 ⿰阝妥地名 濉水名 ⿰牛隹牛名

● 推丨托 睢水鳥 綏 娞安也

上上 chūi ● 揣 揣 揣量也

上去 chói ● 觜甌口 臎鳥尾上肉 碎口聲 ⿰口翠鳥啄 濢小徑 婑美貌 ⿱⺮毳斷也 ⿰毳毛 ⿰衤毳衣縫 ⿰豸卒獸也 ⿰馬卒馬卒

● 翠 翠 翠蒼丨 嘴鳥口

上入 chóih ○ 下平 chủi ○ 下去 chôi ○ 下入 chŭih ○

非上平 hŭi ● 輝光丨 暉日光 煇光煌 ⿰扌翬 揮 掬 ⿰扌⿹勹軍指丨 徽 ⿴行⿱山糸 ⿰⿱山糸攵美也 麾 ⿸麻毛 麾

● 摩指丨 ⿰犭翬 翬 翬 翬飛也 撝謙也 媯地名又姓 ⿸方翬 ⿸方軍旗名 ⿰牛軍牛名 ⿰犭軍獸名山丨見人則笑

● 婔女字 徽幟也 撝手修燭 暉白也 禈祭也 褘王后上服 隓鄭地 驒獸名 黴大力

上上 hūi ● 毀 𥕟 毁 毇 諻 譭謗| 燬火焚壞 棐果名 榧似粟 翡翠鳥 𨷲闠也 嘳噴聲

● 嫛惡也 孈多態 𢸣 㩓擊也 檓大椒 煋媿也 㷄火也 𥳐 糳|斛舂八斗 𥺝 毇舂米

上去 hói ● 諱畏避 緯經| 苯疾也 蘬|草 虫 虺 𧊒 𧊊介也 𩵺息也 𣲜水波紋也

上入 hóih ○ 下平 hùi ○ 下去 hôi ○ 下入 hŭih ○

17 燒字母

柳上平 liĕu ○

上上 liēu ● 瞭目明 暸明也 憭照察 僚好貌 屪男陰 了完也 杊次第 潦水清 爎炙也 礞石垂

● 秎秀也 舠小舟 蓼 蓼辛菜 衦校丨 鄝国名 鄝邑名 醪酒清 蹘長也 魛魚也

上去 liéu ○

上入 liéuh ○

下平 lièu ● 寮同丨官 鐐同班輩 嘹丨喨 燎火照 遼丨遠 鷯 鷯丨小鳥 蜆似蛤 膋腸間膏脂 聊

● 聊 聊語辭 寥寂丨 嵺山谷深 憭蓋弓 庮人名 廖人名 廫空室 憀且也 撩理也 敹擇也

● 䝤小長貌 簝竹名 橑柏木 漻水清 𤏶炙也 獠獵也 璙玉也 㽲疾也 𤻲治也

● 窷 寮 竂穿也 簝祭祀盛肉 繚繞紐 聊耳鳴 膋 膫牛脂 艌舟小長 蓼草也 藔葉疎

● 蟟蟟蟧又地名 𧩙丨謬巧言 䢧空也 賿錢也 䠏脚長 蹘走也 遼往也 鐐白金 顟面白

● 顟 顲頭長 飂風也 髎 髎髖也 鬂細長 𪖪丨劓鼻仰 漻 潦清深也 佬大也 鄝山名

● 嶚周垣 嫽女字 㝋彜人屋 礞 礞石垂貌 嵺山聳 𡸣山險 嵺 嶚山高 嵺崖虛

下去 liêu ● 料（量也） 撩（｜弄） 髎（尻骨） [illegible] 𥜌（祭天） 罶（魚罔） 尥（行脛相交） 翏（高飛） 翏（飛也）

下入 liěuh ○

邊上平 biěu ● 標 標（木末也） 摽 摽（落也） 剽 剽 剽（劫杀） 幖（幟也） 驃 驃（勁疾貌） 鑣 鑣（馬啣鉄）

● 僄 僄 僄 僄 僄 髟（輕也） 儦 儦（行也） 墂（封土） 嘌 嘌（山峯出） 摽 摽（落也）

● 𤗓（棄也） 旚 旚（旗飛） 猋（犬走） 杓（斗柄） 淲（水也） 熛 熛（火飛） 瘭 瘭（疽也） 瞟 瞟（視也）

● 瞟（惡也） 磦（山峯） 穮（苗秀） 穮（除草） 篻（竹名） 膘（腫也） 臕（肥也） 褾 褾（端也） 覭 覭（省見）

● 鱇（角名） 謤（言經） 賆（居陸） 鏢 鏢 鏢（刀鋒） 颮 飆 飈 飍 颮（風猋聲） 飇 飈（狂風）

● 飄（旋風） 髟（白黑） 鰾 鰾 鰾（魚胞）

上上 biēu ● 裱 褾（袂也） 婊（妓女） 檦 檦（表也） 猺（獪也） 貓 貓（善睡） 爊（埋草火中） 表 表 穮

● 褭 表 表（外也上衣）

上去 biéuu ● 俵 裱（散也） 蔈（草香） 裱（領巾） 諘（讚也）

上入 biéuh ○ 下平 biéu ○

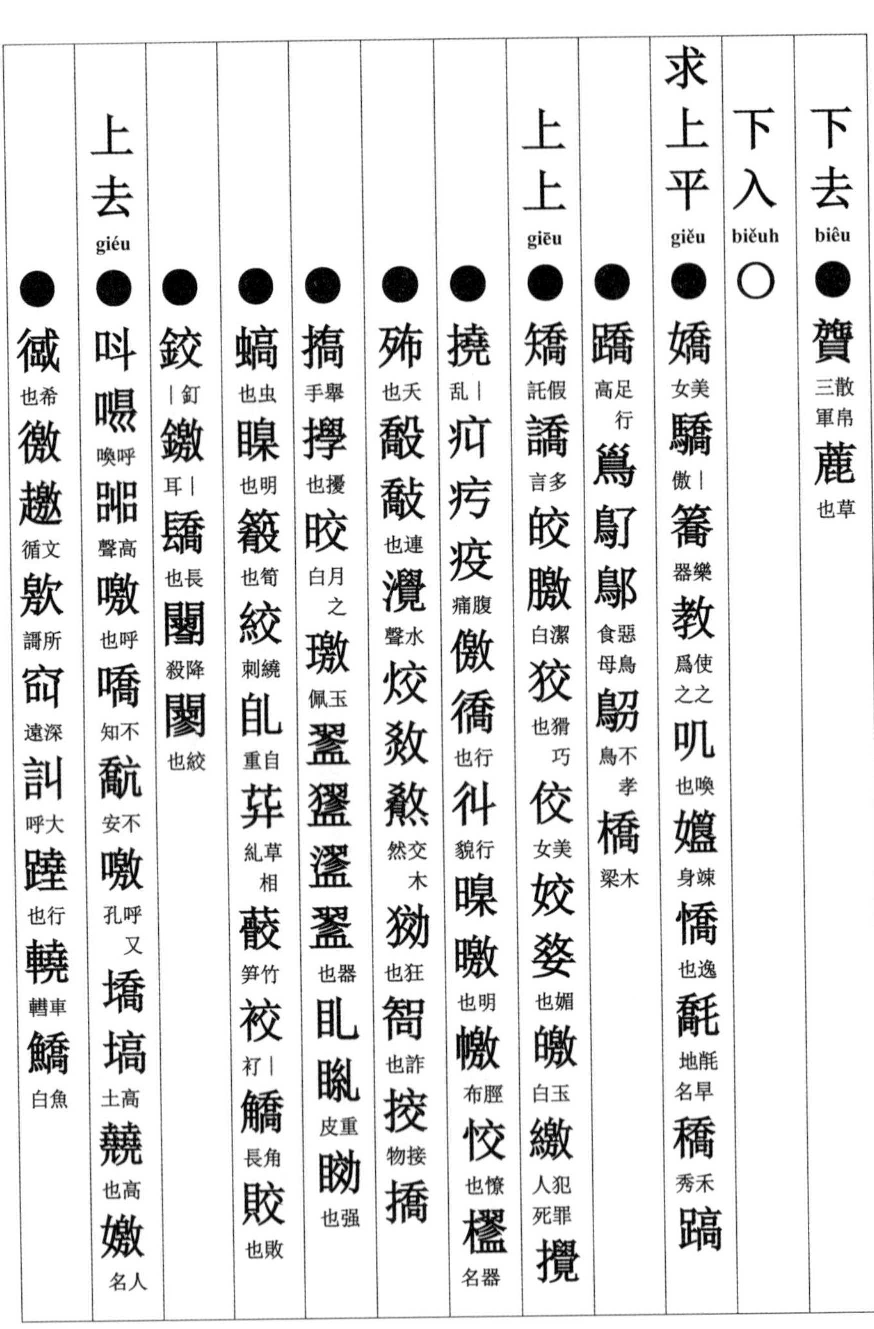

下去 biêu ● 贋 散帛三軍 蔍 草也

下入 biĕuh ○

求上平 giĕu ● 嬌 美女 驕 |傲 簥 樂器 教 使之為之 叽 喚也 嬄 竦身 憍 逸也 毴 毴旱地名 穚 禾秀 蹻

● 蹻 足行高 鷮 鳭 鄡 惡鳥食母 鳨 不孝鳥 橋 木梁

上上 giēu ● 矯 假託 譑 多言 皎 皦 潔白 狡 猾巧也 佼 美女 姣 婆 媚也 皦 玉白 繳 犯罪人死 攪

● 撓 |乱 疔 疞 疫 腹痛 儌 行也 徺 行貌 暞 曒 明也 幧 壓布 恔 憭也 櫹 器名

● 殀 夭也 毃 敲 連也 𤄃 水聲 烄 效 𤓮 交木然 狕 狂也 翯 詐也 挍 接物 撟

● 撟 舉手 擧 擾也 晈 月之白 璬 玉佩 盩 盭 盪 盭 器也 䀏 䀑 重皮 𥆨 強也

● 蟜 虫也 暞 明也 篙 笱也 絞 繞刺 𦤎 自重 茾 草相糺 𦾩 竹笋 衱 |衭 觲 角長 賋 敗也

● 鉸 釘| 鐓 |耳 驕 長也 闟 降殺 闟 絞也

上去 giéu ● 叫 嘄 呼喚 嘂 高聲 噭 呼也 嘺 不知 䯨 不安 噭 呼又孔 墧 塙 高土 䢒 高也 嬓 人名

● 徼 希也 徼 邀 文循 歊 所謂 窌 深遠 訆 大呼 蹺 行也 轎 車轎 鱎 白魚

上入 giéuh ○

下平 gieu ● 喬高也 僑寄寓 蕎｜麥 𡪇寄客 嶠行高 [illegible]盂也 嶢高危 𨘌善走 鄡国名

● 鐈似鼎 鮢魚浮

下去 giêu ● 轎 轎肩輿 嶠山逕

下入 giĕuh ○

氣上平 iĕu ● 敲 㲈擊也 蹺舉足 橇 [illegible] 轎大禹所乘之車 墝 磽 礉 墽瘠土 [illegible]引弓 [illegible]伏態

● 撬舉也 繑 縞紐也 [illegible]臭也 趬起也 跤 蹻脛也 窙空也 [illegible]紐也

上上 kiēu ● 巧 扝 丂好｜ [illegible] [illegible]鳥名 阞地名

上去 kiéu ● 竅 竅孔也 [illegible] [illegible]仰鼻 [illegible]不平安 [illegible]高屋 趬輕行貌 撽 擊擊也 礉不平 竅 [illegible]

● 窌穴空 噭口也 [illegible]高也

上入 kiéuh ○

下平 kiêu ○

下去 kiêu ○

下入 kiĕuh ○

低上平 diĕu ● 朝 [illegible] [illegible] 晁清晨旦也 凋｜零 鵰 [illegible]鵰鳥 蜩寒蟬 啁 謿鳥鳴 雕｜刻 刁頑也

● 彫 琢又殘也 貂 鼦 栗鼠 蛁 蛁 丨蟉 婤 女名 琱 治玉 鵰 鳥名 ⿰矢召 犬短尾 碉 石室 ⿱竹周 山名

● 翢 ⿰周毛 尾毛 ⿰舟召 ⿰舟周 舟也 ⿱艹朝 姓也 芀 芀 華也 ⿱艹彫 ⿱艹淍 丨葫 蜩 ⿰虫舟 蟬也 ⿴衣周

● 裯 死人衣 ⿴衣召 棺衣 ⿰衤隹 短衣 ⿰阝刀 山穴 推 ⿰犭鳥 小鳥 ⿰亻夆 肇 轡也 髫 髮多 鯛 骨脆 鰷 魚名

● 鳭 鳥聲 ⿰犭鳥 鶵也 齠 始毀齒 ⿰刀刂 取也 ⿰勺刂 取木 刟 斷也 ⿰周刂 丨琢 ⿰豸周 大多

上上 diēu ● 屌 男子陰 ⿰禾勺 禾穗 ⿰衤鳥 短衣 ⿰亻翟 獨立

上去 diéu ● 釣 鈟 丨鉤 瘹 狂病 窵 遠也 弔 弔 弔 問喪 ⿱竹釣 竹名 ⿰糸弔 縛人 ⿱艹依 丨子 ⿱艹釣 草也 訋 孥也

上入 diéuh ○

下平 diėu ● 潮 丨汐 調 丨和 惆 丨悵 ⿸匚條 細器 淳 水輪 淍 丨藹 ⿰爿多 几也 ⿱穴條 深遠 ⿱竹調 竹也 鋽 铁未鍊

● ⿰酉周 習也 鼂 鼂 鼌 匽丨 朝 見君

下去 diêu ● 趙 國名 兆 ⿰兆小 十億吉徵 晁 鼌 姓也 旐 旐 旗也 恌 偷薄 肇 ⿸戶攵 肇 肇 始初 初

● 盄 田器 ⿰羊兆 ⿰羊毛 羊未歲 肁 開也 覜 視也 鮡 魚也 ⿺走剅 ⿰扌周 刺也 召 評也 垗 畔也 ⿸广聿 言早

● 掉 搖也 ⿰扌鼗 丨 ⿰牛兆 姓也 狣 犬有力

下入 diěuh ○

波上平 piěu ● 飃飄風飛 漂漂漂流浮 旚旚旚旚旗飄搖貌 螵蛸海螵蛸目魚骨 飃吹也

● 鷅鳥毛色 勡强取 嘌吹聲 嘌車聲 嫖女字 慓慓急也 漂水也 瀌雨雪多 㶏直也

● 爂火飛 犥牛白 翲高飛 聽聽行聽 趬蹽蹽輕行

上上 piēu ● 殍殍莩芟餓死人 瞟瞟瞟瞟瞟目病 顠鬃白髮 蔈草木零落

● 受相付 䁃白色 蔦蕉草也

上去 piéu ● 票牌飛 | 瞟白色 彯彯畫也 螵瞟乾也 篻竹名 驃驃驍勇 漂漂水洗

上入 piéuh ○

下平 piėu ● 薸蒘水上浮萍 瓢瓢老瓠殼 剽不大小又輕曰| 嫖嫖淫邪 瞟乾物 櫜櫜大貌

● 縹縹青白 膘膘皮肉合處 鄠地名 醥清酒 麃鹿也

下去 piêu ○ 下入 piěuh ○

他上平 tiěu ● 挑挑肩荷撥取 𠞰|剔 祧禚遠祖庙 佻独行 咷叨也 迢|遞 岧|嶤 烑恌偷也

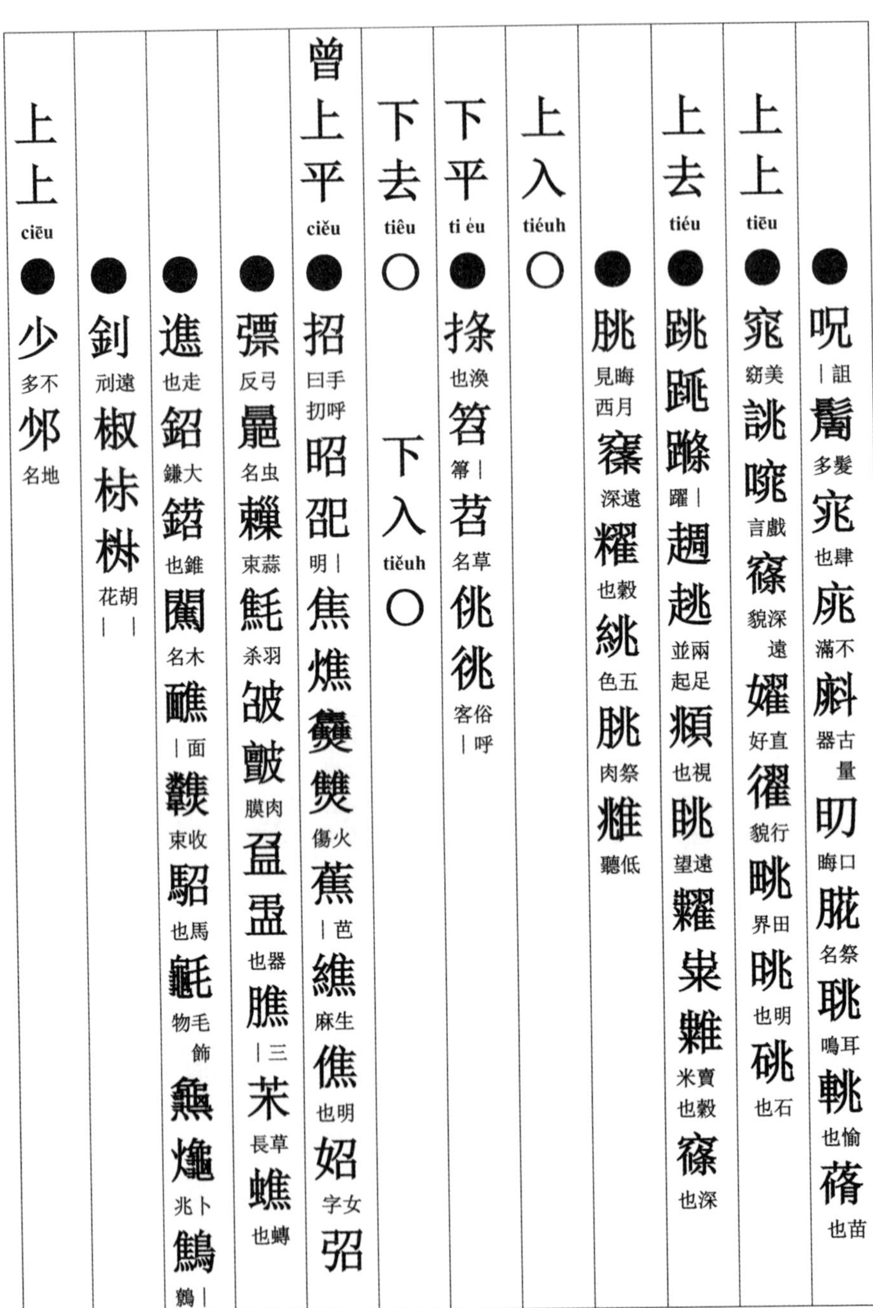

● 呪（詛丨）鬌（髮多）宨（肆也）庣（不滿）斛（古量器）叨（口晦）朓（祭名）聎（耳鳴）⿰車兆（愉也）蓨（苗也）

上上 tiēu ● 窕（美窈）誂 嘵（戲言）窱（深遠貌）嬥（直好）⿰彳翟（行貌）⿰田兆（田界）⿰日兆（明也）硹（石也）

上去 tiéu ● 趒 跳 蹽（丨躍）⿺走周 趒（兩足並起）頫（視也）眺（遠望）糶 粜 ⿰米隹（賣糓米也）窱（深也）

● 朓（晦月見西）窱（遠深）糶（糓也）絩（五色）脁（祭肉）⿰米隹（低聽）

上入 tiéuh ○

下平 ti éu ● ⿰扌條（滌也）笤（丨箒）苕（草名）佻 ⿰彳兆（俗呼客丨）

下去 tiêu ○

下入 tiĕuh ○

曾上平 ciĕu ● 招（手呼曰扨）昭 卲（丨明）焦 燋 ⿱焦隻 ⿱焦又（火傷）蕉（芭丨）⿰糸焦（生麻）僬（明也）妱（女字）弨

● 彯（弓反）鼂（虫名）⿰束蒜（蒜束）⿰焦毛（羽杀）⿰焦皮 ⿰焦支（肉膜）盄 ⿱焦皿（器也）膲（三丨）茮（草長）蟭（螵也）

● ⿺辶焦（走也）鉊（大鐮）鍣（錐也）⿵門焦（木名）⿰面焦（面丨）⿰革焦（收束）駋（馬也）⿰龜毛（毛飾物）⿰龜焦 ⿰火龜（卜兆）鷦（丨鷯）

● 釗（遠刓）椒 ⿰木朩 ⿰木林（胡丨 花丨）

上上 ciēu ● 少（不多）⿰少阝（地名）

上去 ciéu ● 照 曌 炤 昭（｜曜） 詔（勅命） 醮 襍（祭名娶也） 蘸（滔也） 灂（水裂） 卲（卜問） ⿰亻爵（性急） ⿰日爵（人名）

● 柧（木刺） 潐（盡也） ⿰犭焦（獸名） ⿰目爵（目瞑） 穛（縮小） ⿰金爵（取魚具）

上入 ciéuh ○

下平 ciėu ● 樵 ⿱艹樵 ⿱艹穛 ⿱艹穛 ⿱艹耒焦（採｜） 憔 癄 顦（｜悴） 噍 嗺（多言） 譙 誚（城楼） 劁（斷也）

● 嶕（山高） 瞧（視也） ⿱艹潐（草也） ⿰焦阝（鄉名） 釂（盡也） 顦（憂也）

下去 ciêu ○ 下入 ciĕuh ○

日 上平 niĕu ○

上上 niēu ● 鳥（禽鳥） 蔦（寄生） 鳥（鞕美） 嬝 褭 ⿰亻褭（僄｜） 嬲（戲謔） 嫋（｜娜） 了（懸也） ⿱大子（軟美） [illegible]（然也） ⿰山褭

● 嶋（山貌） ⿰巾勺（布頭） ⿰忄勺（疾擊） 撓（擾也） ⿰扌褭 ⿰扌褭（摘也） ⿰木褭（木長弱） ⿸尸毛（毛乱） ⿰石褭（山曲） ⿰禾褭（銜不舉）

● 窱（深也） ⿱⺮鳥（竹也） ⿰糸了（倒也） ⿰糸鳥（懸物） 褭（馬細帶） 釕（帶頭飾） ⿰馬了 ⿰馬了（長也） ⿰石褭（長柔） ⿰阝褭（低也）

上去 niéu ○ 上入 niéuh ○

下平 niėu ● 饒（豐足） 嬈（嬌媚貌） 橈 ⿰舟堯（舟楫） ⿰亻夒 獿（犬吠） 劭（自强） 嫐（嬲也） 敿（悲意） 獶（犬驚） [illegible]

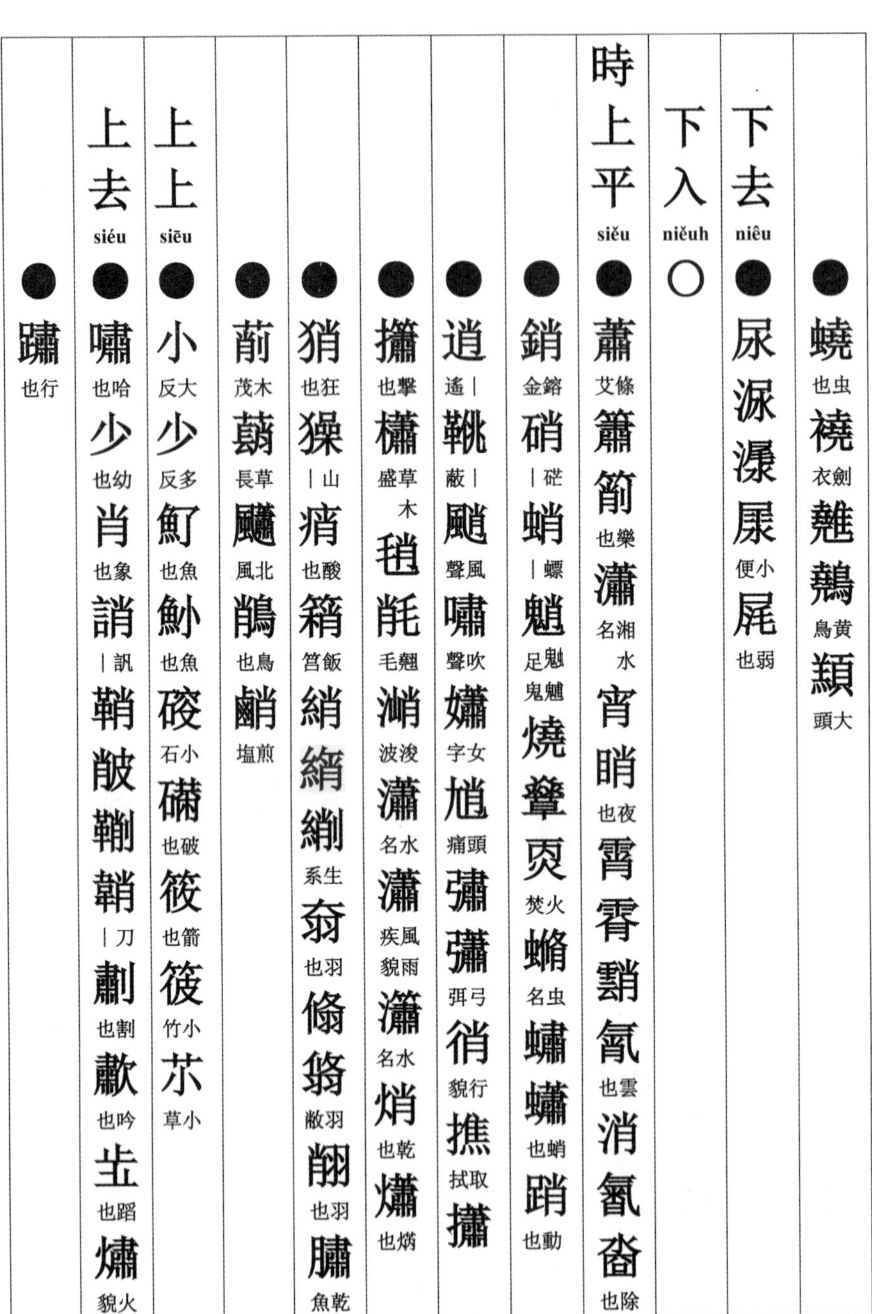

● 蟯（虫也）襓（劍衣）[illegible] [illegible]（黃鳥）顤（大頭）

下去 niêu ● 尿 [illegible] [illegible] [illegible]（小便）尾（弱也）

下入 niĕuh ○

時上平 siĕu ● 蕭（條艾）簫 箾（樂也）瀟（湘水名）宵 睄（夜也）霄 [illegible] [illegible] [illegible]（雲也）消 [illegible] [illegible]（除也）

● 銷（鎔金）硝（砊｜）蛸（螵｜）魈（魑魈足鬼）燒 [illegible] [illegible]（火焚）[illegible]（虫名）蟰 蠨（蛸也）踃（動也）

● 逍（｜遙）鞘（｜蔽）颵（風聲）嘯（吹聲）[illegible]（女字）[illegible]（頭痛）彇 [illegible]（弓弭）[illegible]（行貌）撨（取拭）[illegible]

● [illegible]（擊也）櫹（草木盛）[illegible] [illegible]（翹毛）[illegible]（浚波）瀟（水名）瀟（風雨疾貌）[illegible]（水名）焇（乾也）熽（焇也）

● [illegible]（狂也）[illegible]（山｜）痟（酸也）[illegible]（飯筲）綃 [illegible] [illegible]（生系）[illegible]（羽也）翛 [illegible]（羽敝）[illegible]（羽也）鱐（乾魚）

● 萷（木茂）[illegible]（草長）[illegible]（北風）[illegible]（鳥也）[illegible]（煎鹽）

上上 siēu ● 小（大反）少（多反）[illegible]（魚也）[illegible]（魚也）[illegible]（小石）[illegible]（破也）筱（箭也）篠（小竹）[illegible]（小草）

上去 siéu ● 嘯（哈也）少（幼也）肖（象也）誚（訕｜）鞘 [illegible] [illegible] [illegible]（刀｜）[illegible]（割也）歗（吟也）[illegible]（蹈也）熽（火貌）

● [illegible]（行也）

上入 siéuh ○

下平 siéu ● 詔樂名 紹 ⿱劭糸 ⿱卲糸繼也 髫小兒垂結 佋丨价 軺 軺小車 齠丨齡 韶 磬 餵虞舜之樂

● 招樹搖貌 炤明也 猸犬之短尾 玿美玉 菭 苕陵丨 袑綺上

下去 siêu ● 邵高也 劭劝勉 ⿰召句懸鉤 昭床也 柖床名 菭草也 覞召也 餶小食

下入 siěuh ○

鶯

上平 iěu ● 夭 ⿸尸兀少好 妖 ⿰女关 訞孽人 要丨求 葽草盛貌 腰 ⿱罒胥身中 蠮長丨蜂 邀招求

● 徼丨倖 伕不伸 宎目深 吆丨聲 喓丨丨草虫 ⿴囗幺 ⿴囗𢆯神名 幺小也 紗急也 枖 ⿰木关木小

● 楆要同 櫂木也 殀害物 祅 ⿰示关地反物 ⿰糸要 ⿰衤要衣帶 ⿱𦥑女 ⿱𦥑丏 㗊約不忘生平 ⿺辶要遠也

● ⿰糸頁頭小 ⿱夭食錫也 ⿰夭鳥丨鵂鳥

上上 iēu ● 殀 夭不寿 窈丨窕 㤊憂也 擾 撓 擾攪丨 鷕雉鳴 抗 舀 吹 舀杼白 拗手拉

● 溔水無際 穾深也 ⿰豸柔蒙貴 ⿰足憂足動 ⿰骨肖脅骨 ⿱髟幼髟也

上去 iéu ● 要 ⿱𦥑女 㗊緊丨 ⿰氵要深也 ⿰衤要衣褑 紗小也 熎燼也 ⿰要隹 ⿰要鳥山鷄

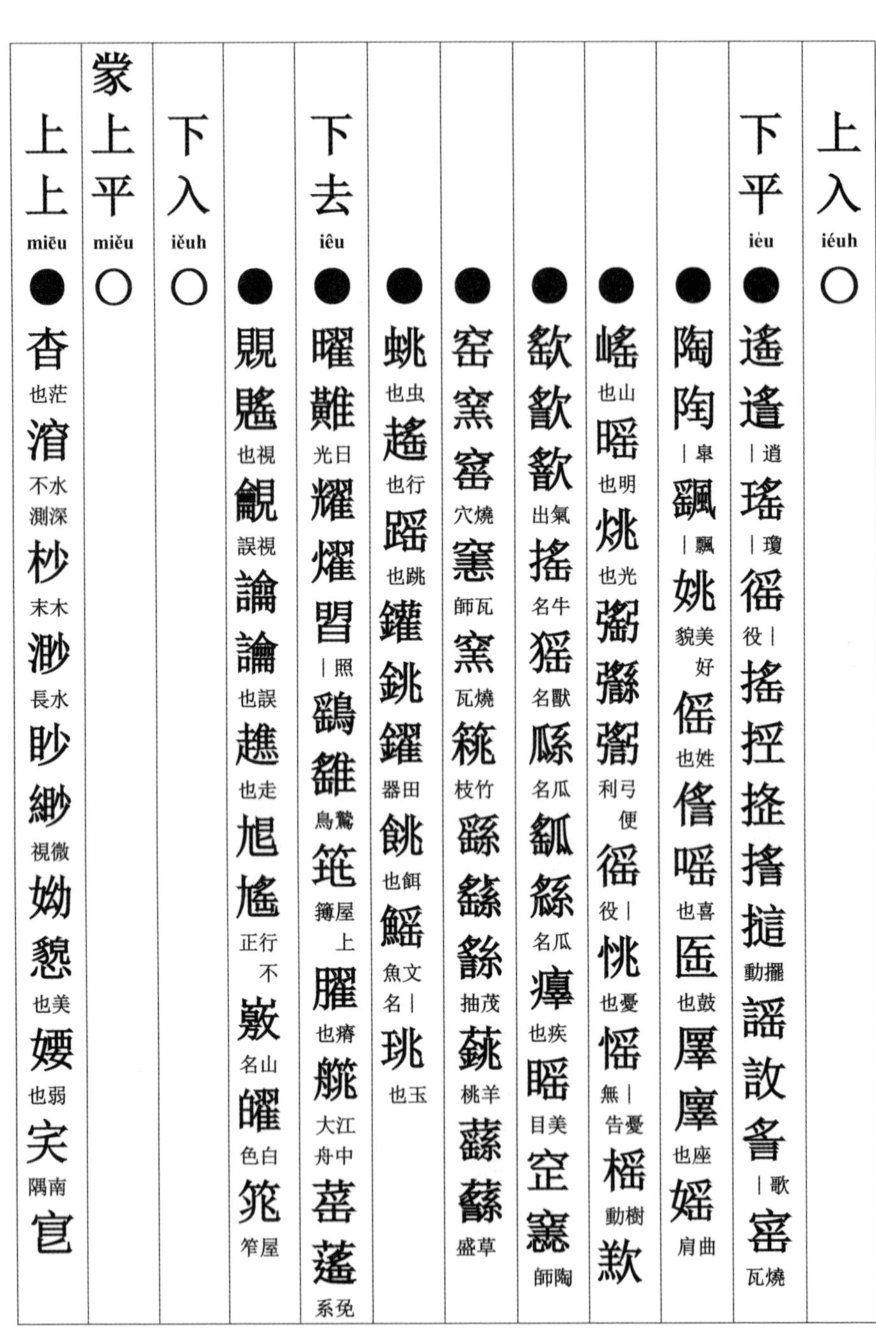

上入 iéuh ○

下平 iėu ● 遙 遙 逍丨 瑤 瓊丨 徭 丨役 搖 搖 搖 搖 搖 擺動 謠 謠 畬 歌丨 窰 燒瓦

● 陶 陶 皋丨 颻 飄丨 姚 美好貌 傜 姓也 傜 嗂 喜也 匋 鼓也 㢓 㢓 座也 媱 曲肩

● 嶤 山也 暚 明也 烑 光也 𢐀 𢐀 𢐀 弓便利 徭 丨役 恌 憂也 愮 丨憂無告 榣 樹動 歀

● 歀 歀 歀 氣出 搖 牛名 猺 獸名 㼥 瓜名 㼥 繇 瓜名 瘙 疾也 䁘 美目 窑 窰 陶師

● 窑 窯 窰 燒穴 窰 瓦師 窯 燒瓦 䍃 竹枝 繇 繇 繇 茂抽 䔄 羊桃 蘨 蘨 草盛

● 蛛 虫也 䌊 行也 踰 跳也 鑃 銚 鑃 田器 餙 餌也 鰩 文丨魚名 珧 玉也

下去 iêu ● 曜 䎐 日光 耀 燿 曶 照丨 鷂 雗 鷲鳥 筄 屋上篺 臛 瘠也 艞 江中大舟 䓟 蘨 兔系

● 覞 覞 視也 覞 視誤 謠 謠 誤也 䍃 走也 尳 尳 行不正 䍃 山名 曜 白色 窕 屋窄

下入 iěuh ○

鶯上平 miěu ○

上上 miēu ● 杳 茫也 渻 水深不測 杪 木末 渺 水長 眇 緲 微視 㑾 懇 美也 嫖 弱也 宎 南隅 窅

● 窔 室東南隅 岆 [illegible] 山名 [illegible] 旗也 皀 合也 [illegible] [illegible] 牀子 眑 視也 [illegible] 遠視 秒 [illegible] [illegible] 禾芒

● 穾 室也 窅 深目 [illegible] 冥遠 窵 遠也 [illegible] 藥名 篎 小竹 篎 小管 [illegible] 耳鳴 [illegible] 脅兩旁 膜 肉膜

● 蔈 苭 草長 [illegible] 莖也 [illegible] 蠶初生 [illegible] 深視 [illegible] 隔也 [illegible] ｜面面曲 騕 [illegible] 良馬 [illegible] 巧婦

● [illegible] 鷕 雌雉鳴 [illegible] [illegible] [illegible] 小也 邈 [illegible] 曠遠 淼 大水 偠 細也 [illegible] [illegible] 勤也 吵 雉鳴

● 鴢 魚鮫 穾 室也 窔 極聲 窈 深靜 窔 深也

上去 miéu ○ 上入 miéuh ○

下平 mièu ● 描 摹畫 苗 [illegible] 禾｜ 媌 好也 貓 獸名 瞄 張目 錨 船頭尾器 鶓 鳥也

下去 miêu ● 妙 玅 神化不測 廟 庿 庙 神居 [illegible] 惆也

下入 miĕuh ○

語 上平 ngiĕu ○ 上上 ngiēu ○ 上去 ngiéu ○ 上入 ngiéuh ○

下平 ngièu ● 堯 唐｜ 蕘 薪也 翹 獟 企也 [illegible] 蓮｜藥名 橇 金｜石不平 嶢 山高 垚 土高 荍 荊葵花 [illegible] 削也

● 嘄 叫也 顤 高也 嘺 不知 [illegible] [illegible] 獢 獢 飛也

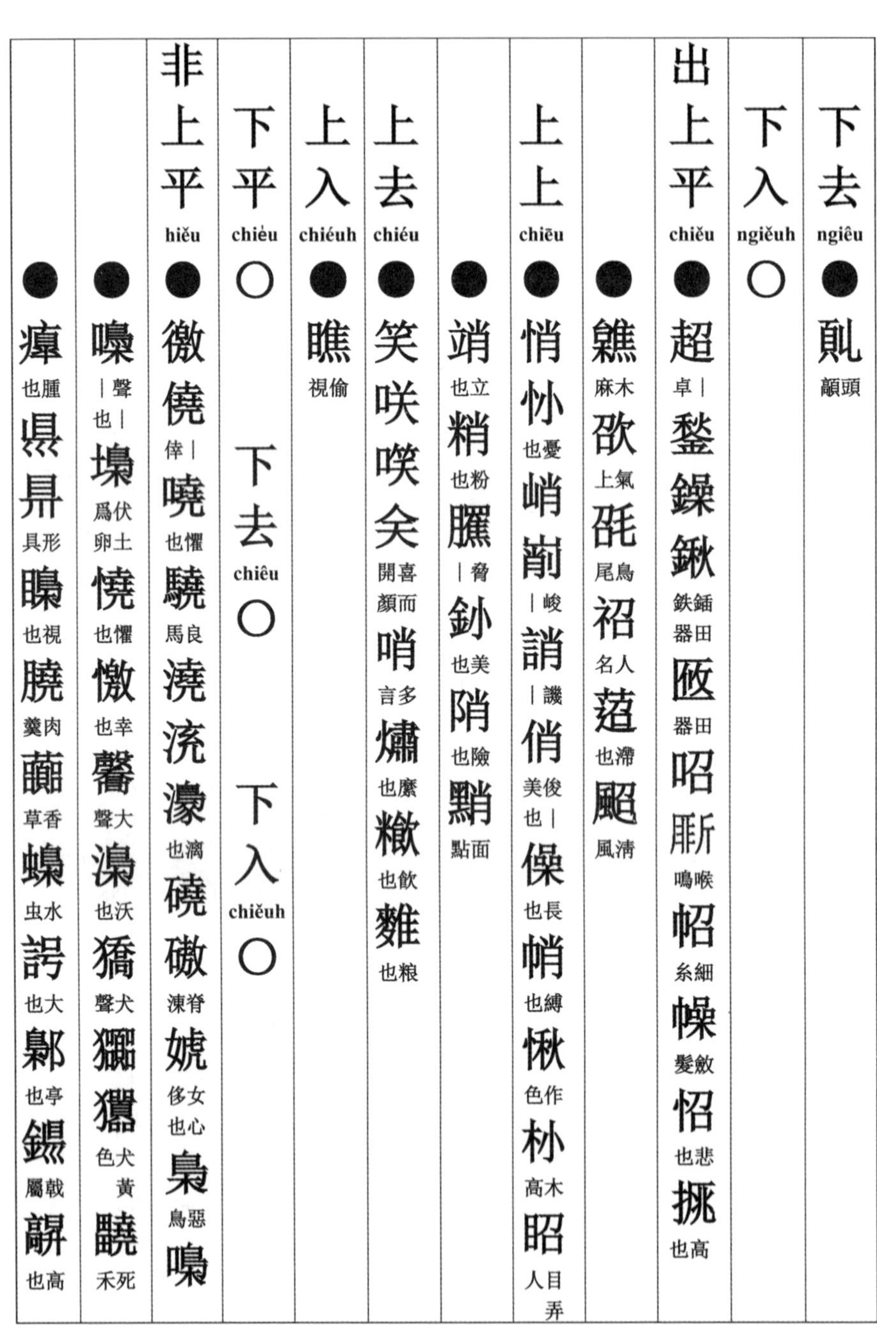

下去 ngiêu ● 頄 顱頭

下入 ngiĕuh ○

出上平 chiĕu ● 超 卓｜ 鍫 鏁 鍬 鉄鍤 器田 匧 器田 昭 肵 鳴喉 帊 系細 幧 髮斂 怊 也悲 挑 也高

● 鷦 麻木 歊 上氣 㲖 尾鳥 招 名人 苕 也滯 颭 風清

上上 chiēu ● 悄 怮 也憂 峭 削 ｜峻 誚 ｜譏 俏 美俊 也｜ 僺 也長 帩 也縛 愀 色作 杪 高木 昭 人目 弄

● 䇌 也立 粡 也粉 䐹 ｜脅 鈔 也美 陗 也險 黵 點面

上去 chiéu ● 笑 咲 㗛 关 開喜 顏而 哨 言多 熽 也糜 歗 也飲 雜 也粮

上入 chiéuh ● 瞧 視偷

下平 chièu ○

下去 chiêu ○

下入 chiĕuh ○

非上平 hiĕu ● 徼 僥 倖｜ 曉 也懼 驍 馬良 澆 浇 濠 也漓 磽 礉 凍脊 娧 侈女 也心 梟 鳥惡 嘄

● 嘄 ｜聲 也｜ 墽 爲伏 卵土 憢 也懼 憿 也幸 譥 聲大 㵤 也沃 獢 聲犬 玁 獵 色犬 黃 髐 禾死

● 瘴 也腫 県 畀 具形 瞗 也視 膮 羹肉 藮 草香 蟂 虫水 諕 也大 鄡 也亭 鐃 屬戟 詡 也高

上上 hiēu	上去 hiéu	上入 hiéuh	下平 hièu	下去 hiêu	下入 hiĕuh
●髟 長髮					
●曉 知論 曉 白明 瀏 也混 澑 白水 獟 也獷 膔 腫脾 葤 也茈 鐃 文鉄	●敿 意悲	○	○	○	○

18 銀字母

柳上平 lǔng ○

上上 lūng ● 隴山名 壠 壟田旁高上 寵穴也 鸗小鳥 ⿱瀧土塗也 ⿰日侖壟土

上去 léung ○

上入 léuk ● 碌凡勞

下平 lủng ● 巃山高峻貌 瀧水清 攏馬頭又酒器 攏牢丨攬 籠 䍡丨罩 朧肥貌 躘丨踵小兒行貌 瀧昤丨玉聲

● 隆 隆 隆盛大 窿穹丨天高 霳雷師 癃罷病 壟擊也 爖火也 ⿰舟龍赤色 ⿰飠龍餅也 ⿱龍鼓鼓聲

● 龍 竜 茏 ⿰立龍 亀 龒 龔 ⿰龍鬼鱗虫之長 瓏文也 ⿱龍巫巫也 鸗鳥也 ⿰阝衆大也 驡野馬

● ⿱龍鼓鼓音 ⿱龍龍寬也 蠭 蠬虫名 龐高屋 礲 龓兼有 ⿸疒龍病也 ⿰龍言 ⿰言皇左右小門 ⿱龍石石落

● ⿱竹隆篁也 ⿱艹隆人名 贚貧也 ⿱隆皿 ⿱隆鼓鼓聲 夆多丨天礼 ⿰阝逢山形 㦕隆意 ⿱隆磬聲也 洚 瀧高下水

● 瓏禱旱玉 ⿰車龍軸頭

下去 lêung ● 徿行不正

下入 lŭk ● 祿福｜ 綠 菉采色 籙圖書 淥水名 逯行謹 騄騏馬 醁美酒 ⿱林录 麓山足 鹿麋｜

● 蘢葱花 轆 ⿰車賣轤也 ⿰耳鹿耳鳴 僇辱也 戮 翏 ⿰翏攵 剹 ⿰歹翏刑杀 蓼｜莪 穋

● 稑禾後種先熟 六 陸 奋數也 ⿱艹陸 ⿱艹稑蔏｜藥名 熝煉也 ⿸疒戮 ⿸疒勠病也 ⿰目鹿曬｜ 摝振也

● 琭玉名 淕凝雨 勎 勠 ⿱录力并力 ⿰口录笑也 坴土塊 娽從也 ⿰女鹿女字 ⿱山六 ⿱艹坴菌也 ⿰忄鹿心閑

● 睩日無光 淕雨澤 濼 ⿰氵草齊魯間水 ⿰鹿瓦 磟平田具 ⿰衤坴見也 ⿱竹陸竹名 ⿰虫坴魁｜ ⿰虫鹿蟪蛄

● ⿰录見笑視 ⿰足录足也 踛翹｜ ⿰車坴軸也 録寫采記取 ⿰坴隹 鵱野鵝 ⿰馬坴健馬 ⿰骨鹿顱也 ⿰魚录魚也 ⿰魚坴｜魚

邊上平 bŭng ● ⿰食崇貪食

上上 būng ○ 上去 béung ○ 上入 béuk ○

下平 bùng ○ 下去 bêung ○ 下入 bŭk ○

求上平 gŭng ● 恭 㳟敬也 供給也 宮室也 巾 衶冠也 弓箭對 觔兩對 筋 ⿱竹觔 竻 ⿱艹肋肉力骨對

● 根｜蒂 跟隋後 躬屈身 ⿰舟巾二十枚 哄 ⿰口恭象聲 斤十六兩又明也 廾 昇手也 ⿰日穹日乾物

● 杛木名 沟水名 ⿰氵宮縣名 ⿰目恭 ⿰目共畦也 硔石也 ⿱竹宮竹名 ⿱巩糸邑名 ⿰月宮腐刑 ⿰虫宮守｜ ⿰衤弓｜襑

上上 gūng

● 䢼 邑名 馸 車中馬 䳍 鳥也 龏 襱 升也 焪 乾也 䰃 丨鬆 洪 凝也 躬 躳 敬貌

● 龔 姓也 栱 火杙 共 向也 𢍏 拱 歛手 鞏 固也 珙 璧也 拲 把持 㤨 戰慄 蛬 𧒽 蛩

● 蛬 蟋蟀 巩 𢀜 褒也 廾 廾 拜 竦手 拲 兩手全械 𢪌 抱也 擧 兩手向上 擧 姓也 恭 兩手同舉

● 玐 碧木石 笻 竹杖 篊 籠也 粠 精米 𦈳 甌也 𦦙 舂具 舼 䑋 艂 小舟 蛩 空也 輂 輞也

● 邛 勞也丘 䤚 鹹葅 䮯 如馬 𩭍 髮乱 𩶋 魚子 孑 井中小虫

上去 géung

● 供 𩜋 养也 䩨 固也吝也 恐 恭謹 劤 多力 抻 巾覆物 𢶃 拭也 痊 牛舌病 肵 敬也 蓳 草名

● 𪏁 黏也

上入 géuk

● 菊 蘜 蘜 蓻 𦥑 花名 掬 鞠 𢍰 兩手捧物 諊 鞠 鞫 窮究罪人 躹 躬屈身也

● 椇 檋 禹山行令不滑 䤚 醬也 𩑶 頭納水中 𨿗 鵴丨 踘 足也 𢝊 謹慎 鞫 窮也 䧓 養也 掬

● 鞠 撮也 𨵦 閉也 阢 古岸 瞿 𪀉 鳥名 維 鵴 桔丨 鞠 裹也 𩜹 饘也 驧 馬躍 𩬁 髡

● 髡 乱髮 𩷍 蘜 魚名 麴 鞠 麯 𪌩 酒母 厈 𠕀 持也 坃 阢 沉 淗 古岸

● 㜌 女名 𥨪 竆 窮也 岏 丨峞 𡸔 山高 椈 木名 𥬐 竹根 毱 𣯧 毷 𣯱 𣰆 皮毛

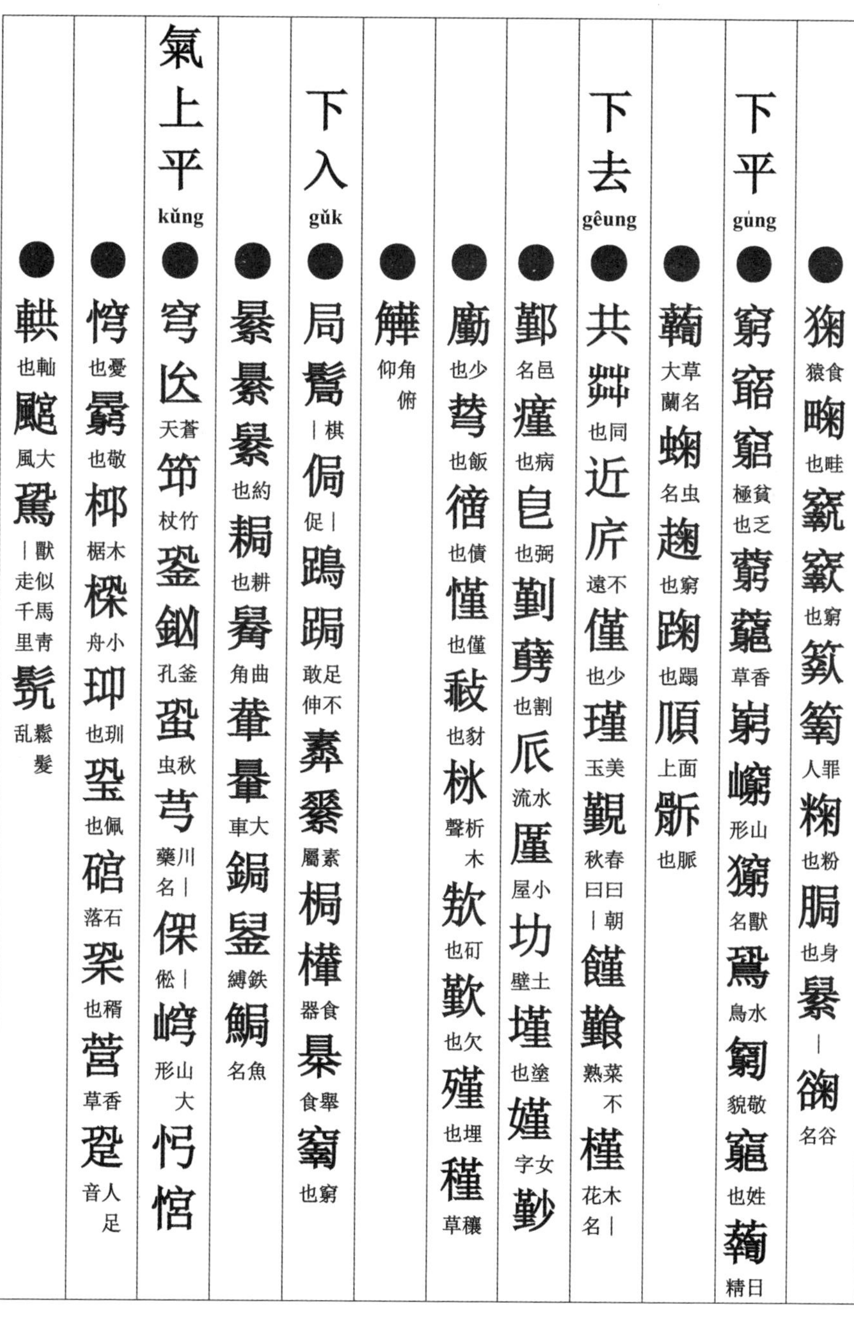

下平 gúng

● ⿰犭匊 食猿 ⿰日匊 畦也 ⿱穴鞠 ⿱穴⿰革欠 窮也 ⿰匊欠 ⿱竹匊 罪人 粷 粉也 ⿰月局 身也 ⿱曰⿱共米 | ⿰谷匊 谷名

● 窮 竆 ⿱穴⿰身邑 貧乏極也 藭 ⿱艹竆 香草 ⿰身穹 ⿰山窮 山形 ⿰犭窮 獸名 ⿱羽鳥 水鳥 匔 敬貌 ⿱穴⿰身邑 姓也 蘜 日精

● 蘜 草名大蘭 ⿰虫匊 虫名 趜 窮也 踘 蹋也 頄 面上 ⿰骨斤 脈也

下去 gêung

● 共 ⿰屮屮 同也 近 ⿸广斤 不遠 僅 少也 瑾 美玉 覲 春曰朝秋曰| 饉 艱 菜不熟 槿 木|花名

● 鄞 邑名 瘽 病也 皀 粥也 ⿰堇刂 ⿱艹剪 割也 𠂢 水流 厪 小屋 ⿰土力 土壁 墐 塗也 嫤 女字 勤

● ⿸厂勤 少也 ⿱艹⿰食堇 飯也 ⿰彳堇 債也 慬 僅也 ⿰堇攴 豺也 ⿰林 析木聲 ⿰斤欠 斫也 歏 欠也 殣 埋也 ⿰禾堇 穫草

● ⿰角卑 角俯仰

下入 gŭk

● 局 ⿱局鬲 棋| 侷 |促 跼 ⿰足局 足不敢伸 ⿱奉糸 ⿱奉系 素屬 梮 檋 食器 ⿱具木 舉食 ⿱穴局 窮也

● ⿱曰⿱共糸 ⿱曰⿱共糸 ⿱曰⿱共糸 約也 ⿰耒局 耕也 ⿰角局 曲角 輂 ⿱曰⿱共車 大車 鋦 ⿱曰⿱共金 縛鐵 ⿰魚局 魚名

氣上平 kŭng

● 穹 ⿸匸凶 蒼天 笻 竹杖 銎 ⿰金凶 釜孔 蛩 秋虫 芎 川|藭名 倸 |倯 ⿰山穹 山大形 ⿰忄弓 悺

● ⿰忄穹 憂也 ⿱臼躬 敬也 ⿰木卬 木椐 椌 小舟 ⿰王卬 玔也 ⿱空玉 佩也 硿 石落 ⿱空米 稻也 䓖 香草 跫 人足音

● 輁 軸也 ⿸風共 大風 ⿱羽馬 獸似馬青|走千里 ⿱髟共 鬆髮乱

上上	kūng	●	恐 㤟 忑 患懼也 髡乱髮 鳿水鳥 蛬|萃 䂬地名
上去	kéung	●	誙多言 澃水急 㖆鞠訊罪人 㑋小也 𢹇捺也 焪盡乾
上入	kéuk	●	曲屈| 粬 麯 麴 𥽍 鞠酒母 乞求也 𦓤耙平量 筁 苖 𦱡蚕薄 蛐|蚓
		●	芞 𦬆|與 髷|鬗 𥳇曲脊 𠥙匣也 浀池水 𥄻視也 𠥒物曲 蘜|蘧 趜走也 𨵤門|
下平	kùng	●	䓖水菜 蛩蟋蟀 瘽|勞 懃殷| 廑 𡓖小劣之居 慬憂哀 𢡃憂也 斳菜也 桊
		●	𥎊矛柄 䓛蒖莢 螼蠙也 謹絜也 赾行| 菦菜也
下去	kêung	●	桕閩中土音油可爲烛 虹 蜎五色在天有日有雨早西現晚東現
下入	kǔk	○	
低上平	dǔng	●	妕女字 忠盡心 衷善誠也 忪驚也 中 𠁦 𠁧 𠁩|正 𦬕 茧草也
上上	dūng	○	
上去	déung	●	中合式
上入	déuk	●	竹笋長成竹 竺天|國名 築 筭 簍 築 篁 籉砌擣 𥬇手物| 𤺄病也 筑 筑

● 笐 曲竹爲五絃樂 茿 蓺 萹| 諥 言相|

下平 dủng ○

下去 dêung ● ⿰忄盅 憂也 重 𡍬 重 再也不輕 ⿰巾重 幪也 仲 伯|次也 ⿰身重 娠也 諥 言相觸也 神 神名 鴤 鷄|

● 堹 池塘 湩 乳汁 媑 女字 ⿰忄重 遲也 ⿱竹仲 竹名 ⿰糸龍 重也 茽 草多生 蚛 虫食物 神 袴也

● 種 ⿰衤忩 小褌 ⿰豸重 乳也 鴤 飛也

下入 dǔk ● 逐 ⿺辶⿱豖巾 馳|迫放 軸 車輪 ⿰車豖 鱁 魚名 ⿱艹蜀 毒草 躅 ⿰足逐 不能行 ⿰食逐 食貌 妯 |娌 蓫 馬尾草

波 上平 pǔng ○ 上上 pūng ○ 上去 péung ○ 上入 péuk ○

下平 pủng ○ 下去 pêung ○ 下入 pǔk ○

他 上平 tǔng ○

上上 tūng ● 寵 恩愛尊榮 ⿰充頁 充| 冢 ⿹勹豕 大也 塚 墓也

上去 téung ○

上入 téuk ● 朒 縮也不伸 縮 ⿰歹宿 乱退出 摍 ⿱宀車 引抽 謖 起也 ⿰口⿱宀夊 鳥聲 嗖 笑貌 ⿰女宿 春人 ⿰豕欠 家行 ⿺走叟

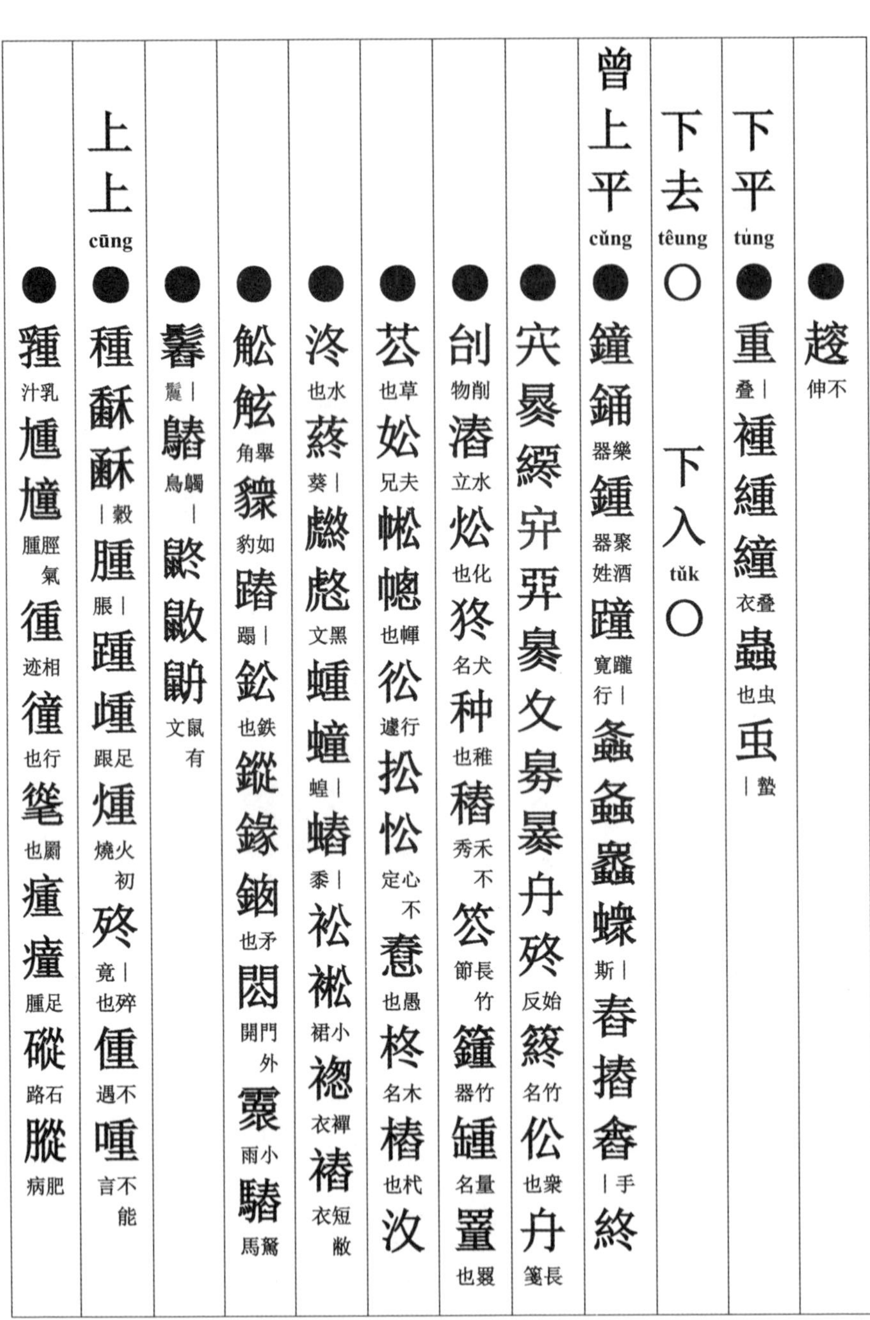

● 䞭 不伸

下平 tu̇ng ● 重 丨叠 褈 緟 纏 叠衣 蟲 虫也 虫 蟄丨

下去 têung ○ 下入 tŭk ○

曾 上平 cŭng ● 鐘 鏞 樂器 鍾 聚酒器姓 蹱 躘丨寬行 螽 螽 蠭 ⿰虫樂 斯丨 舂 摏 ⿱舂日 手丨 終

● 宊 㬝 緵 穽 ⿱穴舜 ⿱𣅀夊 夂 ⿱白身 ⿱日眾 丹 ⿰歹冬 始反 ⿱竹終 竹名 伀 衆也 丹 長箋

● 刣 削物 ⿰氵舂 水立 炂 化也 ⿰犭冬 犬名 种 稚也 ⿰禾舂 禾不秀 ⿱竹公 長竹節 籦 竹器 ⿰缶重 量名 罿 罬也

● ⿱艹公 草也 妐 夫兄 ⿰巾松 幒 幝也 彸 行遽 ⿰扌公 忪 心不定 惷 愚也 柊 木名 椿 杙也 ⿰氵夂

● ⿰氵冬 水也 ⿱艹終 丨葵 ⿰齒終 ⿰黑冬 黑文 蝩 ⿰虫童 丨蝗 蝽 丨黍 衳 ⿰衤松 小裙 ⿰衤悤 襌衣 ⿰衤舂 短敝衣

● 舩 舷 舉角 ⿰豸彔 如豹 踳 丨蹋 鈆 鉄也 鏦 錄 ⿰金囪 矛也 ⿵門公 門外開 ⿱雨衆 小雨 ⿰馬舂 驚馬

● ⿱髟舂 丨鬆 ⿰舂鳥 鸀丨鳥 鼨 ⿰鼠攵 ⿰鼠勺 鼠有文

上上 cūng ● 種 酥 酥 穀丨 腫 丨脹 踵 歱 跟足 煄 火初燒 ⿰歹冬 丨殌竟也 偅 不遇 喠 不能言

● 穜 乳汁 尰 ⿸尢童 脛氣腫 徸 相迹 ⿰彳童 行也 ⿱龍毛 鬪也 瘇 ⿸疒童 足腫 磫 石路 ⿰月從 肥病

● 𨎮䡯 車迹 𨉖 足|

上去 céung

● 衆眾 傱仸 𦋺 㑒 多也 種 栽| 縱䌹縱 橫放直也 慫 |遷劝也 鍾 魚名 氭

● 鏓鑁 心氣 熧 火行 猔 犬生一子 瘲 小兒病 緃 馬飾 諥 𧬳 言相鷁

上入 céuk

● 叔紨 笜 竻 秫 𣏟 朩 父弟 粥 飯反 祝 䃾 餸 贊也 嘱 吩咐 足 𧾷

● 𧾷 膠也 燭 蠟| 咮 鷄聲 哫 以言求媚 啾 歎也 喌 呼鷄 噣 頭鳥名 埱 氣出土 𡬶 拾也 𧝞 囊也

● 斸 斸 斟也 曯 爥 䁨 矚 𥌒 照也 歜 吹氣 灟 恭也 蠋 蠾 大虫 𧾻 行也 諔 詭也

● 𥳑 樅 疾也 踿 近也 䕯 人名 鵴 鳥翼生于股

下平 cu̇ng

● 從 𠈄 人依人也 䢨 𡧧 肉|蓉藥名 䳯 鳥名 㙊 土菌 蹤 𨂢 蹤 |跡 旾 日欲夜 赨 急行

● 𨒥 步緩 鬆 髮乱 𩨹 驄 鷲 鷄也 𪕨 |齁

下去 cêung

● 從 从 隨力 昜 工人 傱 聚也

下入 cŭk

○

日 上平 nŭng

○

上上 nūng

○

上去 néung

○

上入 néuk ● 朒 抐 不伸 衂 衄 䶊 不伸折骨 枘 木屈 恧 聽 聏 衂 衄 忸 慙也

● 庮 庙丨屋欲坏也 衂 刀傷血 肭 月内聲 刵 利也 亍 小步 醜 鬱也 跢 走也 嶋 汗也 跙 行也

下平 nùng ○ 下去 nêung ○

下入 nǔk ● 肉 朒 月 肌丨 堲 水土相和 稢 厚也 䱖 魚子

時上平 sǔng ● 彸 徚 姓也 㣝 小行 悚 摗 屣 聳 懼又高 慫 驚也 㥠 詭也 慄 劣弱 傯 懼也

● 淞 松江名 漎 水波 艂 引船水淺 琡 玉名 瑽 佩玉 瞛 目光 硹 地名 穄 禾穗 縿 布文 蝑

● 蝑 蟦也 鍶 鉄具 鬆 髮乱 鱐 似鷹

上上 sūng ● 搜 擻 推也 竦 笑貌

上去 séung ○

上入 séuk ● 宿 宿 隔夜 蹙 蹜敬貌 蹜 足迫 俶 始也 叔 父弟 淑 淑 善也 菽 菽 荳也 粟 粛

● 肅 肅 粟 粟 米丨 玊 琢玉工也 夙 俶 夙 夙 俶 歹 夙 昔也 肅 嚴也

● 驌 良馬 倐 倏 佩 儵 忽然間 蓿 苜丨 鯈 丨鮪 鏢 金也 溧 寒風 𡑞 姓也 剹 細切

● 儥 行不住 慫 疾也 抧 柷 樂木空 掓 拾也 搜 ⿰扌肅 ⿰肅攴 擊也 ⿰亻束 ⿰亻夙 頭動 束 縛也

● 樎 養馬器 橚 木長 ⿰肅毛 氉 氈也 ⿰氵宿 濕也 潚 深清 溧 水名 焂 光動 ⿰王夙 朽玉 璛 ⿰王粟 玉英

● 璛 玉上 䃤 砥石 ⿰肅羽 飛也 肅 ⿱肅心 ⿱肅心 ⿱肅力 敬也 ⿰舟肅 ⿰舟宿 舟也 ⿸虍攸 虪 黑虎 ⿸虍火 虎行入林

● ⿺走肅 走也 ⿰金粟 金也 ⿰風宿 風吼 ⿰風肅 風聲 鮇 王鮪 鱐 魚腊 鷫 鷞 神鳥

下平 su̇ng ● 松 倯 ⿱宀枀 ⿸广枀 枀 柗 ⿱穴枀 木名 菘 ｜蘿茶名 ⿰氵菘 ⿰氵蔥 水聲 蜙 虫多 ⿱髟公 髟也

下去 sêung ● 頌 ⿰容頁 祝也 訟 㕬 叩 ⿰言谷 爭｜ 誦 從也

下入 sŭk ● 熟 ⿰金孰 生反 孰 誰何 塾 ⿵門蜀 ⿱斲土 鄉學 屬 ⿸尸丙 属 親｜ 蜀 西地 ⿸广賣 續 接連 贖 取回

● ⿱羽石 石名 俗 升 風｜ 囑 嘱 ｜託 欘 ⿰木属 斫也 ⿰木蜀 木名 孎 女字 ⿰糹屬 ⿰糹属 ⿰糹蜀 帶也

● ⿱艹蜀 葵草 藚 牛唇 ⿰屬攴 擊也 斸 劚 斶 斫也 ⿰王蜀 玉名 瘃 ⿸疒家 手足中寒瘡 襩 ⿰衤屬 ⿰衤属

● 襡 上下衣連 ⿺走弋 人名 ⿰革屬 韣 履也 钃 誅也 ⿰蜀隹 鸀 鳥名 ⿰婁戈 姓也 韣 ⿰韋蜀 弓衣 蠾 ⿰虫属 蚕也

鶯上平 ŭng ● 慇 ｜勤 饔 ⿱雍食 夕食曰飧朝食曰｜ 雝 ⿰邕鳥 鳥聲和 廱 雍 ⿸广雍 邕 癖｜天子教宮 癰 ⿸疒雍

● [illegible] ｜瘖 殷 足又商號 ⿱艹殷 菜名 磤 雷聲 ⿰忄雍 憂也 ⿰亻雍 ｜俸 ⿰豸殷 獸名 ⿰革雍 ⿰革邕 ⿰韋邕 ⿰韋雍 靴｜

● 蘏 |萃 嗈 噰 和聲 噰 鳥聲 嫞 女貌 邕 四方有水 擁 擁 遮也 㬩 朗也 澭 澭 水名

● 灉 河|水在宋 𤫎 𤪌 玉器 𦉥 欠實 罋 汲瓶 臃 |腫 𧓤 蚌也 𧜏 襛 襪袎 𪏆 多也 齆 鼻病

上上 ūng

● 忍 忉 能耐 繶 𦄂 縫衣 隱 阭 㥯 乚 匿也微也 尹 帬 𪨊 𡲱 𡰯 𢏿 始也

● 勇 勈 𢧐 强| 芛 花初生 允 肯也信也 𢔪 |道 𨈆 轉身 擁 揄 擁 擁 擁 |抱

● 懚 哀也 沇 |水貌 撝 㩟 平量 涌 騰也 濦 濦 水名 犺 牨 水中牛 檃 櫽 |栝

● 狁 匈奴別号 玧 耳玉 嶾 隱 山峻 𢅻 𧞊 裏也 𢒰 垂帶飾貌 𢚤 疾人憂 悀 㤢 㦷 心喜

● 㥯 謹也 癮 㿃 疹疾 𦛗 胸也 𦬢 草也 𦬕 益母草 荵 |冬草 㥯 謹也 蘟 |荵 蚓 虫名

● 廱 鼈也 衖 巷也 䘰 鬼衣 讔 訓言 貗 似猿 赹 急走 趰 行也 踊 跳也 輵 轗 車聲 鈗 執兵

● 𨳲 入門 靀 雲氣 𩃬 雲貌 頙 面目不正 𩚬 食也 饔 饋也 駥 馬毛逆 黈 黃色

上去 éung

● 湧 泉沸出也 踴 踴 |躍 臃 |腫 壅 壅 壅 塞也 灉 澭 水名 坑 埱 地名 宂 散也

● 慂 勸也 戜 猛也 𤇯 孫休子名曰| 甬 常道 䒞 草乱 蚒 小虫行 蛹 蛹 蚕| 褒 褒也 迒 行也

● 餇 餇 食也 俑 從葬木人 𠐨 依人 㖡 嗈 欲吐 埇 道上土 戚 戟屬 𤢦 獸名

上入 éuk

● 郁(文盛) ⿰扌郁(查名) ⿰金彧(有文) 奥(深也) 燠 ⿰火号 ⿰火乇(天熱) 澳(限也) 噢(悲聲) ⿰口畜(嘔｜) 庙(庙屋欲壞)

● ⿰口郁 ⿰口彧(喉音) 彧(文章) ⿰忄有 惐(心動) ⿰黹彧(有文章) 栯(李也) 礇(次玉) 稶 稶(黍盛) ⿱竹奥(米籔)

● ⿱竹奥(竹器) ⿰月奥(鳥胃) ⿰言憂(聞香貌) ⿰豆彧(豆也) ⿰奥阝(姓也) ⿰面彧(面黃) ⿰金彧 ⿰金奥(溫器) 衇(血面) ⿰黑彧 ⿰黑彧(裘縫)

● ⿰奥鳥(鳥名)

下平 ủng

● 庸 ⿱庸日(平常) 鄘(国名) 墉 ⿰鹵庸 ⿱亯用 ⿰阝庸(小城) ⿰爿庸(墻也) 慵(｜懶) 鏞(大鐘) 嫞(女子字) 傭(傭工)

● 容 ⿱穴公 ⿱冖公(儀｜) 榕(木名) 蓉(芙｜) 匀(齊也) ⿱竹鈞(竹膚) 融 ⿰日厷 螎(和明) 戎 ⿹戈田 ⿹弋弓(兵也)

● 絨(細布) 娀(有娀氏) 茸 ⿰口茸 ⿱艹冓 ⿱艹庸(鹿｜) ⿰庸彡(形｜) ⿰忄容(喜心) 畇(墾田) 鎔(銷｜) ⿰容瓦(甖也)

● ⿰女茸(姆也) 昀(日光) 曧(日正) 毧 氄 ⿺毛庸 ⿰革茸 ⿰毛容(細毛) ⿺毛庸 ⿺毛茸(不肖) ⿰氵庸(水名) 瀜(水深廣貌)

● ⿱穴茸 ⿱穴庸 ⿰革茸(毳飾) 烿(火氣) ⿰牛庸 ⿰犭庸 ⿰豸庸(牛名) 狨(其毛可為布) 瑢(佩玉) 髶(髮長) ⿰犭容 ⿰犭茸(矛也)

● ⿰石勻 ⿰石戎(石也) ⿰禾茸(穠｜芳) ⿱穴庸(器病) ⿱竹戎(小竹為矢) ⿱竹茸(竹文) ⿱竹容(文竹) ⿰糸茸(系飾) ⿰羊戎(羊｜) ⿰耒茸(草｜)

● ⿰耳毳(毛飾) 彤(祭名) ⿰月庸(直也) ⿱亯用(用也) 茙(葵也) 蛓(虫名) ⿰虫茸(虫行) ⿰虫庸(螩｜) ⿰衤戎(衣也) 褣(襩｜)

● ⿰衤戎(衣厚) ⿰豸庸(犎牛) ⿰足茸(行也) 䡆 ⿰車容(車行) ⿰酉茸(酒也) ⿱容金(金也) ⿰足容(飾也) 鱅 ⿰庸鳥(似鴨) ⿰革庸(乾草)

● 駥駴馬八尺 鬞鬡亂髮 鰫魚也 鱅魚名 鴥飛也 鷸鸜也 塎不安貌 豿周也 嫆女字

● 屦履也 嵱山名 𡾞山在建州 搈不安 㦷兵器 搣相助 搑收也 械 榵 槦木名 溶水盛

● 俄西戎 傇衆也 傛｜奕｜ 嗈食也 垎水乾

下去 êung

● 用 㓆 甬行使｜ 潤｜澤 盅 甁罌也 苚草也 鱅鮐魚

下入 ŭk

● 毓 𠫓 育 𣫭生養 焴 燏火先也 辱 𢥞 𢥞 㦺恥｜ 褥被｜ 聿發語辭

● 浴沐｜ 欲愛也 慾情所淫 鵒水鳥 遹遵也 鬻 粥 賣買賣 儥賣也 䮛疾飛 昱明日

● 縟繁采色 唷出聲 煜火光 熠光盛 𤳉生田 矔望也 矞穿也 𥎊出也 𦁊長也 𦁉陽染 繇

● 繘 𦅜綆也 㺜飛去 𦭛草也 蓿草也 萑山韭 蓐 蕼也薦 蕍茂也 蛸蟬禾蛻 𧒵 𨥈

● 蟜虫也 𥛚車覆 趉走也 輍 輍車軏 建分布 逳行也 鄏邑名 𨥛針也 鋊屑也 錥温器

● 鐍錐也 𩁓 鵒鴪｜ 霱三色雲 鞫皮器 颶大風 颳小風 颾風聲 䫻急風 餶飢聲 驈

● 騂白跨 鬻 鬻 鬻鬻也 鬻大鼎 鱊小魚 鹹醬也 𪐈黑也 𪑦垢也 歊驚也 毚屈短

● 喅音聲 噊危也 嚅衆聲 㙈牛馬蹈處 堉地之肥 媷怠也 峪順天府山 淯水也 溽濕暑

● 鞞 氄毛盛 毴毡也 汨 潏水流 弆兩手捧物 楕 樠車覆 𧱏豕行貌 怴怒貌 𢘫心動

● 戫 𢧵戟也 吹由也 嗕羌別種 翮飛也

蒙 上平 mŭng ○ 上上 mūng ○ 上去 méung ○ 上入 méuk ○

下平 mùng ○ 下去 mêung ○ 下入 mŭk ○

語 上平 ngŭng ○

上上 ngūng ● 𨧻斷也 䨚雨也

上去 ngéung ○ 上入 ngéuk ○

下平 ngùng ● 銀金｜ 垠 圻 墼 㙞 𡐛界限 嚚 頣頑也 齦 齗 狺齒根 誾 𨵦和悅貌

● 狺犬也 嚚 㒁頑惡 喁眾口 泿 圁水名 𪊨大麂 麔獸名 𩣡大貌 鄞邑名 嚚 壘

● 𡔚 𡔋 壘語聲 仡壯勇 仡 听笑貌 岏山名 犷犬吠 珢 琝似石玉 沂回水貌

● 枵 捊木根空 斦二斤 𣟴木白色 犾 狋 狠兩犬相吠 𥫱 𥬯大箎 虒虎聲 虤虎爭

● 訔｜｜爭論 豻似犬 涊滓也 憖 憗目敬 炘炙也 猌犬怒 釿劑斷 齗笑也 鋃馬飾

下去	ngêung	● 峠 山名　愸 閉也
下入	ngŭk	● 玉　歪 珠丨　鈺 堅金　獄　岀　閾 牢丨　砡 齊也　𧊅 蟣丨　𧺺 跛也　瑦　琟 鳥名　敓 動也
		● 跓 行不正
出上平	chŭng	● 冲 纫小又飛直上　忡　㦀　㤘 憂心　种 姓也　充　克 滿足　茺　莌 益母草　衝　衝 撞又通道
		● 摐 撞也　從 丨容　𢘹 心動　𠛙 刺也　𥦵 穿也　䇟 竹也　䶌 直也　罿 捕魚網　翀 飛也　沖 丨瀜水深廣貌
		● 珫 耳玉　種　穜 短矛　𥢸 丨移治禾　從 步緩　𥨐 空也　𥬉 草名　憃 愚也　憧 意不定　瞛 電光　樅
		● 枞 橦也　橦 木梳　浺 山下泉　蜙 小蜂生牛馬皮中　裗 袖也　褈 衣也　轒 陣車　雔　鷬 雀也　鏞 不廉
		● 黷 黑穴　𨑲 遷也　鏦　鈆　鍯 矛也
上上	chūng	● 忪 恐也　蠢 愚也　𦐌 羽也　𩑔 充也　憃 乱也
上去	chéung	● 銃 鳥丨小炮　𣪘　𣪛　𣪘 不請自來謂之撞食　㧤 跳也　揰 擊也　𥬔 竹尖　梳 木橦　矗 直也　𧼮 邪行
		● 𨕦 逸也
上入	chéuk	● 觸　犨 角爭也　斶 顏丨人名　躅　蹗　躅　躅 躑丨踼貌　歜 盛怒氣　𢴲 打盛　鷟 鳥名　蹴

● 蹵 蹙 蹋廹愁戚眉| 促 ⿰片足 迫| 捉 捕|拿也 數 密也 諔 言急 矗 直齊 ⿱攸足 足疾 浞 濡也

● 篧 魚罩 ⿱竹就 ⿱竹蹵 ⿱竹⿱戚皿 逆槍 ⿱竹爵 箄也 ⿰米戚 熬米 縬 ⿱戚糸 ⿰糸蹵 縮也 ⿰豸足 飛也 灂 灂 水小聲

● ⿰犭戚 勁也 ⿱戚皿 杯也 ⿰石足 小石 穱 下種 ⿰米焦 早取穀 穛 取穀 憱 慼也 ⿰昔戈 斮 ⿰飠戚 斬也 ⿰口蹵

● ⿱戚日 慼也 傶 姓也 ⿰衤戚 美衣 ⿰扌族 刺也 槭 木也 ⿰木蹵 車木 欶 怒然 ⿰龍欠 龡 取氣貌 丵 草木叢生

● ⿰氵戚 寒也 噈 鳴| 縬 紋也 媨 好也 ⿸尸足 入下 ⿸广束 舍也 ⿱戚鳥 ⿸尸足 速也 ⿰豆足 小豆 趗 ⿱足是 小步

● 踧 |蹜畏敬 ⿰足⿱就辶 善也 ⿰足戚 廹急 ⿰戚阝 人名 ⿰金足 足鈴 ⿰酉足 齊也 ⿰音朿 樂懸斷貌 ⿱戚鳥 鳳也 ⿱戚黽 ⿱就黽 詹諸

● ⿰齒足 ⿰足齒 相近 ⿱戚䵷 大蝦 脨 炙肉 ⿰月戚 ⿰月蜀 膏也 ⿰火蕉 ⿰禾蕉 草藥 ⿰虫就 尸虫 ⿰衤戚 ⿰衤蹵 好衣 ⿰爿角 角長

● 齪 齣也

下平 chủng ○

下去 chêung ○

下入 chŭk

● 閦 ⿵門豖 眾也 ⿵門肙 佛名

非上平 hŭng

● 勳 勛 壎 垻 塤 勳 功勞 曛 日入餘光 壎 塤 埙 樂器 烘 燻 煙氣烝上 薰 勳 香草

● 醺 醉也 匈 獯 狄国 凶 殉 吉反咎也 兇 |惡 胸 胷 肖 身前 訩 說 說說 酰

聲調	拼音	字
		● 酗醉怒爲丨 芎川丨藥名 欣 忻 訢歡喜 昕日將出 歆 昕喜樂 焮火氣 纁絳色 哅衆言
		● 妡女字 熏 熏 爋烟甚 忷 恟懼也 掀以手高舉 洶 汹 洶涌也 炘光盛 焄火上出
		● 矄目暗 㾙 疒斤瘡冷 脪 痛著氣 𧿹蹬也 蠕虫也 衮孝長衣 鼘鼓鳴
上上	hūng	● 迿迎丨
上去	héung	● 釁鐘之丨祭又罣 釁 舋器裂 圛惡氣 衅祭器
上入	héuk	● 旭 旮日初出貌 勗 朂勉也 畜 嘼 㝅牲養 頊顓丨 鄐晉邑 矗直也 颭風也 慉
		● 槒起養 搐動而痛 敊痛也 滀水聚也 琄朽玉 蹴齒平 珿齊也 眣 昃 眓目深
		● 蓄 蓄聚養 稸聚也 𨑿 毄謹也 肣響布 堇羊蹄菜 𧜿褚也 訹聞香 豖 豩足行
		● 𦄼反絳 趚直也 踧 蹜謹也 蹜足也 遚行也 閦門阻 闌衆也 鱃魚也 傗人教養畜
		● 勖 勖 勗勉也 娖丨 嫿媚也
下平	hùng	● 雄 鴆 赩鳥父又人傑謂英丨 熊 獼 玆猛獸 褦 𧞓强也
下去	hêung	○

下入

hǔk

●

越 人走聲

[illegible] 出聲

19 釭字母

柳上平 lǒng ○

上上 lōng ● 朗脼⿰目月⿵冂⿰目月光明娘甚也棚木名⿰衤朗短衫烺火貌閬閌|裉|樑敝衣

上去 láung ● 崘崙陯山|睔少晒稐穀名早種交晚

上入 láuk ● 鉻去髮

下平 lóng ● 郎男子之称琅|邪山名廊廡下榔桹桄根木名屑如麪可食螂蜋螳|琅⿰王⿺辶自⿰王⿺辶良

瑯玕似玉崙崑|山名⿰衤良縫衣狼豺|惡獸浪滄|水名稂蓢莠類筤蒼|幼竹躴|躿身長

艆⿰舟郎|海舡鋃|鐺鎖也又鐘聲也⿰魚良⿰魚郎|鱧雄蟹⿰良鳥|鶊鳥名⿱艹狼毒草⿸广良高也莨草也⿰骨良股骨

勆有力哴啼不止嫏玉京⿱宀良廉也⿰山良山名崀山穴⿰扌莨擊也朖明也⿰良欠貪貌⿰歹良死物

⿰良瓦器也⿸疒郎病色⿰矛良短矛硠石聲⿱穴良穴也⿱罒良廣大艆大舟蒗蕩渠⿰車良兵車郎魯亭⿱艹郎邑名

閬門高駺馬尾白⿱艹閬⿱艹硠草也

下去 lâung ● 論論談|浪波|蛋卵禽生埌墦冢誏閒言蒗|蕩⿰氵崙水中曳舟⿱艹侖木名⿰角侖擊丸爲戲

● 趃逸遊 輅縷束 鮥叔鮪 鱳魚名 鵅白鶫 侖叙也 埨坎陷 婨女名 惀欲知 眼明也 鸈鳥名

下入 lŏk ● 樂欢娛 㦡 落 殦零｜ 洛 洜水名 烙炮｜ 犖卓｜ 絡 貉繹絮 驓駝也 酪酥乳汁

● 駱 驝白馬 垎土乾 貉乳醬 豞乳也 𣂼 𠛱剔也 詻 咯訟言 峈山貌 濼 㶟水也

● 𤽼白色 𤽸 皬白鳥 硌大石 笿盛杯 䎊 貉飛去 珞 礫小石 略視也 𥲅 𥳑籠也

● 貉絮也 袼袂也 𧭌狂言 𧼮狂走 轠車轉聲 雒水名 𩂯雨零

邊 上平 bŏng ● 幫帖相助 梆敲｜守夜 鰟魴｜鰟名 鞤 幚衣旁 挷捍也 犕特牛 𧞏 皷皮屨 縍治屨邊

● 艕酒杯 𨡦加杯酒 鞤鞲革皮 𩌄鞲｜

上上 bōng ● 榜文｜ 綁縛也 𨘢 𣬰 𣮴毛｜ 氆 氈羢也 牓牌也

上去 báung ● 謗誹｜ 搒 𢹎進舡 嗙喝聲 艕二舟

上入 báuk ● 博寬大大通 搏擊也 膊肩｜ 溥大也 煿火乾 賻賭｜ 䶈噍聲 剝 㓟 𠛑｜削 卜｜卦

● 駁 駮 駹雜也 𣅊日出 𦢊皮破肉現 筋手指鳴 欂｜櫨壁柱 䍸｜羓獸名 鎛田器 曝暴也

● 㖦 嚗 曝 嚗怒聲 敱弃也 㼣楚也 䀯曝也 嚛犖也 㴑溥潗水貌 爆 㶿灼也

●牔屋崙板⿰月發丨風版狛如狼皺皮破猼犬九尾四耳名目在背⿰石剝石丨⿰高攵筋手足節鳴⿰口尃

●⿰口尃⿰齒尃嶲也簙⿱竹搏局戲⿱竹鎛棋也⿱竹僕竹名暴頸連⿰糸暴表也⿰月樂乱也⿰虫尃螳螂卵⿰衤尃短衣

●⿰豸尃似人有異鎛鐘橫木餺⿰食薄⿰食簿餅也髆肩甲⿰骨隹骨崙⿱髟孚大髻⿱髟尃髮也⿰麥尃飥餅⿰麥鳥水鳥

下平 bỏng

●旁⿱丙方⿱𠔼方⿱宀方丨邊㥬惶恐傍倚丨膀髈脅也䄘祭名⿱髟並⿱髟竝髮乱⿰足旁欲行⿱艹旁

●蒡⿱艹膀菜名⿰王旁丨塘玉名嫎女名⿰弓旁⿰弓方弦急⿰旁斗量溢䅭丨稑篣箕屬⿰米旁穄也⿰月奉脹也

●螃丨蟹跁跛也趽曲足⿰旁阝亭名彷丨徨

下去 bâung

●磅石聲棒棓棍丨蚌蜯大蛤海味徬附也⿰忄丰戾也⿰石丰玤次玉塝地畔⿰巾旁書帖

●⿰禾咅郲也⿰木丰木杖⿰禾音粘屬⿰魚丰魚屬

下入 bǒk

●薄泊不丨厚淡亳湯都箔簾也礴充塞鑮大鐘鱄魚名⿱雨溥大雨鉑丨金哱吹氣

●⿱艹麥荷也⿰衤尃單衣踄蹈也⿰車薄車鈴⿰韋薄⿰革薄鞋丨⿰麥尃餅也⿰齒尃嚼堅

求上平 gǒng

●綱⿰糸罡綱棡松領也剛信⿰金罡剛⿰亻罡⿰罡刂柔反鋼釭⿰車工車中鐵

●岡崗⿰山岡⿱山豈⿴冂岡⿰亻亍山脊扛掆⿰扌罡兩大对指棡高木罡無賴瓬⿰岡瓦

●甌大盆 江近海 釭銀|灯也 肛糞門口 根 耒木株 罡天|星 杠轎也 豇|豆 啌咄也

●亢 冗人頭 剆削也 堈甕也 犺水牛 犅特牛名 畖境也 [illegible]腫也 笎竹列 綱罟也

●鋼 [illegible]餅也 [illegible]綱也 茳香草 [illegible]草也 [illegible]谷也 [illegible]擊也 [illegible]酒器 [illegible]嶺也 航大具

上上 gōng

●講|話 耩 耩耕也 顜明也 傋作|不媚 [illegible]戾也 [illegible] 頏邪視 [illegible]多力 [illegible]大力

上去 gáung

●艮 ☶卦名 [illegible]盛器 絳 綘大紅 降 夅下貶 鋼堅鉄 焵堅刀 佭 洚 洚水不遵道

●[illegible]獾|犬 [illegible]罌也 [illegible]具也 [illegible]禾垂 缸 瓨似罌長頸受十升 胮脹大 茛毛| 袶草名

●[illegible]面腫 頣 頤頰後 [illegible]黶|忘失

上入 gáuk

●角獸生頭上 覺 覔 [illegible] [illegible]知明 [illegible]目明 [illegible]柄也 斠平斗斛 [illegible]頭禿無髮 刮 [illegible]削也

●各另也 骨肉之校也 滑乱也 較獵| 扴刮也剖也 埆女獄 捔掎| 桷方椽 [illegible]刷也 [illegible]牛也

●路人名 駱獸名 骼脛骨 鮥如蛇 鵅 鴼 [illegible] [illegible] [illegible]鴝也 [illegible]治象牙 傕姓也 [illegible]出也

●洛冰也 咯雉聲 塙 墧土高 壆器也 [illegible]山多大石 愲心乱 扢摩也 珏 瑴二玉 杚

●杚平也 榷木名 榾木白 欱飲聲 牿牛馬牢 [illegible]痛也 [illegible]禾莖 [illegible]目動 矻磨也 秸禾熟

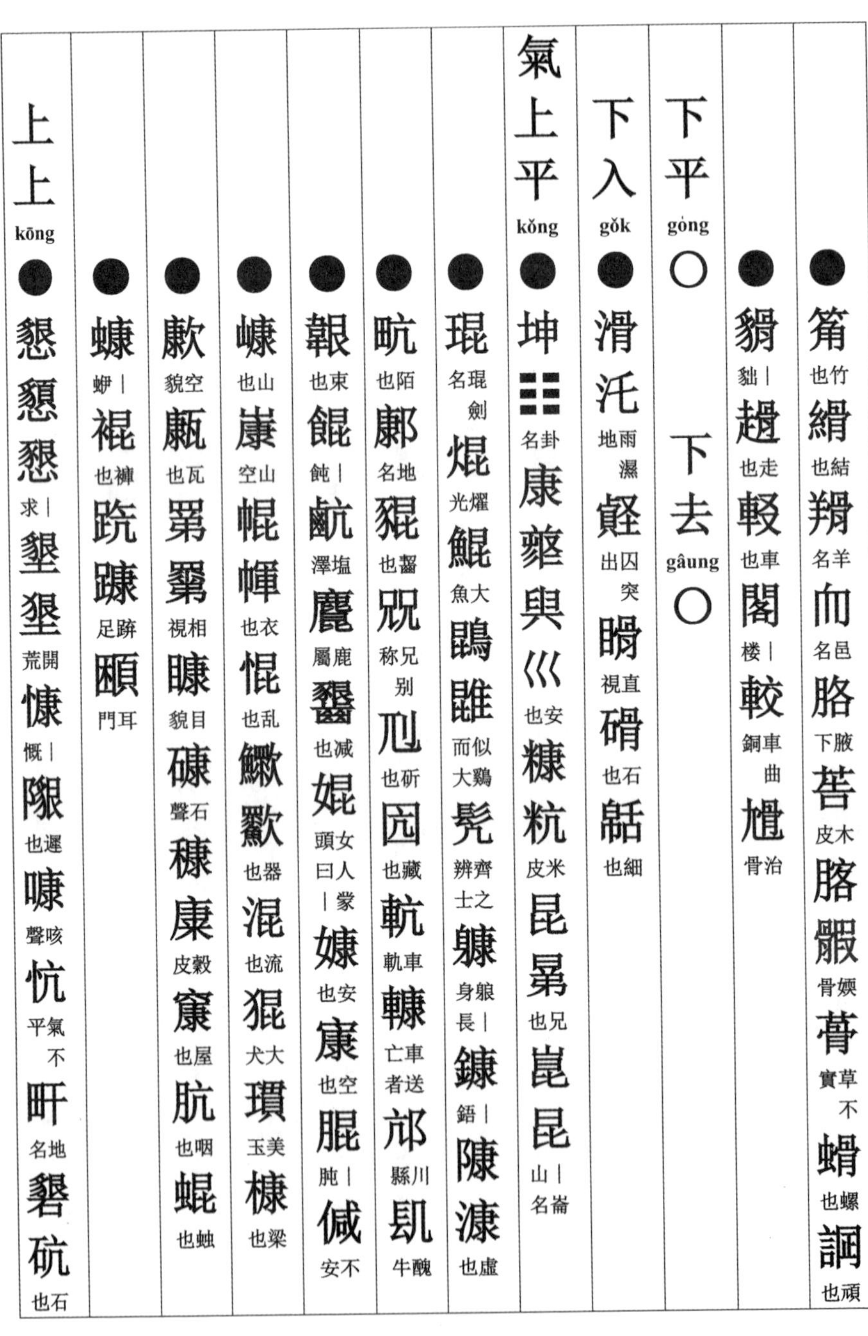

下平 gỏng ○

● 䈗 竹也 縎 結也 羖 羊名 冎 邑名 胳 腋下 苦 木皮 骼 骴 嫉骨 蓇 草不實 螖 螺也 諿 頑也

● 貀 ｜貀 趏 走也 輵 車也 閣 ｜樓 較 車曲銅 榾 治骨

下去 gâung ○

下入 gǒk ● 滑 汑 雨濕地 餶 囚突出 睸 直視 磆 石也 舑 細也

氣 上平 kǒng ● 坤 ☷ 卦名 康 㼌 與 巛 安也 糠 秔 米皮 昆 罤 兄也 崑 昆 崙｜山名

● 琨 琨劍名 焜 燿光 鯤 大魚 鶤 鶤 似鶏而大 髠 齊之辨士 躿 躿身長 鏮 ｜鋙 陳 漮 虛也

● 晥 陌也 鄌 地名 猑 㽞也 晜 兄称别 邖 斫也 囥 藏也 軘 車軌 轗 車送亡者 邟 川縣 䶂 醜牛

● 䡉 束也 餛 ｜飩 䲝 塩澤 麢 鹿屬 麔 減也 娓 女人頭曰｜蒙 嫝 安也 㝩 空也 腂 ｜肫 偑 不安

● 嵻 山也 㟍 山空 幌 幝 衣也 惃 乱也 鱇 歑 器也 混 流也 猑 大犬 璭 美玉 槺 梁也

● 歀 空貌 甂 瓦也 罤 罤 相視 睫 目貌 硍 石聲 穅 康 穀皮 㝩 屋也 肮 咽也 蜫 蚀也

● 蠊 ｜蜱 裩 褌也 跣 蹥 蹄足 䫺 耳門

上上 kōng ● 懇 懇 懇 ｜求 墾 墾 開荒 慷 ｜慨 隙 遲也 嗛 咳聲 忼 氣不平 盱 地名 磬 砊 石也

上去 káung

● 嵻山形 ⿸广困倉也 涃水名 炕乾也 犺健犬 硍石聲 砊不平 硱石落 ⿰月圂肥也 ⿱艹圂草也 蜠虫也

● 䟘伸足 閫宮中 阬門也 抗 亢打也 伉 妔配偶 困 朱厄也 睔目空右視 閌高閬

● ⿰耳困耳門 悃|愊 沆|瀣 骯|髒 劥信也 溷乱也 ⿰口侖日光 圂厠也 匟坐牀

上入 káuk

● 壑 㕡山坑 涸乾| 淈不多水 窟 堀孔穴 嚳帝| 恪 愙謹也 鷇鳥卵 珏 愨誠|

● 確 碻約堅 磕 礚|頭 瞌|睡 ⿰乞頁 ⿰乬頁頰旁骨 ⿱竹⿰彳各籠也 ⿰山窟 ⿰石窟|坑 ⿰氵隺漬灌 㱿鳥卵

● 瀫舟水乾 狢狐也 燩火乾物 瓁玉璞 骳皮乾 ⿰㒸頁目出貌 矻|勞 砊用心 礐多石 礭險石

● ⿰耳咼耳聲 ⿰耳黑垢也 朏 ⿰月屈 ⿰月窟臀也 ⿰月隺肉羹 ⿱艹⿰虫虫 ⿱艹⿰虫虫螫也 ⿰禾殳後足 郝耕也 ⿵門觀無門戶

● 寉志高 轂急也 顝大頭 鑵羹| 勂力作 ⿰山骨 ⿰骨出月|月生 鶴水鳥 ⿰鼠各鼠也 ⿰乞力勞極 㕡溝|

● ⿰口困吐也 ⿴囗高鞭聲 圣致力于地 ⿰土窟 堀兔堀 娺好也 ⿰巾曷非時之葬 ⿰扌忽 搉擊也 搰乱也 ⿰乞攵不穩

● 梡枳也 ⿰木隺木也 殼 㱿 㱿 殼上打下 敲擊頭 ⿰穀殳 ⿰穀殳 殼卵甲

下平 kóng

● 夯用力

下去 kâung

○

下入 kǒk
● 榼撞着 嗑似吐 硞石聲 喀牙戰

低上平 dǒng
● 當 岂宜也敵也 璫玎｜玉聲 礑界底 墩 墪 墩平地有堆 戕擊舡 嶜山也 弴 弤弧也

● 擊擊也 脝 暾月光 檔 轞木床 澢水也 燉火色 犜牛也 瓞瓜中 礅石可踞 瓽大盆

● 瓴器也 甔瓦甌 穡稂｜禾名 膛耳下池 蕺草盛 蓎草名 墩青蚨 蟷 螳虫也 鐓 鐜平底

● 餹食也 鱨魚也 鶶鳥也 讜忠言 鐺銀｜鎖也 襠褡｜婦人袍 凔冷也 簹篔簹竹名 瞠耳｜

● 艡舟也

上上 dōng
● 黨 党 嵩不鮮｜族 盾 瞀 楯干也 蘯貴貨多積 攩打也 讃 讜善言 蘯路｜草｜

● 蹜逃也 郋 鄭長也 鱨魚名 庉居也 欓木桶 灙水名 爣火光 黱大也 暘 曭明也

● 矘直視 穬頓｜黄谷 笆 篚 菡盛米

上去 dáung
● 當典｜ 儅停也 襠袴也 鐺茶｜ 擋摒｜ 簹竹名 艬｜

上入 dáuk
● 琢治玉｜彫 斲 斫 斵 斮削木 啄鳥食 涿 叱郡名流滴 沰滴｜ 卓立也 裰袍也

● 豖推｜ 硺 豛 犖 斀 椓 鐲擊也 倬著也 剢刀鉏 剅 斱割小 鵫 雗白雉

● 劅 刑也 斸 砍也 啅 衆口 噣 鳥坐子自食 𥨲 口滿食 豝 龍尾 㧻 刺木 𢱢 利也 擉 執也

● 斲 經典相承 晫 明也 𤅴 水名 𤞞 猛犬 督 直視 籱 魚罩 襡 長衣 諑 姓也 豖 貴也 趠 遠也

下平 dóng

● 堂 隚 臺 坐 所| 螳 螗 |螂 膛 胸|又肥 鏜 擊鼓聲 唐 鄌 啺 歶

● 鸉 堯国号 搪 張也 塘 汎又大池 屯 住也 腸 肝| 棠 樘 海|花名 魨 河|魚名 豚 㹠 启

● 豘 猪名 長 短反 闛 鼓聲天門 庉 居也 瞠 𥋔 憆 直視 軘 兵車 𨷯 高門 蹚 跌也 鼶 |融鼠名

● 鶶 䳕 肥也 篖 罩也 忳 憂也 毻 毦也 溏 池| 漟 溪也 煻 煨火 傏 僜 不遜 嘡 大言

● 𡝩 嫜 女字 嵣 山名 燙 滌盪 犝 牲 牛名 瑭 玉也 瓞 瓝 瓟 瓜也 𨗴 過也 撐 距也

● 噋 曈 日出 榶 木名 樘 哀柱 橖 柱也 縋 大繩 臀 臋 髀也 蓎 草也 踼 行不正 甋 次瓦

● 䁱 視也 磄 怪石 禟 祐也 糖 黍也 簹 竹席直文 蓎 苾赤 赯 面赤 踼 蹋 蹚 蹡 跌也 轑

● 輴 螳 軸也 鄧 鄧 地名 隚 隄也 鏜 |焍火平 閶 闐門 霕 大雨 餳 洋也 颺 風貌 騰 馬色

● 鰪 魠也 餳 餹 糖也

下去 dâung

● 叚 㕦 叚 姓也 緞 綢| 遯 遁 豚 遯 逯 遯 逃| 丈 千尺 撞 擊沖| 盪 滌器

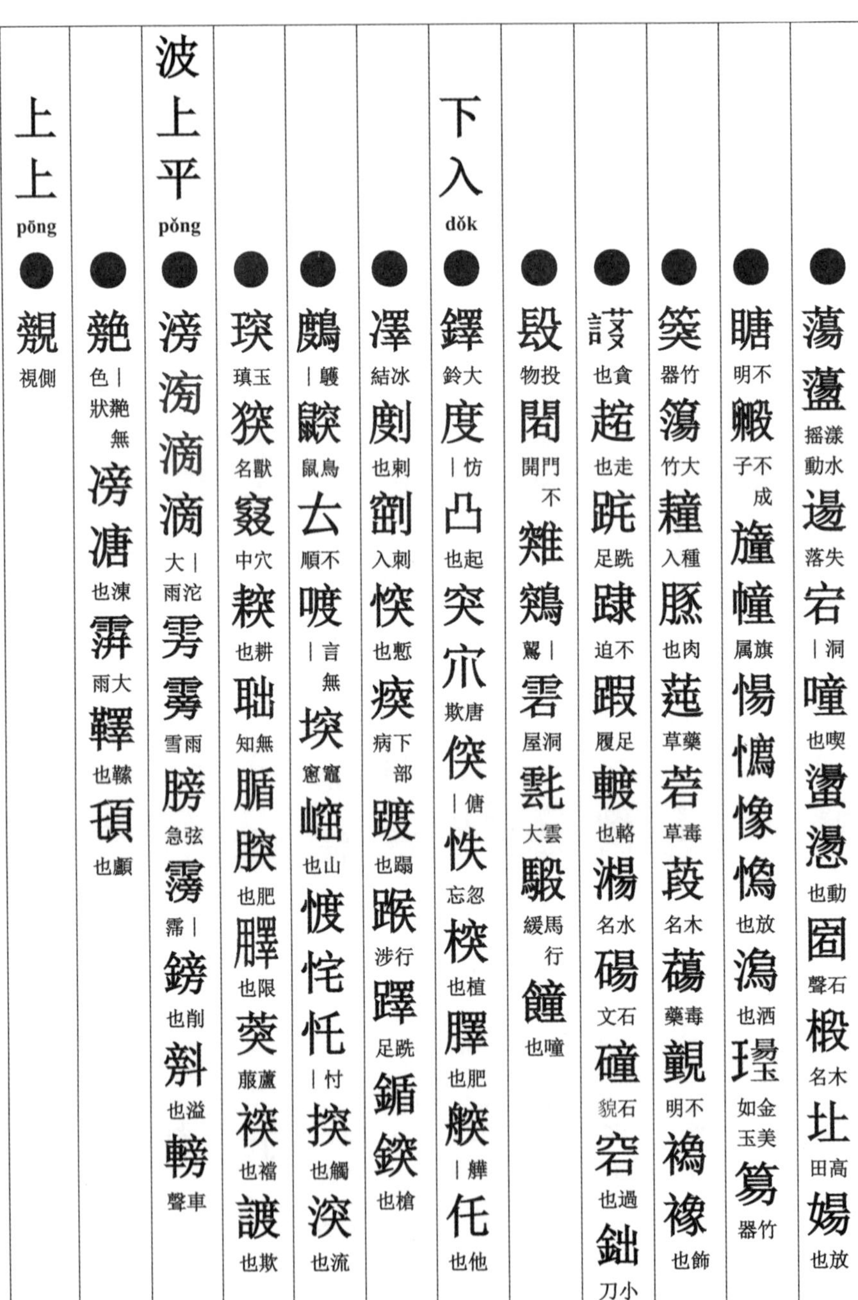

上上 pōng ● 覫 側視

● 艴 |艷無色狀 滂 溏 湅也 𩃱 大雨 鞸 韢也 碩 顱也

波上平 pǒng ● 滂 澇 滴 滴 |沱大雨 雱 霶 雨雪 膀 弦急 霶 |霈 鎊 削也 斛 溢也 軂 車聲

● 瑒 玉瑱 猿 獸名 竅 穴中 耪 耕也 聃 無知 腯 膀 肥也 膵 限也 葵 蘆菔 褑 襠也 謰 欺也

● 鸌 鸌| 鼷 鳥鼠 厷 不順 嗄 言|無 埃 竈窻 崛 山也 愎 恾 恅 忖| 揬 觸也 湥 流也

● 澤 冰結 劇 刺也 劏 刺入 惵 慙也 瘯 下部病 踱 蹋也 蹀 行涉 蹕 跣足 鍎 鍥 槍也

下入 dǒk ● 鐸 大鈴 度 怍| 凸 起也 突 宊 唐欺 傑 傭| 怢 忽忘 楔 植也 膵 肥也 艓 艒| 侂 他也

● 殷 投物 闍 門開不 雜 鶵 |鷟 雹 洞屋 氎 雲大 騀 馬緩行 饊 噇也

● 譿 貪也 趤 走也 踱 跣足 踕 不迫 蹤 足履 轗 輅也 溻 水名 碭 石文 碹 石貌 宕 過也 鉆 小刀

● 簜 竹器 簜 大竹 穜 種入 豚 肉也 蓎 藥草 菪 毒草 葮 木名 蕩 毒藥 覩 不明 褐 襐 飾也

● 矘 不明 艐 不成子 艟 幢 旗屬 愓 懭 像 㒭 放也 溤 洒也 瑒 金美如玉 簜 竹器

● 蕩 蘯 漾水搖動 逿 失落 宕 洞| 噇 喫也 盪 𢡃 動也 囼 石聲 椴 木名 圵 高田 婸 放也

上去 páung ● 胖 肥大 炐 火聲

上入 páuk ● 璞 玣 玉在石中 樸 朴 木皮 鸈 鳥名 攴 擈 擊聲 馞 香盛 粕 糟| 𩪘 骨箭 墣 墣 塊也

● 糢 米也 翑 飛也 膊 割肉 蒪 荷也 蔆 落也 襮 領也 譔 言蔽 䝈 盈財 釙 金| 鑮 大鐘 霂 雨也

● 靌 大雨 鞄 革工 鞲 鞄裹 頨 面大 頮 大面 颮 衆多 骲 骨| 黸 色暗 鼥 鼠也 撲 撲 撲

● 樸 扑 打也 噗 嚗 聲也 圤 塊也 炇 炦 火烈 烞 火聲 犦 特牛 皪 物气烝白 瞨 目暗

● 矴 硝也 礴 石聲 䙘 久視 䄶 不實 穙 草生 箚 小擊

下平 póng ● 膀 |胱

下去 pâung ● 厙 周地名 湴 泥也 䅭 耪 耕也 蚌 蜯 蚄 大蛤

下入 pŏk ● 竡 物聲 攟 射中的聲 菩 潽米聲

他 上平 tǒng ● 湯 熱水 呑 吐反 闛 鼓聲 踼 阬也 蓎 黃也 盪 止也 殤 商也 蝪 蚨也 趤 前走

上上 tōng ● 倘 或然之辭 膅 肥兒 儻 倜| 傷 長也 曭 日不明 矘 月不明 瓽 大瓜 讜 很也

上去 táung ● 鋿 鍚 鐋 治木器 盪 漡 撐舡 裼 脫衣 宕 過也 揚 排| 汆 水物| 暘 米精

上入 táuk
● 託（付寄推｜） 袥（衣肩） 坼 㡿 拆（旱裂田紋） 柝 ⿰木⿱斥廾 榜 ⿰木橐（判也） 橐 ⿴囗石 櫜（囊｜）

● 籜（竹殼） 蘀 ⿱艹奠（葉落） 亳（地名） 傍（寄也） 偆（立也） 托 拓 摕 搒 擆（拾落） 旲（水又出）

● 涸（雨貌） ⿰王毛（玉名） 杔（木名） ⿰氵毛（滑也） ⿰户皮（姓也） 矺（鼠木） ⿰石多（石也） ⿱穴橐（穿也） ⿱艹柰（葉落） ⿰礻乇（令大）

● 袥（衣袥大） ⿰言毛（毀也） ⿺走旁（半步） 跅（弛也） ⿰足旁（弛也） ⿰革斥（刀把） 飥（餅也） 馲（馬牝） 驝 駝（官名）

● 魠（哆口魚） ⿰麥乇（餅也）

下平 tȯng
● 糖 糛 ⿰米當 ⿰米當（甜味） 豘（猪未大） 糃（精米）

下去 tâung
● ⿰扌吞（搌也）

下入 tǒk
● 沰（水落石出） 騢 ⿱鬲馬（馬行） 宊（出見貌）

曾上平 cǒng
● 尊（高也） 遵 僔 ⿱酋廾 選（循也） 樽 鐏（酒器） ⿰木遵（酒筵） 僔（恭敬） 贓 賍（賊｜） 臧（善也） 粧

● 糚 妝 娤（粉飾） 庄（田｜） 莊 ⿸疒庄 ⿰爿水 ⿱艹積 洤 ⿰爿衣 ⿰爿庄（嚴｜） 裝 ⿳亠壯衣（｜束） 戕（傷殘）

● 牂（牡羊） 減 減（水名） ⿰尊瓦（酒｜） ⿰口存（大口） ⿱匡土 ⿱⿷匚奠土（藏也） 墫（喜也） 嶟（山高） ⿱酋廾（酒器） ⿱酋廾（杙也） 栫

● ⿰木甘（木名） ⿰木⿷匚韭（木物盛版） ⿰木意（掘也） 濬（水也） 牸（牝也） 蹲（喜也） 繜（撙也） 艜（舟孔底） ⿱林金（鈴聲） 鐏（後刃）

上上 cōng

● 鱒魚名 鑽金鋼| 鬆角髮 樽 墫裁抑 噂 譐聚語 蹲 踆|踞 剸斷也 蓴叢草也

● 駔壯馬 奘大也 悤語頭 ⿰忄壯不悅 撙裁趨 ⿰禾存禾積 纂 ⿰禾尊禾穳 ⿰月綦膜也

上去 cáung

● 壯健| 葬 塟 ⿱艹⿰歺韋 ⿱艹⿸广死 ⿱艹⿰歺韋 塟 ⿱艹⿸广死 葬埋| 鑄鉢| 髒 ⿰骨幷骯也 輂修車

● ⿱壯金鈴聲 ⿰氵壯米入甑 焋米於甑 捘推也 燇火也 ⿸疒壯熱病 ⿰目尊赤目 ⿰糸壯入綿 ⿰金尊秘下銅

● ⿰金存鑽也 ⿱髟尊項上無髮

上入 cáuk

● 作 胙 乍 作 迮造| 攥揖也 剿 剢斷物 ⿺走乍走貌 嘄聲也 怍愧也 昨下也

● 捉握搦 ⿰牛乍山牛 秨禾搖 窄安也 ⿱竹昨筊也 ⿰糸昔竹索 ⿱毄麥屑麥蒸

下平 còng

● 藏隱匿 存 ⿷匚存 ⿱⿷匚存土留在 鑶鈴聲 ⿰氵藏没也 ⿱山藏岸|山高貌 ⿸广壯壯立 拵据也 蹲踞也

● ⿰牛藏善也 袸衣小帶 ⿰存阝邑名 ⿰足存踞也

下去 câung

● 状形| 藏經| 臟腑五| 稓姓也 ⿰糸昔 筰 ⿰糸乍竹索 鈼釜也 ⿰氵状狀也 ⿱竹藏竹名

下入 cǒk

● 昨隔衣 怍愧也 柞木名 酢 醋酸醬 鑿 ⿰齒鑿 鑿 ⿺辶丵穿| 濁不清 擢拔|舉用 濯洗|

● ⿰忄蜀心不安 捽持髮 ⿰巾乍紘也 戳春也 椊柄內孔 ⿰⿱丵臼殳 ⿰⿱丵羊殳 ⿰⿱丵大殳毀也 ⿰氵窄水也 濁水名 ⿰牛翟白牛

● 玀 似鹿 讀 龍| 窣窣 穴中卒 檕䊀 精細米 苲葃葃 地名 葃 |茹草 䕦 草也

● 蠗 小蟨 讋 詈也 䶂 財也 鐲 鉦也 靏 大雨 飵 食也

日上平 nǒng ● 㬕 香也 㦬㦬 塗也

上上 nōng ● 曩 昔日 儂 自称 焫 執也 暖 日局 煖 火氣 冗 雜也 飢 食也 鼿 鼠也

上去 náung ● 繳 纕 亂絲 氉 乱毛

上入 náuk ● 怓 憂悶 䑋 握也

下平 nòng ● 囊 橐 布袋 瓤 瓜瓠 紉 |線 儴 緩也 蠰 蟷| 攘 推| 欀 木名 㑿 姓也 壤 塵也

● 礦 巙 山隈 瀼 水濁

下去 nâung ● 翟 嫩 粗反 嫨 嫰 身材 醲 醍酒 腝 肉| 焫 熱也 㬕 香也 儴 行也

下入 nǒk ● 諾 喏 允應 搻 正持 曣 日入色 焫 爇 爇 燒也 狎 貀 豽 似犬有角 䀎 視也 緒 布也

● 跔 足傷 肏 呐 不言出口 惹 慲 心然也

時上平 sǒng ● 孫 孨 子| 蓀 蒪 蕻 蘧 蓫 蘭| 搎 搎 捫也 搡 擯也 殙 殙 心乱 攎

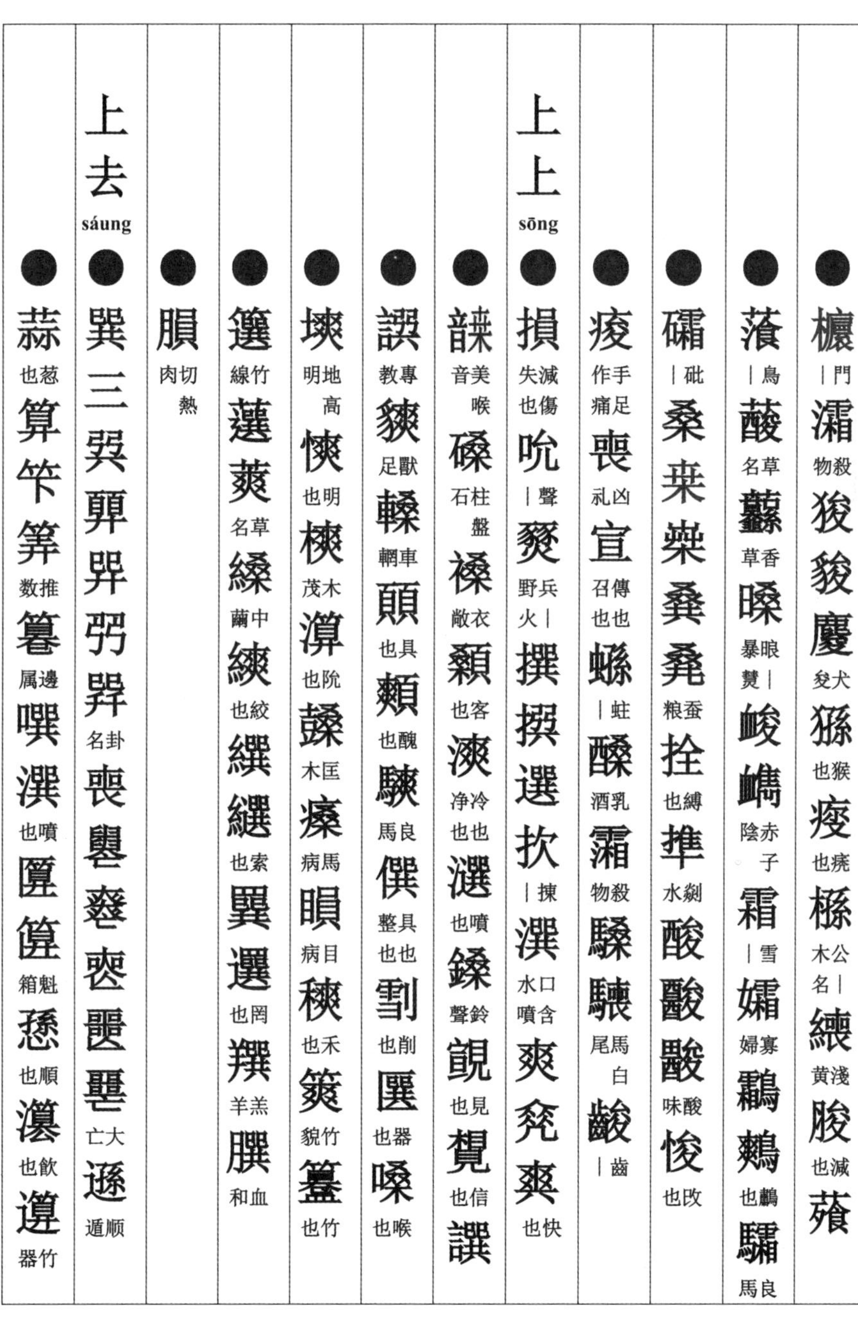

●櫰門｜灀殺物狻䝜麐犬夋猻猴也瘦瘵也槂公｜木名纕淺黃朘減也飱

●蕵鳥｜䔉草名薞香草𥈤眼｜暴贙鮻鰽赤子陰霜雪｜孀寡婦鸘鷞鷫也驦良馬

●礵砒｜桑桒𣡕桑桑蚕粮拴縛也揰剟水酸酸酸酸味悛改也

●痠手足作痛喪凶礼喪宣傳也召也蟤蛀｜醿乳酒灀殺物𩦬驤馬白尾𪘁齒｜

上上 sōng

●損減傷失也吮聲｜𤼣兵｜野火撰撰選扻揀｜潠口含水噴爽𡘙爽快也

●𧬘美喉音磉柱盤石褬衣敝䫙客也漺冷也净也潠噴也鎟鈴聲覗見也覺信也譔

●譔專教𧴛獸足𨏶車輞顨具也頼醜也騻良馬僎具也整也㓥削也匴器也嗓喉也

●塽地高明慡明也樉木茂潭阮也𣟄匡木𤸷馬病䁏目病𥞒禾也䉀竹貌簤竹也

●籑竹線蘐草名䕭中繭縔絞也繏繏索也巽選罔也𦎟羔羊䐣血和

●䐑切熱肉

上去 sáung

●巽三𢁉顨𢀱𢁊𢁋卦名喪𠷓𡅧𠺝𡁀𡄲大亡遜順遁

●蒜葱也算笇筭推数簨邊属噀潠噴也匴𥴑魁箱愻順也灢飲也選竹器

●畾 面傳	上入 sáuk ●率 繂 循也 蟀 䘒 蟋丨 帥 𨔶 循也 搸 摸丨 索 𡪇 求丨 縮 畏丨 蹜 踧丨行謹 朔	●胖 初丨 搠 塗也 愬 驚懼 刷 㕞 洗丨 縤 繩丨 縶 封丨 刹 斷也 摔 棄于地也 窣 窸丨 傃 惡也	●𢓜 倅 行也 刹 割也 㕞 掃也 咰 飲酒 唰 𠻟 鳥治羽 嗍 吮也 啐 小歃 𢱭 臂長 悴 慚也	●榡 木稍 槊 鎙 矛也 𣙈 梓 木名 櫟 邑名 欶 吸也 毦 毛生 涑 小雨 渢 大風雨 瘷 寒也	●涮 洗也 㴘 攞水 渞 潘也 溹 水名 潲 水聲 淬 没也 溹 小雨零貌 膟 板也 瘖 癡也 瘯 脉動	●鞣 履也 颼 風也 颾 風聲 鶆 鳥也 麧 鱞丨 麳 乾餅 蔉 草名 蔾 始也 虦 虎貌 蟀 虫名 衛	●衛 將也 褬 衣聲 褳 短衣 鑿 鐶也 鏉 鉄丨 矟 矛也 硺 石隕 硝 磨也 穛 禾也 簌 竹綑	●糠 米多水 䌰 緘也 縮 緒也 罰 㯋也 蒴 丨藿藥	下平 sóng ●甑 蒸飯器	下去 sâung ○	下入 sŏk ●杪 挲 摩丨

鶯 上平 ǒng ● 恩 愛澤 秧 禾苗 泱 雲氣起貌 坱 塵埃 熼 炮炙 貏 貉屬 胦 脖丨臍也 俒 完也 央 中丨 嫕 女字

● 衮 袂 炮炙 獾 犬不服 䇦 竹無色 蒽 草名

上上 ōng ● 穏 草名 影 物印成形 傟 慃 戾也 炭 崀 山也

上去 áung ● 饐 飽也 𩚵 餒也

上入 áuk ● 惡 𢜩 亞 僫 不善 握 把丨 渥 潤丨 幄 帳也 齷 齪不潔也 沃 灌也 呯 相拒 嘍 口也

● 噁 怒也 剭 刑也 偓 仙也 飫 飽也 堊 飾塗次也 鋈 白金 鴮 水鳥 鵶 水丨 𨃖 丨踖迫 驁 馬徐行

● 㶒 纑未練 嘐 誇聲 蠮 虺也 裮 幄也 觡 調弓 謳 謔 畏也

下平 ȯng ● 行 列也 醽 醠 濁酒

下去 âung ● 筇 竹竿

下入 ǒk ● 瘻 病不能行

蒙 上平 mǒng ○

上上 mōng ● 莽 鹵丨 蟒 蟒 大蛇 顢 不知 髒 骯丨 鏻 錛 鉆也 艴 艶丨 筭 竹節稠 莽 草大又 謗 謊丨

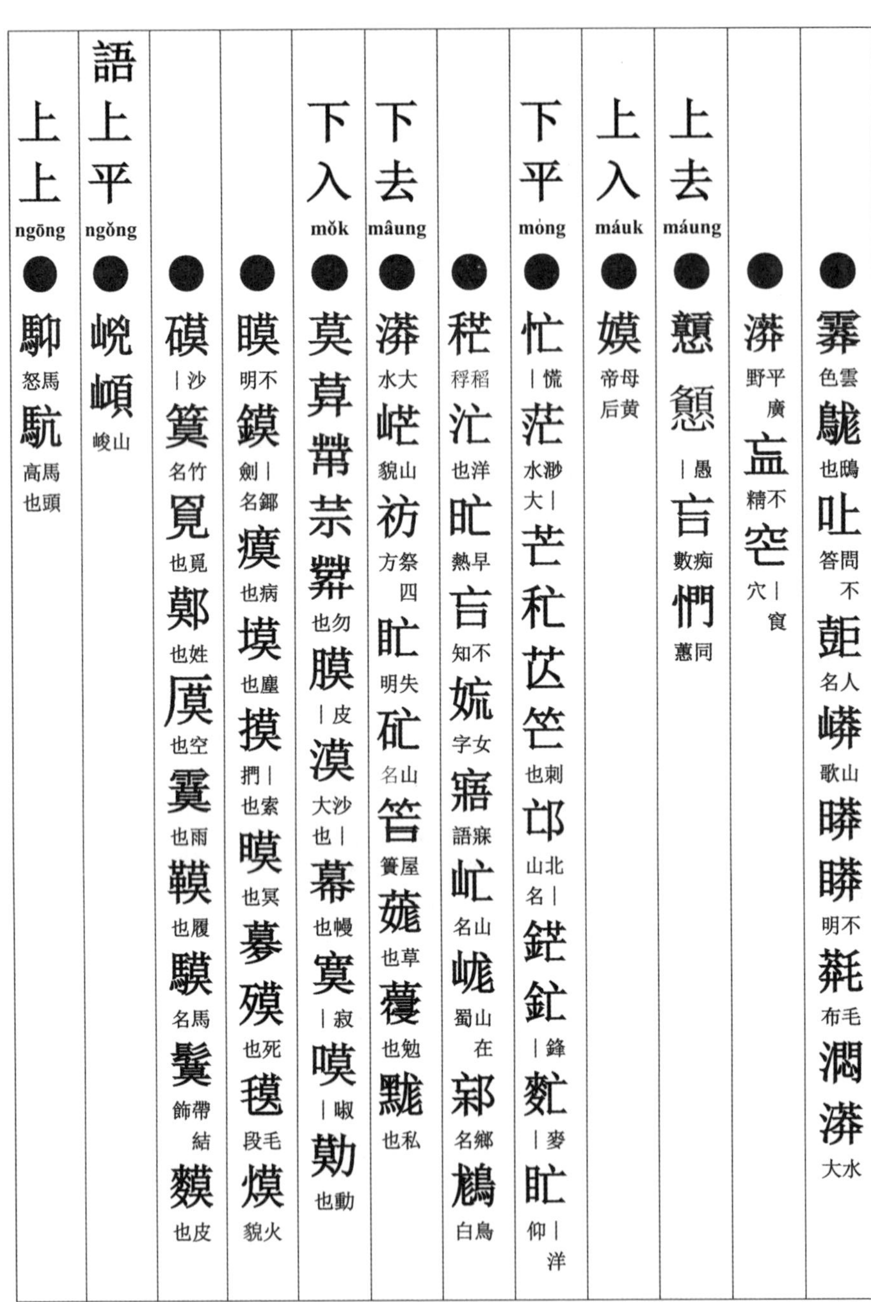

● 霿 雲色　⿰鳥尨 鴟也　吐 問不答　⿰豆巨 人名　⿰山莽 山歌　⿰目莽 ⿰目莽 不明　⿺毛莽 毛布　潣 漭 水大

● 漭 平廣野　⿱亡皿 不精　⿱穴亡 ｜窅穴

上去 máung ● ⿱顭心 ⿱顭心 愚｜　⿱亡日 痴數　悶 同懣

上入 máuk ● 嫫 母黃帝后

下平 móng ● 忙 慌｜　茫 渺｜水大　芒 ⿰禾亡 ⿱艹亾 笀 刺也　邙 北｜山名　鋩 釯 鋒｜　⿺麥亡 麥｜　盳 ｜洋仰

● ⿰禾芒 稻稃　汒 洋也　⿰日亡 旱熱　⿱亡日 不知　⿰女巟 女字　⿱穴⿰爿吾 寐語　⿰山亡 山名　⿰山尨 山在蜀　⿰宋阝 鄉名　⿰尨鳥 鳥白

下去 mâung ● 漭 大水　⿰山芒 山貌　祊 祭四方　盳 失明　⿰石亡 山名　⿱竹⿱宀亡 屋簣　⿱艹尨 草也　蘉 勉也　⿰黑尨 私也

下入 mǒk ● 莫 ⿱艹⿱日廾 ⿱茻⿱日廾 ⿱艹示 ⿱茻廾 勿也　膜 皮｜　漠 沙｜大也　幕 幔也　寞 寂｜　嗼 啾｜　⿰莫力 動也

● 瞙 不明　鏌 ｜鄒劍名　瘼 病也　塻 塵也　摸 ｜索捫也　暯 冥也　⿱莫夕 ⿰歹莫 死也　⿺毛莫 毛段　⿰火莫 火貌

● ⿰石莫 沙｜　⿱竹莫 竹名　覔 覓也　鄚 姓也　⿸广莫 空也　⿱雨莫 雨也　⿰革莫 履也　⿰馬莫 馬名　⿱髟莫 帶結飾　⿰麥莫 皮也

語上平 ngǒng ● ⿰山兒 ⿰山頓 山峻

上上 ngōng ● ⿰馬卬 馬怒　⿰馬亢 馬頭高也

上去 ngáung ● ⿰飠豈⿰禾豈相謁食麥顛弄言

上入 ngáuk ● 愕咢遻愕錯｜駭｜諤噩直言魧仰也齶斷聲堮⿰土噩圻｜覨久視⿰阝咢国名

● 鄂姓也⿰氵咢水名⿰石咢石危⿱⺮咢竹名腭齒齗⿱艹丹白草萼蕚花｜⿰虫丹浮由⿰金噩鉄鉤⿰咢隹

● 鶚雕｜顎⿰噩頁顛面高⿰噩鳥鳥也⿰咢刂劍刀⿰噩刂刀劒刃也⿱咢力咢日中崿粵⿰山粵

● ⿱山咢岸也⿰木咢穽也⿰噩欠同諤

下平 ngòng ● 昂軒｜卬卬我也⿱山卬藏山貌昂仰目茚菖蒲⿰口頁｜頭

下去 ngâung ● ⿰豈欠痴貌岇山名枊堅也⿰飠艮⿰飠豈飽也

下入 ngŏk ● 嶽岳⿱凵山⿱丘山⿱山山五｜崇⿰獄欠關也鸑⿱獄隹鷟｜神鳥鄂国名⿱咢山山崖噩嚴肅蘁

● 萼花芽鍔⿰金噩劍鋒鶚大鷹鱷鰐大魚樂鼓｜遻遇也⿰噩頁面高⿰歹咢卒死⿰歹卬

● 諤直言鰐｜魚⿱噩山山峯偔多也⿰扌咢捍也櫮華盛⿰牛咢白牛⿸疒咢癡貌⿰金隹大椎⿰咢隹碁心中｜子

● 顎⿰噩頁面前

出上平 chǒng ● 倉⿱山仓仓｜廩瘡創病也蒼青色滄⿰氵岺沧浪水名村邨鄉｜窗窻

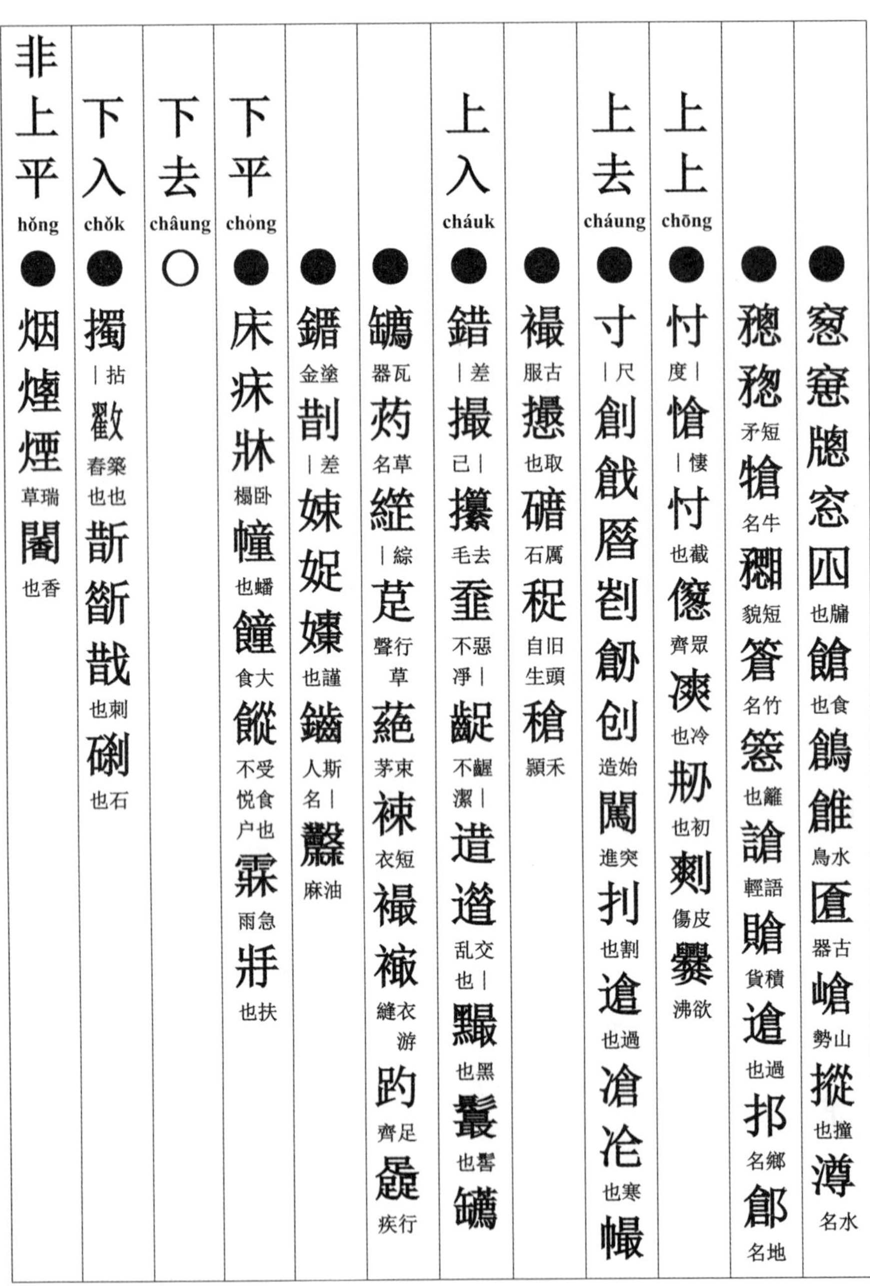

● 窻 窻 牕 窓 囪牖也 饚食也 鶬 雓水鳥 㔩古器 嵢山勢 摐撞也 溥水名

● 𥢔 𥎊短矛 牄牛名 翪短貌 篬竹名 簽籬也 謒語輕 賶積貨 遀過也 邦鄉名 鄶地名

上上 chōng ● 忖度丨 愴悽丨 忖截也 傖眾齊 滄冷也 𢪞初也 剌皮傷 爨欲沸

上去 cháung ● 寸尺丨 創 戧 㡹 剀 創 刅始造 闖突進 扚割也 遀過也 滄 滄寒也 幒

● 襊古服 攥取也 䃰厲石 稯旧頭自生 穆禾穎

上入 cháuk ● 錯差丨 撮丨己 攥去毛 垂惡丨不淨 齪齷丨不潔 遺 遻交丨乱也 黷黑也 鬣髻也 鏃

● 鑣瓦器 葯草名 縱綜丨 茈行草聲 蕝束茅 褓短衣 襊 褻衣游縫 趵足齊 蹵行疾

● 鑽塗金 剒差丨 婕 娖 嬚謹也 鐖斯丨人名 䌌油麻

下平 chȯng ● 床 牀 牀臥榻 幢蟠也 饡大食 鏦受食也不悅户 霖急雨 牂扶也

下去 châung ○

下入 chǒk ● 擉拈丨 戳築也春也 斮 斲 戩刺也 磡石也

非上平 hǒng ● 烟 煙 煙瑞草 闇香也

上上 hōng

● 狼 聞｜ 炕 僵什 烺 火貌 莨 草名 詪 戾也 酐 苦酒

上去 háung

● 慁 ⿰忄圂 憂也 ⿰月慁 肥也

上入 háuk

● ⿰月黑 濁垢 歀 欸 忽也 ⿰車圂 物軸 搕 榷 打也 ⿰扌圂 手推

下平 hòng

● 杭 州名 航 舟名 鴴 飛而下 行 列也又道 洚 水不遵道 降 伏也 痕 肥迹 ⿰齒亢 齧也 劥 用力

● 吭 鳥嚨 ⿰方夋 直項 ⿰忄行 悅也 ⿰扌艮 急引 ⿰舟行 斻 方舟 ⿰木圂 木未析 ⿰木焉 量木 ⿰亢欠 貪貌 ⿰亢瓦 小瓦

● ⿸麻香 香也 ⿰日行 ⿰亢羽 頏 飛下 ⿱竹杭 竹竿 眼 足後 ⿰月荒 肉間 舡 船也 苀 草名 蚢 魧也

● ⿲彳可亍 樂人 跭 胡豆 貥 大貝 ⿰車艮 車前 迒 獸迹 ⿰亢隹 高下 鞎 車前革 頏 頡｜ ⿸疒香 氣病 ⿰亢鬼 鬼也

● ⿰麥昆 ⿰麥完 不破麥 ⿰黑亢 黑也

下去 hâung

● 恨 ⿰忄艮 怨｜ 項 頸｜ 行 剛強 巷 衖 陋｜曲｜ 闂 陌也備也 很 不從 ⿰忄項 多力 銗 盛錢

● ⿱艹項 似葵 澒 元氣未分 ⿰禾頁 頭直

下入 hǒk

● 學 斈 效也 鶴 白鳥 翯 鳥羽潔白 覈 考實 榾 核 菓中 劾 疏章彈 紇 紇 先師生 麧

● 麧 堅麥 貉 狐也 壆 土堅 雤 鷽 山鵲 㷕 燥也 ⿱𦥯皮 ｜皺皮乾 齕 齕 齧也 ⿰馬隺

●驩馬白額也 佫姓也 㑼戲也 瀱煎塩 嵒山多大石 佫登也 挌引也 斆教也 沍 㳬竭也

●澩 澩涸泉也 皬白也 确石地 秅格也 秴禾小 糪糠不破 𦆴衣領 羔小羊 䐶肉也

●襮衣領中骨 觷治角 貦 貈 𧴂 𧳜 𧳮似狐 輅輓車木

20 之字母

柳

上平 lĭ

● 緾文也

上上 lī

● 李 杍 腥菓名 里鄉| 俚鄙俗 娌妯| 理道| 裡 裏 傌 纕衣內 逦迤|旁行

● 鯉 鱺魚名 履 頙 傻 屛 顫 物雜也 暭地名 邐行也 陧 郢亭名 鞿草雜

● 峲長也 峲山逐行也 悝憂也 澧地名 爻爻也 痩病也

上去 lé

● 利|息 唎聲也 悷悲貌 㞪不正也 𥡁長禾 籬觔竹 𩬅仆| 蜊虫名

上入 léh

○

下平 lì

● 梨菓名 藜花| 蜊 蟄蛤| 狸 貍狐| 霾雨天 榈棕| 髎髮散亂也 蹸呼遠來也 棃剝也

● 梩插也 瞟目眊 籬竹名 棃饡也 蔾弩名 艃船也 茘草也 茘 蘺豆名 螯 蠊蛛|

● 黎褦|衣敝 鬘髮卷 嚟古城國王號

下去 lê

● 利鉻鉎 莉茉| 痢瀉| 俐伶| 莅 蒞 涖臨也 吏官| 哩餘也 慈憂也 厳正也

下入 lĭh

○

邊上平 bǐ

● 卑 𤰞 下也 ⿰彳卑 俾 使也 裨 益也 碑 ⿰石𤰞 石| 屁 屄 女子陰戶 萆 |麻 篦 竹名 蠯 蚌狹

● 陂 阪 陴 接益 ⿰卑頁 ⿱髟卑 髮白 ⿺風卑 ⿺風𤰞 風也 ⿺麥卑 細餅 ⿰黍卑 黍屬 ⿷匚卑 埤 ⿰土𤰞 ⿰土屏 籠也

● 㡙 |冕 ⿰足卑 服外 ⿰忄卑 自容人 ⿰扌𤰞 圓也 陴 女牆 ⿰食卑 益也 椑 木名似柿 ⿰卑瓦 瓦器 ⿰田卑 田也 綼

● 綼 笄也 蜱 ⿱卑虫 ⿱卑䖵 虫也 諀 ⿰言𤰞 惡言 ⿱卑鼓 騎鼓 ⿺走卑 小行 鵯 ⿰卑隹 ⿰卑鳥 ⿰馬卑 鴉烏 錍 斧也

● ⿰卑卩 冠飾 髀 ⿰骨𤰞 ⿰骨并 ⿰骨罷 股也 ⿰非比 ⿰麥罷 麪也

上上 bī

● 彼 指伊 毘 佛另 髀 股也 ⿰女丕 肧孕 比 毞 夶 方效 魮 魚名 妣 ⿰女匕 嫣也 仳 离別 匕 匙也

● 佊 邪也 ⿰亻罷 停也 ⿷匚皮 竹器 ⿰皮支 ⿰卑攴 毀也 ⿰扌卑 客也 吡 鳥聲 ⿰口开 喘聲 ⿰口罷 叱也 ⿰女罷 配也 ⿸尸畐 臀也

● ⿰巾比 幧裂 庀 具也 庳 ⿸广𤰞 屋卑 柀 樧也 渒 水名 潎 ⿰氵敝 清也 ⿱舄水 水散 畀 畁 |賜

● ⿰牛罷 牛名 阰 ⿰阝罷 ⿰卑頁 ⿰罷頁 傾頭 ⿰酉比 ⿰酉匕 酒名 ⿰足罷 偶也 ⿱比衣 袖也 ⿱艹𤰞 |莞 ⿰月皮 肉也

● 粃 不成米 皉 明白 疕 頭痛

上去 bé

● 庇 蔭庇 毖 謹密 蔽 ⿱蔽廾 遮| 箄 捕魚器 痺 麻| ⿸疒鼻 手冷 崥 山足 ⿰扌畀 畀 與之也 ⿰扌鼻 扶持

● 朼 匕 疪 腳冷 ⿸疒必 不利 ⿸疒畀 鳥名 ⿸尸皮 不伸 ⿰禾畀 邑名 秘 |密 ⿸疒𤰞 濕病 沸 ⿱𤰞氺 密湧水

● 浝 漉瀘滭 賁 文貌 邲 宰也 妼 女有容 婎 醜也 帓 幔也 𢅏 裙也 岥 被也 毖 慎也 泌 俠流

● 祉 礼 司命 祕 勞也 蔽 車戶 粊 棐 粃 粿 惡米 𦔻 塹內 𧱏 豕也 䣾 飲酒盡其

● 鄙 鄙 𨚔 邑名 鉍 矛柄 閟 閉也 阰 𨻶 ｜山 𢫘 覆手 䩛 車束 𩊲 𩏂 弓韔

● 飶 食之香也 駜 馬肥 𩬊 多鬚 𤃱 涫也 魓 鬼衣 鯡 魚子 騑 鵯 鳥名

上入 béh ○

下平 bî ● 琵 琶 琵｜樂器 枇 柴 菓名｜杷 脾 ｜胃 鞞 刀鞘 𨏒 車｜ 𢡄 意併 焷 火熱 肶 百葉肚

● 䕯 蒿也 𦱅 蓖 ｜麻 螕 牛虫 𧕘 虫名

下去 bê ● 陛 陛 天子之階 鼻 鼻以就香 比 及也 篦 梳除髮具 被 臥具 敝 壞也 弊 敗困 幣 帛也

● 備 俻 䓵 僃 葡 偹 成全 斃 死也 贔 用力 蜌 小蛤 𧳎 糒 乾飯 𧣴 橫角

● 𧥱 誹 錯謬 貱 益也 𧸘 帛也 篦 取魚具 獘 ｜困 𨂂 𨁝 豌豆 貏 𧲙 豸也 紴 裝束

● 絥 車｜ 䏶 胃脘 薜 ｜茘 狴 獸名 獙 ｜狐屬 瀵 𤅢 氣滿 𢻱 不伸 𦔻 直視 𥏈 小也 笓 竹器

● 𣗳 㭭 梐 木名 㰆 木名吐穗如塩酸美 㮰 棲也 濞 水波 髀 股也 𤗚 牑 牖也 彃 怭 劣也

● 牲 牛馬行 犃 牛見齒 犕 牛八歲 ⿰弓葡 以筋貼弓 ⿰忄葡 ⿰忄葡 憊 困極 性 意併 獘 犬有文 ⿰目弊 ｜

● 栍 桂 ｜柸 ⿰萑力 壯也 奰 壯大 ⿱⺌⿱冖走 走也 帔 帬｜ 㡀 敗衣 ⿰弓皮 曲弓 髲 鬄也 ⿰犭米 獸名 ⿱鼻冊 好又魚名

● ⿱敝邑 地名 ⿰金葡 鑽也 ⿰阝生 牢也 鞁 車具 ⿰革生 ｜鞋 鞴 箭室 ⿰食葡 糒 乾飯 骳 脛曲 ⿱髟葡 韠 冠飾

下入 bǐh

○

求上平 gǐ

● 箕 㠱 ⿱巛囟 ⿱廿囟 㠱 ⿱目丌 ⿱⺮囟 ⿱罒丌 ⿱⺮开 ⿱⺮丂 ⿱⺮卉 竹｜ 基 其

● ⿱丌土 ⿱亓土 ⿱⿱廿丌土 ⿰扌旬 地｜ 期 ⿱覀其 ⿱丌日 ⿰月丌 朞 契約 ⿰⻊異 踞也 乩 降｜ 幾 ⿱𢆶兀 ⿱𢆶女

● ⿺辶幾 甸徵 饑 ⿰飠兒 飥 荒不熟 ⿱⺮幾 竹名 ⿰月幾 肌 ｜肉 璣 璇｜ 譏 ｜誚 機 ｜天 杼｜ 磯 釣魚石

● 僟 ｜近 気 刉 ⿰气刂 刉 刺也 ⿷匚其 竹器 嘰 小食 鐖 錤 鉅鉏 ⿰革勾 轂飾 鞿 馬絡頭 飢 ｜餓

● 肌 ⿰骨几 無骨 ⿰耒幾 耕也 ⿱艹幾 菹｜ 虮 虫名 蟣 ⿺幾虫 蝨子 ⿺幾血 血祭 ⿺鬼言 言也 ⿰豈幾 訖也 ⿺走幾 走也

● ⿰⻊基 ｜本 鄿 邑名 要 男女將為 ⿱其日 後也 椅 以箸取物 畿 天子千里 禨 祥也 穖 禾｜ ⿱⺮基 竹名

上上 gī

● 己 ⿱丆己 自｜ 圮 ⿰土⿱口巳 毀也 杞 ｜柳 屺 山無草木 紀 ⿰糸⿱口巳 網｜ 几 ｜案 揆 葵也 剞 ⿰奇斤 曲刀

● ⿰幾頁 失容 机 木名 氿 水涯 ⿰犭几 蛇尾兔喙 ⿰立奇 立正 罽 細毛 ⿱艹記 草名 邔 地名 ⿰酉幾 沐酒 ⿵門几 門也

● 魢似魚 麂 𪊑似鹿 𪊨鹿二歲 麔大麇

上去 gé ● 記 諅念不忘 兾望也 冀 巽 𢋈州名 驥 驥 驥 蘢千里良馬 其語言辭

● 其語言辭 既 旣 暨已也 臮 𦋷日頗見 洎 溉灌釜 钦 饮不便言 概稠也

● 秔稻也 稩禾長穗 蔇草多 蘻草名 覬希望 詯訏也 𧪊言無次 垍土堅 洎肉汁

● 墍 塈 垐 𦤶取也 屺女|山名 垐 懻很也 鱀 鱾 鱀魚名 鵋鳥名 鷌鳥名

● 餼饋生食 僟假主 旡 䭘 㠯言也 改女字 屐履也 研行也

上入 géh ○

下平 gi ● 其 亓 丌指物之辭 祺 禥吉祥 棋 衹 櫀 欙 棊象| 碁圍| 麒麟| 淇

● 沂水名 祈求也 祁大也 琪玉名 騏 䭶 𩢦驥文 旗 旂旗| 旂鈴合眾郊| 鄿

● 蘄州名 齮齒危 耆 耆 阢 阢老卒 奇異也 岐分路 琦玉名 錡三足釜 葵|花

● 祇 䄣神| 芪黃|藥名 馗 逵道也 𢘅悸也 𢡩敬也 戣戟也 掑 基勇也 擠不正

● 歧家行 聶 溰||霜雪 淄水名 㟢山旁石 𡾜 巙人名 帺巾也 帆古天子號 圻 𡒃

● 㙨界也 𢍰持弩拊 忯敬愛 𠆸参差 倛 㑶方相 剘割截 呮垂足坐 跂多指 埼曲岸頭

● 娸姓也 崎 岓山旁 枝 𣓀木別生 攲 𢻫弓硬 朞會也 掑椎木 毴毛文 濝水名

● 猉犬子 玂犬生子一二師三猣｜ 琪 璂玉｜ 𤷒人名 碕曲岸 示 𥘅眯明 稘稈也

● 稽麥下種 䇲竹名 粸餅屬 𥽍小食 綨 綦 綼 綮綺綵 䴺種麥 肵心舌之俎 䐖醜也

● 𦡯頰肉 䑴 艥舟也 䓫水草 萁 𦯬 䜩豆莖 蘻 基 蓁紫｜ 蚚螳螂 蜞蟛｜

● 譏謀也 諅誡也 諸怨也 䞚 趌行也 跂足多指 踩跳也 蹊脛肉 躨｜踞 軝 軙約束

● 邔 郊邑名 歧｜路 鄿地名 鍺軸鐵 雉 鵑小雁 頎佳也 雛 鵸｜鵌 頝好也

● 騎跨馬 騤 驥馬行 驥馬也 䟚跂也 鬐馬頂上 魌鬼服 魕｜堆奇獸 鯕 鰥魚名

● 魌星舌 鵁小鳩 鵸鳥三頭六尾 麒 麡仁獸 麳餅屬 齗齧也

下去 gê

● 忌 忢畏憚 娸怒也 技｜藝 伎｜倆 妓女樂 芰草名 䝯貝名 跽長跪 鄢邑名

● 鈘釜也 骸小骨 敧三足鍑 鵋｜鵙 惎敬也 㥍 惎 忢毒也 綦連針 掑 扭諱也

● 棋柎也 篡竹名 蜞蟬也 葸 蒕草名 祺 禥巾也 觭角也 朞 朞忌也

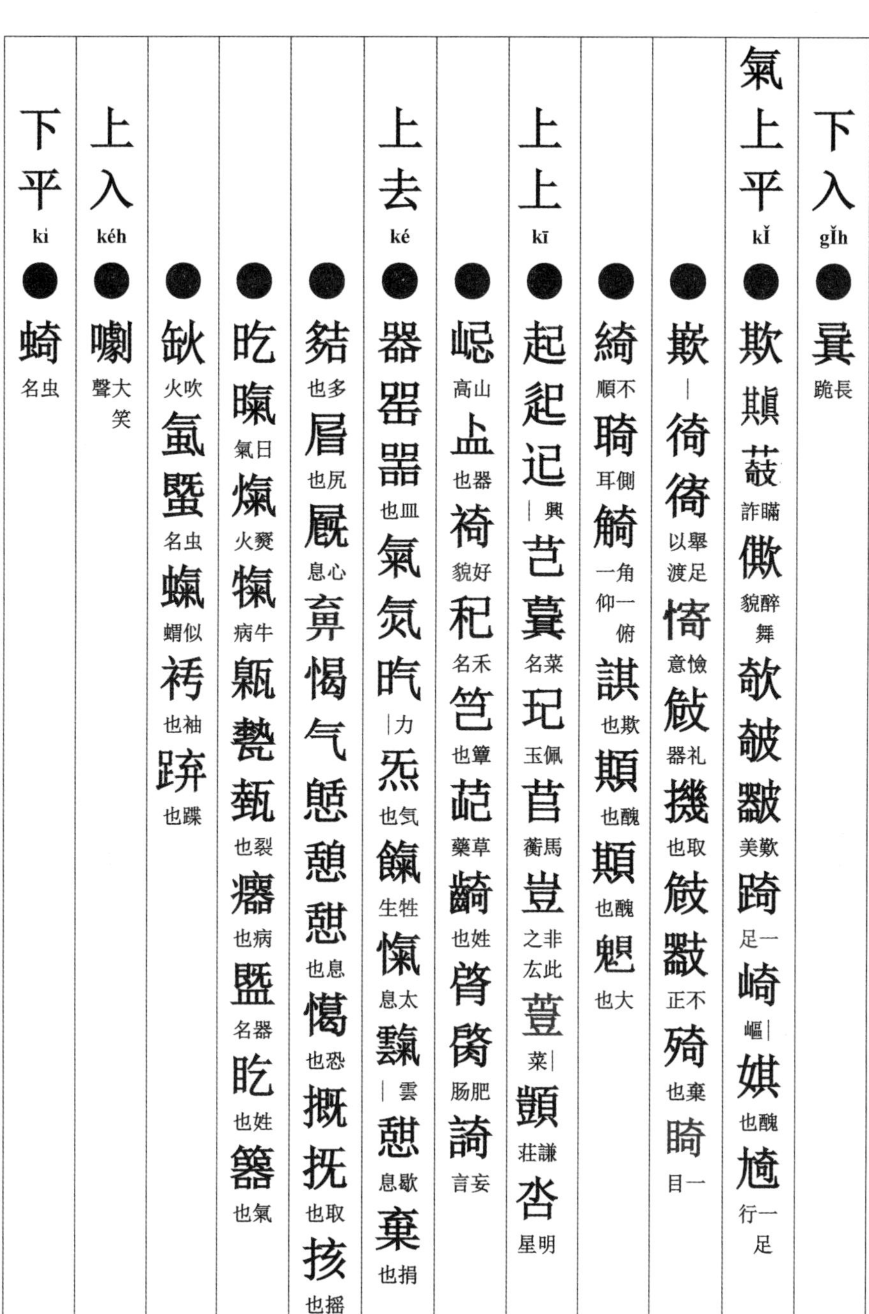

下入 gǐh ● ⿱日其 跪長

氣 上平 kǐ ● 欺 ⿰其頁 ⿱艹攲 詐瞞 僛 貌醉舞 欹 ⿰奇皮 ⿰器皮 美歎 踦 足一 崎 嶇| 娸 也醜 ⿺尢奇 行一足

● ⿱山欺 | 徛 徛 以舉渡足 ⿰忄奇 意儉 ⿰倚支 器礼 ⿰扌幾 也取 ⿰倚支 ⿰器支 正不 ⿰歹奇 也棄 ⿰目奇 目一

● 綺 順不 ⿰耳奇 耳側 觭 一角仰一俯 諆 也欺 ⿰其頁 也醜 ⿰其頁 也醜 魌 也大

上上 kī ● 起 起 ⿺辶己 |興 芑 ⿱艹⿰其頁 名菜 玘 玉佩 苢 蘅馬 豈 之非厷此 ⿱艹豈 菜| 顗 莊謙 呇 星明

● 屺 高山 ⿱上皿 也器 裿 貌好 ⿰禾己 名禾 ⿱⺮己 也簟 ⿱艹⿺尢己 藥草 齮 也姓 ⿱啓月 ⿱𢼄奇 腸肥 ⿰言奇 言妄

上去 ké ● 器 噐 器 也皿 氣 気 ⿰日气 |力 ⿱旡灬 也気 ⿰食氣 生牲 ⿰忄氣 息太 ⿱埶氣 |雲 ⿱甚心 息歇 棄 也捐

● ⿰豸吉 也多 ⿸尸旨 也尻 ⿸尸既 息心 弃 愒 气 ⿱既心 ⿱甚息 ⿱甚心 也息 ⿰忄葛 也恐 摡 抚 也取 ⿰扌亥 也搖

● ⿰日乞 ⿰日氣 氣日 ⿰火氣 火爨 ⿰牛氣 病牛 ⿰氣瓦 ⿱埶乞 ⿱埶瓦 也裂 ⿸疒器 也病 ⿱既皿 名器 ⿰目乞 也姓 ⿱𥫗器 也氣

● ⿰金欠 火吹 ⿹气虫 ⿱既虫 名虫 ⿰虫氣 蝟似 ⿰衤气 也袖 ⿰⻊弃 也蹀

上入 kéh ● 喇 聲大笑

下平 kì ● ⿰虫奇 名虫

下去 kê ● 柿菓名

下入 kǐh ○

低上平 dǐ ● 知 疾 ⿰犭可 竟| 蜘 ⿱知虫 ⿱知黽 鼅 |蛛 胝 伍 ⿰口是 ⿰口是 嗁 嚏 城名 墀

● 墀涂地 昛日下 眡日也 智同醍 ⿱知酉 ⿰酉智酒也 低下也

上上 dī ● 蚳 ⿱氐䖵蚍子蟻卵 砥 ⿰石互柱也 抵 ⿰扌互 底 批當也 邸 弤旋舍 觝 ⿰角互 舡水戰

● 底 底 底 底 ⿸广玄至也 氐星名 詆毀苛 胝鳥藏 軧 ⿰車底大事 泜水名 羝 ⿰羊匊牝羊

● ⿰革氐 鞮革履 ⿰阝虒地名 褫奪衣 柢木根 ⿰是刂剄也 石 昏塞口 呧 呟 ⿰口互苛也

● 喝城名 坻 坛 坨 埠水中高地 牴觸也 埞 堤防也 弤舜弓|各 撤 敳刺也

● 跂 攱隱也 榹櫥也 ⿱虒毛獸毛多 疷病也 罠罔也 豸 ⿰豸弟解| 胝皮厚

上去 dé ● 智 𣉻 知 ⿰犭可 ⿰歹可明悟 致 𦤶招| 緻密也 置措| 寘棄也 蒂根| 螮虫也

● 殢困極 置 罝 罬 罼 罬立也 ⿰貝致賑也 踶立也 ⿰革致 ⿰角致刺底履也 ⿰魚致魚名 ⿰氵致溼也

● 懥忽| 遞行貌 ⿰足習踏蛤 ⿰亻致會物 ⿰口帶 嚏噴| ⿱致土墊也 罤置也 夂至也 厔平均致

● 弫青州謂彈曰| ⿰衤致 襹纚也 徝 徳 德施也 ⿰扌致 ⿰木致 ⿰金致刺也 摘棄也 ⿰扌遞不行又跆

● ⿱夂灬平也 ⿸疒致下病 ⿰禾致禾稱 質朴也 胵肥也 ⿱艹致大草 ⿰豸虎禹| ⿰言致笑也 蹏礙不行 遞行也

● 輊 ⿰車質 ⿰車遞低也 ⿵門致無間 駤馬進退不前 ⿰黑知|黠草書如連珠 ⿰至鼻噴気 ⿰鼻遞 ⿰鼻帝鼻疾

上入 déh ○

下平 dì ● 遲 邌 遟 迡 遅 ⿺走玄 趆 ⿰口犀緩久 治平也 ⿰虫犀舟| 蚳 ⿱氐黽人姓 馳

● ⿰鹿氐走奔疾驅 ⿺走也走也 ⿰音也黃帝樂名 ⿰口犀慢語音 岻山名 御行也 𣎵分枲皮也 池治也 ⿰氵耆至也

● 岻山名 御行也 𣎵分枲皮也 池治也 ⿰氵耆至也 ⿱遞皿皿也 篪管樂 ⿰虒也飛也 ⿱艹⿰寺刂草也 茌 茬

● 茬斫木

下去 dê ● 地 埊 嶳 坔 ⿰阝⿱巠土 ⿰阝⿱亞土 ⿰亻⿱亞土 墬 墜 ⿰亻⿱亞土 ⿰氵麗土| 稺幼| 雉 ⿰弟隹 鵜野雞

● 治 沼 庀修理 彘 ⿱彑⿰矢比猪牳 稚 稺 ⿰禾遲 ⿱艹稚小禾 滯凝積 痔肛門口瘡 懘心不利也

● ⿰亻待 偫待也 ⿸厂刺 垁城三堵 峙山獨立 持執握 ⿰扌戠持物 稺幼禾又凡物小曰| 拭當也 楴簪屬

● 滍水名 璏鼻玉飾 疷下部病 ⿱竹稚竹幼 ⿰糸遲 茜約空 軑 軚車輪 蚩牛| 菭草名

●踋行不進 陲地名 鞴騎具 鱌魚名 縪針縫 箠笏竹

下入 dǐh ○

波上平 pǐ ●悲|傷 菲芳| 騑駿馬 緋絳色 霏微雷 扉門| 蜚虫名 屝毀也 婓分別 披門也 裶衣長

●蹝蹕也 㵒雲也 頯䫌鬢披 犤獸似牛

上上 pī ●斐文貌 匪非也 篚筐也 朏朏月未盛明 誹非謗 棐菓名 蜚鼻虫 斐大也 悱悱欲言

●菲|薄 丕大也 否 丕 丕塞也 嚭嚭 棐 奜 𩦴水汁 靡劘無也 邳地名

●靡劘無也 邳地名 鄙啚陋也小邑 譬辟|諭 痞疥| 韭塵也 娝姓也 岯山上更有一山

●炋炁火也 嶏崩也 𧩂 𧩂 躃行貌 伾恐也 㤳謬也 抔披也 𠬹破也 柸|治

●棐木名子可食 髼毴被髮走也 洍水名 焆火乾 犤牛具 輩兩壁耕也 䧝 狉 貔狸子

●痞賜給 剫枝折 𠜱列名 秛禾租 䅏禾穗 䆀稻名 䬠 氣 宲氣下泄 縻爛| 紕分物

●箄竹具 蓖草也 蠹 蜚虫名 訛具也 貔 貊|貍 詖論也 醅酒名 鈈刃也 陫 陫山名

●𧴕別也 頿 頮大面 𩓞不平 馡香也 駓 駍 駓走也 騤馬名 鮃 魾大鱯 鴄人名

● 仳別也 伓山名 伾有力 俷背也 剕刀也 犻牛聲 犿使牛聲 坯山再成 吥爭意 𢈈分也

上去 pé

● 鼻氣出入處曰| 屁腸風 劓 劓刖鼻 厞隱也 嚊喘息 坒比肩 帔布也 庇鋪也 斐 𡋯塵也

● 𢓊走也 𣲍水也 洎涕也 獟獸名 襣 厞 𢂁褌也 顊首也 䶊法也 𢋺管鼻 濞 𣾷水聲

● 𢡈栖也 淠水名 𤸎病也 䊧失氣 𦡾肥壯 𪖙犬頭子 𦺇草名

上入 péh

○

下平 pi

● 肥不瘦 淝水名 皮 𥫱 㞓|革 貔 豼|貅 羆 䯗 𦋺 𧰲熊| 毗 𪖌 毘

● 毗 毘|連 𦙶是肚 痱 𤵸小腫 膍厚也 啡臥氣息聲 疲|軟 篦|笔 笆 𥮉竹名

● 𣢾気出 犤牛名 狴似豕 𤻂足上瘡 㗒未离 𥥒器也 䉶 蘢 紕飾也 𦅾細布 𦋮取蝦具

● 羓船也 翍良羽 腓病脛 萉避也 蕜悵也 蚍大蟻 螷蠯也 蚾 蚽虫名 蟦水母 衜隱形

● 裴 裵姓也 𧪄嚨也 𧳍猛也 𨛠鄉名 鎞 鈚犁鎞 鈹大針 鉟姑|旗名 𨭆 鎞鉏也

● 錍小丁 鎞釵也 𨳩門火氣 蜚鳥也 鞞刀室 𩶔 魮文|魚 鯙黑鯉 鵧鳥名 麀似鹿

● 披 翍開持 𢠳惡性 㨽反手 𤿭欲壞 𤱩離也 棑木名 𣘗梠也 椑木下交 疲倦也

● 嘫|呢口貌 毳 紕連也 岻山再成 鞞| 斐 婔往來

下去 pê ● 剕刖足 勑勇壯

下入 pǐh ○

他 上平 tǐ ● 黐 䊐|黏 蓠 離明也 齝牛食草 摛布發 彲 螭 貌獸名

上上 tī ● 耻 恥廉| 䖹虫伸行 庡 㞋廣也 祉福也 觽 觰角傾 㥆|忿

● 嚏噴也 薹抵也 趆超也

上去 té ○

上入 téh ○

下平 ti ● 持 提挈也 瑅玉名 騠良馬 鍉鋒也 䬫寄食 緹走帛 禔福也 隄防也 馳驅也 苔菜也

● 鮐魚仔 峙踟躕 碮砧也 磾石也 箈水中魚衣 篪竹名 蕛 蕛除草 䔛草名 䚷

● 題顯也 遆姓也 鍗双口灌

下去 tê ○ 下入 tǐh ○

曾

上平 cǐ ● 之 語助辭 㞢 出也 䞠 到也 芝 神草

上上 cī ● 止 停| 祉 福| 趾 跐 足也 阯 址 基| 子 花庚 只 𠮡 惟也 沚 小渚 枳 |殼 咫

● 咫 𤝞 八寸曰| 芷 白| 姊 |妹 秭 十萬曰億十億曰京十京曰| 旨 亩 助 口 眉 香

● 舌 美圣| 指 指 手足十| 訨 人名 岻 山也 庀 廡 山名 賭 贍 財物相當 軹 車穿小

● 駅 鴲 鳥聲 庍 居卑 恉 意也 抧 開也 時 五帝祭地始 晵 屋下 疻 毆傷 疐 不行 砑 砋

● 墍 石也 積 曲枝果 笁 竹名 第 牀| 薋 小苹 蚔 虫名 詣 許也 杫 板也 楝 楝 赤果名

● 櫕 樧 木枝 洔 水暫益 沚 水名 玶 玉名 疖 病也 劫 功堅 黹 紩也

上去 cé ● 志 心向 娡 𢗒 誌 記也 痣 黑点 䏯 至 𡊅 至 𡉀 圣 及也 輊 軒| 軬

● 質 証也 躓 蹶也 贄 拜見禮物 摯 把持 鷙 鷙 猛鴟 觶 酒杯 国 下入 鳷 鳥名 𡣪 婺

● 懥 至也 𡾊 山名 帣 礼巾 怯 忌也 懫 𨁈 躓 忿戾 積 積也 潰 淶 漬 漚也 篪

● 䔄 竹名 積 羊相羖 苊 遠| 覘 審視 詫 人名 跮 疾行 銡 銘也 鞊 鞋 杠絲 鏊 治苗

上入 céh ● 汜 水出

下平 ci ● 鰣魚名 焠火入水

下去 cê ● 字 孶 孳文| 茡麻成子 牸 羜牝羊 事刃也

下入 cǐh ○

日上平 nǐ ● 伱汝也 呢聲也 坭水和土 尒 尔必然 屔水止 鈮 鉨 檷 檷絡絲 籋箝也 聻指物

● 跜脚破 隬 陯地名

上上 nī ● 妮婢也 泥 泥水流 伲你也 旎旗從風貌 亹强勉 柅輪木 狔猗|從風 抳止也 禰 祢父廟

● ⿰月疑上肥 苨||茂盛 ⿱艹泥草露根 ⿰衤尼喪禮首服 ⿰言尼呼人 ⿵門尼智少力劣 ⿵門爾 ⿵門爾 ⿵門尼智少 ⿰革尼

● ⿰革泥鞕貌 ⿰車爾轡垂 ⿰香尼香也 ⿱髟爾 ⿱髟尼髮貌 ⿰黍尼黏也

上去 né ● 餌 ⿰食尔 弭 ⿰弓兒 ⿲弓耳弓以物誘之 珥璫耳玉 侎 敉撫也安也 鬻粉餅 刵斷耳 吁姓也

● 咡口旁 ⿰女耳女子 ⿰忄耳止也 敉安也 ⿰歹耳春祭 ⿸毛耳 毦毛飾 ⿰酉耳次酒 洱浴尸 眲不相信

● 羋羊鳴 ⿰耳申祭神 ⿰耳音知音不言 ⿰月耳筋健 ⿱艹聑春草 ⿰虫耳魚食 衈耳血祭

上入 néh ○

下平 nì ● 呢 ⿰口貳（多言） ⿰巾貳（飾也） 怩 ⿱尼心（慚色） ⿰扌貳（當也） 秜（自生生禾） 蚭（蚯|） ⿰豸尼（獸名） ⿰車尼（軾也） ⿰食尼

● ⿰食尼（餌也）

下去 nê ● 二 貳 ⿰亻貳（數名） 樲（酸棗小束） 膩（油肥） ⿰黍尼（黏|） 廾（二十並也） 弍 佴（地名） ⿰二刂（削也） ⿰忄貳（快性）

● 屎 ⿸尸⿱未示（收絲具） 殊（鬼魅） ⿹弋目（視也） 胒（肥也） ⿰耳西（酒重） 鉺（鉤也） ⿵門耳（門聲） ⿰食志（食也）

下入 nǐh ○

時 上平 sǐ ● 詩 詍（|書） 絲（線也） 鷥（鷺|） 蕬（菟|） 司（官|） 尸（陳也） 鳲 屖 ⿸尸隹（|鳩） 屍（死人身|）

● 呞（牛噍） 施（用也） ⿰貝欠（喝聲） ⿰目矣（眴也） 著 蓍（草也） ⿱艹⿰系瓜（|瓜） 郝（小國） 鰤 ⿰魚寺（魚名） ⿰馬寺 ⿰彳鳥（鳥名）

上上 sī ● 死（生反）

上去 sé ● 四 ⿴囗西 亖 兕 肆 ⿰彔聿 ⿰彔隶 肆 ⿱髟隶（數名） ⿰糸式 鉽 ⿹戈⿱丵灬（下殺上） 試（考用） ⿸尸⿱口甶（薄|）

● ⿰杀攵（|害） 柶（匕也） ⿰米四（糟也） 肂（埋棺坎） ⿰月四（腦盖） ⿰言矣（志也） 蕼（堇也） 貄 ⿰豸隶（|修豪毛長） ⿰隶聿（鼠名）

● ⿰忄四 呬 ⿱四口（息也） ⿰忄桌（心不安） ⿰麀殳（鬣析） 牭 ⿰牛貳（牛四歲）

上入 séh ○

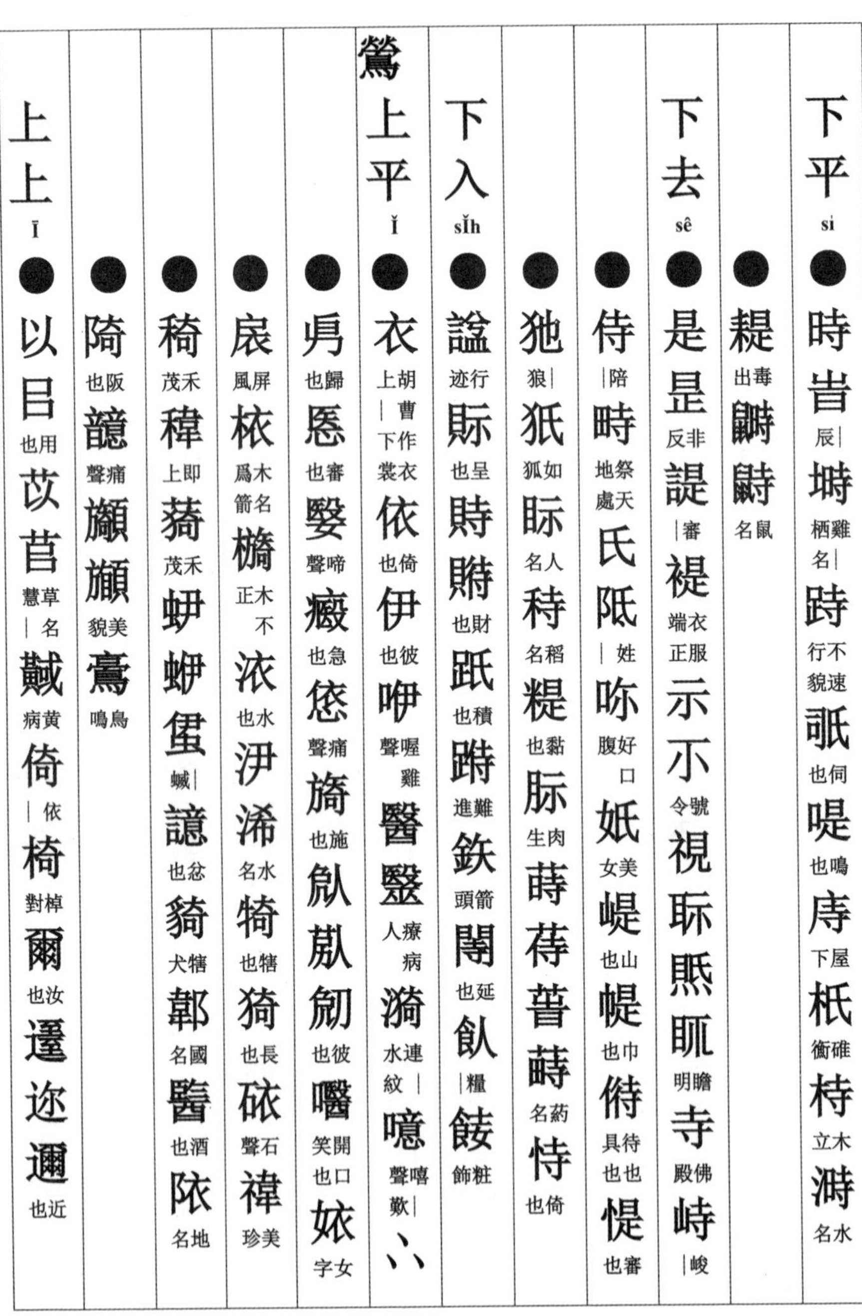

下平 si ● 時 峕 辰| 塒 栖雞 名| 跱 行不 貌速 哌 也伺 嗁 也鳴 庤 下屋 柢 銜碓 栘 立木 溡 名水

● 糦 出毒 鼭 鼭 名鼠

下去 sê ● 是 昰 反非 諟 |審 褆 端衣 正服 示 不 令號 視 眎 眡 眂 明瞻 寺 殿佛 峙 |峻

● 侍 |陪 畤 地祭 處天 氏 阺 |姓 吚 腹好 口 媞 女美 崼 也山 幉 也巾 偫 具待 也也 愢 也審

● 弛 狼| 狋 狐如 眎 名人 秲 名稻 糦 也黏 脈 生肉 蒔 莳 菩 蒔 名葯 恃 也倚

下入 sǐh ● 諡 迹行 眎 也呈 時 賭 也財 跃 也積 蹄 進難 鉃 頭箭 閧 也延 飤 |糧 餕 飾粧

鶯 上平 ǐ ● 衣 上胡 |曹 下作 裳衣 依 也倚 伊 也彼 咿 聲喔 雞 醫 毉 人療 病 漪 水連 紋| 噫 聲嘻 歎| 丷

● 㕥 也歸 医 也審 毉 聲啼 瘢 也急 恷 聲痛 旖 也施 猗 犄 剞 也彼 噫 笑開 也口 婍 字女

● 扆 風屏 栘 爲木 箭名 椅 正木 不 浓 也水 洢 浠 名水 犄 也犗 猗 也長 硋 聲石 禕 珍美

● 稦 茂禾 稦 上即 猗 茂禾 蛜 蛜 蛍 蝛| 譩 也忿 猗 犬犗 郼 名國 醫 也酒 陈 名地

● 陭 也阪 譩 聲痛 灑 灝 貌美 鷖 鳴鳥

上上 ǐ ● 以 目 也用 苡 苢 慧草 |名 韯 病黃 倚 |依 椅 對棹 爾 也汝 邐 迤 邇 也近

● 已止也 佁療也 庡 扆藏也 嬉山也 犄短也 笖筍也 簃符簷 檹木也 欧欬也

● 椅梓木類 懘心弱 濔 瀰水滿 禰親廟 扆天子而立 輢車旁 猗姓也 籎竹其 䓃嵩也

● 薾華盛 迤 迆邪行 𤸱瘗也

上去 é

● 意|思 臆胸| 薏 薔苡薏中心 憶念也 億 億十万 衣着| 瘞 陸 座 睦埋也

● 矣 唉助詞 䭲香也 䯆 髓 肊 肐胷骨 黖深黑 鷾 䳶燕也 乿貪也 㕥按也

● 啻快也 嬑女字 帊幡也 緆不成而急 㤅 意滿也 柃 檍木名 檍杶也 滴 澺水名

● 緆不成 瘱靜也 癔心痛 音快也 繶條也 螠小蜂 訷人名 譩審也 逘進也 醷濁醬

● 𩂊大露 韽履頭 饐 餈 飢飯濕 鐲飽也

上入 éh

○

下平 i

● 而助語辭 輭 轜 轜 輀喪車 夷 夸 㐌 尼狄平 恞悅也 痍瘡傷 跠蹲踞

● 頤口頰 姨母之姊妹 彝 彝 巸 鮧倫也 怡和悅 貽遺也 飴 餳 䬁 𩜇 饌糖也

● 蛇委|自得貌 迤委|行貌 匜盥手器 貤與人爵賞 兒 兒 兒少子 訑自足其知 栘唐棣

● 蕤 寶樂律 侇 等尸 侕 多也 溰 |霜雪 沂 刋 巧也 台 悅也 吚 欥 屄 㰻 欧 唸明

● 咦 大呼 咡 吻也 圯 橋也 媐 媚也 宧 養東北隅 𡳐 踞也 峏 峓 山名 崺 山長 𡱙 長也

● 異 已退 㣇 行平易 愾 喜也 枱 臿也 柂 船名 㮛 木斗 栭 標也 桋 赤棟 檽 木耳別名 㰘 木也

● 欧 美也 沶 水名 洏 汝也 洟 𪖐 鼻液 漪 水波 炬 火貌 㹫 獸名 珆 𤤗 石似玉 瓵 瓶也

● 眙 目不多 眱 眤 眤 小視 粭 米煎 緦 |繻美貌 羠 犍羊 羨 阤 地名 婩 媚也 𡯅 烲

● 胹 熟也 㼢 瓦也 耛 耘|除草 胰 𦙄 夾脊肉 䐅 脽也 䐈 豕肉 臑 煮也 荋 草多 荑 草生

● 蕛 洟也 蛦 山雞 袻 衣縫 䰶 覞 閉口 訑 笑也 詒 相欺 誀 誘也 鉯 釧也 鉇 鉈 短矛

● 銕 禺| 鏔 矛也 䧅 鴺 玄鳥 䩟 韋也 陑 隭 隭 地名 頣 頤也 頥 養也 䬁 粥也 騡 馬名

● 髵 頰毛 𩒐 䰰 熟也 鮞 魚子 鮧 藏魚 鮔 魚也 鴯 鷾|鳥 齝 吐而噍 唲 曲從 鼳 鼠也

下去 ê

● 未 䏣 𦙃 不也 味 五味 易 牙| 異 𢍁 奇| 肄 習也 勩 勞也 劓 刑其鼻 傷 輕也

● 𡷨 山也 庡 那也 𣏾 木也 沬 水名 𤞞 貄 修毫 袣 祭也 䅎 饋也 䆿 鮇 魚名 䍦 麗也

● 𦽏 莖藉 蕒 連翹 蘔 草名 𧠟 見也 鄊 地名 䫰 面前 鶍 鷊| 𪒠 黃白

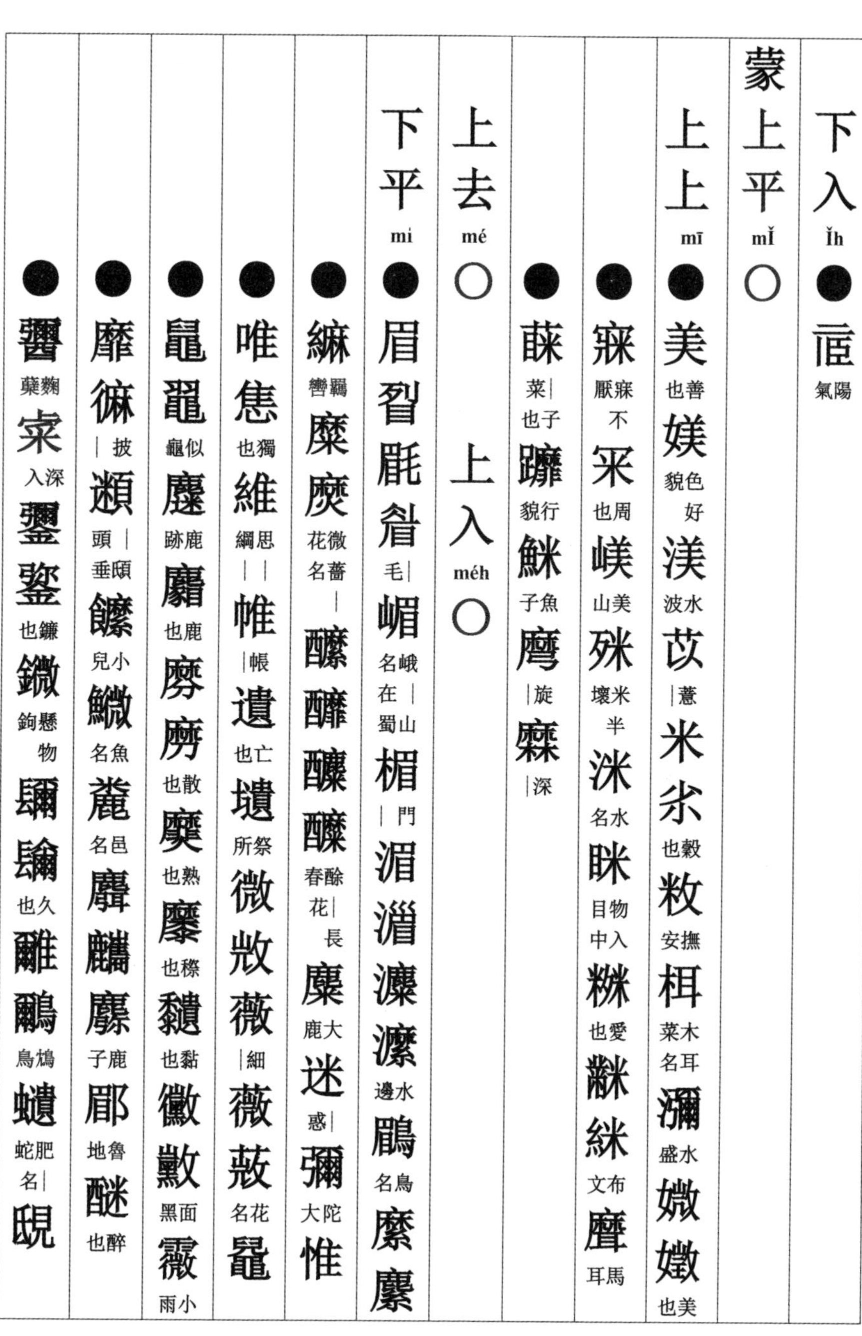

下入 ĭh ● [illegible] 陽氣

蒙上平 mǐ ○

上上 mī ● 美 善也 媄 色好貌 渼 水波 苂 薏| 米 粎 穀也 敉 撫安 栮 木耳菜名 瀰 水盛 嬍 [illegible] 美也

● 寐 寐不厭 采 周也 嵄 美山 殊 米半壞 洣 水名 眯 物入目中 粎 愛也 [illegible] [illegible] 布文 [illegible] 馬耳

● [illegible] 子|菜也 蹝 行貌 鮇 魚子 [illegible] 旋| [illegible] 深|

上去 mé ○ 上入 méh ○

下平 mì ● 眉 [illegible] [illegible] [illegible] |毛 嵋 峨|山名在蜀 楣 門| 湄 [illegible] [illegible] [illegible] 水邊 鶥 鳥名 麋 [illegible]

● [illegible] 羈轡 糜 [illegible] 微薔|花名 醾 [illegible] [illegible] [illegible] 酴|長春花 麋 大鹿 迷 |惑 彌 陀大 惟

● 唯 [illegible] 獨也 維 思|綱| 帷 帳| 遺 亡也 壝 祭所 微 𢼸 薇 細| [illegible] [illegible] 花名 [illegible]

● [illegible] [illegible] 似龜 [illegible] 鹿跡 [illegible] 鹿也 [illegible] [illegible] 散也 [illegible] 熟也 [illegible] 穄也 [illegible] 黏也 黴 [illegible] 面黑 [illegible] 小雨

● 靡 [illegible] 披| [illegible] |頤頭垂 [illegible] 小兒 [illegible] 魚名 [illegible] 邑名 [illegible] [illegible] [illegible] 鹿子 郿 魯地 醚 醉也

● [illegible] 麴蘖 宷 深入 [illegible] [illegible] 鐮也 [illegible] 懸物鉤 镾 [illegible] 久也 [illegible] 鸍 鳩鳥 [illegible] 肥|蛇名 覓

● 覕 病人視 譙 責也 貏 獸名 貓 白| 膉 汙面 膭 肥也 薾 苶 苶 草也 莔 蘼 |草

● 蘪 蘼 蒾 草名 薇 菜也 蘪 蘪 |蕪 篃 竹名 篾 籋 竹名 簚 籋 簚也 籋 竹篾

● 宷 冒也 䊳 碎也 罙 罟也 䀎 瞌 面汙 猕 獼 |猿 猸 獸名 瓕 瓕 玉名 瑂 石似玉

● 瞇 瞯 眯 眇目 眇 汙面 𧢍 𥋼 覹 𥋼 同視 瞶 目病 𥎦 矛也 祙 魅也 濉 水名 沵

● 瀰 水遠 灖 水流 瀰 大水 麊 滅也 攠 |拘山名 欕 攠 水中芰也 擵 弊也 檷 山名 瀰

● 洋 水曠遠之貌 瀢 魚盛 𡾋 𡾚 山也 𡾚 山形 床 囷 地名 弥 彌 彌 驰弓又長久

● 侎 慛 心惑 怓 快也 溦 水草交 嚜 詐言 堳 壇埒 墨 詐也 娓 美也 媚 㝰 說也

● 嬭 阿母曰| 孊 女字 溦 小雨 猕 獼猴

下去 mê

● 媚 㝰 諂| 謎 詸 猜|隱語 遺 遻 遻 遻 留失亡 寐 寤| 𡞣 呼母 寵 不竟

● 泳 行水中 蘼 葯名 煝 旱熱 睸 目合 䏹 眇目 寐 寐 寢也 簚 籋 篾也 篃 竹名 粎

● 槑 饘也 詠 歌也 味 五味 蝞 似蝦寄生 彪 魅 魆 鬽 魅 彔 老精物

下入 mǐh

○

語上平 ngǐ ● 儗 僭也 嶷 聲也 檕 擬 茂也 𦹠 盛衆也多 𡰊 移鼉 㠜 巾也 栮 木生耳 潪 水文猊 狋 犬怒

● 𦃂 帶也 薿 草盛

上上 ngī ● 擬 度也 駬 騠丨良馬 蟻 螻丨 洱 水名 𥢒 黍稷盛貌 緝 盛也 薿 茂也 𪕊 鼠名

上去 ngé ● 髶 大髶

上入 ngéh ○

下平 ngi ● 疑 𤖏 惑也 嶷 九丨山名 儀 𨘥 威丨 㰻 惑也 宜 宐 㝖 𥲑 宻 㝖 安也 㕧

● 㐹 未定 㕒 厜丨 䆽 察也 崕 石危 隒 嶬 𡾊 山名 𧢝 視也 礒 石高 菦 萓 丨草

● 觬 獸角 觺 角利 郋 邑名 頣 眉目 鱶 𩹗 魚名 𪘏 齸 齒露 鸃 山雞 齾 齧也

下去 ngê ● 耳 司聽 𧊳 小蟲

下入 ngǐh ○

出上平 chǐ ● 癡 愚也 嗤 戲笑 媸 妛 醜也 蚩 蚩 無知貌 雌 雌 鳥母 鴟 惡鳥 伬 呰 笑也 㾉

● 癡 𡵍 不智 𡰴 盜視 笞 𣚍 捶打 欪 同笑 𤝢 狩也 𥬇 竹名 粚 粥膠 絺 繪也 𦍤 羊名

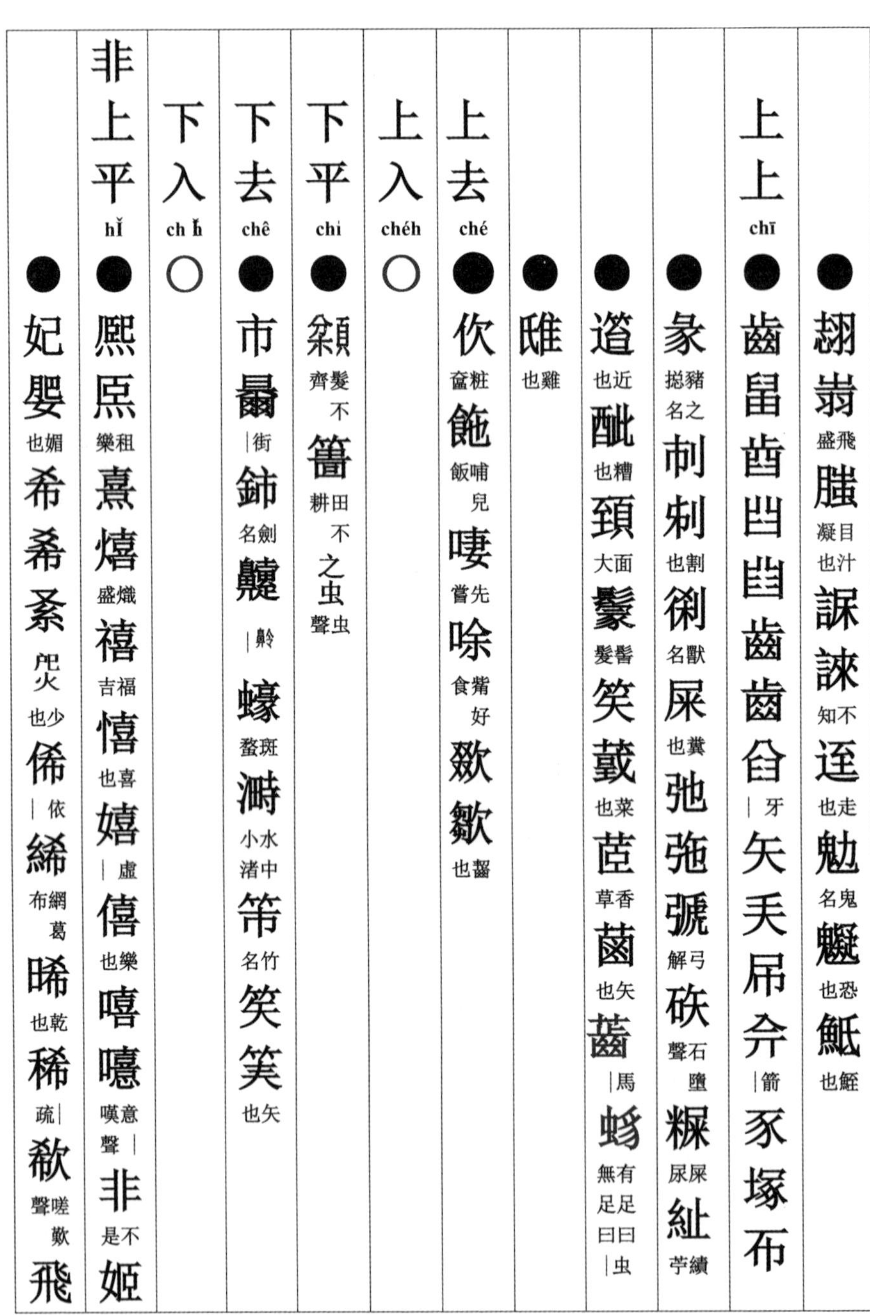

聲調	拼音		字
		●	翄 翨（飛盛）䏧（目汁凝也）誺 誺（不知）迣（走也）魑（鬼名）魕（恐也）魠（鯅也）
上上	chī	●	齒 㞒 齿 凶 㞒 齒 齒 台（牙丨）矢 兲 屎 夰（箭丨）豕 塚 布
		●	象（豬之搊名）制 㓡（割也）猘（獸名）屎（糞也）弛 弨 虒（弓解）矤（石墜聲）糎（屎屎）紕（績苧）
		●	遳（近也）醨（糟也）頚（面大）鬏（髻髮）笑 䓛（菜也）茝（香草）菡（矢也）蓝（馬丨）蚔（有足曰虫無足曰丨）
		●	睢（雞也）
上去	ché	●	佽（粧奩）饎（哺兒飯）㗖（先嘗）唋（嗜好食）欼 歠（醬也）
上入	chéh	○	
下平	chì	●	穧（髮不齊）箟（田不耕）之 虫（虫聲）
下去	chê	●	市 𪖐（街丨）鈰（劍名）䶵（齡丨）蠔（斑蝥）澌（水中小渚）笫（竹名）笑 笑（矢也）
下入	ch h	○	
非上平	hǐ	●	熙 㷩（租欒）熹 熺（熾盛）禧（福吉）憘（喜也）嬉（虛丨）僖（樂也）嘻 噫（意丨歎聲）非（不是）姬
		●	妃 嫛（媚也）希 莃 系（火少戺也）俙（依丨）絺（網葛布）晞（乾也）稀（丨疏）欷（嗟歎聲）飛

● 飛 猆 |翔 義 气也 犧 |牲 歖 訶 笑聲 咴 貪食 熺 炊也 燨 爔 火也 斐 姓也 獻

● 獮 獸名 琋 人名 瓻 酒器 睎 望也 背 大目 潕 和也 郗 骨節 咥 大笑 唏 笑也 嚱 口聲 墭 毀也

● 㛊 女字 娭 毐 女人賤稱 嫛 嫛 嫵 悅樂 曦 巇 巇 山相對 甚 疾也 㢣 山險 悕 念也

● 鹹 兵名 扉 戶扇 攕 攕 摢 㩗 擊也 曦 曦 日色 朞 肻 稘 朞 復其時 𣍹 月光

● 桸 朽也 烯 火色 櫨 櫼 檥 杓也 蚑 笑也 吹 逆氣 欷 歊 歔也 歖 卒喜 歔 歔 相笑

● 渄 瀸 瀸 滊 水名 瓠 瓢瓠 甗 缶也 瞦 目童 曦 曦 目動 篦 取蟣 箵 竹器 緋 赤色

● 繥 笑也 脪 腫也 莃 似葵 蒸 花盛 虗 陶器 蟢 蟻 虫名 觛 觛 角亡 䛇 呬 謑 知也

● 誒 惡言 譆 語| 譆 譩 痛也 趌 趫 趬 走也 齂 息也 踖 箕也 郗 周邑 醯 酢也

● 閪 隙也 隵 險也 鵗 雉也 霼 雨止見 輩 輕也 毴 毳 細毛 頎 |須頭動 饎 餼 飽 饇

● 饑 饎 食酒 餼 饋餉 騱 馬走 騑 騣 驂馬 鯑 魚名 鵗 北方曰|

上上 hī ● 喜 憘 譆 歖 歡| 匪 竹器 鼓 戲也 嘻 多熱 豨 呼豕 蟢 |子蟲 觽 好角 鄗 地名

上去 hé ● 懿 歖 憘 美也 費 邑名|用 亟 數也 屓 臥息 屝 草履 氣 靜也 怫 心不安 愾 大息

● 㩌擊仆 昲 曊曝也 櫠木也 吹 歕氣越 斐美也 濷水出 獖 豶泥子名 疿熱悶
● 費 𥆧目不明 鬻獸名 穙紫花禾 翡赤羽 蟦虫也 襸服也 靅雲貌 黖黑也 騛馬走
● 髴忽見 黂 黂亂麻
上入 héh ● 𠍻怒也 豎聲也 憙悅也 槩 餼芻米 𧤁好角
下平 hì ○
下去 hê ○
下入 hĭh ○

21東字母

柳

上平 lĕng ● 𧾷 蠅行

上上 lēng ● 籠 篭 箱也 㰍 佛經 曨 日出 瀧 雨｜｜貌 𥟂 黏也

上去 láeng ○

上入 láek ● 𣰆 草木稀疏

下平 lėng ● 龓 礱 礪也 嚨 喉｜ 聾 耳不聞 罷 罩也 瓏 玲｜ 襱 馬｜頭 䶬 大聲 𨂂 行不正 籠 筐也

● 霳 雨聲 𩆯 ｜雷 𩎓 ｜頭 驡 重騎

下去 lâeng ● 衖 巷｜ 裥 襱 褌｜

下入 lĕk ● 六 奐 數目 碌 磟 碡用具 剹 𠞊 削也

邊

上平 bĕng ○

上上 bēng ○

上去 báeng ○

上入 báek ● 北 蜚 南對 菲 逃也 蜚 似蟹

下平 bėng ● 硼 砂｜ 鵬 大鳥 朋 傰 ｜友 倗 輔也

下去 bâeng ○ 下入 běk ○

求 上平 gěng ● 工丨夫 江近海 釭衣帶 玒十升 筌竹名

上上 gēng ● 港 澌 [illegible]分流浦丨

上去 gáeng ○

上入 gáek ● 角獸頭生角 斛升斗四分之一 谷口上呵

下平 gėng ○ 下去 gâeng ○ 下入 gĕk ○

氣 上平 kěng ● 空虛丨 埪牆丨 [illegible]釜孔 [illegible] 啌內空

上上 kēng ● [illegible]大也 硞石聲

上去 káeng ○

上入 káek ● 売 殼皮甲 㱿 㲉卵孚

下平 kėng ○ 下去 kâeng ○ 下入 kĕk ○

低 上平 děng ● 東西對 冬 [illegible] [illegible] [illegible] [illegible] [illegible] [illegible] 咚四時之末 [illegible]龜名 [illegible] 䨳雨貌 倲

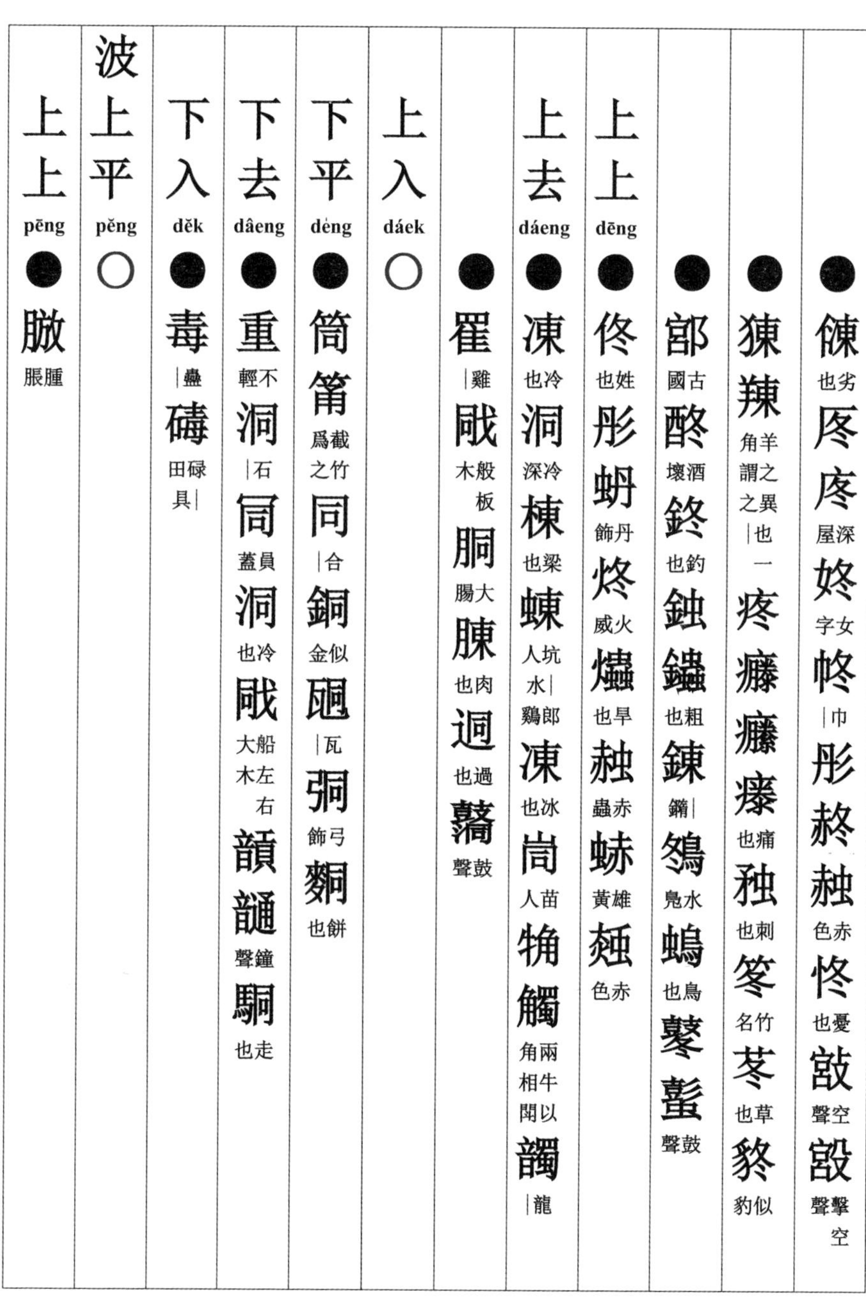

● 倲 劣也 [illegible] 庝 深屋 㚵 女字 [illegible] 巾｜ 彤 [illegible] 赨 赤色 [illegible] 憂也 [illegible] 空聲 [illegible] 擊空聲

● [illegible] [illegible] 羊之異也一角謂之｜ 疼 [illegible] [illegible] [illegible] 痛也 独 刺也 笗 竹名 苳 草也 [illegible] 似豹

● [illegible] 古國 [illegible] 酒壞 [illegible] 釣也 鉵 [illegible] 粗也 錬 ｜鏞 [illegible] 水鳧 [illegible] 鳥也 鼕 [illegible] 鼓聲

上上 dēng ● 佟 姓也 彤 蚒 丹飾 炵 火威 爞 旱也 赨 赤蟲 [illegible] 雄黃 [illegible] 赤色

上去 dáeng ● 凍 冷也 洞 冷深 棟 梁也 蝀 坑｜郎人水鷄 凍 冰也 峝 苗人 [illegible] 觸 兩牛以角相鬪 [illegible] 龍｜

● 翟 雞｜ 戙 般木板 胴 大腸 腖 肉也 迵 過也 [illegible] 鼓聲

上入 dáek ○

下平 dèng ● 筒 筩 截竹為之 同 合｜ 銅 似金 [illegible] 瓦｜ [illegible] 弓飾 [illegible] 餅也

下去 dâeng ● 重 不輕 洞 石｜ [illegible] 員蓋 洞 冷也 戙 船左右大木 [illegible] [illegible] 鐘聲 駧 走也

下入 děk ● 毒 蟲｜ 碡 碌｜田具

波 上平 pěng ○

上上 pēng ● [illegible] 腫脹

上入 páek ● 拍拊也 魄 ⿰扌百拍也 謈怒也 珀琥|

下平 péng ● ⿰月斯斫也

下去 pâeng ○

下入 pĕk ● 雹 靁 靐 霓水塊 彴流星 鑤杖名 懪悶也 ⿰扌暴 ⿰扌暴 ⿰暴殳擊也 ⿰卜皮 ⿸皮勺皮破 ⿰扌外

● ⿰扌僕 撲挨也 爆 爆灼也 犦 ⿰豕暴犁牛 瓝 瓟 ⿰瓜交小瓜 窇土室 箹傘帶 簹竹名

● ⿰月暴肉破起 靤醜稱 曓大呼 ⿰金雹 铇杵也

他

上平 tĕng ● 通透也

上上 tēng ● 桶水|木器 ⿰同攵擊也 垌缶又姓 ⿰女甬齊貌 捅進前 澄大水相溢 疼痛也 ⿵鬥同髀也 ⿰亻忩困也

● ⿰革發鞚|

上去 táeng ○

上入 táek ● 劏刺人 螫虫行毒

下平 tèng ● 虫無足 蟲 ⿰虫同有足 桐油| 痋|病

下去 tâeng ○

下入 těk ● 讀 誦｜

曾 上平 cěng ● 棕 椶 栟櫚

上上 cēng ● 鬃 假髮爲髻 倧 神人

上去 cáeng ● 粽 糉也

上入 cáek ○ 下平 cėng ○ 下去 câeng ○ 下入 cěk ○

日 上平 něng ○ 上上 nēng ○ 上去 náeng ○ 上入 náek ○

下平 nėng ● 侬 儂 自稱 膿 腫血 姎 如也 濃 寒也 欁 薐也 毴 毛乱 蕽 蓬｜蘆花 盥 腫血 曨 目不明

下去 nâeng ○ 下入 něk ○

時 上平 sěng ● 雙 双 兩隻 䉶 並立 慺 慺 懼也 艭 舟名 鬆 鬆 放｜ 孆 女字 欆 䉶 帆也

● 欆 棹舟羽也 𧄕 草名 蚥 蝬 螋 虫名 躞 跸也 霎 雨｜ 鱌 海魚

上上 sēng ○

上去 sáeng ● 宋 殷之後 送 𨑲 逰 遴 餽|

上入 sáek ● [illegible] 擲于地

下平 sėng 〇 下去 sâeng 〇 下入 sĕk 〇

鶯 上平 ĕng 〇 上上 ēng 〇

上去 áeng ● 甕 罋 大罌 塕 埕城内空地 甕 器也 齆 臭也

上入 áek 〇

下平 ėng ● 紅 赤色

下去 âeng 〇 下入 ĕk 〇

蒙 上平 mĕng 〇

上上 mēng ● 蝱 蜢 蚊屬 蠓 小飛虫 疹 癮 瘟|

上去 máeng ● 夢 㝱 梦 睡也

上入 máek 〇 下平 mėng 〇

下去 mâeng ● 緢魚｜

下入 mĕk ● 墨 嘿烏｜ 目眼｜ 木榠｜ 茉｜莉花名 嫼 嫼怒也 潶水名 爅 爅火也 嚜

● 矆細視 纆索二股 䁇臥也 纆索也 纆糸｜ 纆釣艇 蠌 蠌截也 默 黯黑也

語上平 ngĕng ○ 上上 ngēng ○ 上去 ngáeng ○ 上入 ngáek ○

下平 ngèng ○ 下去 ngâeng ○ 下入 ngĕk ○

出上平 chĕng ● 葱 蔥葷菜 嵸山也 繱青白色

上上 chēng ○

上去 cháeng ● 謥言相觸怒

上入 cháek ● 軸字畫 伬憂也 琗等齊

下平 chèng ○ 下去 châeng ○

下入 chĕk ● 鑿穿木也

非上平 hĕng ● 烘 𤇾 哅煙火 焢氣也 魟 魴黃色魚名 醎醉狀 顭肥也 叿呵也 䀧耳有聲

● 硔 谷空 ⿰言共 大聲

上上 hēng ○

上去 háeng ● 巷 ⿱共巳 ⿱共邑 ⿲乡共阝 ⿲邑共邑 街| ⿱𦥑共月 腫痛 ⿱巷心 志氣 ⿰歹鄉 死也 ⿰目貢 不明 ⿰石巷 大小石 閧 陌也

上入 háek ○ 下平 hèng ○ 下去 hâeng ○

下入 hěk ● 或 ⿸厂或 未定之辭 惑 疑| 斛 ⿰石斗 十斗 ⿺走或 昍 氣急 ⿱或水 水流 ⿱或瓦 瓦器 ⿱竹斛 大箱 穀 籰也

● ⿱艹斛 石| ⿱艹⿰索殳 十菜 ⿰角或 牛角 ⿺走告 走也 ⿺走谷 倒也 醫 濁酒 閄 人聲 ⿰魚斗 斗魚 ⿰巾或 披風 掝 受人之|

● 噢 日熱 槲 ⿱斛木 木名 ⿰或欠 ⿰虫欶 ⿰厭欠 吹氣 焀 火貌

22 郊字母

柳 上平 lǎu ● 飀 風聲

上上 lāu ○

上去 láu ● 稻 早種交晚種謂之| 溜 水名

上入 láuh ○

下平 lȧu ● 劉 刘 [illegible] 鎦 姓也 [illegible] 好也 樓 閣| 流 水行 [illegible] 木名 [illegible] 立秋祭

下去 lâu ● 老 多壽 漏 泄|

下入 lǎuh ○

邊 上平 bǎu ● 包 |容 胞 |胎 笣 竹名 齙 匏 樂音 孢 孕也 [illegible] 吳地山 [illegible] 姓也 [illegible] 讚也 [illegible] 草工

上上 bāu ● 飽 [illegible] [illegible] [illegible] [illegible] 饕 [illegible] 食多 怉 悖也

上去 báu ● 豹 虎| [illegible] 日怒 爆 爆 火也 [illegible] 衣也 [illegible] 誇也 [illegible] | 爆 火裂 髱 多髮 [illegible] 鳥也

上入 báuh ○

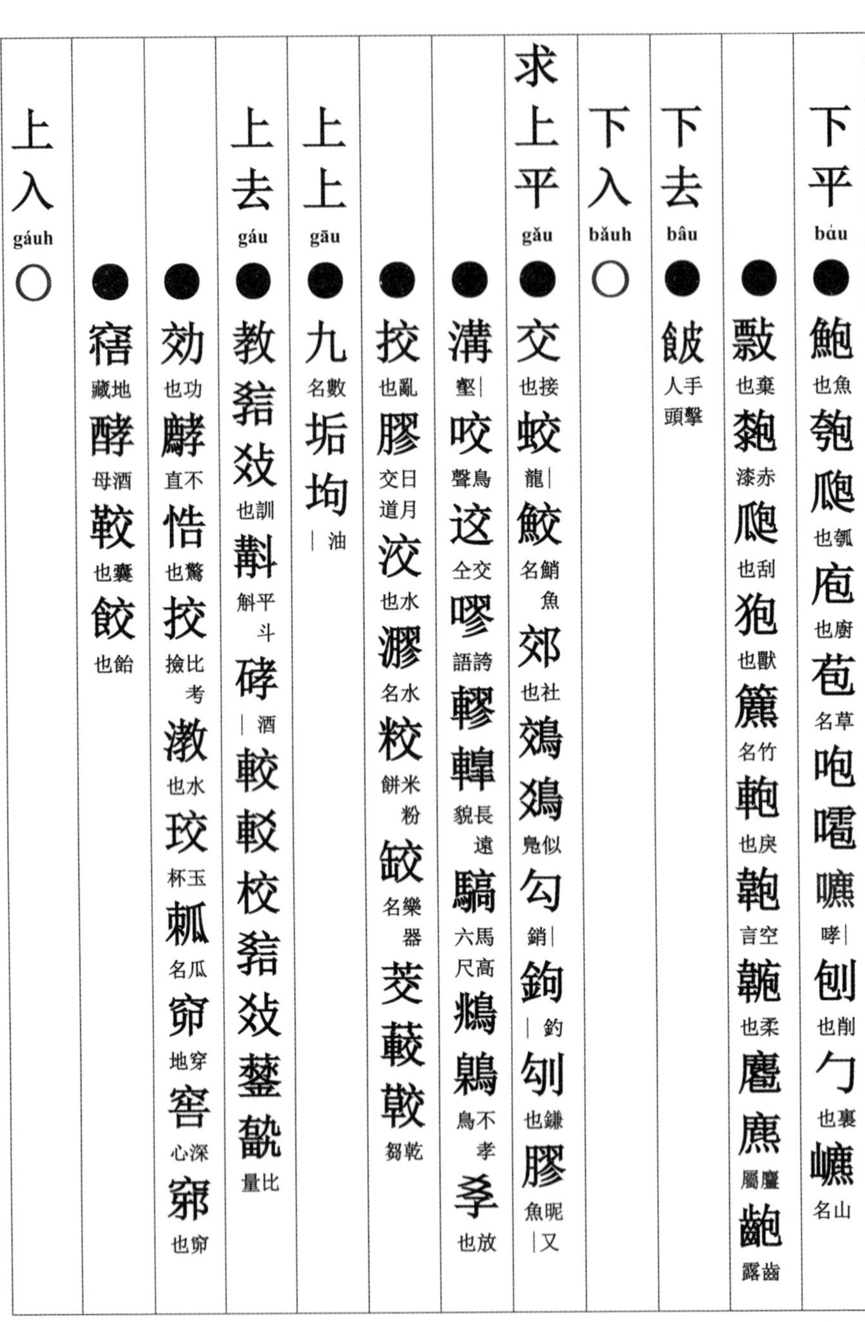

下平	bάu	●	鮑 魚也　匏　爮 瓠也　庖 廚也　苞 草名　咆　⿰口雹　⿰口麃 |哮　刨 削也　勹 裹也　⿰山麃 山名
		●	⿰票殳 棄也　⿰桼包 赤漆　爮 刮也　狍 獸也　⿱⺮麃 竹名　軳 戾也　鞄 空言　⿰革麃 柔也　⿸广雹　麃 麞屬　齙 齒露
下去	bâu	●	鈹 手擊人頭
下入	bǎuh	○	
求上平	gǎu	●	交 接也　蛟 |龍　鮫 鮹魚名　郊 社也　鵁　鵁 似鳧　勾 |銷　鉤 釣|　⿰勾刂 鎌也　膠 昵又魚|
		●	溝 |壑　咬 鳥聲　这 交仝　嘐 誇語　轇　⿰車皋 長遠貌　⿰馬高 馬高六尺　⿰米鳥　⿰耒鳥 不孝鳥　⿱爻子 放也
		●	挍 亂也　膠 日月交道　洨 水也　漻 水名　⿰米交 米粉餅　鉸 樂器名　茭　⿱艹較　⿰革交 乾芻
上上	gāu	●	九 數名　垢　坸 油|
上去	gáu	●	教 訓也　⿰辛言　⿰交支　斠 平斗斛　酵 酒|　較　較　校　⿰辛言　⿰交支　鏊　觓 比量
		●	効 功也　⿰鬲孝 不直　恔 驚也　挍 比考撿　激 水也　珓 玉杯　⿰交瓜 瓜名　窌 穿地　窖 深心　⿱穴郊 窌也
		●	窖 地藏　酵 酒母　⿰革交 囊也　餃 飴也
上入	gáuh	○	

下平 gáu ● 猴 獸名

下去 gâu ● 厚 不薄

下入 găuh ○

氣

上平 kău ● 鬮 拈｜分產 鍦 剜也 砊 城名

上上 kāu ○ 上去 káu ○ 上入 káuh ○

下平 káu ○ 下去 kâu ○ 下入 kăuh ○

低

上平 dău ● 兜 鐵｜即盔 攪 攬包當 侸 佔也 株 榠也 𩝐 偃鉏 梎 木根入土無枝 䀘 目汁 瞜 面不平

● 覴 日蔽垢 𨁂 跌也 頺 薄｜不媚 顭 顱｜面折 骰 骰 脛也

上上 dāu ● 斗 升｜星｜ 枓 共斗柄｜ 蚪 蝌｜蝦蟆子 陡 忽然

上去 dáu ● 罩 鯙 罩 罩 罷｜ 罩 篧 釣 罘鳥之具 鬭 鬦 二人爭強 剅 罩 覆具 覩

● 覩 瞀 睠 覽 視不明 𧳟 豸也 趙 行不正 踔 遠也 䡯 車弓 鵫 白雉

上入 dáuh ○

下平 dȧu ● 骰 采具 投 遞文書

下去 dâu ● 豆 昰 竹器 荳 菽也 郖 鄷 地名 ⿰女豆 帖也 ⿰忄豆 小怒 ⿰扌豆 長反 梪 木名 ⿰犭豆 犬吠 痘 胎毒

● ⿰礻豆 福也 ⿱穴豆 陷也 ⿱竹豆 食肉器 脰 項也

下入 dǎuh ○

波 上平 pǎu ● 抛 擲 棄也

上上 pāu ○

上去 páu ● 泡 水上浮浪 ⿱束包 脹大 炮 炰 製｜ 炮 矾名 皰 靤 面瘡 爆 竹｜ ⿰氵⿰木包 木名 ⿰鼻句 面也 噭 大聲

● 奅 大也 窌 醉起 ⿰包支 手擊 ⿰氵奅 清也 ⿰氵雹 水激 皰 腫痛 ⿰目包 目怒 砲 礮 ⿰石豹 機石 ⿰月雹 休腫

● 軳 飛石車 ⿰酉包 醉色 ⿰酉雹 生氣 ⿰金雹 铇 平木器 麭 餌也 ⿰黍包 黍皮 ⿰鼻包 面瘡

上入 páuh ○

下平 pȧu ● 跑 疾走

下去 pâu ● 鮑 魚也

下入 pǎuh ○

他 上平 tǎu ● 偷窃取 鍮石似金 婾薄也 𦑝毛多

上上 tāu ○

上去 táu ● 透 𧼯 𢓜通| 𣟎地名 杏 音唾也 螝水| 𧺆投|

上入 táuh ○

下平 tȧu ● 頭面又起 投竈窻

下去 tâu ○

下入 tǎuh ○

曾 上平 cǎu ● 糟 醩 𥃷酒粕 𤎖柴| 傮終也

上上 cāu ● 爪 㕚|牙 𧈪 蚤蚊| 走跑| 僺小長 𢃇十頭 抓 𢭐 掏指也 爑然也 𤢏夷種

● 𤥔 瑵玉也 笊竹器 罺 罺小罔 罺羅也 𦬙菜名 藻 薻 薻 藻草名 𧳜豸也

上去 cáu ● 竈 灶造煮飯之器 躁急| 趮疾也

上入 cáuh ○

下平 cȧu ● 巢 巣鳥居 窠鳥穴中也 剿 勦 劋 剿 𧩙 𧩙 𣩠征| 𨇪行捷 㤾懆也

● 轈束也 鶮高足 鱳魚也 㵾地名 𥠊凶首飾 幧拭也 摷 摷 摷拘也 樔草樓 漅湖名

● 𥗌小石 窲|寥屋深 窼鳥穴 繅 繅 繅出系 𦗒耳鳴 藻草也 𧞣拭也 𧾍起也 轈

● 轈兵高車 鄛邑名

下去 câu ● 棹 櫂進舡撥 掉 𢯷搖動 嘲戲也 悼哀| 噪眾聲 欆燔木 㹿牛半死 䂽石名

● 𥳑大笙 䑲行舟 藋 蘿 穛草也 醮醉| 焯 爟火急煎貌

下入 căuh ○

日 上平 nǎu ● 𩕳面不平

上上 nāu ● 撓 撓 攇掘捄 遶環團 繞繚| 獿犬驚貌 猱猴也 𢝃遠也 犩角挑 颱吹也 譊呼也

● 隢地名 鬞髻高

上去 náu ○ 上入 náuh ○

下平 nȧu ● 鐃鉦小 獶獅也 嘵|不平意 峱山名 呶讙聲 巙 㑿 巎山在齊地 嶢山高貌 怓亂也

● ⿰氵囟 沙藥 獿 獸名 硇 ⿰石農 砂石 繷 盛多 ⿺風囟 熱風

下去 nâu ● 鬧 喧| 橈 曲木 淖 泥| ⿱髟堯 多須

下入 nǎuh ○

時 上平 sǎu ● 梢 ⿱竹稍 木又小柴 艄 艘 撐舡人 弰 弓末 捎 掠也 ⿰肖攵 擊也 娋 ⿱稍女 侵侮 旓 旌旗之斿

● 筲 斗也 綃 維舟 ⿱艹肖 惡草 髾 髮尾 鮹 魚也

上上 sāu ● 稍 漸少 ⿱竹稍 小根 ⿰衤肖 衣衽 ⿰角肖 牛角開 輎 兵車 郩 大夫食邑 ⿰肖攴 擊也 ⿰氵稍 水激 ⿰牛肖 ⿰角肖 牛角開貌

● 睄 小視 ⿰礻肖 祐也 ⿱竹稍 帚飯 ⿱竹銷 竹枝 睄 目不明

上去 sáu ● 嗽 瘶 咳| 掃 埽 除塵具 ⿰金帚 碎鐵

上入 sáuh ○ 下平 sáu ○ 下去 sâu ○ 下入 sǎuh ○

鶯 上平 ǎu ○

上上 āu ● 嘔 |吐

上去 áu ● 箹 竹節 枴 曲木 ⿱目比 深目 ⿰口夭 婬聲 坳 窊下 ⿰巾幼 靴也 ⿱幼心 怨也 ⿰⿱臼夫攴 ⿰扌窔 戾也 ⿱臾木 木上小

●狕似豹 ⿱幼皿器中不平 靿曲也 晃 眑目深 袎靿也 軪車聲 ⿰幼頁頸不隨 ⿰凶頁頭凹 拗 ⿰亻幼

●挨手拉又不順 ⿰石幼不平

上入 áuh ○

下平 ȧu ○

下去 âu ●後先｜

下入 ăuh ○

蒙 上平 mău ○

上上 māu ●卯 戼 丣 ⿰山丣茂又地支 昴宿名 ⿰女卯好也 昴 昴 戼爲開戶日出象 泖水名

●聊 皎邪視 茆 茚草多

上去 máu ○

上入 máuh ○

下平 mȧu ●茅｜草 矛 ⿰矛戈 鉾 釪 ⿰矛我 昭 ⿰矛牙戈｜ 鍪頭盔 蟊 ⿱矛虫 ⿱敄虫 蝥食苗根虫

●媌目裹好 媌美好 ⿰山牟山名 描打也 桙器名 渵大水 犛長髦牛也 ⿰禾苗穗｜不實 緢旄系 繅紺色

●蝥青蛉 錨舟止 騖馬行 髦鬃也 鶓鳥也

下去 mâu ● 貌 貎 貇 容| 𩜹 飽也 帽 幗也 𢹓 打也 𣨼 𩜹 飽滿 𣦪 歹也 浣 大水貌 皃 儀也

● 靦 引也

下入 mǎuh ○

語上平 ngǎu ● 虓 貓聲 猇 虎聲 鴞 鴟屬

上上 ngāu ● 咬 齩 囓 齩也 駠 馬駮

上去 ngáu ○

上入 ngáuh ○

下平 ngáu ● 爻 卦名 姣 嫋也 笅 䈉 竹索 膋 餚 肴 唷 饌也 淆 混| 酘 治也 侑 刺也 䶬

● 峭 山名 恔 快也 悄 怯也 校 桷也 梢 桃梔子 櫛 䉾 瞭 殽 雜錯 洨 水名 砇 石不平

● 篗 管也 絞 綏 紊 綠色 聱 聱 㕧 腎 膋 脛骨 蓼 黃| 虠 虎聲 誵

● 詨 言不恭 趫 走也 郩 邑名 酘 酘 活也 轇 較 |囊

下去 ngâu ● 藕 蕅 偶 蓮根 樂 喜好

下入 ngǎuh ○

出 上平 chǎu ● 操 把練持 搊 兩手｜衣 抄 ⿱艹操 ⿱艹抄 鈔 略取又謄寫｜掠 焣 火乾 鬻 ⿰麥芻 炒也 ⿰田少 耕田

● 艄 舟不安 訬 擾也 謅 弄人 颮 風起 鬸 大釜 䴬 角七

上上 chāu ● 草 艸 百卉 炒 吵 鬧熱 ⿰攴草 虛聲 謅 弄言 ⿰酉丂 麴｜面曲

上去 cháu ● 臭 汙穢之氣 操 摻 琴曲 澡 浴德 ⿰米喿 米穀雜也

上入 cháuh ○ 下平 chảu ○ 下去 châu ○ 下入 chǎuh ○

非 上平 hǎu ● 哮 哮 咆｜怒罵 咻 烋｜気建 ⿰禾蒿 媷 耘拔去草 侾 大也 嗷 鬧也 嘐 ｜呶讙也 婋 女心俊慧

● 猇 虓 虓 虎叫 㝅 気上 庨 宮室高 涍 水名 烋 美也 ⿰犭高 ⿰犭翏 ⿰犭孝也 ⿸疒孝 喉病 ⿰目孝 ⿰目善也

● 穘 禾｜傷 ⿱穴孝 高気 顤 高也 飃 飅 熱風 髇 髐 箭也 亮 讙也

上上 hāu ● 吼 ⿰言孝 ⿰言孝 嚆 叫也 ⿰木𠂤 出也 ⿰牛句 牛鳴 犼 似犬 ⿺走豆 行不進

上去 háu ● 孝 ⿱夂孝 ⿱夆孝 ｜順 鬻 海介

上入 háuh ● 葹 草聲

下平 hảu ○

下去 hâu ● 效 功| 傚 則也 校 斈宮 効 |勞 斆 教也 ⿰谷犬 犬吠 恔 恔 快也 罠 誤也 [illegible] 縮頭

下入 hǎuh ○

23過字母

柳上平 luǒ ○

上上 luō ● 裸 倮 臝 𧞸 露身 蜾 蠃 蠃 長腰蜂 蓏 草結 虜 賊也 擄 掠人 孵 孵也 裹 包也

● 瘰 癧也 纙 不細 纙 不均 羸 獸名 覶 覶 覼 好視 蠃 鏍 鏍 小釜 癳 病也 㼫 瓜也

● 儽 攭 無毛羽貌 朵 垂貌 婐 女侍 睬 明也 髁 髀骨 鬌 |鬌髮貌 鸁 魚也

上去 luó ○ 上入 luóh ○ 下平 luò ○

下去 luô ● 爈 行不正 羸 似鬼

下入 luǒh ● 綠 青黃色 錄 記| 腺 肥也 諑 |譴 彔 刻木

邊上平 buǒ ● 晡 日晚 餔 埔 平|

上上 buō ● 補 補 敷 完衣 補 乾物 蔀 草名 埔 人名 玞 玉器

上去 buó ● 布 各 殕 帛也 佈 逼也 怖 悑 惶懼 誧 謀大 剕 裁刀 姊 美女 帇 巾也 庯 布裂 蚹 似蜆

上入 buóh ● 剝 刜 削也 沛 地名

下平 buó
● 蒲 葛| 葡 匍 |匐手行力盡 莆 |田縣名 逋 逋 欠亡 [illegible] 果實 蒱 擲之 庯 屋不平 匍 相次

● 哺 三吐 峬 好形 晡 申時 痡 瘏也 盙 申食 䇑 物端之 䔕 簿 取魚具 酺 大飲 篰 取魚

● 膊 |肉 莩 牛馬草 趙 匍匐 醐 酒樂 鈽 金版 離 鵏 鼓鳥 餔 食也 鯆 鯆 鱅 江豚

下去 buô
● 步 |行 駁 |行 痡 腹痛 埠 |菬舡所 部 |屬 捕 擒捉 哺 反| 𤺺 病| 捗 收斂 玤 美玉

● 步 |行 糒 粆 餌也 艀 小舟 賻 肘相酬 郙 亭名 輔 轉 車中具 駍 馬也 鯆 魚名

下入 buǒh
● 縛 細也 嚩 咒語

求上平 guǒ
● 過 經| 瘑 手足病

上上 guō
● 果 |斷 菓 |子 剮 割也 綶 纏束 惈 勇也 猓 似猴 褁 包| 錁 車器 鍋 刈鉤 餜 餅也

● 鱳 |鯧 麲 餅也 淉 水也

上去 guó
● 過 過 失超 句 章| 沎 走名 蝸 蟷蠨 詬 遲也 餶 食也

上入 guóh
● 郭 𨻶 鄗 咪城 墎 槨 度又外棺 廓 鄺 廲 大也 礅 石棺 障 嶹 埻 流沙中|

● 嶹 崞 邑名在雁門 䆐 谷深貌 擲 擴 張小使大 椁 槨 木| 漷 水名 籗 罩魚籠

● 聯大耳 曠耳丨 霩雲消 鞹 鞟 鞝去毛皮 𩏑度也

下平 guó ○ 下去 guô ○

下入 guǒh ● 屐木派品 夎行迫 𢐀勇也 挶持也 [illegible]耕也 駶馬立不定 局騙丨 [illegible]不敢伸

氣上平 kuǒ ● 科本派品 蝌文彩 料 犐牛屬 堝土丨 薖 簻草名 剮剖也 [illegible]丨斗餌 窠鳥巢

● 戈干丨 靴鞋也 [illegible] 瘑疽瘡 [illegible]小兒相應聲 [illegible]美也 咼口戾不正 堝烹金 濄 渦水名

● [illegible]禿也 稞 稒麥也 窩窟也 䈗竹名 萪草也 [illegible]無角牛 [illegible]酒色 鍋 戓 鈛車釭

● 闊 闊不正 [illegible]斗餌 骯 骴手足曲病 融 鬲釜也 [illegible]吐气 堁塵起 [illegible]髀骨 [illegible]偽也

● [illegible]治也 棵俎名 [illegible]棵俎名 [illegible]禾虫傷 [illegible]目動 [illegible] [illegible] [illegible]鳥也

上上 kuō ● 顆小粒頭

上去 kuó ● 課國議 騍牝馬 堁土地 瘝禿病

上入 kuóh ● 曲不直

下平 kuò ● 跔偏足跳 踒足趺

下去 kuô ○

下入 kuǒh ○

低上平 duǒ ○

上上 duō ● 朶 瑞 花| 綵 綒 冕前垂 垛 城| 躲 ⿰朶頁 |避 垜 ⿰阝朶 ⿰阝朶 垛 堂熟 埵 堅土

● ⿰女朶 花朶 ⿰山垂 山小 惰 ⿱隋心 ⿰忄⿱隋心 不敬 ⿰忄者 惰也 挆 挅 忖度 桗 木也 䅜 禾績 ⿰禾耑 禾垂

● ⿱竹朶 ⿱竹朶 竹名 ⿱竹隋 竹也 綞 ⿰耳垂 耳垂 朵 木上垂 ⿰衤過 大衣 趓 抛也 跺 行也 ⿰金朶 缺也 ⿰镸有 盡也

● ⿱雨垂 雲不族 ⿱髟朶 髮垂 鬌 髮美 ⿰王垂 玉名

上去 duó ● ⿰言朶 相誇

上入 duóh ○

下平 duȯ ● 廚 庖| 屠 |宰 瘏 庵麻草 幮 帳也 ⿰足少 躕 蹰 行不進 ⿰屠阝 陽亭

下去 duô ● 路 |途 ⿰魚途 魚名

下入 duǒh ○

波上平 puǒ ● 鋪 陳止 ⿰麥甫 麩 ⿰麥皮 麥皮 ⿸疒布 痡 病也 ⿰女甫 女字 柨 木汁可食 抪 ⿰扌希 散也 ⿰足甫 馬跡

● 陠 平也 䮒 馬名

上上 puō ● 浦 瀕也 溥 大| 圃 囿 園| 鈽 金版 普 |遍 譜 誁 譛 |牒 潽 水也 焧 火貌

● 䲕 魚名 普 |遍

上去 puó ● 鋪 買舍 誧 人名

上入 puóh ○ 下平 può ○

下去 puô ● 簿 薄 數| 篰 竹器

下入 puŏh ● 曝 暴 暷 煏 日曬

他 上平 tuǒ ● 拖 拽 扯| 𩊚 繬|

上上 tuō ● 妥 停也 ⿰亻妥 弱也 ⿰彳妥 行也 垜 埰 射| 嫷 ⿰女隨 美也 ⿰山妥 山長貌 撱 狹長 ⿰妥攵 安也 橢 脫也

● ⿰木隨 橢 車答器 ⿰氵隋 水名 ⿰目朶 小高 ⿸疒需 腰病 膸 牲肉 軃 廣厚 ⿰足單 小兒行 鬌 好髮 陸 隓

● 隳 損也 鰖 魚子生 鵎 鳥名

上去 tuó ○ 上入 tuóh ○ 下平 tuò ○

下去 tuô ○　下入 tuǒh ○

曾 上平 cuǒ ● 朱 紅也 珠 真｜

上上 cuō ● 主 賓｜專｜

上去 cuó ● 注 ｜解 鑄 鑄 銷金成器 駐 財也 軴 止也

上入 cuóh ● 燭 燈｜

下平 cuȯ ○

下去 cuô ● 胙 祭肉 祚 福祿 咋 東階 昨 目也 葄 水芋 蘄 草也 蔖 葅 魚醬 虘 且往 䖳 往也 昨 主階

● 錯 相謁食

下入 cuǒh ○

日 上平 nuǒ ● 捼 手切摩 挼 ｜莎

上上 nuō ○　上去 nuó ○　上入 nuóh ○

下平 nuȯ ○　下去 nuô ○　下入 nuǒh ○

時
上平 suǒ ● 輸 敗也
上上 suō ○
上去 suó ○
上入 suóh ● 剟 切也
下平 suò ● 㛖 女字 㤕 邑名
下去 suô ○
下入 suǒh ○

鶯
上平 uǒ ● 窩 堝 穴也 窶 藏也 萵 菓名 蝸 丨牛 撾 打鼓 鍋 䰛 釜也 緺 綬紫青色 媧 嬭 女丨
● 倭 夷人 歄 弱也 喎 姓也 㷄 燰也 腡 手指
上上 uō ● 婐 婑 侍女 逶 弱立 榱 櫰 枝垂 砨 𥑁 𥓈 石貌 䏖 手足曲 鬌 好髮
上去 uó ○
上入 uóh ○
下平 uò ● 盂 砵丨
下去 uô ● 芋 薯丨 婀 丨娜
下入 uǒh ○

蒙 上平 muǒ ● 捫 摸 摹 摩 手持弄現 懡 慚也 ⿰目麼 無光 ⿸麻女 去也

上上 muō ● 畝 田| ⿰女厶 俗呼妻稱 某 厶 甲也 ⿰糸麼 行貌 麼 ⿰糸小 細小

上去 muó ● 墓 墳|

上入 muóh ○

下平 muò ● 模 橅 法|規| 嫫 悔 姆黃帝妻醜而賢 謨 謩 暮 惎 譕 謀議

● ⿴囗无 橅 墓地 獏 獸名 ⿰酉莫 ⿰酉且|美醬

下去 muô ● 慕 慕 思| 暮 夕也 暯 不明 募 化召 戊 干屬 慔 勉也 ⿱竹暮 竹筥 縸 惡絮 幕 帳也

下入 muǒh ○

語 上平 nguǒ ○

上上 nguō ● ⿰女厄 ⿰女厄 美又日君月| 扼 如摘 ⿰厄頁 靜也

上去 nguó ○ 上入 nguóh ○

下平 nguò ● 訛 訛 吪 ⿰足爲 僞| 囮 ⿴囗鳥 鳥媒 厄 戹 枙 木節 ⿰角匕 角也 ⿰足匕 大跛 鈋 削也

● 魮鮠 名魚

下去 nguô ● 誤 也謬 悞 失過 悟 [illegible] [illegible] |覺 寤 [illegible] [illegible] 寐| 晤 [illegible] 明對 臥 |睡

● 俉 也迎 牾 捂 捑 也逆 窹 窹 窹 名灶 晤 也聽 迕 遻 也遇

下入 nguǒh ● 玉 石寶 獄 |牢

出上平 chuǒ ○ 上上 chuō ○

上去 chuó ● 厝 居人

上入 chuóh ● 糓 | 米

下平 chuȯ ○ 下去 chuô ○ 下入 chuǒh ○

非上平 huǒ ● 吙 気吐 出

上上 huō ● 火 烎 對水 夥 私家 夥 粿 [illegible] 生計 財合 人本 奤 明開 汻 岸水 [illegible] [illegible] 福神 不

● 风 | [illegible] 土火 輠 [illegible] 轉| 炣 名地

上去 huó ● 貨 貟 僓 灰 [illegible] 化物 沎 名水

上入 huóh ○

下平 huò ● 和 咊 啝 惒 龢 |順 禾 稐 稻也 杲 小兒啼 𣲘 水名 柇 𦙶 秮 𦙶 棺頭

● 𡛷 女字 澕 水清 苿 萂 草名 訸 平也 鉌 鈴也

下去 huô ● 倻 倡| 盉 調味 囮 進舡聲| 禍 𥜀 祴 祻 𧝔 毼 禍 殦 不福 楇 盛骨塗輪

下入 huǒh ○

24西字母

柳上平 lă ○

上上 lā ● 禮 禮 𠃞 乿 樂祭 澧 水名 醴 酒泉 蠡 蚤 彝 彜 彞 蠡 蛙屑 敳 敵也

● 欚 江中大舟名 𥪕 牛文 禮 戟也 𥎊 小矛 𥳐 竹也 艬 艬 大舟 蘱 蕤| 𦾔 國名 蠡 赤草

● 豊 行禮器 𩪘 鱻 銅也

上去 lá ○ 上入 láh ○

下平 lá ● 黎 黧 |民 藜 莉 蒿也 棃 棃 蠡 什文之文 瓈 玻| 鸝 驪 騹 駁馬 酈 地名

● 蠡 盠 鑫 瓢也 瞀 目閉 瞜 視也 簝 竹名 劙 刀剌 梨 梨 忩 黎 恨怠 犂 持物

● 棃 果名 櫟 木名 犂 犁 科 犂 粫 耕具 劦 姓也 犂 剝也 黎 劃也 剺 破也 瓈 小瓶

● 蹗 行疾 𨁈 犁 鏫 鑗 黑金 騋 驪 騋 驪 桃|馬 鯬 鱺 魚也 黎 眾也

● 黐 恍也 黧 班也 黧 黧 黧 青黑 黧 蒼白

下去 lâ ● 麗 丽 朸 麗 要 丽 麗 旅行 儷 𠐞 伉|婦也 隷 皂||僕 棣 棠|花名 戾

● 盭 ⿸厂獻 乖｜ 唳 鳴名 厲 暴｜ 勵 勉｜奮｜ 礪 砥｜ 厲 禲 疫病 糲 粗｜ ⿰亻戾 恕也 ⿰氵隸 冰也

● ⿰彖刂 ⿰厲刂 割也 ⿰口隸 囇 呪語 ⿰山萬 ⿰山蠆 危高 ⿰忄詈 欺語 捩 琵琶撥 ⿰扌隸 裂也 ⿰隶攵 ⿸厂⿰鬲攴 數也 曞 日光

● ⿰木隸 櫔 木也 ⿰氵尒 沴 水不可利 沵 水名 ⿰氵疑 ⿰氵隸 滴也 ⿰氵⿱麗土 寒也 癘 惡瘡 盭 違也 矖 視也

● ⿱⺮隸 篇也 綟 染色草 ⿱⿰糹戾皿 綬也 ⿰月戾 跛足 劙 割破 ⿰革疌 ⿰革⿱艹疌 草履 蠇 蠣 蠡 ⿸厂蠡 蚌属

● ⿰麗見 求也 ⿰角麗 角也 ⿰𧾷戾 行不進 酈 姓也 釃 下酒 棣 ⿰黑隶 ⿱𠆢隶 賤也 ⿵風戾 風聲

下入 lǎh ○

邊上平 bǎ ○

上上 bā ● ⿰氵罷 水名 擺 搖｜ 猈 狗也 矲 短也

上去 bá ○ 上入 báh ○

下平 bá ● 排 鋪｜｜列 棑 水｜竹｜ 牌 ｜票 ⿰木箄 木也 簰 ⿱⺮捭 筏也 郫 邑也

下去 bâ ○ 下入 bǎh ○

求上平 gǎ ● 街 衢 ｜道地名 魨 魚名

上上 gā ● 解 |釋

上去 gá ● 䉏 竹名 繲 故衣 賢 賢 纔然 解 元又押| 廨 公| ⿸疒解 疥瘡 ⿰口解 邂 不期而遇 ⿱解土 地名 屆 臥息

● 廨 懈 ⿱解心 |怠 檞 爲香

上入 gáh ○ 下平 ga̍ ○

下去 gâ ● 拐 手腳物杖 箉 竹器

下入 gǎh ○

去上平 kă ● 溪 縘 谿 磎 嗘 水流處 蹊 小徑 鸂 ⿰髟奚 水鳥 齟 口齒 屏 倒也 ⿰角奚 |觿 ⿰目奚 目動

上上 kā ● ⿰舟奚 重舟

上去 ká ○ 上入 káh ○ 下平 ka̍ ○

下去 kâ ○ 下入 kǎh ○

低上平 dă ● 低 下也 泜 水名 ⿰食氏 ⿰食玄 ⿰食巨 寄食 ⿰口隄 城名 眡 視也 磾 人名 紙 系滓 羝 ⿰羊玄 ⿰羊互 牡羊

● 趆 超 趨也

上上 dā ● 底下| 抵|搅|塞 軝履| 詆訶也 儶強也 聜耳膿 迡不進 頣頭|

上去 dá ● 帝 帝 帝皇| 揥所以摘髮 螮寒蟬 偙劣儀 僀俊也 昫日也 㖇 㗣 嚏鼻噴

● 嚔鼻气 廷核也 搋急持 栔取也 楴根| 泜水名 滯滴水 腣 腣|胜大腹 蓵姓也

● 諦審也 𧿹 𧿹 𧿘跉也 骶 骸背也 瓸甕也

上入 dáh ○

下平 dà ● 題額視 堤|岸 媞美女 睼近視 鶗駃悪鳥 緹帛也 趧衣厚 禔福也 蹄 蹄 蹏

● 踶獸足 荑芽始生 稊稗草似俗 綈厚繒 偍難進 厗石| 嗁 唏 諦 諟 謕 𧩸號也

● 瑅玉名 㼵小盆 磃怪石 螔索也 提挈也 桋女桑 椊研米槌 漽米瀾 漽 漽米槌

● 禠福也 稊 䅬 𥟖小米 篪竹名 罤兔網 蕛 蕛草多 虒亭名 蝭蟬也 袲衣名

● 諟言不懈 趧各自有由 遆去也 銻鎕| 鍗 𨬍釜也 鞮常也 銻鎕也 騠 䮩駃|良馬

● 䮩駿馬 鯷 鮷黑魚 鴃鳥名 鷉 鵜鳥膏可塗 鼶 鼶鼠也 媂女貌 惿心怯

下去 dâ ● 禘天子祭天 第次| 苐 苐草名 珶佩玉 祶祭名 締綵也 娣妹| 弟 丰 弚兄|

悌愷｜ 茜芽鬼｜ 綈結不開 匷刀勒 虒薄也 虒虎臥 墆 慸 懘高也 怟悶也

● 杕才盛 梯象｜ 焍灼龜木 鍗 題小盆 睇小弟 睼視也 豨矛也 䏲舟也 罤網繩

● 謕諟也 趧輕薄 踶足也 遞 遆 遰更易 䶏 騠 鷈似鳧

下入 dǎh ○

波 上平 pǎ ○

上上 pā ● 啤兄｜ 埤城上女牆

上去 pá ● 稗草似稻 紕 紙府｜素絲

上入 páh ○ 下平 på ○ 下去 pâ ○ 下入 pǎh ○

他 上平 tǎ ○

上上 tā ● 體 骵 髢身｜ 醴酒｜ 澧甘泉 挮去淚 㣢小兒 軆軟也 醍 䣠清酒 䫮頭不正

上去 tá ● 替 朁換止 鞮鞍｜ 匸虒棹櫃｜ 鬀髡也 涕泣｜ 綈麄袍 屉鞍也 屜 屟履中薦 摰攙物

● 歗小笑 殅 殀 殢喘也 笶車篔 穛 穑不耕 袦衩裂 禘 褅衣｜ 褋 䄼

●褶 補也 觬 觸也 達 达 迏 足滑 髢 髯 髮也 鯷 鮷 大鯰 䵂 滌麪 鶙 鼻|

上入 táh 〇

下平 tȧ ●啼 謕 嗁 哭也 𠱥 號泣 罤 網縄 苐 地生草 徲 休息 遟 𢕌 久也 𤟋 犬也

●𧋍 小蟬 蝭 䗖 虫也 𧢼 角不正 鵜 |胡洿澤 鶗 鴂|

下去 tâ 〇 下入 tăh 〇

曾 上平 că ●齋 𢋈 亝 齍 齊 齌 潔也 𩟼 糈 飯餅 躋 𪗉 升也 齋 孛堂 薺 荠 甘菜

●銻 利也 蟞 鼈 鱉 𣞤 鼈也 頛 惡也 驡 彼走 鮆 𩶖 刀魚 鱭 鮆也 𪗈 魚名 麡 似鹿

●癠 病也 𣟴 材也 齎 持送付 齌 炊釜 𪗓 等也 𪗔 和亂 𥌒 惹也 櫅 |榆堪作轂 𤑔 齋

●亲 潔也 璾 玉病 𪗁 成也 虀 菜也 𠑬 人名 懠 猜疑 賫 齎 賷 付持 𨀣 登 𧾩 升也

●𨣏 酒名 釮 利也

上上 cā ●霽 晴| 濟 泲 洤 水名 擠 排| 儕 朋| 𪙞 齒不齊 𧜣 斷衣 擠 𨢮 手搦酒

●𨇜 走也 鬗 束少 𢄍 麻紵

上去 cá ● 濟 ⿰氵厸 ⿰氵亝 也渡 縩 布夏 泲 名地 ⿰舟壽 也舟 ⿰言齊 也刀

上入 cáh ○

下平 cȧ ● 齊 亝 ⿰礻齊 |整 臍 齊 齋 ⿱齊鳥 |肚 ⿱亼黽 蠐 齏 ⿱齊䖵 蟲蠐 敕 射箭 ⿸广齊 也美

下去 câ ● 劑 ⿰亝刂 也分 ⿰金齊 |功 霽 止雨 嚌 ⿰口亝 也嘗 懠 也怒 擠 |排 癠 也病 眥 眥 ⿰目枼 厓目

穧 禾刈 艩 艫承 諿 也多 隮 ⿰阝亝 ⿰阝妻 ⿰阝⿱亝女 氣升 ⿰鹵齊 也鹹 ⿰鹵齊 也韲

下入 căh ○

日上平 nă ○

上上 nā ● 奶 妳 嬭 ⿴囗乃 ⿰女⿱爾心 妳 娘乳 稱母 抳 也止 苨 薾 成茂 ⿰扌犀 也摩

上去 ná ○

上入 náh ○

下平 nȧ ● 尼 |僧 ⿰山尼 名邱 泥 ⿱尼虫 |溫 怩 漸| 色| 埿 也塗 呢 語南 燕 妮 婢呼 屔 名山 ⿰尼欠 悅和

● ⿰月尼 肉皮 ⿱齊骨 醬骨 跜 也動

下去 nâ ● 埿 黑塗 |壁

下入 nǎh 〇

時上平 sǎ ● 西卤鹵卤栖東對恓惶也粞糈碎米樨木|花名犀髌角|剸剸剩也

● 嘶馬鳴屖遲久硒行也捿幽居㯕櫪也泜止也㾷痛也蜤蛭也褫衣也謕諄|誓悲聲

上上 sā ● 洗|滌徙䢇枲屣徏迣𨒫|移屣屣蹝纚蹝草履蓰

● 籭竹器可以除粗取細璽璽璽玉印枲鉩𨭆蘇有子葸恐懼廙利石姺古國名

● 崽子也𡜀小也杫榹板也毸毛垂灑粟滷滌也漇流也灑洒汛也𤞣不安

● 䁻矖視也箲帶飯具箕竹也簁籭也線繪也縰衆多纚冠織郪國名釃漉酒

● 茈澌也萆葈|耳

上去 sá ● 細緦嫩|壻婿聟女夫㟁山名𢅥殘帛洶水名𣏩|陽山名

上入 sáh 〇 下平 sȧ 〇 下去 sâ 〇 下入 sǎh 〇

鶯上平 ǎ ● 挨捱延|偈逼也

上上 ā ● 矮躷身短㢊廢也毉笑貌𡎲舍也

上去	á	●	嵫 峗險也 瘕劇聲 硊 砈玉名 䅊小把 諡不平 賹寄物 隘 隓 咜 䦘 闢門狹
		●	闔闊也
上入	áh	○	
下平	a̍	●	鞋 鞵襪也
下去	â	●	㒇
下入	ăh	○	
蒙 上平	mă	○	
上上	mā	●	買賣對 蕒菜名 濶水名 嘪羊叫 嫚黠也 睸小視 慣不平 覵小視 𩀱 鷶鴝| 韈鞋也
上去	má	○	
上入	máh	●	哶羊聲
下平	ma̍	○	
下去	mâ	●	賣 𧸘 𧷸 賣買對 佅藥名 𥈭怒目

下入 mǎh ○

語 上平 ngă ○

上上 ngā ● ⿰土兒 ⿰阝兒（陴｜城上女牆） 睨（睥｜邪視） 掜 揑（擬也） ⿰日它 晲（日昳）

上去 ngá ○

上入 ngáh ● 闑（閉門聲） ⿱宀兒（戶樞聲）

下平 ngà ● 睨（邪視） 輗 ⿰車⿱亠兄 ⿰車宜（任載大車） 猊（狻｜） 鯢（鯨｜） 倪（俾益） 婗（人始生） ⿰兒攴（毀也） 淣（水際）

● ⿰羊兒（胡羊） 腉（乳也） 觬（角不正） 霓（五色雲）

下去 ngâ ○

下入 ngăh ○

出 上平 chă ● 妻 ⿱尚女 ⿱屮女（夫對） 萋（草木蕭條） 淒（悲痛） 淒（｜涼） 棲 棲（止也） 差（使也） 淒（寒也） 緀（帛文）

● 縒 ⿰絲差（系亂） ⿰差羽（飛不至） ⿺走差（走也） 郪（地名） ⿰妻隹 鶈（東齊鳥） 霋（雨｜）

上上 chā ● 泚（水清又汗出貌） ⿰朿羽（飛也）

上去 chá ● ⿰米妻（米粉） 妻（以女配人） 溞（水涌）

上入 cháh ○ 下平 chá ○ 下去 châ ○ 下入 chăh ○

非 上平 hă ○ 上上 hā ○ 上去 há ○

上入 háh ○ 下平 há ○

下去 hâ ● 蟹 ⿰魚解 蠏 螃｜毛｜ 嶰 山澗 澥 谷也 ⿰牛解 獬 ｜豸 ⿰豸解 ｜⿰犭豸 ⿰阝解 小溪 ⿰革解 輯也

下入 hăh ○

25 橋字母

柳
- 上平 liŏ ○
- 上上 liō ○
- 上去 lió ○
- 上入 lióh ○
- 下平 liȯ ○
- 下去 liô ○
- 下入 liŏh ● 料 量米|下

邊
- 上平 biŏ ○
- 上上 biō ○
- 上去 bió ○
- 上入 bióh ○
- 下平 biȯ ○
- 下去 biô ○
- 下入 biŏh ○

求
- 上平 giŏ ○
- 上上 giō ○
- 上去 gió ○
- 上入 gióh ● 腳 胶也
- 下平 giȯ ● 橋 跨水以木渡人 茄 菜名如瓜色紫也
- 下去 giô ● [illegible] 尾長
- 下入 giŏh ○

氣
- 上平 kiŏ ○
- 上上 kiō ○
- 上去 kió ○
- 上入 kióh ○

字母				
	下平 kiȯ ○	下去 kiô ○	下入 kiŏh ○	
低	上平 diŏ ○			
	上上 diō ● 貯 盛賑也｜			
	上去 dió ○	上入 dióh ○	下平 diȯ ○	下去 diô ○
	下入 diŏh ● 着 也在			
波	上平 piŏ ○	上上 piō ○	上去 pió ○	上入 pióh ○
	下平 piȯ ○	下去 piô ○	下入 piŏh ○	
他	上平 tiŏ ○	上上 tiō ○	上去 tió ○	上入 tióh ○
	下平 tiȯ ○	下去 tiô ○	下入 tiŏh ○	
曾	上平 ciŏ ○	上上 ciō ○		
	上去 ció ● 借 貸假			
	上入 cióh ○	下平 ciȯ ○		

下去 ciô ● 栬 小杙

下入 ciǒh ● 嚼 齧|

日上平 niǒ ● 嫋 嫋|弱貌

上上 niō ○ 上去 nió ○ 上入 nióh ○

下平 niȯ ○ 下去 niô ○

下入 niǒh ● 箬篛 楨|葉也

時上平 siǒ ○ 上上 siō ○ 上去 sió ○

上入 sióh ○ 下平 siȯ ○

下去 siô ● 幬 布巾

下入 siǒh ● 石 砂| [illegible]鼫 似兔 拓拆 拾也

鶯上平 iǒ ○ 上上 iō ○ 上去 ió ○

上入 ióh ● 勺 十|爲合

下平 iò ○

下去 iô ● 裔 ⿴衣冏 兖 ⿳亠八冏 宦門子孫又衣裾 睿 聖智 拽 曳 ⿰𠂤曳 拖扯 芮 國名 蚋 蜹 蚊屌 ⿰氵裔 水名

⿱艹裔 蕤 草名 叡 生知 枘 ｜鑿 緌 ⿱日彔 擊也 譗 恨言 ⿰王曳 石似玉 銳 精｜尖利 ⿰禾曳 白稻

⿰豕生 賓五月陽律 䙗 衣長 ⿰金芮 利也 ⿰睿攴 恥也 ⿰虫曳 虫名 丿 至也 厂 流也 㤜 ⿰忄乚 怈 冒明

抴 捙 引也 ⿰扌芮 扨也 ⿰木芮 草木垂 栧 楫也 泄 水名 洩 散也 ⿰犭曳 貍子 ⿰石兌 使消 笍 鋭也

⿱竹曳 長也 ⿰米曳 禾名 綐 紬也 莌 小也 ⿰言睿 恨言 ⿰車曳 車也 鈗 執兵 靾 ⿰革曳 草｜ ⿰金睿 鋭也

⿰曳鳥 鳥也 ⿰口曳 呭 多言 要 婦人胎病 ⿱折丂 裂也 㤜 習也 庉 食廡 ⿸广㬰 庋也 庾 倉也 汭 水名

⿰氵藥 烝蔥 ⿰丬刂 摩也 剫 小傷 ⿰隶力 勱 劬也 ⿰聿力 勩 苦也 ⿰睿圣 叡 睿 ⿰睿壹 清明

下入 iŏh ● 藥 療病之物 鑰 銷｜ 屵 岸上出現 瀹 瀹 ⿰氵蘥 漬也 ⿰氵蘥 水名

蒙 上平 miŏ ○　上上 miō ○　上去 mió ○　上入 mióh ○

下平 miò ○　下去 miôi ○　下入 miŏh ○

語 上平 ngiŏ ○　上上 ngiō ○　上去 ngió ○　上入 ngióh ○

下平 ngiò ○	下去 ngiôi ○	下入 ngiŏh ○
出 上平 chiŏ ● 剪 斷也		
上上 chiō ○	上去 chió ○	
上入 chióh ● 尺 屈 十寸 [illegible] 湯中沟丨 [illegible] 卻屋		
下平 chiò ○		
下去 chiôi ● [illegible] 巾也 毳 細毛 [illegible] 謹也 [illegible] 斷也 [illegible] 謝也 [illegible] 草名 竁 穿地 [illegible] 重擣 [illegible] 穀再舂 脃 小易斷		
● 脺 易破		
下入 chiŏh ● 蓆 臥具		
非 上平 hiŏ ○	上上 hiō ○	上去 hió ○ / 上入 hióh ○
下平 hiò ○	下去 hiôi ○	下入 hiŏh ○

26 鷄字母

柳上平 liě ● 摛舒布 獝貍獸也 飅飅颵魑魆鬼屬

上上 liē ○

上去 lié ● 詈|罵 㒧欺慢 䅻断物 劙割裂 罹遭也 荔菓名 悷悲貌

上入 liéh ○

下平 liè ● 鬁山怪状 酏乳腐 醨菭酒 篱筬|撈飯竹器 籬 蘺 蘺 欐藩||芭 魑 离|魅山鬼

● 璃玻|琉| 釐 厘 氂十毫成| 䍦 羅白帽 剺割也 剓解也 劙分割 𠩵折也 嚦言不止

● 𪍿無夫 孋美人又名 孷双生 离 𡺲姓也 𢄐礼巾 廲廈也 悡 㦒憂也 㒿 懘多端

● 攡張也 㰚折也 斄微劃 睝 瞝 𦐊視也 曬 曥暴也 𣟳果名 枇琵琶撥 樆山梨

● 𣐍木名 氂 犛牛尾 𣯀白帽 浬人名 漦水也 灕流貌 瓈蠡屬 睝 𦐊視也 禠福祥

● 䅻祭名 𥢈二把 穲禾苗 䈜織竹 𥸿竹杓 𥻙熬米 縭維也 縭香纓 耱 𦓝種也 蒚草也

● 𧀍夫須 虌著也 蜧蠡也 蜊虫也 蜧蛇也 螭龍無角 褵 襹衣帶 謧 譧多言 𧪜罵也

● 貙虎屬 迾 邌遮也 離丨散又名卦 漓琳丨澆丨 醨薄酒 蠡 蟸 𢿋理也 鵹 雞

● 䧳雖也 翟 鵹 雞 鸝楚雀 驪驢子 驪千里馬 髳髮起 鸝 鵹 鸝鳥名 鵹

● 鯬魚名 麳麥屑 黎 麲數丨 驪 騳赤黑 鼶小鼠相御而行 鸝黃丨 熈帷中火 欐破木爲丨

下去 liê ● 離遠去 例常丨 悷驚也 欐木名 欐棟別名 粝痛也 疠 痢疫也 濿渡水 爄火斷 犡

● 犡牛白 𤬁陷也 翼別也 癘癱也 盭器也 砅石聲 礪磨石 梸 棃 稱禾齊 箣籌也

● 覼疾視 𧩛言美 贎貨也 趔足不進 鱱魚名 黐 黐黏也

下入 liěh ○

邊 上平 biě ● 鑢烙丨 裨補衣 笓

上上 biē ○

上去 bié ● 臂手丨 帔霞丨命婦之服 轡 轡馬駱頭 閉 閇塞也 屄口聲 嬖便辟 捌批也 睥 睤邪視

● 箅蔽也 緶緝也 賁飾也 贙困惡 閟門戶 彆弓弭

上入 biéh ○ 下平 biė ○

下去 biê

● 避 辟 僻 䢆逃| 斃|路 洎涕也 㢸弶也 鐴戈鳥具 瀷水貌 痺足气不至 睥皆也

下入 biěh

○

求上平 giě

● 圭 珪壁| 奎宿名 畦田區 跬 蹞步開 閨閫| 鷄 雞知時畜 規 䂓|矩

● 羇 羈|旅 罼 罼 羈 䩭 羇馬駱頭| 醯醋也 笄 䈂簪也 枅 枅 梋柱上橫木

● 忚欺慢 刲 剴 挂刺也割也 枔 榼 榼木也 欷歎息 𪓐 鼃蝦蟆 楏欚也 烓火貌

● 甗甑下孔 畸殘田 眪 昇 昚直目 睽不相視 䁤自得 睳視也 掎取物 刻木弓 擷裁也

● 摫 剞 斪曲刀 檜木名 窐甑空也 流不平之貌 卟考也 嗘聲也 觟盾握 奎星名 娃女也

● 嫢小腰 槻 槼 摫木名 輧車兩轄 邽邑名 銈金| 鐕堅也 翟谷也 䩭 羈寄也

● 頮 欚 賊小頭 騱單馬| 鬹三足釜 鬶酸也 鮭魚名 鯢魚腹如氣毬 巂鳥也 麈鹿屬

● 鴂子規 鸂水鳥 矆面垢 禾曲頭 稽滯也 笄十五曰| 耓田器 胿大腹 絶黃病色

● 茥 蕧覆葢 蘳草名 谿 螇土蜂 蛙青|蛇 蚈 蚈螢火 袿女人上服 䙆四袂衫 罣姓也

● 訳笑不止 䛩人名

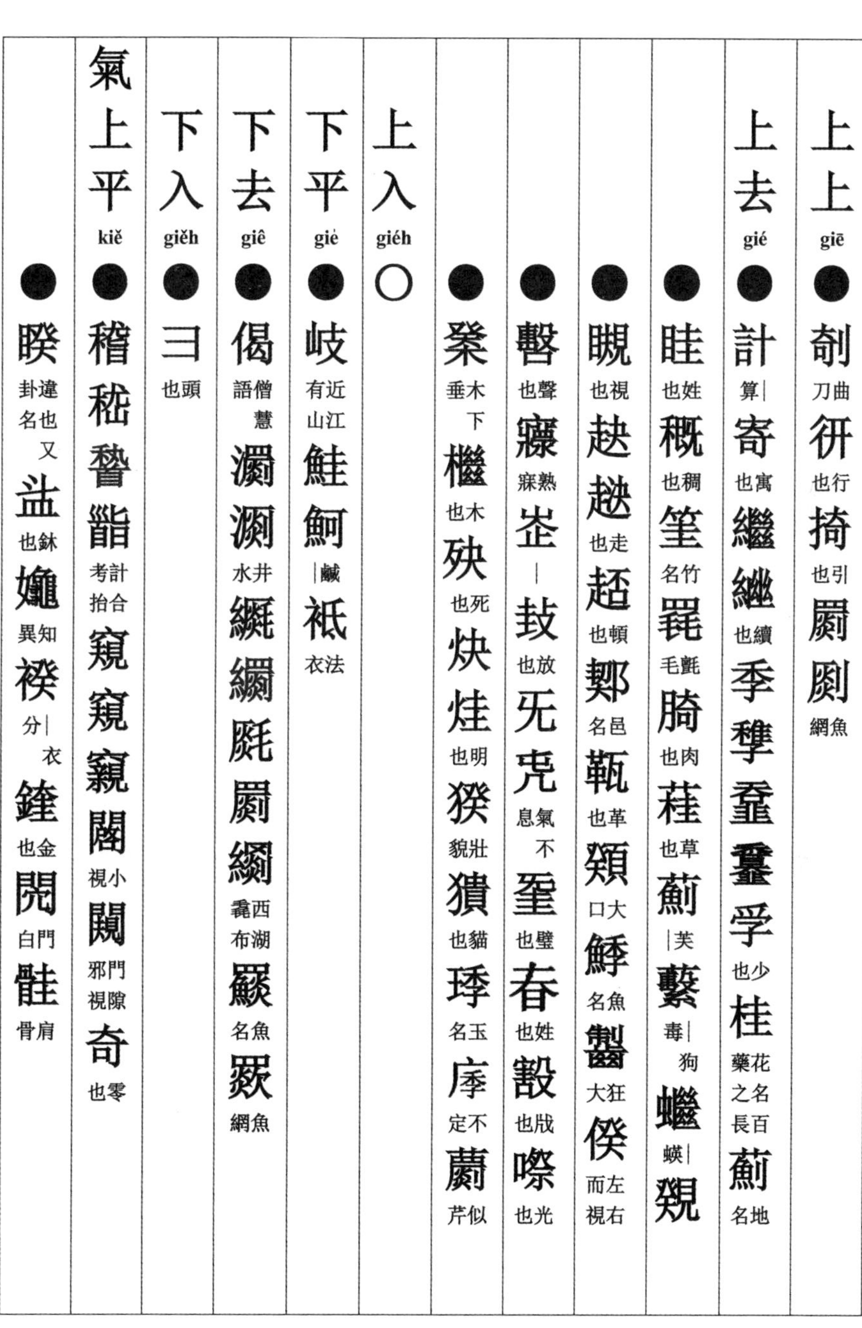

上上 giē ● 剞曲刀 ⿰彳幵行也 掎引也 劂 劂魚網

上去 gié ● 計|算 寄寓也 繼 繼續也 季 ⿱季土 蚤 蚤 孚少也 桂花名百藥之長 薊地名

● 眭姓也 穊稠也 筀竹名 ⿱罒毛氈毛 ⿰月奇肉也 ⿱艹桂草也 薊芙| 蘻|狗毒 蠽|蟥 ⿰癸見

● 瞡視也 趹 趹走也 ⿺走舌頓也 鄈邑名 ⿰革瓦革也 頯大口 鯚魚名 ⿱癸齒狂大 ⿰亻癸左右而視

● ⿱殸臼聲也 寱熟寐 ⿱山企 | ⿰圭支放也 旡 ⿱一旡氣不息 墍壁也 春姓也 毄戕也 嚓光也

● ⿱癸木木下垂 欚木也 ⿰歹夬死也 炔 烓明也 ⿰犭癸壯貌 ⿰犭貴貓也 ⿰王季玉名 ⿸广季不定 蘮似芹

上入 giéh ○

下平 gié ● 岐近江有山 鮭 魺鹹| 衹法衣

下去 giê ● 偈僧慧語 瀱 瀱井水 ⿰糸罽 ⿰糸罽 ⿸厂毛 ⿸厂罽 ⿰糸罽西湖氄布 ⿱罒鱖魚名 ⿱罒厥魚網

下入 giěh ● 彐頭也

氣上平 kiě ● 稽 嵇 ⿱𥝌旨 ⿰骨旨計合考抬 窺 窺 窺 閨小視 闚門隙邪視 奇零也

● 睽違也又卦名 盐鉢也 ⿰女黽知異 ⿰衤癸|衣分 鍷金也 閲門白 ⿰骨圭肩骨

上上 kiē ● 啟 启 諬 開也 棨 載傳言 稽 首至地 綺 羅｜ 錡 釜有足 啓 啟也 𠯈 齧也 齮 姓也 婍

● 裿 好也 攲 取物 晵 雨而晝 稧 禾稈 綮 綮 綮 戟衣 𢻱 行喘 褰 褰 開衣 軫 𨍯 至也

● 儴 衣領 嫛 難也

上去 kié ● 契 𢍍 券｜ 企 𨀉 望跂足｜ 𡸼 山名 恝 人名 愒 息也 惼 偏也 忮 傾也 𢻱 行喘氣 絜

● 栔 刻也 晵 晵 窺也 罄 器中尽也 𦪃 舟也 蠏 蛙属 䚳 見也 𨒖 避也

上入 kiéh ○

下平 kiè ● 騎 乘也

下去 kiê ● 跬 頍 趌 蹞 足不行 麑 獸不動 娃 美也 睢 人視貌 頍 舉頭

下入 kiěh ○

低 上平 diě ○ 上上 diē ○

上去 dié ● 揥 取也

上入 diéh ● 御 行也

下平 diė ● 笓 篪 笆竹名 陛 蚳蟻也 阺阪也 ⿰鼻弟薄也 ⿰齒它齒齗 池塘| 篪 箎樂器

下去 diê ● 弟兄| 蠣海味 ⿱竹邐樂器

下入 diěh ○

波上平 piĕ ● 批擊轉推示 ⿰庀刂薄蛙 披着也 鈚箭鏃 磇 砒|礵 狓|狽 ⿰女皮女字 ⿸尸毘穴也 怶憂也 攏剖肉

● 破開肉 毗 昆 魮 毘明也 狓蜩貌 ⿰田皮耕也 秕禾也 ⿱艹披草也 鈚 鋰箭也

● 鮍 鮍破魚 㓟刮也 ⿰皮力用力 旇旌旗 㲏毛也 睤 睥 䁹邪視 ⿰耒皮耕也

上上 piē ○

上去 pié ● 𠝹斫也 䡟 ⿰車甲車上

上入 piéh ● 僻 ⿰亻𠬶陋也

下平 piė ○ 下去 piê ○ 下入 piěh ○

他上平 tiĕ ○

上上 tiē ● 傺止也 揥摘髮 摟手取 暜 普白聲

上去 tié ● 剃 削髮 睼 迎視 薙 除草

上入 tiéh ● 䖙 卧也 踶 蹋也 霣 雨止 徲 休息 徲 徲 久也

下平 tiè ● 啼 謕 哭也 崹 山名

下去 tiê ○

下入 tiěh ○

曾上平 ciě ● 芝 瑞草 巵 卮 酒器 梔 |子藥名 支 朿 斉 |持 肢 𩨷 骵| 祗 敬也 伎 工也 隶

● 厄 酒| 吱 |聲 岐 分| 搘 捂也 㚰 多也 鞂 彀 弓彊 𣬛 輕毛 枝 柯別生 榰 柱砥古用木今用石

● 𣘊 木盛 汥 水分 脂 舍也 畋 耕也 疧 病也 䀻 眵 䁯 目傷 禔 福安 秓 稈也 秖 適也

● 秐 穗生 粎 粎 赤米 紁 舟索 胑 四| 脂 膏| 䓔 緒也 茋 菹也 荄 蕰也 菁 蕙也 蚑 |虫行

● 蚳 䗁 蠕 蠃也 蟼 虫也 衼 法衣 衼 短衣 𧹓 面餂 趆 行也 軛 車器 酏 乳腐名 𨱍 長|国名

● 鳷 𨾅 鳥也 䩻 皮鞁 馶 馬強 鰭 鮨 鮷 魚脂醬 䳁 雞也 鷲 |工精 鶿 赤喙鳥

上上 ciē ● 紫 彩色 這 指此 呰 苛也 泚 水名 茈 草也 笓 篜 竹也 䘹 衣縫

上去 cié ● 祭 至享察 際 合同 穄 稷名 瘵 勞病 鰶 鯯 魚名 制 𢷻 𠜍 㓡 㓷 𠜍

●㓡刺|作裂裫製|裁掣齧揧廛牽|挾|帶人輝也意㛹婦人病胎

●𢡃小怒𢟪懘不和㦗未定𤁝𤏖不和嘶鳥鳴瘳痢也丁戛|好出證淛|河漈水涯

●狾猘猘狛㹮狂犬𤞥矛也𤺊小兒病瞓目明穧穫也筣簞也瞓晣聞也

●腨鮆魚醬蠞蝗子觢角仰天詍語不止鱭鮆魚子醬𧊒𧊨除草靳刀削𧯀臭味

上入 ciéh ○ 下平 cié ○

下去 ciê ●寘置也艍觶䑛觝酒角詑快也鳶鳥也

下入 ciĕh ○

日上平 niĕ ●泥心忎

上上 niē ○

上去 nié ●懦相|槸木死立渠糟濃迡近也

上入 niéh ○ 下平 niė ○ 下去 niê ○ 下入 niĕh ○

時上平 siĕ ●施㐌㐌㐌加移㴽聲也鍦鉇矛也欐杝也灖水名㿲瘍癢也䆾䆾短矛

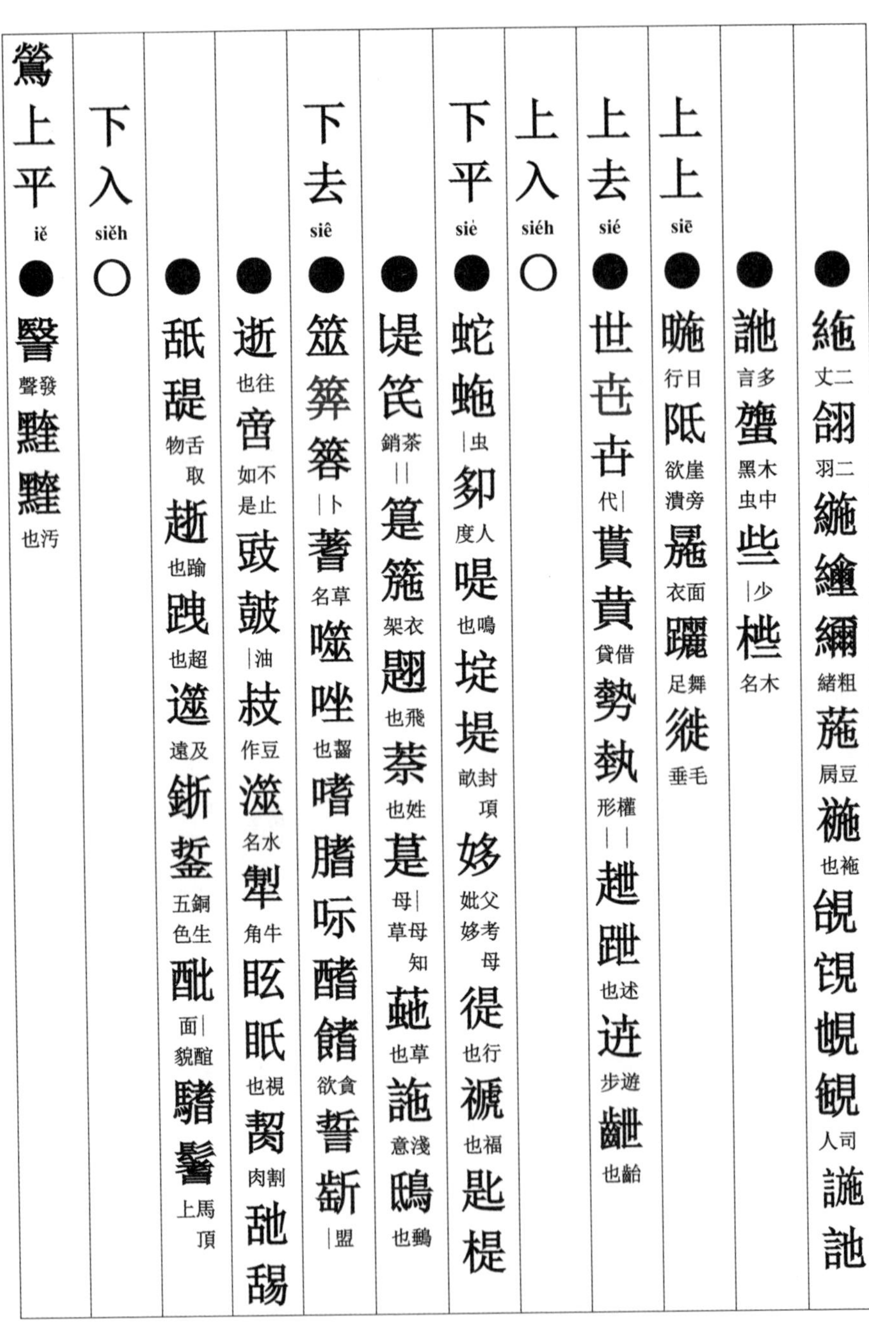

● 絁（二丈）翗（二羽）絁纏縭（粗緒）葹（豆屌）褷（袘也）覗覗覗覗（司人）謕訑

● 詑（多言）⿱施虫（木中黑虫）些（少丨）⿰木些（木名）

上上 siē ● 暆（日行）阺（崖旁欲潰）⿸施衣（面衣）躧（舞足）縰（毛垂）

上去 sié ● 世丗卋（丨代）貰貰（借貸）勢埶（權形丨丨）⿺走世跇（述也）迣（遊步）齛（齝也）

上入 siéh ○

下平 siė ● 蛇⿰虫施（虫丨）⿰匃刀（人度）⿰口是（鳴也）埞堤（封項畝）姼（父考母妣姼）徥（行也）禔（福也）匙⿰木是

● 堤笢（茶銷丨丨）⿱竹是箷（衣架）翄（飛也）萘（姓也）⿱艹是（丨母知母草）⿱艹虒（草也）謕（淺意）鷈（鸊也）

下去 siê ● 筮⿱竹⿱巫廾簭（卜丨）蓍（草名）噬唑（齧也）嗜⿰月耆⿰口示⿰酉耆⿰食耆（貪欲）誓⿰誓斤（盟丨）

● 逝（往也）啻（不止如是）豉鼓（油丨）⿰豆支（豆作）澨（水名）觢（牛角）眎眡（視也）⿱折肉（割肉）⿰舌也⿰易易

● 舐⿰舌是（舌取物）⿺走折（踰也）跩（超也）遾（及遠）銴⿱折金（銅生五色）⿰酉比（丨⿰酉宜面貌）⿰馬耆鬐（馬頂上）

下入 siěh ○

鶯上平 iě ● ⿱殹言（發聲）黊黊（污也）

上上 iē ● 椅 坐凳 攡 榻前几 碕 身急

上去 ié ● 翳 蔽障 瞖 目病 謚 諡 誅死之字 縊 懸樑而死 縌 絞｜ 噎 食不下咽 饐 飯傷热溫 医 盛弩弓矢器

● 嘫 聲也 墜 瘞 埋也 堅 壇 堅 塵也 嫕 節操 嫛 人始生 瘱 安靜 𢈘 皮也 㢊 塹也 廛

● 黟 檿 黑木 搤 拉也 撎 下手 殹 相應聲 㹯 獒｜獸名如牛 㾙 病也 䃜 美石 𥟖 稷房

● 𦛨 臆也 𦟽 瘦也 蘙 草名 螠 女虫 蜸 虫也 蠮 𧑅 𧕿 虫名 褩 次衣 𧡬 視貌 驚 黑馬

● 鬗 黑髮 鶂 小鳩 鷖 鳧也 黓 𪐝 黟 黟 黑也 黳 黑子

上入 iéh ○

下平 ié ● 移 迻 栖 㳑 抣 扡 秚 秚 敆 徙也 栘 棠棣 扅 㡉 戾｜ 爺 稱官曰｜

● 歋 搋 攡 相笑 㕧 㰻 歋也 暆 日行 杝 椸 落也 椸 衣架 枱 箷 端又木栢 歋 笑也

● 㐌 粵中猺種 潹 冰室門名 呲 嗁 嫌食 咍 蚩笑 坨 地名 㝖 山也 峓 衣貌 弛 弓名 竉 室東南隅

● 簃 小室 酏 米酒 肔 裂也 匜 領也 移 草萎 螔 蛦 虫也 衪 袘 袖也 袳 衺 衣長 貤 况也

● 貽 遺也 酏 醨 米｜甘飲 沲 水文 漇 水室 熪 火不絕 胣 糞也 㹲 獸名 瓵 甌也 眙 視也 嚷

● 訑 多言 ⿰豸多 似犬 ⿰⿸广多阝 地名 ⿰金氏 鉹 小刀 ⿰風它 回气 ⿰風尼 ⿰風⿸尸巳 大風 ⿰鳥多 鳥也 ⿵門兒 門白 頣 養也 兮 詞語

下去 iê ● 穓 散種

下入 iěh ○

蒙 上平 miě ○

上上 miē ○

上去 mié ○

上入 miéh ● 乜 斜也 檕 木名枸杞

下平 miė ○

下去 miê ○

下入 miěh ○

語 上平 ngiě ● ⿰齒見 視也

上上 ngiē ● ⿱竹乂 竹也

上去 ngié ○

上入 ngiéh ○

下平 ngiė ● 鵝 家雁 ⿱義木 木名 猊 狻| 蜺 虫也 郳 国名 鶂 鶃 水鳥 ⿰衤兒 衣裗 貎 麑 鹿子 齯 老人齒

下去 ngiê ● 義 理仁 乂 ⿱辟乂 治也 俄 白也 刈 刘 芟草 囈 笑| 埶 蓺 種也 夳 清白 婗 婗 姥也

● 寱 瞑言 ⿱小畀 不也 帛 法也 羿 羿 ⿱羽弓 硏 射師名 忍 怒也 ⿱乂心 懲也 ⿰扌乂 取也 槸 木相磨

● 豉毀也 栺木也 檥艤幹也 瀷白| 毅毅毅毅有决 汉水名 涀水際

● [illegible]松枝汁取 疢病也 槸槸相木磨 [illegible]恨也 睨視也 寱寱睡語 竩善也 毅

● 籎竹名 苐地名 蓺前菜 藝秇槸又才六經 虓虎貌 螘蟨螘蠽白|

● 褹襼袂也 覞旁見 詣至也 誼誼誼議議評語 說同也 賢摯也

● 䫉癡|不聽明也 讛寱語 𪗋齧也 轙轙車衡載 䣡臨淮徐地 [illegible]酏| [illegible]巧婦

下入 ngiěh ○

出上平 chiě ○

上上 chiē ● 侈[illegible]奢| 袲開衣 恀恃| 弛弛廢也 扯牽| 撦裂開 哆張口 垑恃也 姼[illegible]美女

● 姼父考母妣 [illegible][illegible]廣大 敆攲攲敷也 [illegible]火盛 褫褫三見|脫 誃誃

● 誃訮别也

上去 chié ● 旘幟㤵旘旗| 熾織戴火盛 翅翼| 杴門| 茨刺也 砌矴磜築|

● 垐堲土增 嵥山名 翅把也 擦取也 臬分蠶 獵犬名別 [illegible]瞭察也 [illegible]牽也 翅

● ⿰犭支 ⿰犭氏 翄 翨 ⿰犭是羽也 ⿰目切 ⿰目祭耳聽 ⿰舟戚舟也

上入 chiéh ○ 下平 chiė ○

下去 chiê ● ⿰魚夫多骨魚｜

下入 chiĕh ○

非上平 hiĕ ● 傒東夷地｜ ⿸广戲相笑

上上 hiē ● 匚受物器 ⿰言兮誠言 ⿱大旨肥大 ⿰亻旨待也

上去 hié ● 廢弛也 癈痼疾 戲兵也 費耗也益名 肺 胇肝｜ 芾木盛 屭作力 ⿰忄奚恨走貌 ⿰扌虚

● ⿰扌戲擊也 櫠柚也 ⿰夊欠怒聲 爔燒也 ⿰犭奚東北夷狄 ⿱癶殳稅也 ⿰禾氣弩具 砩石名 ⿱竹廢篠也 ⿰月氣塊病

● 蕟 ⿱竹廢篠也 鱍 ⿰魚巿收射具 ⿰發頁賦斂 ⿱夭馬馬走

上入 hiéh ○

下平 hiė ● 奚何也 徯得也 蹊 ⿰目奚山徑 兮語詞 擕 擕 攜提｜ ⿰忄巂二心 觽 觹 ⿰角兮角尖

● ⿱山乿姓也 嵆 嵇山在亳州 ⿰其瓦 ⿰巂瓦甑空 畦 ⿰目巂 ⿰目巂五十畝 ⿱兮皿小盆 眭深目 ⿺辶奚待也

● 篹安般 ⿰忄巂有二心 相燒麥具 榽束也 欈木名 毒姓也 ⿰犭巂獸名 堅黑玉 瓗 瓗赤玉

● 纗 纗紳帶 蜀姓也 蒵草名 蒵草也 螇 蟪|蛄 ⿰衤巂巾也 ⿺走巂烓也 謑 謑恥也

● 谿空也 豯豚也 ⿺走支走也 ⿰足兮跡也 ⿰車巂車輪 郋陵里 酅 酅邑名 鏸矛也 鑴日氣

● 隵陲名 儶提也离也 ⿰豸它 蠵若龍無角 奊獸跡 ⿸厂巂提契 驨 驨騏驥 黊鮮明黃也

下去

hiê

● 惠 蕙 蕙 憓 直 ⿰亻悳恩澤及人 蕙蘭| 繫縛也 係是也 系 繫世| 恚怒恨

● 慧智| 吠犬聲 ⿰女惠不悅 ⿰女奚怯也 ⿱宀惠察也 ⿱奚心明也 ⿰忄奚不順 ⿰扌系 ⿰扌奚 ⿰扌奚扶也

● ⿰扌惠 ⿰扌蕙挂也 ⿰口蕙 嘒小星 橞木名 ⿰木蕙 檕繻耑木也 潓水名 盻恨視 ⿰目惠目小怒貌 ⿰目巂惡視

● 禊祭名 ⿰糸蒵帶也 ⿰犭蕙 ⿰犭惠狄羽 茷葉多 繐細布 譓多謀 ⿰言蕙察也 ⿵門兮門扇 韢 ⿰韋蕙橐紐

● ⿰奚頁恐也 ⿰魚犬魚名 ⿰衤系 ⿰衤奚帶也 ⿰口惠||聲 嘒 ⿰口惠 ⿰口蕙小聲

下入

hiĕh

○

27 聲字母

柳 上平 liǎng ● 鏼 禾黍疏貌

上上 liāng ● 領 收項 嶺 陊 山陂 衿 員｜ ⿱竹領 篝｜籯也

上去 liáng ○

上入 liák ● 靸 無跟之鞋

下平 liàng ○ 下去 liâng ○ 下入 liǎk ○

邊 上平 biǎng ○

上上 biāng ● 餅 糕｜ 帡 帡 屏 蔽也 鉼 鉼 金鈑 䴵 索餅

上去 biáng ● 併 扣爲一處

上入 biák ○ 下平 biàng ○ 下去 biâng ○ 下入 biǎk ○

求 上平 giǎng ● 驚 恐也

上上 giāng ● 仔 子也 耞 打穀具

上去 giáng ● 鏡 照面之器

上入 giák ○

下平 giàng ● 行 發步 桁 木也

下去 giâng ● 楗 杈| 揵 以肩與物

下入 giăk ○

氣 上平 kiăng ● 慳 |吝 瞖 視不分明 𤞒 獸名

上上 kiāng ○ 上去 kiáng ○

上入 kiák ● 唇 合戶聲 吉 田|

下平 kiàng ○ 下去 kiâng ○

下入 kiăk ● [illegible] 石地不平 屐 屐 屐 木| 桷 角械又案足

低 上平 diăng ○

上上 diāng ● 鼎 鼑 煮飯器 偵 |探 䭃 饋也

上去 diáng ○

上入 diák ○

下平 diàng ● 呈 稟也 埕 天中空地 珵 美玉 裎 人名 筳 竹席 脭 肉精 裎 倮也 [足呈] 行期

下去 diâng ● 定 的寔

下入 diăk ○

波

上平 piăng ○

上上 piāng ● 竮 歪腳

上去 piáng ○

上入 piák ● 砯 水激石聲

下平 piàng ● 閛 開門聲

下去 piâng ○

下入 piăk ○

他

上平 tiăng ● 聽 耳聞 廳 屋也 矴 玉｜ 㕔 ｜堂

上上 tiāng ● 鋌 平水之器 捵 手推 町 園｜

上去 tiáng ● 痛 疼|

上入 tiák ● 獺 ⿰豸賴 水食狗魚 呾 正不

下平 tiȧng ● ⿰禾𠦝 |路 脭 精肉者之

下去 tiâng ○

下入 tiăh ○

曾

上平 ciăng ● 正 歲新

上上 ciāng ● ⿱斬食 ⿰飠斬 反瓢 ⿰飠曾 甘味小

上去 ciáng ● 正 偏不

上入 ciák ● 泎 地水聲落

下平 ciȧng ○

下去 ciâng ● 淨 |潔 洴 水小 穽 |陷 ⿰貝青 也賜

下入 ciăk ● ⿰口乏 聲猪

日

上平 niăng ○

上上 niāng ○

上去 niáng ○

上入 niák ○

	下平 niȧng ○ 下去 niâng ○ 下入 niăh ○
時	上平 siăng ● 聲 音|
	上上 siāng ○
	上去 siáng ● 線 ⿰糹西 綫 縫衣之縷 ⿱髟先 髮垂 霰 ⿱雨見 小雪 ⿱雨鮮 雨也 廠 舍也 ⿰忄筵 憐也 ⿱⺮⿰車亢 竹也
	上入 siák ● 毩 ⿰目西 目及 馺 馬行及
	下平 siȧng ● 成 事濟 城 |郭
	下去 siâng ● 檻 貯谷之器 賤 不貴
	下入 siăh ○
鶯	上平 iăng ○ 上上 iāng ○ 上去 iáng ○ 上入 iák ○
	下平 iȧng ● 贏 得勝 營 伍| 謍 小聲 巆 山深 櫿 木名
	下去 iâng ○ 下入 iăk ○
蒙	上平 miăng ○ 上上 miāng ○ 上去 miáng ○ 上入 miák ○

下平 miȧng ● 名 姓|

下去 miâng ● 命 五行入字

下入 miăk ○

語 上平 ngiăng ○

上上 ngiāng ● 广 因岩爲屋

上去 ngiáng ○ 上入 ngiák ○

下平 ngiȧng ● 迎 |送

下去 ngiâng ○ 下入 ngiăk ○

出 上平 chiăng ○

上上 chiāng ● 請 宴客 癬 乾瘡 剗 剷 鏟 𨰉 𩑰 𣂋 𩯬 刬 削刬 𨮳 斷也

● 劙 剂也 羼 羊相厕 蹱 騎也

上去 chiáng ● 倩 僱| 攦 搥也 瀙 冷也 䑶 舟輕 茜 芽蒐 蒨 草盛 諑 散也 輤 柩車蓋

上入 chiák ● 伋 驚惶意

下平 chiang ○ 下去 chiâng ○ 下入 chiăk ○

非 上平 hiăng ● 兄 |弟

上上 hiāng ○ 上去 hiáng ○

上入 hiák ● 嚇哧 驚|

下平 hiang ○ 下去 hiâng ○ 下入 hiăk ○

28 催字母

柳 上平 lǒi ● 纇 絲節 欙 木節

上上 lōi ● 磊 礧 礌 眾石 擂 搖也 頪 頭不正 洡 郲 水名 癗 病也 礨 小穴 礧 大石 纝 木偶戲

● 藟 蘽 盛土 蕾 始華 羸 生水中 鑸 不平

上去 lói ● 錑 鑽孔

上入 lóih ○

下平 lòi ● 雷 畕 𤳳 靁 𩂣 霝 靁 \|霆 壘 罍 酒器 擂 研碎 螺 池黃\|\| 蕾 花綻貌

● 捩 物也 鐳 壺也 摞 理也 㩡 研物 攂 摧也 檑 礌 自上而下 羸 木也 櫑 不窮 灅 澤名

● 瓃 瓃 瓃 玉器 甊 棟瓦 畾 田間 𥂀 酒器 眛 目不正 穲 羸 積也 羸 綾紋 罍 網也

● 罍 百囊罟 莱 耕草多 蠝 虫名 轠 \|轤不絕 𨞇 地名 鐳 不平 騾 \|馬 鬤 髮稠

下去 lôi ● 耒 拍曲木 銇 孔也 郲 沫邑

下入 lǒih ● 俫 亞也 踈 足跌

邊 上平 bŏi ○ 上上 bōi ○ 上去 bói ○ 上入 bóih ○

下平 bȯi ○ 下去 bôi ○ 下入 bŏih ○

求 上平 gŏi ○ 上上 gōi ○

上去 gói ○ 憒 乱心

上入 góih ○ 下平 gȯi ○ 下去 gôi ○ 下入 gŏih ○

氣 上平 kŏi ○ 上上 kōi ○ 上去 kói ○ 上入 kóih ○

下平 kȯi ○ 下去 kôi ○ 下入 kŏih ○

低 上平 dŏi ● 堆 垍 崖 涫 土聚 硌 石聚 自 小𡿧 雁 也緊 坰 静深 塠 也落 媨 字女 崔 也高 隺

● 雇 庳 傾屋 捍 搥 也擲 珀 瑭 玉治 痽 名病 碚 磓 石投 諄 也磊 誼 譴 諪 也讁

● 誰 也落 鏊 斤千 酭 起骨 䶖 也餅 垸 墮墻

上上 dōi ● 短 长不 甸 牽力 魄 肿大

上去 dói ● 對 對 对 對 双成 霸 霳 霧 雲靎 繁｜ 僘 也市 由 也業 嶎 峻高 樹 輪車 濧 也滗

● 甐器名 碓舂具 轛車立

上入 dóih ○

下平 dȯi ● 頹首禿 廢 㱣 隤馬病 崖山崩 隫下重 㝂困窮 祇徘徊 憹弛也 櫢棺覆 瀩不淨

● 膭屋破狀 瘃 癀陰病 䀑器名 蘈 藬牛| 禭棺覆 蹪仆也 譢 讙譟也 頽下墮

● 飀風貌

下去 dôi ● 粃屑也 詒笑也 鞔補具 兌|換

下入 dǒih ○

波

上平 pǒi ○

上上 pōi ○

上去 pói ○

上入 póih ○

下平 pȯi ○

下去 pôi ○

下入 pǒih ○

他

上平 tǒi ● 推 熫 煺以湯除毛 推托移 蓷崔也 輽 軳車盛

上上 tōi ● 蹆 腿 骽胶| 癈脹|風病 㾱行病

上去 tói ● 退 逷 逿 迺 復 衲卻進反 蜕蟬易殼 嚉歡也 㶁風疾 棣 俳肆也 頧斷聲

上入 tóih ○ 下平 tȯi ○ 下去 tôi ○ 下入 tiŏh ○

曾 上平 cŏi ● 漼 霜雪多 摧 折也

上上 cōi ○

上去 cói ● 䘹 单衣 鋷 錐也 錊 鍊也 ⿰糸卆 綷 啐 五采繒 扗 居也 ⿰女最 女字 晬 睟 週歲 祽 祭也

● 最 㝡 尤也 ⿱⺮最 竹器 ⿰糸卆 鮮潔 蕞 菆 蕝 小也 蝨 ⿱髟虫 虫也

上入 cóih ○

下平 cȯi ● 裁 |剪 催 寬也 摧 折也 崔 高大 溨 水也 磪 山高

下去 côi ● 罪 辠 ⿴囗辠 犯法 ⿰扌罪 粒也 ⿱山罪 ⿰山辠 山不齊 檌 倒損 ⿱穴叔 寒也

下入 cǒih ● ⿰氵罪 清也

日 上平 nǒi ● ⿰酉委 一|飯

上上 nōi ● 餧 凍|餓也 鮾 鯘 腇 魚敗 ⿰委風 風動貌 ⿰歹妥 弱也 ⿰妥瓜 傷熟瓜

上去 nói ○ 上入 nóih ○ 下平 nȯi ○

下去 nôi ● 內 冈 肉 反外 髟 貌髮乱 㑜 名人 帐 也旆

下入 nŏih 〇

時 上平 sŏi ● 衰 𡨋 𠅤 𦏼 小盛 也反 𧞣 衣喪 蓑 簑 𦯊 衣草 雨 榱 椽木 荾 莎 |茅

● 瘊 也病 減也 也耗 儯 𠑖 也偃 毸 長毛 夊 遲行 狻 名犬 趖 意走 韄 皮鞍

上上 sōi 〇

上去 sói ● 帥 |將 賽 勝閗 賽 顫貸 動| 貌体

上入 sóih 〇 下平 sòi 〇

下去 sôi ● 坐 对立

下入 sŏih 〇

鶯 上平 ŏi 〇 上上 ōi 〇 上去 ói 〇

上入 óih 〇 下平 òi 〇

下去 ôi ● 欸 聲應

蒙	语	出

下入 ǒih 〇

蒙 上平 mǒi 〇　上上 mōi 〇　上去 mói 〇　上入 móih 〇

下平 mòi 〇　下去 môi 〇　下入 mǒih 〇

语 上平 ngǒi 〇　上上 ngōi 〇　上去 ngói 〇　上入 ngóih 〇

下平 ngòi 〇　下去 ngôi 〇　下入 ngǒih 〇

出 上平 chǒi ● 崔 姓也 催 迫促 墔 丘也 ⿸广崔 垂貌 槯 木可為杖 ⿰彳崔 行急 摧 挏也 漼 深也 滜 新也 膗

● ⿰阝崔 屋破狀 ⿰牛崔 白色牛 璀 玉光 ⿰米崔 精米 縗 喪服 ⿰缶崔 器名 ⿺走叟 進貌 趡 逼也 ⿰⻊崔 急也

● ⿰金崔 文采 ⿰革崔 鞍也

上上 chōi ● 髓 膸 髓 ⿰骨隋 骨中脂 揣 揣 揙 摩｜ 惴 恐懼 瀡 滑也 嘬 噉 ⿰口毳 閡也

● 㖡 鳥啄 睡 ⿰目耑 杵也 ⿱艹隨 草也 ⿰酉最 ⿰鹵最 醬也 ⿰門嶲 仰石名谷｜ ⿰豆隋 豆屑和飴 ⿰齒最 剔齒 槯 山林

● ⿰扌皋 摸也 ⿰崔殳 量也 ⿱巛水 北方 皠 高白 腨 腓腸

上去 chói ● 碎 粉破｜｜ ⿰石最 石｜ ⿱巫土 剉 斬草 倅 副也 啐 驚也 ⿰口妻 先嘗 埣 土不黏 崒 崪 山末

● 𣩩 敗也 淬 吹火具 燊 炎盛 𤭢 破｜ 粹 純｜ 繀 纖｜ 䁞 瞰 盼也 䃬 礧也 𥗚 小石 𨆬

● 𨄮 行貌 𩗗 破也 𩭶 髮乱

上入 chóih ○ 下平 chòi ○ 下去 chôi ○ 下入 chŏih ○

非上平 hŏi ○ 上上 hōi ○ 上去 hói ○ 上入 hóih ○

下平 hòi ○ 下去 hôi ○ 下入 hŏih ○

29 初字母

字母	聲調	拼音	字	釋義
柳	上平	lĕ	○	
	上上	lē	○	
	上去	láe	● 鑢鐧	磨欽之器
	上入	láeh	○	
	下平	lė	● 驢驴	獸名
	下去	lâe	○	
	下入	lĕh	○	
邊	上平	bĕ	○	
	上上	bē	○	
	上去	báe	○	
	上入	báeh	○	
	下平	bė	○	
	下去	bâe	○	
	下入	bĕh	○	
求	上平	gĕ	○	
	上上	gē	○	
	上去	gáe	○	
	上入	gáeh	○	

字母	聲調	拼音	字	釋義
氣	下平	ge	○	
	下去	gâe	○	
	下入	gĕh	○	
	上平	kĕ	○	
	上上	kē	○	
	上去	káe	○	
	上入	káeh	○	
	下平	ke	○	
	下去	kâe	○	
	下入	kĕh	● 殻	唾痰聲
低	上平	dĕ	○	
	上上	dē	○	
	上去	dáe	○	
	上入	dáeh	○	
	下平	de	○	
	下去	dâe	● 苧	｜麻
	下入	dĕh		
波	上平	pĕ	○	
	上上	pē	○	
	上去	páe	○	
	上入	páeh	○	
	下平	pe	○	
	下去	pâe	○	
	下入	pĕh	○	
他	上平	tĕ	○	
	上上	tē	○	
	上去	táe	○	
	上入	táeh	○	
	下平	te	○	
	下去	tâe	○	
	下入	tĕh	○	

曾 上平 cě ○ 上上 cē ○ 上去 cáe ○ 上入 cáeh ○

下平 cé ○ 下去 câe ○ 下入 cěh ○

日 上平 ně ○ 上上 nē ○ 上去 náe ○ 上入 náeh ○

下平 né ○ 下去 nâe ○ 下入 něh ○

時 上平 sě ● 梳 捓 梐 頭|理髮器 踈 蹄 踈 不密 㾁 疛 |首 齬 門戶 疏 |通 脡 清|

上上 sē ● 稍 |穲

上去 sáe ● 疏 奏|達帝

上入 sáeh ○ 下平 sé ○ 下去 sâe ○ 下入 sěh ○

鶯 上平 ě ● 哾 嗢 |呾小兒初孛語

上上 ē ○ 上去 áe ○

上入 áeh ● 餛 餽 朊 氣喘飽聲 唷 嘔|吐聲 嘼 誇聲 殼 痰嘔聲

下平 é ○ 下去 âe ○ 下入 ěh ○

字母	聲調	拼音	標記	字（注）
蒙	上平	mě	○	
	上上	mē	○	
	上去	máe	○	
	上入	máeh	○	
	下平	mė	○	
	下去	mâe	○	
	下入	měh	○	
語	上平	ngě	○	
	上上	ngē	○	
	上去	ngáe	○	
	上入	ngáeh	○	
	下平	ngė	○	
	下去	ngâe	○	
	下入	ngěh	○	
出	上平	chě	●	初 ⿷匸亶（始元）
	上上	chē	○	
	上去	cháe	●	⿱艹初（对匏） 錯（|鑢） 皵（搓挥 |去）
	上入	cháeh	○	
	下平	chė	○	
	下去	châe	○	
	下入	chěh	○	
非	上平	hě	●	呵（聲噓） 歔 ⿰口毘（氣出）
	上上	hē	○	
	上去	háe	○	
	上入	háeh	○	
	下平	hė	○	
	下去	hâe	○	
	下入	hěh	○	

30 天字母

柳 上平 liěng ○

上上 liēng ● 璉 槤（瑚｜） 驏（馬臥轉身） 蹍（車輪） 斂（敗也） 臉（面也） 瀲（｜灩） 蓮（善美之名）

● 濂（水也） 燫（火也） 縺（索也） 鄻（邑名） 麲（大麥） 䵺（禾也） 輦 䡾（車也）

上去 liéng ○

上入 liék ● 洌（癛｜） 僆（双生子） 𤢺（劣貌） 摙（負擔） 膦（無力）

下平 liéng ● 連（合及續斷） 聯（詩連） 漣（漪水） 褳（裕｜） 㢘 奩 匳 庡（粇｜） 帘（酒旗古｜） 檶（泄水器） 瀳（水名）

● 狆（狂也） 獫（大走草） 磏（鉛鑛） 稴（禾傷肥） 䅘（芳氣） 篕（鼓也） 籢（香匣） 縑（縿也） 㺦（飛也） 䁠（貼目）

● 鬑（長也） 薕（似萑） 蘞 蘝（蔓草） 蠊（海虫） 蟌（蜷虫｜） 襝（衣垂） 覝（察視） 謰（挐也） 蠊（虫香娘子）

● 鏈（銅屑） 譧（言不止） 賺（賣也） 𧹍（重買） 蹥（跟也） 𨎮（車輞） 𨜸（邑也） 𨏭（綴也） 䨬（久雨） 𩜴 𩞞（小點）

● 鰱（魚名） 𪌮（餅也） 𪙁（齒見） 嫌（絕也） 溓（冰也） 劆（刺也） 匳（盛香器） 嗹 𡃶（多言） 嬚（喜笑） 鐮

● 鎌（鉤｜割稻） 廉 㢘 磏 槏 䃛 厝（清｜） 簾（竹｜） 㡘（帳也） 濂（溪名） 嬚（女字） 奩（鏡｜）

● 慩 𢡟 㦁 泣下 搛 謙 擊鼓 𢿦 打也 槏 草木疏 濂 溓 薄也水名 稴 不黏禾 鎌 鏡也

● 燫 火不絶 𤗞 瓜子 磏 䃛 赤色 稴 | 穖 草不實

下去 liêng

● 歛 斂 聚收 || 殮 殑 殯| 煉 炕| 鍊 冶金鈀| 練 絲|操| 𣝏 木也 浰 病流 湅 煮絲

● 瀲 辟|鉄 澰 水溢貌 瀲 波際 𤑳 火也 瑓 玉名 𤬭 瓜中瓢 𤻕 病也 亍 小步 楝 木也

● 㙬 牛馬踏處 娕 女字 敕 打物 𨖸 功勤

下入 liěk

● 列 行| 烈 火熾 裂 𧛄 破| 𩣑 馬奔馳急 鬣 馬| 𠔊 小也 冽 寒也 㓟 刺人聲 𠛧 矢貫

● 劽 有力 咧 鳥聲 𡋟 塍也 𡍖 美也 劣 𡸀 水流 𢃖 帛也 烮 㤠 憂也 惡 輕也 挒 𢳆 擛也

● 䁽 耳垂 茢 䓞 芀也 𦷶 草疏 𧌐 蛚 蟋蟀 鴷 斵木鳥 颲 亞風 鴷 駠 𩢵 駠也 鮤 刀魚

● 曬 日落 栵 恬也 毴 𣯽 髮| 洌 冽 淛 水清 㓟 剖也 𤬮 蹈瓦聲 颲 風急 类 節目 聅

邊上平 biěng

● 邊 旁| 籩 匾 竹豆 褊 衣褊 鯾 鯿 魚名 鞭 叏 馬| 傷 身不正 甹 傾也 揙 搏也

● 夋 束也 澷 𤅔 水名 牑 牀版 猵 獺屬 甂 小盆 砭 砭 石針 稨 𥢌 𥢌 豆也 籩 竹輿

● 糄 米也 編 緶 裳也 䈼 萹 |竹草 𨘢 走也 蹁 行不正 𨒅 不絶 𨙸 畔也 鍽 金| 鯿 魚名

上上 biēng ● 扁扁不圓 褊淺狹 蝙|蝠 貶貶㝵昰|譎 啶多言 㖀嘕聲 惼急也 稨史門

● 窆葬棺 辡相訟 辧憂也 辮交織 鶣息不止

上去 biéng ● 變彭孌變更改曰| 矕閉目

上入 biék ● 鱉鼈鼈甲虫 蟞水|藥名 瞥覽日落 別莂分| 抋拗|袖長之 鼈虌蕨初生無葉

● 袐袖| 襒|衣 䟆足擊 蹩蹩及足 蹩跳也 鷩鷩山雞 鞞刀飾 頨短也

● 馝香也 馝馝馝小香 馝大香 鷩馬名 鮅魚行 鴓鵂也 馝香也 徶衣服婆娑 㔥大也

● 彆弊彆弓| 蘻陳入語 徶衣婆娑 憋懒急也 撆牽也 瞥乾也 焍熮焦也

● 瀕皮裂 稨不平 稀禾香 㡙急性 𧘂劍帶 獙飛也

下平 biéng ● 便㛹|辨也 弁㝸覍武冠|| 㴽小| 哽巧言 梗木也 踙行也

下去 biêng ● 卞法也 汴州名 忭懽| 跰踴躍 飰飯也 昪交足难行 便|宜 梗美材 辯䛒諞

● 諞論治 辦辧辨分別 辮交| 匾竹器 㛹美貌 辯辮辯憂心 抃㭓楄方木

● 鶣|毹毛毺 汳汴水名 辮旋流 洴導水使平 辦水波 猵犬爭 玣玉飾 瓣瓜中 㾫肉|

● 癟骨風疾 辮小兒目 玶玉名 籩籩箛也 𦛗胍隱 萹草也 蝙 匾|蠙 辧兩股開

● 邲邑名 釆𢎘別也 閞柱上木 頩冠也 𩩄骨|生 閇博也 𪉊盐也 黹履底

下入 biěk

● 別 剮 穴离| 蹩跛也 峛大|山漢陽 憋氣也 抋仆也 瘺腫也 癟枯病 𦗟暫聞

● 䏟肥肉 蛂甲虫

求上平 giěng

● 堅 𡎺|固 肩 肩 肩仔|膊 兼 𥝩|併 鶼比翼鳥 鰜比目魚 鹻鹹也 冣積也

● 㠽布名 樔| 縑並絲 𦁮緊也 羂系罔 菺草也 蒹未秀 絙 絚疎原 䩦| 幵

● 幵平也 𢏏臂也 㠽布名 熞灼鐵 狷 豣三歲豕 糠不粘 豣 豣大豕 雃 鳽鶄也

● 顅少髮 鰹鮦土 麉 麉鹿有力

上上 giēng

● 繭 蠒 絸 蜸|蠶 筧|水 檢|點 襉|裙 𢏁弓强 擟 挸 撁拭也 葉

● 梘小東 庈齊| 羬羊名 藾 藾草名 𧙣 袦古衣 襺 𧞣袍也 黚 𪑚黑也 櫼棧也

● 撿拱也 瞼目上下| 襺祇也

上去 giéng

● 見看| 鉺 劎 劍刀| 𠯋不嘔而吐 尠少也 睍 曣明也 梘栓也 艦舟也 薊草也

● 趞 行俯 首 堅 也剛 䯡 也瘦 緊 䅥 也穄

上入 giék ● 結 緳 反解 纈 采文 襭 袺 上椅 柱衣 頡 項直 擷 擷 取持 刧 挈 挈 抹提 揭

● 撅 也吝 羯 翑 名虫 潔 洯 ｜清 栔 也度 篋 也箱 愜 也快 鋏 名劍 莢 ｜薺 蠟 頰

● 眊 趙 旁面 掎 取以 物箸 籋 也箝 鑈 毛鑷 嚚取 臾 分無 志 㛃 也清 婡 㛗 志得 㢓 也廦

● 懕 愜 也怏 㾜 也協 拮 所手 竹口 擷 也束 堨 也去 抉 也惋 桔 欅 㯡 梗｜ 㥦 貌思

● 歇 息｜ 猰 名獸 痎 也疼 㾜 少氣 眒 視急 砝 碆 也硬 极 名草 秧 也穧 稧 稈禾 稭 秀禾

● 秷 禾敗 穛 禾長 篋 也竹 蛺 也蝶 紒 東系 蛪 蝨 也虫 蝴 ｜石 螛 蝢 也虫 袷 也裙

● 襭 衽衣 詰 斥面 罪相 誃 言多 絜 齊清 絾 也補 翓 羊雄 翓 上｜ 下詡 飛 膜 也膜 蕺 也草 藒

● 葛 藒 藒 香車 趞 意走 造 也跳 鍥 鋸 帶組 鍥 也鍥 閤 也門 闐 聲門 覠 乾 也急

● 頡 也禿 顛 小頭 鮚 魚治 鴶 也鳧 鴶 鴶 鳧鷀 黠 黑堅 刧 劫 刦 㤂 㨗

● 刳 取强 刺 也刻 劓 也刀 嚙 嚙 也嚙 瑿 也界 真 傾頭

下平 gièng ● 乾 乾 澣 䵟 陡 坤｜ 埏 迹極 地旁 磋 ｜廊 虔 虔 虔 敬恭 行 乾 勮 物負

●⿰扌乾屋上 攑舉也 榩廩也 ⿰石虔磌也 ⿰虔阝聞喜邑 鰬大鱓

下去 giêng ●儉 ⿱亼貝省節｜蕾

下入 giĕk ●傑 杰 ⿱夕土豪｜ 榤雞栖 桀 ⿱夕土紂又殺人多 竭尽力 偈武也 碣特立石 ⿴囗曷牛聲

●⿱穴桀覆也 嵥高貌 快悅也 ⿰巾曷直衿 搩 揭高舉 擖擔也 昅乾也 楬杙也 櫭木釘

●滐水激迴 ⿰禾桀禾出 ⿱艹桀草也 ⿰虫桀似蝗 ⿰角桀治皮 ⿰豸乞駋駝牛母

●褰揭衣涉水 ⿱⺮爾竹也 ⿰耳戚耳也 戩戈也 ⿺走虔足跟 ⿰羊兼苦也 惐 慽不安 ⿸广⿰耳兼謹也 ⿸虍盧衣盛

氣上平 kiĕng ●謙遜足 愆 ⿰亻愆 ⿴行可 諐 ⿴行言 ⿰亻愆 ⿺辶侃 ⿰亻愆 辛過也 搴 攓投取 鶱虧也 裷

●⿰口虔 嘕樂也

上上 kiēng ●⿰飠遣 ⿰飠曹黏也 繾綣也 譴｜責 ⿰革遣腰帶 俔譬喻 ⿰亻咸不安也 ⿰亻遣開也 ⿱聿日小貌 遣送｜差使

●⿰土遣小埠 嵰山高 ⿰扌眾不安 棒木名 掔牛很不從引也 ⿱穴堅不動 ⿰糸䜌縮也 ⿱敢日小塊 ⿰言遣小息 鼸田鼠

●⿱臤齒露齒

上去 kiéng ●欠 ⿱厽欠不足少也 芡｜蘢雞頭 縴索牽舡上水 ⿰亻虔及也 ⿱⺮欠小竹

上入 kiék ● 慊快足 歉食少愧極 疢口破｜裂 缺器破 鐅刀缺 怯 狤畏多 撽挂危 㮥不安貌 㯪戶仄

● 甈瓶也 痃病劣 簾籠也 頳 顩 頗不平 駏馬怕石不行 魥枯魚 傔從也 厺匡也

● 㕡山西邊有水山與水爲岸山各｜ 呦｜｜聲 帎布帛 抾 拗特也

下平 kièng ● 擒捉拏 鉗 箝火｜ 岑山小而高 鈐 鈲耟扃 黔 黚黑也 拑｜口 箝鎖項 揻

● 羬山羊 箝乖也 舑觜也 銙曲頭鑿 雂 鳹鳥也 黚淺黑

下去 kiêng ○

下入 kiěk ● 闟止也

低上平 diěng ● 顛 顛倒顶 巔 巓山頂 癲｜狂 滇雲南別號 甜 甛味似蜜 傎 𠑹蹎也 蹎 巓高也

● 厧 㒹塚也 寘高遠 扂戶牡 掂手｜ 槙木頂 殰殞也 湉安流貌 瘨病也 䀡目垂

● 𥟇｜穇谷名 簟竹也 聑小垂耳 胋肥也 蘋草頭 趚走也 蹎跋也 霠雨聲 驒馬白額

● 黿似黽黿 𪖚鼻垂 齂 齻牙也

上上 diēng ● 點｜畫 展 琠開｜ 輾｜轉 典 㚆 簨 籅｜籍 腆 篳 㙉 賟富厚 倎長也

● 媙好也 撦 籢 籢擊也 蕆敕也 搌拭也 攦手轉 敟常主 於旌旗 晪明也 榐汁可為酒

● 犛牛緩 紾轉繩 萹言不失 殄 劶 リ 殄 殄盡也 淟汨沒 琠玉名 痶病也 𤿍皮起

● 䁴慙也 碾 碫 碾囂也 鉆缺| 耆老人面 靦 靦面慙 𧩁言不定 踀 蹍 蹍踐也

● 蹎 𨁈行跡 𨈎蹈也 𨋩轢也 輾車| 𨗳安步 𨠵酒厚 𨷿開閉利 𨸯草藥 𨠢寬也 蕆解也

● 䬯長味 䱼魚如指長 齞 𪘂齒見 淟涊也 刮缺| 𤞙劣也 唺吐也 婰女名 蒇人名 蕇芥也

● 蚕 𨫼 蠻蛋虫 䖸 𧋍虫也 蠝 蠝 蠝虫也 褻舟轂皮

上去

diéng

● 𥦻屋傾 𤘼牛草 䒿物不平 𢊻紫白斑俗 𡨴山穴 𦾁|蔃 頕垂首 𩬝 駃|鑾 閰国名

● 頕 阽反| 𩆜 𩂢早露 頷小頭 驏馬土浴也 㗪|呻 屄也 玷瑕| 坫屏障 墊下也

● 瑱似玉充耳 殿軍後曰| 念叩也 壂堂基

上入

diék

● 哲 喆 晢 嚞賢| 晢星名 跌仆倒 佪小人 峌山高 𠀌塞也 嚞嘲| 峌山高 𡶗象山

● 峌山貌 戜利也 瓞 𤬪大者瓜小者| 眣 眕 眰 睳目不正 𥉦視惡 砓砠也

● 肵 𦢊脟皮 䌲經也 蜇赦也 𧘌衣領 猰猰也 𨀤足也

下平 diėng

● 田 畝陳 畋 |獵 纏 纒 纏 盤也 |路费又束缚 [虫廛] 守宮 謓 嗔 盛氣 填 窴 嵮 嵮 塞也

● 壥 廛 壥 廛 鄽 市田 屇 穴也 [月廛] 沐也 庙 平也 搷 引揚 夐 營求 沺 水勢廣大貌

● 瀍 水名 [犭田] 平田 盷 目也 磌 磌 柱石 稹 木根連 [立眞] [立真] 塞也 繵 涼衣 瞋 盈耳

● [言利] 美言 [鼓眞] 闐 鼓聲 [足田] 踏也 [貝廛] 謀人才物 [走亶] [走廛] 移也 [足亶] 躔 跡也 [車田] [車甸] 車聲

● [車身] ||喜動 [金廛] 釧也 闐 盛也 [門廛] 市門 [阝田] 地名

下去 diêng

● 電 電 [雨眞] 電 雷| 佃 農夫 鈿 鎭 [金闐] 釵| 甸 幾千里 奠 祭定 [广眞] 祭定 [山奠] 山名

● 夐 求也 [广眞] 倚也 [彳覃] 行也 [木奠] 木堅 淀 淺水 澱 滓垽 潭 水滿 琔 壂 [王殿] 玉色

● 瑱 瑱 玉充耳 [竹奠] 竹也 綻 組 衣裂 [糸奠] 文繒 [虫甸] 螺| [衤定] 衣缝 [言夐] 流言 [黑展] 染也

下入 diĕk

● 叠 疊 曡 重| 耋 耊 [老戈至] 八十曰| 垤 丘| [糸帶] 麻帶 蛭 水蟻 轍 車| [足徹] 跡也 輙 即也

● 迭 更| 帙 卷| 瓞 [瓜弟] [瓜帶] 小瓜 蝶 蜨 蛈 蝴| 秩 [广桼] 峨| 碟 碗| 堞 城上女牆

● 渫 治井 牒 [片桼] 度譜 || 諜 [言桼] 閒| 楪 蓍也 軼 超| [爿枼] [爿桼] 牀版 牒 書礼板也 [片習] 治也

● 舉 人姓 [目枼] 閉目 [石失] 砲也 [竹毛] 小葉 [竹鰈] [竹鰈] |籛 紩 縫也 絰 喪服 緤 布也 [糸徹] 衣破 聑 安也

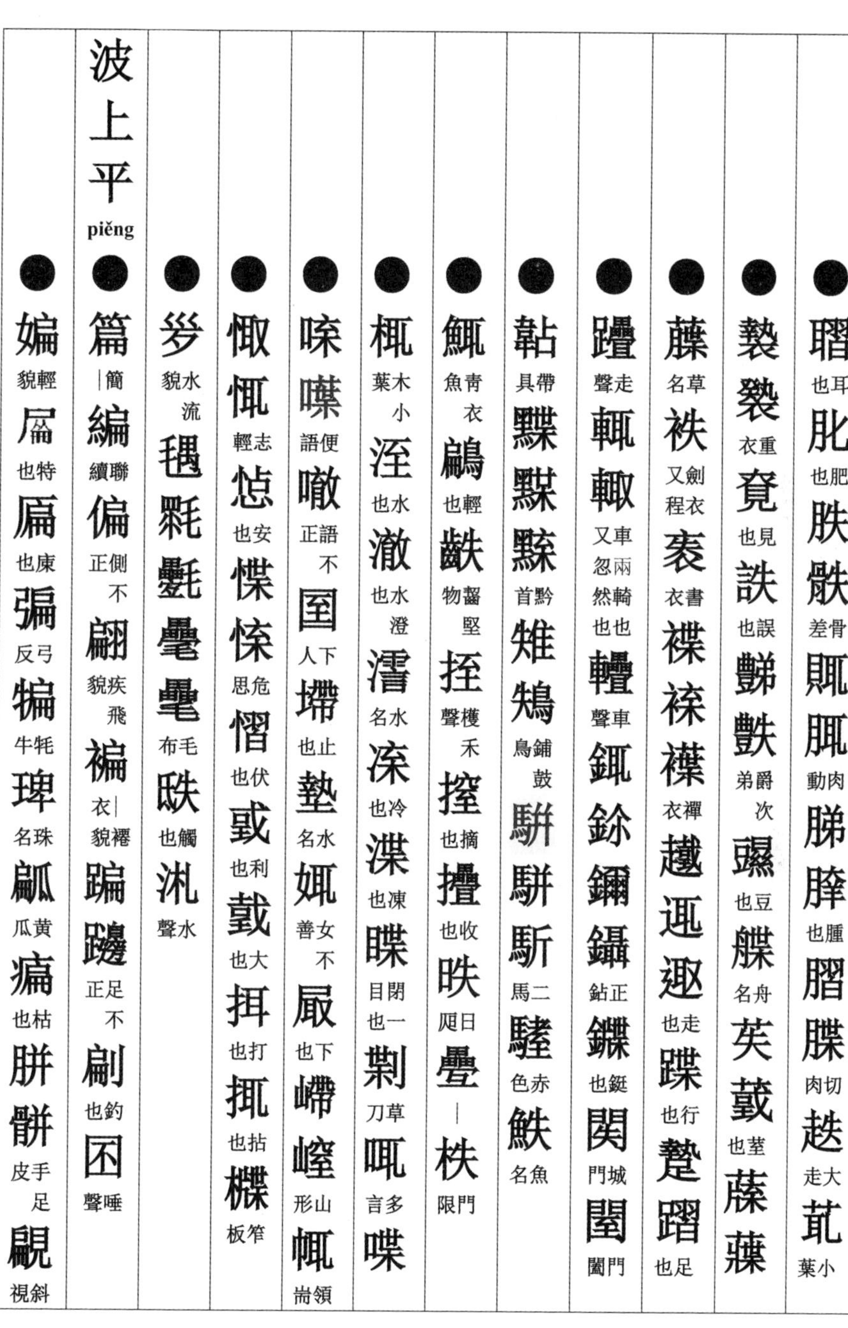

●瞸耳也 肶肥也 胅 骵骨差 瞓 䐗肉動 腗 膍腫也 膤 腜切肉 趚大走 菧小葉

●褺 褺重衣 覔見也 詄誤也 齛 齛爵弟次 𧯞豆也 艓舟名 苵 䒶莖也 蘖 蘖

●蘵草名 袟劍衣又程 袠書衣 褋 褋 襟襌衣 趚 迭 迭走也 蹀行也 躞 蹈足也

●躠走聲 輒 輙車兩輢又忽然也也 轞車聲 鉆 鉩 鑈 鑷正鉆 鍱鋌也 閞城門 闑門闑

●鞊帶具 黩 黩 黩黔首 雉 鴂鋪鼓鳥 駢 駢 馯二馬 騹赤色 鮩魚名

●鯆青衣魚 鷂輕也 黳堅黳物 挃禾穫聲 揷摘也 攝收也 昳日昃 疊| 柣門限

●榹小木葉 淫水也 澈澄水也 澢水名 涤冷也 渫凍也 睫一閉目也 剿草刀 呭多言 喋

●㖩便語 嘐不正語 囯下人 墆止也 墊水名 㛳不善女 屜下也 嵽 嵲山形 帹領耑

●慨 慨志輕 惦安也 愱 㦽危思 愶伏也 或利也 戴大也 揖打也 搣拈也 㯷笮板

●㳡流水貌 毼 毼 毹 氎 氎毛布 跌觸也 泧水聲

波上平 piěng

●篇簡| 編聯續 偏不側正 翩疾飛貌 褊衣|褶貌 蹁 蹮不正足 刷釣也 囦唾聲

●媥輕貌 㓲特也 扁床也 彇弓反 犏牦牛 璕珠名 瓟黃瓜 㾫枯也 胼 跰手足皮 覑斜視

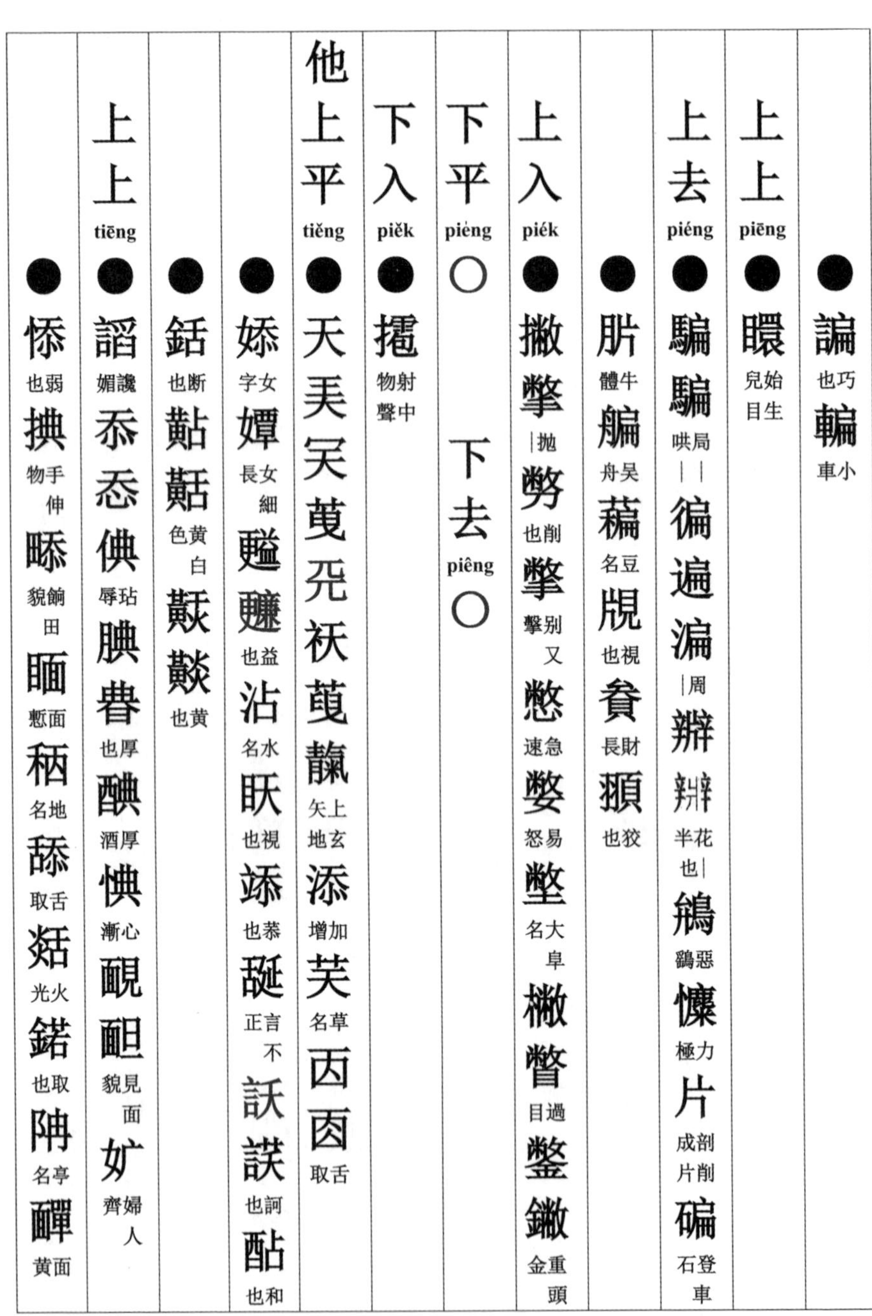

● 諞 巧也 ⿰車扁 小車

上上 piēng ● ⿰目睘 始生兒目

上去 piéng ● 騙 局|哄| 騗 偏 遍 徧 周| ⿲辛扁辛 ⿲辛扁辛 花|半也 鶣 惡鷂 ⿰忄篇 力極 片 剖削成片 碥 登車石

● 胼 牛體 艑 吳舟 藊 豆名 覑 視也 貧 財長 ⿰犭頁 狡也

上入 piék ● 撇 撆 抛| ⿱敝力 削也 撆 別又擊 憋 急速 嫳 易怒 ⿱敝土 大阜名 ⿰木敝 瞥 過目 鐅 ⿰金敝 重頭金

下平 piêng ○

下去 piêng ○

下入 piĕk ● ⿰扌雹 射中物聲

他

上平 tiĕng ● 天 美 ⿱口天 ⿱艹⿱田大 兲 祆 ⿱艹⿱田夫 ⿰黃瓜 上玄矢地 添 加增 芺 草名 㐁 㐁 舌取

● ⿰女忝 女字 ⿰女覃 女細長 ⿺走盐 ⿺走廉 益也 沾 水名 ⿰目夭 視也 ⿰⻊忝 忝也 誕 言不正 訞 ⿰言关 訶也 酟 和也

● 銛 斷也 黇 ⿰黃舌 黃白色 ⿰黃夭 ⿰黃忝 黃也

上上 tiēng ● 謟 讒媚 忝 忝 倎 玷辱 腆 ⿱典日 厚也 ⿰酉典 厚酒 ⿰忄典 心漸 靦 ⿰面旦 見面貌 ⿰女广 婦人齊

● 悿 弱也 捵 手伸物 睓 餇田貌 ⿰目面 面靦 ⿰禾西 地名 舔 舌取 ⿰火舌 火光 鍩 取也 ⿰阝冉 亭名 ⿰面單 面黃

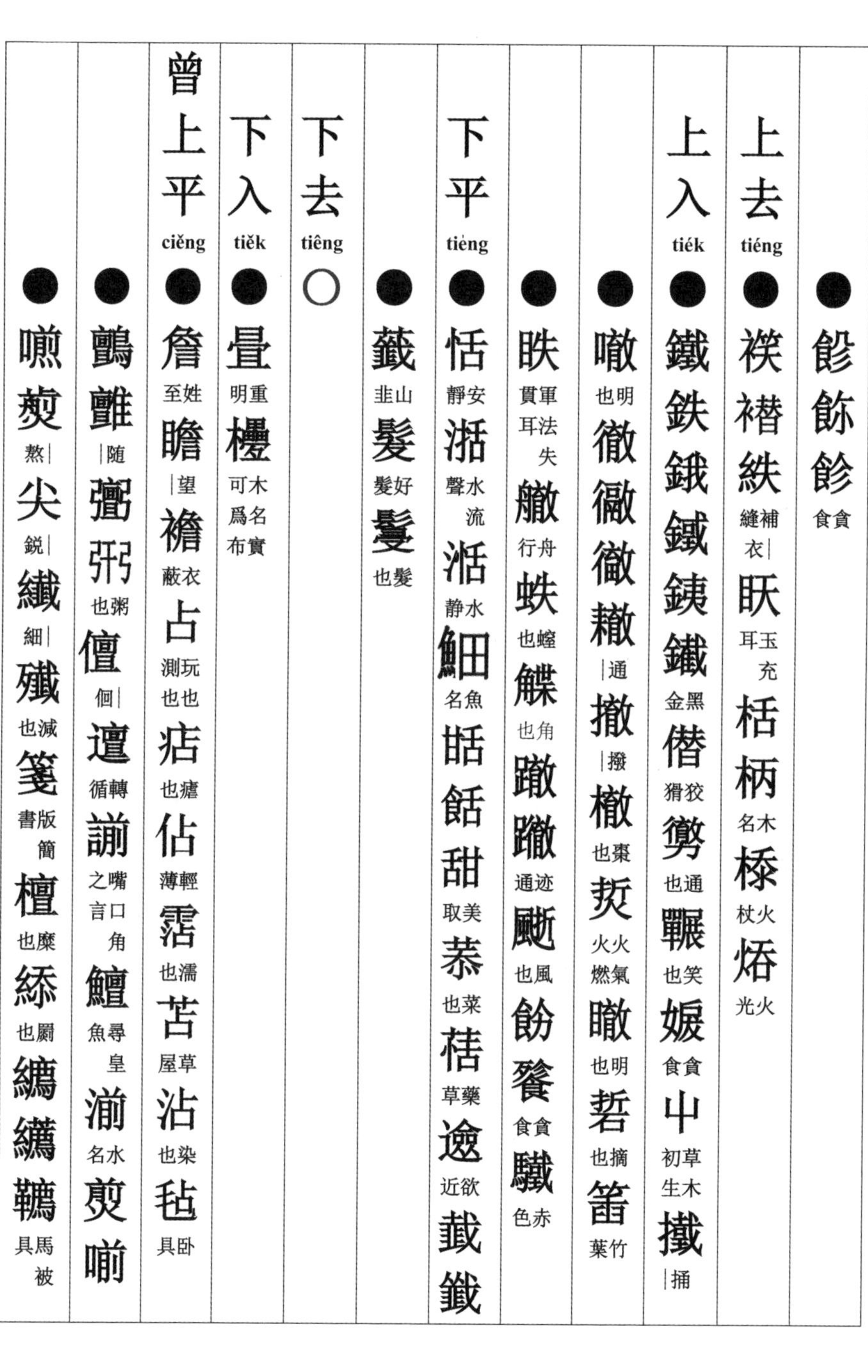

● 餂飾餂貪食

上去 tiéng ● 袟⿰衤替紩補|縫衣 昳玉充耳 栝柄木名 ⿰木泰火杖 焐火光

上入 tiék ● 鐵鉄鋨鐡銕鐵黑金 僣狡猾 餮通也 囅笑也 娠貪食 屮草木初生 攕捅|

● ⿰口⿰育攵明也 徹徹徹轍通| 撤撥| ⿰木⿰育攵棗也 ⿱攵火火氣火燃 瞮明也 晢摘也 箘竹葉

● 眣軍法失貫耳 ⿰舟徹舟行 蛈螲也 ⿰角枼角也 ⿰足⿰育攵⿰足⿰育攵迹通 ⿰風折風也 ⿰飠方餮貪食 驖赤色

下平 tieng ● 恬安靜 湉水流聲 湉水静 ⿰魚田魚名 ⿰甘舌餂甜美取 菾菜也 桔藥草 ⿺辶甛欲近 ⿹戈⿱十甘鑯

● ⿱艹韱山韭 髪好髮 ⿱髟叏髮也

下去 tiêng ○

下入 tiěk ● 曡重明 ⿰木曡木名實可爲布

曾 上平 ciěng ● 詹姓至 瞻望| 襜衣蔽 占玩也測也 痁瘧也 佔輕薄 霑濡也 苫草屋 沾染也 毡卧具

● 鸇⿰亶隹隨| ⿱亶鬲弼粥也 儃|佪 邅轉循 ⿰言前嘴口角之言 鱣尋皇魚 湔水名 煎⿰口前

● ⿰口煎煎|熬 尖|銳 纖|細 殲滅也 箋版簡書 檀糜也 緂罽也 ⿰糸薦⿰糸薦韉馬被具

● 葏 蕵草茂 蘵百足 蛅|蜥 祐衽也 譖多言 讖自語 趱前走 蹭 蹬急行 逮 遳進極

● 鉆鉗也 閚立待 闊獲也 隵陷也 雔 鶬鳥也 雬 霒 霵小雨 酟|酧面陋 韊

● 韆馬鞁具 韂馬障泥也 瀕顡也 颭風吹水動 衜 饘酏厚 馢沉香 驙髟| 髻薄也

● 鬋鬢也 鸇山鳥 鼮 鼨黄色 鷦鳥也 偂 津進也 劗削也 广屋也 噆多言 孅不廉

● 嚵難言 妗善笑 墻蔽也 黏多也 媨妗也 孅好也 巉山阪 幨車幨 翦 幯旛也

● 幨 幰車| 儋行速 惉 惦 怗煩聲 戔 戕刺也 戋盡也 戧出夢感經 戗量也

● 浧 涅江岸上地名 敯舉手 旃 旜旗曲柄 旝亶也 栴木也 栫 梅 梫香木

● 歼 殲獸食餘者 毨毛席 毶毦也 氈撚毛 瀸 瀸泉見否 爑火也 檵 機小粟名

● 燂火滅 痒 痱 瘦皮病 黲| 站 蛬久立 笘折竹 箚使薄 簪王也 籤削竹

● 籛簣也 戔淺小 濺 濺 磯水淺流貌 旃勉| 於旃名 覘窺|

上上

ciēng

● 餞|別送去 踐踏也 剪裁| 翦羽也 戩穀也 俴淺也 庱小痒 曦笑也 踐迅飛 衒||善言

● 陵水阜 帴霜衣 廌大室 後迹也 槧斷木為| 瑏玉名 瞻 瞎視而上 䕭獸食草

上去 ciéng

● 箭 箾 篛 矢也 牮 砦 屋斜用｜ 佔 侵｜ 洊 瀳 濽 水至 薦 ⿱薦廾 ⿱薦廾 侟 黍蓬

● 僣 窃也 戰 戳 𢍁 征｜競也 撍 射也 簮 箴也 糋 煎餌 荐 再至 荐 聚也 菚 草名

● ⿱艹錢 草也 ⿱吅衣 衣引 鑽 割也 闎 門次 顫 寒｜

上入 ciék

● 接 承交 岊 高也 ⿴行斤 刻也 莭 草約 櫛 扻 梳篦 癤 瘡也 椄 擳 續本 折 拗｜ 浙 江名

● 淛 洗米水 晰 小明 楫 舟｜ 襵 衹 接｜衣服收藏 蚚 海蚱 ⿰戠瓦 盎也 ⿸疒截 ⿸疒截 癰也 晢 ⿰目制 目美

● 䀹 睫 目旁毛 ⿱橐禾 禾動 緁 ⿰糸妾 續也 纏 緁 ⿰糸習 緶衣 ⿱艹折 斷草 ⿱艹妾 草可食 ⿰虫乚 蠐也

● ⿱晳虫 虫也 ⿰衤戠 小衣 踥 行也 ⿺辶疌 疾走 ⿰食截 食也 ⿱髟疌 髮少 節 卩 㔾 卪 竹類 ⿰亻節 傳｜ 切 刀也

下平 ciéng

● 𠬝 理｜ ⿰口晳 鳥聲 喞 咇言 ⿱折女 婡也 ⿰豸斤 螟虫子 岊 高山 幯 拭也 ⿰忄節 心有度 ⿰扌貞 絕也 ⿰阝攴 治也

● 哲 晣 ⿰日制 小明 栥 楶 拱斗 歽 夭死 瀄 水聲 ⿰火節 燭也 ⿰片折 版也

● 前 歬 ⿱艹前 後反 媊 媊 星名 潛 濳 ｜伏 錢 賤財 籛 彭祖 燂 火熱 ⿰水⿹門兔 水門 ⿰目朁 閉目

● 箈 篺 簀也 ⿰糸前 織也 ⿱艹湔 葥 ⿱艹渆 車｜ ⿱晉虫 鳴蟬 隮 邑名 騚 馬蛟白 僭 儹 假也 ⿰口前 嘈也

● 歬 不行而進 瀳 濽 水名

下去	ciêng	● 壍 塹 暫坑也 鏩進無 𩀿 䳻鳥名 𤅊色弱 賤 䞼下| 漸積| 𢖍侍立
下入	ciĕk	● 捷急敏| 誱 謯多言 睫 𣯍 𧼮 㼪 𩭑 𣯍 氎 𣯍 氍 睫眉毛
		● 箑扇称 婕好也 𠲿鳴也 疌亟也 尐少也 崨山連 崨 𡾞山名 㨗人名 捷 㨗成急兙
		● 槣接也 欳貪也 湕水出 礎山連 腱闕義。 艜舟疾行 蘣草也 踕足疾 霵雨雪
日上平	niĕng	● 拈 捻手指物 | 惗愛也 埝深靜 㞋壓也 攝手|物 敜塞也
上上	niēng	● 染|色 冄行也 淰濁也 䎡魚罔 罧 菍草也 踗行輕 讇消也 錜小釘頭 鑈 鑷正也
		● 䩞鞍也 䛸止也 飴食麥 䥇|頭 黏草書勢 陃|亭
上去	niéng	○
上入	niék	● 聶耳附私言 揖打也 攝兼| 囁|嚅 | 躡 踂登蹈 鑷鉗也 懾心服 冋 呧多言
		● 㖿 喦 㗊多言 囚私取 囡手動 嬬美也 埝陷也 壏盎也 㚔犯罪不止 㢥隘也 𣰈毛弱
		● 㵩影動 灄水名 聿手巧 㻂 𢐄射決弓 慑怪也 懾失氣 㨮採也 㦝反也 囁小懙
		● 欇 欇枝也 爃火光盛貌 爃熯也 𧾷足履 䀴 矖目動 笨竹也 笨然疲|役 箻 䇲竹名

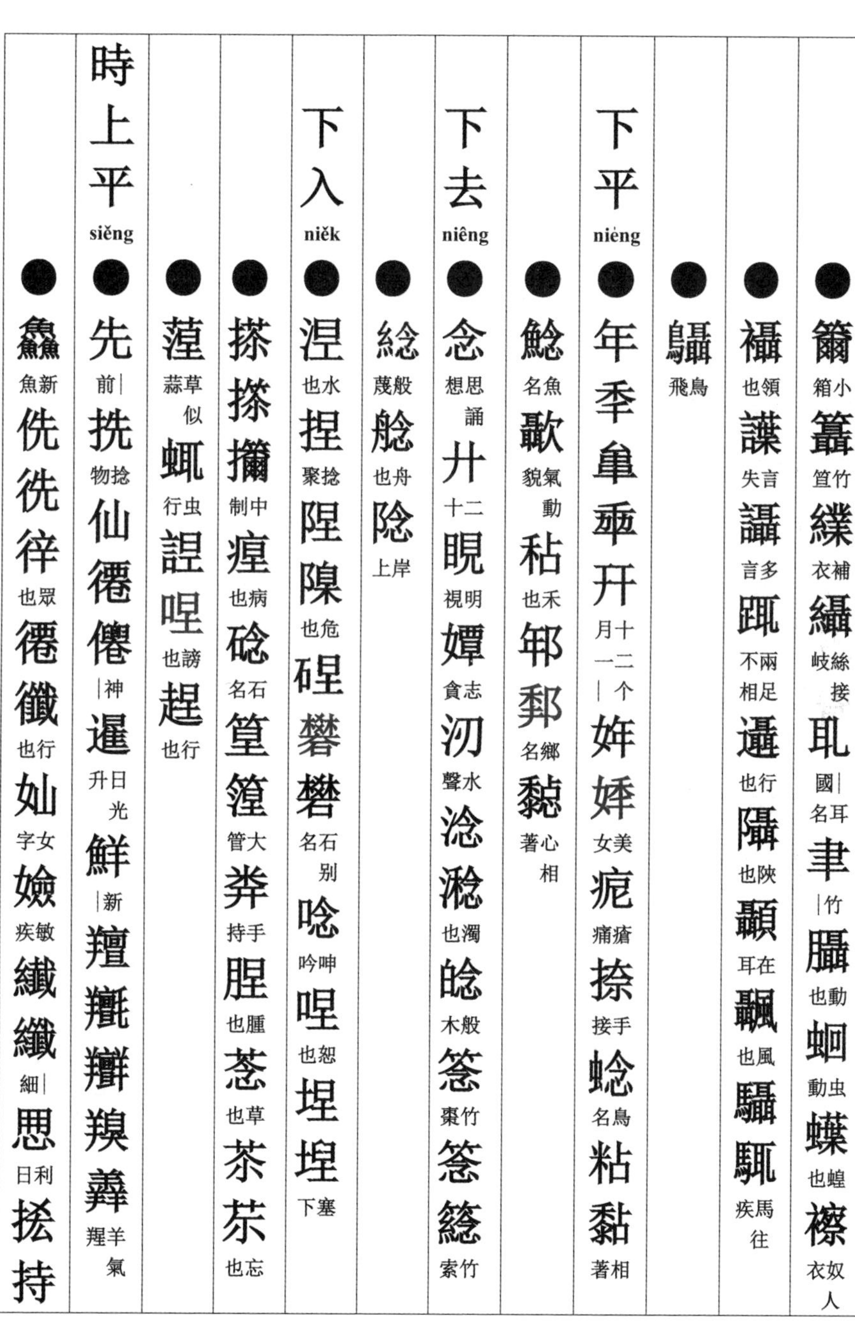

● 籋小箱 ⿱⺮聶竹笪 緤補衣 ⿰糹聶絲接岐 耴丨耳國名 聿竹丨 ⿰月聶動也 蛔虫動 蠂蝗也 ⿰衤奈奴人衣

● ⿰礻聶領也 ⿰言葉言失 讘多言 ⿰⻊耴兩足不相 ⿺辶聶行也 ⿰阝聶陜也 ⿰聶頁在耳 ⿰聶風風也 ⿰馬聶 ⿰馬耴馬往疾

● ⿰鳥聶鳥飛

下平 nieng

● 年 秊 [illegible] [illegible] 开十二个月一丨 姩 ⿰女秊美女 痆瘡痛 捺手接 ⿰虫念鳥名 粘 黏相著

● 鯰魚名 ⿰念欠氣動貌 秥禾也 ⿰年阝 ⿰秊阝鄉名 ⿰黍念心相著

下去 niêng

● 念思誦想 廿二十 睍明視 ⿰女覃志貪 ⿰氵刃水聲 淰 ⿰氵唸濁也 ⿰白念般木 ⿱⺮念竹棗 ⿱⺮念 ⿱⺮⿰糹念竹索

● ⿰糹念般蔑 ⿰舟念舟也 ⿰阝念岸上

下入 niěk

● 涅水也 捏捻聚 陧 隉危也 ⿰石圼 礬 ⿱樊木石別名 唸呻吟 ⿰口圼怨也 ⿰土圼 ⿰土圼塞下

● 搽 擦 ⿰扌薾中制 ⿸疒圼病也 ⿰石念石名 ⿱⺮圼 ⿱⺮涅大管 ⿱龹廾手持 ⿰月圼腫也 ⿱艹念草也 茶 荼忘也

● ⿱艹涅草似蒜 ⿰虫耴虫行 ⿰言圼 ⿰口圼謗也 ⿺走圼行也

時上平 siěng

● 先丨前 ⿰扌先捻物 仙 僊 ⿰亻遷神丨 暹日光升 鮮新丨 擅 攕 ⿰扌羴 ⿰羊臭 羴羊氣羶

● 鱻新魚 侁 ⿰彳先 ⿰彳卒眾也 ⿰彳䙴 ⿰彳韱行也 ⿰女山女字 嬐敏疾 纖 纖丨細 思利日 摻 持

● 敉聲也 梃木長 毦毨也 ⿺毛韱毛也 烻光也 ⿰火爾兵也 ⿰石先石也 硟石打 秈 籼稉也 ⿰禾韱禾草

● ⿱竹仙竹名 ⿱竹鮮竹名 ⿰亶羽飛也 脡牛肉醬 ⿱艹仙草也 ⿱艹秈秈也 ⿱艹善草動 ⿱艹韱草也 襳 襳衣也 䙴

● ⿱覀巷 ⿱覀大升高 ⿰角先角也 詵致言 譣問也 踤行也 ⿰足鮮行危 銛鍤也 駪 ⿰焉馬眾馬 ⿰魚先魚也

● ⿰先鳥鳥名 鸇似鶴

上上 siēng

● 閃電門中 陝 ⿱雨西|西 鮮希少 蘚草苔 癬疥也 燹兵| 茜草名 譫狂言 跣赤腳 倎人名

● ⿰山鮮山名 廯倉削名 亶姓也 撊疾動 ⿰彳夾行曳 澗水動 瘲 ⿸疒先疥也 ⿰忄鮮慚也 ⿰火攵舉手 睒電也

● ⿰木先|木 ⿰木鮮木名 毨 毫理也 ⿰氵鮮水也 燗 炶火行 ⿰火先氣也 ⿰犭爾殺也 獮秋田 省姓也

● ⿰目夾目動 睒視也 ⿰目延目也 㚒盜物 ⿰阝委不媚 尟 尠少也 禒祭肉 ⿱艹先草名 ⿰先見視也 ⿰言夾誘言

● 負 貧狄也 ⿰先阝國名 銑光甚 [illegible]門版 ⿰先隹毨也

上去 siéng

● 扇 ⿱竹扇扉也 煽 傓熾盛 ⿰言扇惑也 ⿰鹵扇鹹也 ⿰巾扇| 搧批也 ⿰石扇玉名 ⿰車扇車輻 ⿱雨見 霰

● ⿱雨殳 ⿱雨殺 ⿱雨敢 ⿱雨胥 霹霄雪 騸接樹曰| ⿰石韱 ⿰石韱雷光 ⿱罒䙴魚器 ⿱艹扇草也 ⿰虫扇搖翼

上入 siék

● 薛 ⿱艹辥 薛 辥國名姓也 屑 屑小潔 糏米碎 洩 泄|漏 枻 栧鼓|楫也 偰

● 嶌臥|爭也 絏擊| 爇火燒 䕭簡| 褻 暬私服 艓櫓聲 瘈癎病 褉襦也 葉邑名 爕

● 燮调和 設排|陳 伳修也 劕斷也 呭 詍多言 囈壞也 壻塵也 婡 嬖 媟狎慢也

● 屧 屟履中薦 屵岸高 徢行也 徲搖也 慸不安貌 㥠憂也 拽拖也 㦪志輕 揟出物

● 揳不方正 攝取也 楔府署大門脫限雨柱 楈 楈限也 棚木也 甈瓶受一斗 渫除也 渫除去治井

● 湑水貌 澀水流 濆注也 玴 珗 瓕石似玉 甄瓦破聲 疶痢也 瘈病也 爕和也 瞸開目

● 紲 紺絲也 絬長短右袂 緤 縲長繩 翐 翍飛也 耴便也 胐 腈|脂 腜膜也 蒨草也

● 蔎香草 蛦虫也 蜨蛺| 袣衣長 詍 詍多言 跇述也 趯 踥 踋足跳 跹躍也

● 䞶一足行 躞行也 𨀰 躃旋行 迣 迾踰也 遝走也 韘斬也 鍥刻也 鞢 鞢鞍具

● 韊𩏩也 鞣鞘|帶具 颵 颯風也 貐 貍餘| 齛 齝 齨瞧聲

下平

sieng

● 塩 鹽 鹵海水煮成 檻木名 簷竹也 檐 牆屋也 蟾|蜍 蟬 蟮 蟺秋生 嬋|娟

● 㫾更也 棎果似柰 櫩 櫚步廊 檻木名 㳌水名 澶水名 爓火門 癎病走 穫禾也

● 𥳂竹病不折 縩續也 膶陽中肉 裧 襜 韂毳衣 譧言不實 閻視也

下去 siêng

● 善 譱 善 僐 単 菩 [illegible] 好也 膳 饍 |食 繕 繕 補寫治 鱔 魚名 墡 白土

● 羨 稱|好 擅 自專 墠 壇也 贍 足也 僐 姿也 儃 徒也 ⿰亶刂 伐也 ⿰口亶 面色變 墡 ⿰石善 白坦土

● 嬗 ⿰女善 人言 ⿰木善 樿 木癗 廠 ⿸广敝 舍也 霄 霰 米雪 栁 門押 ⿰木善 木名 ⿰亶瓦 瓦器 ⿰目善

● 磹 電光 禪 封| 禫 祭天 ⿰禾亶 禾束 ⿰金單 瓦器 ⿰目善 耳門 蛥 |蚨 譂 忘言 ⿰言善 格人言 ⿰言譱 正也

● 邅 行速 ⿺辶善 行移 鄯 國名 醆 爵也 ⿰酉善 醰 苦酒 顫 視人 䱇 魚似蛇 鱔 黑文魚 ⿰麥善 新麥為餌

下入 siěk

● 涉 歩 歨 ⿰林涉 徒步 踄 跋| 舌 刮 唇| 折 |斷 ⿰折斤 断而復連 忕 習也 搽 ⿰扌涉

● 揲 閲持 笲 占也 ⿰糸步 繪也 ⿰金步 鉄| 諜 樂具 ⿰魚斤 似蟹 碟 治皮

鶯上平 iěng

● 淹 |沒水名 醃 醱也 痷 久病 閹 宦官 鄄 國名 烟 ⿸厂垔 煙 歅 ⿱夗虫 ⿱宀垔 ⿱宀蜀

● ⿱匽黽 氣出又瑞草 嫣 笑美 胭 咽 ⿰口垔 |喉 黶 ⿱黑燕 黑子 檿 ⿰木厭 ⿱奄酉 山桑 鄢 邑名 ⿸厭酉

● 黤 面上黑点 燕 國名 偣 淨也 傿 地名 ⿰日詹 曬也 擫 掞 舒也 ⿰冫冋 冷也 ⿰弇刂 刑也 ⿴囗垔 火氣 ⿰女奄 女貌

● 俺 愛也 ⿸厭甲 心甲 ⿰炎攵 手散物 橪 支香草 珚 玉名 甄 陶也 ⿰日晏 ⿰目晏 ⿰目宴 ⿰目燕 相弄 ⿰月色

● 腌 漬肉 ⿱⺮甄 止樂 臙 |脂粉 ⿰虫垔 虫也 ⿰酉今 酒也 ⿱含曾 含怒 ⿰馬典 馬行

上上 iēng

●冉冄行也苒荐茬|先明易去髯頷頰鬚蚺蚦大蛇偃㫃蹇屈抑也演|戲

●掩掩遮止衍溢美琰玉美剜削也俺我也渰藏也剡銳利匽路廁昍呥噍也

●㖶口動噞魚口上下垸墻壁埯土覆物堰壅土躽身向前姌姌長好媕婢也婩女有心

●峵山平崦嵃山名嘔山形嶖山形广屋形顩面不平𢋴盛衣櫃奄文覆弇穽寶

●穽蓋也徝遲行怰賣也㤿㣿愛也戾戶牡𢪘𢪘布也揜取也覆也旃旃旃覆車

●旃光也㫊旗也柟木也棯柰也棪樓其椼木名歐大呼渰雲雨氀毿也毷顩也沇

●沿㕣水名𪛖甲也誧詌誧多言聃耳曼涓𣲖坍水岸涚水別名猀人名

●玴玉也𤮿甘也㾆傷也屢瘍痢硽合也裺褗襜也笧竹弱䉶竹名緂繽長也

●罨罕也翀翪髯細毛翮歛羽棪利耕聸|耳荏蔓也衙蛩蝎也蝘蟬也

●蠊虫也衻衻嫁時上服裺衣大褗領也覎日墟賈物相當也鉗鉄也䞁烟上升也趨走也

●𧼨走也踆疾行沿行也郶商|鄢邑名㖶味薄醃|菹錌治甲具鍝戟三刃者

●𨽕鷏鳳也霑雲也頫鬒顩黑也駉駒|陃鼳大鼠鼹田鼠龔高明厴蟹|腹下

上去 iéng ● 燕 玄鳥　嚥 蚕也　厭 足也　饜 飽足　宴　醼 筵也　溎 大水貌　嬿 美也　奄 匿也　俺　倴　懕

● 懕 足安　愜 性狹　簾 竹也　懕 心不足　曀 日出無雲　曣 懊也　猒 飽也　襧 襪也　稖 苗茂

● 穪 禾不實　緶 淹也　貶 口墟　諂 言輕　讌 合諳　醶 苦味　驠 白馬州

上入 iék ● 曄 暴　疁　曗 光耀　燁 火明貌　皣　皣 明也　饁 餉也　乙 立鳥　巘 山谷　皶 相反　爗 盛也

● 曄 怒視　臀 目動　絕 臭衣

下平 ièng ● 炎 荽　葪　蔹 熱也　搁 續也　鵪 怪鳥　厌 廖也　憸 車帳　燅 火光

下去 iêng ● 熖 餤 爓艶　焱 火氣　院 衙||書　衙 猶|妓館　豔 治也　灩 瀲|　杴 木名　灎　灩　灩

● 灩 水動　瀲 以塩醃也　煔 火行　爓 火也　皺　皽　皭 柔皮　豔　豔 美也　釅 面色　饜 飽也

下入 iĕk ● 葉 茱　枽　茉 枝|　楪 牖也　帙 卷|　㮏　蒜 炎也　拽 扯也　遾 少移　傑　偞 輕也

● 槷 清熊　擫　擪　壓 一指按　擛 動也　臀 月動　牐 閉|城門　煠 爚也　壓 血也　衎 樂也

● 鍱 鐷　鍱 金飽片　鎑 鐵器　颺 風動　饁 餉田食　饜 餅也　殜　殜　殜　殜 病也

● 謋 樂音器　爗 明盛　璺 玉名　墕 地名　瞸 憸也　箓 竹也　篥 籥也　騍 馬輕行

蒙上平 miĕng ○

上上 miēng ● 冕 悗冠| 免罷也 勉 俛勤勵 娩分| 緬 絤追思 沔 汅水名 澠地名 偭向也

● 勔 勬勉也 㗏不言 㘙 嚹吐也 㛯分| 㝃生子免身 𢂋幕也 湎 𨡜 䤄好酒

● 㥝厲也 愐勉思 㨠飾也 沔水名 絻喪服 𦳝平也 𦾔人名 䤄䩄| 䩄勒也 鮸魚也

上去 miéng ○

上入 miék ○

下平 miêng ● 𡑝平地 婂女字 媔目美 嬵女字 宀深屋 𥨊不見 𢓡邪行 怋不明 𦃃||低貌 棉 綿

● 緜絮也 緡|蛮鳥聲 眠 𧀾睡| 柄木名 櫋|木 欞木密 殈 㱠矜也 𦤎 矏視也

● 矈目黑 㽰田人 𥈵不見 芇相當 蚵|蚨 蝒蚨蟒 蝒 蝞 蝒馬蜩 䛉誘也 諞 謾欺|

● 謗人名 䏿𦞂也 𩕳美也 鵑鶯語 𩥇纏也 㥲忘也

下去 miêng ● 面 靣 靦 丏 䍃冥台 愐 怲惡魁 惛悶也 揎塗也 眄 盿目合 櫋屋簷

● 丐不見 湎大水 䀎邪視 麪 糆米麥磨粉 䕻草也 𩈈汁血 鞆 鞆勒也

下入 miĕk ● 滅 烕 𤇢火息 搣磨| 蔑 蔑 薵 𥊍無也 礣小石 穖禾也 篾竹皮 粡𥼥也

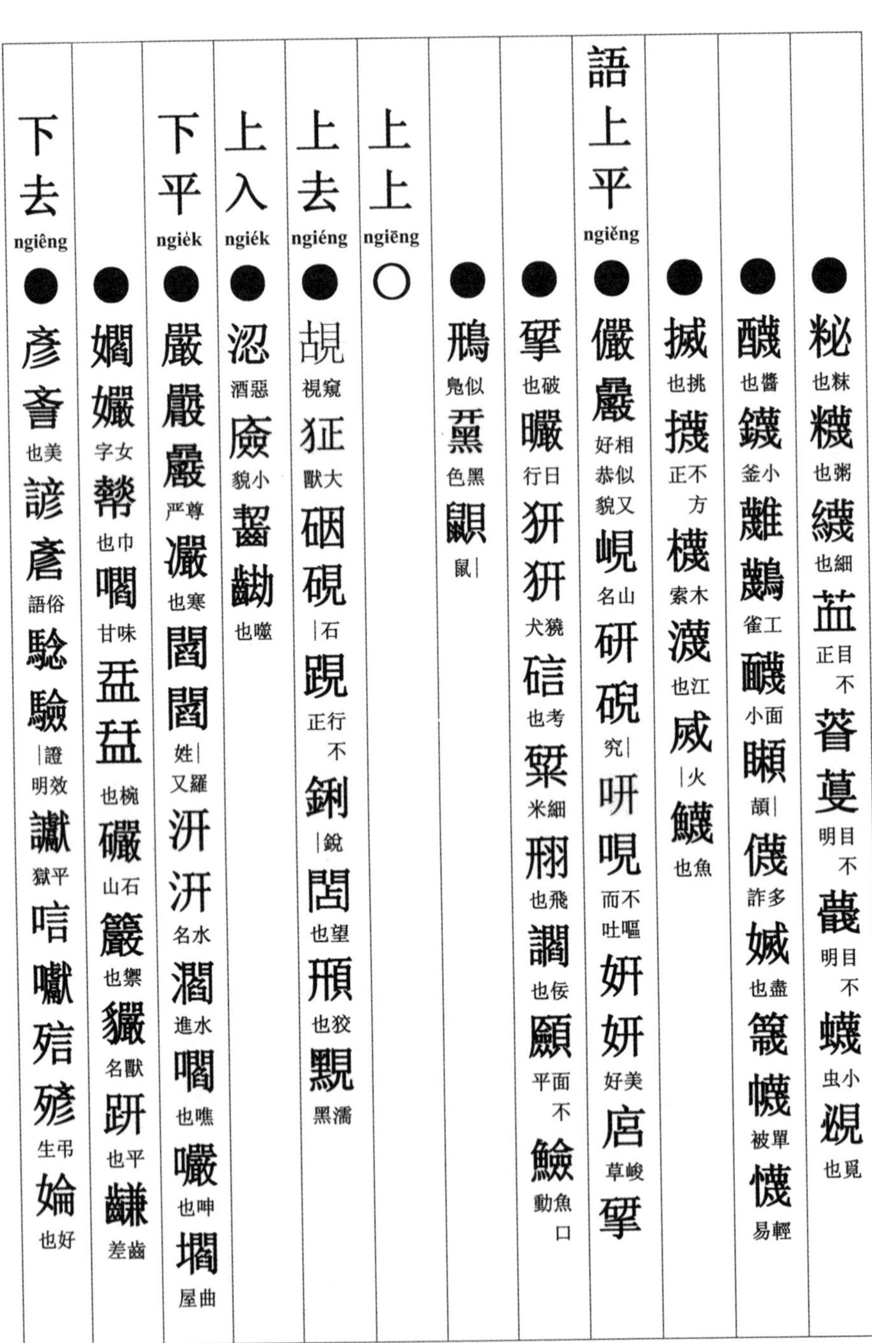

● 粊（粖也）糨（粥也）纖（細也）衁（目不正）蓉 蔓（目不明）蔑（目不明）蠘（小虫）娊（覓也）

● 釅（醬也）鑯（小釜）雔 鸃（工雀）醃（面小）瞮（丨頡）僟（多詐）娍（盡也）籤 幰（單被）懺（輕易）

● 摵（挑也）攕（不正方）櫼（木索）瀸（江也）烕（火丨）鱵（魚也）

語上平 ngiĕng ● 儼 嚴（相好似恭又貌）峴（山名）研 硯（丨究）呀 哯（不嘔而吐）姸 妍（美好）启（峻草）揅

● 揅（破也）曮（日行）犴 犴（獟犬）碹（考也）糶（細米）翃（飛也）讝（佞也）顲（面不平）鰜（魚口動）

● 鳵（似鳧）𪍿（黑色）鼸（丨鼠）

上上 ngiēng ○

上去 ngiéng ● 覘（窺視）狿（大獸）硱 硯（石丨）覞（行不正）銂（銳丨）閰（望也）穎（狡也）黬（濡黑）

上入 ngiék ● 濕（惡酒）㡉（小貌）齧 齺（噬也）

下平 ngiėk ● 巖 巖 巖（尊严）灘（寒也）閻 閻（丨姓又羅）汧 汧（水名）灛（水進）嚂（噍也）巘（呻也）壛（曲屋）

● 嬚 孅（女字）幨（巾也）嚐（味甘）𥂩 𥂩（椀也）礹（石山）巖（禦也）玁（獸名）跰（平也）鹻（齒差）

下去 ngiêng ● 彥 㱿（美也）諺 喭（俗語）驗 驗（證丨效明）讞（平獄）唁 嚴 殗 殘（弔生）婾（好也）

● 嵃（山高）⿰方僉（証也）牪（牛件也）⿰犭并（犬也）礆（山名）諕（語鬼）這（迎也）⿺辶彥（行貌）醶 釅（酢漿）

● 顩（不平）⿰飠彥（飴也）⿰齒僉（|齺）⿰齒干（齒見）

下入 ngiĕk

● 業 ⿱⿰巳巳炏 ⿱⿰丵丵炏（家產功|）鄴（地名）嶪 ⿰口業 嶫 不 嶭 嶭 蘖 蘗 ⿰木獻 枿

● 桻 歕（草木生芽）蘖（麪也）孽 孽（災害）臬（法也）⿰臬危 ⿰臬兒（|甈不安）闑（門中木）⿰臬乚（引也）啐（訶也）

● ⿰口幸（罪也）⿱宀業 嶫（山高）僷（危也）⿱薛女（禽獸蟲蝗之怪）孽（庶子）⿱山自（危高）⿱山皃 嵲 ⿱宀臬 ⿰山兒（山高）

● ⿰氵業（水大）⿰山齧（山貌）⿰扌𠂢（裂也）⿱埶手 ⿱臬手（不安）⿰扌黽（射中聲）⿱薛手 擛（攝又大指）槷（危|）瀻（議罪）

● ⿰片業（牆板）⿰舟瓦（不安）皣（木白）研（石也）緈（續也）蓺（姓也）⿰車獻（車行）钀（馬勒）⿰镸幵（長也）⿵門鳥（門|）

● ⿰阝業 隉（危也）⿰言業（樂也）驜（壯也）⿱髟幵（小兒）⿰魚業（魚名）鱻（魚盛）⿰麥夬（糵也）⿱薛麥（麥芽）⿰臬鳥（鳥知吉凶）

出上平 chiĕng

● 千（十百）仟（千人之長）芊（草盛）簽（竹削成|）⿰口千（|陌）⿰虫千（蝦|）躚 躚 蹮（蹁|舞貌）遷 迁

● 遷 扦 ⿰扌西 ⿰扌囟（移徙）褼（褊|衣舞貌）籤（竹|）蠘（虫也）僉（皆也眾言）⿰僉僉（皆也眾言）⿰金刂 ⿰金刂（割也）

● 孅（人名又弱）⿰千土 圱（三里田）奷（女字）仚（山也）⿰巾韱（記也）舉（升高）⿰扌䙴（插也）殲 𢧵（盡也）汘（水名）

● ⿰犭韱（獸名）⿰月韱（臑也）杄 櫏 ⿰木遷（木也）⿸疒晉（病也）⿰日千（未明）⿱竹䙴（箸|竹名）⿱竹遷（收朱具）籤（驗|）

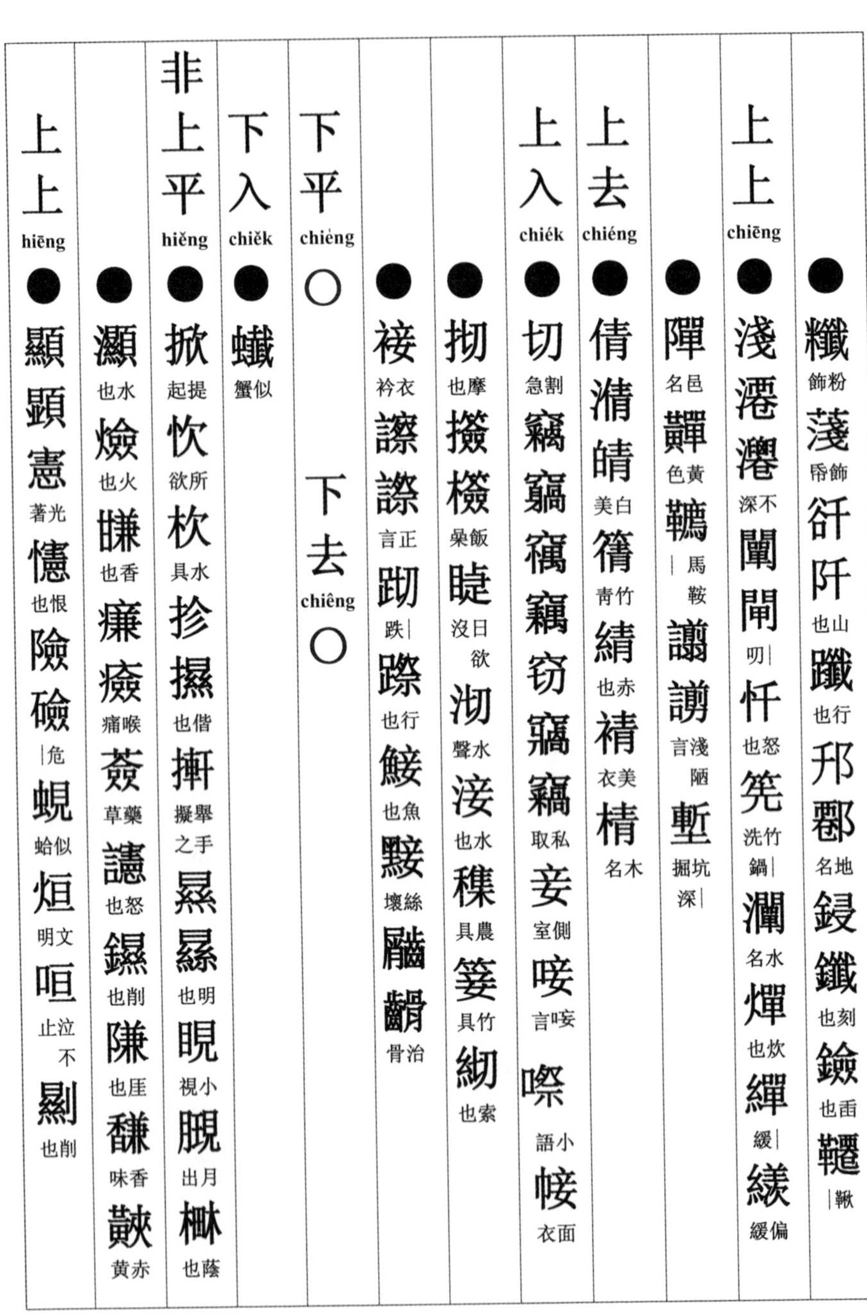

●纖粉飾 [illegible]飾幣 谸 阡山也 蹠行也 邦 郵地名 鋟 鑯刻也 鐱臿也 韆鞦|

上上 chiēng ●淺 濅 瀸不深 闡 閳|叨 忏怒也 筅竹|洗鍋 灛水名 燀炊也 繟|緩 縼偏緩

●鄲邑名 黵黃色 韉馬鞍| 讇 譾淺陋言 塹坑|掘深

上去 chiéng ●倩 淸 睛白美 箐竹青 綪赤也 䘩美衣 棈木名

上入 chiék ●切割急 竊 竊 竊 竊 窃 竊 竊私取 妾側室 唼唼言 㗾小語 帹面衣

●㧇摩也 攃 檫飯臬 睫日欲沒 沏水聲 淁水也 穕農具 箑竹具 絜索也

●褄衣衿 詧 詧正言 跏|跌 蹬行也 鯜魚也 黪絲壞 䯍治骨

下平 chiéng ○

下去 chiêng ○

下入 chiĕk ●蠘似蟹

非上平 hiĕng ●掀提起 忺所欲 杴水具 掺 擪借也 攕舉手擬之 㬎 㬎明也 睍小視 䁺月出 枕蔭也

●灦水也 燂火也 𪏹香也 㾾 癥喉痛 薟藥草 䜢怒也 鍁削也 隒匡也 馦香味 䵍赤黃

上上 hiēng ●顯 顯 憲光著 𢡒恨也 險 嶮危| 蜆似蛤 烜文明 咺泣不止 㔎削也

● 娊 字女 峴 也山 嶮 難阻 𣅀 流水 㦥 上車 憸 也詖 猃 獫 玁 犬長 喙 癋 病寒 𥣇 也戟

● 皛 也明 䒸 也草 𨻶 隱 名地 韅 韅 背在 韊 皮寢 衣 頴 苧似

上去 hiéng ● 㒈 貌遈 跰 曲脚 㜸 也好 韊 也被 㦓 急意 臔 急肉 蜸 蛤小 現 板丈 趦 也走

上入 hiék ● 熁 |火 氣 血 脈| 𧝐 |襦 蠍 虫毒 䀏 視驚 䞦 也昏 𥸤 也粉 纈 也結 䕵 名草 蝢 支月

● 𧌃 名虫 蛺 也姓

下平 hiêng ● 賢 贒 臤 善聖 | 玄 𢆯 色黑 絃 線琴 玹 名玉 鉉 耳鼎 舷 旁船 弦 弲 𢏢

● 𢐼 |弓 炫 耀| 懸 掛| 嫌 疑| 𠈫 伭 也很 𠛅 刎自 礥 㘋 也難 妶 名女 嬨 守有

● 𢃭 名邑 𢎘 弓草 盛木 𢏳 弓姓 慈 也急 𢲾 名邑 眩 光目 杴 櫶 属鍬 泫 光露 𤜼 急性

● 琄 也玉 痃 也急 眩 也乱 𥉐 也視 𥈞 子童 𥮹 也箭 絢 貌文 𦊑 也罥 胘 胘 葉牛 肚百 𦭠 也草

● 肙 空小 蟲 蚿 足百 衒 衙 也矜 袨 衣好 𢍰 弄 人名 𧩙 急言 譞 也智 𧵳 也賣

● 趦 趦 也走 𨸭 也玩 𩂇 也霧 鞙 𩊍 鞘刀 𩑶 後頸 𩢯 馬黑 𨳿 士試 鍾力 𪀚 也駕

下去 hiêng ● 現 明玉 光 見 |出 誢 也評 哯 乳嘔 俔 也見 垷 塗泥 𥝤 束小 眘 也妨 涀 名水

● 鋧 小稍 槃 幡也 俔 譬論

下入 hiĕk

● 俠 豪|又是非 峽 巫| 狹 |隘 挾 脅持 脅 脇 雨| 穴 四 壙也 恊 協 叶

● 叶 眾同和 乱 國名 浹 凜也 劦 同力 勰 會意 唊 忘語 嗋 合也吸也 坹 深也 垥 [土脅] 提水

● 浹 徹也 埉 堅土 [忄劦] 束帶 [弓合] 强弓 愶 怯也 [扌穴] 投也 拹 [扌脅] 摺也 [扌絜] 束也 歙 欱 翕氣

● 泬 出水 [氵脅] 水流 滅 濊也 頡 直項人名 [牛劦] 牛健 [穴瓦] 半瓦 [絜目] 目赤 [麥劦] 麥也 [糸穴] 縷也 綊 紝也 脇

● 胠 脥 腋下 [舟劦] [舟歙] 大舟 莢 草實 [艹脅] 菇草 [艹絜] 花突開 [虫穴] 虫也 [風劦] 風也 袕 衣孔 [夾貝] 財也

● [夾貝] 財也 頁 頭也

31 奇字母

柳

- 上平 liă ● 忚 心不欲
- 上上 liā ○
- 上去 liá ○
- 上入 liáh ● ⿰石蒦 扫草具 砳 石聲
- 下平 lià ○
- 下去 liâ ○
- 下入 liăh ● ⿱竹歷 竹器

邊

- 上平 biă ○
- 上上 biā ○
- 上去 biá ○
- 上入 biáh ● 壁 牆|
- 下平 bià ○
- 下去 biâ ○
- 下入 biăh ○

求

- 上平 giă ● 迦 釋|佛 痂 乾瘡 跏 屈足而坐 咖 譏言
- 上上 giā ○
- 上去 giá ● 寄 |托 掎 戴也 倚 以石於水中爲步 旡 兂 氣不得息 迈 行而求

字母	聲調	拼音	標記	例字
	上入	giáh	○	
	下平	già	●	袈裟伽𦉢（衣胡）笳（笛胡）枷（具刑）乪（也姓）
	下去	giâ	○	
	下入	giăh	○	
氣	上平	kiă	○	
	上上	kiā	○	
	上去	kiá	○	
	上入	kiáh	○	
	下平	kià	○	
	下去	kiâ	○	
	下入	kiăh	○	
低	上平	diă	●	爹（父呼）
	上上	diā	○	
	上去	diá	○	
	上入	diáh	●	摘（|采）
	下平	dià	○	
	下去	diâ	○	
	下入	diăh	●	維[illegible]籴（米買）
波	上平	piă	○	
	上上	piā	●	跛[illegible]躃躄（不足正行）[illegible]（米碎）[illegible]（名虫）

上去 piá ○

下入 piăh ● 壀 土｜

上入 piáh ○

下平 pia̍ ○

下去 piâ ○

他

上平 tiă ● 觰⿰角參 角聲

上上 tiā ○

上去 tiá ○

上入 tiáh ○

下平 tia̍ ○

下去 tiâ ○

下入 tiăh ○

曾

上平 ciă ● ⿱髟差 ⿰壴差 嗟 差 ⿰言差 ⿱艹嗟 咨｜歎聲 槎 桴｜ 遮 蔽過 罝 罝 兔網 ⿱父者 父也

● ⿰亻庶 ｜儸健而不德 瘥 病也 ⿰女差 女字 謶 ⿰言遮 歎也

上上 ciā ● 姐 媎 姊 姉 毑 她 女兄 赭 赤色 者 這 作文語詞 撦 擊｜ 鉏 食無味 ⿰馬者 馬名

上去 ciá ● 蔗 睹 瞸 ⿱艹遮 甘味爲糖 柘 桑｜ 樜 大木 炙 鍊 ⿰月炙 熫 燒肉 借 假貸助 鷓 ｜鴣

● 唶 諎 歎也 嗻 遮也 ⿰日炙 日赫 ⿰氵炙 膗肩 ⿰氵虒 水也 炙 牛｜ 䗪 蟅 虫也 ⿰革庶 石｜ ⿰黑者 黑也

上入 ciáh ● 隻 單也 跡 迹 足｜ ⿸厂辟 仄也 坧 ⿰土庶 基址 拆 拓 抬也 摭 取也 取 目病 螪 虫也

● ⿰衤庶 幨也 ⿺走石 行也 ⿺走適 走也 蹠 ⿰足彖 跳也

聲類	調	拼音	標記	字及釋義
	下平	cià	○	
	下去	ciâ	●	藉 藉 依也 褯 小兒帶 查 大口貌 躤 踐也
	下入	ciăh	○	
日	上平	niă	○	
	上上	niā	●	惹 引亂 䛩 應聲 唋 聲也 喏 敬言
	上去	niá	●	偌 姓也 渃 城名
	上入	niáh	○	
	下平	nià	○	
	下去	niâ	○	
	下入	niăh	●	拿 挐也
時	上平	siă	●	賖 貰 未有現銀 尖 小也 ⿰氵虒 水也 賖 遠也 賒 不交 鉇 鉈 鍦 短矛
	上上	siā	●	寫 ｜字 捨 ｜棄 ⿰木寫 案也 厙 姓也 ⿸厂寫 傾也 庴 小室 涻 水也 漱 清淳 瀉 傾也
			●	灺 香也 ⿰牛舍 馬名 ⿱竹寫 ｜程 ⿰言寫 志也 ⿰金寫 金範 ⿰黑干 汗漫 ⿰飠多 ⿰飠舍 飫也
	上去	siá	●	舍 館｜ 卸 脫衣 瀉 下也 赦 灸 ⿰亦攴 寬宥免 騇 牡馬 ⿱竹寫 笞也 ⿰耳卸 聞也 ⿱艹寫 澤｜ ⿰虫舍

● 蝛蝑蝍蛤|螫刺毒蠍虫也

上入 siáh ● 𠞰鎢削去

下平 siȧ ● 斜邪不正鎁釾鋣鏌|劍名蔛䓉|高㖿聲也椰梛木高數十丈皮有槳甘如酒花子可釀酒

● 𤅢水名獅獸名節竹名㙒䘷小正

下去 siâ ● 社䄬禚禝稷土射䠶弽弓|矢物榭臺屋麝|香謝譤辭|盬器也

● 𢱉金|澥凋|檞善夢宜卦澥出水懈獸名𤺌多病𥁑器名蝍蛣|

下入 siăh ● 食口納

鶯 上平 iă ● 呀張口

上上 iā ● 野墅埜壄郊外田|冶陶|墅圃也漜泥淖㙒野火艺助語蟴蟲也也夫詞

上去 iá ○

上入 iáh ● 益利|

下平 iȧ ● 耶疑詞椰梛楫|琊琅|地名𨚔山名揶相弄箉竹名莥䓉蕷臭也

● 茀草也 ⿰魚耶似蛇

下去 iâ ● 夜 亱 ⿰亱几 ⿰亱几|晚 ⿰金夜鏡也 ⿰麥夜麥皮 ⿰口夜鳥朝鳴曰嘲夜鳴曰| ⿰夜鳥鳥也 ⿱夜虫虫也

下入 iǎh ● 役 伇|使 驛 馹|站 坄陶竈窻

蒙上平 miǎ ● 罝目小

上上 miā ○ 上去 miá ○

上入 miáh ● 乜斜也 咩 咩羊鳴

下平 mia̍ ○ 下去 miâ ○ 下入 miǎh ○

語上平 ngiă ○ 上上 ngiā ○ 上去 ngiá ○

上入 ngiáh ○ 下平 ngia̍ ○ 下去 ngiâ ○

下入 ngiǎh ● 額|頭 ⿰石屰 ⿰石逆獸名

出上平 chiă ● 奢張盛 車 ⿰車頁提水入田 俥重利火| 硨次玉 ⿰車石石轉 ⿰氵奢噴|不潔 蛼|螯 撦 扯裂也

● ⿰奢鬼醜| 譇 謶言不可解 奲寬大 ⿰山車山名 ⿰忄奢誕也 ⿰石奢石也 笡斜逆 莗|前草 ⿰骨者骨也

上上 chiā ● 且 旦 丄 苟｜

上去 chiá ● 跅 無歧道 跰 歧道 趚 距也

上入 chiáh ● 赤 大紅

下平 chiȧ ○ 下去 chiâ ○ 下入 chiǎh ○

非

上平 hiǎ ● 壉 鏬 裂也

上上 hiā ○ 上去 hiá ○

上入 hiáh ● 謔 大言驚人 嚇 嚕 威｜

下平 hiȧ ○ 下去 hiâ ○ 下入 hiǎh ○

32 歪字母

柳 上平 luǎi ○ 上上 luāi ○ 上去 luái ○ 上入 luáih ○

下平 luài ○ 下去 luâi ○ 下入 luăih ○

邊 上平 buǎi ○ 上上 buāi ○

上去 buái ● 簸 箕去米糠

上入 buáih ○ 下平 buài ○ 下去 buâi ○ 下入 buăih ○

求 上平 guǎi ● 痱 疥瘡 燹 火也 磃 碎也 乖 乑 𦯷 背呂 𠜲 斷也 宯 樓也 𦱀 不正

上上 guāi ● 拐 柺 枴 佬杖 拐 |騙又杖 夬 叏 卦名 蒯 草可爲帶 踝 足輕跌貌 嘳 嘳 太息

● 呱 大口 聖 循也 屨 𡲰 覆也 𢄈 帛衣 𡛜 擊也 埵 堅土 朵 堶 朶 樹也

● 𠭯 太息 𥟽 聲也 𥬝 竹具 𦕈 地名 腂 藥名 𦫳 羊角

上去 guái ● 怪 恠 奇| 鮭 魚名 菽 毀也 拔 擾也 攮 𢿣 毀也 泾 水也 硁 𥗼 石玉 𦁊 細絲

● 葳 草也 獪 獸名

氣

上入 guáih ○

下平 guài ● 嚷 也呼 㚌 也大 槐 櫰 名木

上去 guâi ○

下入 guăih ○

上平 kuăi ● 𠢑 力有 擓 也拭 匯 也器 擓 也拭

上上 kuāi ● 䩪 帶皮

上去 kuái ● 快 樂| 塊 墤 |土 駃 馬千里 㹟 也狡 𠓗 息大 噲 也咽 𢾊 息休 璯 名人 𥬙 竹箭 鄶 也姓

低

上入 kuáih ○

下平 kuài ○

下去 kuâi ○

下入 kuăih ○

上平 duăi ● 䫈 聲出

上上 duāi ○

上去 duái ○

上入 duáih ○

下平 duài ○

下去 duâi ● 大 小不 柁 舵 正船尾文陶|

下入 duăih ○

波

上平 puăi ○

上上 puāi ○

聲母	聲調	拼音	字
	上去	puái	● 派 派 㡀支水流 破|裂 蠯小虫 潂水也 簰 簲竹片 紴散絲 粺種也
	上入	puáih	〇
	下平	puải	〇
	下去	puâi	〇
	下入	puǎih	〇
他	上平	tuǎi	〇
	上上	tuāi	〇
	上去	tuái	〇
	上入	tuáih	〇
	下平	tuải	〇
	下去	tuâi	〇
	下入	tuǎih	〇
曾	上平	cuǎi	〇
	上上	cuāi	〇
	上去	cuái	〇
	上入	cuáih	〇
	下平	cuải	〇
	下去	cuâi	〇
	下入	cuǎih	〇
日	上平	nuǎi	〇
	上上	nuāi	〇
	上去	nuái	〇
	上入	nuáih	〇
	下平	nuải	〇
	下去	nuâi	〇
	下入	nuǎih	〇
時	上平	suǎi	〇
	上上	suāi	〇
	上去	suái	〇
	上入	suáih	〇
	下平	suải	〇
	下去	suâi	〇
	下入	suǎih	〇
鶯	上平	uǎi	● 歪|斜 咼口不正 華不正
	上上	uāi	〇

上去 uái ● ⿰鼻會 喘息 憦 惡也 ⿰黑會 黑也

上入 uáih ● 孬 不好

下平 uài ○ 下去 uâi ○ 下入 uǎih ○

蒙 上平 muǎi ○ 上上 muāi ○ 上去 muái ○ 上入 muáih ○

下平 muài ● 蔴 麻 似苧 磨 ｜利刀

下去 muâi ○ 下入 muǎih ○

語 上平 nguǎi ○

上上 nguāi ● 我 自稱

上去 nguái ○ 上入 nguáih ○ 下平 nguài ○

下去 nguâi ○ 下入 nguǎih ○

出 上平 chuǎi ○ 上上 chuāi ○ 上去 chuái ○ 上入 chuáih ○

下平 chuài ○ 下去 chuâi ○ 下入 chuǎih ○

非 上平 huǎi	○
上上 huāi	○
上去 huái	● 潚 水聲 諙 誤也
上入 huáih	○
下平 huài	● 懷 褱 思念 肧 妚 娝 孕一月 椎 木也 淮 水也 蘹 草香 齉 䶤 䶒 鰸｜戎狄塩
	● 褢 褱 胸襟藏物 孃 安貌 褭 巙 谷不平 槐 守宮又木 犪 似牛 褢 袖也 珂 瓌 瑰 好珠
	● 襄 苞也 礭 不平
下去 huâi	● 壞 破｜ 殨 黙 禍也 羪 羫 垢膩貌 饟 飲也 𣀔 毀也 瀤 北水 蘾 草名
下入 huǎih	○

33 溝字母

柳 上平 lĕu ● 㔷穿也 慺 慺悅也 褸飲食祭 膢祭名 䣚鄉名

上上 lēu ● 簍竹籠 庳草室 斢斢｜兵奪人物 甊瓶也 䃺石也 𥢧耕畦 篓竹｜ 𡖿多也 偵自恃 塿小阜

● 𪍿𪎊｜𪎈餅

上去 láiu ○

上入 láiuh ○

下平 le̍u ● 僂曲背 剅割也 嘍鳥聲 蔞｜蒿 𢄐箢囊 廔屋又稱 摟曳也 樓重屋 熡火炎 瞜視也

● 䍱似羊 耬下種具 艛舟名 𤬏土瓜 螻｜蛄 褸衽也 覼細視 謱謹也 䝏豆也 貗貒豚

● 遱連也 鏤｜刻 𨼌邑名 𩀚 鷜野鵝 鞻鞮｜人名 髏 䫫髑｜ 䱾大青魚 𩦺大騾

下去 lâiu ● 漏泄｜ 𠥇 𠥇側逃 陃 陋陜也 𨞟地名 屚雨｜下屋 㢙泄｜ 𣤷小兒 炓火光 𤬏王瓜

● 𤵛 瘺瘡也 𦽍｜芦 𧮋怒也 𧸖貪財 𨂟蹋也 𨭟鐵衣

下入 lĕuh ○

邊 上平 bĕu ○

上上 bēu ● 捰衣上擊

上去 báiu ○ 上入 báiuh ○

下平 bèu ● 抔手掬物

下去 bâiu ○ 下入 bĕuh ○

求 上平 gĕu ● 勾 鈎 鉤 ⿰金冓曲鉄 溝 ⿱艹冓土壞又墅 膠魚腹有| ⿰勾黽亀房 ⿰勾刂|鑛 轇|轕車馬箱 昫畦也

● ⿰勾瓜王瓜 ⿰舟冓船名 ⿰巾冓甲衣 ⿰木敂水曲 沟 泃水聲 玽次玉 篝笿也 ⿱竹鉤竹也 ⿰糸安舒也 緱

● 緱刀劍 ⿰舟句 ⿰舟勾舟也 ⿱艹鉤草名 ⿱艹鞲草名 袧 ⿰衤勾 ⿴衣句喪衣 褠 ⿰衤冓單衣 ⿰食句 ⿰食勾牛飽

● ⿰龜句龜類

上上 gēu ● 苟 ⿱艹耇 ⿱艹耆 耇|且 笱 ⿱罒句插魚竹器 耈 耉|八 枸 ⿰木苟|杞 狗 ⿰犭苟 蚼犬也

● ⿰牛后牧也 雊雉也 吼 呴牛鳴 㖃怒也 岣山名 怐愚貌 軥勻也 茩薢|蘗名 蓋草名 ⿰衤苟祭服

上去 gáiu ● 搆 ⿰扌冓結| 構成結架造 購贖也 遘 ⿰彳冓遇也 覯見也 媾合也 ⿱宀冓室也 垢 ⿰土勾汙也

● 姤相遇 彀弓滿 喁相呼 够 夠多也 詬 詢罵心 ⿰目冓視也 ⿱雨冓大雨 ⿰冓鳥|鴒 ⿱句鳥鳥蛋

● 㲉取牛乳 [illegible]取牛羊乳 [illegible]食猴 [illegible]穴也 篝 [illegible]籠絡 嗀唱也 [illegible] 擊取羊乳汁 [illegible]舉火

● 䃓罰也 𥴦笞也 [illegible] [illegible]積草 [illegible]草名 昫治也 [illegible] 豿虎子 雊雄雉鳴

上入 gáiuh ○ 下平 gèu ○ 下去 gâiu ○ 下入 gĕuh ○

氣

上平 kěu ● 彄弓弩端弦所居 芤草名 韝 鞲捍也

上上 kēu ● 口 目 𠙵嘴也 訽詳問 劶 𠢣用力 𠪆閉口 㺏牛貌 苟草也 叩藍田鄉

上去 káiu ● 扣取也 叩稽顙 釦鈕丨 寇 寇 寇盜也 蔻 蔻荳丨 滱水名 袧喪服 佝醜也

● 㲉乳子 簆寇也 怐 怐 㤘愚也 憃動力 敂擊也 冦 敂兒惡 㶉水多 㱿不明 寇

● 寇鈔也 簆織具 㲉瓦未燒 蔻菓名 鷇生哺 鷇丨鳩 鷇鳥卵

上入 káiuh ○ 下平 kèu ○ 下去 kâiu ○ 下入 kĕuh ○

低

上平 dĕu ● 兜鍪也 雕丨琢 雕丨刻 豆豆跌明 挩批攬 逗丨遛 吺多言 㖊輕言 呇多言 䁬目深

● 篼飲馬器 郖邑名 雡鶚屬 兜丨鬏

上上 dēu ● 斗 斤 斗升十一斗 阧峻也 抖舉物起 袦衫袖 枓拱也 蚪 鬭 㪷蝌丨 豆礼器

● 吋吡也 屳山名 抖酌也 銚矢也 斛斞也 陡地名 料麥也

上去 dáiu ● 閅 鬦 鬪 鬭争| 陡倏然 料麥| 陑峻也 諠 讇不能言 陑 隥峻也

上入 dáiuh ○

下平 déu ● 投 投擲也 調勻和 條小枝 鋚金石 蹽雎也 佻獨行 喥語也 岧 岹山也

● 峻山峻 嵈山名 槉山枝 筶|篣 綸貲布 偹水虫 跦跳也 迢高也 簦鉄|

下去 dâiu ● 竇 窴穴決 讀句| 豆 登 昱 梪 梪 豆組器 荳 痘|寇 酘重釀 硃缶器 脰|頭

● 恒惌詆 裋祭也 餖 餖飢也 鋀魚名 嚽誦書 短 嫍帖也 豆器名 甌鬪也 浢水名

● 滫 瀆水名 竇空也 蓨草褥 豿到也 逗止在合 醽美味

下入 děuh ○

波 上平 pěu ● 吥吸也 罘 罦兔網 否見也 韛車具鞍也

上上 pēu ● 否 兲不然 剖 剖判分破 缶 缶 瓿瓦器 雒鳥名 炰蒸|火熟 邳地名

● 婄好色 婄不才 殕敗也 痞痛也 皓白也 箁竹牘 蜉蚕臥 颮風小 鴀鳩也 麰餅也

● 犃|㸸偏頭牛 霂霂霧也 䧽雀名 㔣用力

上去 páiu ● 䏽肉醬 篰牘也 蔀小席 莩 殍餓死人 㰴惡兒 䮱馬多又益 𦮃香草 覆|載

● 𠷓貳也 篰竹蓋 菩菹也 阜 𠂤 阝 𡾟山無石 𨸝 䏱盛也 䨍雨雪貌

上入 páiuh ○

下平 pẻu ● 浮沉反 蜉|蝣 芣車前草 烰蒸| 艀舟也 𪆰|鳩鳥名 𧼈 𧕯行也 𧠑視也 𡖍多也 𡺾地名

● 哹吹氣 𡷣山名 巷姓也 桴棟也 涪水名 𤘽牛黑脣 琈玉也 𤵽火瘍 筟竹文 粰粖也

● 蛗 蛗 𧉧螽也 錇小缶 罘 罟兔罟 罦覆車 虾水虫 裒聚也 錇餢也 餢食也 䯱髮也

● 捊 攈引取 𩑶須白短 𩿬鳩也 䰶星名

下去 pâiu ● 掊充聚 瓿小罌 箁竹葉

下入 pĕuh ○

他

上平 tĕu ● 偷竊也 鍮 鋀|石似金 䬦 餿飯壞 蕍 𧂇草壞 鈄姓也 鐙 𧯠酒器 𪀗 琟鳥也

上上 tēu ● 妵好也 敨展也 斢|斢兵奪人物 𩜹餅也 𪌤 𪍈餅也 黈 𪏯黃色

上去 táiu ● 透通跳 訃以言誘 鬬地名 骰自投

上入 táiuh ○

下平 tèu ● 頭 衣首也 丄 剅剾也 ⿰口閗多言 ⿰巾俞 褕短衣又近身 ⿰豆殳正也 祋殳也 蘣草名 酘再釀

⿰豆鳥似鳧 ⿰鹵殳 ⿰鹵俞地名 ⿸麻俞白麻

下去 tâiu ○

下入 těuh ○

曾 上平 cěu ● 鄒 郰 鄹 鄹魯邑 陬 𨻻阪隅 騶 騶獸名 緅絳色 謅私言 諏 ⿰言奏咨| 鯫小魚

● ⿰舟芻|艆海舡 棸木名 ⿰口聚小兒啼 掫行夜 棷木薪 欉草木叢生 ⿰王取玉名 黀蠷也 箃竹黃

● 篘酒| ⿰金取取魚器 菆 蘔草餘好箭 ⿰豸芻獸名 𨄮足也 ⿰足聚醉倒 鄒西羌國 ⿰魚聚白魚 黀

● ⿸麻芻麻幹 齱齒不正 齺無牙

上上 cēu ● 走 ⿱山之 ⿱大疋跑也 沼池| ⿰阝召界|隄也 ⿱竹沼竹名

上去 cáiu ● 奏 ⿱山奏 ⿱奏奏 ⿰奏攴 ⿱奏木上書 輳輻| 縐 㑳 緅 ⿰糸刍紗也 ⿰衤芻 皺 ⿰巾秋衣不伸

● 簇月律名 腠膚||埋 ⿰足奏踏也 湊水會 ⿰委麦進也 ⿰巾瓦 ⿰火瓦 甃井| ⿰音芻樂音美 ⿰扌聚擊也

● 驟 小步 楱 桔也 ⿱秋毛 ⿰巾瓦 治也 瘷 縮也 ⿰金皮 捕魚具 ⿰魚奏 蚪屌 ⿰鳥奏 鳥名 ⿱芻皮 皮縮 ⿰月芻 脯也 ⿰言聚 眾言

● ⿰革取 ⿰革芻 靵 束也 ⿰革聚 鞁也 ⿰鹵奏 鹽也

上入 cáiuh ○

下平 céu ● ⿸厂取 崩聲 ⿰金奏 槍屬

下去 câiu ○ 下入 cĕuh ○

日上平 nĕu ● ⿰需兔 兔子 獳 ⿰犭耎 犬怒 羺 ⿰羊耎 ⿰羊吳 胡羊 ⿰羊薷 ⿰禾薷 草也 譨 多言 ⿰革需 明羊 ⿰耳頁 面折 ⿰魚乳 魚也

● ⿰女乳 乳也

上上 nēu ● 鳥 飛禽摠名 蔦 寄草 裊 軟美

上去 náiu ○ 上入 náiuh ○ 下平 nėu ○

下去 nâiu ● 耨 ⿰禾辱 鎒 耕田具 ⿰⿱小子乚 小也 ⿱小兔 呼兔子 搙 拄也 擩 不鮮事 槈 田具 檽 木也

● ⿰氵⿱小兔 水漚 譳 ⿰言耎 詎也

下入 nĕuh ○

時

上平 sĕu ● 搜 𣫸 摗 |尋 溲 便易 捎 掠也 筲 斗| 櫢 木茂 籔 十六斗 趍 超| 蒐 芽求 鄋

● 郊 狄国名 𥕢 毴 租|毛蓐 鬖 鬉 鬖| 駿 駒|蓄中大馬 篼 篾 竹節高 瞍 瞍也 蝬 虫名

● 貗 獸名 鞖 軟皮 剢 刈也

上上 sēu ● 叟 叜 㕆 廋 傁 尊老之稱 廋 隱也 滖 𡟭 小便 獀 獀 大叜 礉 石也 鎪 鎪 鏤|

上去 sáiu ● 瘦 瘶 肥反 嗽 咳| 漱 洗口 鏉 利也 㖩 大聲 嗖 嗖 笑也 擻 舉也 嗾 嗃 大聲

● 𦿶 㢦 限也 睃 無目 瞍 目無珠 篍 十六斗曰| 謏 誘爲善也 陖 阬也 涑 冷凍 涑 以手濯物也

● 傁 刻賊不通 捘 𣫸 聚也 膄 腹 損也 藪 厚大澤 遚 不進 鞍 鞍 治革 颼 颼

● 颾 颼 風也 騪 索也 鮻 人名

上入 sáiuh 〇

下平 sėu ● 鮋 小魚 篠 小竹

下去 sâiu 〇

下入 sĕuh 〇

鶯 上平 ěu ● 甌茶| 謳|歌 鷗小鳥 樞木名 歐 欣捶又吐 剾 鏂 ⿰區區鈄| ⿰區力足筋 欲 喈吐也

● 替地名 ⿱區心 ⿱區心愁也 慪恪也 ⿰區斤鉏也 藲木名 ⿰犭區獸名 熰炮| 瞘 ⿰目堯目深 ⿱竹區育蠶竹器

● ⿰禾區 ⿰礻區竹器 膒久脂 蓲草也 ⿰衤歐涎衣 醧私飲 ⿰金寇鉅也 ⿰區隹鳥丸 鷗水鳥 驅 敺 駈

● ⿰馬並 ⿰馬业逐也

上上 ēu ● 嘔|吐 毆 ⿰豆殳|打 ⿰彳區行也 ⿰牛后 犃特牛 ⿸广區獸名 ⿷匚山山名 塸沙堆

上去 áiu ● 漚久漬 瞘暖也 澿 潛冬月積草水中取魚 ⿱艹漚飲水 ⿰糸屋喪束手者握 ⿰革區胡矛

上入 áiuh ○

下平 ėu ○

下去 âiu ○

下入 ěuh ○

蒙 上平 měu ○

上上 mēu ● 牡 ⿰牛馬牝| ⿱山老山名 畒 畝 ⿰目巛 ⿰目川 畮 ⿰田厶田| 拇足大指 牳牛名 ⿰犭母猵也 ⿱罒母

● ⿱罒某罔也 ⿱罒示張網 ⿱艹某菜也 ⿰足母大拇指 踇山名

上去 máiu ○

上入 máiuh ○

下平 mėu ● 謀 ⿱毋言 ⿱毋日 ⿱毋心 ⿰口某酖慮 侔全也 牟 ⿰朱朱姓也 眸目瞳子 麰 ⿱艹牟 ⿰麥并 ⿱敄麥大麥

●蟊|蠿似蚚 勅勉也 䏬春| 鮇魚名 鉾矛也 蛑 蝥 蝶水虫 幉女人巾衣 帑髮巾

●恈貪愛 敄相勉 桙器名 毋慄也 洠厓也 絆不相和 䋷縛也 蝐魚名 蝥 蟊 蓩谷蟲

●蝥 蟱虫也 鍪釜也 䦼開也 鴾母也

下去 mâiu ●茂 楙草木豐盛 懋 㥂盛也 貿 賀 貿 貿 貿 貿交易 瞀 瞀現明 毷毛密

●柕果名 儆吝也 愗愚貌 戊盛也 楙冬桃 瞀 蓩草多生 蓩毒草 蕀草也 袤長也 醬醬也

下入 mĕuh ○

語上平 ngĕu ●齵齒不正 腢肩頭 寓和也

上上 ngēu ●偶匹|又暫 耦並耕 楀象也 吘和也 甌盆也 耦止耕 緺隅也

上去 ngáiu ●騖馳不齊

上入 ngáiuh ○ 下平 ngêu ○ 下去 ngâiu ○ 下入 ngĕuh ○

出上平 chĕu ●㨘 搊挈衣 篘取酒 糗粉|

上上 chēu ○

上去 cháiu ● 湊 添聚 搽 插也 楱 木名 暛 半春

上入 cháiuh ○

下平 chėu ● 愁 憂也 漎 澯 水也

下去 châiu ○ 下入 chěuh ○

非上平 hěu ● 瘊 喉鳴 鼽 鼻息聲 呴 笑也 頔 勤力

上上 hēu ● 蚼 蚼 蚼 |蜉

上去 háiu ○

上入 háiuh ● 侯 矦 厌 公| 螏 水虫似龍 餱 餱 乾粉 㗋 山也 堠 封| 喉 |嚨 猴 猿屬 鍭 鍕煎

● 鯸 鮨魚 㬋 忿怒 𥰠 |榆小杉木 𩅦 雨也 鷌 雕也 帿 射侯 𣢗 𣢦 氣出貌 㼘 王瓜

● 瘊 疣也 睺 睺 半盲 𥎦 猴 矛也 糇 粮也 𤠷 𤠷 翭 羽本 葔 草也 褑 褕小衫

● 𢓭 𢓨 䜘 風也 骺 𩩲 骨也 鱟 魚似蟹 瘊 病也

下平 hėu ○

下去 hâiu

● 候垕伺待 後厚[illegible]不菭 郈魯邑 后君也皇| 垕土神 逅邂| 阜𨸏高山無石

● [illegible]蟬子 㖃吐也 洉沾也 [illegible][illegible]石墓 [illegible]怨目 [illegible][illegible]言貌 [illegible]蹇行 鮜|鰈

下入 hĕuh

○